Mehrfachstimmrechtsaktien

Europäische Hochschulschriften

Publications Universitaires Européennes
European University Studies

Reihe V
Volks- und Betriebswirtschaft

Série V Series V
Sciences économiques, gestion d'entreprise
Economics and Management

Bd./Vol. 2349

PETER LANG
Frankfurt am Main · Berlin · Bern · New York · Paris · Wien

Claudia Vogl-Mühlhaus

Mehrfachstimmrechtsaktien

Historische Entstehung, gegenwärtige Verbreitung und ökonomische Bedeutung

PETER LANG
Europäischer Verlag der Wissenschaften

Die Deutsche Bibliothek - CIP-Einheitsaufnahme

Vogl-Mühlhaus, Claudia:

Mehrfachstimmrechtsaktien : historische Entstehung, gegenwärtige Verbreitung und ökonomische Bedeutung / Claudia Vogl-Mühlhaus. - Frankfurt am Main ; Berlin ; Bern ; New York ; Paris ; Wien : Lang, 1998
(Europäische Hochschulschriften : Reihe 5, Volks- und Betriebswirtschaft ; Bd. 2349)
Zugl.: Würzburg, Univ., Diss., 1998
ISBN 3-631-33305-6

D 20
ISSN 0531-7339
ISBN 3-631-33305-6

Vorwort

Die vorliegende Arbeit entstand am Lehrstuhl für Bankbetriebslehre, Bank- und Kreditwirtschaft der Bayerischen Julius-Maximilians-Universität Würzburg. Sie wurde im Februar 1998 vom Promotionsausschuß der Wirtschaftswissenschaftlichen Fakultät angenommen.

Meinem Erstgutachter Prof. Wenger möchte ich hier an erster Stelle danken. Er hat mir die Möglichkeit zur Promotion auch als externer Doktorandin geboten. Eine derartige Chance ist bei externen Promotionen bekanntlich keine Selbstverständlichkeit.

Prof. Wengers Assistenten, Herrn Dr. Kaserer, möchte ich für seinen unermüdlichen, meist fernmündlichen Zuspruch trotz der eigenen Vorbereitung auf die Habilitation danken. Frau Prof. Meyer, meine Zweitgutachterin, hat mit der Lektüre meiner Arbeit Weihnachten '97 verbracht. Ich rechne ihr vor allem hoch an, daß sie versucht hat, mein schlechtes Gewissen mit der Behauptung zu beruhigen, es habe ihr Spaß gemacht.

Herrn Dr. Rau-Bredow verdanke ich eine Vielzahl redaktioneller Anregungen. Unsere Diskussionen, wie man die Lesbarkeit der Arbeit verbessern könnte, waren so intensiv und zeitentrückt, daß wir eines Abends in der Universität eingeschlossen wurden und nur mit Hilfe der Polizei befreit werden konnten.

Frau Hemberger vom Wirtschaftswissenschaftlichen Dekanat der Universität Würzburg half mir - immer freundlich und hilfsbereit trotz meiner fortgesetzten Begriffsstutzigkeit - durch den Dschungel der Würzburger Promotionsordnung.

Mein Dank gilt auch meinem Arbeitgeber Dresdner Bank. Er hat es mir zugetraut, die Promotion mit einer gleichbleibend guten Leistung für die Bank vereinbaren zu können. Alle Kollegen in der Presseabteilung der Bank haben mir - insbesondere in der Schlußphase der Arbeit - viel Arbeit abgenommen und dazu beigetragen, daß das Werk schließlich fertiggestellt werden konnte. Mein Chef Volkmar Kübler hat mir den einen oder anderen freien Tag genehmigt und es mir so überhaupt erst ermöglicht, die Recherchetermine bei den in der Arbeit analysierten Firmen wahrzunehmen.

Ohne die Bereitschaft der Unternehmen, die mich mit Informationen versorgt haben, wäre der empirische Teil der Untersuchung nicht zustande gekommen. Einige der Ansprechpartner haben trotz des sensiblen Themas besonders offen geantwortet und mir viel Zeit gewidmet. Hervorheben möchte an dieser Stelle Thomas Birtel, Kühltransit AG, Helmut Brandt, Fränkisches Überlandwerk AG, Oskar Deininger, Porzellanfabrik Waldsassen Bareuther & Co. AG, Thomas Geisberg, Frankona Rückversicherungs-AG, Eberhard Göppert und Wolfgang Fischer, Mittelschwäbische Überlandzentrale AG, Bernhard Herget, Energieversorgung Ostbayern AG, Alfred Hutzler, Carl Schlenk AG, Dietrich Kaufmann, Württembergische AG Versicherungs-Beteiligungsgesellschaft, Dieter Keifenheim, Th. Goldschmidt AG, Wolfgang Kurz, Schloßgartenbau AG, Peter Lotzow, W. Jacobsen AG, Manfred Milde-Büttcher, HEW AG, Karlheinz Mühlbronner, Gruschwitz Textilwerke AG, Rudolf H. Müller, Verband der kommunalen Aktionäre des RWE GmbH, Dieter Pathe und Ralph Trzeciak, Überlandwerk Unterfranken AG, Jürgen Renz, Calwer Decken- und Tuchfabriken AG, Peter Salfeld, Schwabenverlag AG, sowie Klaus Wuppermann und Gisbert Stengel, VEW AG.

Allen, die ich bei meiner Aufzählung vergessen haben sollte, bitte ich, sich in meinen Dank eingeschlossen zu betrachten.

Den wichtigsten Beitrag hat meine Familie geleistet. Meine Mutter und mein Mann haben die gesamte Arbeit mehrfach Korrektur gelesen, klaglos meine Launen ertragen und schlicht akzeptiert, daß es für mich am Ende nur noch ein Gesprächsthema gab. Ich zittere ob der Möglichkeit, mein Mann könnte an einem ähnlichen Vorhaben Geschmack finden und ich wäre den gleichen Strapazen ausgeliefert, die ich ihm zugemutet habe.

Schmitten, im April 1998

Inhaltsverzeichnis

I. Einleitung

I.A. Einführung und Problemstellung

Man könnte sie heute in Deutschland "die unbekannte Aktiengattung" nennen: Mehrstimmrechtsaktien.[1] Der breiten Öffentlichkeit sind in der Regel lediglich Stammaktien bekannt, die bei Abstimmungsprozessen in Hauptversammlungen je eine Stimme verbriefen, sowie Vorzugsaktien ohne jedes Stimmrecht. Eine andere Art Vorzugsaktien sind jedoch mit mehr als einer Stimme pro Aktie ausgestattet. Um diese Mehrstimmrechtsaktien soll es in der vorliegenden Arbeit gehen.

Grundsätzlich sind solche Mehrstimmrechtsaktien nach § 12 Abs. 2 des Aktiengesetzes in deutschen Unternehmen unzulässig. Allerdings sind Ausnahmen möglich.[2] Zwar urteilten Hartmann-Wendels und von Hinten bereits 1989 - vielleicht etwas vorschnell: "Mehrstimmrechtsaktien spielen heute keine Rolle mehr,"[3] aber im Mai 1997 gab es noch insgesamt 27 börsennotierte deutsche Aktiengesellschaften, in denen Mehrstimmrechtsaktien aufgrund von Ausnahmegenehmigungen existierten. Die prominentesten Vertreter sind die RWE AG und die Siemens AG. Bei diesen beiden Gesellschaften regte sich bislang auch die lauteste Kritik gegen Mehrstimmrechtsaktien. So wurden bei Siemens auf Hauptversammlungen Anträge aus dem Aktionärskreis eingebracht, die Mehrstimmrechte abzuschaffen, da diese den Wert des Unternehmens minderten und Stammaktionäre damit schädigten.[4] Die Frage, ob diese Kritik gerechtfertigt ist, führt zu der Frage nach Bedeutung und Wert von Stimmrechten. Hierzu liegen verschiedene theoretische Arbeiten aus dem anglo-amerikanischen Raum vor.

Die moderne "theory of the firm" basiert auf der realitätsnahen Annahme, daß in der Unternehmung Eigentum und Verfügungsmacht sowie Kontrollrechte getrennt sind; sie geht damit auf die Arbeit von Berle und

---

[1] Nach Kenntnisstand der Verfasserin liegt auf wirtschaftswissenschaftlichem Gebiet derzeit keine umfassende aktuelle Erhebung über Mehrstimmrechtsaktien in deutschen Unternehmen vor.

[2] S. § 12 Abs. 2 Aktiengesetz (AktG) und § 5 Abs. 1 Einführungsgesetz zum Aktiengesetz (EGAktG).

[3] Hartmann-Wendels, Thomas / von Hinten, Peter, Marktwert, 1989, S. 265.

[4] Vgl. o. V., Gewinne, 1993, S. 19 und o. V., Kritik, 1993, S. 3, und o. V., Elefanten, 1993, S. 14; sowie Siemens AG, Anträge, 1993, o. S.

Means zurück.[5] Das Unternehmen wird als Geflecht von Verträgen zwischen Produktionsmittelbesitzern aufgefaßt.[6] Da diese Verträge in der Regel unvollkommen sind, muß es Abstimmungen geben, "because someone must have the residual power to act (or delegate) when contracts are not complete"[7]. Die Abstimmungen ermöglichen dabei die Kontrolle des Managements durch die Eigentümer - in der Aktiengesellschaft sind dies die Aktionäre. Damit soll verhindert werden, daß Manager gegen die Interessen der Aktionäre agieren, zum Beispiel sogenannte Perquisites konsumieren.[8]

Eine direkte interne Kontrolle und Lenkung des Managements via Stimmrecht ist für den einzelnen (Klein-) Aktionär im Rahmen eines Kosten-Nutzen-Kalküls nur in begrenztem Umfang sinnvoll.[9] Gleichzeitig unterliegt das Management externer Beobachtung durch den Markt für Unternehmenskontrolle. Ihm kommt entscheidende Bedeutung zu. Unfähige Managements mindern den Unternehmenswert und damit den Aktienkurs und machen die Unternehmung für potentielle Übernehmer interessant, die eine effizientere Geschäftsführung installieren wollen. In den USA beispielsweise finden solche Übernahmen in der Regel entweder durch sogenannte proxy contests[10] statt oder durch direkte Übernahmeangebote an die Aktionäre.

Grossmann und Hart haben gezeigt, daß unter gewissen Voraussetzungen die Regel "One Share - One Vote" allein geeignet ist, die Aktionärswohlfahrt zu maximieren. Die Übernahme des Unternehmens durch das bessere - sprich unternehmenswertsteigernde - Management gelingt bei Anwendung dieses Grundsatzes. Übernahmeversuche schlechter Managements hingegen scheitern.[11] Allerdings liegen auch Untersuchungen vor, die einen gegenteiligen Effekt postulieren.[12]

---

[5] Vgl. Berle, Adolf A. / Means, Gardiner C., Property, 1939.

[6] Vgl. Alchian, Armen A. / Demsetz, Harold, Production, 1972, S.790-791; sowie Ridder-Aab, Christa-Maria, Aktiengesellschaft, 1980, S. 50.

[7] Easterbrook, Frank H. / Fischel, Daniel R., Law, 1983, S. 403.

[8] Vgl. Jensen, Michael C. / Meckling, William H, Firm, 1976, S. 313.

[9] Vgl. Grossmann, Sanford J. / Hart, Oliver D., Share, 1988, S.176 f.; Adams, Michael, Hindernisse, 1990, S. 74 f.; Easterbrook, Frank H. / Fischel, Daniel R., Law, 1993, S. 396; Picot, Arnold / Michaelis, Elke, Verteilung, 1984, S. 258.

[10] Vgl. Merkt, Hanno, Gesellschaftsrecht, 1991, S. 372 ff.

[11] Vgl. Grossmann, Sanford J. / Hart, Oliver D., Share, 1988, S. 175 - 202.

[12] Vgl. Partch, Megan, Creation, 1987, S. 313 - 339.

In diesem Spannungsfeld sind Mehrstimmrechtsaktien zu betrachten, da sie eine Abkehr vom Grundsatz "One Share - One Vote" darstellen. Eine entscheidende Bedeutung von Mehrstimmrechten besteht darin, wie sie sich auf das Drohpotential einer feindlichen Übernahme auswirken können. "Abstimmungsverfahren, Stimmrechtsstruktur und ihre jeweilige Bündelung mit den Dividendenansprüchen erhalten daher ihre Bedeutung durch ihre Wirkung auf den Markt für Unternehmenskontrolle."[13]

Dieser Markt wird in Deutschland, aber nicht nur dort, durch eine Vielzahl von Faktoren in seiner Funktionsfähigkeit beeinträchtigt. Hierzu sind Überkreuzverflechtungen ebenso zu zählen wie das deutsche Aufsichtsratssystem oder das Fehlen einer Kultur für "feindliche Übernahmen", wie jüngst im Fall Thyssen vs. Krupp-Hoesch[14] erkennbar. Gleichermaßen Ursache und Folge der eingeschränkten "Corporate Control" ist die oft kritisierte Apathie der (Klein-) Aktionäre bei Hauptversammlungen. All dies gilt es zu berücksichtigen, wenn der Einfluß von Mehrstimmrechten auf den Markt für Unternehmenskontrolle bewertet werden soll.

Inwieweit eine wirkungsvolle interne und externe Kontrolle des Managements stattfindet, hängt zudem von der Aktionärsstruktur eines Unternehmens ab.[15] Die Existenz eines Großaktionärs kann einerseits dem Management die Möglichkeit der "Verschanzung" bieten und so eine feindliche Übernahme erschweren, andererseits kann ein Paketbesitzer die Kontrolle, der das Management unterliegt, auch steigern. Diese beiden gegenläufigen Effekte, die in der Literatur unter den Begriffen "entrenchment" und "alignment" diskutiert werden,[16] bestimmen nämlich, ob das oben angesprochene externe Drohpotential nötig ist, aber auch, ob es wirkungsvoll ist.

Zugleich bieten sich auf diese Weise Anhaltspunkte, mit denen der Wert und die Wirkung von Mehrstimmrechtsaktien geprüft werden können. Der Eigentümerstruktur der Mehrstimmrechtsunternehmen kommt in der vorliegenden Arbeit deshalb große Bedeutung zu, da andere Methoden, die

---

[13]Adams, Michael, Hindernisse, 1990, S. 67.

[14]Vgl. o. V., Gegner, 1997, S. 18; o. V., Raubrittern, 1997, S. 18; o. V., Großbritannien, 1997, S. 13.

[15]Vgl. z.B. Jensen, Michael C. / Meckling, William H., Firm, 1976, S. 305 - 360.

[16]Vgl. Jensen, Michael C. / Meckling, William H., Firm, 1976, S. 312 f.; Fama, Eugene E./ Jensen, Michael C., Separation, 1983, S. 301 - 326; Morck, Randall / Shleifer, Andrei / Vishny, Robert W., Market, 1988, S. 294; Wruck, Karen Hopper, Evidence, 1989, S. 14 ff.

Werthaltigkeit der Mehrstimmrechte zu erfassen, wie sie beispielsweise in den USA, Kanada und Israel Anwendung gefunden haben,[17] hier nicht eingesetzt werden können. Kurswertvergleiche zwischen Stammaktien und Mehrstimmrechtsaktien sind nicht möglich, da letztere nicht börsengehandelt werden.

Das in dieser Arbeit gewählte Vorgehen kann nur zu Tendenzaussagen über den Wert von Mehrstimmrechtsaktien in deutschen Unternehmen führen. Eine konkrete Wertbestimmung ist nicht möglich. Auch bei günstigerer Datenlage könnten abschließende einheitliche Aussagen über den Wert von Mehrstimmrechten nicht getroffen werden, da die Ausgestaltung der Aktien in den einzelnen Unternehmen zu verschieden ist.

Weitere Hinweise über Wert und Wirkung der Mehrstimmrechte lassen sich aus der Entstehungsgeschichte dieser Papiere gewinnen. In der Hauptsache wurden sie in der Zeit der Hyperinflation im Deutschland der zwanziger Jahre dieses Jahrhunderts geschaffen. Und zumindest damals bestätigte die Praxis die Theorie insoweit, daß Unternehmen tatsächlich bewußt Mehrstimmrechtsaktien ausgaben, um Übernahmen zu erschweren. Es kann sehr wohl vom Versuch des Großaktionärs gesprochen werden, sich zu verschanzen, wenn beispielsweise als Begründung angeführt wurde, eine Überfremdung "vom Ausland und von Kreisen des Inlandes"[18] solle vermieden werden bzw. der Einfluß der Gründerfamilie erhalten bleiben.[19]

Die Frage nach dem aktuellen Wert von Mehrstimmrechten in deutschen Unternehmen wird vermutlich schon bald an Relevanz gewinnen. Denn mittlerweile steht die vollständige Abschaffung der Mehrstimmrechte zur rechtspolitischen Diskussion.[20] Sollte dies tatsächlich geschehen, so ist den bisherigen Besitzern nach gültiger Rechtsauffassung dann eine Entschädigung zu leisten, wenn die Mehrstimmrechte für besondere Leistungen des Aktionärs an die Gesellschaft gewährt worden sind.[21] Wie bei der Bemessung dieser Entschädigung methodisch vorzugehen ist, ist bislang noch völlig ungeklärt. Es bleibt jedenfalls zu vermuten, daß Mehrstimm-

---

[17]Vgl. Levy, Haim, Evaluation, 1983, S. 79 - 93.

[18]Jung. Erich, Beitrag, o.J., S. 5.

[19]Vgl. Gliederungspunkt III.C.I. und Gliederungspunkt III.C.3.1.1.

[20]Vgl. Gliederungspunkt III.F.

[21]Vgl. Zöllner, Wolfgang, Kölner, 1985 III, EGAktG, § 5 Rdnr. 3, S. 1097.

rechtsaktien im Zuge dieser Diskussion zunehmend ins Blickfeld einer breiteren Öffentlichkeit gerückt werden.

I.B. Gang der Untersuchung

Die vorliegende Arbeit ist im folgenden in zwei große Teilkomplexe gegliedert.

In Teil II wird der bisherige Stand der wissenschaftlichen Diskussion zum Thema Mehrstimmrechtsaktien sowie verbundener Themenbereiche wie Stimmrechte und Corporate Governance zusammengefaßt.

In Teil III werden auf dieser Grundlage aufbauend die spezifische Rolle, Wirkung, Ausgestaltung und der Wert von Mehrstimmrechtsaktien in deutschen Unternehmen dargestellt und analysiert. Dabei ist Teil III.B besonders durch Recherchen und Interviews der Verfasserin in den relevanten Aktiengesellschaften geprägt.

Die Vorgehensweise im einzelnen:

In **Kapitel II.A** wird die Kontrollproblematik in einer Aktiengesellschaft als Anwendungsgebiet der Principal-Agent-Theorie vorgestellt. Dabei sind Interessenkonflikte und asymmetrische Informationsverteilung die entscheidenden Auslöser für Agency-Probleme. Zugleich wird die Agency-Theorie in die neoklassiche Modellwelt eingeordnet. Für die vorliegende Arbeit ist von entscheidender Bedeutung, wem in einer Unternehmung überhaupt Kontrollrechte zustehen, wer also als Principal fungiert. Zum Abschluß des Kapitels werden die Aktionäre als geeignete Principals in der modernen Aktiengesellschaft identifiziert.

In **Kapitel II.B** wird gezeigt, daß Stimmrechte zur Steuerung von Managements durch Aktionäre nötig sind, weil vertragliche Regelungen unvollständig bleiben. Des weiteren wird analysiert, ob Stimmrechten ein ökonomischer Wert beizumessen ist. Hierzu liegen empirische Untersuchungen aus den USA, Israel und Deutschland vor. Die Autoren dieser Studien stellen fest, daß für Stimmrechte eine Prämie gezahlt wird, sie also einen Wert besitzen. Anschließend wird dargestellt, worin dieser Wert besteht: u.a. in der Möglichkeit zum sogenannten Perquisites-Konsum im Unternehmen.

Die Höhe der Stimmrechtsprämie hängt bei der Existenz von Aktienklassen mit unterschiedlichem Stimmrecht vom Stimmrechtsunterschied dieser beiden Klassen sowie vom Anteil der bevorrechtigten Aktienklasse am Gesamtkapital der Firma ab. Zur Messung dieser Determinanten wird der sogenannte Levy-Index präsentiert. Weiter wird gezeigt, daß der Stimmrechtswert zudem von der Aktionärsstruktur der Unternehmung abhängig ist. Ist sie zementiert, so daß es nicht möglich ist, durch Stimmrechte entscheidende Kontrolle im Unternehmen zu erlangen, so tendiert der Wert der Stimmrechte gegen Null.

In **Kapitel II.C** werden die Ergebnisse theoretischer Arbeiten erläutert. Danach wird die Gesamtwohlfahrt der Aktionäre in der Regel dann maximiert, wenn Stimmrechts- und Dividendenansprüche gleichmäßig, nämlich nach der Regel "One Share - One Vote", verteilt sind. Darauf baut die Beurteilung von Mehrstimmrechtsaktien auf, die eine Abweichung von diesem Grundsatz darstellen. Allerdings sind unter gewissen Annahmen Ausnahmen von "One Share - One Vote" vorstellbar, bei denen die Aktionärswohlfahrt nicht gemindert wird. Zudem werden zum Kapitelende Begründungsansätze aus Theorie und Praxis für die Existenz von Mehrstimmrechten aufgezeigt.

Kapitel II.D befaßt sich vertiefend mit dem Einfluß von Aktienklassen mit verschiedener Stimmrechtsausstattung auf den Unternehmenswert einer Aktiengesellschaft. Hierbei sind zunächst die grundsätzlichen Effekte einer hohen Anteils- und Stimmrechtskonzentration in der Hand eines Aktionärs von Interesse. Es muß zwischen zwei konträren Wirkungen unterschieden werden. Zum einen läßt sich der - firmenwertsteigernde - Alignment-Effekt beobachten, dem andererseits der -firmenwertsenkende - Entrenchment-Effekt gegenübersteht. Die beiden Effekte unterscheiden sich durch unterschiedliche Anreize zum Perquisites-Konsum, wie sie z. B. durch die Existenz von Mehrstimmrechtsaktien ausgelöst werden. Empirische Studien, welche die Wirkungen von Aktienklassen mit verschiedenen Stimmrechten auf den Unternehmenswert der betreffenden Unternehmen untersuchen, kommen allerdings nicht zu einheitlichen Ergebnissen.

Weiterhin wird in dem Kapitel der Einfluß der Aktionärsstruktur auf die interne Unternehmenskontrolle diskutiert. Überlegungen, inwieweit diese in der Praxis durch institutionelle Rahmenbedingungen beschränkt wird, schließen den Gliederungspunkt ab.

In **Kapitel II.E** wird die These diskutiert, die sogenannte Apathie der Kleinaktionäre habe wohlfahrtsminderndes Verhalten von Managements erst ermöglicht. Dabei wird auch die Frage berührt, wie die Installation von Mehrstimmrechtsaktien überhaupt durchsetzbar wurde. Neben einer Bestandsaufnahme zum Verhalten von (Klein-) Aktionären werden Ursachen und Entwicklung der Apathie herausgearbeitet. Werden zum Beispiel Mehrstimmrechtsaktien mit anderen Defensivtaktiken von Managements kombiniert, so wird der Markt für Unternehmenskontrolle besonders nachhaltig geschwächt. Einige gebräuchliche Verschanzungsmaßnahmen von Unternehmensleitungen werden am Ende des Kapitels und des Teils II vorgestellt.

Im **Kapitel III.A** werden Ziele und Methodik bei der Analyse der konkreten Ausgestaltung und Bedeutung von Mehrstimmrechtsaktien in Deutschland erläutert.

Im **Kapitel III.B** werden die Unternehmen, in denen bis 1990 oder später Mehrstimmrechtsaktien bestanden haben oder heute noch bestehen, als Untersuchungseinheit für die vorliegende Arbeit bezeichnet und näher beschrieben. Weiterhin wird die Veränderung der gesetzlichen Regelungen bezüglich Mehrstimmrechtsaktien im Zeitablauf dargestellt.

Das **Kapitel III.C** befaßt sich ausführlich mit der Entstehung von Mehrstimmrechtsaktien in Deutschland und der weiteren Entwicklung bis heute. Dabei wird jeweils sowohl die allgemeine Situation dargestellt als auch speziell auf die Unternehmen der Untersuchungseinheit eingegangen. Außer dem Entstehungszeitpunkt sind besonders die Begründungen für die Schaffung der Mehrstimmrechte, ihre Ausgestaltung und die Inhaber in der Frühphase von Bedeutung. Auch die Ausgabemodalitäten und der Umfang von Mehrstimmrechtsaktien werden aufgezeigt.

Mehrstimmrechtsaktien wurden überwiegend in den zwanziger Jahren dieses Jahrhunderts erstmals emittiert. Neben einer eher technischen Entstehung bei der Umstellung der Unternehmensbilanzen auf Goldmark wurden sie in der Mehrzahl der Fälle bewußt zum Schutz des Unternehmens vor Überfremdung ausgegeben. Besonders die Gründerfamilien von Unternehmen, aber auch die öffentliche Hand waren Erstbesitzer. Im Laufe der Zeit kam es besonders bei Umfang und Inhabern der Mehrstimmrechtsaktien zu erheblichen Verschiebungen. Ihre Bedeutung muß als eher rückläufig angesehen werden. Das Kapitel schließt mit der Berechnung des Levy-Index' für die einzelnen Firmen der Untersuchungseinheit, so daß bezüglich des Stimmrechtsunterschieds und des Anteils der Mehrstimmrechtsaktien am Grundkapital der Vergleich mit anderen Gegebenheiten, z.B. in Israel, möglich wird.

Das **Kapitel III.D** ist ganz der Frage nach dem Wert der Mehrstimmrechtsaktien in den Unternehmen der Untersuchungseinheit gewidmet. Dazu werden zunächst die gültigen Mehrheitsregeln in der Hauptversammlung dargestellt. Die Mehrheitsverhältnisse in den einzelnen Unternehmen unter Berücksichtigung der Mehrstimmrechtsaktien werden in einem Anhang untersucht. Bevor auf diesen beiden Grundlagen mit geeigneten Kriterien Aussagen zum Wert der Stimmrechte getroffen werden, wird die Einschätzung der Unternehmen zum Wert ihrer Mehrstimmrechtsaktien wiedergegeben.

Die anschließende ökonomische Wertermittlung der Mehrstimmrechte für jedes Unternehmen erfolgt durch Eingruppierung in verschiedene Wertklassen. Maßstab sind hierbei der Anreiz zum Perquisites-Konsum, der von den Mehrstimmrechten konkret ausgeht, sowie die Möglichkeit, mittels dieser Stimmrechte eine (firmenwertsteigernde) Übernahme durchzuführen, bzw. diese zu vereiteln. Aktionärsstruktur und möglicher Perquisites-Konsum werden hier als zentrale Kriterien der Wertermittlung genutzt, womit auf den Ergebnissen aus Teil II aufgebaut wird. Am Schluß des Kapitels werden weitere Ansätze zur Bewertung von Mehrstimmrechtsaktien vorgestellt.

Im **Kapitel III.E** wird untersucht, inwieweit Verschanzungsmaßnahmen, wie in Teil II vorgestellt, in der Untersuchungseinheit tatsächlich zur Anwendung gelangen. Zudem werden die Unternehmen dahingehend überprüft, ob sich bei ihnen nachweisen läßt, daß die Möglichkeit zum Konsum von Perquisites auch genutzt wird.

Das **Kapitel III.F** enthält einen Ausblick auf die Zukunft der Mehrstimmrechtsaktien. Einige Unternehmen der Untersuchungseinheit haben seit 1990 ihre Mehrstimmrechtsaktien beseitigt. Die Gründe und die Modalitäten vermitteln nochmals Einblicke in Wert und Wirkung von Mehrstimmrechtsaktien. Ergänzend werden Meinungen anderer Unternehmen der Untersuchungseinheit zum Thema "Abschaffung oder Beibehaltung" gegenübergestellt. Sollte eine Abschaffung erfolgen, so gibt es dafür verschiedene Möglichkeiten, nämlich einen Beschluß der Hauptversammlung, den Klageweg, die Abschaffung durch den Gesetzgeber oder die satzungsgemäße Zwangseinziehung. Alle Möglichkeiten werden in diesem Kapitel diskutiert. Ein Blick zu anderen Ländern wie der Schweiz, wo es ebenfalls Bestrebungen zur Abschaffung verschiedener Stimmrechtsklassen gibt, sowie ein Fazit der Untersuchungsergebnisse beschließen die vorliegende Arbeit.

II. Mehrstimmrechte und die Theorie der Unternehmenskontrolle

II.A. Unternehmenskontrolle als Problem der "Agency-Theorie"

In der öffentlichen Diskussion um Geschäftsstrategien und Managementverhalten in der Bundesrepublik nimmt ein Begriff spätestens seit Beginn der 90er Jahre eine zentrale Rolle ein: "Shareholder Value". Er geht zurück auf eine Veröffentlichung von Alfred Rappaport aus dem Jahr 1986.[22] Rappaport faßt die Grundidee wie folgt zusammen: "Geschäftsstrategien sollten nach der Maßgabe der ökonomischen Renditen beurteilt werden, die sie für die Anteilseigner schaffen und die im Falle einer börsengehandelten Kapitalgesellschaft mittels Dividendenzahlungen und Kurswertsteigerungen der Aktien gemessen werden."[23] Mittlerweile nehmen die meisten deutschen Aktiengesellschaften für sich in Anspruch, dem "Shareholder Value" verpflichtet zu sein,[24] auch wenn die genaue Auslegung des Begriffs oftmals unscharf bleibt und nicht selten wenig mit den Vorstellungen Rappaports gemein hat. Ein Verdienst der Shareholder-Value-Diskussion ist, daß durch sie die Tatsache ins Blickfeld der Öffentlichkeit gerückt wird, daß das Management und die Eigentümer der Unternehmung nicht a priori identische Ziele verfolgen.

In börsennotierten Aktiengesellschaften sind Eigentum und Verfügungsmacht getrennt. Dies wird vor allem dann deutlich, wenn Zusammenbrüche oder Beinahe-Zusammenbrüche großer Unternehmen für Schlagzeilen sorgen, wie beispielsweise 1994 im Falle der Metallgesellschaft. Besonders dieses Beispiel bot Anlaß, die Problematik einer Separation von "Eigentum und Kontrolle" (Corporate Governance) in der Öffentlichkeit zu erörtern. In dieser Diskussion sind die Überkreuzverflechtungen deutscher Unternehmen und die interne Kontrolle durch Aufsichtsräte zentrale Themen.

Damit vollzieht sich mit einiger Verspätung in der Öffentlichkeit ein Wandel im Bild der Unternehmung, der in der wissenschaftlichen Diskussion bereits stattgefunden hat. In der wissenschaftlichen Betrachtung läßt

---

[22]Vgl. Rappaport, Alfred, Value, 1994.

[23]Rappaport, Alfred, Value, 1994, S. 12.

[24]Zum Shareholder Value-Ansatz bekannten sich in Deutschland bisher Unternehmen wie die Daimler Benz AG, die VEBA AG und die Kaufhof Holding AG. Vgl. dazu Hillebrand, Walter / Luber, Thomas, Dienst, 1995, S. 48 - 54; Antrecht, Rolf, Alles, 1996, S. 17 f.; Michel, Uwe, Mittelpunkt, 1993, S. 1; o. V., Shareholder-Value-Management, 1995, S. 24.

sich ein vergleichbarer Prozeß im Übergang der klassisch/neoklassischen Sicht des Unternehmens hin zur modernen Theorie der Unternehmung feststellen. Interessenkonflikte zwischen Eigentümern und Management sowie die damit verbundenen Kontrollprobleme werden besonders in der Principal-Agent-Theorie behandelt.

Mehrfachstimmrechte gewinnen erst durch solche Konflikte einen Großteil ihrer Bedeutung und ihres möglichen ökonomischen Wertes, da durch sie eine Verzerrung zwischen Eigentums- und Kontrollrechten entsteht. Deshalb soll die Principal-Agent-Theorie - anglo-amerikanisch auch "Agency-Theory" -, im folgenden kurz skizziert werden.

II.A.1. Das Bild der Unternehmung von der Klassik bis zur Agency-Theorie

II.A.1.1. Klassisch-neoklassische Sicht

Die klassische Theorie und die Standardversion der neoklassischen Theorie haben in bezug auf die Sicht der Unternehmung eines gemeinsam: eine Innenansicht fehlt.

Das Unternehmen ist eine Art "Black Box"[25],"which assumes away all organizational considerations ..."[26] Es wird nicht als Sozialverband bzw. Institution aufgefaßt, sondern man nimmt eine Personifizierung vor.[27] Interessenkonflikte innerhalb des Unternehmens werden ausgeblendet. Ein Unterschied zwischen der Person des Unternehmers, dem die Firma gehört, und dem Unternehmen als handelnde Einheit am Markt existiert in dieser Betrachtungsweise nicht.

"Für das traditionelle Konzept der Unternehmung ist der Manager kein charakteristischer Typ."[28] Diese Vorstellung vom Unternehmen stammt noch aus der Zeit des kleinen Handelsunternehmens während der Epoche vor der industriellen Revolution, in der eine Einheit von Unternehmen und Person häufig gegeben war. In der neoklassischen Theorie überdauerte

---

[25]Jensen, Michael C. / Meckling, William H., Firm, 1976, S. 306.

[26]Moe, Terry M., Organization, 1984, S. 739.

[27]Vgl. Schanz, Günther, Unternehmensverfassungen, 1983, S. 261.

[28]Ridder-Aab, Christa-Maria, Aktiengesellschaft, 1980, S. 12.

dieses Unternehmensbild, "obwohl sich die Realität der Firma im Laufe der weiteren Entwicklung immer mehr davon entfernte."[29]

Für die Tatsache, daß in der Realität Mehrpersonenunternehmen existierten, fehlte lange Zeit in der Standardversion der Neoklassik jede theoretische Begründung. Im Fall von Mehrpersonenunternehmen nahm die Neoklassik stets vollständige Information aller an der Unternehmung Beteiligten an. Interessenkonflikte zwischen den - eigennützig handelnden - Akteuren konnten durch entsprechende Verträge geregelt werden. Ihre Einhaltung war wegen der angenommenen vollständigen Information problemlos beobachtbar und im Bedarfsfall durch Institutionen wie Gerichte durchsetzbar. Alle Arbeitnehmer wurden nach dem Grenzprodukt ihrer Arbeit entlohnt.

II.A.1.2. Neue Institutionenökonomik: Kritik an der Neoklassik

Seit Mitte der 70er Jahre üben Ökonomen vermehrt Kritik an dieser Sicht des Unternehmens. Hart bemängelt beispielsweise: "... neoclassical theory has some very clear weaknesses. It does not explain how production is organized within a firm, how conflicts of interest between the firm's various constituencies - its owners, managers, workers, and consumers - are resolved ... To put it in another way, the theory tells us nothing about the structure of firms."[30] Schon 1937 hatte sich Coase in einem später vielbeachteten Aufsatz dieser Frage gewidmet.[31]

Als Folge solcher Kritik erfuhr die neoklassische Theorie der Unternehmung eine Modifikation, die später unter dem Namen "New Economics of Organization"[32] oder im deutschsprachigen Raum als "Neue Institutionenökonomik"[33] bekannt wurde. Die Ansätze konzentrieren sich verstärkt auf die Innenansicht von Organisationen.

Mehrpersonenunternehmen werden als ein Geflecht von Verträgen zwischen Eigentümern, Kapitalgebern, Management, Arbeitnehmern usw. aufgefaßt. Dabei wird die Trennung von Eigentums- und Verfügungsmacht ausdrücklich hervorgehoben, der Eigentümer-Unternehmer wird

[29]Ridder-Aab, Christa-Maria, Aktiengesellschaft, 1980, S. 13.

[30]Hart, Oliver D., Perspective, 1990, S. 155.

[31]Vgl. Coase, Ronald H., Nature, 1937.

[32]Moe, Terry M., Organization, 1984, S. 739.

[33]Schumann, Jochen, Grundzüge, 1987, S. 391.

durch den Manager-Unternehmer ersetzt. Gleichzeitig wird die realitätsferne Grundannahme vollkommener Information aufgegeben. Es entsteht ein innerbetriebliches Szenario, das von Interessenkonflikten zwischen den einzelnen Vertragspartnern und von asymmetrischer Information geprägt ist. Sein besonderes Augenmerk richtet dieser Zweig der Neoklassik vielfach auf die Interessengegensätze zwischen den Aktionären und dem Management eines Unternehmens. Bestandteil der Neuen Institutionenökonomik sind unter anderem der Transaktionskostenansatz, die Property-Rights-Theorie und die Principal-Agent-Theorie.

Die einzelnen Theorien weisen vielfach Überschneidungen auf, so daß Literaturveröffentlichungen nicht immer einem Theoriezweig klar zugeordnet werden können.

II.A.1.3. Agency-Theorie: Analyse von Interessengegensätzen

Die Agency-Theorie stellt wie die anderen oben genannten Ansätze eine Weiterentwicklung der Standardversion der Neoklassik dar und ist dennoch Teil ihrer großen Theoriefamilie. Die Agency-Theorie weist die grundlegenden Gemeinsamkeiten aller neoklassischen Modelle auf:

- Das Individuum ist das Untersuchungsobjekt;
- den Akteuren wird rationales, nutzenmaximierendes Verhalten unterstellt;
- die Untersuchung legt besonderes Gewicht auf Effizienz, Optimalität und Gleichgewicht auf Märkten und in Vertragsbeziehungen;
- alle Ansätze sind stark mathematisch ausgerichtet.[34]

Albach nennt die Agency-Theorie "das Grundmodell der mikroökonomischen Organisationstheorie."[35]

Als erste Veröffentlichung im Rahmen der Principal-Agent-Theorie wird im allgemeinen ein Aufsatz von Ross aus dem Jahr 1973 angesehen.[36] Der Autor verwendet hier erstmals den Begriff der Ökonomischen Agency-

---

[34]Vgl. Moe, Terry M., Organization, 1984, S. 741.

[35]Albach, Horst, Organisationstheorie, 1989, S. 705.

[36]Vgl. Ross, Stephen, Agency, 1973, S. 134 - 139.

Theorie.[37] Aber auch eine Arbeit von Alchian und Demsetz aus dem Jahr davor befaßt sich bereits mit diesem Problemkreis.[38]

Eine Agency-Beziehung ist gekennzeichnet durch "die Existenz eines Auftraggebers (Principal) und eines Beauftragten oder Auftragnehmers (Agent), der für seinen Auftraggeber zwischen verschiedenen Handlungsmöglichkeiten entscheidet."[39] Die Folgen der Handlung, die der Agent wählt, beeinflussen die Wohlfahrt beider Parteien.[40] Die Akteure sind dabei annahmegemäß rational handelnde Personen, die sich bei der Bewertung von Handlungsalternativen am Bernoulli-Prinzip orientieren und jeweils versuchen, ihren Erwartungsnutzen zu maximieren.

In der Regel untersucht die Theorie Situationen, in denen ein Interessengegensatz zwischen Principal und Agent besteht sowie asymmetrische Information über das Verhalten des Agenten herrscht. Das bedeutet, daß der Principal nicht kostenlos kontrollieren kann, welche Handlungsmöglichkeit der Agent gewählt hat. Die Gefahr besteht, daß der Agent im Bestreben, den eigenen Erwartungsnutzen zu maximieren, gegen die Interessen des Principals handelt. Es liegt sogenanntes moralisches Risiko, "moral hazard", beim Agenten vor.[41] Er wird aus Eigennutz jeden Vertrag brechen, der ihn zur Erbringung einer bestimmten Leistung verpflichtet, sobald dies seinen Erwartungsnutzen erhöht. Für den Principal wäre ein solches Verhalten aufgrund der asymmetrischen Information "nicht nachweisbar und deshalb nicht sanktionierbar."[42] Asymmetrische Information entsteht, wenn der Principal die Handlung des Agenten nicht kostenlos direkt beobachten kann und auch das Ergebnis der Aktionen des Agenten keinen sicheren Rückschluß auf die gewählte Handlungsalternative, z.B. den Arbeitseinsatz, zuläßt - also stets in Risikosituationen. "Denn Glück

---

[37] In Abgrenzung zur juristischen Betrachtung von Agency-Beziehungen. In der Literatur wurde später zwischen Ökonomischer und Finanzieller Agency-Theorie unterschieden. Die Unterscheidung geht auf Barnea, Amir / Haugen, Robert A. / Senbet, Lemma W., Contracting, 1985, zurück. Die Ökonomische Agency-Theorie beschäftigt sich mit der Gestaltung gewinnmaximaler Verträge zwischen Principal und Agent. Die Finanzielle Agency-Theorie versucht in der Realität auftretende Regelungen und Organisationsformen als Folge von Principal-Agent-Situationen zu erklären.

[38] Vgl. Alchian, Armen A. / Demsetz, Harold, Production, 1972.

[39] Elschen, Rainer, Agency-Theorie, 1988, S. 248.

[40] Vgl. Neus, Werner, Costs, 1989, S. 472.

[41] Vgl. Holmström, Bengt, Observability, 1979, S. 74.

[42] Wenger, Ekkehard / Terberger, Eva, Baustein, 1988, S. 510.

bei faulem können [sic!] dasselbe bewirken wie Pech bei fleißigem Verhalten..."[43] Diesen Fall von asymmetrischer Information nennt Arrow "hidden action."[44]

Perrow charakterisiert eine typische Principal-Agent-Situation wie folgt: "Contracts will be violated because of self interest, and can be violated because of the costs and ineffectiveness of surveillance."[45]

Diese Situation trifft auf eine Vielzahl vertraglicher Vereinbarungen zu. Entsprechend zahlreich sind die in Veröffentlichungen genannten Beispiele für Principal-Agent-Beziehungen.

Es sind dies unter anderem die Beziehungen zwischen

- Kreditgeber (Principal) und Kreditnehmer (Agent),
- Versicherer (P) und Versicherungsnehmer (A),
- Patient (P) und Arzt (A),
- Mandant (P) und Rechtsanwalt (A)[46].

Die bislang breiteste Anwendung findet die Agency-Theorie jedoch im Bereich der Unternehmung; in diesem Zusammenhang ist sie auch für die vorliegende Arbeit von Interesse. Dabei wird sowohl das Verhältnis zwischen Aktionär (P) und Management (A) als auch zwischen Aktionär (P) und Aufsichtsrat (A) betrachtet.[47] "Hier entstehen Interessenkonflikte zwischen den geschäftsführenden und den außenstehenden Eigentümern. Dieser Ansatz trifft für die deutsche AG zu, in der ein Aktionär über die Mehrheit der Stimmrechte verfügt und selbst oder über verbundene Personen in den Verwaltungsorganen vertreten ist."[48]

Die Nutzenfunktion des Principals, die bei der Bewertung und Auswahl von Handlungsalternativen entscheidend ist, enthält dabei üblicherweise

---

[43]Spremann, Klaus, Stakeholder - Ansatz, 1989, S. 743.

[44]Arrow, Kenneth J., Agency, 1985, S. 38.

[45]Perrow, Charles, Economic, 1986, S. 12.

[46]Vgl. die Übersicht bei Kiener, Stefan, Sicht, 1990, S. 21.

[47]Vgl. die Übersicht bei Schoppe, Siegfried G. u. a., Moderne, 1995, S. 181.

[48]Iber, Bernhard, Aktionärsstruktur, 1987, S. 33.

als einziges Argument den Nettogewinn des Unternehmens.[49] Die Nutzenfunktion des Agenten enthält neben einer vom Principal zu beziehenden Belohnung entweder den Faktor Arbeitseinsatz,[50] den sogenannten Perquisites-Konsum[51] oder den Freizeitkonsum.[52]

Ein Ziel der Agency-Theorie besteht darin, optimale Verträge zwischen Principal und Agent zu konstruieren.[53] Diese Verträge kombinieren in der Regel Anreiz- und Kontrollmaßnahmen. Innerhalb der Anreizsysteme wird ein Zusammenhang zwischen der (finanziellen) Belohnung des Agenten und bestimmten Ergebnissen hergestellt. Der Ergebnisanteil, den der Manager erhält, soll dazu führen, daß sich Handlungen, die die Aktionäre benachteiligen, für ihn nicht mehr lohnen. Rappaport schlägt beispielsweise vor, als Bemessungsgrundlage für die Belohnung des Managements den geschaffenen "Shareholder Value" zu verwenden.[54]

II.A.1.3.1. Der Begriff der Agency Costs

Wie auch immer der Mix aus Anreiz und Kontrolle aussehen mag, die Milderung des Interessenkonflikts zwischen Principal und Agent ist mit Kosten verbunden. Die Agency-Theorie bezeichnet diese Kosten als "Agency Costs".[55]

Dem Aktionär, der Informationen über den Arbeitseinsatz und die Qualität des Managements bekommen will, entstehen Kontrollkosten, z.B. für die Bezahlung von Kontrolleuren wie beispielsweise Aufsichtsräten, sowie

---

[49] Vgl. Laux, Helmut, Risiko, 1990; Spremann, Klaus, Agent, 1987; Hartmann-Wendels, Thomas, Informationsverteilung, 1989; Jensen, Michael C. / Meckling, William H., Firm, 1976; Ross, Stephen, Agency, 1973, beispielhaft für viele in der Agency-Theorie.

[50] Vgl. z. B. Holmström, Bengt, Observability, 1979, S. 75 - 77; Laux, Helmut, Risiko, 1990, S. 12; Hartmann-Wendels, Thomas, Informationsverteilung, 1989, S. 714 - 717.

[51] Vgl. Jensen, Michael C. / Meckling, William H., Firm, 1976, S. 313. Näheres dazu in Gliederungspunkt II.B.1.2.1.1.

[52] Vgl. Alchian, Armen A. / Demsetz, Harold, Production, 1972, S. 780.

[53] Optimale Vertragsgestaltung ist im ökonomischen, nicht im juristischen Sinn zu verstehen.

[54] Vgl. Rappaport, Alfred, Value, 1994, S. 69 - 73; sowie Rappaport, Alfred, Corporate, 1983, S. 28 - 38. Kritisch dazu: Elschen, Rainer, Kontrollsysteme, 1991, S. 209 - 220.

[55] Vgl. beispielsweise Neus, Werner, Costs, 1989.

Opportunitätskosten bei der Beschaffung von Geschäftsberichten, Researchergebnissen und Marktanalysen. Eine vollständige Kontrolle des Managements ist in der Regel dennoch nicht möglich und wäre außerdem zu kostenaufwendig, besonders dann, wenn die Kontrollkosten mit zunehmender Intensität der Kontrolle überproportional steigen.[56] Trotz Kontrolle hat die Unternehmensleitung deshalb meistens einen gewissen Handlungsspielraum bei der Quantität und Qualität ihres Arbeitseinsatzes. Der Verlust, der dem Unternehmenseigentümer, dem Principal, dann noch durch Managementaktionen entsteht, die seinen Interessen zuwiderlaufen, wird als "residual loss" bezeichnet.[57]

Die Konstruktion von Anreizsystemen und Verhaltensmaßregeln kann ebenfalls mit Kosten verbunden sein. Die Gesamtheit dieser Kosten macht zusammen mit den Kontrollkosten und dem residual loss die Agency Costs aus.[58] Agency Costs sind ein theoretisches Konstrukt. Sie spiegeln die Differenz zwischen dem Nettogewinn des Principals in einem fiktiven Zustand der vollkommenen Information und seinem Nettogewinn bei asymmetrischer Information und den beschriebenen Interessenkonflikten wider. Die Höhe der Agency Costs beeinflußt tendenziell den Unternehmenswert.

II.A.1.3.2. Agency Costs und Eigentümerstruktur

Die Principal-Agent-Theorie in ihrer bislang dargestellten Form geht davon aus, daß eine klare Trennlinie zwischen Principal und Agent gezogen werden kann. Zudem wird unterstellt, daß es entweder nur einen Principal gibt, oder daß im Falle mehrerer Principals alle den Wert ihrer Unternehmensanteile als einziges Argument in ihrer zu maximierenden Nutzenfunktion haben.

Von besonderer Relevanz für die Untersuchung und Bewertung von Mehrfachstimmrechten sind jedoch Situationen, in denen Interessenkonflikte zwischen verschiedenen Principals bestehen, oder in denen Principal und Agent zum Teil identisch sind. Dies ist der Fall, wenn das Management einer Unternehmung einen mehr oder minder großen Anteil der Aktien besitzt. Letztere Situation ist in den Vereinigten Staaten zu beobachten.

---

[56]Vgl. Motyka, Walter, Eignung, 1989, S. 205.

[57]Vgl. Neus, Werner, Costs, 1989, S. 473.

[58]Vgl. Jensen, Michael C. / Meckling, William H., Firm, 1976, S. 308.

In den USA wurden in den vergangenen 10 Jahren eine Vielzahl empirischer Arbeiten zu den beschriebenen Themenkreisen veröffentlicht. Die amerikanischen Wissenschaftler haben sich zum Beispiel mit den Fragen beschäftigt, welchen Einfluß die Abweichung eines Unternehmens vom Grundsatz des "One Share - One Vote" auf die Wohlfahrt der Aktionäre ausübt oder wie "Charter Amendments" oder "Poison Pills", die auf den Schutz der Unternehmen vor feindlichen Übernahmen abzielen, das Aktionärsvermögen beeinflussen. Der Aktienbesitz des Managements spielt in diesen Analysen genauso eine Rolle wie die Bedeutung der Kapitalstruktur für Firmenwert und Aktionärsvermögen.[59]

Jensen und Meckling unterstellen einen direkten Zusammenhang zwischen der Höhe der Agency Costs und der Eigentümerstruktur eines Unternehmens.[60] Die beiden Autoren zeigen eine weitere Einflußgröße auf die Agency Costs auf: "Competition from other potential managers limits the costs of obtaining managerial services."[61]

In Deutschland stand die Frage, ob die Manager im Interesse der Aktionäre handeln und die Anreizmechanismen, die dies bewirken sollen, auch wirklich greifen, bis vor wenigen Jahrzehnten nicht im Zentrum der Debatte. Dabei ist die Agency-Problematik in der Bundesrepublik nicht minder brisant als in den USA - im Gegenteil.

Deutsche Unternehmen werden in großem Maße von Banken, Versicherungen und anderen Firmen beherrscht. Die Eigentümer und Kontrolleure, die in deutschen Unternehmen das Verhalten der Manager bestimmen, sind Managements anderer Unternehmen, wobei Banken und Versicherungen den größten Einfluß ausüben. "Die geringe Zahl feindlicher Übernahmen in der Bundesrepublik sowie der erhebliche Verflechtungsgrad unter den Publikumsaktiengesellschaften legt somit den Schluß nahe, daß der Wettbewerb auf dem Markt für Unternehmenskontrolle durch miteinander konkurrierende Managementteams nicht hinreichend wirksam ist. Vor diesem Hintergrund mag dann die 'Revolution der Aktionäre' und die Arbeit ihrer Finanzintermediäre in den Vereinigten Staaten von Amerika bedrohliche Schatten des Wettbewerbs auf diese geordnete Management-

---

[59]Vgl. beispielsweise Jarrell, Gregg A. / Poulsen, Annette B., Shark, 1987, S. 127 - 168; ebenfalls DeAngelo, Harry / Rice, Edward M., Charter, 1983, S. 329 - 360; Linn, Scott C. / McConnell, John J., Investigation, 1983, S. 361 - 399.

[60]Vgl. Jensen, Michael C. / Meckling, William H., Firm, 1976, S. 305 - 360.

[61]Jensen, Michael C. / Meckling, William H., Firm, 1976, S. 328.

idylle zu werfen und dort Nachsinnen über restaurative Gegenmittel hervorgerufen zu haben."[62]

Bevor auf diese Aspekte näher eingegangen wird, ist eine Grundfrage zu klären: Wer sollte die Geschäftspolitik im Unternehmen letztlich bestimmen? Die oben dargestellte Form der Agency-Theorie unterstellt, daß den Eigentümern, also den Aktionären, die Lenkungs- und Kontrollrechte in der Unternehmung zustehen. In der ökonomischen Literatur besitzt diese Frage eine lange Tradition und ist von jeher nicht unumstritten.

II.A.1.4. Ausrichtung an staatlichen und sozialen Zielen

Berle und Means plädierten Ende der dreißiger Jahre - im Gegensatz zur Agency-Theorie -, dafür, daß die Unternehmensgewinne im Sinne des öffentlichen Interesses verwendet werden sollten.[63] Das Management solle auf die Rolle einer "neutral technocracy"[64] reduziert werden; die Investoren sollten nur einen "fair return to capital"[65] erhalten. Die Aktionäre hätten ihr Anrecht auf die Gewinne der Unternehmung verwirkt, weil sie längst die Kontrolle über diese Firmen verloren hätten.[66]

In den sechziger Jahren stellte Hayek Thesen über den Stellenwert von Unternehmen in einer demokratischen Gesellschaft auf. Sein Ansatz ist sicherlich auch heute noch aktuell:"... if we want effectively to limit the powers of corporations to where they are beneficial, we shall have to confine them much more than we have yet done to one specific goal, that of the profitable use of the capital entrusted to the management by the stockholders ... Even the largest aggregation of potential power, the largest accumulation of resources under a single control, is comparatively innocuous so long as those who exercise such power are entitled to use it only for one specific purpose and have no right to use it for other aims, however desirable in themselves. I shall maintain, therefore, that the old-fashioned conception which regards management as the trustee of the stockholders and leaves to the individual stockholder the decision whether any of the proceeds of the activities of the corporation are to be used in the

[62]Adams, Michael, Hindernisse, 1990, S. 66.

[63]Vgl. Berle, Adolf A. / Means, Gardiner C., Property, 1939, S. 356.

[64]Berle, Adolf A. / Means, Gardiner C., Property, 1939, S. 356.

[65] Berle, Adolf A. / Means, Gardiner C., Property, 1939, S. 344.

[66]Vgl. Berle, Adolf A. und Means, Gardiner C., Property, 1939, S. 340 ff. sowie S. 355.

service of higher values is the most important safeguard against the acquisition of arbitrary and politically dangerous powers by corporations."[67]

Die einzige Möglichkeit, die Macht der Unternehmen zu beschränkten, besteht also darin, sie einem einzigen Ziel zu verpflichten: dem Ziel, Gewinne zu erwirtschaften. Lassen es die Rahmenbedingungen eines Gemeinwesens zu, daß sich Unternehmen an sozialen Zielen orientieren oder den Interessen bestimmter Gruppen wie der Arbeitnehmerschaft oder des Managements Vorrang einräumen, so besteht die Gefahr, daß sich der Machtbereich der Unternehmen ausdehnt, weil die diffusen Ziele, die sie verfolgen, nicht mehr kontrollierbar sind. Ein zweiter Effekt würde sich einstellen: Wenn eine Unternehmung begänne, soziale Ziele zu verfolgen, dann wäre es nur logisch, daß die Repräsentanten des öffentlichen und sozialen Interesses, also die Politiker, eine stärkere Einflußnahme auf die Unternehmen forderten.[68] Dies ist heute in der Bundesrepublik schon zu beobachten: In dem Maße, in dem Unternehmen die soziale Verantwortung für Arbeitnehmer übernehmen wollen, also zum Beispiel staatliche Subventionen zur Erhaltung von Arbeitsplätzen fordern, umso mehr geben sie sich in die Hände der Politik, die ihren Einfluß auf diese Unternehmen mehr und mehr ausdehnt. Jüngstes Beispiel in Deutschland für das beschriebene Phänomen ist die Vermengung von Gewinnmaximierungs- und sozialen Interessen und die Einmischung der Politiker im Falle der Übernahme Krupp-Hoesch / Thyssen.[69]

Nur dann, wenn sich Unternehmen auf das spezielle Ziel der profitablen Nutzung des eingesetzten Kapitals konzentrieren, gibt es keine Rechtfertigung für den Staat, die Entscheidungsfreiheit der Unternehmen einzuschränken. So warnt auch Hayek: "Unless we believe that the corporations serve the public interest best by devoting their resources to the single aim

---

[67]Hayek, Friedrich August (Hrsg), Philosophy, 1967, S. 300 f.

[68]Eine solche öffentliche Einflußnahme forderten Berle, Adolf A. und Means, Gardiner C., Property, 1939. Sie waren der Meinung, daß die Machtlosigkeit der Aktionäre eine notwendige Folge der Zersplitterung des Eigentums in viele Anteile sei. Ihre Folgerung: Eine Reform des Abstimmungsmechanismus sei sinnlos - die Unternehmen müßten sich deshalb der Kontrolle durch die Gesellschaft unterwerfen. Die Investoren sollten in diesem System eine "zufriedenstellende" Rendite bekommen und die Mitglieder des Managements auf die Rolle "neutraler Technokraten" beschränkt werden.

[69]Vgl. Breuer, Helmut, Politiker, 1997, S. 14.

of securing the largest return in terms of long-run profits, the case of free enterprise breaks down."[70]

II.A.1.5. Ausrichtung an Aktionärs- oder Gläubigerinteressen

Elschen weist darauf hin, daß sich Manager häufig nicht nur als Agent der Aktionäre, sondern auch der Arbeitnehmer und Fremdkapitalgeber verstehen. Auch die neuere Literatur faßt die Agency-Theorie breiter und definiert Principal-Agent-Relationen zwischen der Unternehmensleitung und sogenannten "stakeholders", also allen Wirtschaftssubjekten, die explizite oder implizite Ansprüche gegenüber der Unternehmung haben.[71]

Diese Sichtweise knüpft an Autoren an, deren Auffassung zufolge Aktionäre nicht mehr und nicht weniger Eigentümer einer Unternehmung sind als die Gläubiger oder die Angestellten der Firma. All diese Teilnehmer handeln Verträge mit der Unternehmung aus. Die Aktionäre - so die These - erhielten Stimmrechte nur in dem Umfang, der für die Unternehmung nützlich sei. Aktionäre drückten ihre Meinung durch Kauf oder Verkauf der Aktien aus - sie hätten keinen Grund, der Unternehmung durch bestimmte Abstimmungsprozeduren zusätzliche Kosten zu verursachen oder sie zu lähmen. Es sei unwahrscheinlich, daß sie besser als die Manager wüßten, wie die Unternehmung zu leiten ist. Ihre Interessen seien nicht durch das Stimmrecht, sondern durch den Aktienmarkt, also durch die Notwendigkeit der Manager, neues Kapital zu rekrutieren, geschützt.[72]

Dieses Argument ist schon deshalb auf deutsche Verhältnisse nicht anwendbar, weil das deutsche Bilanzrecht es den Unternehmungsleitungen erlaubt, in hohem Maße stille Reserven zu bilden und den Aktionären einen großen Teil der erwirtschafteten Gewinne vorzuenthalten.[73] Deutsche Unternehmen entziehen sich so der Kontrolle durch den Kapitalmarkt - die deutschen Aktionäre sind nicht in dem Maße, wie es notwendig wäre, durch die Bewertung eines Unternehmens durch den Aktienmarkt geschützt.

---

[70] Hayek, Friedrich August von (Hrsg), Philosophy, 1967, S. 312.

[71] Vgl. z.B. Cornell, Bradford / Shapiro, Alan C., Corporate, 1987, S. 5 - 14.

[72] Vgl. Easterbrook, Frank H. / Fischel, Daniel R., Law, 1983, S. 396 - 397.

[73] In diesem Punkt zeichnet sich inzwischen eine Veränderung ab. Eine Reihe von deutschen Unternehmen wie z. B. die Daimler Benz AG, die Deutsche Bank AG, Bayer AG, Schering AG sowie die Hoechst AG legt inzwischen einen Jahresabschluß aufgrund der International Accounting Standards (IAS) vor. Vgl. dazu Becker, Walther, Wirrwarr, 1996, S. 13.

Das deutsche Bilanzrecht stellt die Rechte der Gläubiger in den Vordergrund. Ob dies allerdings den Notwendigkeiten des Markts für Unternehmenskontrolle Rechnung trägt, darf bezweifelt werden. Denn die Aktionäre, nicht die Gläubiger sind es, die mit ihren Ansprüchen auf das Einkommen der Firma an letzter Stelle stehen, also den marginalen Gewinn bekommen und die marginalen Kosten tragen. Allein sie als "residual claimants"[74] besitzen die richtigen Anreize, "because shareholders usually bear the risk at the margin, they are more likely than bondholders to have the appropriate incentives and thus are the more appropriate holders of discretionary powers."[75]

Daß sich die Unternehmen allein an den Interessen der Aktionäre ausrichten sollten, hat weitere Gründe: Fehlte diese Verpflichtung und gewännen mehrere widerstreitende Gruppen Einfluß auf das Unternehmen - beispielsweise Gläubiger, Kunden oder Arbeitnehmer, also Gruppen mit völlig verschiedenen Interessenlagen - dann gäbe es ein in sich konsistentes Entscheidungssystem nicht mehr. Easterbrook und Fischel zufolge sind die Präferenzordnungen der verschiedenen einflußsuchenden Interessengruppen zu unterschiedlich und lassen sich nicht in Einklang bringen. Mit dieser Argumentation stützen sich Easterbrook und Fischel auf Ergebnisse der "Public Choice"-Theorie, die die Auswirkungen sogenannter "multipeaked preferences"[76] analysiert hat.

Ein einfaches Beispiel soll die Problematik solcher Präferenzordnungen für die Entscheidungen eines Unternehmens verdeutlichen: Es seien V1, V2 und V3 die drei einzigen abstimmungsberechtigten Anteilseigner des Unternehmens. Der Einfachheit halber soll angenommen werden, daß jeder der Aktionäre nur über eine mit einer Stimme ausgestattete Aktie verfügt. V1, V2 und V3 haben nun über die künftige Strategie des Unternehmens zu entscheiden. Drei Alternativen X, Y und Z stehen zur Wahl, wobei diese unterschiedliche Ausprägungen einer Variablen Q darstellen sollen. Q könnte beispielsweise der Automatisierungsgrad einer Fabrik sein, über den die Aktionäre zu entscheiden haben. Die drei Wähler stimmen paarweise über die Alternativen ab, wobei jeweils die einfache Stimmenmehrheit entscheidend sein soll.

---

[74]Abgesehen von den "Collective-Choice"-Problemen, von denen noch ausführlich die Rede sein wird. Vgl. Easterbrook, Frank H. / Fischel, Daniel R., Law, 1983, S. 403 ff.

[75]Easterbrook, Frank H. / Fischel, Daniel R., Law, 1983, S. 404.

[76]Mueller, Dennis, Public, 1979, S. 42.

In diesem Fall können sich etwa folgende, in Abb. 1 dargestellte Präferenzordnungen ergeben:

Abb. 1: Präferenzordnungen dreier Aktionäre bei drei Entscheidungsalternativen und zweigipfliger Präferenzordnung eines Aktionärs

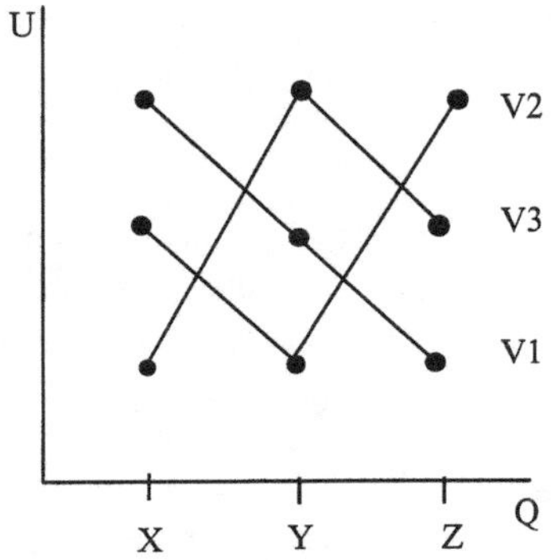

(Quelle: Dennis C. Mueller, Public Choice, Cambridge u.a., Cambridge University Press, 1979, S. 40)

In dem gezeigten Fall weist Aktionär V2 eine Präferenzordnung mit zwei Gipfeln auf. Er bewertet die Alternative Z besser als die Alternativen X und Y; gleichzeitig ist die Alternative X in seinen Augen der Alternative Y vorzuziehen. Auf das oben erwähnte Beispiel "Automatisierungsgrad" bezogen, bedeutet dies, daß Aktionär V2 die Alternative "hoher Automatisierungsgrad" am besten, die Möglichkeit "niedriger Automatisierungsgrad" am zweitbesten sowie eine mittlere Lösung am schlechtesten bewertet. Eine derartige Präferenzordnung, bei der der Nutzen des Individuums nicht umso niedriger wird, je weiter man sich vom optimalen Punkt weg bewegt, wird mehrgipflig genannt. Mehrgipflige Präferenzordnungen können dann auftreten, wenn das Entscheidungsproblem mehrere Dimensionen aufweist. Das bedeutet z.B., daß die Aktionäre die Alternativen "hoher, mittlerer und niedriger Automatisierungsgrad" nicht ausschließlich unter einem Kriterium - der Gewinnmaximierung - betrachten, sondern auch andere Gesichtspunkte, z. B. Arbeitsplatzverluste, mit einbeziehen. In dem genannten Beispiel ist für V2 ein hoher Automatisierungsgrad mit dem höchsten Nutzen verbunden, weil er die Arbeitskosten reduziert und unter dem Kriterium "Gewinnmaximierung" das beste Ergebnis liefert. Am zweitbesten findet V2 im dargestellten Beispiel die von Z am weitesten entfernte Alternative X, weil sie die geringsten Arbeitsplatzverluste beinhaltet. Der entscheidende Punkt besteht darin, daß es im Fall mehrgipfliger Präferenzordnungen bei den Entscheidungsträgern keinen Konsens darüber gibt, auf welche Weise die Alternativen, in diesem Fall der zu wählende Automatisierungsgrad, bezüglich des sich hieraus ergebenden Nutzens zu ordnen sind.

Nachstehende Tabelle 1 zeigt das resultierende Abstimmungsergebnis:

Tab. 1: Abstimmungsergebnis in der Hauptversammlung bei zweigipfliger Präferenzstruktur eines Aktionärs

Aktionäre	Abstimmungspunkte						
	X		Y		Z		X
V1		>		>		<	
V2		>		<		>	
V3		<		>		>	
Hauptversammlung		>		>		>	

(Quelle: Dennis C. Mueller, Public Choice, Cambridge u.a., Cambridge University Press, 1979, S. 40)

Wie sich aus dem Beispiel ersehen läßt, führt die paarweise Abstimmung nicht zu einem Gleichgewichtsergebnis. Es bildet sich ein Zyklus; jede Entscheidungsalternative kann wieder mit einfacher Stimmenmehrheit überstimmt werden. Black hat nachgewiesen, daß die Mehrheitsregel dann Gleichgewichtslösungen hervorbringt, wenn die Präferenzen der Abstimmenden eingipflig sind.[77] Eingipfligkeit ist eine Homogenitätseigenschaft

[77] Vgl. Black, Duncan, Rationale, 1948, S. 23-34.

von Präferenzordnungen.[78] Je heterogener Präferenzordnungen der Entscheidungsträger im Unternehmen sind, d.h. je mehr unterschiedliche Kriterien der Entscheidungsfindung zugrundeliegen, desto häufiger treten widersprüchliche Entscheidungen auf. Easterbrook und Fischel fassen zusammen: "If a firm makes inconsistent choices, it is likely to self-destruct."[79]

Mit dem Prinzip der Unternehmenskontrolle ausschließlich durch die Aktionäre ist das Problem mehrgipfliger Präferenzordnungen nicht vollständig bereinigt. Die im Unternehmen anstehenden Entscheidungen werden zwar von der Interessengruppe der Aktionäre nicht in dem Maße multidimensional bewertet wie im Falle einer Abstimmung aller "stakeholders", aber auch die Präferenzordnungen der Anteilseigner sind nicht völlig homogen. Die einfache Nutzenfunktion der Agency-Theorie steht im Widerspruch zur Realität: Großaktionäre und Kleinaktionäre sowie Anteilseigner mit und ohne geschäftliche Beziehungen zum Unternehmen besitzen eine Vielzahl von widerstreitenden Interessen. "So firms with single classes of voters are likely to be firms with single objectives, and single-objective firms are likely to prosper relative to others."[80] Welche Aktionärsgruppe mit der geeigneten Anreizstruktur für eine effiziente Unternehmenskontrolle ausgestattet ist und welche Gruppe sich dafür schlechter eignet, wird weiter unten thematisiert werden.

Festzuhalten ist: Die Macht, die Unternehmensvorstände ausüben, muß "geliehene Macht" sein - geliehen von den Aktionären der Unternehmung, die die Erfüllung des Ziels "Gewinnmaximierung" beaufsichtigen.

Diese Beaufsichtigung und Entscheidungsfindung im Rahmen von Aktionärsversammlungen erfolgt mit Hilfe von Stimmrechten, die den Anteilseignern aus dem Besitz bestimmter Aktiengattungen zuwachsen.

Bevor auf die ökonomische Funktion von Stimmrechten detailliert eingegangen wird, soll zunächst im folgenden Abschnitt - im Vorgriff auf spätere Ausführungen - eine kurze Beschreibung und Bewertung der Aktiengattung vorgenommen werden, die das Thema der Arbeit darstellt - der Mehrstimmrechtsaktien. Dieses Vorgehen soll es erleichtern, den Spezial-

---

[78]Vgl. Mueller, Dennis, Public, 1979, S. 41.

[79]Easterbrook, Frank H. / Fischel, Daniel R., Law, 1983, S. 405.

[80]Easterbrook, Frank H. / Fischel, Daniel R., Law, 1983, S. 405.

fall "Mehrstimmrechte" in die Diskussion über Wirkung und Wert von Stimmrechten einzuordnen.

II.A.2. Bedeutung der Mehrstimmrechte für die "Corporate Governance"

Mehrstimmrechtsaktien sind gegenwärtig in 27 deutschen börsennotierten Aktiengesellschaften vorzufinden. Dabei handelt es sich um Vorzugsaktien, die das Recht verbriefen, in der Hauptversammlung mit mehr als einer Stimme pro Aktie - der Stimmenausstattung einer Stammaktie -, zu votieren. Bei Mehrfachstimmrechtsaktien besteht der Vorzug im Stimmen- und nicht im Dividendenvorzug wie im Fall der in Deutschland wesentlich verbreiteteren stimmrechtslosen Vorzugsaktien.

Die jeweilige Stimmrechtsausstattung der mehrstimmigen Papiere ist in der Satzung der betreffenden Unternehmung festgelegt; das Mehrstimmrecht kann sich auf verschiedene Abstimmungspunkte beziehen. Es gibt beispielsweise ein deutsches Unternehmen, bei dem die Mehrstimmrechte in der Hauptversammlung nicht automatisch, sondern nur im Bedarfsfalle zum Einsatz kommen. Der mit den Mehrstimmrechtsaktien verbundene Stimmenvorzug ist teilweise sehr hoch; in Deutschland existieren Mehrfachstimmrechtsaktien, die mit mehreren tausend Stimmen gekoppelt sind und extreme Abweichungen vom Grundsatz des "One Share - One Vote" repräsentieren.

Auf die Bedeutung einer durch Mehrstimmrechte geschaffenen Konzentration von Stimmen wird später detailliert eingegangen. Sie soll bereits an dieser Stelle kurz skizziert werden: Je größer die Abweichung von einer proportional gleichen Verteilung von Stimmen und Residualansprüchen an das Unternehmen ist, desto größere Agency Costs stellen sich ein. Stimmrechtskonzentrationen geben Minderheiten unverhältnismäßig viel Gewicht. Sie machen eine Umgruppierung von Kontrollblöcken sehr schwierig oder unmöglich, behindern also Kontrollveränderungen und unterstützen die Machtposition des Managements oder eines Aktionärs gegenüber dem Streubesitz.[81]

Stimmrechtskonzentrationen durch die Einführung mehrerer Aktienklassen, die mit unterschiedlichen Stimmrechten ausgestattet sind, existieren nicht nur in Deutschland. Amerikanische, kanadische, italienische und schweizerische Autoren haben die Situation auf ihren nationalen Kapital-

---

[81] Vgl. Easterbrook, Frank H. / Fischel, Daniel R., Law, 1983, S. 409.

märkten beschrieben und die Auswirkungen der Stimmrechtskonzentrationen auf den Firmenwert analysiert. In Deutschland wenden sich Kritiker der Mehrstimmrechte, beispielsweise aus dem Kreis ausländischer institutioneller Investoren, vermehrt gegen derartige Abweichungen von der Proportionalität von Anteilsbesitz und Stimmen, beispielsweise beim bekanntesten Beispiel von Mehrstimmrechtsaktien in einem deutschen Unternehmen, der RWE AG.

Um diskutieren zu können, welchen Einfluß derartige Aktien auf den Markt für Unternehmenskontrolle und letztlich auf die Wohlfahrt der Aktionäre ausüben, soll nun zunächst untersucht werden, warum Stimmrechte überhaupt existieren, wie das Stimmrecht ökonomisch zu beurteilen ist und welchen wirtschaftlichen Wert es besitzt.

II.B. Wirkung und Funktion von Stimmrechten

Aus ökonomischer Perspektive betrachtet ist der Begriff "Unternehmung" die Bezeichnung für "ein Spinnennetz von vertraglichen Vereinbarungen".[82] Nicht alle Rechte und Pflichten eines jeden Teilnehmers können jedoch vertraglich spezifiziert werden - dies wäre nicht nur unmöglich, sondern auch wegen der hohen Kontraktkosten ineffizient. Auch die gesetzlichen Regeln, auf deren Grundlagen eine Unternehmung agiert, sind nicht detailliert genug und dürfen dies auch nicht sein, um auf die verschiedensten Situationen Anwendung finden zu können. Es entsteht damit eine Lücke zwischen den vertraglich und gesetzlich spezifizierten Grundlagen und den Details, die bei jeder Unternehmung anders aussehen. Diese Lücke wird durch Abstimmungen ausgefüllt: "The right to vote is the right to make all decisions not otherwise provided by contract - whether the contract is express or supplied by legal rule. The right to make the decision includes the right to delegate them. Thus voters may elect directors and give them discretionary power over things voters otherwise could control."[83]

Stimmrechte existieren also in Aktiengesellschaften, weil aufgrund der Unvollständigkeit der Verträge eine bestimmte Gruppe die letzte Entscheidungsgewalt besitzen muß. Daß es sich bei den Aktionären um diejenige Gruppe mit der richtigen Anreizstruktur für die Ausübung dieser Entscheidungsgewalt handelt, ist oben bereits angesprochen worden. Welcher wirtschaftliche Wert ist für die Aktionäre mit der Ausübung der Entschei-

---

[82]Easterbrook, Frank H. / Fischel, Daniel R., Law, 1983, S. 401.

[83]Easterbrook, Frank H. / Fischel, Daniel R., Law, 1983, S. 402.

dungsgewalt verbunden, d.h. welchen ökonomischen Wert besitzen Stimmrechte?

II.B.1. Der ökonomische Wert von Stimmrechten

Die neoklassische Finanzierungstheorie hilft bei der ökonomischen Wertung von Stimmrechten kaum weiter. Im Rahmen dieser Theorie weisen unterschiedliche Preise von Aktien auf verschiedene Auszahlungen in der Zukunft hin. Verbriefen zwei Aktienklassen jedoch identische Rechte auf zukünftige Dividenden desselben Unternehmens und gleichen Anteil am Liquidationserlös, so muß die klassische Finanzierungstheorie versagen, wenn man nach einer Erklärung für unterschiedliche Börsenkurse dieser Aktienklassen sucht.[84]

II.B.1.1. Unterschiedliche Aktienpreise mehrerer Stimmrechtsklassen

II.B.1.1.1. Empirische Untersuchungen aus den USA

In zwei Studien, 1983 und 1984, analysieren die amerikanischen Autoren Lease, McConnell und Mikkelson ein Panel von US-Firmen, die zwei sich nur durch ihre Stimmrechte unterscheidende Arten von Aktien ausgegeben haben.[85] Beispielsweise untersuchen sie in der Studie des Jahres 1983 ein Sample von 26 Unternehmen mit zwei Aktienklassen. In die Untersuchung wurden diejenigen Firmen aufgenommen, bei denen Lease, McConnell und Mikkelson in der Zeitspanne zwischen Januar 1940 und Dezember 1979 zwei mit identischen Dividendenansprüchen versehene Aktienklassen, die öffentlich und im selben Markt gehandelt wurden, vorfanden.

Bei der Analyse der Aktienkurse stützen sich Lease, McConnell und Mikkelson auf die Schlußnotierungen des letzten Handelstags in jedem Monat. Anschließend unterteilen sie ihre Sample-Firmen in drei Kategorien. Der Grund für diese Unterteilung liegt in den sehr komplexen Stimmrechtsstrukturen in den USA. Zum Beispiel kann eine Aktienkategorie mit dem Recht ausgestattet sein, den überwiegenden Teil des Board of Directors, des Kontrollorgans einer amerikanischen Aktiengesellschaft, zu wählen. Diese Aktien werden von Lease, McConnell und Mikkelson als "superior shares" bezeichnet. "Superior shares" können in den USA auch

---

[84]Vgl. Levy, Haim, Evaluation, 1983, S. 79.

[85]Vgl. Lease, Ronald C. / McConnell, John J. / Mikkelson, Wayne H., Control, 1983, S. 439 - 471; sowie Lease, Ronald C. / McConnell, John J. / Mikkelson, Wayne H., Value, 1984, S.443 - 467.

Aktien sein, die nur mit einer einzigen Stimme ausgestattet sind, wenn die andere Aktiengruppe beispielsweise das Recht auf nur 1/100 Stimme pro Aktie verbrieft. Lease, McConnell und Mikkelson definieren in ihrer Analyse eine weitere Aktiengruppe, die "preferred shares" - nicht zu verwechseln mit den deutschen Vorzugsaktien. Diese "preferred shares" sind Aktien, die mit zusätzlichen, über die der anderen beiden Kategorien hinausgehenden Stimmrechten ausgestattet sind.

Ein im Sample enthaltenes Unternehmen ist beispielsweise "American Maize Products". Bei ihm wählt die Aktienklasse A mit 1 Stimme pro Aktie 30 % der Board-Mitglieder, Aktienklasse B (superior common stock) wählt mit ebenfalls 1 Stimme pro Anteil die übrigen 70 %. Neben diesen beiden Aktienklassen des "common stock" existieren bei "American Maize Products" auch "preferred shares". Sie verbriefen 45 Stimmen pro Aktie und sind bei der Abstimmung über sämtliche Board-Mitglieder sowie bei anderen Abstimmungspunkten wahlberechtigt.[86]

Die Autoren unterteilen die untersuchten Firmen wie folgt: Die erste Kategorie umfaßt Unternehmen, die gewöhnliche stimmberechtigte und nicht stimmberechtigte Aktien - sogenannten "common stock" -, aber keine "preferred shares" ausgegeben hatten. In der zweite Gruppe finden die Firmen Aufnahme, bei denen es zwei Klassen von stimmberechtigten Aktien gibt, eine davon mit "superior voting rights". Die Unternehmen der dritten Kategorie weisen zusätzlich "preferred shares" auf.

Um den Marktwert der Stimmrechte in den Unternehmen zu messen, berechnen die Autoren Zeitreihen, die sich auf das Verhältnis der Monatsendnotierungen der zwei ersten Aktienklassen beziehen. Die "preferred shares" der dritten Firmenkategorie bleiben bei dieser Berechnung unberücksichtigt.

Lease, McConnell und Mikkelson kommen zu dem Ergebnis, daß die mit Stimmrechten ausgestatteten Aktien in den Unternehmen, in denen es nur stimmrechtslose und stimmberechtigte Papiere gab, mit einer durchschnittlichen Prämie von 5,44 % über den stimmrechtslosen Papieren notierten. Die Autoren zeigen, daß Stimmrechte in der Tat wertvoll sind. Aktionäre geben etwas von Wert auf, wenn sie dem Management erlauben, die Stimmrechte ihrer Aktien zu beschränken. Denn damit reduzieren

---

[86]Vgl. Lease, Ronald C. / McConnell, John J. / Mikkelson, Wayne H., Control, 1983, S. 444.

sich die Möglichkeiten für die Anteilseigner, die Kontrolle per Aktienverkauf an konkurrierende Managements zu transferieren.

Die Berücksichtigung der dritten Firmenkategorie bringt ein für die Autoren überraschendes Resultat: Bei den Unternehmen, die zusätzlich "preferred stock" emittiert hatten, notierten die "superior shares" niedriger als die mit Stimmrechten schlechter ausgestatteten Aktien. Dieses Phänomen erkläre sich - so Lease McConnell und Mikkelson - möglicherweise aus zusätzlichen Kosten, die die Inhaber der "superior shares" tragen müßten: "The fact that the costs predominate in those cases where the firm also has outstanding a class of voting preferred stock suggests that the way in which the benefits and costs of corporate control are distributed among securityholders depends to some degree upon the complexity of the firm's ownership structure."[87]

II.B.1.1.2. Empirische Untersuchungen aus Israel

Empirische Untersuchungen liegen nicht nur aus den Vereinigten Staaten vor. Levy hat den Wert von Stimmrechten in Israel analysiert.[88] Wie Lease, McConnell und Mikkelson betrachtet auch Levy Unternehmen, die zwei mit Ausnahme der Stimmrechte identische Aktienklassen emittiert haben. Die ungleiche Stimmenausstattung der Aktien kommt hier anders zustande als in den USA: Auf dem israelischen Kapitalmarkt verbriefen Aktien zwar den Anspruch auf jeweils eine Stimme, lauten aber auf unterschiedliche Nennwerte. Bei der Ausgabe von Aktien unterschiedlicher Nennwerten werden automatisch Mehrstimmrechtsaktien geschaffen.

Die Höhe des Stimmenvorzugs hängt vom Nennwertverhältnis der Aktienklassen ab, das in Israel von 2:1 bis 10:1 schwankt. Das gebräuchlichste Nennwert- und damit Stimmenverhältnis in den Unternehmen beläuft sich auf die Relation 5:1. Ebenfalls auf diesem Wege - durch Umstellung der einzelnen Aktienkategorien auf unterschiedliche Nennwerte im Zuge der Währungsreform 1924 - sind in den zwanziger Jahren auch in Deutschland Mehrfachstimmrechtsaktien entstanden. Darauf wird unten im Teil II der Arbeit, der sich im einzelnen mit der Ausprägung der Mehrfachstimmrechte in deutschen Unternehmen beschäftigt, näher eingegangen.

---

[87]Lease, Ronald C. / McConnell, John J. / Mikkelson, Wayne H., Control, 1983, S. 470.

[88]Vgl. Levy, Haim, Evaluation, 1983.

Auf dem israelischen Aktienmarkt besaßen im Jahre 1981 insgesamt 25 von 101 gelisteten Firmen zwei Aktienklassen, die mit Ausnahme der Stimmrechte identisch waren. Levy berechnet aus den Preisen der zwei Aktienklassen (Stichtag: der 15. eines jeden Monats) die monatliche Stimmrechtsprämie der stimmrechtsbevorzugten Aktienkategorie. Sein Resultat: Die durchschnittliche Stimmenprämie über alle Firmen, für die die Daten verfügbar waren, liegt bei 45,5 % - ein verglichen mit den Ergebnissen von Lease, McConnell und Mikkelson außerordentlich hoher Aufpreis. Er legt nahe, daß der Nutzen, den die Kontrollgruppe in Israel im Durchschnitt aus diesen Stimmrechten zieht, deutlich höher sein muß als in den USA.[89]

II.B.1.1.3. Empirische Untersuchungen aus Deutschland

In Deutschland haben Weber, Berg und Kruse die Kurse von Stamm- und stimmrechtslosen Vorzugsaktien verglichen.[90]

Ihren Erhebungen zufolge betrug der Anteil der stimmrechtslosen, börsennotierten Vorzugsaktien am börsennotierten Grundkapital in Deutschland Ende 1989 rd. 5 %.[91] In den 80er Jahren ist es Weber, Berg und Kruse zufolge zu einer Renaissance stimmrechtsbenachteiligter Aktien gekommen. Dies gelte auch für Deutschland.

In Deutschland erhält der Anteilseigner bei einigen Formen von Vorzugsaktien eine sogenannte Überdividende, d.h. eine festgelegte Mehrdividende. In anderen Fällen besitzt er das Recht auf eine prioritätische Dividende, d.h. das Dividendenausfallsrisiko ist geringer als bei Stammaktien. Die Dividende, die auf Stammaktien gezahlt wird, ist damit entweder bei gleichem Risiko geringer oder bei größerem Risiko gleich. "Im zweiten Fall wäre der Zins entsprechend zu korrigieren, was genausogut durch eine Verringerung der erwarteten Dividende dargestellt werden kann."[92] Weber, Berg und Kruse behandeln die zwei Fälle aus Vereinfachungsgründen

---

[89]Vgl. Levy, Haim, Evaluation, 1983, S. 88.

[90]Vgl. Weber, Martin / Berg, Erik / Kruse, Hermann, Renditevergleich, 1992, S. 548 - 565.

[91]Mitte 1993 waren an der Frankfurter Wertpapierbörse 52 Werte parallel als Stamm- und Vorzugsaktien notiert. Gleichzeitig wurden 31 Vorzüge gehandelt, deren Gesellschaften keine Stämme ausgegeben hatten. An den übrigen deutschen Börsen waren gut zwei Dutzend weiterer Vorzugsaktien notiert - zumeist Regionalwerte. Vgl. dazu: Bohne, Andreas, Nachholeffekt, 1993, S. 6.

[92]Weber, Martin / Berg, Erich / Kruse, Hermann, Renditevergleich, 1992, S. 549.

analog, indem sie beide mittels einer gegenüber Vorzugsaktien geringeren Dividende auf Stammaktien darstellen.

In der klassischen Finanzierungstheorie ist der Wert eines Anteils einer Unternehmung gleich der diskontierten Summe der in der Zukunft für diesen Anteil gezahlten Dividenden. P sei der Wert einer Vorzugsaktie, D die erwartete Dividende und i der Kalkulationszinsfuß. Es gilt:

$$P = \sum_{t=1}^{\infty} D_t/(1+i)^t$$

Bei konstanter Dividende D - der auf die Vorzüge bezahlten Dividende -, beträgt der Wert der Vorzugsaktie P = D/i. D* sei die konstante Dividende, die auf die Stammaktie bezahlt wird, so daß gilt: P* = D*/i.

Da entsprechend § 139 AktG (Vorzugsaktien ohne Stimmrecht) D* kleiner ist als D, muß der Kurs der Stammaktie geringer als der Kurs der Vorzugsaktie sein. Ist aber unabhängig von diesen Überlegungen der Kurs der Stämme höher oder gleich dem der Vorzugsaktie, so muß die Dividendenrendite der Vorzugsaktie (P/D) größer als die der Stammaktie (P*/D*) sein.

Weber, Berg und Kruse berechnen Kursverhältnisse und Dividendenrenditen 25 deutscher Unternehmen mit einem Grundkapital aus sowohl Stamm- als auch Vorzugsaktien. Beide Aktiengattungen waren im Untersuchungszeitraum von 1977 bis 1989 an deutschen Wertpapierbörsen notiert. Die Autoren testen verschiedene Hypothesen. Eine davon lautet: Der Kurs der Vorzugsaktien ist höher als der Kurs der Stammaktien. Eine weitere Hypothese: Die Rendite von Stammaktien ist gleich der Rendite von Vorzugsaktien.

Nach den Ergebnissen von Weber, Berg und Kruse können beide Hypothesen weder vollständig verworfen noch bestätigt werden. Zu Beginn des Betrachtungszeitraums entwickelte sich das Kursverhältnis von Vorzugs- zu Stammaktien auf einen Wert von über 1. Die Relation sank auf 0,87 im Jahre 1989. Diese abnehmende Tendenz fanden die Autoren bei fast allen beobachteten Unternehmen.

Auch die Hypothese "Rendite Stämme gleich Rendite Vorzüge" konnten Weber, Berg und Kruse für ihren Betrachtungszeitraum nicht verwerfen. Analog zum Kursverhältnis zeigte sich, daß zu Beginn des Zeitraumseine andere Renditeentwicklung als zu Mitte und zum Ende des Untersuchungszeitraums vorherrschte. Die Autoren fanden eine Überrendite der Stammaktien für Aktiengesellschaften mit neu eingeführten Vorzugsaktien. Für das gesamte Sample betrug allerdings die durchschnittliche Dividendenrendite bei Vorzugsaktien 2,86 %, bei Stammaktien dagegen nur 2,39 %. Nicht nur das Kursverhältnis von Vorzugs- zu Stammaktien, sondern auch die Dividendenrenditen ändern sich nach den Ergebnissen von Weber, Berg und Kruse im Zeitablauf. Die Renditen der Vorzugsaktien waren zu Beginn des Zeitraums größer, dann ausgeprägt kleiner und lagen schließlich wieder im selben Bereich wie die Renditen der Stammaktien.

Weber, Berg und Kruse gelangen zu weniger eindeutigen Ergebnissen als andere empirische Untersuchungen - beispielsweise die Studien von Lease, McConnell und Mikkelson, die deutliche Kursdifferenzen bei unterschiedlich mit Stimmrechten ausgestatteten Aktien finden. Auf die Abweichung ihrer Ergebnisse von denen der amerikanischen Arbeiten weisen Weber, Berg und Kruse hin: "Wir versuchen entsprechend vorsichtig zu argumentieren und insbesondere auf den betrachteten Zeitraum hinzuweisen. Inwieweit eine Schwankung im Kursverhältnis und in der Renditedifferenz vorhanden ist, müßte anhand anderer Zeiträume und auch anderer Märkte überprüft werden... Weiterhin sei angemerkt, daß die Ergebnisse sicherlich auch sensitiv gegenüber Sonderbewegungen einzelner Aktien sind. Bei nur 25 betrachteten Aktiengesellschaften läßt sich das jedoch kaum vermeiden."[93] Auf die Gründe potentieller Kursunterschiede zwischen verschiedenen Aktiengattungen gehen Weber, Berg und Kruse in ihrer Arbeit nicht ein.

Die These, daß die Kursunterschiede zwischen Stamm- und Vorzugsaktien im Zeitablauf schwanken, wird durch die Resultate einer Studie des Helaba Trusts gestützt.[94] Die Studie untersucht eine aus 30 deutschen Aktiengesellschaften, die jeweils sowohl Stamm- als auch stimmrechtslosen Vorzugsaktien emittiert haben, gebildete Stichprobe und berechnet Kursverhältnisse zwischen Vorzugsaktien und Stammaktien in einem Langzeitvergleich von Februar 1977 bis Juni 1992. Die Arbeit kommt zu dem Ergebnis, daß das Kursverhältnis Ende der 70er Jahre zwischen 0,90 und 0,95 pendelte, im April 1982 auf einen Spitzenwert von 0,99 stieg und danach zunächst langsam, dann zwischen Februar 1986 und März 1987 steil auf das niedrige Niveau um 0,80 Anfang der 90er Jahre abfiel. Ein Wert von 0,80 "entspricht einem Preisabschlag der Vorzugsaktien von 20 %

---

[93] Weber, Martin / Berg, Erich / Kruse, Hermann, Renditevergleich, 1992, S. 564.

[94] Vgl. Rothauge, Frank / Schmitt, Erhard, Schnäppchen, 1993, o.S.

bzw. einem Preisaufschlag der Stammaktien von 25 %."[95] Die vom Helaba Trust beobachtete Prämie auf Stammaktien ist also wesentlich höher als beispielsweise die von Lease, McConnell und Mikkelson festgestellten, auf den Verhältnissen in den USA basierenden Kursdifferenzen.

Den Ursachen der Kursunterschiede geht die Studie nach, indem sie den Einfluß einer Reihe von Variablen auf das Kursverhältnis testet. Ihr zentrales Ergebnis besteht darin, daß der Preisabschlag der Vorzugsaktien wesentlich von der Gewinnperspektive der Unternehmen abhängt: Bei guter Konjunktur werden die Vorzugsaktien schlechter eingestuft als die Stammaktien. Dies ergibt sich daraus, daß die Dividende bei Vorzugsaktien aufgrund ihrer Priorität sicherer ist als die der Stammaktien. "Dieser Vorteil ist aus Sicht eines Anlegers umso wertvoller, je unsicherer die Divendenzahlung eines Unternehmens wird."[96]

Die Studie testet des weiteren die Vermutung, daß der beobachtete Aufschlag auf Stammaktien auch auf einer Übernahmeprämie basiert: "Zum einen könnte eine Vermögensmehrung der Stammaktionäre aus einer Marktwertsteigerung des in das aufzukaufende Unternehmen investierten Kapitals resultieren."[97] Bei der Prüfung dieses Übernahmearguments erzielt die Studie aber keine statistisch signifikanten Ergebnisse.

Weitere empirische Arbeiten beschäftigen sich mit Kursdifferenzen von Vorzugs- und Stammaktien auf dem deutschen Aktienmarkt. Beispielsweise vergleicht Reckinger die Jahresultimokurse von Vorzugs- und Stammaktien im Zeitraum von 1972 bis 1981 für ein Sample von 13 Unternehmen.[98] Das Ergebnis der Autorin: Die Kurse der Stammaktien durchschnittlich um 10 % über denen der Vorzugsaktien.[99]

Auch in Deutschland arbeitet also eine Reihe empirischer Arbeiten Kursdifferenzen zwischen Vorzugs- und Stammaktien heraus, die höher liegen als die von Lease, McConnell und Mikkelson in den USA beobachteten Prämien.

[95] Rothauge, Frank / Schmitt, Erhard, Schnäppchen, 1993, o.S.

[96] Rothauge, Frank / Schmitt, Erhard, Schnäppchen, 1993, o.S.

[97] Rothauge, Frank / Schmitt, Erhard, Schnäppchen, 1993, o.S.

[98] Vgl. Reckinger, Gabriele, Bundesrepublik, 1984, S. 216 - 222.

[99] Vgl. Reckinger, Gabriele, Bundesrepublik, 1983, S. 221.

II.B.1.2. Ursachen der Kursdifferenzen zwischen Stimmrechtsklassen

Im folgenden sollen mögliche Ursachen für Kursdifferenzen zwischen Aktien verschiedener Stimmrechtsklassen untersucht werden.

Wie bereits erwähnt, gehen Weber, Berg und Kruse in ihrer Analyse nicht näher auf die potentiellen Ursachen von Kursdifferenzen ein. Reckinger mißt dem Stimmrecht eine eher psychologische denn ökonomische Bedeutung bei. Die Autorin erklärt die niedrigere Bewertung der Vorzugsaktien unter anderem durch das relativ schwache Angebot an diesen Papieren, durch Informationsdefizite der Anleger gegenüber Vorzugsaktien und durch das fehlende Stimmrecht als psychologische Barriere für Kleinaktionäre.[100]

Auch aus der Studie des Helaba Trusts, der - wie bereits oben erwähnt - u.a. der These nachgeht, die Kursunterschiede zwischen Stamm- und Vorzugsaktien kämen durch Übernahmeprämien auf Stammaktien zustande, ergibt sich keine eindeutige Erklärung für die beobachteten Kursdifferenzen: "Angesichts dieser insgesamt doch etwas dürftigen Ergebnisse muß bezweifelt werden, daß die Übernahme alleine für das Kursverhältnis [zwischen Vorzugsaktien und Stammaktien, d. V.] verantwortlich ist. Entweder scheint der Kapitalmarkt der Übernahmewahrscheinlichkeit keine dominierende Bedeutung beizumessen, oder sie ist in toto zu gering, um sich entscheidend auf das Kursverhältnis auszuwirken. ... Die Frage nach den Gründen für den Kursabstand zwischen 'Vorzügen' und 'Stämmen' bleibt somit zunächst unbeantwortet."[101]

Amerikanische Autoren wie Lease, McConnell und Mikkelson können aus ihren Untersuchungsergebnissen dagegen eindeutige Schlüsse ziehen: Der ökonomische Wert von Stimmrechten liegt ihrer Auffassung nach einerseits in künftigen Konsummöglichkeiten begründet, die über die erwarteten Dividendenzahlungen hinausgehen. Andererseits verbriefen Stimmrechte auch Eigentumsrechte. Mit ihnen verfügt der Aktionär über ein Instrument, mit Hilfe dessen er mitentscheiden kann, wie das Unternehmen, an dem er beteiligt ist, zukünftig agieren soll.[102]

---

[100]Vgl. Reckinger, Gabriele, Bundesrepublik, 1983, S. 217.

[101]Rothauge, Frank / Schmitt, Erhard, Schnäppchen, 1993, o. S.

[102]Lease, Ronald C. / McConnell, John J. / Mikkelson, Wayne H., Value, 1984, S. 450.

II.B.1.2.1. Stimmrechte als Weg zu speziellen Konsummöglichkeiten

Ein Aktionär, der eine genügend große Anzahl von Stimmen in Händen hält - bei hohem Stimmenvorzug von Mehrstimmrechtsaktien bedarf es dazu eines entsprechend geringen Grundkapitalanteils -, kann seinen Einfluß auf das Unternehmen nutzen, um Geldmittel an den außenstehenden Aktionären vorbei abzuzweigen. Stimmrechte können also als Instrumente zur Beschaffung von Konsum aufgefaßt werden.

II.B.1.2.1.1. Der Begriff des Perquisites-Konsums

Jensen und Meckling teilen 1976 in ihrer Analyse die Aktionäre eines Unternehmens in zwei Gruppen ein: Die erste Gruppe beinhaltet einen Insider-Aktionär, der das Unternehmen leitet und der über die Stimmrechte verfügt. Daneben gibt es die Gruppe der außenstehenden Aktionäre, die keine Stimmrechte besitzen. Obwohl beide Aktionärsgruppen identische Ansprüche auf Dividenden haben, kann der Insider-Aktionär seinen Konsum steigern, indem er zusätzlich sogenannte "Perquisites" konsumiert.[103]

Worum es bei Perquisites-Konsum geht, läßt sich anhand einiger Beispiele aufzeigen: Der Insider-Aktionär kann zum Beispiel seinen Dienstwagen auch privat fahren und auf Firmenkosten tanken, er kann Kunstgegenstände für sein Büro auf Firmenkosten kaufen und sie hinterher seinem privaten Vermögen zuführen, und er kann vom Firmenkonto Geld abheben und für seinen eigenen privaten Verbrauch verwenden. Mit diesem sogenannten Perquisites-Konsum mindert er die Auszahlungen, die für die Gesamtheit der Aktionäre zur Verfügung stehen und schwächt den Marktwert des betreffenden Unternehmens. Adams beschreibt weitere Spielarten des Perquisites-Konsums: "Dieser Konsum vermag sich neben prachtvollen Gehältern in den verschiedensten Formen verwirklichen: in vergnügten Arbeitsklimata in üppig ausgestatteten Büros mit angenehm anzusehenden Hilfskräften in großer Zahl; freundlich willigen, kulturell angepaßten, jedenfalls nicht zu kompetitiven Kollegen; Mitarbeitern mit der Gabe des vorauseilenden Gehorsams, Sicherheit in jeder Form, Schutz gegen vielerlei Ungemach und schließlich - und am teuersten - Status und soziale Macht in den verschiedensten Ausdrucksformen. Auch der Aufbau unproduktiver Wirtschaftsimperien wird zum kostspieligen Mittel des Wichtig-

---

[103]Vgl. Jensen, Michael C. / Meckling, William H., Firm, 1976, S. 312 f.

tuns unkontrollierter Unternehmensleitungen, die hierbei die Ressourcen ihrer machtlosen Aktionäre vergeuden."[104]

II.B.1.2.1.2. Optimales Perquisites-Niveau aus der Sicht des Managers

Der Anreiz, Perquisites zu konsumieren, ist bei allen Arten von Insider-Aktionären gegeben. Anfällig dafür ist zum Beispiel das Management, wenn es sich - entweder durch eigenen Besitz von Aktien oder durch die Existenz eines großen Stimmenblocks befreundeter und wohlgesinnter Aktionäre - in seiner Funktion sicher fühlen kann. Diese Anreizstruktur ist eine Ausformung des Agency-Problems: "Since the relationship between the stockholders and managers of a corporation fit the definition of a pure agency relationship it should be no surprise to discover that the issues associated with the 'separation of ownership and control' in the modern diffuse ownership corporation are intimately associated with the general problem of agency."[105] Die Interessen des Insider-Aktionärs oder Managers weichen von denen der Gesamtheit aller Aktionäre ab. "We shall continue to characterize the agency conflict between the owner-manager and outside shareholders as deriving from the manager's tendency to appropriate perquisites out of the firm's resources for his own consumption."[106]

Der Marktwert eines Unternehmens und das Niveau des Perquisites-Konsums stehen also in einem gegenläufigen Zusammenhang. Ein Manager wird Perquisites bis zu dem Niveau konsumieren, bei dem sein Grenznutzen aus einer zusätzlichen Perquisites-Einheit gleich ist den marginalen Kosten aus diesem zusätzlichen Konsum. Die Grenzkosten, um die es dabei geht, entsprechen der marginalen Wertminderung beim Aktienbesitz

[104] Adams, Michael, Hindernisse, 1990, S. 64; ähnlich auch Jensen, Michael C. / Meckling, William H., Firm, 1976, S. 312: "These decisions will involve not only the benefits he [the manager, d.V.] derives from pecuniary returns but also the utility generated by various non-pecuniary aspects of his entrepreneurial activities such as the physical appointments of his office, the attractiveness of the secretarial staff, the level of employee discipline, the kind and amount of charitable contributions, personal relations ("love", "respect", etc.) with employees, a larger than optimal computer to play with, purchase of production inputs from friends, etc."

[105] Jensen, Michael C. / Meckling, William H., Firm, 1976, S. 309.

[106] Jensen, Michael C. / Meckling, William H., Firm, 1976, S. 313.

des Managers, entstanden durch dessen letzte Perquisites-Konsumeinheit.[107]

II.B.1.2.2. Stimmrechte als Eigentumsrechte

Durch den Erwerb der Aktienstimmrechte ist es Marktteilnehmern möglich, die entsprechende Firma zu übernehmen und Gewinne zu erzielen, indem sie bessere Finanzierungs- und Investitionsentscheidungen treffen als ihre Vorgänger. Die Stimmrechte, die diese Übernahme ermöglichen, sind also Eigentumsrechte im Sinne der "property-rights"-Theorie und deshalb von ökonomischem Wert.[108] Dies ist ein weiteres Argument, warum mit Stimmrechten ausgestattete Aktien mit einer Prämie über stimmrechtslosen Papieren notieren.

II.B.1.2.2.1. Zusammenhang zwischen Stimmrechtskonzentration und Prämie: der "voting inequality index" von Levy

Wie hoch die Stimmrechtsprämie ist, hängt bei der Existenz zweier Aktienklassen in einem Unternehmen auch vom Stimmrechtsunterschied dieser beiden Klassen sowie vom Anteil jeder Aktienklasse am Aktienkapital der Firma ab.[109] Bei einem geringeren Anteil der stimmenbevorrechtigten Klasse am Gesamtkapital könnte man einen höheren Preisaufschlag erwarten. Der Grund dafür dürfte sein, daß sich die Gesamtprämie, die ein Investor für die Kontrolle der Firma zu zahlen bereit ist, über weniger Aktien verteilt und die Prämie pro Aktie höher ist.[110]

In seiner auf den israelischen Aktienmarkt bezogenen Untersuchung geht Levy von Aktienklassen mit unterschiedlichen Nominalwerten aus, die jeweils mit einer Stimme ausgestattet sind, so daß die Klasse mit dem niedrigeren Nennwert de facto über höheres Stimmrecht verfügt. Um einerseits den Unterschied in der Stimmenmacht zwischen den verschiedenen Aktienklassen, andererseits aber auch das Verhältnis jeder Aktienklasse zum Gesamtkapital der Firma zu betrachten, berechnet Levy den sogenannten "voting inequality index".[111]

---

[107] Vgl. Hartmann-Wendels, Thomas / von Hinten, Peter, Marktwert, 1989, S. 268 ff.

[108] Vgl. Lease, Ronald C. / McConnell, John J. / Mikkelson, Wayne H., Value, 1984, S. 443.

[109] Vgl. Levy, Haim, Evaluation, 1983, S. 81.

[110] Vgl. Lease, Ronald C. / McConnell, John J. / Mikkelson, Wayne H., Value, 1984, S. 448.

[111] Vgl. Levy, Haim, Evaluation, 1983, S. 81 - 85.

Stimmt der Anteil einer Aktiengattung am Grundkapital nicht mit ihrem Anteil am Stimmenpotential überein, so läßt sich diese Ungleichverteilung graphisch durch die sogenannte Lorenzkurve darstellen.[112]

Levys "voting inequality index" ist ein Spezialfall des in der Statistik gebräuchlichen und aus der Lorenzkurve abgeleiteten Konzentrationsmaßes, des sogenannten Gini-Koeffizienten.[113] In dem hier gegebenen Fall beschreibt der Gini-Koeffizient die Konzentration von Stimmen, bezogen auf den jeweiligen Anteil der betreffenden Aktienklasse am Grundkapital. Für den Gini-Koeffizienten G gilt $0 \leq G < 1$. Entspricht er dem Wert Null, dann sind die vorhandenen Stimmrechte auf die existierenden Aktienklassen gleichmäßig aufgeteilt. Je mehr Stimmrechte auf eine Aktienklasse konzentriert sind, desto stärker nähert sich der Koeffizient der Ausprägung 1 an. Bei einem hohen Konzentrationsgrad läßt sich die Unternehmung mit einem geringen Aktienbesitz, auf den die Mehrheit der Stimmen konzentriert ist, kontrollieren.

Graphisch läßt sich die Konzentration darstellen, indem man auf der Abszisse die kumulierten Anteile der verschiedenen Aktienklassen am Nennwert des gesamten Aktienkapitals der Firma angibt, angefangen mit der am besten mit Stimmrechten ausgestatteten Klasse. Auf der Ordinate trägt man die kumulierten Prozentsätze der Stimmen ab, die man mit dieser Aktienklasse erreichen kann. Aus dieser Lorenzkurve läßt sich ablesen, über wieviel Prozent des Aktienkapitals man verfügen muß, um bei einem gegebenen Umfang und Stimmenvorzug der bevorrechtigten Aktienklasse beispielsweise 51 % der Stimmen zu erreichen.

Levy konstruiert nun einen Sonderfall des Gini-Koeffizienten; er betrachtet ausschließlich zwei Aktienklassen, so daß eine nur einmal geknickte Lorenzkurve entsteht. Eine einfache Herleitung ergibt, daß sich in diesem Sonderfall der Gini-Koeffizienten vereinfacht berechnen läßt, nämlich durch die Bildung der Differenz zwischen dem Stimmenanteil, über den die stimmrechtsbevorrechtigte Aktienkategorie verfügt, und dem Anteil dieser Aktienklasse am Gesamtkapital:

$$I = \frac{\text{Fläche S}}{\text{Fläche des rechten Dreiecks}} = av - ac;$$

[112] Vgl. Bosch, Karl, Statistik, 1996, S. 43-47.

[113] Vgl. Bosch, Karl, Statistik, 1996, S. 48-50.

wobei av und ac die vertikalen und horizontalen Koordinaten von Punkt M darstellen (vgl. Abb. 1). av ist der Prozentsatz der Stimmenmacht, den man mit dem Erwerb aller Aktien der stimmrechtsbevorrechtigten Aktienklasse, die den Prozentsatz ac am Gesamtkapital der Firma ausmacht, bekommen kann.

Wenn man zum Beispiel mit der stimmrechtsbevorzugten Aktienklasse über 79 % des Aktienkapitals und gleichzeitig über 95 % der Stimmen verfügt - dies ist z.B. bei der in folgender Darstellung wiedergegebenen Situation in der israelischen Firma Urdan der Fall - beträgt der Ungleichheitsindex 16 %.

Abb. 2: Der Inequality-Index für die israelische Firma Urdan

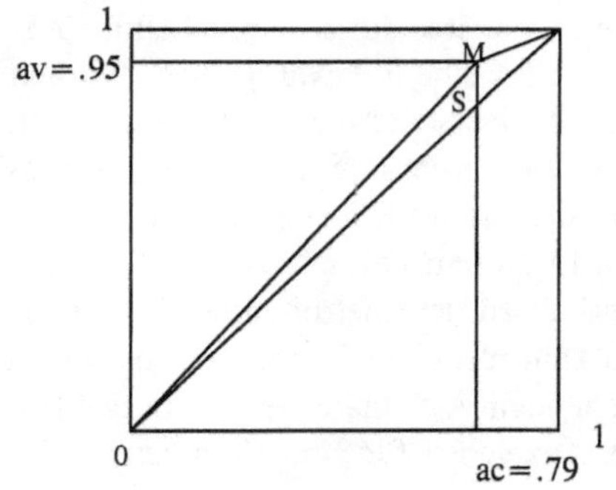

(Quelle: Haim Levy, Economic Evaluation of Voting Power of Common Stock, Journal of Finance, 1983, S. 83)

Levy findet eine interessante Beziehung zwischen dem Inequality-Index und der beobachteten Marktprämie, die auf Aktien mit höheren Stimmrechten bezahlt wird: Je ungleicher die Stimmrechte auf das Aktienkapital verteilt sind, desto höher ist der Kursaufschlag bei den bevorrechtigten Aktien.[114]

---

[114]Vgl. Levy, Haim, Evaluation, 1983, S. 89.

Levys Ergebnisse stützen damit die Hypothesen von Lease, McConnell und Mikkelson, die höhere Prämien auf stimmrechtsbevorrechtigte Aktien ebenfalls mit starken Stimmenkonzentrationen in Verbindung bringen. Levy kommt zu der zusätzlichen Erkenntnis, daß nicht nur die Zahl der Stimmenbesitzer, sondern auch ihre Ansprüche auf Dividenden eine Rolle für die Höhe der Stimmrechtsprämie spielen. Dieser Gedanke wird in den späteren Arbeiten von Grossman und Hart[115] sowie Stulz[116] aufgegriffen. Darauf ist weiter unten näher einzugehen.

II.B.1.2.2.2. Fälle geringen ökonomischen Werts von Stimmrechten

Lease, McConnel und Mikkelson identifizieren auch Fälle, in denen keine Stimmrechtsprämie gezahlt wird. Das Stimmrecht kann für eine bestimmte Aktionärsgruppe durchaus auch den Wert Null annehmen. Dies dürfte dann der Fall sein, wenn Investoren mit nur kleinen, aber mit Stimmrechten ausgestatteten Aktienanteilen genauso wenig Einfluß auf die Unternehmenspolitik ausüben können wie Aktionäre, die stimmrechtslose Aktien halten. Falls z.B. ein Großaktionär über eine überwältigende Mehrheit am Unternehmen verfügt und diesen Aktienbesitz dauerhaft halten will, müßte die Stimmrechtsprämie, mit der die übrigen mit Stimmrechten ausgestatteten Papiere an der Börse über den stimmrechtslosen Aktien notieren, sehr klein oder gleich Null sein. In diesem Fall hätte ein potentieller Übernehmer keine Chance, die Mehrheit an dem betreffenden Unternehmen an sich zu ziehen; es wird also kein mit einer Prämie ausgestattetes Übernahmeangebot an die außenstehenden Aktionäre geben. Dies kann sich natürlich dann ändern, wenn es Anzeichen für eine Verlagerung der Eigentumsverhältnisse im Unternehmen gibt.[117]

Wenn die Mehrheit der Stimmrechte in einer Hand oder in wenigen Händen konzentriert ist, dann spiegeln die Aktienpreise die Transaktionen von Anlegern wider, die die Unternehmenspolitik nicht oder nur wenig beeinflussen können.[118] Dies könnte auch die Ergebnisse der Studie des Jahres 1983 von Lease, McConnell und Mikkelson erklären. Die Autoren können

---

[115] Vgl. Grossman, Sanford J. / Hart, Oliver D., Share, 1988, S. 175 - 202.

[116] Vgl. Stulz, René M., Managerial, 1988, S. 25 - 54.

[117] Vgl. Lease, Ronald C. / McConnell, John J. / Mikkelson, Wayne H., Value, 1984, S. 449 f.

[118] Vgl. Lease, Ronald C. / McConnell, John J. / Mikkelson, Wayne H., Value, 1984, S. 456.

nämlich nicht in allen Fällen Prämien bei der Notierung der Aktienklasse mit der höchsten Stimmrechtsausstattung beobachten.[119]

Gibt es einen gefestigten Stimmenblock, dann sind die Aktienpreise am offenen Markt wahrscheinlich nur ein schlechter Näherungswert für den Wert einer Kontrollposition. Deshalb ist daraus, daß es in einigen Fällen keine Preisunterschiede zwischen den Aktienklassen gibt, nicht der Umkehrschluß zu ziehen, der Wert der Kontrolle über das Unternehmen sei Null. Es besteht die Möglichkeit, daß in dieser Aktiengesellschaft die Wahrscheinlichkeit, einer dominanten Majorität die Kontrolle zu entreißen, Null ist, und nicht der Wert der Kontrolle selbst.[120]

Zusammenfassend gilt: Die Differenz zwischen dem Kurs stimmrechtsloser und mit Stimmrechten ausgestatteter Aktien reflektiert den marginalen Wert einer Stimme in dem entsprechenden Unternehmen, und dieser ist bei starker Stimmenkonzentration gering. Wenn die Anteile dagegen stark gestreut sind, dann spiegelt der gehandelte Preis der Stimmrechtsaktien den Wert wider, den ein Investor sich vom Nutzen durch eine Übernahme des Unternehmens verspricht.

Die Stimmrechte besitzen auf jeden Fall dann einen positiven Wert, wenn ihre Eigentümer die Ressourcen der Firma zu ihrem eigenen Nutzen umverteilen können oder wenn es Angebote eines Außenseiters gibt, der die Kontrolle über das Unternehmen erlangen möchte. Dieser Herausforderer des amtierenden Managements ist bereit, den Aktionären, die über stimmberechtigte Aktien verfügen, eine Prämie zu zahlen. Diese Prämie entspricht dem Aufschlag auf den Preis der Aktien nach der Übernahme.

---

[119]Vgl. Lease, Ronald C. / McConnell, John J. / Mikkelson, Wayne H., Control, 1983, S. 466 f.

[120]Vgl. DeAngelo, Harry / DeAngelo, Linda, Ownership, 1985, S. 56: "... the open market price spread between superior and inferior voting shares is unlikely to capture the control value of a substantial block of superior voting stock. For example, in the extreme case where a majority of the superior voting class is certain to be owned forever by a single blockholder, the remaining superior voting shares are effectively perfect subsitutes for non-voting stock and should be priced accordingly in the capital market. The substantial concentration of voting rights ... suggests that the marginal value of a board vote revealed by open market trades among dispersed stockholders is unlikely to reveal the full value of control rights in these companies."

II.B.2. Empirische Bestimmbarkeit des Werts einer Kontrollposition

Wie die Autoren DeAngelo und DeAngelo schreiben, ist die Bestimmung des Wertes einer Kontrollposition im Unternehmen eine sehr schwierige empirische Aufgabe.[121] DeAngelo und DeAngelo unternehmen den ihrer Auffassung zufolge einfacheren Versuch, die Höhe der Kompensationen festzustellen, mit denen Besitzer stimmrechtsbevorrechtigter Aktien bei einer Firmenübernahme entschädigt wurden. Ihre Untersuchung basiert auf einem Sample von 144 US-Firmen, die 1960 zwei Aktienklassen emittiert hatten, sowie einem weiteren Sample von 106 amerikanischen Firmen, die 1970 eine Zweiklassenstruktur des Kapitals aufwiesen.

Die Differenz zwischen den Kompensationen, die die unterschiedlichen Aktionärsgruppen bekamen, halten DeAngelo und DeAngelo allerdings nicht für den wahren Wert der durch den Stimmenvorzug erreichten Kontrollposition, sondern für dessen Untergrenze. Die mit Stimmrechten besser ausgestatteten Aktionäre lassen sich vermutlich nicht vollständig in Form einer finanziellen Kompensation entschädigen, weil die finanzielle Leistung für die anderen Anteilseigner direkt beobachtbar ist. Letztere könnten dann gesetzlich gegen die unterschiedlichen Kompensationen vorgehen. "Controlling stockholders therefore have incentives to structure the transaction so that explicit per share compensation is equal across the two classes and to take payment for control rights through other forms of compensation that are difficult to observe and value."[122] Beispiele für solche Entschädigungen können Beraterverträge, Langzeitanstellungen im Unternehmen zu höheren als den Marktpreisen oder das Recht sein, einen Unternehmensteil zu einem niedrigeren als dem Marktpreis zu kaufen.

Stimmrechte, mit Hilfe derer Unternehmenskontrolle ausgeübt werden kann, sind also wertvoll. Die Verteilung dieser Eigentumsrechte und die sich hieraus ergebende Anreizstruktur bei "inside" und "outside shareholders" entscheiden, ob der Markt für Unternehmenskontrolle effizient arbeitet.

Es muß gewährleistet sein, daß Außenseiter die Möglichkeit besitzen, die notwendigen Stimmrechte zu erwerben, das Unternehmen zu übernehmen und Gewinne zu erzielen, indem sie bessere Investitions- und Finanzierungsentscheidungen treffen als das amtierende Management. Dieser Druck von Seiten des Marktes für Unternehmenskontrolle führt zur Allo-

---

[121] Vgl. DeAngelo und DeAngelo, Ownership, 1985, S. 56.

[122] DeAngelo, Harry / DeAngelo, Linda, Ownership, 1985, S. 56.

kation der Unternehmensressourcen in Richtung ihrer am höchsten bewerteten Verwendung.[123]

II.C. Die Bedeutung der Stimmrechtsverteilung für den Markt für Unternehmenskontrolle

II.C.1. Beziehung zwischen Stimmrechten, Dividenden und dem Markt für Unternehmenskontrolle

Nach den Ansätzen amerikanischer Ökonomen - hier sind insbesondere Grossman und Hart[124] sowie Harris und Raviv[125] zu nennen - wird die Wohlfahrt der Aktionäre in der Regel nur dann maximiert, wenn an jede Aktie genau eine Stimme geknüpft ist, also das Prinzip "One Share - One Vote" vorherrscht. Grossman und Hart unterscheiden in ihrer Analyse zwischen zwei Arten von Nutzen, die sich aus der Kontrolle über ein Unternehmen ergeben können: zum einen dem privaten Nutzen aus dem Perquisites-Konsum oder aus Synergieeffekten, die ein Außenstehender, der bereits andere Unternehmen besitzt, mit dem Erwerb erzielen kann. Dieser private Nutzen fließt ausschließlich demjenigen zu, der die Kontrolle über das Unternehmen ausübt, nicht aber den außenstehenden Aktionären. Als zweites nennen Grossman und Hart den Nutzen aus dem Wertpapier, der sich auf den gesamten Marktwert der Einkommensströme der Unternehmung bezieht. Von ihm profitieren alle Aktionäre.

Die Stimmrechtsstruktur beeinflußt nun entscheidend, wer die Kontrolle am Unternehmen bekommt oder behält: die Partei, die aus dem Unternehmen privaten Nutzen zieht, oder die Gruppe, die an einer Erhöhung des Firmenwerts und der Dividenden interessiert ist. Die Argumentation von Grossman und Hart wird am deutlichsten, wenn man zwei extreme Aktienklassen betrachtet. Eine Klasse soll nur Dividenden, aber keine Stimmrechte verbriefen; mit der anderen Klasse seien alle Stimmrechte, aber keine Dividenden verbunden. Die Aktionäre, die im Besitz letzterer Aktiengattung sind, werden, da sie keine Dividenden erwarten können, ihre Stimmen zu jedem beliebigen positiven Preis an den Übernehmer verkaufen. Der Übernehmer selbst erwartet von diesem Erwerb ebenfalls keinen Wertpapiernutzen; er kann diese Aktien ausschließlich zur Erzielung von privatem Nutzen verwenden.

---

[123] Vgl. Fama, Eugene E., effect, 1978, S. 272 - 284 sowie Manne, Henry, Mergers, 1965, S. 110 - 120.

[124] Vgl. Grossman, Sanford J. / Hart, Oliver D., Share, 1988, S. 178 ff.

[125] Vgl. Harris, Milton / Raviv, Artur, Majority, 1988, S. 203 - 235.

Das Interesse des potentiellen Übernehmers wird sich ausschließlich auf die Stimmrechtsaktien richten, da mit den anderen Anteilen eine Übernahme des Unternehmens nicht zustandekommen kann. Konkurrenz von Bietern, die sich von der Übernahme auch Wertpapiernutzen versprechen, findet nicht statt, da sich mit diesen für die Übernahme der Kontrolle entscheidenden Aktien eben kein Wertpapiernutzen erzielen läßt. Es wird bei dieser Kapitalstruktur nach den Ergebnissen von Grossman und Hart immer das für die Gesamtheit der Aktionäre schlechtere Managementteam "ans Ruder kommen": eine Unternehmenleitung, die keine Steigerung des Firmenwerts und damit auch höhere Wertpapiererträge anstrebt, sondern das Unternehmen ausschließlich zum Zwecke des Perquisites-Konsums erwirbt.

Die im obigen Beispiel skizzierte, vollständige Separation von Dividenden und Stimmen ist in der Realität kaum anzutreffen. Ob und in welchem Ausmaß die beschriebenen negativen Folgen auftreten, hängt davon ab, wie stark Dividenden- und Stimmrechte im Einzelfall getrennt sind. Wenn die Dividenden beispielsweise zur Hälfte auf die stimmrechtslosen und die mit Stimmrechten ausgestatteten Aktien verteilt sind, ist das auf Perquisites abzielende Managementteam nicht mehr so deutlich im Vorteil wie im oben geschilderten Fall. Aktionäre, deren Anteile zusätzlich zu den Stimmen auch Ansprüche auf Dividenden verbriefen, ziehen bei Übernahmegeboten die gegenwärtigen und zukünftigen Dividendenerträge unter den rivalisierenden Managementteams ins Kalkül. Beispielsweise muß ein schlecht wirtschaftender Herausforderer den hohen Wert, den die Wertpapiere unter dem bisherigen, fähigeren Amtsinhaber besitzen, voll im Kaufpreis berücksichtigen, um den Aktionär zum Verkauf zu bewegen. Er muß also den Aktionär für diesen hohen Wert des Wertpapiers voll entschädigen.

Je weniger dieses Wertpapier, das der Übernehmer erwirbt, unter seiner Regie später wert sein wird, desto höher muß sein privater Nutzen aus der Kontrolle über das Unternehmen sein, damit sich der Aktienkauf für ihn noch lohnt. Je stärker der Dividendenstrom an die Stimmrechte gekoppelt ist, desto höher müssen die Zahlungen an den Aktionär, dessen Stimme er braucht, ausfallen. Wenn nämlich mit den Stimmrechten Dividenden verbunden sind, dann werden sich auch gut wirtschaftende Bieter bewerben, die nur Wertpapiernutzen aus der Beteiligung ziehen möchten und die für ein Bündel von Dividenden und Stimmen entsprechend viel zu zahlen bereit sind.

II.C.1.1. Unterschiedliche Bündelung von Stimmrechten und Dividenden

Der im vorangegangenen Kapital skizzierte Mechanismus läßt sich anhand einiger einfacher, von Grossman und Hart konstruierter Zahlenbeispiele verdeutlichen.[126] Man nehme an, es gebe nur eine Partei, die auf private Vorteile aus sei, und das Unternehmen habe zwei Aktienklassen ausgegeben. Jede Aktienart sei mit demselben Anpruch auf Dividenden ausgestattet. Ein Wechsel der Kontrolle soll jedoch nur durch den Besitz aller Aktien der Klasse A vollzogen werden können, d.h. nur mit Aktien der Klasse A sollen Stimmrechte verbunden sein. Der Kleinaktionär glaubt annahmegemäß nicht, mit seinen Entscheidungen das Gesamtergebnis beeinflussen zu können.

II.C.1.1.1. Aktienklasse A: Alle Stimmrechte, 50 % der Dividenden

Im ersten betrachteten Fall seien die Aktien der Klasse A mit einem Anspruch auf alle Stimmen und 50 % der Dividenden ausgestattet, während die Aktien der Klasse B keinerlei Stimmrechte gewähren, sondern nur einen Anspruch auf die anderen 50 % der Dividenden.

Gleichzeitig betrage der Gegenwartswert der zukünftigen Dividenden, d.h. der Unternehmenswert, unter dem im Amt befindlichen Management insgesamt 200 Einheiten, also für die Aktionäre der Gruppe A und B jeweils 100. Unter der Kontrolle eines rivalisierenden (schlechteren) Managementteams umfasse der Dividendenwert dagegen nur insgesamt 180 Einheiten, also 90 für jede Aktionärsgruppe. Darüber hinaus sei das rivalisierende Managementteam die einzige Partei mit privaten Vorteilen aus der Unternehmenskontrolle.

Der Rivale macht nun ein Angebot für alle Aktien der Klasse A in Höhe von 101 Einheiten. Ein alternatives Angebot liegt nicht vor. Jeder A-Aktionär muß sich nun entscheiden, ob er verkaufen soll oder nicht. Verkauft er nicht und mißlingt dem Herausforderer die Übernahme, so bleibt es bei seinem bisherigen Anteil am Dividendenstrom in Höhe von insgesamt 100 Einheiten. Verkauft er nicht und kommt die Übernahme zustande, bekommt dieser Anteilseigner seinen proportionalen Anteil an den gesamten Dividenden, die dann nur noch 90 Einheiten wert sind. Verkauft er, erzielt er einen anteiligen Preis von 101 Einheiten. In dieser Situation

[126] Vgl. Grossman, Sanford J. / Hart, Oliver D., Share, 1988, S. 178 f. sowie Adams, Michael, Hindernisse, 1990, S. 68 ff.

wird der Kleinaktionär verkaufen; der Herausforderer kann daher die gesamten Stimmrechtsaktien der Klasse A zu einem Preis von 101 erwerben.

Das Nachsehen haben die Aktionäre der B-Klasse. Ihr Aktienbesitz wird nach der Übernahme nur noch 90 Einheiten wert sein; vor der Übernahme waren es 100. Beide Aktienklassen zusammen haben durch die Übernahme einen Verlust erlitten: Allen Aktionären zusammen fließt jetzt ein Einkommen von 191 Einheiten zu (101 Einheiten zahlt der Rivale an die A-Aktionäre, 90 Einheiten sind die Aktien der B-Aktionäre noch wert). Während der Amtszeit des früheren Managements erhielten alle Aktionäre zusammen ein Einkommen von 200 Einheiten.

Nun lohnt sich für den Übernehmer - er verdient aufgrund seiner eigenen Mißwirtschaft ja ebenfalls nur 90 Einheiten aus den von ihm erworbenen Wertpapieren , zahlt aber für die Wertpapiere 101 Einheiten - dieser Handel nur, wenn er mindestens 11 Einheiten an privatem Nutzen aus dem Unternehmen abzweigen kann. Je mehr Perquisites ein Bieter konsumieren kann, desto wahrscheinlicher wird eine wertvermindernde Übernahme.

Im obigen Beispiel wäre das amtierende Management unter der Annahme, daß allein der Herausforderer Perquisites konsumieren kann, nicht in der Lage gewesen, die schädliche Übernahme zu verhindern. Die Amtsinhaber hätten den Aktionären nur 100 Einheiten, also den aktuellen Wert des Dividendenstroms, zahlen können.

Dieses Beispiel eignet sich nicht als Argumentationshilfe für ein Managementteam, das sich gegen feindliche Übernahmen schützen will und dies damit begründet, solche feindlichen Übernahmen schädigten die Gesamtheit der Aktionäre. Feindliche Übernahmen sind nicht gleichzusetzen mit wertvermindernden Übernahmen. Die beschriebene Stimmenkonzentration begünstigt gleichermaßen schlecht wirtschaftende Amtsinhaber und Herausforderer, die dem Unternehmen Ressourcen für privaten Konsum entziehen. Das oben geschilderte Beispiel ist also kein Argument für den Schutz des amtierenden Managements, sondern zeigt die Bedeutung der sich aus der Gleichverteilung von Stimmen und Dividenden ergebenden optimalen Anreizstruktur. Sie sorgt tendenziell dafür, daß sich das bessere Managementteam durchsetzen kann. Wie das zu erreichen ist, soll ein weiteres Beispiel zeigen, in dem die Stimmrechte stärker an die Dividendenansprüche gebunden sind.

II.C.1.1.2. Aktienklasse A: Alle Stimmrechte, 75 % der Dividenden

Die Aktien der Klasse A sollen in diesem Beispiel Ansprüche auf 75 % der Dividenden verbriefen. Wenn der Übernehmer in der neuen Situation ein Angebot von 146 Einheiten (75 % des Dividendenstroms von insgesamt 180 Einheiten = 135 Einheiten Wertpapiernutzen; dazu kommen 11 Einheiten an privatem Nutzen) abgibt, kann er von einer anderen, besser wirtschaftenden Partei oder vom Amtsinhaber durch ein Angebot von 150 Einheiten übertrumpft werden. (75 % des Gesamt-Dividendenstroms in Höhe von 200 Einheiten, der unter dem amtierenden Management allen Aktionären zufließt = 150 Einheiten). Um dennoch die Kontrolle zu erlangen, muß der schlecht wirtschaftende Rivale jetzt mindestens 151 Einheiten bieten.

Auch in diesem Fall wird der Unternehmenswert durch die Übernahme durch den Rivalen sinken, jedoch erheblich weniger als im entsprechenden vorherigen Fall, bei dem die Kontrolle nur mit dem 50%igen Dividendenanteil gekoppelt war. Die Aktionäre, die 75 % der Dividendenansprüche und alle Stimmen besitzen, erhalten 151 Einheiten. Für die an den Dividenden mit 25 % beteiligten Anteilseigner vermindert sich der Wert ihrer Papiere von zuvor 50 Einheiten (25 % von 200 Einheiten = 50 Einheiten) auf 45 Einheiten (25 % von 180 Einheiten = 45 Einheiten). Insgesamt kommen beide Aktionärsklassen zusammen also auf eine Dividendenhöhe von 196 Einheiten; dies ist ein Verlust gegenüber der Ausgangssituation von nur noch 4 Einheiten.

Der Übernehmer hat in dieser Situation 151 Einheiten für Wertpapiere zu zahlen, die ihm aufgrund seiner Unfähigkeit nur 135 Einheiten einbringen. Die Wahrscheinlichkeit einer wertmindernden Übernahme sinkt deshalb, da sie sich für den Übernehmer nur lohnt, wenn er einen hohen privaten Nutzen von 16 Einheiten erwarten kann; bei dem geringeren Perquisites-Konsum in Höhe von 11 Einheiten des ersten Beispiels würde sich die Übernahme nicht rentieren. "Dieses Beispiel vermag somit zu lehren, daß eine Koppelung der Dividendenansprüche an das die Kontrolle verschaffende Stimmrecht die Aktienbesitzer vor Übernahmen mit 'privaten Vorteilen' dadurch schützt, daß sie die Übernehmer einem Wettbewerb von Bietern mit lediglich auf 'Aktienerträge' beschränkten Vorteilen aussetzt. Das beste Ergebnis für die Aktionäre wird dann erreicht, wenn die gesamten Dividenden mit den Stimmrechten der Gruppe A verbunden werden. Es ist dies die Idee einer Aktienart, bei der Dividende und Stimmrecht im gleichen Verhältnis miteinander untrennbar verbunden sind: 'One Share - One Vote'".[127]

Dieser Mechanismus funktioniert auch dann, wenn nicht der Amtsinhaber, sondern der Rivale die in bezug auf die künftigen Einkommensströme der Firma bessere Wahl darstellt. Ein im Amt befindliches Management mit erheblichen privaten Vorteilen wird bereit sein, erheblich mehr für die Aktien der die Kontrolle ermöglichenden Klasse zu zahlen als ein den Wert des Unternehmens steigernder Übernehmer, der durch seine Kontrollübernahme keinerlei private Vorteile zu erzielen vermag. Je größer jedoch der Anteil des mit den Kontrollrechten verknüpften Dividendenstroms ist, desto teurer wird für das im Amt befindliche Management die Abwehr eines wertsteigernden Übernahmeangebots. Die "One Share - One Vote"-Regel schützt also nicht nur gegen schlecht wirtschaftende Übernehmer, sondern ebenfalls gegen eine eventuelle Mißwirtschaft des amtierenden Managements.

Die Abweichungen von "One Share - One Vote" kommen bei großem privatem Nutzen vor, den das Management oder ein Insider-Aktionär, vor Übernahmen geschützt, konsumieren möchte. Diesen Schluß legen die Ergebnisse von Grossman und Hart nahe. Wäre dieser Amtsinhaber nämlich ausschließlich am Wertpapiernutzen interessiert oder der private Nutzen nur klein, dann würde das amtierende Management dem Markt erlauben, Kontrollveränderungen durchzuführen und sich vom Übernehmer entschädigen lassen. Es ist daher tendenziell anzunehmen, daß beispielsweise in Firmen mit Mehrfachstimmrechten, die eine erhebliche Abweichung von der Regel "One Share - One Vote" darstellen, große private Nutzen vom Insider-Aktionär bzw. Management konsumiert werden.

II.C.1.2. Ausnahme von der Optimalitätsregel "One Share - One Vote"

Es gibt allerdings auch Ausnahmefälle, bei denen es besser sein kann, von der "One Share - One Vote"-Regel abzuweichen. Dies gilt dann, wenn beide Seiten, also amtierendes und rivalisierendes Management, privaten Nutzen aus dem Unternehmen ziehen. In diesem Fall entscheidet die Verteilung der Stimmrechte darüber, wieviel von diesem "surplus" aus dem privaten Nutzen der Konkurrenten die Aktionäre an sich ziehen können.[128] Wenn eine Klasse von Aktien hohe Stimmrechte und geringe Di-

---

[127] Adams, Michael, Hindernisse, 1990, S. 69.

[128] Vgl. Grossman, Sanford J. / Hart, Oliver D., Share, 1988, S. 180 f.

videndenansprüche besitzt, werden Rivale und Amtsinhaber sich um diese Gruppe bemühen. Um sie zu gewinnen, muß jede Partei einen Betrag nahe an dem privaten Nutzen der Konkurrenz bezahlen. Diese "surplus extraction"-Prämie fließt somit den Aktionären zu und kann den Marktwert des Unternehmens erhöhen. Diese Abweichung führt aber nur dann zum gewünschten Erfolg, wenn die Partei mit dem höheren privaten Nutzen auch den höheren Wertpapiernutzen besitzt. Ist dies nicht der Fall, kann es bei einem Auseinanderfallen von Dividenden und Stimmen dazu kommen, daß der Bieter mit dem geringen Wertpapiernutzen gewinnt und der Marktwert der Unternehmung geschmälert wird.[129]

Grossman und Hart gehen in der Mehrzahl der Fälle nicht davon aus, daß beide Parteien große private Nutzen konsumieren. Die allokative Rolle der Stimmrechtsverteilung dominiert die "surplus extraction"-Rolle im allgemeinen, so daß die "One Share - One Vote"-Regel im Grundsatz zu der optimalen Stimmenverteilung führt.[130]

II.C.1.3. Die Wahl der Mehrheitsregel

Die bisher genannten Modellbeispiele gehen davon aus, daß der Übernehmer zur Durchsetzung eines Managementwechsels alle Stimmrechte erwerben muß. In Wirklichkeit benötigt ein konkurrierendes Management zur Durchführung der Übernahme nur einen Teil der Stimmrechte. Grossman und Hart zeigen, daß Szenarien mit verschiedenen Mehrheitsregeln zu vergleichbaren Ergebnissen wie die oben dargestellte Situation mit zwei Aktienklassen und vollständigem Aufkauf einer Klasse führt.[131]

Indem Gesetz oder Satzung festlegen, wie hoch der zum Kontrollerwerb nötige Stimmenanteil sein muß, bestimmen sie damit zum einen, wie hoch der Anteil des vom Übernehmer zu erwerbenden Dividendenstroms sein muß, und zum anderen, wie hoch der Anteil ist, den das amtierende Management bzw. ein Insider-Aktionär zur Aufrechterhaltung seines Einflusses benötigt.

Würde beispielsweise die Regelung getroffen, daß eine Kontrolländerung 95 % der Stimmen erforderte, wäre es auch bei "One Share - One Vote" für die Amtsinhaber sehr einfach, sich selbst gegen Übernahmeangebote

---

[129]Vgl. Grossman, Sanford J. / Hart, Oliver D., Share, 1988, S. 180 f.

[130]Vgl. Grossman, Sanford J. / Hart, Oliver D., Share, 1988, S. 181.

[131]Vgl. Grossman, Sanford J. / Hart, Oliver D., Share, 1988, S. 181 f.

zu behaupten, die mit einer erheblichen Verbesserung des Unternehmenswertes einhergingen. Wenn beispielsweise der Wert des gesamten Dividendenstroms unter dem gegenwärtigen Management 100 Einheiten beträgt und sich nach einer Übernahme auf 200 Einheiten erhöhen würde, dann könnte die im Amt befindliche Unternehmensführung den Aufkauf abwehren, indem sie für 5 % dieser Aktien einen Preis von 201, also insgesamt die Summe von 0,05 x 201 Einheiten = 10,5 Einheiten anböte. Wenn der Übernehmer keine privaten Vorteile aus der Unternehmung, die er erwerben möchte, erzielen will oder kann, wird er für denselben Anteil nicht mehr als 10 Einheiten bezahlen können, denn er hat annahmegemäß aus der Übernahme nur den ihm aus seinen Dividenden zufließenden Vorteil von 200 x 0,05 = 10 Einheiten.

Der Wertpapiernutzen des amtierenden Managements beträgt nach Erwerb des 5 %igen Anteils 5; bezahlt hat es dafür 10,5. Das amtierende Management wird den Übernahmekampf dann für sich entscheiden, wenn es für mindestens 5,5 Einheiten privaten Konsum tätigen kann.[132]

Nicht nur in bezug auf die Proportionalität von Stimmen und Dividenden, sondern auch bezüglich der geltenden Mehrheitsregel muß sichergestellt werden, daß weder das im Amt befindliche Management noch ein Rivale einen Vorteil beim Wettbewerb um die Kontrolle des Unternehmens bekommt, da "ein jeder Wettbewerbsvorteil zum Schutzschirm möglichen Mißmanagements und anderer nicht im Interesse der Aktionäre liegender Handlungen werden kann."[133] Wie Grossman und Hart zeigen, wahrt nur das Prinzip "One Share - One Vote" in Zusammenhang mit der einfachen Mehrheitsregel, also der Notwendigkeit, zur Unternehmensübernahme 50 % + 1 Stimme zu erwerben, sowohl gegenüber der amtierenden Unternehmensführung als auch gegenüber dem Herausforderer Neutralität und gewährt Chancengleichheit im Kontrollwettbewerb. Diese Neutralität ist deshalb so entscheidend, weil es keinen Grund für die Annahme gibt, daß das amtierende oder das rivalisierende Management im Durchschnitt die besseren Leistungen für das Unternehmen bringen. Bei höheren Mehrheitserfordernissen kann sich das amtierende Management bzw. ein dominierender Insider-Aktionär zu leicht vor wertsteigernden Übernahmen schützen. Bei niedrigeren Mehrheitsregeln kann ein schlecht wirtschaftender Rivale mit geringen Kosten einen wertmindernden Erwerb des Unternehmens bewerkstelligen.

---

[132] Vgl. Adams, Michael, Hindernisse, 1990, S. 69.

[133] Adams, Michael, Hindernisse, 1990, S. 70.

Im deutschen Aktiengesetz von 1965 hat das Prinzip der einfachen Stimmenmehrheit im Grundsatz Beachtung gefunden. Die Mehrheit der Hauptversammlungsbeschlüsse wird mit Hilfe dieser Mehrheitsregel gefaßt.[134] Davon abweichend wird jedoch bei einer Reihe wichtiger Entscheidungen - beispielsweise bei Satzungsänderungen - gemäß AktG eine Dreiviertelmehrheit des Grundkapitals benötigt.[135] Im Falle einer starken Stimmenkonzentration durch Mehrstimmrechte kann dieses Erfordernis als Korrektiv wirken, um den Vorteil des Mehrstimmrechtsinhabers durch die Einführung einer nicht stimmenbezogenen Mehrheitsregel zu neutralisieren. Falls jedoch im Unternehmen der Grundsatz "One Share - One Vote" beachtet wird, ist die Notwendigkeit einer Dreiviertelmehrheit des Grundkapitals eindeutig als Vorteil für den im Unternehmen bereits dominierenden Insider-Aktionär zu werten.

II.C.2. Abweichungen von der optimalen Kapitalstruktur und Ursachen

II.C.2.1. Anreize für Manager zur Einführung mehrerer Aktienklassen

Neben der kostengünstigen Abwehr feindlicher Übernahmen und dem Wunsch nach Fortsetzung von Perquisites-Konsum finden Lease, McConnell und Mikkelson weitere Gründe für die Emission mehrerer Aktienklassen mit unterschiedlichen Stimmrechtsausstattungen.

Ein wichtiger Anreiz für Manager, stimmrechtsbeschränkte Aktien an außenstehende Aktionäre ausgeben, besteht zum Beispiel darin, neue Investitionsprojekte finanzieren zu können, ohne die Beherrschungsverhältnisse der Firma grundlegend ändern zu müssen.[136] Falls das Management selbst Anteile an der Firma besitzt, aber aus Gründen des persönlichen Vermögens nicht in der Lage ist, sich bei jeder Kapitalerhöhung zu beteiligen, bietet sich ihm die Schaffung von verschiedenen Aktienklassen - zum Beispiel auch die Nutzung von Mehrfachstimmrechtsaktien - als Ausweg an. Dies gilt auch für einen Großaktionär, der aus Risiko- oder Diversifizierungsgründen kein Interesse daran hat, sich stets im Verhältnis zu seinem bisherigen Anteil an einer Kapitalerhöhung zu beteiligen. Er

---

[134] S. § 133 Abs. 1 AktG.

[135] Zu den gemäß AktG geltenden Mehrheitsregeln für deutsche Untnehmen vgl. Gliederungspunkt III.D.1.1.

[136] Vgl. Lease, Ronald C. / McConnell, John J. / Mikkelson, Wayne H., Value, 1984, S. 447 f.

kann seinen Einfluß auf das Unternehmen mit Hilfe der stimmenbevorzugten Aktienklasse aufrechterhalten und gewinnt flüssige Mittel für andere Investitionschancen.

Begrenztes Familien- oder Invidualvermögen und der Wunsch nach Diversifikation können zur Spaltung des Grundkapitals in mehrere Aktienklassen führen. DeAngelo und DeAngelo beschreiben Unternehmen mit mehreren Aktienklassen wie folgt: "A binding personal wealth constraint also potentially underlies managers' willingness to raise public equity capital in single class firms - i.e., to sell a minority interest to outsiders at a share price which capitalizes the expected agency costs of an ownership structure in which managers retain a substantial voting rights position ... In this view, dual class firms represent those public corporations in which managers value control rights and yet majority ownership of a single class is unattractive because their personal wealth is especially small when measured relative to the scale of profitable investments available to the firm."[137]

Die Aussage von DeAngelo und DeAngelo wird durch eine Umfrage gestützt, die Partch im Jahre 1987 bei US-amerikanischen Unternehmen durchgeführt hat. Partch hat die Unternehmensleitungen von 44 Firmen, die zwischen 1962 und 1984 eine zweite Aktienklasse emittiert haben, zu den Gründen befragt und die Ergebnisse der Umfrage analysiert. Eine typische Antwort, wie sie sie beispielsweise von dem Unternehmen "Hershey Foods" bekam, lautete: "The purpose of the proposal is to enable Hershey Foods to issue additional equity to finance its future growth without adversely affecting the voting power of ... the Corporations' majority stockholder."[138]

II.C.2.2. Ausbau der Kontrollposition

Eine Mehrklassenstruktur des Grundkapitals einer Aktiengesellschaft läßt sich nicht nur zum Erhalt einer Kontrollposition, sondern auch zur deren Erweiterung nutzen.

Harris und Raviv stellen die These auf, daß ein Management mehrere Aktienklassen schaffen und Dividendenansprüche von Stimmrechten trennen

---

[137] De Angelo, Harry / De Angelo, Linda, Ownership, 1985, S. 52.

[138] Partch, Megan, Creation,1987, S. 322.

wird, wenn es die Möglichkeit dazu hat.[139] Auch andere Autoren vermuten, daß Unternehmensleitungen erhöhte Kontrollmöglichkeiten über die Unternehmen ausschöpfen. In den USA entstand eine Vielzahl von empirischen Untersuchungen, die sich mit der Frage befassen, wie sich der Aktien- und Stimmenbesitz der Manager und anderer die Unternehmenspolitik bestimmender Gruppen nach der Einführung einer zweiten Aktienklasse entwickelt hat.

Beispielsweise haben DeAngelo und DeAngelo die Aktienbestände der Manager in 45 US-amerikanischen Firmen, die im Jahr 1980 zwei Aktienklassen ausgegeben hatten, untersucht.[140] Ihren Resultaten zufolge verfügten im Untersuchungszeitraum leitende Angestellte dieser Firmen und ihre Familien über einen Medianwert von 24 % der Cash-flow-Ansprüche und gleichzeitig über einen Medianwert von 56,9 % der Stimmen. In 27 ihrer 45 Sample-Firmen war der Aktienbesitz des Managements groß genug, um eine Mehrheitskontrolle des "Board of Directors", in dem in Amerika Führungs- und Aufsichtsfunktionen vereint sind, zu gewährleisten. Die Autoren splitten den Aktienbesitz in Stimmrechts- und Cash-flow-Komponenten auf und beobachten eine recht eindeutige Tendenz bei Managern, einen größeren Anteil der Stimmen als der Cash-flow-Anrechte zu halten.

Partch betrachtet Firmen, in denen zwischen 1962 und 1984 eine zweite Aktienklasse geschaffen wurde und vergleicht die Anteilsbestände des Managements vor und nach der Emission der stimmrechtsbeschränkten Aktienkategorie.[141] Ihrer Analyse zufolge besaßen die Angestellten, Direktoren und ihre Angehörigen vor Schaffung der zweiten Aktienklasse im Durchschnitt 48,6 % der Aktien. Innerhalb von 21 Monaten nach der Schaffung der zweiten, stimmrechtsbenachteiligten Aktiengruppe stieg die durchschnittliche Verfügung der Unternehmensinsider über Stimmen auf 58,6 %. Der Aktienanteil dagegen ging im Durchschnitt auf 43,7 % zurück. Die Veränderung im Anteilsbesitz der Insider war dann besonders groß, wenn die Manager bei den Aktionären intensiv für stimmrechtsbeschränkte Aktien warben und für diese Anteile eine höhere Dividende zahlten.

DeAngelo und DeAngelo sowie Partch zeigen, daß Managements in den USA in der Tat die Möglichkeit nutzen, auf kostengünstige Weise die

---

[139] Vgl. Harris, Milton / Raviv, Artur, Majority, 1988, S. 224 ff.

[140] Vgl. DeAngelo, Harry / DeAngelo Linda, Ownership, 1985, S. 46.

[141] Vgl. Partch, Megan, Creation, 1987, S. 319.

Kontrolle über das Unternehmen auszudehnen und gleichzeitig den finanziellen Spielraum des Unternehmens mittels Eigenkapitalerhöhung zu erweitern.

II.C.2.3. Gründe für die Ausdehnung des Einflusses von Management oder Insider-Aktionären

Daß ein wichtiger Grund für die Einführung mehrerer unterschiedlich mit Stimmen ausgestatteter Aktienklassen in dem Wunsch des Managements bzw. Insider-Aktonärs nach fortgesetztem privaten Konsum zu sehen ist, wurde bereits ausgeführt worden. Daneben gibt es weitere Netto-Nutzen,[142] die sich aus dem Einfluß auf ein Unternehmen ziehen lassen.

II.C.2.3.1. Begrenzung des Einflusses "kurzsichtiger Aktionäre"

Alchian und Demsetz veröffentlichten 1972 eine Argumentation, die auch heute häufig genutzt wird: Sie betrachten Aktionäre nicht als Eigentümer einer Unternehmung, sondern als Investoren, die im Unterschied zu Anleihekäufern risiko- und ertragreichere Anlagen suchen. Alchian und Demsetz zufolge ist es nicht einzusehen, warum Anteilseigner über Stimmrechte verfügen sollten, um Manager auszuwechseln: "In fact, we invest in some ventures in the hope that no other stockholders will be so 'foolish' as to try to toss out the incumbent management. We want him to have the power to stay in office, and for the prospect of sharing in his fortunes be buy nonvoting stock. Our willingness to invest is enhanced by the knowledge that we can act legally via fraud, embezzlement and other laws to help assure that we outside investors will not be 'milked' beyond our initial discounted anticipations."[143]

Vor dem Hintergrund dieser Argumentation können sich Stimmrechte in Händen außenstehender Aktionäre ungünstig auswirken: Falls nämlich Manager um ihre Stellung fürchten müssen, wenn sie Investitionen durchführen, die zwar gewinnträchtig sind, jedoch den schlecht informierten Aktionären nicht erklärt werden können, werden sie von solchen Investitionen Abstand nehmen und sich mehr an kurzfristigen Erfolgen orientieren. Dieselbe Problematik tritt bei Investitionen auf, die aus Wettbewerbsgründen zunächst geheimgehalten werden müssen oder die sich - wie bei-

---

[142] Mit der Einführung von stimmrechtsbeschränkten Aktien sind auch Kosten verbunden, zum Beispiel die Zahlung höherer Dividenden. Diese sollen die Aktionäre zur Annahme der Offerte bewegen.

[143] Alchian, Armen A. / Demsetz, Harold, Production, 1972, S. S. 789, fn. 14.

spielsweise im Bereich Forschung und Entwicklung - erst zukünftig auszahlen.

Die Kontrolle durch die Manager verringert nicht nur den Spielraum für die vermeintlich "kurzsichtigen" Aktionäre; gleichzeitig braucht die Unternehmensführung weniger Ressourcen für Versuche auszugeben, ihre Entscheidungen potentiellen Abstimmungskampfgegnern und außenstehenden Aktionären zu erklären: "Vote ownership also reduces managers' incentives to protect themselves against the actions of less informed outside stockholders by taking investment projects which, although less profitable than other opportunities, have payoffs that are more easily observed by outsiders. Similarly, vote ownership provides managers with greater influence over the (current and future) composition of the board of directors and thus reduces the likelihood that difficult-to-evaluate proposals will be resisted or vetoed by relatively uninformed outside directors."[144]

Auf der anderen Seite ist aber zu bedenken: "Ein weitgehender Übergang der Unternehmenskontrolle auf das Management vermeidet verständlicherweise diese Gefahren, jedoch um den Preis eines Managementpaternalismus mit ... allzu reichlichen Mißbrauchsmöglichkeiten."[145] Es ist fraglich, ob die Agency Costs, die durch die Abschottung vom Markt der Unternehmenskontrolle entstehen, nicht genauso hoch sind wie die vom Management angeführten Informationskosten, oder diese nicht sogar übersteigen.

II.C.2.3.2. Sicherung unternehmensspezifischer Investitionen

Ein weiteres Argument für einen beherrschenden Einfluß des Managements auf das Unternehmen besteht darin, daß dadurch bei ihm ein starker Anreiz entsteht, in unternehmensspezifisches "human capital" zu investieren. Unter unternehmensspezifischen Investitionen sind alle Investitionen zu verstehen, deren Wert dann verloren geht oder gemindert wird, wenn der jeweilige Vertrag, zum Beispiel der Arbeitsvertrag der Manager, aus welchen Gründen auch immer, nur unvollständig erfüllt wird. Es entstehen sogenannte "sunk costs": Die unternehmensspezifischen Investitionen werfen in anderen Verwendungsarten keinen oder nur noch einen geringen

---

144 DeAngelo, Harry / DeAngelo, Linda, Ownership, 1985, S. 35.

145 Adams, Michael, Hindernisse, 1990, S. 72.

Ertrag ab.[146] Im Bereich des "human capital" sind das erworbene Wissen eines Managers um die Besonderheiten seines Unternehmens und seine Anstrengungen, dieses Wissen für das Unternehmen nutzbringend einzusetzen, unternehmensspezifische Investitionen. Nach einer Kündigung besitzen diese Investitionen keinen Wert mehr für ihn.

Verfügen Manager dagegen über Aktienbesitz und über Stimmrechte, so sind damit auch Eigentumsrechte an den "returns on firm specific investment" verbunden. Der Nutzen aus den Stimmrechten ist aus dieser Perspektive substantiell identisch mit demjenigen aus Patentrechten. Die Patentanalyse zeigt, daß Investitionen in Forschung und Entwicklung verstärkt werden, wenn die Gefahr der Unternehmensübernahme ausgeschaltet wird. Es besteht dann nicht mehr das Problem, daß sich ein potentieller Wettbewerber die Erträge aus solchen Investments aneignen kann. "Vote ownership can thus encourage managers to invest in organization-specific capital whose returns are potentially appropriable if outside stockholders can transfer control to another management group."[147] Jarrell und Poulson schlußfolgern für den hier interessierenden Spezialfall der Unternehmen mit mehreren Aktienklassen: "... dual-class recapitalization firms may also be firms that would gain especially from management investment in firm-specific human capital. Managers who make these investments expect to benefit from them over their long-term employment with the firm. Giving management superior voting rights protects it against removal by a new management team and increases its incentives to invest in firm-specific human capital."[148] Es ist also zu vermuten, daß besonders Aktiengesellschaften mit hohen unternehmensspezifischen Investitionen zur Etablierung mehrerer Aktienklassen tendieren.

Der Markt für Unternehmenskontrolle kann in diesem Zusammenhang negative Auswirkungen haben. Er erzielt Gewinne für die Aktionäre durch den Bruch eines "impliziten Vertrages"[149] zwischen Management und

---

[146]Vgl. Klein, Benjamin /Crawford, Robert G. ./Alchian, Armen, Integration, 1978, S. 297 ff.

[147]DeAngelo, Harry / DeAngelo, Linda, Ownerhsip, 1985, S. 35.

[148]Jarrell, Gregg A. / Poulsen, Annette B., Recapitalizations, 1988, S. 133.

[149]Implizite Verträge sind eine Möglichkeit für Wirtschaftssubjekte, ihr Verhalten aufeinander abzustimmen, wenn Meßprobleme und unerwartete zukünftige Entwicklungen die Vereinbarung eines expliziten "vollständigen Vertrages" unmöglich oder sinnlos machen. Ihr Bruch hat für beide Seiten schwerwiegende Verteilungs- und Allokationsprobleme zur Folge. Vgl. dazu auch Wenger, Ekkehard, Organisationsregeln, 1986.

Aktionären, indem er das im Amt befindliche Management um die Entlohnung für seine unternehmensspezifischen Investitionen bringt. Bei einer feindlichen Übernahme können die Aktionäre die Gesellschaft ohne Rücksicht auf die implizit eingegangenen Verpflichtungen verkaufen und sich deren Wert entschädigungslos aneignen.[150] Je stärker sich das Management - beispielsweise durch eine bestimmte Stimmrechtsstruktur - gegen feindliche Übernahmen schützen kann, desto größer wird der Anreiz für das Management sein, in diese unternehmensspezifischen Investitionen zu investieren, die gleichzeitig allen Aktionären zugute kommen.

Diese Schlußfolgerungen und damit die vorgebrachte Kritik an der Funktionsweise des Marktes für Unternehmenskontrolle sind jedoch dann nicht zwingend, wenn nicht alle Aktionäre "kurzsichtig" sind Es ist wahrscheinlich, daß hohe unternehmensspezifische Investitionen des Managements z.B. von informierten institutionellen Anteilseignern als solche erkannt und gewertet werden. Dies führt zu positiven Auswirkungen auf den Aktienkurs der betreffenden Unternehmung, zur Erschwerung einer Übernahme und zur Sicherung der Entlohnung gut wirtschaftender Manager. Träfe dies zu, so schützten sich die Manager am besten durch möglichst hohe unternehmensspezifische Investitionen.

Um das bei unternehmensspezifischen Investitionen auftretende Anreizproblem zu lösen, schlägt Adams eine Vereinbarung vor, derzufolge dem Management bei einem Kontrollwechsel der kostenlose Bezug einer bestimmten Zahl von Aktienoptionen am Unternehmen eingeräumt wird. Dies sichert "nicht nur die 'vertragsspezifischen Investitionen' des Managements und dessen Interesse an einem hohen Unternehmenswert, sondern bewahrt auch den Markt für Unternehmenskontrolle vor den verschiedensten Versuchen seiner Ausschaltung durch das Management, von der wiederum die Aktionäre schweren Schaden für sich zu befürchten hätten."[151] Die Ausgabe von Aktienoptionen an Führungskräfte ist nicht nur in den USA weit verbreitet, sondern auch in Deutschland in jüngster Zeit vermehrt zu beobachten.[152]

---

[150] Vgl. Adams, Michael, Hindernisse, 1990, S. 74.

[151] Adams, Michael, Hindernisse, 1990, S. 74; vgl. ähnlich Ridder-Aab, Christa-Maria, Aktiengesellschaft, 1980, S. 93 ff.

[152] Vgl. o. V., Ekkehard, 1997, S. 15; Heusinger, Robert von, Gehaltserhöhung, 1996, S. 4; Peltzer, Martin, Führungskräfte, 1996, S. 6.

II.D. Stimmenkonzentration und Unternehmenswert

Verschiedene Aktienklassen führen zu einer Konzentration der Stimmrechte in den Händen des Managements oder eines Aktionärs. Die Stimmenkonzentration wird genutzt, um den Einfluß der betreffenden Gruppe zu festigen oder auszubauen. Die Gründe, die hinter dem Wunsch nach nachhaltigem Einfluß auf das Unternehmen stehen können, sind oben genannt worden.

Im folgenden sollen die Wirkungen analysiert werden, die unterschiedlich mit Stimmrechten ausgestattete Aktienklassen auf den Wert einer Unternehmung und auf die Wohlfahrt der an ihr beteiligten Aktionäre ausüben. Verschiedene Theorien über Ausmaß und Richtung dieser Effekte werden diskutiert. Vorauszuschicken ist, daß die Mehrzahl der Autoren im Sinne von Grossman und Hart eine negative Wirkung auf den Firmenwert vermutet. Es gibt aber auch Studien, die in die entgegengesetzte Richtung gehen oder zumindest positive Komponenten aus einem ganzen Bündel von gegenläufigen Effekten identifizieren. Eine Reihe empirischer Arbeiten hat versucht, Belege für die verschiedenen Thesen zu finden.

II.D.1. "Alignment" und "Entrenchment" - externe und interne Kontrolle

Jensen und Meckling haben sich in einer grundlegenden Arbeit mit der Wirkung, den Großaktionäre auf den Firmenwert ausüben, befaßt. Ihre Analyse, die die Konzentration von Anteilen in einer Hand thematisiert, legte den Grundstein für die Corporate Governance-Debatte in den USA. Die beiden Autoren bewerten eine Konzentration von Aktien als positiv für den Wert einer Unternehmung, weil Großaktionäre wegen ihres eigenen umfangreichen Aktienbesitzes die Konsequenzen ihrer Entscheidungen am eigenen Vermögen spüren.[153] Je größer der Aktienbesitz ist, desto mehr gleicht sich die Interessenlage dieser Gruppe an die der außenstehenden Aktionäre an. Eventueller Perquisites-Konsum des Großaktionärs würde sich nicht nur negativ auf den Anteilswert des Streubesitzes, sondern ebenfalls auf den Wert seiner eigenen Anteile auswirken; dieser Effekt bremst tendenziell den Perquisites-Anreiz.

Dieser sogenannte "Alignment"-Effekt, also die Annäherung der Interessen der im Unternehmen dominanten Gruppe an die der außenstehenden Aktionäre, kann sich aber nur dann entfalten, wenn die Entscheidungsträ-

---

[153] Vgl. Jensen, Michael C. / Meckling, William H., Firm, 1976, S. 312 - 330.

ger in Form von Wohlfahrtsverlusten bestraft werden. Fallen Stimmrechte und Aktienbesitz auseinander - zum Beispiel durch den Besitz von Mehrfachstimmrechten - dann wirkt der Konsum von Perquisites nicht in voller Höhe auf die Vermögen der Manager bzw. Insider-Aktionäre zurück. Mehrfachstimmrechtsaktien sind also "cheap votes"[154], wenn sie zum Perquisites-Konsum mißbraucht werden, wird das an sie gekoppelte Wertpapiervermögen proportional geringer in Mitleidenschaft gezogen als im Falle einer Proportionalität von Stimmen und Dividenden.

Je stärker das Stimmenpotential von der Kapitalbeteiligung abweicht, desto rückläufiger ist der "Alignment"-Effekt zugunsten des sogenannten "Entrenchment"- (Verschanzungs-) Effekts. Die Machtposition der einflußnehmenden Gruppe erlaubt ihr, ohne Kontrolle durch die übrigen Aktionäre im Sinne ihrer eigenen Interessen zu agieren. Die billigen Stimmen schaffen eine Anreizstruktur, die bewirkt, daß Manager bzw. Insider-Aktionäre ihre Möglichkeit zur Verschanzung gegenüber den anderen Anteilseignern tatsächlich nutzen. Damit der Umfang der entstehenden Agency Costs verringert wird, müssen Übernahmeangebote und Abstimmungskämpfe eine wichtige - externe - Kontrollfunktion übernehmen.

Empirische Studien haben sich mit der Frage beschäftigt, bei welchem Niveau des Anteilsbesitzes des Managements bzw. Insider-Aktionärs der Firmenwert fällt oder steigt, d.h. wann der Entrenchment-Effekt den Alignment-Effekt überlagert und umgekehrt.

II.D.1.1. Der "Entrenchment"-Effekt: Empirische Ergebnisse

II.D.1.1.1. Auswirkungen einer Zweiklassenstruktur auf den Firmenwert

Mit der Frage, wie sich die Ausgabe von stimmrechtsbeschränkten Aktien und die dadurch entstehende Stimmenkonzentration auf den Marktwert der Anteile auswirken, hat sich beispielsweise Maynes befaßt. Maynes' Untersuchungen konzentrieren sich auf den kanadischen Aktienmarkt. Ihren Angaben zufolge hatten 71 kanadische Firmen zwischen 1976 und 1990 stimmrechtsbeschränkte Aktien emittiert, die auch an der Börse notierten.[155] Zusätzlich 100 Firmen gingen in diesem Zeitraum mit solchen Aktien neu an die Börse. Nach den Bestimmungen der Börse von Toronto

---

[154] Maynes, Elizabeth, Reallocation, 1992, S. 539.

[155] Vgl. Maynes, Elizabeth, Reallocation, 1992, S. 538 - 563.

können stimmrechtsbeschränkte Aktien dort gehandelt werden; dies gilt beispielsweise nicht für Mehrfachstimmrechtsaktien.

Maynes' Arbeit fußt auf dem Ansatz von Grossman und Hart. Die Autorin prüft, ob sich Aktienkurseinbußen bei den von ihr beobachteten Gesellschaften ergeben haben. Zu erwarten wäre, daß der Markt für Unternehmenskontrolle nach der Emission von stimmrechtsbeschränkten Aktien nicht mehr effizient arbeitet und die Übernahmeprämie für die Aktionäre und infolgedessen auch die Aktienkurse sinken.

Überraschenderweise findet Maynes bei 54 der kanadischen Unternehmen, die stimmrechtsbeschränkte Aktien ausgegeben haben, nach Ankündigung dieser Emissionen zunächst signifikant positive Aktienkursveränderungen. Wie Maynes schreibt, können Dividendenerhöhungen und Bezugsrechte für die stimmrechtsbeschränkten Aktien das Resultat verzerren. Solche Einflüsse können sich positiv auf die Kurse auswirken und den negativen Einfluß der Stimmrechtsbeschränkung überdecken. Dividendenerhöhungen und ähnliche Maßnahmen sind gezielt vom Management eingesetzte Angebote, um bei den Aktionären die Zustimmung zur Ausgabe der stimmenrechtsbeschränkten Aktienklasse zu erwirken. Nach der Isolierung der verfälschenden Wirkung der Dividendensteigerungen ergibt sich in der Tat ein signifikant negativer Effekt der Ausgabe stimmrechtsbeschränkter Aktien auf die Aktienkurse.

Den Einfluß der Schaffung einer zweiten, stimmrechtsbeschränkten Aktienklasse auf den Firmenwert hat auch Partch analysiert.[156] Partch vermutet ebenfalls, daß eine solche Emission zu potentiellen negativen Wohlfahrtseffekten bei den Aktionären führt.

Gleichwohl kommt sie - anders als Maynes - zu dem Ergebnis, daß Aktionäre durch die Splittung von Stimmrechten und Dividenden im allgemeinen nicht geschädigt werden. Ihrer Untersuchung zufolge hat sich zwar innerhalb von knapp zwei Jahren nach Einführung der zweiten Aktienklasse der Stimmenbesitz der Insider-Aktionäre erhöht, der durchschnittli-

[156] Vgl. Partch, Megan, Creation, 1987, S. 322 ff.

che Aktienanteil ist dagegen gesunken.[157] Die erhöhte Kontrollmöglichkeit führt nach den Ergebnissen ihrer auf den amerikanischen Kapitalmarkt bezogenen Studie aber nicht zu Wohlfahrtsverlusten der außenstehenden Aktionäre. Es zeichnen sich im Gegenteil sogar ungewöhnlich hohe Aktienkursgewinne in der Periode nach der Ankündigung der Emission von stimmrechtsbeschränkten Aktien ab.

Dieses Ergebnis ist jedoch zu relativieren. In etwa der Hälfte der von Partch betrachteten Unternehmen verbriefen die neu emittierten stimmrechtsbenachteiligten Aktien einen Anspruch auf höhere Dividenden als die andere Aktienklasse. Den verzerrenden Effekt eines erwarteten höheren Dividendeneinkommens berücksichtigt Partch anders als Maynes nicht.[158]

Böhmer findet in einer neuen Untersuchung über den Erfolg von US-amerikanischen Aktiengesellschaften, die zwischen 1984 und 1988 Aktiengattungen mit unterschiedlichen Stimmrechten emittiert haben, ebenfalls deutlich positive Auswirkungen einer hohen Stimmrechtskonzentration. Seine Ergebnisse basieren auf einer Stichprobe aus 98 Initial Public Offerings (IPOs) einer zweiten stimmrechtsbeschränkten Aktienklasse und einer Kontrollgruppe aus 98 paarweise zugeordneten Stammaktien-IPOs. In 67 der Dual-Class-Firmen besaßen beide Gattungen identische Anrechte auf Dividenden, in den verbleibenden 31 Fällen hatte die Gattung mit dem reduzierten Stimmrecht geringfügige Dividendenvorteile. Böhmer berechnet nach den ersten drei Jahren nach der Emission der zweiten Aktienklasse eine um 242 % höhere marktbereinigte Aktienrendite bei Dual-Class Firmen als bei dem Portfolio der paarweise nach Handelsplatz, Emissionsdatum, Branche und Firmengröße zugeordneten Kontrollfirmen.[159]

---

[157]Partch schließt daraus, daß die Manager diese neue Aktiengruppe geschaffen haben, um ihre Kontrollposition auszubauen: "....the issuance of limited voting common stock weakens the potential disciplining of managers by activity in the market of corporate control. Consequently, managers of such firms may be more likely to take actions that do not maximize the value of the firm."
Vgl. Partch, Megan, Creation, 1987, S. 323 sowie S. 326 ff.

[158]Vgl. Stulz, René, M., Managerial, 1988, S. 47.

[159]Vgl. Böhmer, Ekkehard, Kontrolle, 1996, S. 197 - 218.

II.D.1.1.2. Wirkung in Abhängigkeit vom Motiv der Rekapitalisierung

Negative Wirkungen, die von der Schaffung einer zweiten, stimmrechtsbeschränkten Aktienklasse auf den Firmenwert ausgehen, stellen dagegen Jarrell und Poulsen fest.[160] Die Autoren bauen auf der Analyse von Partch auf und untersuchen die Wohlfahrtseffekte bei 94 amerikanischen Firmen, die vom Juni 1986 bis Mai 1987 Umstrukturierungen des Grundkapitals in Richtung zweier Aktienklassen durchgeführt haben. Jarrell und Poulsen beziehen die verschiedenen gegenläufigen Effekte von Rekapitalisierungen in ihre Arbeit ein: zum einen die Verringerung der externen Kontrolle, zum anderen die positive Wirkung einer Änderung der Kapitalstruktur auf die Investitionsbereitschaft des amtierenden Managements.

Als Resultat ihrer Untersuchung ergeben sich signifikante negative Aktienpreiseffekte in Höhe von 0,82 % für kleine, sich um die öffentlichen Ankündigungen der Rekapitalisierungspläne gruppierende Zeitspannen. Bei Firmen, die die Rekapitalisierung im letzten von Jarrel und Poulsen in ihr Sample einbezogenen Jahr durchführten, waren durchschnittliche abnormale Verluste in Höhe von 2 % bei der Ankündigung der Rekapitalisierung zu beobachten. Die größten negativen Returns traten bei Aktiengesellschaften auf, bei denen der Insider-Aktienbesitz zwischen 30 % und 55 % lag.

Die analysierten 94 Firmen unterteilen Jarrell und Poulsen in zwei Gruppen: Die erste enthält die Gesellschaften, die ihr Grundkapital vor Juni 1984 neu strukturierten; die zweite bezieht sich auf die Unternehmen, die die stimmrechtsbeschränkte Aktienklasse nach diesem Zeitpunkt eingeführt haben. Der Grund für diese Unterscheidung: Im Juni 1984 beschloß die New York Stock Exchange (NYSE) ein Moratorium, infolge dessen Gesellschaften mit zwei Aktienklassen nicht mehr von der Notierung an der NYSE ausgeschlossen wurden.

Bis zu diesem Zeitpunkt war die NYSE die einzige US-amerikanische Börse, die die "One Share - One Vote"-Regel aufrechterhielt. Firmen, die diese Regel verletzten, wurden vom Listing an der NYSE gestrichen. Als General Motors 1984 ankündigte, das Unternehmen werde eine zweite, mit geringeren Stimmrechten ausgestattete Aktienklasse einführen, um eine Investition zu finanzieren, wich die NYSE mit dem erwähnten Moratorium von ihrer Regel ab. Im September 1986 schlug die NYSE eine Modifikation ihrer Standards vor, um Gesellschaften mit unterschiedlichen

---

[160] Vgl. Jarrell, Gregg A. / Poulsen, Annette B., Recapitalizations, 1988, S. 138 ff.

Stimmrechten zulassen zu können. Der Grund für diesen Sinneswandel war die Befürchtung, Unternehmen an die AMEX oder an die National Association of Securities Dealers (NASD) zu verlieren. Beide Börsen ließen Unternehmen, deren Anteile unterschiedlich mit Stimmrechten ausgestattet waren, zum Handel zu. Die New York Stock Exchange begründete ihre Entscheidung damit, den Unternehmen müsse eine größere Flexibilität in der Wahl ihrer eigenen Kapitalstruktur und eine bessere Möglichkeit der Abwehr feindlicher Übernahmen eingeräumt werden.[161]

Jarrell und Poulsen haben somit die Veränderung von Listing-Regeln in ihre Analyse mit einbezogen und kommen durch die zeitlich darauf abgestimmte Gruppenbildung zu einem interessanten Ergebnis. Bei den Firmen, die vom Juni 1986 bis Mai 1987 rekapitalisierten, ergaben sich die signifikantesten negativen Kursveränderungen. Aus dieser Beobachtung ziehen sie folgenden Schluß: "The hostile takeover environment of the 1980s and the rush to adopt many types of takeover defenses suggest that recent recapitalizations may serve a different purpose from those studied by Partch. The NYSE noted the importance of these recapitalizations for takeover defenses in its request to the SEC to change its rules, and many of the firms (both NYSE and non-NYSE) recently adopting dual classes of common stock cite in their proxy statements the importance of protecting themselves from hostile takeovers as the rationale for these recapitalizations."[162]

Aus den Ergebnissen von Jarrell und Poulsen läßt sich folgern, daß öffentliche Äußerungen über die Gründe für die Schaffung einer zweiten, stimmrechtsbeschränkten Aktienklasse die Wirkung dieser Maßnahme auf die Aktienkurse beeinflussen. Die Marktteilnehmer haben aus den Begründungen der Unternehmen für die Rekapitalisierung die Absicht der Managements entnommen, die externe Unternehmenskontrolle zu schwächen. Es kann nicht verwundern, daß es dann zu den von Jarrell und

---

[161] Vgl. Jarrell, Gregg A. / Poulsen, Annette B., Recapitalizations, 1988, S. 131 f.

[162] Jarrell, Gregg A. / Poulsen, Annette B., Recapitalizations, 1988, S. 138 f. Das amerikanische Proxy-System, auf das sich die Autoren beziehen, beinhaltet die Bitte um Erteilung der Stimmrechtsvollmacht, die das Management bzw. der Herausforderer im Vorfeld der Aktionärsversammlung an die Aktionäre des Unternehmens richten. Opponierende Aktionäre sind dabei in der Regel auf die Herausgabe der Aktionärslisten durch das Management angewiesen. Zu sogenannten Proxy Contests - Abstimmungskämpfen zwischen Management und Opponenten - kommt es in den USA häufig dann, wenn die Unternehmensleitung Maßnahmen gegen feindliche Übernahmen ergreifen will. Vgl. dazu auch Merkt, Hanno, Gesellschaftsrecht, 1991, S. 372 ff.

Poulsen beschriebenen Kursverlusten bei den betreffenden Aktien gekommen ist.[163]

II.D.1.1.3. Wohlfahrtsgewinne durch feindliche Übernahmen

Welche Wohlfahrtsverluste eintreten können, wenn das Management die externe Kontrolle einschränkt und Übernahmen unmöglich macht, läßt sich ermessen, wenn man umgekehrt Schätzungen der Aktionärsgewinne durch erfolgreiche Übernahmeversuche betrachtet. Jensen hat berechnet, daß in der Zeitspanne von 1977 bis 1986 die gesamten Gewinne der Aktionäre übernommener amerikanischer Gesellschaften 346 Mrd. US-$ betrugen.[164] Die Gewinne der Anteilseigner der übernehmenden Firmen schätzt er auf mindestens weitere 50 Mrd. US-$. Wie Jensen schreibt, entsprechen diese Gewinne 51 % aller in diesem Zeitraum vom gesamten amerikanischen Unternehmenssektor ausgezahlten Dividenden, bewertet nach Kursen des US-$ im Jahre 1986. Gelingt dem Management die Verschanzung dauerhaft, werden den Aktionären also beträchtliche Vermögenswerte vorenthalten.

Auch DeAngelo und DeAngelo haben sich mit Wohlfahrtsgewinnen durch Übernahmen befaßt.[165] Ihre Analyse von 60 Abstimmungskämpfen und deren Auswirkung auf den Firmenwert der betroffenen Gesellschaften ergab im Durchschnitt deutliche Wohlfahrtsgewinne für die Aktionäre dieser Unternehmen. Für ihr gesamtes Sample von 60 Aktiengesellschaften fanden die Autoren eine außergewöhnliche, auf den Betrachtungszeitraum von zwei Tagen bezogene Vermögenssteigerung von durchschnittlich 4,85 %. Diese beiden Tage waren der Tag vor der Veröffentlichung von Aktivitäten der Herausforderer und der Tag der Publikation dieser Aktivitäten im "Wall Street Journal". Bei der Messung der Effekte über einen Zeitraum von 40 Tagen vor dem ersten öffentlichen Bericht errechnen DeAngelo und DeAngelo einem Wohlfahrtseffekt von durchschnittlich sogar 18,76 %.[166]

---

[163]Jarrell, Gregg A. / Poulsen, Annette B., Recapitalizations, 1988, S. 132 ff.

[164]Vgl. Jensen, Michael, Takeovers, 1988, S. 21.

[165]Vgl. DeAngelo, Harry / DeAngelo, Linda, Proxy, 1989, S. 29 - 59. Die Autoren untersuchten 60 "Proxy Contests" während des Zeitraums von 1978 bis 1985 in Unternehmen, die an der New York Stock Exchange und der American Stock Exchange gelistet waren.

[166]Vgl. DeAngelo, Harry / DeAngelo, Linda, Proxy, 1989, S. 40.

II.D.1.2. Positive Effekte einer stabilen Machtposition

Hinweise für eine positive Wirkung von Aktien- und Kontrollkonzentrationen im Unternehmen finden sich in einer Analyse von Shleifer und Vishny, in der es nicht um die bereits oben diskutierte externe, sondern die interne Kontrolle eines Unternehmens geht.[167] Shleifer und Vishny befassen sich in einer empirischen Untersuchung mit dem Einfluß von Großaktionären auf den Firmenwert. Sie zeigen, daß der Firmenwert abnimmt, wenn ein Großaktionär Teile seines Aktienpakets verkauft. Der Grund für dieses Phänomen könnte nach Auffassung von Shleifer und Vishny darin bestehen, daß die interne Kontrolle des Unternehmens nach dem Verkauf abnimmt.

Die Aufgabe, die Firma intern zu überwachen, übernimmt laut Shleifer und Vishny nämlich der Großaktionär des Unternehmens. Sein Ziel ist die Steigerung des Firmenwerts. Wenn er keine Verbesserungsmöglichkeiten findet, darf das Management in seiner Arbeit fortfahren. Der Großaktionär betreibt seine Überwachung bis zu dem für ihn optimalen Niveau. Das Optimum der Überwachung liegt dort, wo die Kosten einer zusätzlichen Überwachungseinheit gleich sind dem erwarteten, auf das Aktienpaket des Großaktionärs bezogenen Grenznutzen dieser Überwachungseinheit. Daraus ist zu folgern, daß das optimale Überwachungsniveau umso höher liegt, je größer der Anteil des Großaktionärs an der Firma ist. Je stärker der Großaktionär beteiligt ist, desto intensiver wird er das Management überwachen und desto höher wird der Firmenwert bzw. der Marktpreis der Aktien sein.

Die beschriebene Anreizkonstellation ist der Alignment-Effekt, also die Anpassung der Interessen des Insider-Aktionärs bzw. Managements an dasjenige der außenstehenden Anteilseigner, das in der Maximierung ihres Wertpapiernutzens besteht.

Die außenstehenden Aktionäre profitieren von der Kontrolle durch den Großaktionär. Für sie selbst lohnt sich die kostenintensive Überwachung nicht; sie befinden sich in der Rolle der "free rider". Die Kleinaktionäre tragen keine Kosten der Überwachung und sind gleichzeitig vom Kontrollengagement des Großaktionärs abhängig.

---

[167] Vgl. Sleifer, Andrei / Vishny, Robert: Large shareholders and corporate control, Journal of Political Economy, 1986, vol. 94, S. 461 - 488.

Dieser Mechanismus läßt die Problematik der "apathischen Kleinaktionäre",[168] die sich bei allen Publikumsgesellschaften beobachten läßt, zwar nicht verschwinden. Sie ist in ihrer Bedeutung für die Effizienz der Unternehmenskontrolle aber gemindert, weil ein mit den nötigen Kontrollanreizen ausgestatteter Großaktionär einspringt.[169] Wenn dieser seine Kapitalbeteiligung wegen knapper finanzieller Mittel oder aus Diversifizierungsgründen abbaut, sinkt auch der Wert des Streubesitzes.

Problematisch wird die Existenz eines Großaktionärs dann, wenn dieser Paketbesitzer seinen Anteil am Unternehmen senken will, ohne gleichzeitig seinen Einfluß zu verlieren. Das Management kann dies durch den Verkauf stimmrechtsbeschränkter Aktien an die Kleinaktionäre oder durch die Ausgabe von Mehrfachstimmrechtsaktien an den Paketinhaber bewerkstelligen. Auf dessen Anreiz, das Management zu kontrollieren, haben diese Maßnahmen einen ungünstigen Einfluß: Der Großaktionär hat zwar weiterhin die Möglichkeit, zu kontrollieren, doch sein Wertpapieranteil am Unternehmen hat abgenommen, d.h. sein optimales Überwachungsniveau hat sich nach unten bewegt. Weil Außenstehende die abnehmende interne Kontrolle im Unternehmen antizipieren, sinkt der Aktienkurs bei der Ankündigung, daß stimmrechtsbeschränkte Aktien ausgegeben werden.

Wenn ein Großaktionär Mehrstimmrechtsaktien hält, so verfügt er damit über mehr Stimmrechte als Dividendenansprüche. Das optimale Überwachungsniveau wird geringer; gleichzeitig entsteht der Anreiz zum Perquisites-Konsum. Der Vermögensschaden durch Perquisites betrifft den Großaktionär durch seinen im Verhältnis zu den Stimmrechten reduzierten Wertpapierbesitz in geringerem Maße als im Falle von "One Share - One Vote".

---

[168] Beispielsweise beobachten Frank H. Easterbrook und Daniel R. Fischel, Law, 1983, S. 396, daß "shareholders still do not pay much attention to elections, save for those that engender organized proxy contests. There are fewer proxy contests than ever before. Managers continue to dominate elections: their slates of officers are routinely elected, their auditors endorsed. Shareholders' proposals are routinely defeated. Faced with this overwhelming show of apathy, many of those who initially sought to cure the desease diagnosed by Berle and Means have a ready answer: there is not yet enough disclosure, not enough participation, to interest the shareholders." Vgl. Leutheusser-Schnarrenberger, Sabine, Kräftefeld, 1995, S. 2355.

[169] Vgl. Partch, Megan, Creation, 1987, S. 323.

Es gibt auch Beispiele, in denen die interne und externe Kontrolle gegenläufig wirken. Wenn der Großaktionär z.B. an einer Kapitalerhöhung nicht teilnimmt, reduziert sich sein optimales Kontrollniveau, und er wird das Management nicht mehr so scharf wie zuvor überwachen. Gleichzeitig jedoch wird die externe Kontrolle des Unternehmens verstärkt, weil die dominante Position schwächer wird und Außenseiter, die das Unternehmen übernehmen und dessen Wert steigern könnten, leichter zum Zuge kommen.

Der Markt für Unternehmenskontrolle wird also von mehreren Effekten beeinflußt, die in verschiedene Richtungen wirken und sich teilweise überlagern. Zum Alignment- und Entrenchment-Effekt, die sich aus dem Aktienbesitz des Managements oder eines Großaktionärs ergeben, kommen gegenläufige Einflüsse aus dem Bereich der internen und externen Unternehmenskontrolle.

Eine bestimmte Kapitalstruktur wird dann negative Wirkungen auf den Unternehmenswert ausüben, wenn ein Großaktionär oder das Management über eine hohe Stimmenzahl, gleichzeitig aber über einen wesentlich kleineren Aktienbesitz verfügt, so daß das optimale Überwachungsniveau sehr gering und der Verschanzungsanreiz sehr groß ist. In diesem Fall ist zusätzlich die externe Unternehmenskontrolle außer Kraft gesetzt, weil angesichts einer großen Stimmenmacht ein außenstehender Herausforderer wegen der stabilen Machtposition im Unternehmen keine Chance hat, die Aktienmehrheit zu erwerben.

Die verschiedenen, teilweise gegenläufigen Effekte einer Zweiklassenstruktur des Aktienkapitals und hoher Aktienkonzentration sind identifiziert. Es stellt sich die Frage, bei welchem Anteilsbesitz eines Großaktionärs ein für die außenstehenden Aktionäre günstiges Resultat erzielt wird.

II.D.2. Alignment und Entrenchment in Abhängigkeit von der Stimmenkonzentration

Eine Reihe von Autoren geht der Frage nach, in welchen Spannen der Aktienkonzentration sich die positiven oder die negativen Effekte des Paketbesitzes auf den Firmenwert durchsetzen.

II.D.2.1. Interne Kontrolle versus Entrenchment-Gefahr

Beispielsweise setzt sich Wruck mit dem Verkauf eines Aktienblocks an einen einzigen Anteilseigner oder eine kleine Gruppe von Aktionären auseinander. Die Autorin mißt die Auswirkungen dieses Verkaufs auf den Firmenwert mittels "average abnormal returns"[170] bei den Aktienkursen, die mit der Ankündigung eines solchen "private placements" von Anteilen einhergehen.

Wrucks Untersuchung basiert auf einem Sample von insgesamt 128 Unternehmen, bei denen es von Mitte 1979 bis Ende 1989 zu Privatplazierungen gekommen ist. 65 dieser Firmen waren in diesem Zeitraum an der NYSE, 63 an der AMEX gelistet.

Ob diese Wirkung positiv oder negativ ist, hängt den Resultaten Wrucks zufolge davon ab, welches Niveau der Aktienkonzentration sich nach dem Verkauf ergibt und wie sich die gegenwärtige und künftige Beziehung des Käufers zum Unternehmen gestaltet. Bei einem niedrigen (0 % - 5 %) oder sehr hohen Konzentrationsgrad (über 25 %) nach dem Verkauf findet Wruck eine gleichgerichtete Beziehung zwischen der Veränderung des Konzentrationsgrades und der Veränderung des Firmenwerts. In der mittleren Spanne des Anteilsbesitzes (Anteil 5 % - 25 % nach dem Verkauf) führt die Erhöhung der Aktienkonzentration jedoch zu einem niedrigeren Firmenwert. In der zuletzt genannten Spanne sind die Verschanzungseffekte größer als der Überwachungnutzen, der sich aus der Existenz eines Großaktionärs ergibt.

Wruck folgert: "A greater level of ownership concentration increases firm value if the blockholder uses his votes to see that corporate resources are managed more efficiently, or if the existence of the block increases the probability of a value-increasing takeover. Greater ownership concentration decreases firm value if the block entrenches managers, insulating them from market discipline or reducing the probability of a takeover."[171]

Zusätzlich zum Konzentrationsgrad betrachtet Wruck die Eigentümerstruktur eines Unternehmens und fragt, ob der jeweilige Käufer der Aktien die Kontrolle über die Firma übernehmen, d.h. das Management beaufsichtigen wird oder ob umgekehrt der Käufer vom Management kontrolliert wird. Steigt die Zahl der vom Management direkt oder indirekt kon-

---

[170] Wruck, Karen Hopper, Evidence, 1989, S. 3.

[171] Wruck; Karen Hopper, Evidence, 1989, S. 12.

trollierten Aktien, dann erhöht sich die Wahrscheinlichkeit der Verschanzung.[172]

Diesem Thema widmen sich ebenfalls Barclay, Holderness und Pontiff, deren Resultate von denen Wrucks abweichen.[173] Barclay, Holderness und Pontiff untersuchen die Frage, in welcher Beziehung Kursabschläge bei sogenannten "closed-end funds"[174] in den USA zu Paketbesitz an diesen Fonds stehen. Zu diesem Zweck bilden die Autoren ein Sample von 138 Fonds, deren Anteile in den Jahren 1979 bis 1989 mit Abschlägen oder Prämien auf den Marktwert notierten. Die Paketbesitzer ihrer Sample-Firmen unterteilen Barclay, Holderness und Pontiff in zwei Gruppen: die dem Management freundlich und die ihm feindlich gesonnenen Großaktionäre. Die freundlichen Großaktionäre wünschen gemeinsam mit dem Management private Nutzen aus der Unternehmung zu ziehen. Die feindlichen Paketbesitzer sind an einer Öffnung der geschlossenen Fonds interessiert, um den Unterschied zwischen dem Kaufpreis der Aktien und dem "net asset value"[175] einzustreichen. Die Autoren finden heraus, daß das "market to book"- Verhältnis[176] in den Firmen sank, in denen der Aktienbesitz des Managements indirekt durch den Einstieg von freundlich gesonnen Aktionären wuchs. Bei umfangreichem Paketbesitz zeigen sich hohe Abschläge bei der Notierung der Fondsanteile vom Nettowert der im Fonds enthaltenen einzelnen Aktien. Im Durchschnitt betrugen diese Abschläge bei Firmen mit Großaktionären 14,2 %, ohne Großaktionäre lagen

---

[172]Vgl. auch Barclay, Michael J./ Holderness, Clifford G., Block, 1991, S. 861 - 878.

[173]Vgl. Barclay, Michael J. / Holderness Clifford G. / Pontiff, Jeffrey, Benefits, 1993, S. 263 - 291.

[174]closed-end funds sind Fonds, die nach Beendigung der Zeichnungsperiode geschlossen werden. Weitere Anteile werden nicht emittiert, es sei denn, die Aktionärsversammlung beschließt eine Kapitalerhöhung. Der closed-end fund übernimmt keine vertragliche Verpflichtung zur Rücknahme der Anteile. Der Anteilinhaber kann seine Anteile im börslichen bzw. außerbörslichen Handel verkaufen; sie werden aber in der Regel nicht zum Inventarwert gehandelt. Zum Inventarwert siehe Fußnote 169.

[175]"net asset value" ist der Nettowert eines Anteils, auch Inventarwert genannt. Zur Ermittlung des "net asset value" wird das Fondsvermögen durch die Anzahl der umlaufenden Anteile geteilt.

[176]Barclay, Holderness und Pontiff definieren das "market-to-book"-Verhältnis als Verhältnis zwischen dem Börsenwert einer Unternehmung und den Wiederbeschaffungskosten der einzelnen Vermögensgegenstände. Vgl. dazu Barclay, Holderness und Pontiff, Benefits, 1993, S. 284. Bei dem so definierten "market-to-book"-Verhältnis handelt es sich im übrigen um die häufig verwendete Bezugsgröße "Tobin's Q". Vgl. zu Tobin's Q Gliederungspunkt II.D.2.3.

sie bei nur 4,1 %. Nach Interpretation der Autoren ziehen die Großaktionäre private Nutzen aus dem Fonds, die den anderen Aktionären nicht zur Verfügung stehen. Insgesamt kommen Barclay, Holderness und Pontiff also zu dem Ergebnis, daß der Paketbesitz sich eher ungünstig auf den Firmenwert auswirkt und daher negativ zu bewerten ist.

II.D.2.2. Hohe Prämie für die Aktionäre versus Entrenchment-Gefahr

Auch Stulz beschäftigt sich mit der Frage, in welchen Konzentrationsspannen eine stärkere Kontrolle der Stimmen und Anteile durch das Management den Firmenwert positiv oder negativ beeinflußt.[177] Stulz geht davon aus, daß die Manager ihren Stimmenanteil α erhöhen, um die Wahrscheinlichkeit einer feindlichen Übernahme zu senken, und damit gleichzeitig den Firmenwert vermindern.[178] Bei einem sehr großen α wird der Firmenwert - so Stulz - gering sein, weil es nicht zu einer Übernahme durch einen Außenstehenden kommen wird. Bei einem kleineren α können die außenstehenden Aktionäre jedoch profitieren, indem sie bei einer Übernahme Nutzen vom Aufkäufer an sich ziehen.

Im einzelnen ist Stulz' Ansatz wie folgt strukturiert: Wenn $\alpha = 0$, muß der Bieter (bei der gängigen Mehrheitsregel von 0,5) die Hälfte der außenstehenden Aktionäre zum Verkauf ihrer Aktien bewegen. Wird α nun positiv, dann nimmt der Anteil der freien Aktionäre ab, und der Herausforderer ist gezwungen, die Prämie an den Streubesitz zu erhöhen, damit sich die Wahrscheinlichkeit, daß er die nötigen Stimmen zusammenbekommt, nicht verringert.

Aus der Sicht des Bieters ist also die Prämie, die er den Aktionären zahlen muß, eine steigende Funktion von α. Dies bedeutet gleichzeitig, daß der Wert des Aufkaufobjekts für den Übernehmer mit steigendem α sinkt. α darf nicht so groß werden, daß der Nettowert des Projekts für den Erwerber negativ wird; anderenfalls kommt eine wertsteigernde Übernahme nicht zustande. In diesem Zusammenhang ist anzumerken, daß der Bieter den außenstehenden Aktionären nur dann eine mit der Aktienkonzentration steigende Prämie anbieten wird, wenn er über den dem Machthaber insgesamt zuzurechnenden Anteilsbesitz informiert ist. In Deutschland müssen Unternehmen seit Inkrafttreten des 2. Finanzmarktförderungsgesetzes Beteiligungen an börsennotierten Gesellschaften bei Überschreitung bestimmter Schwellenwerte - der niedrigste liegt bereits bei 5 % Stimm-

---

[177] Vgl. Stulz, René, M., Managerial, 1988, S. 26 ff.

[178] Vgl. Stulz, René, M., Managerial, 1988, S. 26.

rechtsanteil - offenlegen; bei Ermittlung dieser Schwellenwerte sind auch solche Aktienbestände zu berücksichtigen, die einem Unternehmen gehören, das der Meldepflichtige kontrolliert.[179] Diese Gesetzesänderung ist als ein wichtiges Signal für den Markt für Unternehmenskontrolle und eine Voraussetzung für angemessene Übernahmeprämien an die außenstehenden Aktionäre zu werten.

In Stulz' Modell ist der Firmenwert eine Funktion von α, die ihr Maximum bei einem bestimmten positiven α-Wert und ihr Minimum bei einem Stimmenanteil des Managements in Höhe von $\alpha \geq 0,5$ erreicht.

Wenn α steigt, erhöht sich die Wahrscheinlichkeit, daß erfolgreiche Gebote mit hohen Prämien verbunden sind. Andererseits fällt die Erfolgswahrscheinlichkeit einer Übernahme; sie erreicht 0, wenn $\alpha = 0,5$. Das Produkt aus der Erfolgswahrscheinlichkeit und der erwarteten Prämie wird mit zunehmendem α immer kleiner. Die Höhe der Prämie wird insgesamt begrenzt durch den Gewinn, den der Bieter aus der Kontrolle des Unternehmens zieht. Die Erhöhung des Firmenwerts geht in Stulz' Modell zu Lasten des Bieters. Außerdem werden bei steigendem α einige Übernahmen unprofitabel, die bei $\alpha = 0$ zustande kämen.

Zwar werden einige Aktionäre von den höheren Prämien auch dann profitieren, wenn die Übernahme nicht zustandekommen sollte: diejenigen nämlich, deren Aktien der Übernehmer bereits erworben hat. Die überwiegende Mehrheit der Aktionäre wird in diesem Fall jedoch leer ausgehen, weil eine wertsteigernde Übernahme durch ein hohes α verhindert wird. Es steht zu vermuten, daß der Markt diesen Effekt in Form eines niedrigeren Unternehmenswerts vorwegnehmen wird. Das Ziel, die Übernahmewahrscheinlichkeit zum Nutzen aller Aktionäre so groß wie nur möglich zu machen, spricht für einen kleinen Anteil des Managements am Stimmen- und Aktienpotential der Firma.

Gleichzeitig ignoriert Stulz' Modell auch die Problematik der asymmetrischen Information. Beispielsweise kann das Management über Informationen verfügen, aus denen sich eine Unterbewertung der Firma ergibt. Der schlecht informierte Streubesitz ist dann bereit, seine Aktien zu billig an einen potentiellen Käufer zu verschleudern. Asymmetrische Information kann aus Sicht der freien Aktionäre zu höheren optimalen α-Werten führen.

---

179 Vgl. Jütten, Herbert / Weisgerber, Thomas, Leitfaden, 1995, S. 26.

Trotz der Kritik an einzelnen Punkten ist Stulz' "surplus-Extraction"-Argument als eine Weiterführung der Entrenchment- und Alignment-Hypothesen zu betrachten. Positive Konsequenzen aus einer Erhöhung der Aktienkonzentration ergeben sich im Falle anfänglich niedriger Aktienanteile des Managements oder Insider-Aktionärs sowohl bei Jensen und Meckling als auch bei Stulz; die Argumentation verläuft allerdings unterschiedlich. Innerhalb Stulz' Ansatz ergibt sich die höhere Aktionärswohlfahrt durch eine bessere Opposition gegen Übernahmeversuche, die den Übernehmer zu höheren Prämienzahlungen zwingt. Jensen und Meckling argumentieren dagegen mit einer besseren Angleichung von Manager- und Aktionärsinteressen. Im Falle höherer Aktienkonzentration ist Stulz' Theorie eng mit der Verschanzungshypothese verbunden. Hier verhindert der umfangreiche Aktienbesitz des Managements externe Übernahmen.

II.D.2.3. Entrenchment-Effekt versus Alignment-Effekt

Morck, Shleifer und Vishny haben Thesen, die mit Stulz' Ansatz vergleichbar sind, empirisch getestet.[180] Sie gehen von identischen Wertpapier- und Stimmrechtsanteilen des Managements aus. Ihre Argumentation bezieht sich nicht auf die externe Kontrolle bzw. auf eine surplus-extraction-Prämie; die Autoren übertragen vielmehr Stulz' Ansatz auf die Entrenchment versus Alignment-Diskussion. Bei einem niedrigen Konzentrationsgrad der Anteile - so Morck, Shleifer und Vishny - bewirkt eine Erhöhung von α, daß sich die Interessen des Managements denen der Aktionäre annähern. Wenn α bereits sehr groß ist und es zu einer weiteren Steigerung der Aktienkonzentration kommt, dann nimmt der Druck, den der Markt für Unternehmenskontrolle auf das Management ausübt, immer mehr ab.

Den Firmenwert messen Morck, Shleifer und Vishny mit Hilfe des sogenannten "Tobin's Q". "Tobin's Q" ist eine "market-to-book"-Beziehung; sie repräsentiert das Verhältnis aus dem Börsenwert einer Unternehmung zu den Wiederbeschaffungswerten ihrer Vermögensgegenstände.

Morck, Shleifer und Vishny errechnen eine positive Beziehung zwischen α und "Tobin's Q" in der 0% - 5%-Spanne des Insider-Aktienbesitzes, eine negative, weniger ausgeprägte Beziehung im Konzentrationsgrad zwischen 5% - 25% sowie eine wieder positive, ebenfalls schwach ausgeprägte Relation für den Konzentrationsgrad über 25% Anteilsbesitz.

---

180 Vgl. Morck, Randall / Shleifer, Andrei / Vishny, Robert W., Market, 1988, S. 293 - 315.

Wenn der Aktienbesitz der Manager von einem niedrigen Niveau aus steigt, spiegelt die Zunahme von Q die größeren Anreize der Manager zur Maximierung des Firmenwerts wieder. Über einen Anteilsbesitz in Höhe von 5% hinaus überwiegen dann die Anreize zur Verschanzung. Den Firmenwert senkende Bedingungen wie beispielsweise "...conditions conducive to the entrenchment of incumbent management such as status as a founder, increased voting power, increased tenure with and attachment to the firm, lower employment of professional managers, and dominance of inside over outside directors on the board"[181] gewinnen an Bedeutung. Die Ergebnisse von Morck, Shleifer und Vishny lassen vermuten, daß die Stimmenmacht nicht die einzige Basis für Verschanzung sein kann: ein 5% - 25%iger Anteil reicht für die vollständige Kontrolle über die Firma nicht aus. Es muß Verschanzungsmöglichkeiten geben, die bereits mit geringerem kapital- bzw. stimmenmäßigem Einfluß erreichbar sind.

Die positiven Effekte, die sich aus der Konvergenz der Interessen des Insider-Aktionärs an die des Streubesitzes ergeben, wirken sich nach Auffassung von Morck, Shleifer und Vishny über die ganze Spannbreite von Aktienkonzentrationen aus, werden allerdings zwischen 5 % und 25 % von den negativen Verschanzungs-Effekten überkompensiert. Wie die Autoren schreiben, sind die Alignment-Effekte sehr viel einfacher zu beobachten und zu interpretieren als die Verschanzungseffekte.

Das Problem besteht darin - und dies beantwortet gleichzeitig die Frage, warum bereits in der 5%-25%-Spanne negative Effekte zu beobachten sind -, daß die Verschanzung nicht nur eine Konsequenz der Stimmenmacht ist. Einige Manager bzw. Insider-Aktionäre können sich kraft ihres Amtes in der Firma, ihres Status' als Gründer oder aus Gründen ihrer persönlichen Durchsetzungsfähigkeit schon bei relativ geringen Aktienanteilen verschanzen. Andere Manager in Firmen mit bedeutenden außenstehenden Aktionären sind mit ihrer Position nicht so stark verwachsen und können leichter abgelöst werden. Weil die Verschanzungsmöglichkeiten nicht erst dann beginnen, wenn das Management bzw. der Insider-Aktionär 50 % der Stimmen, also die totale Kontrolle über die Firma erlangt hat, können auch bei einem niedrigeren Aktienbesitz - nach den Ergebnissen von Morck, Shleifer und Vishny ist dies zwischen 5 % und 25 % der Fall - die negativen Effekte die positiven überkompensieren.

Bei einem Aktienbesitz von über 25 % überwiegen nach den Ergebnissen von Morck, Shleifer und Vishy wieder die positiven Effekte. Dies inter-

[181] Morck, Randall / Shleifer, Andrei / Vishny, Robert W., Market, 1988, S. 301.

pretieren die Autoren so, daß bei einem derartigen Anteilsbesitz die externe Kontrolle durch den Markt sehr gering ist. Mit Hilfe eines solchen Anteilsbesitzes kann der Machthaber die Herausforderungen von außen abwehren. Je weiter der Aktienbesitz über 25 % hinausgeht, desto größer ist dann der Alignment"-Effekt, also der Anreiz des Machthabers, den Wert seiner eigenen Aktien zu erhöhen. Mit steigendem Aktienbesitz wirken sich falsche unternehmerische Entscheidungen oder der Konsum von Perquisites immer stärker auf das Wertpapiervermögen des Insiders aus - seine Interessen passen sich denen der außenstehenden Aktionäre an. Das Ansteigen von Q im Bereich hoher Aktienanteile des Managements bzw. Insider-Aktionärs reflektiert nach Einschätzung von Morck, Shleifer und Vishny einen reinen Interessenkonvergenz-Effekt.

Allerdings lassen sich die empirischen Ergebnisse von Morck, Shleifer und Vishny nicht völlig eindeutig und befriedigend interpretieren. Die Autoren beobachten beispielsweise einen starken durchschnittlichen Anstieg von Tobin's Q, wenn der Aktienbesitz des Managements / Insider-Aktionärs im Bereich zwischen 0 % und 5 % zunimmt. Es ist jedoch denkbar, daß die Kausalität umgekehrt verläuft: Häufig steigt der Aktienbesitz von Managern in Firmen mit hohem Q, denn ertragsstarke Unternehmen statten ihre Manager mit Aktienboni oder Aktienoptionen aus. In diesem Fall weisen Firmen mit dem immateriellen Asset einer hervorragenden Managerqualität gleichzeitig ein höheres Q und einen höheren Aktienbesitz des Managements auf. Das bedeutet, daß ein Anwachsen des Aktienbesitzes bei Managern in der Spanne zwischen 0 % und 5 % nicht unbedingt ein höheres Q erklären kann. Ein höheres Q kann der Grund für steigenden Aktienbesitz beim Management sein.

Die Ergebnisse von Morck, Shleifer und Vishny sind nicht konsistent mit den Resultaten einer Reihe anderer empirischer Arbeiten. Ihnen widersprechen zum Beispiel die Beobachtungen von Jarrell und Poulsen.[182] Die Autoren betrachten den Fall der Einführung einer zweiten, stimmrechtsbeschränkten Aktienklasse und identifizieren die größten negativen Wirkungen auf den Firmenwert bei einem Insider-Aktienbesitz zwischen 30 % und 55 %. Dies steht im Gegensatz zu den Schlußfolgerungen von Morck, Schleifer und Vishny, die in dieser Spanne eine Überlagerung des negativen Entrenchment-Effekts durch den positiven Alignment-Effekt feststellen. Wenn Morcks, Shleifers und Vishnys These zutrifft, daß sich Manager oder andere Großaktionäre schon bei 25 % des Aktienbesitzes effektiv

[182]Vgl. Jarrell, Gregg A. / Poulsen, Annette B., Recapitalizations, 1988, S. 149; auch Gliederungspunkt II.D.1.1.2.

verschanzen können, dann dürfte es keine weiteren negativen Effekte auf den Firmenwert bei einem Aktienbesitz zwischen 33 und 55 % geben; der Alignment-Effekt müßte überwiegen.[183] Allerdings sind die Ergebnisse der beiden Arbeiten nur eingeschränkt vergleichbar, da in Morcks, Shleifers und Vishnys Arbeit der Fall der Stimmenkonzentration durch Rekapitalisierung keine Rolle spielt.

McConnell und Servaes analysieren ebenfalls empirisch die Beziehung zwischen dem Paketbesitz von Großaktionären und dem Firmenwert. Ihre Untersuchung basiert auf einem umfangreicheren als dem von Morck, Shleifer und Vishny gewählten Sample.[184] McConnell und Servaes kommen zum Ergebnis, daß Tobin's Q solange steigt, bis der Aktienbesitz eines Großaktionärs 40 bis 50 % erreicht, und bei darüber hinausgehender Aktienkonzentration sinkt. Die These, daß bei hohem Aktienbesitz der Alignment-Effekt festzustellen ist, findet in dieser Arbeit keine Unterstützung. Holderness und Sheehan schließlich finden überhaupt keine signifikanten Unterschiede bei Tobin's Q für ein paarweises Sample von Firmen, die in Streu- und Mehrheitsbesitz sind.[185] Aus ihren Resultaten läßt sich also auch kein Beweis dafür ableiten, daß Manager mittels ihres Aktienbesitzes Ressourcen von außenstehenden Aktionären abziehen und den Unternehmenswert mindern.

II.D.2.4. Übertragbarkeit auf die Situation in Deutschland

Ohne die Ergebnisse von Morck, Shleifer und Vishy, die auf den Gegebenheiten des amerikanischen Kapitalmarkts aufbauen, pauschal auf den deutschen übertragen zu wollen, ist anzumerken, daß einem Aktienbesitz von 25 % in Deutschland in der Tat erhebliche Verschanzungsmöglichkeiten innewohnen. Bei einer Kapitalbeteiligung in dieser Höhe verfügt der betreffende Aktionär über eine sogenannte "Sperrminorität", d.h. über die Möglichkeit, bei wichtigen Abstimmungspunkten in der Hauptversammlung, die ein Quorum von 75 % des Grundkapitals erfordern, unerwünschte Abstimmungsergebnisse zu verhindern.

Die Verschanzungsmöglichkeiten beginnen in Deutschland gewöhnlich bereits bei noch geringerem Aktienbesitz. Die These Morcks, Schleifers und Vishnys, daß die Verschanzungseffekte zwischen 5% und 25% zu-

---

[183] Vgl. dazu auch Jensen, Michael C. / Warner, Jerold B., Power, 1988, S. 13.

[184] Vgl. McConnell, John J. / Servaes, Henri, Additional, 1990, S. 595 - 612.

[185] Vgl. Holderness, Clifford G. / Sheehan Dennis P., Corporations, 1988, S. 317 - 346.

nehmen, ist mit der Situation in Deutschland vereinbar. Hier ist eine Sperrminorität angesichts der normalerweise weit unter 100 % liegenden Präsenz auf deutschen Hauptversammlungen bereits mit einem wesentlich niedrigeren Grundkapitalanteil als 25 % zu erreichen. Im Durchschnitt nehmen nur etwa 40 bis 50 % des stimmberechtigten Aktienkapitals deutscher Unternehmen an den Abstimmungen teil.[186]

Die Verschanzungsmöglichkeiten eines Aktionärs können durch den Besitz von Mehrstimmrechtsaktien, die eine auf Stimmrechte bezogene Sperrminoriät bereits bei geringem Aktienbesitz sicherstellen können, noch gesteigert werden.

II.D.3. Wirkung von Aktienpaketen auf den Firmenwert

Der Aktienbesitz verschiedener Aktionärsgruppen - des Managements, des Aufsichtsrats oder der anderer Großaktionäre - kann unterschiedliche Wirkungen haben.

II.D.3.1. Die Rolle außenstehender und geschäftsführender "Board"-Mitglieder

Daß der Einfluß des Aktienanteils auf den Wert der Firma nicht unabhängig davon ist, wer diesen Paketbesitz hält, klingt in der Arbeit von Wruck an. Morck, Shleifer und Vishny haben den Einfluß beobachtet, den der Aktienbesitz außenstehender "Board"-Mitglieder auf "Tobin's Q" ausübt.[187]

II.D.3.1.1. Verschanzung außenstehender "Board"-Mitglieder

Im Gesellschaftsrecht der Vereinigten Staaten ist der sogenannte Board of Directors dafür vorgesehen, die Manager zu kontrollieren. Wie in Deutschland wählen auch in den USA die Aktionäre typischerweise sechs bis zwölf Aufsichts- oder Verwaltungsräte und beauftragen diese "Directors" mit der Wahrung ihrer Interessen. Die Directors wiederum bestellen die Officers, das Pendant zum deutschen Vorstand, und beauftragen sie mit der Geschäftsführung des Unternehmens. Anders als in Deutschland - dort gibt es eine strenge Trennung zwischen Vorstands- und Aufsichtsratsmandaten - ist es in den USA üblich, daß einige Directors selbst

[186] Vgl. Stelzner, Holger, Wort, 1994, S. 19.

[187] Vgl. Morck, Randall / Shleifer, Andrei / Vishny, Robert W., Market, 1988, S.294 ff.

Vorstandsfunktionen übernehmen. So ist in den USA der Aufsichtsratsvorsitzende, der Chairman of the Board, häufig gleichzeitig der Vorstandsvorsitzende, der Chief Executive Officer (CEO). In den meisten Unternehmen gibt es mehrere Querverbindungen zwischen Aufsichts- und Managementfunktionen. Diejenigen Directors, die gleichzeitig in der Geschäftsführung des Unternehmens vertreten sind, sind sogenannte Inside Directors.[188]

Der Board hat die Macht, den CEO einzustellen und zu entlassen. Er kann auch größere unternehmerische Projekte blockieren. Adams hat jedochein anderes Verhalten beobachtet: "In der Praxis haben sich jedoch die 'Boards of Directors' häufig nicht in der Lage gesehen, unvorteilhafte Projekte des Managements zu verhindern. Grundsätzlich sind es die Manager selbst, die die Auswahl der Direktoren steuern. Die ausgesuchten Direktoren sind entweder Insider, die dem gegenwärtigen Management treu ergeben sind, oder Außenseiter, die ein finanzielles Interesse an der Beständigkeit der gegenwärtigen Managementbesetzung haben, wie etwa Anwälte oder wichtige Vertragspartner des Unternehmens."[189]

Morck, Shleifer und Vishny überprüfen die These, Board-Mitglieder stünden unter dem Einfluß des Managements, in einer empirischen Untersuchung. Ihrem Ergebnis zufolge können sich nicht nur das geschäftsführende Management, sondern auch die außenstehenden Board-Mitglieder verschanzen.[190] Eine Koalition der außenstehenden Board-Mitglieder mit dem Management führt zu schädlichen Folgen für den Wert des Unternehmens, denn damit ist die interne Kontrolle der Firma nicht mehr gewährleistet. Die Annahme, daß auch Boards zum Konsum von Perquisites, wenn auch in spezifischer Form, neigen, wird durch Morcks, Shleifers und Vishnys Arbeit gestützt: "Since outside board members are less likely than top officers to enjoy corporate perks, such entrenchment perhaps takes the form of unchecked deployment of corporate wealth into projects that the board, but not necessarily the market, considers desirable."[191]

Eine besonders wichtige Rolle spielt ein Board-Mitglied unabhängig von dem Umfang seines Aktienbesitzes zum Beispiel dann, wenn es sich bei ihm um den Unternehmensgründer oder einen Nachkommen dieses Grün-

---

188 Vgl. Bleicher, Knut / Leberl, Diethard / Paul, Herbert, Unternehmensverfassung, 1989, S. 128, S. 210 ff. sowie S. 216 f.; Fehr, Benedikt, Amerika, 1994, S. 12.

189 Adams, Michael, Hindernisse, 1990, S. 64.

190 Vgl. Morck, Randall / Shleifer, Andrei / Vishny, Robert W., Market, 1988, S. 295.

191 Morck, Randall / Shleifer, Andrei / Vishny, Robert W., Market, 1988, S. 309.

ders handelt. Dieses Board-Mitglied hat eine sehr starke Stellung im Gremium inne und wird sich auch schon bei kleinem Aktienbesitz verschanzen können.

II.D.3.1.2. Gründe für die mangelnde interne Kontrolle durch "Boards"

Häufig entlassen Boards Unternehmensführungen erst dann, wenn deren Versagen für jedermann offensichtlich wird und der öffentliche Druck auf den Board zunimmt. Diese These wird durch empirische Resultate gestützt. In einer Untersuchung über die Rolle des Boards bei der Kontrolle des Managements kommen Morck, Shleifer und Vishny zu dem Ergebnis, daß der Board of Directors das eigene Unternehmen mit Unternehmen derselben Branche vergleicht und das Management erst dann austauscht, wenn die Performance des eigenen Unternehmens zu stark hinter der Leistung der Konkurrenten zurückbleibt.[192] Wenn die gesamte Branche stagniert und die Branchenkonjunktur schlecht ist, dann werden die Boards normalerweise keine den Wert der Unternehmung steigernde Anpassungsmaßnahmen erzwingen. Dies gilt insbesondere dann, wenn dem Board der Anreiz für effiziente Überwachung fehlt: "Without a personal financial interest in the firm or control over a large block of votes, an outside director will be more reluctant to second-guess poor corporate decisions. Presumably, the extent of outside directors' role in disciplining officers is positively related to their equity stakes."[193]

II.D.3.2. Exkurs: Folgerungen für das deutsche Aufsichtsratssystem

Sowohl die anglo-amerikanischen Boards of Directors als auch das deutsche Aufsichtsratssystem sind anfällig für Verschanzung ihrer Mitglieder.[194] Anhaltspunkte für die mangelhafte Funktionsweise der internen Kontrolle in Deutschland geben Entwicklungen wie beispielsweise der Beinahe-Konkurs der Metallgesellschaft AG oder der Konkurs der Bremer Vulkan Aktiengesellschaft.[195]

---

[192] Vgl. Morck, Randall / Shleifer, Andrei / Vishny, Robert W., Mechanisms, 1989, S. 842 - 852.

[193] Morck, Randall / Shleifer, Andrei / Vishny, Robert W., Market, 1988, S. 307.

[194] Vgl. Bosch, Ulrich / Hodgson, Stephen, Überlegungen,1994, S. 9.

[195] Vgl. Lückmann, Reinhard, Kontrolleure, 1996, S. 2.

Das deutsche Aktienrecht erlaubt 10 Aufsichtsratsmandate pro Person.[196] Die erlaubte Mandatszahl wird in vielen Fällen ausgenutzt, was zur Frage der Überlastung von Aufsichtsräten durch zu viele Mandate führt.[197] Ob die gesetzliche Einschränkung der Mandatszahl die Lösung der Kontrollproblematik darstellt, ist zu bezweifeln. Der Umfang der Kontrollaufgaben stellt sich in einzelnen Unternehmen zu unterschiedlich dar, um für eine einheitliche Mandatszahl zu sprechen.

Effizienter läßt sich der angesprochene Trend zur Ämterhäufung durch einen leistungsbezogenen Anreizmechanismus unterbinden: Hätten Aufsichtsräte finanzielle Konsequenzen zu tragen, wenn aus einer nachlässigen Aufsichtsratstätigkeit ein Schaden für das Unternehmen entsteht - zum Beispiel, indem sie für ihre mangelhafte Aufsicht haftbar gemacht werden oder ihr Einkommen aus der Aufsichtstätigkeit geringer wird bzw. ganz entfällt -, entstünde der Anreiz, genau so viele Mandate anzunehmen, wie der einzelne ausfüllen kann. Dieser Anreiz entfaltet sich dann, wenn das Einkommen aus der Aufsichtsratstätigkeit einen Großteil des Gesamteinkommens ausmacht und der Aufsichtsrat den Einkommensausfall eines Mandats nicht durch andere Mandate ausgleichen kann. Soll diese Anreizkonstellation funktionieren, dürfen Aufsichtsräte also keine hochbezahlten Manager- oder Beraterpositionen übernehmen und es muß gewährleistet sein, daß bei einer schlechten Kontrollarbeit in einem Unternehmen sämtliche Bezüge aus allen anderen Aufsichtsratsmandaten entfallen.

Die Zahl der Mandate ist aber nicht der einzige Grund für das Versagen der internen Unternehmenskontrolle. Viele beaufsichtigte Manager sind Aufsichtsräte in anderen Unternehmen. Durch die Verflechtungen der deutschen Unternehmen gibt es viele Querverbindungen zwischen Managements und Aufsichtsräten, die einer wirksamen Kontrolle entgegenstehen. Auch dies spricht für einen Aufsichtsrat, der keine Managementaufgaben in einem anderen Unternehmen ausübt. Interessenskonflikte des Einzelnen durch seine Eigenschaft als Aufsichtsrat eines Unternehmens auf der einen Seite und Manager eines anderen, mit dem überwachten Unternehmen in geschäftlicher Beziehung stehenden Unternehmens - wie im Falle Krupp-Hoesch / Thyssen aufgetreten - würden vermieden. Die Loyalitäten zwischen Aufsichtsräten und Managern, die aus der Vermi-

---

[196] Der Referentenentwurf zur Novelle des Aktiengesetzes sieht keine weitergehende Beschränkung der Mandatszahl vor, allerdings soll das Mandat des Aufsichtsratsvorsitzenden und seines Stellvertreters doppelt gezählt werden. Vgl. o. V., Industriebeteiligungen, 1996, S. 19; Giersberg, Georg, Bewährung, 1995, S. 11.

[197] Vgl. Henzler, Herbert, Führung, 1996, S. 15.

schung verschiedenartiger Geschäftsinteressen herrühren und häufig in informelle Verträge münden, würden so aufgebrochen.

Aufsichtsräte lassen sich, so das Ergebnis wirtschaftspsychologischer Untersuchungen, von "gelernter Sorglosigkeit"[198] leiten. Damit ist gemeint, daß Aufsichtsräte wenig über risikobehaftete Aspekte von Geschäften nachdenken und Risikosignale übersehen. Aufsichtsgremien müßten künftig heterogener zusammengesetzt werden, um die "gelernte Sorglosigkeit" aufzubrechen. Querdenker im Entscheidungsprozeß des Aufsichtsrats wären in diesem Zusammenhang hilfreich.[199]

II.D.3.3. Institutionelle Investoren und Unternehmenskontrolle

Nicht nur die Beziehung zwischen Board und amtierendem Management - also die interne Kontrolle - ist bedeutsam für den Firmenwert des betreffenden Unternehmens. Ob beispielsweise große institutionelle Investoren eine wirksame externe Kontrolle über das Management im Sinne der Aktionäre durchführen, hängt davon ab, in welcher Beziehung diese Großaktionäre zum Management der Aktiengesellschaft stehen.

II.D.3.3.1. Geschäftsbeziehungen mit institutionellen Investoren

Barclay und Holderness finden in ihrer Arbeit, in der sie sich mit Veräußerungen großer Aktienblöcke an Außenstehende beschäftigen, ungewöhnliche kumulative Aktienkursgewinne von durchschnittlich 5,6 %, die durch diesen Kontrolltransfer ausgelöst wurden.[200] Wie Barclay und Holderness schreiben, waren die Steigerungen der Aktienkurse bei den Firmen besonders groß, deren Management die Kontrolle tatsächlich an die Übernehmer der Aktienpakete weitergab. Der Firmenwert dieser Unternehmen stieg typischerweise auch dann, wenn der Umfang der einzelnen Pakete erhalten blieb und nur der Eigentümer wechselte. Daraus ist zu folgern, daß es bezüglich des Firmenwerts nicht nur auf eine bestimmte Aktienkonzentration im Unternehmen ankommt, sondern auch auf spezifische Eigenschaften, Fähigkeiten und Expertisen eines Großaktionärs.

Wenn der Übernehmer mit dem Management in einer engen geschäftlichen oder anderweitigen Beziehung steht, liegt die Annahme nahe, daß

---

[198] Lüthgens, Carsten / Schulz-Hardt, Stefan / Frey, Dieter, Gefahr, 1994, S. 27.

[199] Vgl. Lüthgens, Carsten / Schulz-Hardt, Stefan / Frey, Dieter, Gefahr, 1994, S. 27.

[200] Vgl. Barclay, Michael J / Holderness, Clifford G., Block, 1991, S. 877.

sein Stimmen- und Aktienbesitz eher die Position des Managements stärken wird. In diesem Fall ist zu vermuten, daß es nicht zu einer wirksamen Kontrolle kommen wird, sondern daß die Verschanzungsmöglichkeiten des Managements eher noch zunehmen. Pound beschreibt den Fall eines Versicherungsunternehmens, das gleichzeitig als Großaktionär auftritt: "For example, an insurance company may hold a significant portion of a corporation's stock and concurrently act as its primary insurer. Voting against management may significantly affect the firm's business relationship with this incumbent management and perhaps others as well, whereas voting with management results in no obvious penalty."[201]

Nicht nur bei Aufsichtsräten, sondern auch bei institutionellen Anlegern können also Interessenskonflikte auftreten. In den USA werden Pensionsfonds nicht gezwungen, ihr Abstimmungsverhalten offenzulegen. Sie müssen sich also nicht ihren Anlegern gegenüber rechtfertigen. Gleichzeitig sind sie dem Druck der Unternehmensleitungen ausgesetzt, die ihr Abstimmungsverhalten - anders als die einzelnen Anleger - genau beobachten können.[202]

Das Resultat der Arbeit von Pound stützt diese Hypothese.[203] Pound hat ein Sample von 100 Abstimmungskämpfen in den USA, sogenannten "proxy contests", zwischen 1981 und 1985 untersucht. Bei diesen proxy contests erbitten das amtierende Management und der Herausforderer von den abstimmungsberechtigten Aktionären die Autorität, bei Abstimmungen als ihre designierten Repräsentanten aufzutreten.

Im Abstimmungsverhalten institutioneller Anleger innerhalb dieser Abstimmungskämpfe findet Pound mehr Anhaltspunkte für die Entrenchment- als für die Alignment-Hypothese. Pounds Ergebnis: Die Wahrscheinlichkeit, daß ein Herausforderer erfolgreich ist, ist umso höher, je niedriger das Niveau des Aktienbesitzes von Gesellschaften wie Banken, Mutual Funds[204] und Versicherungsgesellschaften ist.

---

[201] Pound, John, Efficiency, 1988, S. 243.

[202] Vgl. Pound, John, Efficiency, 1988, S. 242 f.

[203] Vgl. Pound, John, Efficiency, 1988, S. 258 ff., Jensen, Michael C. / Warner, Jerold B., Power, 1988, S. 11 f.

[204] Als Mutual Funds werden auch Open-End Funds mit Sitz in den USA bezeichnet. Open-End Funds sind Investmentfonds mit laufender Ausgabe und Rücknahme von Anteilen. Ein wesentliches Merkmal des Open-End Fund ist die satzungs- bzw. vertragsmäßige Verpflichtung der Investmentgesellschaft zur Rücknahme der Anteilsscheine. Vgl. Ehricke, Alwin, Wörterbuch, 1970, S. 49 sowie 50 f.

Daß große Anteilseigner von existierenden Geschäftsverbindungen mit dem amtierenden Management beeinflußt werden, zeigen auch Brickley, Lease und Smith.[205] Sie untersuchen in 201 Unternehmen das Abstimmungsverhalten bei sogenannten "Antitakeover Amendments", also Satzungsänderungen zur Abwehr feindlicher Übernahmen. Brickley, Lease und Smith beziehen in ihre Studie die vom Management vorgeschlagenen Maßnahmen mit ein, über die im Jahre 1984 abgestimmt wurde. Die Autoren zeigen, daß Banken und Versicherungen mit einer statistisch signifikant größeren Wahrscheinlichkeit zugunsten dieser vom Management initiierten Änderungen stimmten als beispielsweise Mutual Funds, die selten Geschäftsverbindungen zum Management unterhalten.

II.D.3.3.2. Institutionelle Investoren in verschiedenen Szenarien des Marktes für Unternehmenskontrolle

Brickley, Lease und Smith zeigen aber auch, daß sich institutionelle Investoren und andere Großaktionäre aktiver an Abstimmungen über "Antitakeover Amendments" beteiligen als Kleinaktionäre und daß die Opposition durch solche Anteilseigner größer ist, wenn der Vorschlag des Managements Aktienkursverluste auslöst und damit die Aktionärswohlfahrt beeinträchtigt. "This result is inconsistent with the argument that the typical institutional owner is a rubber stamp for management or is less critical of management than noninstitutional shareholders."[206] Dieses Resultat spricht für eine positive Rolle institutioneller Aktionäre für die Überwachung eines Unternehmens.

Die Resultate von Pound einerseits und Brickley, Lease und Smith andererseits widersprechen sich in diesem Punkt. Während Pounds Ergebnisse die Entrenchment-These stützen, bewerten Brickley, Lease und Smith die Rolle der institutionellen Investoren für die Unternehmenskontrolle als positiv. Die unterschiedlichen Ergebnisse überraschen aufgrund der unterschiedlichen Szenarien, die beiden Arbeiten zugrunde liegen, nicht. Pound befaßt sich mit proxy contests, Brickley, Lease und Smith dagegen mit Antitakeover Amendments. Erstere stellen eine direkte Bedrohung für das Management dar, wogegen es sich bei letzteren um eine Vorsichtsmaßnahme des Managements handelt, deren Scheitern nicht zum Sturz der Unternehmensleitung führt.

---

[205] Vgl. Brickley, James A. / Lease, Ronald C. / Smith, Clifford W. jr., Ownership, 1988, S. 276 - 291.

[206] Brickley, James A. / Lease, Ronald C. / Smith, Clifford W. jr., Ownership, 1988, S. 284.

Eine Erklärung für die unterschiedlichen Ergebnisse der beiden Studien besteht darin, daß bei echten Herausforderungen durch den Markt für Unternehmenskontrolle, die zur sofortigen Ablösung des amtierenden Managements führen können, institutionelle Anleger meist geneigt sind, das Management zu stützen. In Fällen, in denen die Folgen für die Firmenleitung nicht so gravierend sind, werden Institutionelle eher opponieren und ihren Kunden demonstrieren wollen, daß sie ihren Einfluß auf das Unternehmen im Sinne der Corporate Governance wahrnehmen. Die Anreize institutioneller Investoren und anderer Großaktionäre in bezug auf ihr Verhalten dem Management gegenüber können sich also je nach Szenario unterscheiden.[207]

Wenn Aktienkursverluste auftreten, die von den Kunden der institutionellen Anleger beobachtet werden können, dürfte der Druck auf die Kapitalsammelstellen wachsen, etwas gegen das amtierende Management zu unternehmen. Neben das richtige Anreizmuster für das Management muß ein entsprechendes Anreizsystem der Aktionäre und Kontrolleure treten - also eine Art "Anreizpyramide", die das Problem "Wer kontrolliert die Kontrolleure" mildern hilft. Alchian und Demsetz untersuchen das Kontrollverhalten von Überwachern. Ihren Ergebnissen zufolge verhindert nur ein Bündel von umfassenden Rechten des Kontrolleurs, daß er seine Stellung in Richtung privaten Konsums ausnutzt: u.a. der Anspruch auf den residualen Nettogewinn des von ihm überwachten Teams, das Recht, über die Verwendung von Inputs zu bestimmen, das Recht, die Teammitglieder auszuwechseln, sowie die Möglichkeit, die aufgezählten Rechte auf dem freien Markt verkaufen zu können.[208] Dieses von Alchian und Demsetz aufgezählte Bündel von Ansprüchen ist in dieser Form bei institutionellen Anlegern nicht zu beobachten. Ob diese ein Unternehmen, an dem sie beteiligt sind, effizient überwachen, ist somit fraglich.

Empirisch ist das Kontrollverhalten institutioneller Investoren bislang nicht erschöpfend geklärt worden. Daß institutionelle Anleger - so lautet eine gängige Meinung - schlicht der Wall-Street-Regel folgen ("vote with management or sell"), läßt sich weder durch die Ergebnisse von Brickley, Lease und Smith noch durch die von Pound belegen. Wie institutionelle Investoren sich letztlich in Abstimmungen verhalten und in welcher Form sie die Kontrolle über Unternehmen ausüben, kommt auf die gesamte Aktionärsstruktur und ihre Zusammensetzung aus institutionellen Anlegern

---

[207] Vgl. Jensen, Michael C. / Warner, Jerold B., Power, 1988, S. 11 f.

[208] Vgl. Alchian, Armen A. / Demsetz, Harold, Production, 1972, S. 782 f.

und anderen Großaktionären sowie ihre Beziehung zum Management an. Diese Fragen müssen für jedes Unternehmen gesondert analysiert werden.

Das Abstimmungs- und Kontrollverhalten von Kapitalsammelstellen wird für die Funktionstüchtigkeit des Marktes für Unternehmenskontrolle immer bedeutsamer. In Amerika hat sich der Aktienbesitz der institutionellen Investoren seit 1970 stark erhöht. Solche Gesellschaften verwalteten im Jahr 1970 etwa 17,5 % des gesamten amerikanischen Aktienkapitals. Bis Anfang der 90er Jahre wuchs das verwaltete Vermögen auf 30 % des gesamten Marktvolumens an.[209] Auch in Deutschland nimmt die Bedeutung ausländischer institutioneller Investoren immer mehr zu. Heute liegt etwa ein Drittel des deutschen Aktienkapitals in ausländischen Händen. Schätzungen zufolge sind die amerikanischen Pensionsfonds mit etwa 20 Mrd. Dollar in deutschen Aktien investiert.[210] Aus diesem Grund wird die künftige Entwicklung der "Corporate Governance" unter anderem davon abhängen, wie sich institutionelle Investoren in bezug auf die Unternehmenskontrolle verhalten.

Indizien sprechen dafür, daß ausländische Fonds ihr Stimmenpotential bei deutschen Unternehmen zur Unternehmenskontrolle nutzen. Joseph Lufkin, ein professioneller amerikanischer Aktionärsvertreter, der für Fondsgesellschaften in Deutschland agiert, beschreibt in einem Interview, wie ausländische Investmentfonds Einfluß auf deutsche Managements ausüben: "Mit Hilfe von Computerprogrammen werden zunächst die Unternehmen herausgefiltert, die im Branchenvergleich eine zu geringe Rendite erbringen. Bei diesen Gesellschaften suchen wir dann nach anderen institutionellen Investoren, mit denen wir uns verbünden können. Gemeinsam setzen wir schließlich das Management unter Druck."[211]

Es ist zu vermuten, daß ausschließlich ausländische institutionelle Anleger wirksam Unternehmenskontrolle in Deutschland ausüben können. Deutsche Fondsgesellschaften sind in der Regel Tochtergesellschaften von Banken. Amerikanischen Commercial Banks ist es dagegen nach dem Glass-Steagal Act von 1933 grundsätzlich untersagt, Wertpapiere zu halten. Darüber hinaus gibt es in den USA weitere Restriktionen, den Wertpapiersektor betreffend: "Bank holding companies cannot own more than 5 % of any one firm and their holdings must be passive. Bank trust

---

209 Vgl. Brickley, James A. / Lease, Ronald C./ Smith, Clifford W jr., Ownership, 1988, S. 276.

210 Vgl. Werner, Patricia, Aktionärsrechte, 1994, S. 93.

211 Werner, Patricia / Burgmaier, Stefanie, Mangel, 1994, S. 93.

departments are allowed to hold equity for the beneficial owners. However, they cannot invest more than 10 % of their trust funds in any one firm ..."[212] Unabhängige Pensionsfonds gibt es in Deutschland bisher nicht. Unternehmen, die das Deckungskapital ihrer Pensionsrückstellungen nicht selbst verwalten, vertrauen das Geld Versicherungen oder Fondsgesellschaften an.[213]

II.D.3.4. Familien-Aktionäre und Unternehmenskontrolle

Bei vielen Unternehmen - auch bei solchen, deren Gründung schon Jahrzehnte zurückliegt - hat sich die Familie des Gründers einen beträchtlichen Einfluß bewahrt, wie Ergebnisse von DeAngelo und DeAngelo bestätigen. Die Autoren haben nicht nur - wie oben bereits ausgeführt - einen hohen Stimmenanteil des Managements bei den von ihnen untersuchten Firmen gefunden, sondern auch einen signifikanten familiären Hintergrund, der beispielsweise in einem beträchtlichen Aktienanteil der Gründerfamilie am Unternehmen besteht. Ein solcher Paketbesitz kann zur Verschanzung dieser Insider-Aktionäre führen, zum Beispiel durch informelle Verträge zwischen dem Management und den Familien-Aktionären.

Der Aktienbesitz eines Großaktionärs, also auch der Gründerfamilie, kann grundsätzlich sowohl negative als auch positive Folgen für den Wert der Unternehmung haben. Ob Alignment- oder Entrenchment-Anreize überwiegen, ist nur empirisch zu klären.

II.D.3.4.1. Verflechtung mit dem amtierenden Management

Die Studie von DeAngelo und DeAngelo liefert Hinweise auf eine aktive Rolle von Familien-Aktionären in amerikanischen Unternehmen mit zwei Aktienklassen: "In many dual class firms, we observe substantial family involvement in that two or more related parties currently hold top management positions and family members have sometimes held such positions for several generations."[214] Dies gilt auch für eine Reihe deutscher Firmen: Auch in Deutschland besetzen in einer Reihe von Unter-

[212]Prowse, Stephen, Governance, 1994, S. 16.

[213] Vgl. Werner, Patricia, Aktionärsrechte, 1994, S. 89.

[214]DeAngelo, Harry / DeAngelo, Linda, Ownership, 1985, S. 34.

nehmen mit mehreren Aktienkategorien Familienmitglieder Managementpositionen im Unternehmen.[215]

Wenn zum Aktienbesitz eine direkte Mitwirkung an der Geschäftsführung des Unternehmens hinzukommt, dann besteht die Gefahr einer Koalition zwischen Management und Gründerfamilie. Die Aktien der Familie werden im Sinne des amtierenden Managements, das wiederum von der Familie dominiert wird, eingesetzt. Wenn die Persönlichkeit, die die Gründerfamilie in der Geschäftsführung des Unternehmens vertritt, entsprechend charismatisch ist und über die notwendige Durchsetzungsfähigkeit verfügt, dann dürfte schon ein relativ kleiner Aktienanteil der Familie genügen, um die Position der Familie im Unternehmen über Jahre hinaus zu festigen.

In der Analyse von DeAngelo und DeAngelo sind in 15 der 45 Sample-Firmen zwei oder mehr der höchstbezahlten Positionen von Personen besetzt, die mit der Gründerfamilie entweder blutsverwandt oder durch Heirat verbunden sind. "In a number of cases, current family members represent the second or third generation that has played a significant management and ownership role in the corporation."[216] Die Bunting-Familie beispielsweise kontrolliert die Firma Noxell seit 1917. Nachkommen des Gründers besetzen die Posten des Chairman of the Board und des Chief Executive Officer. "These facts raise the possibility that, in some firms, exchanges among family members represent a relatively low cost means of transferring corporate control."[217] Die Unternehmenskontrolle kann mit Hilfe der festigenden Klammer der Gründerfamilie ohne Machtkämpfe und Reibungsverluste von Generation zu Generation weitergegeben werden. Kontinuität kann Kostenersparnis bedeuten, birgt gleichzeitig aber auch eine große Verschanzungsgefahr.

Ein extremes Beispiel, wie sich ein familiärer Hintergrund auf den Firmenwert auswirken kann, beschreiben Barclay, Holderness und Pontiff.[218] Sie schildern die Hintergründe des amerikanischen Unternehmens "Central Securities", dessen Aktienbesitz während des Betrachtungszeitraums zu

---

[215]Peter von Siemens, bisher Vorstandsmitglied, wechselte 1993 als Vertreter der Familie Siemens in den Aufsichtsrat des Unternehmens; vgl. Glabus, Bernd, Siemens, 1992, S. 14; dazu auch Gliederungspunkt III.D.2.2.2.

[216]DeAngelo, Harry / DeAngelo, Linda, Ownership, 1985, S. 50.

[217]DeAngelo, Harry / DeAngelo, Linda, Ownership, 1985, S. 50.

[218]Vgl. Barclay, Michael J. / Holderness, Clifford G. / Pontiff, Jeffrey, Benefits, 1993, S. 276.

37 % von der "Christian A. Johnson Foundation" gehalten wurde, einer Organisation, die mildtätige Spenden im Bereich New York vergab. Christian Johnson war der Gründer von "Central Securities" und der Wohltäter der "Christian Johnson Foundation". Seiner Witwe gehörten 9 % der Gesellschaft, sie und ihre Tochter waren zwei der vier Treuhänder der "Christian Johnson Foundation". CEO Wilmot H. Kidd hatte 1970 die Tochter des Firmengründers geheiratet und war sofort darauf in die Führungsspitze berufen worden. Das Ergebnis sah wie folgt aus: "In Mr. Kidds first three years as chief executive, Central lost 70 % of its market value. Unter his leadership from 1972 to 1989, Central Securities' stock underperformed the value-weighted market index by 148 points. In 1989, Mr. Kidd's salary was $ 120 000."[219]

Die Autoren zitieren eine Reihe von Beispielen, bei denen die Verflechtung zwischen Unternehmen und Gründerfamilie zu einer Verminderung des Firmenwerts geführt hat. Eine besonders große Gefahr für die außenstehenden Aktionäre, durch Perquisites-Konsum der Insider-Aktionäre Vermögenswerte zu verlieren, sehen die Autoren dann, wenn sich der betreffende Großaktionär auf dem "non-profit"-Sektor betätigt - ein Feld, auf dem z.B. die von den Autoren analysierte "Christian Johnson Foundation" arbeitet.

Familiäre Beziehungen in Unternehmen existieren in den USA über das von DeAngelo und DeAngelo gesammelte Datenmaterial hinaus. Das amerikanische Wirtschaftsmagazin "Forbes" hat in 50 Unternehmen, deren Aktien öffentlich gehandelt werden, einen familiären Hintergrund recherchiert.[220]

Auch Morck, Shleifer und Vishny haben sich mit der Position von Gründerfamilien in Unternehmen befaßt. Sie untersuchen den Fall, in dem ein Mitglied der Gründerfamilie einer der zwei führenden Manager ist. Den Autoren geht es um die Möglichkeiten für die Anteilseigner, sich auch mit anderen Mitteln als denen der reinen Stimmenmacht verschanzen zu können.

Vor allem die Gründer spielen eine besondere Rolle für die Unternehmenskontrolle: "Since founders presumably have a special claim to control of their firms, they might be instrumental in selecting the board of

---

[219] Barclay, Michael J. / Holderness, Clifford G. / Pontiff, Jeffrey, Benefits, 993, S. 276.

[220] Bornstein, Paul, family, 1983, S. 152 f.

directors or otherwise become entrenched even with small stakes."[221] Die Familie des Firmengründers besitzt eine Sonderstellung im Unternehmen. Wenn Großvater und Vater das Unternehmen aufgebaut haben, wird man auch dem Sohn Loyalität entgegenbringen und ihn mit dem Führungsauftrag ausstatten, auch wenn dies angesichts seiner Qualifikation nicht gerechtfertigt ist. Diese Sonderstellung können die Nachfahren des Gründers für ihre eigenen Zwecke ausnutzen.

II.D.3.4.2. Einfluß der Gründerfamilie bei jungen bzw. alten Firmen

Auf der anderen Seite können die unternehmerischen Talente eines Gründers ein wertvolles Asset sein, das vor allem im frühen Lebensstadium eines Unternehmens wichtig ist. Diese Überlegung wird von Morck, Shleifer und Vishny aufgegriffen. Das Ziel ihrer Arbeit ist eine Unterscheidung zwischen Firmen, in denen die Familie unternehmerisches Know-how zur Verfügung stellt und solchen, in denen sie nichts beiträgt, sondern statt dessen das Vermögen der Firma reduziert. Um diese Unterscheidung zu erreichen, schätzen die Autoren die Gründer-Effekte separat für junge und alte Firmen.

Ihr Ergebnis: Ein Mitglied der Gründerfamilie im Management beeinflußt "Tobin's Q"[222] in älteren Firmen im Durchschnitt negativ. Im Gegensatz dazu wird Tobin's Q bei jungen Firmen im Durchschnitt durch die Präsenz von Firmengründern im Management erhöht. Eine Erklärung für dieses Resultat könnte sein, daß die Gründer in jungen Firmen eine wichtige unternehmerische Rolle spielen, wogegen sie und insbesondere ihre Nachkommen in alten Firmen Perquisites konsumieren und gleichzeitig zu verschanzt sind, um aus der Firmenleitung entfernt zu werden. Daraus ergeben sich Auswirkungen auf den Markt für Unternehmenskontrolle. Es gibt empirische Nachweise, daß bei einer alten Firma, die von der Gründerfamilie geführt wird, im Durchschnitt weniger wahrscheinlich als bei einer anderen Firma eine feindliche Übernahme stattfindet.[223]

Daß nicht nur in den USA, sondern auch im Falle des israelischen Aktienmarkts bei Gesellschaften mit zwei Aktienklassen ein ähnliches Muster familiärer Bindungen existiert, hat Levy beschrieben. Viele Unternehmen in Israel haben neben der Aktienklasse, die an der Börse gelistet ist, unge-

---

[221] Morck, Randall / Shleifer, Andrei / Vishny, Robert W., Market, 1988, S. 310.

[222] Vgl. zut Definition von "Tobin's Q" Gliederungspunkt II.D.2.3.

[223] Vgl. Morck, Randall / Shleifer, Andrei / Vishny, Robert W., Characteristics, 1988.

listete Aktien ausgegeben. Diese sichern den Familien, die sie besitzen, die vollständige Kontrolle über die Unternehmen.[224]

Zwar argumentieren Fama und Jensen, der Einfluß der Familie auf das Unternehmen wirke positiv, weil ihre Drohung mit sozialen Sanktionen die Manager des Unternehmens davon abhalte, die Wohlfahrt der Aktionäre gegen ihre eigene auszutauschen: "The incentive for family monitoring is ultimately traceable to explicit and implicit contracts that tie family welfare to company profitability, through the quasi-rents relatives earn from employment at a family-controlled firm and / or through family ownership of common stock cash-flows."[225] Dieses Argument überzeugt vor allem dann nicht, wenn die Ansprüche der Familien-Aktionäre auf Cash flows und ihr Stimmenbesitz nicht im Verhältnis 1:1 stehen.

Die Thesen der Mehrzahl der Autoren - z. B. Morck, Shleifer und Vishny sowie DeAngelo und DeAngelo - lassen sich wie folgt zusammenfassen: Wenn eine Familie über einen beträchtlichen Aktienbesitz verfügt und gleichzeitig mit dem Management verbunden ist, dann ist eine gemeinsame Verschanzung von Unternehmensleitung und Familien-Aktionären zu erwarten. Verfügen die Insider-Aktionäre außerdem über stimmrechtsbevorrechtigte Aktien, durch die sie einen proportional geringeren Vermögensschaden durch ihren Perquisites-Konsum als die außenstehenden Aktionäre zu tragen haben, dann sind Zweifel hinsichtlich der Effizienz der Unternehmenskontrolle in diesem Unternehmen angebracht.

Welche Rolle familiäre Beziehungen für die Kontrolle des betrachteten Unternehmens spielen, kommt auf die speziellen Gegebenheiten in diesem Unternehmen an und ist nicht allein auf den Umfang des Aktien- und Stimmenbesitzes zurückzuführen. Obwohl die oben dargestellten Untersuchungen einen Zusammenhang zwischen familiärem Hintergrund eines Unternehmens und der Marktbewertung dieser Firma nicht eindeutig nachweisen können, geben sie zumindest wichtige Hinweise, welche Kräfte die Unternehmenskontrolle behindern und unter welchen Bedingungen Anreize entstehen, die die Vermögenssituation der außenstehenden Aktionäre positiv oder negativ beeinflussen.

---

[224]Vgl. Levy, Haim, Evaluation, 1983, S. 86.

[225]Fama, Eugene / Jensen, Michael C., Separation, 1983, S. 306; vgl. auch DeAngelo, Harry / DeAngelo, Linda, Ownership, 1985, S. 54.

II.E. "Apathie der Aktionäre": Ursachen, Folgen und Lösungsansätze

II.E.1. Verhalten außenstehender Aktionäre bei suboptimalen Vorschlägen des Managements

Die den Aktionären in den USA unterbreiteten, von Partch diskutierten Begründungen für die Einführung einer zweiten, stimmrechtsbeschränkten Aktienklasse waren eindeutig: Feindliche Übernahmen sollten unmöglich gemacht werden.[226] Trotzdem stimmte die Mehrheit der Aktionäre für die Vorschläge des Managements. "The negative wealth effect of the recent exchange offers pose a puzzle because the exchanges are approved voluntarily by corporate shareholders. Although ... the voting power of insiders is important in achieving shareholder approval, this cannot explain all approvals."[227] Die Frage, was Aktionäre zu einem Verhalten bewegt, mit dem sie sich Nachteile verschaffen, soll im folgenden kurz diskutiert werden. Denn auch in Deutschland haben Aktionäre der Einführung und fortgesetzten Emission von Mehrstimmrechtsaktien, die wenigen bevorrechtigten Anteilseignern noch mehr Einfluß garantieren sollten, zugestimmt.

II.E.1.1. Unternehmenskontrolle als öffentliches Gut

Die Kontrolle eines Unternehmens durch dessen Aktionäre weist die Charakteristika eines "öffentlichen Gutes" auf: "A pure public good is characterized by indivisibilities in production or jointness of supply, and the impossibility or inefficiency of excluding others from its consumption, once it has been supplied to some members of the community... Jointness of supply is the carrot, making cooperative-collective decisions beneficial to all, absence of the exclusion principle the apple tempting individuals into independent noncooperative behavior."[228]

Wird ein Unternehmen effizient kontrolliert, dann kommen die Ergebnisse dieser Kontrolle - hoher Unternehmenswert, umfangreiche Dividendenzahlungen an die Aktionäre sowie ein hoher Aktienkurs - nicht nur den Aktionären zugute, die sich bei der Unternehmenskontrolle engagieren und

---

[226] Vgl. Jarrell, Gregg A. / Poulsen, Annette B., Recapitalizations, 1988, S. 138.
[227] Jensen, Michael C. / Warner, Jerold B., Power, 1988, S. 9.
[228] Mueller, Dennis C, Public, 1979, S. 13 f.

dadurch Kosten, z.B. Informationskosten, tragen.[229] Alle anderen Anteilseigner werden von den Kontrollanstrengungen ebenfalls profitieren, da sie vom Ergebnis nicht ausgeschlossen werden können. Das sogenannte "prisoner's dilemma" entsteht: "Each individual ist better off if all contribute to the privision of the public good than if all do not, and each is still better off if only he does not pay for the good."[230] Da für jeden einzelnen der Anreiz besteht, kostenloses free rider-Verhalten dem kostenträchtigen Kontrollengagement vorzuziehen, ist das Ergebnis der Summe aller Einzelentscheidungen ein zu geringes Kontrollniveau durch zahlreiche free rider. Die Kosten der informierten Stimmabgabe - eine Form der Agency Costs - sind bei Kleinaktionären in der Regel höher als der auf ihren Aktienbesitz entfallende Ertrag aus der Kontrolle. "Ein jeder kleinere Aktionär wird daher in 'rationale Apathie' verfallen, gar nicht abstimmen oder den Vorschlägen des Managements unbesehen folgen und hoffen, daß andere sich die Mühe der Kontrolle machen, um das Management der Gesellschaft im Zaum zu halten."[231]

Rubacks Modell des Aktionärsverhaltens baut auf diesem Problem der Collective Choice auf.[232] Seine Hypothese: Das "prisoner's dilemma" entsteht vor allem dann, wenn Aktionäre nicht gemeinsam handeln können. Die rationale Entscheidung der einzelnen Aktionäre, den Managementvorschlägen unbesehen zuzustimmen und Aktien mit geringeren Stimmrech-

---

[229]Die Ausübung der Kontrolle und eine informierte Stimmabgabe in der Hauptversammlung ist für Aktionäre mit erheblichen Kosten verbunden. Ein informierter Aktionär muß die Geschäftsberichte des Unternehmens lesen, sich einen Überblick über die Situation der Branche verschaffen und die gesamtwirtschaftliche Lage und ihre Auswirkungen auf das Unternehmen kennen. Ein aktiver Aktionär braucht darüber hinaus Kennisse über die aktienrechtlichen Rahmenbedingungen und über die Satzung des Unternehmens. Er wird häufig auf Schwierigkeiten stoßen, von der Gesellschaft bestimmte Detailinformationen zu erlangen, denn dem Vorstand eines Unternehmens sind durch das deutsche Aktiengesetz weitgehende Auskunftsverweigerungsrechte gewährt, zum Beispiel über die Höhe der "stillen Reserven" oder über Details zu den Bewertungs- und Bilanzierungsmethoden. Oft ist eine umfassende Information durch das Management nur auf gerichtlichem Wege zu erzwingen. Dies kann für den Aktionär zu immensen Kosten führen, wenn das Gericht seinem Antrag nicht stattgeben sollte. Zur Erlangung all dieser Informationen - und vor allem zu ihrer Bewertung - kann es notwendig werden, Bilanz- und Aktienrechtsexperten zu Rate zu ziehen. Schließlich muß der Aktionär an den Hauptversammlungen teilnehmen - auch dies kann mit erheblichen Zeit- und anderen Kosten verbunden sein.

[230]Mueller, Dennis C, Public, 1979, S. 13.

[231]Adams, Michael, Hindernisse, 1990, S. 75.

[232]Vgl. Ruback, Richard S., Coercive, 1988.

ten zu erwerben, führt zu einer Abnahme ihres Vermögens. Dieser Wohlfahrtsverlust kommt vor allem dann zustande, wenn sich Aktionäre nicht untereinander abstimmen können, um die suboptimale Entscheidung zu vermeiden.

II.E.1.2. Kollektive Lösungen bei zersplitterter Eigentümerstruktur

Das Verhalten des Streubesitzes läßt sich im Rahmen der Spieltheorie erklären. Ob es am Ende eines Spiels kooperative Lösungen gibt, hängt von der Zahl der Mitspieler, der Zahl der Spielrunden, der Größe der Gewinne durch eine kooperative Strategie relativ zu den Verlusten aus unkooperativem Verhalten und den Gewinnen aus einer unkooperativen Taktik ab. Je kleiner die Zahl der Spieler ist, desto schneller lernt der einzelne das Verhalten der anderen Spieler kennen, kann Voraussagen über deren Verhalten treffen, nichtkooperative Spieler identifizieren und sie bestrafen: "Thus, voluntary compliance with behavioral sanctions, or provision of public goods is more likely in small communities than large."[233]

Bei Publikumsgesellschaften handelt es sich um große Gemeinschaften. Beispielsweise sind an der Daimler-Benz AG, dem bezogen auf die Kennzahl "Umsatz" größten deutschen Industrieunternehmen, rund 300 000 Kleinaktionäre beteiligt. Bei der Volkswagen AG, die Platz zwei einnimmt, ist der Streubesitz sogar auf rund 728 000 Anteilseigner verteilt. Bei der Siemens AG, die den dritten Rang besetzt, liegt der Streubesitz in Händen von circa 538 000 Aktionären.[234] Daß sich die Kleinaktionäre in solchen Unternehmen zu einer gemeinsamen kooperativen Strategie zusammenfinden, ist unwahrscheinlich.

Berle und Means haben die Machtlosigkeit der Aktionäre als eine notwendige Folge der Zersplitterung der Eigentümerstruktur beurteilt.[235] Kein Kleinaktionär besitzt einen Anreiz, an der Kontrolle teilzunehmen, weil keiner das Ergebnis der Abstimmung beeinflussen kann. Eine Reform des Abstimmungsprozesses trifft den Kern des Problems nicht und bleibt wirkungslos.

---

233 Mueller, Dennis C., Public, 1979, S. 15f.

234 Vgl. Liedtke, Rüdiger, Republik, 1991, S. 106, 354 und 415.

235 Vgl. Berle, Adolf A. / Means, Gardiner C., Property, 1939, S. 84 ff.

II.E.1.3. Maßnahmen gegen Koalitionen außenstehender Aktionäre

Die Anreizprobleme der Kleinaktionäre werden noch dadurch verschärft, daß das Management bestrebt ist, alles zu tun, um die Entstehung einer wirksamen Oppositions- und Kontrollgruppe zu erschweren. Beispielsweise trachtet die Unternehmensführung danach, die Aktionäre durch zusätzliche Angebote für sich zu gewinnen - etwa durch Anreize in Form höherer Dividenden. Das amerikanische Management bietet sie beispielsweise außenstehenden Aktionären an, um diese zu veranlassen, Aktien mit geringerer Stimmrechtsausstattung zu erwerben.

Das Management verfügt zusätzlich über eine Reihe von Vorteilen, mit denen es eine Koalition von Aktionären gegen die Amtsinhaber verhindern kann, wie z. B. "the incumbent's long term experience in maintaining shareholder lists, soliciting votes for annual meetings, and developing relationships with and hence the loyalty of relatively uninformed shareholders. Dissidents indeed often have to sue simply to obtain shareholder lists. They must then start form scratch in unraveling the mystery of who owns voting rights in the corporation ..."[236] Das von Pound beschriebene Phänomen tritt nicht nur in den USA, sondern auch in Deutschland auf, beispielsweise bei der Allianz AG Holding. Um zu erfahren, welcher Aktionär wieviele Anteile der Allianz Holding AG hält, muß nach Berichten des Aktionärsvertreters Wenger jede einzelne Aktie auf den Bildschirm des computergespeicherten Aktienbuches geholt werden: "Bei 18 Millionen Namensaktien ist das gleichbedeutend mit dem Durchblättern eines Aktienbuchs mit 18 Millionen Seiten."[237]

Ein Management, das den Aktionären einen für sie ungünstigen Vorschlag unterbreitet, wird außerdem die Zeit, die Opponenten bleibt, um eine Koalition gegen den Vorschlag zu organisieren, so kurz wie möglich halten. Je größer die Zahl der Aktionäre ist, die der Opponent kontaktieren muß, um eine Opposition zu formieren, desto stärker ist das amtierende Management im Vorteil.

Nach den Vorschriften des deutschen Aktienrechts muß das Management einer Aktiengesellschaft binnen zwölf Tagen nach der Bekanntmachung der Hauptversammlungseinberufung im Bundesanzeiger den Kreditinstituten, Aktionärsvereinigungen und einzelnen Aktionären, die im Aktienbuch der Gesellschaft eingetragen sind und deren Stimmrechte in der letz-

---

[236] Pound, John, Efficiency, 1988, S. 240 f.

[237] Hennes, Markus, Wenger, 1991, S. 144.

ten Hauptversammlung nicht durch ein Kreditinstitut ausgeübt worden sind, etwaige Gegenanträge von Aktionären bekanntgeben. Dies ist jedoch dann nicht erforderlich, wenn diese Aktionäre nicht innerhalb einer Woche nach der Bekanntmachung der HV-Einberufung ihre Gegenanträge mit Begründung an den Vorstand übersandt haben. Der Vorstand muß außerdem einen Gegenantrag dann nicht bekanntgeben, wenn der Gegenantrag mit im wesentlichen gleicher Begründung bereits in den letzten fünf Jahren zu mindestens zwei Hauptversammlungen der Gesellschaft vorlag und wenn in der Hauptversammlung weniger als der 20. Teil des vertretenen Grundkapitals für ihn gestimmt hat. Die Begründung für einen Gegenantrag braucht außerdem dann nicht mitgeteilt zu werden, wenn sie insgesamt mehr als einhundert Worte umfaßt.[238]

Diese Vorschriften machen es den Opponenten schwer, andere Aktionäre zu überzeugen, weil die entsprechenden Informationen häufig nicht rechtzeitig einem großen Kreis von Anteilseignern zugänglich gemacht werden können. Ein Opponent ist kaum in der Lage, einen Gegenantrag zu einem bestimmten Punkt vor jeder Hauptversammlung neu öffentlich zu machen und auf eine längerfristige Überzeugungsarbeit zu setzen. Ihm bleibt überdies nach Bekanntgabe der Hauptversammlungseinberufung nur wenig Zeit, seinen Gegenantrag zu formulieren und einzureichen. Darüber hinaus kann er überhaupt nur dann verlangen, daß in der Hauptversammlung über seinen Antrag abgestimmt wird, wenn er mit anderen ihn unterstützenden Aktionären gemeinsam über 5 % des Grundkapitals oder über ein Nominalkapital in Höhe von mindestens einer Million Mark verfügt.[239]

Aktionären steht zwar auf Hauptversammlungen deutscher Unternehmen ein Auskunftsrecht nach § 131 AktG zu. Die Höhe von Steuern und stiller Reserven - Tatbestände, die für die Beurteilung der Vermögenslage eines Unternehmens wichtig sind - sind von diesem Auskunftsrecht jedoch ausgenommen.[240] Des weiteren darf das Management dann die Auskunft verweigern, wenn die Veröffentlichung der gewünschten Information "nach vernünftiger kaufmännischer Beurteilung geeignet ist, der Gesellschaft oder einem verbundenen Unternehmen einen nicht unerheblichen Nachteil zuzufügen."[241] Mit dieser unscharf formulierten Vorschrift be-

---

[238] S. §§ 125 und 126 AktG.

[239] S. § 122 Abs. 2 AktG.

[240] S. § 131 Abs. 3 Satz 2 u. 3 AktG.

[241] § 131 Abs. 3 Satz 1 AktG.

sitzt die Unternehmensleitung einen weitgehenden Freiraum für die Zurückhaltung von Informationen.

Sind Aktionäre mit der Geschäftsführung eines Unternehmens nicht zufrieden und haben sie auf der Hauptversammlung nicht die notwendige einfache Stimmenmehrheit zur Bestellung eines Sonderprüfers aufbringen können, so können sie die Bestellung eines solchen Prüfers auf gerichtlichem Wege erzwingen. Dies ist allerdings nur dann möglich, wenn die Opponenten über mindestens 10 % des Grundkapitals einer Gesellschaft oder Anteile im Nominalwert von 2 Mio. DM verfügen.[242] 10 % des Grundkapitals benötigt ein Aktionär bzw. eine Koalition von Anteilseignern, wenn er/sie Ersatzansprüche, beispielsweise gegen Vorstand und Aufsichtsrat im Sinne des § 117 AktG, geltend machen wollen.[243] Um Ersatzansprüche bei Gericht geltend zu machen, reicht anders als bei der Bestellung von Sonderprüfern eine Minderheit, die ein Nominalkapital von 2 Mio. DM darstellt, nicht aus. Die Bundestagsausschüsse lehnten bei der Beratung über die Aktienrechtsreform 1965 eine dahingehende Formulierung des § 147 AktG wegen befürchteter bleibender Nachteile für die Gesellschaft ab.[244] Dies bedeutet, daß z.B. im Jahre 1994 Opponenten bei der Daimler Benz AG angesichts eines Grundkapitals der Gesellschaft in Höhe von rd. 2,56 Mrd. DM Anteile in Höhe von nominal etwa 256 Mio. DM bzw. 7 - 8 Mrd. DM Marktwert hätten zusammenbringen müssen, um Ersatzansprüche gerichtlich geltend machen zu können.[245]

Die genannten Vorschriften ergänzen die übrigen Schutzmechanismen des Managements. Außerdem sorgt die Collective Choice-Problematik dafür, daß eine schlagkräftige Opposition nicht entsteht. "Der Umstand, daß keine die Stellung des Managements bedrohende Opposition auf den Hauptversammlungen solcherart organisierter Aktiengesellschaften zu beobachten ist, sollte daher nicht als Zeichen allgemeiner Aktionärszufriedenheit, sondern der Einsicht in die Aussichtslosigkeit eines Änderungsversuchs verstanden werden."[246]

---

[242] S. § 142 Abs. 1 u. 2 AktG.

[243] S. § 147 Abs. 1 AktG.

[244] Vgl. Barz, Carl Hans, Großkommentar AktG II, 1973, § 147, Anm. 1, S. 1213.

[245] Vgl. Verlag Hoppenstedt GmbH (Hrsg.), Saling, 1994, S. 207.

[246] Adams, Michael, Hindernisse, 1990, S. 75.

II.E.1.4. Historische Ursachen für die Passivität deutscher Aktionäre

Die "Apathie" deutscher Aktionäre ist auch historisch begründet. Während beispielsweise in Großbritannien die Börsen bei der Finanzierung der Industrie eine große Rolle spielten, stellten in Deutschland seit den sogenannten "Gründerjahren" um 1870 vor allem die aufstrebenden Aktienbanken das nötige Kapital zur Verfügung.[247] Fremdkapitalfinanzierung hat in Deutschland eine weit zurückreichende Tradition; die Eigenkapitalfinanzierung bleibt dahinter zurück. Diese Entwicklung ist auch nach dem 2. Weltkrieg zu beobachten: "Corporate securities markets in ... Germany have been very underdeveloped for much of the post-war period. One reason for this has been the historical legal and regulatory bias against non-bank finance in these countries."[248] Wie Iber schreibt, bevorzugten deutsche Banken bei der Beratung der Unternehmen die Kreditfinanzierung und entdeckten erst in jüngerer Zeit die Aktienemission als lukrative Geschäftssparte.[249] Bei der Hälfte der deutschen Unternehmen beträgt der Anteil des Eigenkapitals an der Bilanzsumme weniger als ein Fünftel.[250]

Der Unterschied in der Finanzierungsphilosophie zwischen angelsächsischen und deutschen Unternehmen wird durch die Gegenüberstellung einiger Zahlen augenfällig: An der Londoner Börse notierten Mitte 1992 rund 1700 Aktiengesellschaften - dreimal so viel wie in Deutschland.[251] 15 000 deutsche Unternehmen sind nicht börsennotiert und teilweise auch nicht publizitätspflichtig. Die gesamte Marktkapitalisierung aller börsennotierten deutschen Unternehmen betrug Ende 1990 nur 26 % des Bruttoinlandsprodukts, verglichen mit 98 % in Großbritannien und 68 % in den Vereinigten Staaten.[252]

Viele deutsche Unternehmen und Privatanleger bleiben auch heute noch der Börse fern. Dieses Phänomen wird verstärkt durch die Grundhaltung des deutschen Aktiengesetzes, das dem Gläubigerschutz eine Vorrangstellung gegenüber dem Anlegerschutz einräumt. Manager können sich weitgehend der Kontrolle der Anleger entziehen. Engels kritisiert: "Der

---

[247] Vgl. Eglau, Hans Otto, Schutz, 1992, S. 28.

[248] Prowse, Stephen, Perspective, 1994, S. 24.

[249] Vgl. Iber, Bernhard, Aktionärsstruktur, 1987, S. 11.

[250] Julitz, Lothar, Managementfehler, 1994, S. 18.

[251] Vgl. Eglau, Hans Otto, Schutz, 1992, S. 28.

[252] Vgl. Schumann, Peter Karl, Verhältnis, 1991, S. B 25.

Aktienmarkt ist krank ... In Deutschland wird dem Eigentümer die Verfügungsmacht über sein Eigentum weitgehend entzogen."[253]

II.E.2. Möglichkeiten zur Reaktivierung der Kleinaktionäre

II.E.2.1. Auswirkungen umfassender Informationspflicht

Um Kleinaktionäre zur Teilnahme an der Unternehmenskontrolle zu bewegen, bieten sich zum Beispiel folgende Möglichkeiten an: Verpflichtung der Unternehmen zu umfassenderer Informationspolitik und Reform des HV-Abstimmungsprozesses, indem man Aktionären gestattet, häufiger und ohne Überwindung hoher Hürden eigene Vorschläge einzubringen.

Mehr Information von Seiten der Unternehmensleitung wird vielfach als wünschenswert angesehen. Viele Aktionärsvertreter erwarten von umfassenderen Publikationspflichten der Unternehmen eine starke Sogwirkung auf das Aktionärsinteresse: "Wenn aktive Investor Relations eher auf einem Quartalsbericht basieren anstatt auf Laugenbrezeln und Maultaschen, wenn nichtssagende kiloschwere Geschäftsberichte mutig zugunsten verständlich-klarer Darstellung nachvollziehbarer Erfolge abgespeckt werden, wenn Bilanzanzeigen sich Lesern mitteilen, die ihrer Kenntnisse außerhalb der Bilanzgliederung haben, aber Geldanlagen suchen und hierfür Informationen wollen, wird auch die Aktie wieder ihre Position im Interessenspektrum des Kapitalanlegers zurückerobern."[254]

Allerdings müssen die Kosten einer erweiterten Informationspflicht in einem angemessenen Verhältnis zu dem Nutzen dieser Öffentlichkeitsarbeit stehen. Dies bedeutet, daß die hohen Kosten zusätzlicher Quartalsberichte, wie beispielsweise in den USA üblich, dann nicht gerechtfertigt sind und die Aktionärswohlfahrt senken, wenn die Aktionäre die zusätzlichen Informationen nicht nutzen. Diese Gefahr besteht, weil die oben beschriebene Collective-Choice-Problematik unverändert gegeben ist.

Ein ähnlicher Effekt würde sich unter Umständen einstellen, eröffnete man den Aktionären verbesserte Möglichkeiten der Beteiligung an Hauptversammlungen. Schon jetzt trifft der Unmut der Hauptversammlungsteilnehmer denjenigen Aktionär, der sein Rederecht in der Hauptversammlung voll ausnutzt. Allein durch bessere Möglichkeiten für Aktionäre, aktiv Vorschläge einbringen zu können, würde sich wohl nichts ändern.

---

[253]Engels, Wolfram, Hoffnung, 1992, S. 162.

[254]Rauch, Bernd A., Hauptversammlung, 1992, S. 20.

Bessere "Investor Relations"-Arbeit, mehr Information durch das Unternehmen, erweiterte Vorschlagsmöglichkeiten für Aktionäre - insgesamt also eine Reform der Rahmenbedingungen für die Aktionärsdemokratie - führt solange einseitig zu hohen Kosten für Aktionäre, wie nicht gleichzeitig Anreizmechanismen geschaffen werden, die bewirken, daß Aktionäre dieses Instrumentarium tatsächlich zu einer schärferen Kontrolle ausnutzen und damit Firmenwert sowie Aktionärsvermögen erhöhen.

II.E.2.2. Ausschüttung und Reinvestition: Wirkungen einer veränderten Anreizstruktur

Wie von Hayek schreibt, liegt die Apathie der Aktionäre unter anderem daran, daß diese keinen gesetzlich einklagbaren Anspruch auf den gesamten Gewinn der Unternehmung haben.[255] "We have come to regard it as natural that a majority decides for all what part of the profits is to be distributed and what part to be reinvested in the corporations, and that on this question the stockholders will normally act on the recommendation of the management."[256] In Deutschland dürfen Vorstand und Aufsichtsrat, wenn sie den Jahresabschluß feststellen - und dies ist in der Praxis die Regel -, maximal die Hälfte des Jahresüberschusses in die freie Rücklage einstellen.[257] Dieser Teil des erwirtschafteten Gewinns ist damit vorerst dem Zugriff der Eigentümer des Unternehmens entzogen.[258]

Die Tendenz der Manager, Auszahlungen an die Aktionäre möglichst gering zu halten, hat auch Jensen beobachtet. In seiner Free Cash Flow Theory erläutert er, daß die Konflikte zwischen Management und Aktionären dann besonders groß sind, wenn das Unternehmen hohe sogenannte Free Cash Flows hervorbringt.[259] Unter Free Cash Flows versteht Jensen all die Cash Flows, die über die für die Finanzierung sämtlicher Projekte mit positivem Gegenwartswert notwendigen hinausgehen. Das Ziel der Free Cash Flow Theorie besteht darin, die Manager dazu zu bringen, die Free Cash Flows an die Aktionäre auszuschütten, anstatt sie für unrentable Projekte zu verschwenden oder in der Organisation versickern zu lassen: "Payouts to shareholders reduce the resources under managers' control, thereby reducing managers' power, and making it more likely they will

---

[255] Vgl. Hayek, Friedrich August von (Hrsg.), Philosophy, 1967, S. 307 f.

[256] Hayek, Friedrich August von (Hrsg.), Philosophy, 1967, S. 307.

[257] Vgl. Barz, Carl Hans, Großkommentar I, 1973, § 58, Anm. 4, S. 425.

[258] S. § 58 Abs. 4 AktG.

[259] Vgl. Jensen, Michael, Free Cash Flow, 1986, S. 323-329.

incur the monitoring of the capital markets which occurs when the firm must obtain new capital."[260]

Um dies zu erreichen, schlägt von Hayek vor, es dem einzelnen Aktionär zu überlassen, in welcher Höhe er seinen Anteil am gesamten Gewinn der Unternehmung wieder in die Gesellschaft investieren möchte. Die Unternehmensleitung soll verkünden, welchen Teil des Gewinns sie als zusätzliches Kapital profitabel nutzen kann. Anschließend soll das Management den Aktionären, die einen Teil oder den gesamten ihnen zugeflossenen Gewinn wieder in die Unternehmung reinvestieren möchten, zusätzliche Aktien anbieten. Auf diese Weise bleibt es dem einzelnen Aktionär überlassen, den Gewinn der Unternehmensleitung wieder zur Verfügung zu stellen oder nicht.

Eine solche Vorgehensweise würde - so von Hayek - sofort lebhaftes Aktionärsinteresse hervorrufen und für eine wesentlich stärkere Beteiligung der Aktionäre an der Entwicklung des Unternehmens sorgen. Der Auffassung von Hayeks ist zuzustimmen: Die Aktionäre erhielten so Einfluß auf die Verwendung des eingesetzten Kapitals; das Collective-Choice-Problem löste sich auf. Jeder einzelne Aktionär hätte Interesse daran, sich über die Performance des Unternehmens zu informieren. Er könnte selbst entscheiden, was mit dem an ihn ausgeschütteten Gewinn weiter geschieht. Wenn er der Meinung wäre, die Rendite des von ihm in die Unternehmung eingebrachten Kapitals werde über dem Kapitalmarktzins liegen, würde er weiter in die Unternehmung investieren. Auf der anderen Seite stiege der Anreiz der Unternehmen, profitabel zu wirtschaften, um das Vertrauen der Anteilseigner dauerhaft zu bewahren.

Wie berechtigt die Forderung von Hayeks nach Ausschüttung des gesamten Gewinns an die Aktionäre ist, hat die nur zögerliche Anwendung des sogenannten "Schütt-Aus-Hol-Zurück-Verfahrens" in Deutschland gezeigt.

Das sogenannte EK 56, also der Teil des Eigenkapitals der deutschen Unternehmen, der mit dem höchsten Steuersatz belastet ist, konnte mit erheblichen steuerlichen Vorteilen an die Anteilseigner ausgeschüttet werden.[261] Der nächste Schritt bestand in einer Kapitalerhöhung: Die Aktio-

---

[260] Jensen, Michael, Free Cash Flow, 1986, S. 323.

[261] Grundlage dafür war das Standortsicherungsgesetz. Vgl. o. V., Standortsicherungsgesetz, 1993, Art. 2, S. 1575 - 1582. Die Bestände mußten bis Ende 1994 "ausgekehrt" worden sein, sollten inländische Aktionäre noch von dem geringeren Steuersatz profitieren.

näre konnten, wenn sie dies für profitabel hielten, ihr Kapital - unter Mitnahme der steuerlichen Gewinne - der Unternehmung wieder zuführen.

Dieser Gedanke ist in den vergangenen Jahren in Hauptversammlungen diskutiert worden, doch eine Reihe von Unternehmensleitungen hat sich entsprechenden Forderungen aus dem Kreis der Aktionäre widersetzt, zum Beispiel das Management der Daimler-Benz AG. Bei dem Automobilkonzern stand 1993 ein EK 56 in Höhe von knapp zwölf Milliarden Mark zur Diskussion.[262] Auf der Hauptversammlung Ende Dezember 1993 fand sich keine Mehrheit für den Vorschlag, das Schütt-Aus-Hol-Zurück-Verfahren anzuwenden; die Banken übten ihr Vollmachtsstimmrecht im Sinne der Verwaltung aus. Beispielsweise begründete die Commerzbank AG ihre Abstimmungsempfehlung an die Depotkunden damit, man teile die Meinung der Daimler-Benz-Verwaltung, daß das Risiko einer EK 56-Ausschüttung in der Größenordnung der anschließenden Kapitalerhöhung liege.[263]

Die Daimler-Benz AG befürchtete, die erforderliche Kapitalerhöhung könne scheitern. Eine derartige Befürchtung ist jedoch so lange unbegründet, wie man den Emissionskurs der jungen Aktien niedriger als den aktuellen Börsenkurs festsetzt, Bezugsrechte auf junge Aktien also einen positiven Wert haben. Angesichts der Argumente der Daimler-Unternehmensleitung spricht Wenger zu Recht von einem "gestörten Verhältnis ... zu den Funktionsmechanismen des Kapitalmarkts."[264]

Die Vermutung liegt nahe, daß sich das Management einer Kontrolle durch den Kapitalmarkt nicht aussetzen wollte. Hätte die Unternehmensleitung dem Vorschlag zugestimmt, dann hätte sie sich im Zuge der anschließenden Kapitalerhöhung erneut der Beurteilung durch die Aktionäre stellen müssen. "Allein die Deutsche Bank als größter Daimler-Aktionär verzichtet auf einen Steuervorteil von 800 Millionen Mark, damit Edzard Reuter auf Nummer Sicher gehen kann."[265]

---

[262] Vgl. o. V., Standortsicherung, 1994, S. 14.

[263] Hartwig, Dierk / Hellmann, Norbert, Commerzbank, 1994, S. 8.

[264] Wenger, Ekkehard, Vorstände, 1994, S. B 3.

[265] Wenger, Ekkehard, Maß, 1994, S. 82; vgl. auch eine Berechnung von Wenger, Ekkehard, Vorstände, 1994, S. B 3: Die Steuerbelastung des EK 56 wird im Zuge des "Schütt-aus-hol-zurück"-Verfahrens rückgängig gemacht; der Empfänger der Ausschüttung wird mit seinem aktuellen Steuersatz belastet. Im Falle der Deutschen Bank beträgt er 45 %. Angesichts der Steuersatzdifferenz von 11 %-Punkten

II.E.3. Aktionärsapathie und Abwehrstrategien gegen Übernahmen

Die oben beschriebene "Apathie der Aktionäre" hat dazu geführt, daß es häufig keinen Widerspruch gegen die Einführung mehrerer, unterschiedlich mit Stimmrechten ausgestatteter Aktienklassen gegeben hat. Eine Mehrklassenstruktur des Grundkapitals ist jedoch nur eines von mehreren Instrumenten der Verschanzung, die Managements ohne wirksame Opposition der Anteilseigner durchsetzen konnten.

Vor allem in den USA sind eine Reihe von Schutzmaßnahmen bekannt, die die Übernahmewahrscheinlichkeit verringern und verhindern, daß die Aktionäre in den Besitz einer Übernahmeprämie kommen. Man sollte vor allem angesichts der Häufigkeit feindlicher Übernahmen in den USA vermuten, daß "Aktionärsversammlungen wegen ihrer takeover-freundlichen Grundhaltung eine ernste Hürde für pre-offer-Techniken darstellt. In der Praxis sieht es freilich anders aus: Die Gleichgültigkeit der shareholders, die Kontrolle der proxy machinery durch das amtierende Management und die managementfreundliche Einstellung von Mehrheitsaktionären tragen ganz wesentlich dazu bei, daß pre-offer-Maßnahmen zur Abwehr von takeovers von der Aktionärsversammlung erfahrungsgemäß abgesegnet werden."[266]

Werden stimmrechtsbevorrechtigte Aktien mit anderen Defensivtaktiken kombiniert, können sie besonders negativ auf die Wohlfahrt der außenstehenden Aktionäre wirken. Eine Auswahl von Maßnahmen, die amerikani-

---

und einer Daimler-Benz-Beteiligung von 28 % ergibt sich für die Deutsche Bank ein Steuervorteil von 800 Millionen Mark.

[266] Merkt, Hanno, Gesellschaftsrecht, 1991, S. 623. Die vom Autor erwähnten Pre-Offer-Maßnahmen, auch shark repellents genannt, sind Defensivtaktiken des Managements, die ein feindliches Übernahmeangebot verhindern sollen und der Zustimmung der Aktionäre bedürfen, weil es sich hierbei um Veränderungen in der Unternehmensverfassung handelt. Mit der vom Autor ebenfalls genannten "proxy machinery" ist die Entscheidungsbildung in amerikanischen Unternehmen gemeint. Sie kommt dort innerhalb des sogenannten proxy-Systems zustande. Nur eine Minderheit der Aktionäre nimmt in den USA persönlich an den Aktionärsversammlungen teil. Andererseits können diese nur tätig werden, wenn das erforderliche Quorum anwesend ist. Gelöst wird das Problem durch die Erteilung von Stimmrechtsvollmachten. Das Management des Unternehmens sowie eventuelle Opponenten bitten die Aktionäre schriftlich um die Erteilung der Stimmrechtsvollmachten. Die opponierenden Aktionäre sind dabei i.d.R. auf die Herausgabe von Aktionärslisten durch das Management oder auf dessen Unterstützung beim Versand angewiesen. Vgl. zum proxy-System Merkt, Hanno, Gesellschaftsrecht, 1991, S. 372 ff.

schen sowie deutschen Managements zur Verfügung stehen, soll deshalb überblickhaft dargestellt werden. Dazu liegt inzwischen eine Fülle empirischer Arbeiten vor; die Studien kommen allerdings nicht zu eindeutigen Ergebnissen.

II.E.3.1. Defensivmaßnahmen in den USA

Die oben diskutierten Dual-Class Recapitalizations, aber auch sogenannte "Poison Pills", "Voting Trusts" und andere Abwehrstrategien lösten Mitte der 80er Jahre in den USA eine angeregte Diskussion aus. 1985 hatten von 485 Unternehmen der Standard & Poor's 500-Liste immerhin 195 Firmen Verteidigungsmaßnahmen ergriffen. Aus der Vielzahl der Arbeiten können hier nur einige wenige - stellvertretend für die widersprüchlichen Ergebnisse - herausgegriffen werden.

Dann und DeAngelo untersuchen eine ganze Reihe von Defensivmaßnahmen und analysieren, ob sich ähnliche Auswirkungen auf den Firmenwert wie bei einer Zweiklassenstruktur des Kapitals einstellen. Ihre Resultate stützen die These, daß die Wohlfahrt der Aktionäre im Durchschnitt abnimmt, wenn Manager auf den Versuch einer feindlichen Übernahme mit Defensivmaßnahmen reagieren. Die Autoren kommen zu dem Ergebnis, daß die gewählten Restrukturierungsmaßnahmen typischerweise ziemlich umfassend sind und es sich bei ihnen vielfach um Versuche handelt, Barrieren verschiedenster Art gegen feindliche Bieter zu errichten und / oder ein Wertpapierpaket bei Verbündeten des Managements zu plazieren.[267] Auch Jarrell und Poulsen finden Wohlfahrtsverluste für Aktionäre nach Ankündigung verschiedener Defensivmaßnahmen: "The announcements of antitakeover amendments, greenmail payments and poison pills have been demonstrated to coincide with significant negative changes in shareholder wealth in the range of 1 to 3 % in many cases."[268]

In den USA und in Deutschland sind unterschiedliche Strategien zu beobachten, allerdings mit zahlreichen Berührungspunkten. Auf einzelne Strategien und ihre Implikationen für den Markt für Unternehmenskontrolle soll im folgenden kurz eingegangen werden.

---

[267] Vgl. Dann, Larry Y. / DeAngelo, Harry, Defensive, 1988, S. 87 - 127.

[268] Jarrell, Gregg A. / Poulsen, Annette B., Recapitalizations, 1988, S. 132.

II.E.3.1.1. Antitakeover Amendments

Hierbei geht es um Klauseln in der Satzung eines Unternehmens, die die Übernahmewahrscheinlichkeit vermindern sollen. Alle Antitakeover Amendments haben gemeinsam, daß sie es dem Bieter schwer machen, die Kontrolle über eine Firma zu übernehmen, auch wenn er bereits über die Aktienmehrheit verfügt. Beispielsweise kann die Satzung eine Aufteilung des Board of Directors in verschiedene Gruppen vorsehen, deren Wiederwahl über mehrere Jahre gestaffelt wird. So kann in jedem Jahr nur eine Minderheit der Direktoren ausgewechselt werden. Das amtierende Management erreicht damit, daß ein Bieter mehrere Jahre warten muß, um den gesamten Board zu kontrollieren. Eine andere Variante besteht darin, daß die Aktionäre, wie dies vielfach zulässig ist, ihre Zustimmung zu bestimmten Aktivitäten der Unternehmensleitung nicht mehr auf schriftlichem Wege erteilen dürfen. Der Bieter muß so bis zum nächsten Aktionärstreffen warten, um Veränderung im Unternehmen durchzusetzen. Mit diesen Regelungen wird häufig eine hohe Mehrheitsregel - z.B. 80 % - kombiniert, die bei Abstimmungen über die Entlassung von Board-Mitgliedern kombiniert erforderlich ist.[269]

Anläßlich der Diskussion über die Zulassung von Antitakeover Amendments bei börsennotierten Unternehmen zwischen SEC, NYSE und den Managements beschäftigte sich eine Reihe empirischer Arbeiten mit den Effekten dieser Satzungsklauseln.[270] Wie bei den Untersuchungen über stimmrechtsbevorrechtigte Aktien unterscheiden sich auch bei diesen Studien die nach Ankündigung einer Satzungsänderung gemessenen Effekte in Stärke und Richtung.

Linn und McConnell haben die Aktienkurse aller an der NYSE gelisteten amerikanischen Unternehmen, die zwischen 1960 und 1980 Antitakeover Amendments eingeführt haben, zu verschiedenen Zeitpunkten analysiert. Die Autoren zählen in diesem Zeitraum 475 Fälle, bei denen es um die Einführung einer derartigen Satzungsänderung ging.

Anders als beispielsweise Dann und DeAngelo kommen Linn und McConnell nicht zu Ergebnissen, die die Entrenchment-Hypothese stützen. Linn und McConnell stellen im Gegenteil signifikant positive durch-

---

[269] Vgl. Linn, Scott C. / McConnell, John J., Investigation, 1983, S. 364 ff.

[270] Vgl. De Angelo, Harry / Rice, Edward M., Charter, 1983, S. 329 - 360; Linn, Scott C. / McConnell, John J., Investigation, 1983, S. 361 - 399; Jarrell, Gregg A. / Poulsen, Annette B., Shark, 1987, S. 127 - 168.

schnittliche Kursgewinne in dem Monat fest, in dem die Boards of Directors Satzungsänderungsvorschläge ratifizieren.[271] Aus ihren Ergebnissen folgern sie: "These results are consistent with the hypothesis that antitakeover amendments have a positive impact on stock price and that uncertainty regarding the eventual introduction and approval of the amendments is gradually reduced over a long period of time, beginning prior to the directors' approval date and ending with the stockholders' meeting to approve the amendments."[272]

II.E.3.1.2. Shareholder Clienteles

Shareholder Clienteles sind vertragliche Vereinbarungen, die dem Management bzw. Insider-Aktionär die Verfügung über nicht in seinem Besitz befindliche Stimmrechte erlauben. Durch Shareholder Clienteles erhöht sich der vom Management bzw. Insider-Aktionär kontrollierte Stimmenblock, ohne daß zusätzliche Investitionen in Aktien notwendig werden.

Als Shareholder Clienteles lassen sich auch wechselseitige Beteiligungen von freundlich gesinnten Unternehmen interpretieren. Die Vermutung, daß diese Verflechtungen für außenstehende Aktionäre in der Regel nicht von Vorteil sind, wird von Ergebnissen empirischer Arbeiten gestützt, zum Beispiel von Dann und DeAngelo. Ihre Resultate zeigen, daß der Wert der Aktien im Durchschnitt sinkt, wenn das Management angesichts drohender Übernahmegefahr Aktien bei freundlich gesinnten Investoren plaziert.[273]

II.E.3.1.3. Voting Trusts

Voting Trusts halten und verwalten Aktien- und Stimmenblöcke zentral für mehrere Aktionäre.[274] Sie sind förmliche Vereinbarungen mit treuhandschaftlicher Natur. Das Stimmrecht liegt beim "trustee", dem Treuhänder, mit dessen Namen die stimmberechtigten Anteile in den Unterlagen der Aktiengesellschaft registriert werden. Mit Hilfe solcher gepoolter Aktien kann sich eine Aktionärsgruppe besser verschanzen, weil potentielle Anteilsverkäufe einzelner Aktionäre an einen Bieter leichter unterbunden werden können: "Costs of acquiring control may increase because a smaller number of shareholders that hold dominant voting control can act

---

[271] Vgl. Linn, Scott C. / McConnell, John J., Investigation, 1983, S. 396 f.

[272] Linn, Scott C. / McConnell, John J., Investigation, 1983, S. 396.

[273] Vgl. Dann, Larry Y. / DeAngelo, Harry, Defensive, 1988, S. 87 - 127.

[274] Vgl. De Angelo, Harry / De Angelo, Linda, Ownership, 1985, S. 38.

more effectively as a collusive group in response to an outside takeover attempt."[275] Stimmenpools mit ähnlicher Wirkung wie die der Voting Trusts sind auch in Deutschland zu beobachten. Beispielsweise verwaltet eine dieser Gesellschaften die Siemens-Anteile, die sich in Besitz der weitverzweigten Gründerfamilie von Siemens befinden.[276]

Voting Trusts treten in verschiedenen Formen auf, beispielsweise in der von DeAngelo und DeAngelo beschriebenen Holdingkonstruktion: "Voting trust arrangements allow some investors to vote shares in which others retain the cash flow rights ... Interlocking ownership through a holding company or through a more elaborate stock pyramid can also enable a given investor to own different quantities of voting and cash flow rights. For instance, 50,1 % ownership of a parent holding company which, in turn, owns 50,1 % of an operating subsidiary guarantees majority representation on the subsidiary's board with only a 25,1 % interest in its common stock cash flows."[277]

II.E.3.1.4. Standstill Agreements

Unter einem Standstill Agreement versteht man eine freiwillige Vereinbarung zwischen einem Unternehmen und einem Großaktionär mit dem Inhalt, dessen Verfügung über seine stimmberechtigten Aktien für eine bestimmte Zeit zu beschränken. Typischerweise wird gleichzeitig vereinbart, daß sich der Großaktionär nicht an Wettbewerben um die Unternehmenskontrolle, die gegen das amtierende Management gerichtet sind, beteiligt. In Standstill Agreements wird häufig auch die Fungibilität der betreffenden Aktien beschränkt; das Management muß seine Zustimmung erteilen, bevor der Großaktionär seine Anteile verkaufen kann. Stillhaltevereinbarungen schließen vielfach den Rückkauf des Aktienpakets durch das Unternehmen mit ein, wobei die Anteile mit einem deutlichen Aufschlag auf den Marktpreis zurückerworben werden.[278] Dieser Rückkauf ist meist in Zusammenhang mit dem sogenannten "greenmailing" zu beobachten. In dieser einer Erpressung sehr nahe kommenden Transaktion erwirbt der Bieter eine Beteiligung an seiner Zielgesellschaft und läßt sie

---

[275] Lease, Ronald C. / McConnell, John J. / Mikkelson, Wayne H., Value, 1984, S. 448.

[276] Vgl. Gliederungspunkt III.E.1.

[277] DeAngelo, Harry, / DeAngelo, Linda, Ownership, 1985, S.38.

[278] Vgl. Dann, Larry Y. / DeAngelo, Harry, Standstill, 1983, S. 275 ff.

sich zu überhöhtem Preis wieder abkaufen. Im Gegenzug verpflichtet er sich zum Stillhalten.[279]

Dann und DeAngelo haben die Wohlfahrtseffekte von 81 Standstill Agreements bzw. Aktienrückkäufe in den USA gemessen, die zwischen 1977 und 1980 öffentlich angekündigt wurden.[280] Die Autoren beobachten ungewöhnliche negative, statistisch signifikante Kursveränderungen. Zwar sagen Durchschnittswerte nichts darüber aus, ob der Verschanzungseffekt bei jeder Stillhaltevereinbarung der vorherrschende Effekt ist, jedoch "in sum, while the issue is far from settled, we interpret our findings as raising a serious question to which some target management actions in the market for corporate control are in the best interests of all stockholders."[281]

II.E.3.1.5. Poison Pills

Poison Pills sind die wirkungsvollsten Pre-Offer-Maßnahmen, die amerikanischen Unternehmen zur Abwehr von Übernahmen zur Verfügung stehen. Allen Giftpillen ist gemeinsam, daß der Bieter mit negativen wirtschaftlichen Folgen rechnen muß, wenn er die Gesellschaft übernommen und dadurch die Poison Pill aktiviert hat. Im wesentlichen lassen sich zwei Spielarten unterscheiden: Sogenannte "call plans" berechtigen die Aktionäre der Zielgesellschaft im Falle einer Übernahme zum Bezug von Aktien zu besonders günstigen Konditionen. "Put plans" verpflichten die Zielgesellschaft oder den Bieter, im Falle einer Übernahme Anteile der Aktionäre mit starken Aufschlägen auf den Marktpreis zu erwerben.

Der Emission von Poison Pills muß der Board of Directors zustimmen. Im Unterschied zu zahlreichen anderen Defensivstrategien des Manangements bedarf die Schaffung der Giftpillen nicht der Zustimmung der außenstehenden Aktionäre. Poison Pills erhielten im November 1985 einen legalen Status, als der "Delaware Supreme Court" das Recht des Unternehmens "Household International" bestätigte, solche Ansprüche an die Aktionäre auszugeben. Vor dieser Entscheidung wurden in 37 amerikanischen Firmen Giftpillen angewandt.[282] Bis 1991 haben mehr als 1000 US-Unter-

---

[279]Vgl. Merkt, Hanno, Gesellschaftsrecht, 1991, S. 639.

[280]Vgl. Dann, Larry Y. / DeAngelo, Harry: Standstill, 1983, S. 275 - 300.

[281]Dann, Larry Y. / DeAngelo, Harry, Standstill, 1983, S. 300.

[282]Vgl. Jensen, Michael C. / Warner, Jerold B., Power, 1988, S. 15 ff.

nehmen Poison Pills in dieser oder jener Spielart in ihre Unternehmensverfassung aufgenommen.[283]

Malatasta und Walkling analysierten 113 Unternehmen, die das Instrument der Poison Pills in der Zeit von 1982 bis 1986 eingeführt hatten. Sie kommen zu dem Ergebnis, daß die Ankündigung der Giftpillen zu einer durchschnittlichen Verringerung des Aktionärsvermögens um statistisch signifikante 0,93 % geführt hat. Bei Firmen, die in den zwei Monaten vor der Einführung der Poison Pills mit einem Übernahmeangebot konfrontiert wurden, waren durchschnittliche außergewöhnliche Verluste von 2,3 % festzustellen. Die Autoren finden außerdem, daß der Aktienkurs der im Sample enthaltenen Firmen stieg, nachdem die Unternehmen Pläne zur Einführung von Poison Pills wieder aufgegeben hatten.

II.E.3.2. Defensivmaßnahmen des Managements in Deutschland

In Deutschland wird die Verschanzung des amtierenden Managements u.a. durch Mehrstimmrechtsaktien, Stimmrechtsbeschränkungen wie das Höchststimmrecht, Holdingkonstruktionen, Überkreuzverflechtungen sowie das Vollmachtsstimmrecht erreicht.

II.E.3.2.1. Holdingkonstruktionen

Eine Holdingkonstruktion schützt das Management eines Unternehmens vor unerwünschter Übernahme. Ein "Schirm" aus verschiedenen Holdings wird über der Aktiengesellschaft etabliert und ermöglicht, daß ein Aktionär einen wesentlich größeren Einfluß auf das Unternehmen erhält als durch seinen direkten Aktienbesitz gerechtfertigt wäre.

Gegeben sei beispielsweise eine Holding H1, die 50 % + 1 Aktie an einem Unternehmen F1 hält. Darüber geschaltet existiere eine weitere Holdinggesellschaft H2, die an H1 ebenfalls mit 50 % + 1 Aktie beteiligt sei. Die Holding H2 sei zu 50% + 1 Aktie in Besitz eines Unternehmens oder einer Privatperson F2.

F2 ist in der Lage, F1 mit einem sehr kleinen Aktienbesitz zu kontrollieren. Dadurch, daß F2 einen 50 % + 1-Anteil an H2 besitzt, hält es gleichzeitig 25 % der Aktien von H1 und 12,5 % der Anteile von F1. Dadurch, daß F2 an jeder der Holdingkonstruktionen 50 % + 1 Aktien besitzt, verfügt F2 bei F1 über die Stimmenmehrheit, und dies mit einem effektiven

---

[283] Vgl. Merkt, Hanno, Gesellschaftsrecht, 1991, S. 627.

Anteilsbesitz von 12,5 %. Je mehr Holdingkonstruktionen übereinander geschachtelt sind, desto kleiner wird das zur Kontrolle des Unternehmens notwendige finanzielle Engagement.

Von Hayek beschreibt die Wirkung der nicht nur in Deutschland zu beobachtenden Holdingkonstruktionen auf den Markt für Unternehmenskontrolle wie folgt: "The point ... is simply that the possibilty of the control of one corporation by another opens up the possibility of the complete and perfectly legal control of large resources by persons who own only a small fraction of them, and of the use of such control in the interest of that group only. The possibility of such an indirect, chainwise ownership of the stock of corporations ... has accentuated the separation of ownership and control and has given management, i.e. a few individuals, powers far exceeding those which their individually owned property could ever confer upon them."[284]

Ein Beispiel für Holdingkonstruktionen in Deutschland soll stellvertretend für andere stehen - das der Mercedes Automobil Holding (MAH) Aktiengesellschaft, die bis 1993 bestand. Diese Holdingkonstruktion wurde Mitte der 70er Jahre geschaffen, als Flick ein großes Paket der Daimler-Benz AG veräußern wollte und das Unternehmen befürchtete, im Zuge dieses Kontrolltransfers unter ausländischen Einfluß zu geraten. Die Deutsche Bank AG übernahm daraufhin den Großteil des 39%-Pakets von Flick. Anschließend wurde die MAH geschaffen, die künftig gut 25 % der Daimler-Benz-Aktien hielt. Jeweils ein Viertel des MAH-Kapitals wurde bei zwei weiteren Holdinggesellschaften plaziert - der Stern-Automobil-Beteiligungs-GmbH und der Stella-Automobil-Beteiligungs-GmbH. Deren Anteile lagen in den Händen von Banken, Versicherungen und anderen Unternehmen.[285]

Diese Unternehmen waren durch die Holdingkonstruktion in der Lage, mittels eines geringen Anteilsbesitzes großen Einfluß auf die Daimler-Benz AG auszuüben und diese von außenstehenden Interessenten abzuschirmen. An der MAH waren auch kleine Aktionäre beteiligt; die Hälfte der MAH-Anteile waren über die Börse gestreut worden. Der Streubesitz übte keinen Einfluß auf die Daimler-Benz AG aus; die Kleinaktionäre waren nur bei der MAH-Hauptversammlung stimmberechtigt und dort in einer Minderheitsposition.

---

[284] Hayek, Friedrich August von (Hrsg.), Philosophy, 1967, S. 310.

[285] Vgl. Jeske, Jürgen, Stern-Fusion, 1993, S. 13.

Es verwundert daher nicht, daß der Kurs der MAH-Aktie mit einem Abschlag von 20 - 25 % unter dem Aktienkurs der Daimler-Benz AG notierte.[286] Dieser Abschlag trug der Tatsache Rechnung, daß dem mit einer MAH-Aktie verbundenen Stimmrecht nur wenig Bedeutung für außenstehende Aktionäre zukam. Die MAH wurde schließlich 1993 im Vorfeld der Notierung der Daimler-Benz AG an der NYSE aufgelöst.

II.E.3.2.2. Höchststimmrechte

Höchststimmrechte sind auf dem deutschen Aktienmarkt ein verbreitetes Phänomen; sie sind beispielsweise bei Unternehmen wie BASF und Mannesmann zu beobachten. Auch bei der Deutschen Bank AG existierte bis vor wenigen Jahren eine derartige Stimmrechtsbeschränkung; sie wurde im Zuge der Hauptversammlung im Jahre 1994 abgeschafft. Nach einer Untersuchung von Baums waren Ende November 1989 in den Satzungen von 23 der etwa 800 deutschen börsennotierten Aktiengesellschaften Höchststimmrechte enthalten.[287]

Die Existenz eines Höchststimmrechts bedeutet, daß ein Aktionär in der Hauptversammlung ungeachtet der Größe seines Anteilsbesitzes nur mit einem durch das Höchststimmrecht fixierten Stimmenanteil votieren kann. Wie Mehrstimmrechtsaktien entkoppeln also auch Höchststimmrechte Dividendenansprüche und Stimmrechte. Wenn zwei Aktiengattungen geschaffen werden, wobei nur für eine ein Höchststimmrecht gilt, kann ein Insider-Aktionär - wie bei Mehrstimmrechten - ein Unternehmen ohne entsprechenden Kapitaleinsatz beherrschen, indem nur er die Aktiengattung ohne Höchststimmrecht erhält.

Die ersten Höchststimmrechte entstanden 1975 nach dem Erwerb eines Daimler-Benz-Anteilspakets durch Kuweit; sie sollten äußere Überfremdung verhindern. Später wurden Höchststimmrechte ebenfalls gegen feindliche Übernahmen, zur Vorbeugung innerer Überfremdung, eingesetzt.[288] Die Begründungen für die Schaffung von Höchststimmrechten lassen deutliche Parallelen zu Mehrstimmrechten erkennen.

Die Stimmrechtsbegrenzung wirkt sich einerseits negativ auf die externe Unternehmenskontrolle aus, weil sich der Erwerb der Stimmenmehrheit

---

[286]Vgl. o. V., Holding, 1993, S. 15; o. V., Kurssprünge, 1993, S. 26; Pretzlaff, Harry, Bollwerk, 1993, S. 11.

[287]Vgl. Baums, Theodor, Höchststimmrechte, 1990, S. 221.

[288]Vgl. Baums, Theodor, Höchststimmrechte, 1990, S. 222.

dieses Unternehmens problematisch gestaltet. Es fallen Kommunikationskosten an, weil der Opponent die Unterstützung anderer Aktionäre benötigt. Gleichzeitig werden die Möglichkeiten eines Großaktionärs zur Ausübung der internen Kontrolle reduziert. Ein Paketinhaber hätte normalerweise wegen seines umfangreichen Anteilsbesitzes ein großes Interesse an einer intensiven Kontrolle. Die Stimmrechtsbeschränkung schneidet jedoch seinen Einfluß auf das Management stark zurück; eine wirksame interne Kontrolle durch den Anteilseigner mit den besten Anreizen wird verhindert.

Baums faßt die Problematik der Höchststimmrechte wie folgt zusammen: Ein präventives Höchststimmrecht "beschränkt den Kapitalmarkt und die Kontrolle der Unternehmensleitung, kann die Kursentwicklung beeinträchtigen, vorteilhafte Übernahmen verhindern und zu wechselseitigen Blockaden von Kapital- und Stimmenmehrheit führen, ohne wirklich wirksamen Schutz vor schädigenden Übernahmen bieten zu können. Die Entscheidung über die Einführung eines präventiven Höchststimmrechts sollte daher jedenfalls nicht Verwaltung und Depotinstituten überlassen bleiben."[289]

II.E.3.2.3. Überkreuzverflechtungen

Große Aktienpakete vieler deutscher Firmen befinden sich im Besitz anderer Unternehmen: "Deutschlands Großunternehmen schirmen sich durch Überkreuzbeteiligungen gegenseitig ab."[290] 42 % aller deutschen Aktien werden Presseberichten zufolge als Industriebeteiligungen gehalten. Die Hälfte aller Großunternehmen ist von einem Aktionär dominiert, bei einem weiteren Viertel bestimmten jeweils zwei Großanleger die Geschicke des Unternehmens. Nur noch 17 % aller Aktien befinden sich in Streubesitz, gegenüber 27 % im Jahre 1960.[291]

Das AktG 1965 schränkt zwar die Ausübung von Stimmrechten dann ein, wenn die Überkreuzverflechtung die Grenze einer 25 %igen Beteiligung überschreitet.[292] Wie Wenger und Kaserer schreiben, verfehlt diese Vorschrift aber häufig ihren Zweck, weil eine 25 %ige Beteiligung bei Publi-

---

[289] Baums, Theodor, Höchststimmrechte, 1990, S. 242.

[290] Werner, Patricia, Aktionärsrechte, 1994, S. 89.

[291] Vgl. Waller, David, Groups,1994, S. 23; sowie Prowse, Stephen, Governance, 1994, S. 21.

[292] S. § 328 Abs. 1 AktG 1965.

kumsgesellschaften aus Gründen der niedrigen Hauptversammlungspräsenzen des Streubesitzes oft ausreicht, das Unternehmen mehrheitlich zu beherrschen.[293]

Besonders augenfällig ist die Verflechtung der größten deutschen Banken und Versicherungen:[294] Die Allianz AG Holding und die Münchener Rückversicherungs-Gesellschaft AG halten rd. 25 % des Grundkapitals des jeweils anderen Unternehmens. Die Dresdner Bank AG besitzt jeweils rd. 10 % des Grundkapitals beider Gesellschaften, die Allianz AG Holding kontrolliert 22,8 % des Grundkapitals der Dresdner Bank AG. Außerdem ist die Allianz AG Holding mit 6,4 % an der Deutschen Bank AG beteiligt, die Deutsche Bank mit jeweils 10 % an der Allianz AG Holding und der Münchener Rückversicherungs-Gesellschaft AG.[295]

Ende 1994 lag die Marktkapitalisierung aller in Deutschland gelisteten Unternehmen bei 803 Mrd. DM. 5 % davon machten Wenger und Kaserer zufolge allein die von der Allianz AG Holding direkt und indirekt gehaltenen Aktienpakete aus. 3,4 % der Marktkapitalisierung lagen in Händen der Deutschen Bank AG.[296]

Häufig wird die Überkreuzverflechtung von Unternehmen auf rein buchtechnischem Wege erreicht: Wenn sich Unternehmen A an Firma B und umgekehrt jeweils mit der selben Investitionssumme beteiligen wollen, dann erhöhen beide das genehmigte Kapital und tauschen die Positionen aus. Der Kauf von Aktien über die Börse wird so unnötig.[297] Damit die tatsächlich in einen Aktienmarkt investierte Menge an Kapital gemessen wird, muß daher die Größe "Marktkapitalisierung" um die Summe aller Überkreuzverflechtungen bereinigt werden. Wie Wenger und Kaserer berechnet haben, verringert sich die in Deutschland ohnehin niedrige Marktkapitalisierung aller börsennotierten deutschen Unternehmen durch die Überkreuzverflechtungen noch beträchtlich: Der bereinigte Marktwert dieser Gesellschaften betrug Ende 1994 weniger als 73 % der Brutto-Marktkapitalisierung.[298]

---

[293] Vgl. Wenger, Ekkehard / Kaserer, Christoph, German, 1997, S. 53.

[294] Vgl. Wolff, Volker, Karten, 1992, S. 3.

[295] Vgl. Wenger, Ekkehard / Kaserer, Christoph, German, 1997, S. 58; vgl. auch Korff, Elke, Aktionärskontrolle, 1994, S. 3.

[296] Vgl. Wenger, Ekkehard / Kaserer, Christoph, German, 1997, S. 55-61.

[297] Vgl. o. V., Moral, 1994, S. 124.

[298] Vgl.Vgl. Wenger, Ekkehard / Kaserer, Christoph, German, 1997, S. 54 f.

Zwischen den Aktiengesellschaften, die auf diese Weise miteinander verflochten sind, existieren implizite Verträge über das Stimmverhalten in den Hauptversammlungen. Man kann diese Phänomene als Kartell bezeichnen. Jedes der beteiligten Management-Teams hat ein Interesse daran, den Wettbewerb um die Unternehmensführung einzuschränken. Ein Bruch dieses Kartells kommt selten vor. Keiner der Beteiligten erwartet sich Vorteile aus einem Nicheinhalten der impliziten Vereinbarungen, "... da sie [die Manager, d. V.] bereits Mitglied in der Kontrollkaste sind und ein weiteres wesentliches Fortkommen nicht mehr in Aussicht steht, kommen solchen wettbewerbsbeschränkenden Abreden der Geschäftsleitung große Wahrscheinlichkeit und langfristige Stabilität zu."[299]

II.E.3.2.4. Das Vollmachtsstimmrecht

In Deutschland überträgt die große Mehrheit der Kleinaktionäre ihrer depotführenden Bank die Vollmacht, ihre sich aus ihrem Aktienbesitz ergebenden Stimmrechte stellvertretend bei der Hauptversammlung der Gesellschaften auszuüben. Das Aktiengesetz verpflichtet die Kreditinstitute, sich dabei von den Interessen der von ihnen vertretenen Aktionäre leiten lassen zu. Die Banken sind mit dem Vorwurf konfrontiert, sie übten die erteilten Vollmachten nicht im Sinne der Aktionäre, sondern entsprechend ihrer eigenen Ziele aus und stützten in der Regel die Position der Managements, mit denen sie vielfach geschäftliche Beziehungen unterhalten. Da im Vollmachtsstimmrecht eine weitere Ausprägung des oben beschriebenen Agency-Problems zu sehen ist, läßt sich die Gefahr einer von den Interessen der Principals abweichenden Stimmabgabe der Agents sicher nicht von der Hand weisen.

In der Tat ist es nur in wenigen Ausnahmefällen zu einem von den Vorschlägen des Managements differierenden Stimmverhalten der Banken auf deutschen Hauptversammlungen gekommen. Beispielsweise haben alle drei Großbanken gegen die Abschaffung des Mehrstimmrechts der Familie Siemens und damit für eine Beibehaltung der Stimmrechtsbenachteilung der übrigen Anteile votiert.[300]

Durch das Vollmachtsstimmrecht wird der Markt für Unternehmenskontrolle in Deutschland von den großen Kreditinstituten dominiert, die sich "aufgrund der gegenseitigen Drohpotentiale im Oligopol und der unabsehbaren Dauer ihrer Zusammenarbeit (als "repeat player") kooperativ ver-

---

[299]Adams, Michael, Hindernisse, 1990, S. 71.

[300]Vgl. Werner, Patricia, Aktionärsrechte, 1994, S. 90.

halten. Es genügt daher üblicherweise die Unterstützung einer Großbank, um von keiner anderen Seite eine Attacke fürchten zu müssen."[301] Besonders deutlich wird der Einfluß der Großbanken auf Industrieunternehmen mittels Vollmachtsstimmrecht, wenn in dem Unternehmen ein Höchststimmrecht existiert. Es wird nicht für die bevollmächtigten Banken wirksam, denn die Vollmachtsstimmen werden nicht den Banken, sondern den einzelnen Aktionären zugerechnet.[302] Der Einfluß der Banken bleibt so aufrechterhalten. Durch die Kombination von Höchststimmrechten und Vollmachtsstimmrecht werden außenstehende Aktionäre mit größeren Aktienpakten somit wirksam an der Ausübung der Kontrolle gehindert.

Das Argument der Banken, es stehe den außenstehenden Aktionäre frei, sich auf Hauptversammlungen nicht vertreten zu lassen, sondern das Stimmrecht persönlich wahrzunehmen, trifft zu. Solange sich jedoch an der Anreizstruktur der Kleinaktionäre, von der oben bereits die Rede war, nichts ändert, wird bei dieser Aktionärsgruppe auch weiterhin "free rider"-Verhalten zu beobachten sein.

Wenger und Kaserer fassen den geringen Entwicklungsstand des Marktes für Unternehmenskontrolle in Deutschland treffend zusammen: "In reality, different institutional pillars shelter large German banks from outside pressures which would force them to pursue a value maximizing investment and monitoring policy. ... the German system of corporate control is in fact a system of noncontrol that protects managers against the pressure that results from active capital-market oversight."[303]

II.F. Zusammenfassung der Ergebnisse des Teils II

Im Teil II der Arbeit wurden der Stand der wissenschaftlichen Diskussion zum Thema "Mehrstimmrechtsaktien", die ökonomische Funktionsweise dieser Stimmrechte und ihre Bedeutung für den Markt für Unternehmenskontrolle dargestellt.

Die Unternehmenskontrolle kann als Problem der Agency-Theorie eingeordnet werden (Gliederungspunkt II.A.). In börsennotierten Aktiengesellschaften sind Eigentum und Verfügungsmacht getrennt. Der auftretende

---

301 Adams, Michael, Hindernisse, 1990, S. 76.

302 Vgl. Hennes, Markus, Festung, 1991, S. 142.

303 Wenger, Ekkehard / Kaserer, Christoph, German, 1997, S. 40.

Interessenkonflikt zwischen Eigentümern und Managern der Unternehmung ist ein Beispiel für eine Principal-Agent-Beziehung.

Die Principal-Agent-Theorie, die auch Beziehungen innerhalb eines Unternehmens erfassen kann, ist allerdings eine relativ neue Modellfamilie. Innerhalb der klassischen und der Standardversion der neoklassischen Theorie fehlte eine Innenansicht der Unternehmung. Die Organisationsstruktur eines Unternehmens wurde ausgeblendet (Gliederungspunkt II.A.1.1.) Als Folge der zunehmenden Kritik an dieser Sichtweise erfuhr die neoklassische Theorie der Unternehmung eine Modifikation, die unter dem Oberbegriff "New Economics of Organization" bekannt wurde. Ein Element dieser Weiterentwicklung ist die Agency-Theorie, deren Kernanliegen in der Analyse von Interessengegensätzen zwischen einzelnen Vertragspartnern besteht (Gliederungs-punkt II.A.1.2.).

Eine Agency-Beziehung ist gekennzeichnet durch einen Auftraggeber (Principal) und einen Auftragnehmer (Agent), die in einer vertraglichen Beziehung miteinander stehen. Zwischen beiden besteht asymmetrische Information über die Handlungen des Auftragnehmers. Dieser wird die Vereinbarung aus Eigennutz stets brechen, weil der Auftraggeber wegen asymmetrischer Information die Vertragseinhaltung nur unvollständig oder nur unter Inkaufnahme von Kontrollkosten überwachen kann.

Diese Situation ist in börsennotierten Unternehmen anzutreffen. Es entstehen Konflikte zwischen den Eigentümern einer börsennotierten Aktiengesellschaft, den Aktionären, und ihren Agenten, den Managern (Gliederungspunkt II.A.1.3.). Die Nutzenfunktion der Aktionäre enthält üblicherweise als einziges Argument den Nettogewinn des Unternehmens; die Nutzenfunktion der Manager enthält im hier betrachteten Fall neben der von den Aktionären zu beziehenden Belohnung entweder den Arbeitseinsatz oder den sogenannten "Perquisites-Konsum". Bei Perquisites-Konsum handelt es sich um privaten Konsum, der die Ressourcen des Unternehmens und dessen Nettogewinn schmälert und der daher nicht im Interesse der Principals - der Aktionäre - sein kann. Beispiele dafür sind die private Nutzung von Dienstfahrzeugen oder die üppige Büroausstattung der Manager (Gliederungspunkt II.B.1.2.1.)

Die Principal-Agent-Theorie ging zunächst von einer klaren Trennlinie zwischen Principal und Agent aus. Von besonderer Relevanz für die vorliegende Untersuchung sind jedoch Fälle, in denen der Principal teilweise mit dem Agenten identisch ist (Manager können auch Aktien halten; dies ist vor allem in den USA zu beobachten) oder in denen es Interessenkonflikte zwischen verschiedenen Aktionären gibt (Großaktionär mit Möglichkeit und Anreiz zum Perquisites-Konsum versus Kleinaktionäre). Beispielsweise werden deutsche Unternehmen in großem Maße von Banken, Versicherungen und anderen Unternehmen dominiert. Die Eigentümer sind also teilweise Managements anderer Unternehmen; sie verfolgen bestimmte Ziele, die sich mit denen des Streubesitzes nicht unbedingt decken (Gliederungspunkt II.A.1.3.2).

Entscheidungen in Unternehmen erfolgen mit Hilfe von Stimmrechten, die den Besitzern verschiedener Aktiengattungen in unterschiedlicher Weise zustehen. Die Beurteilung des Werts und der Bedeutung von Stimmrechten im allgemeinen und von Mehrstimmrechten im besonderen stellt das Kernstück der vorliegenden Arbeit dar.

Mehrstimmrechtsaktien sind gegenwärtig (Stand: Mai 1997) in 27 börsennotierten deutschen Aktiengesellschaften anzutreffen; 1990 waren noch 35 deutsche Unternehmen mit diesen Stimmrechten ausgestattet. Bei Mehrstimmrechtsaktien handelt es sich um Vorzugsaktien, die das Recht verbriefen, in der Hauptversammlung mit mehr als einer Stimme pro Aktie - der Stimmenausstattung einer Stammaktie - zu votieren. Der Vorzug betrifft hier die gewährten Stimmen und nicht die Dividendenzahlung.

Existieren Mehrstimmrechtsaktien im Unternehmen, so ist der Stimmenanteil dieser Aktiengattung größer als ihr Anteil am Grundkapital. Dadurch entstehen Kosten, die den Nettogewinn der Unternehmung schmälern. Der Grund: Stimmrechtskonzentrationen behindern Kontrollveränderungen und schirmen das Management gegenüber den Eigentümern der Unternehmung ab. Stimmrechtskonzentrationen sind nicht nur in Deutschland in Form von Mehrstimmrechten zu beobachten, sondern existieren auch in anderen Kapitalmärkten wie der USA, Kanada oder der Schweiz (Gliederungspunkt II.A.2.).

Für eine Einschätzung der Bedeutung von Mehrstimmrechten muß zunächst die Funktionsweise von Stimmrechten allgemein diskutiert werden (Gliederungspunkt II.B.).

Unterschiedliche Preise zweier Aktiengattungen, die Anspruch auf dieselbe Dividende, aber ein unterschiedliches Stimmrecht verbriefen, lassen sich innerhalb der neoklassischen Finanzierungstheorie nicht erklären. Im Rahmen dieser Theorie weisen unterschiedliche Preise von Aktien auf verschiedene Auszahlungen in der Zukunft hin. Stimmrechte haben vor diesem Hintergrund keinerlei ökonomischen Wert (Gliederungspunkt II.B.1.)

Daß dem in der Realität nicht so ist, zeigt eine Vielzahl empirischer Untersuchungen aus USA, Israel, der Schweiz, Italien etc. Die Autoren vergleichen Kurse von Aktien, die mit identischen Dividendenansprüchen, aber unterschiedlichen Stimmen ausgestattet sind und berechnen auf diese Weise sogenannte "Stimmrechtsprämien" (Gliederungspunkt II.B.1.1.). Die ermittelten Prämien, also die durchschnittlichen Preisaufschläge bei stimmrechtsbevorrechtigten Aktien schwanken je nach Kapitalmarkt und betrachtetem Sample stark; gleichwohl ergibt sich aus den vorliegenden Studien eindeutig ein positiver ökonomischer Wert von Stimmrechten.

Stimmrechte können zum einen als Hilfsmittel zur Erzielung von Perquisites-Nutzen wertvoll sein (Gliederungspunkt II.B.1.2.1). Andererseits speist sich ihr Wert aber auch aus ihrer Eigenschaft als Eigentumsrechte; d. h. ihr Erwerb kann es einem Marktteilnehmer ermöglichen, die betreffende Firma zu übernehmen und durch bessere Investitions- und Finanzierungsentscheidungen ihren Wert zu steigern (Gliederungspunkt II.B.1.2.2.).

Es gibt auch Fälle, in denen der Wert von Stimmrechten sehr gering sein kann. Dies ist dann so, wenn die mit Stimmrechten ausgestatteten Aktionäre genauso wenig Einfluß auf die Unternehmenspolitik ausüben können wie Anteilseigner, die sich in Besitz von stimmrechtslosen Vorzugsaktien befinden. Dies kann sich dann ändern, wenn sich die Eigentumsverhältnisse im Unternehmen ändern; wenn z. B. ein außenstehender Aufkäufer Stimmrechte von Kleinaktionären erwirbt, um eine Mehrheitsposition aufzubauen (Gliederungspunkt II.B.1.2.2.2.). Allgemein gilt: Die Differenz zwischen dem Kurs stimmrechtsloser und stimmenbehafteter Aktien reflektiert in der Regel den marginalen Wert einer Stimme in dem betreffenden Unternehmen.

Der zweite zentrale Abschnitt in Teil II der Arbeit thematisiert die Bedeutung der Stimmrechtsverteilung im Unternehmen für die Effizienz der Unternehmenskontrolle (Gliederungspunkt II.C.). Laut einer Reihe theoretischer Arbeiten auf diesem Gebiet wird die Wohlfahrt der Aktionäre gewöhnlich nur dann maximiert, wenn an jede Aktie genau eine Stimme geknüpft ist, also das Prinzip "One Share - One Vote" vorherrscht, da bei einer Separation von Dividenden und Stimmen tendenziell derjenige Manager bzw. Großaktionär die Führung des Unternehmens übernimmt, der sich statt der Gewinne aus den erworbenen Wertpapieren den größten privaten Nutzen aus der Übernahme ausrechnet. Wenn jedoch Stimmen und Dividenden proportional verbunden sind, dann werden sich gut wirtschaftende Bieter um das Unternehmen bewerben, die nur Wertpapiernutzen aus der Beteiligung ziehen wollen (Gliederungspunkt II.C.1.).

Es gibt vielfältige Anreize, von der optimalen Kapitalstruktur abzuweichen und mehrere unterschiedlich mit Stimmrechten ausgestattete Aktienklassen einzuführen. Ein wichtiger Anreiz besteht darin, daß ein Großaktionär aus Gründen der Diversifikation seine Kapitalbeteiligung am Unternehmen abbauen kann, ohne den beherrschenden Einfluß zu verlieren. (Gliederungspunkt II.C.2.1). Eine Kontrollposition im Unternehmen läßt sich mittels mehrstimmiger Aktien aber nicht nur erhalten, sondern auch ausbauen (Gliederungspunkt II.C.2.2.). Daß dies beispielsweise in den USA häufig geschehen ist, zeigt eine Reihe empirischer Untersuchungen. Ein weiterer Grund für die mittels Mehrstimmrechten geschaffene Stimmenkonzentration wird häufig vom Management selbst angeführt: Die Begrenzung des Einflusses sogenannter "kurzsichtiger", schlecht informierter Aktionäre (Gliederungspunkt II.C.2.3.1.). Wenn - wie in den USA zu beobachten - Manager Aktienpakete halten und sich mittels Mehrstimmrechtsaktien ihren Einfluß dauerhaft sichern können, entsteht bei ihnen ein starker Anreiz, in unternehmensspezifisches "human capital" zu investieren. Der Wert dieser Investitionen wäre verloren, wenn die Manager ihre Machtposition aufgeben müßten und ihres Amtes enthoben würden. Dies ist ein weiteres Argument für die Etablierung einer Mehrklassenstruktur des Grundkapitals (Gliederungspunkt II.C.2.3.2.).

Bei der Wirkung verschiedener Aktienklassen auf den Firmenwert sind zwei gegenläufige Effekte zu beobachten, die in der Literatur mit "Alignment" und "Entrenchment" bezeichnet werden (Gliederungspunkt II.D.1.). Mit dem Alignment-Effekt ist die Annäherung der Interessen des Großaktionärs (Insider-Aktionär) an die des Streubesitzes (außenstehende Aktionäre) gemeint. Je stärker die Ansprüche auf Stimmen und Dividenden auseinanderfallen, desto rückläufiger ist dieser Effekt gegenüber dem Entrenchment (Verschanzungs)-Effekt, der es der einflußnehmenden Gruppe erlaubt, sich gegenüber den Interessen der übrigen Anteilseigner abzuschotten. Auch zu diesen beiden gegenläufigen Effekten liegt eine Fülle empirischer Untersuchungen vor, deren Ergebnisse allerdings erheblich voneinander abweichen. Anzunehmen wäre, daß eine Mehrklassenstruktur des Grundkapitals den Entrenchment-Effekt hervorruft; einige Autoren kommen jedoch zum gegenteiligen Ergebnis (Gliederungspunkt II.D.1.1.). Von einer stabilen Machtposition gehen nämlich auch positive Wirkungen aus: Zwar ist die externe Kontrolle durch die mangelnde Übernahmegefahr ausgeschaltet. Gleichzeitig ist aber eine intensivere interne Kontrolle als bei einer in Streubesitz befindlichen Gesellschaft möglich, da der Großaktionär das Management aktiver überwachen kann, als dies Kleinaktionären möglich ist (Gliederungspunkt II.D.1.2.).

Eine Reihe von Autoren hat versucht, Spannen von Stimmrechtskonzentrationen zu messen, bei denen entweder der Entrenchment- oder der Alignment-Effekt vorherrscht (Gliederungspunkt II.D.2.). Die Ergebnisse weichen auch hier im Detail voneinander ab; gemeinsam ist einer Reihe von Resultaten aber zumindest eine bestimmte Tendenz: Bei niedrigen (Aktienbesitz unter 5 %) und bei hohen Konzentrationsgraden (Aktienbesitz über 55 %) wirkt sich ein weiterer Zukauf durch diesen Aktionär firmenwerterhöhend aus. Bei einem mittleren Konzentrationsgrad herrscht dagegen der Verschanzungseffekt vor; der Firmenwert sinkt bei weiter zunehmender Konzentration. Der Markt für Unternehmenskontrolle wird also von mehreren Effekten beherrscht, die sich teilweise überlagern und deren Reichweite von den jeweils im speziellen Kapitalmarkt und Unternehmen vorherrschenden besonderen Bedingungen abhängt.

Ohne die Ergebnisse, die auf Untersuchungen vor allem des amerikanischen Kapitalmarkts basieren, undifferenziert auf deutsche Verhältnisse zu übertragen, kann man zumindest einige Aussagen treffen: Einem mittleren Aktienbesitz um 25 % wohnt in Deutschland erhebliches Verschanzungspotential inne, da der betreffende Aktionär in diesem Fall über eine Sperrminorität verfügt. Gleichzeitig hat sich die Wirksamkeit des Alignment-Effekts noch nicht voll entfaltet. Bei Grundkapitalmehrheiten von weit über 50 % eröffnet sich durch weitere Zukäufe kaum zusätzliches Verschanzungspotential. Geichzeitig ist der Alignment-Effekt voll wirksam; der Großaktionär hat durch seinen hohen Grundkapitalanteil starkes Interesse an einer wirksamen internen Kontrolle (Gliederungspunkt II.D.2.4.).

Es kommt auch auf die Person und/oder die Gruppenzugehörigkeit des Großaktionärs an, welche Wirkungen auf den Unternehmenswert von einer dominanten Machtposition ausgehen (Gliederungspunkt II.D.3.). Ob beispielsweise institutionelle Investoren eine wirksame Kontrolle über das Management im Sinne aller Aktionäre durchführen, hängt von ihren Geschäftsbeziehungen zum Management ab. Wenn diese geschäftlichen Beziehungen z. B. eng sind, wird es nicht zu einer intensiven Kontrolle, sondern eher zu einer zunehmenden Verschanzung des Managements kommen. Empirische Studien, bei denen Abstimmungskämpfe in den USA untersucht wurden, stützen diese These (Gliederungspunkt II.D.3.3.). Es gibt aber auch Indizien für eine aktive Kontrolle durch institutionelle Investoren - dies insbesondere bei Abstimmungspunkten, die die Position des amtierenden Managements nicht unmittelbar bedrohen. Hier wird dann eher im Sinne der Corporate Governance agiert.

Auch Gründerfamilien spielen - in den USA, aber insbesondere auch in Deutschland - eine wichtige Rolle in zahlreichen Unternehmen. Auch hier wirken gegenläufige Effekte: Wenn zum Anteilsbesitz der Familien-Aktionäre eine direkte Beteiligung an der Geschäftsführung hinzukommt, dann besteht die Gefahr einer Koalition zwischen Management und Familie; eine gemeinsame und sehr effektive Verschanzung ist die Folge. Sie gelingt deswegen so gut, weil die Gründerfamilien vielfach ganz unabhängig vom Umfang ihres Aktienbesitzes traditionell - aus Gründen ihres Status' - einen großen Einfluß auf das Unternehmen ausüben. Die Verschanzungstendenz von Gründerfamilien in jungen Unternehmen ist geringer als in alten Gesellschaften (Gliederungspunkt II.D.3.4.).

In vielen Unternehmen, die eine mehrklassige Grundkapitalstruktur besitzen, ist diese auch mit Zustimmung der benachteiligten Aktionäre eingeführt worden. Warum sich diese Anteilseigner nicht dagegen gewehrt haben ("Apathie der Aktionäre"), hängt damit zusammen, daß die Unternehmenskontrolle die Eigenschaften eines Öffentlichen Gutes besitzt. (Gliederungspunkt II.E.) Kein Kleinaktionär hat für sich allein einen Anreiz, eine kostenintensive Kontrolle durchzuführen und sich detailliert mit einzelnen Abstimmungspunkten zu beschäftigen; seine Apathie ist rational. Gleichzeitig profitiert er von der Kontrolle; wenn andere kontrollieren, kann er vom Nutzen dieser Kontrolle nicht ausgeschlossen werden. Das "prisoners' dilemma" entsteht (Gliederungspunkt II.E.1.1.). Die Zersplitterung der Eigentümerstruktur in Publikumsgesellschaften erschwert das Zustandekommen kollektiver Lösungen zusätzlich.

Die Anreizprobleme der Kleinaktionäre werden außerdem dadurch verschärft, daß das Management durch bestimmte Maßnahmen das Entstehen einer wirksamen Opposition zu verhindern sucht. In den USA kombinieren Managements z.B. ungünstige Abstimmungsvorschläge mit Dividendenanreizen oder verkürzen die Zeit, die den Aktionären für die Organisation einer effektiven Opposition zur Verfügung steht. Deutschen Aktionären steht auf den Hauptversammlungen z. B. zwar eine Rede- und Auskunftsrecht zu; wichtige Tatbestände für die Beurteilung der Vermögenslage einer Unternehmung (z.B. Höhe der gezahlten Steuern und der stillen Reserven) braucht die Unternehmensleitung jedoch nicht offenzulegen (Gliederungspunkt II.E.1.3.). Die Apathie deutscher Aktionäre ist auch historisch begründet: Während beispielsweise in Großbritannien die Börsen bei der Finanzierung der Industrie eine große Rolle spielten, stellten in

Deutschland z. B. während der sogenannten "Gründerjahre" um 1870 vor allem die aufstrebenden Aktienbanken das notwendige Kapital zur Verfügung (Gliederungspunkt III.E.1.4.).

Um die Rolle der Kleinaktionäre für die Unternehmenskontrolle zu aktivieren, wäre eine veränderte Anreizstruktur nötig. Wenn die Entscheidung darüber, welcher Teil des Unternehmensgewinns ausgeschüttet und welcher Teil reinvestiert würde, dem einzelnen Aktionär überlassen bliebe, erhielte jeder Aktionär Einfluß auf die Verwendung des eingesetzten Kapitals; das Collective Choice-Problem löste sich auf. Der Gewinn müßte also zunächst zur Gänze an die Anteilseigner verteilt werden; diese könnten dann selbst über die Höhe des Rückflusses an das Unternehmen entscheiden (Gliederungspunkt II.E.2.2.).

Die beschriebene Apathie der Aktionäre hat dazu geführt, daß eine Vielzahl von Verschanzungsinstrumenten in den Unternehmen durchgesetzt werden konnte. Eine besonders große Vielfalt ist in den USA zu beobachten; einige der Techniken werden in der vorliegenden Arbeit vorgestellt (Gliederungspunkt II.E.3.): z. B. Shareholder Clienteles, Voting Trusts, Standstill Agreements und Poison-Pills. Bei letzteren handelt es sich um die wirkungsvollsten Maßnahmen gegen Übernahmen, die amerikanischen Unternehmen zur Verfügung stehen. Allen Arten dieser "Giftpillen" ist gemeinsam, daß der feindliche Bieter mit negativen wirtschaftlichen Folgen rechnen muß, wenn er die Gesellschaft übernommen hat. Bei einer Spielart sind die Altaktionäre der Zielgesellschaft im Falle einer feindlichen Übernahme zum Bezug von besonders kostengünstigen Aktien berechtigt (Gliederungspunkt II.E.3.1.5.).

In Deutschland sind neben den Mehrstimmrechtsaktien auch Höchststimmrechte, Überkreuzverflechtungen und das Vollmachtsstimmrecht wirkungsvolle Instrumente, die die Unternehmenskontrolle schwächen. Insgesamt kann man von einem geringen Entwicklungsstand der Corporate Control in Deutschland sprechen (Gliederungspunkt II.E.3.2.).

III. Mehrfachstimmrechte in deutschen börsennotierten Aktiengesellschaften: empirische Erfassung

III.A. Zieldefinition und Methodik

Im zweiten Teil der vorliegenden Arbeit soll es um die empirische Erfassung von Mehrstimmrechtsaktien bei deutschen Unternehmen gehen. Die Themenschwerpunkte sind die historische Entstehung dieser Mehrstimmrechte in Deutschland, die Gründe ihrer Beibehaltung bis in die Gegenwart, die Entwicklung ihres Umfangs und ihrer Bedeutung, ihre Auswirkung auf die Mehrheitsverhältnisse in den Unternehmen und ihr Einfluß auf die Möglichkeit der Verschanzung des Managements oder bestimmter Aktionärsgruppen. Des weiteren sollen im folgenden eine Reihe von Ergebnissen der im ersten Teil der Arbeit vorgestellten Untersuchungen auf die Gegebenheiten in der Untersuchungseinheit übertragen werden.

Der empirische Teil der vorliegenden Arbeit stellt eine Vollerhebung aller deutschen börsennotierten Unternehmungen dar, bei denen im Jahr 1990 Mehrstimmrechtsaktien existierten. Die Identifizierung der relevanten Unternehmen erfolgte anhand verschiedener Jahrgänge der Nachschlagewerke "Saling Aktienführer" sowie "Handbuch der deutschen Aktiengesellschaften".

An die Unternehmen der auf diese Weise bestimmten Untersuchungseinheit wurde ein Fragebogen mit einem allgemeinen - für alle identischen[304] - und einem speziellen, auf die betreffende Firma zugeschnittenen Teil versandt. Ersterer Fragenkatalog bestand aus 17 Fragen, in denen die Unternehmen über die historische Entstehung ihrer Mehrstimmrechtsaktien, über gegenwärtige und frühere Mehrstimmrechtsaktionäre sowie über die Häufigkeit der Ausgabe von Mehrstimmrechtsaktien befragt wurden. Des weiteren sollten die Ansprechpartner Gründe für die Ausgabe mehrstimmiger Aktien sowie für ihre Aufrechterhaltung kurz diskutieren und eine Aussage über den Wert von Stimmrechten im allgemeinen und dem Mehrstimmrecht in ihrem Unternehmen im besonderen treffen. Eine für die Wertermittlung der Stimmrechte zentrale Frage an die Unternehmen lautete, inwieweit die Existenz der Mehrstimmrechtsaktien unternehmerische Entscheidungen beeinflußt habe bzw. beeinflusse. Den Abschluß des Fragebogens bildeten Fragen nach eventuellen Plänen, die Mehrstimmrechte aufzugeben sowie nach der Höhe des Bezugspreises der Mehrstimmrechtsaktien. Der spezielle Fragenteil widmete sich der besonderen

---

[304] Vgl. Anhang 1 dieser Arbeit.

geschäftlichen Situation des Unternehmens sowie der Branche und sollte die Bewertung der Antworten zum Mehrstimmrecht vor dem Hintergrund der speziellen Unternehmenssituation erleichtern.

Vor Versendung des Fragenkatalogs wurde ein telefonisches Gespräch mit jedem Unternehmen geführt. Ziel dieses Gesprächs war eine erste Kontaktaufnahme mit dem für das Thema kompetenten Gesprächspartner im betreffenden Unternehmen. Mit dieser Kontaktaufnahme war stets der Hinweis verbunden, die Beantwortung der Fragen müsse nicht schriftlich, sondern könne auch im persönlichen Gespräch vor Ort erfolgen, um den Zeitaufwand für die Unternehmen möglichst gering zu halten. Im Anschluß an dieses Gespräch wurde ein Schreiben mit der Darstellung des Untersuchungsgegenstands und der gewählten Vorgehensweise, der Fragenkatalog sowie ein mehrere Seiten umfassendes Unternehmensportrait an den Gesprächspartner versandt. Das Schreiben wurde individuell und entsprechend dem Verlauf der ersten mündlichen Kontaktaufnahme verfaßt. Die den Schreiben beigefügten Portraits wurden anhand der Unternehmensberichterstattung in der Wirtschaftspresse gefertigt. Basis dieser Ausarbeitungen war das Unternehmensarchiv der Frankfurter Allgemeinen Zeitung im Zeitraum von 1950 bis 1993. Die Unternehmensportraits dienten insbesondere dem Nachweis eines fundierten Grundwissens über das Unternehmen und dem Aufbau einer gemeinsamen Gesprächsbasis; sie sind nicht Bestandteil der vorliegenden Arbeit.

Nach etwa einer Woche nach Absendung des Fragenkatalogs an die Unternehmen erfolgte ein zweiter Anruf beim jeweiligen Ansprechpartner, um die Entscheidung bezüglich einer Beteiligung des Unternehmens zu erfragen sowie das weitere Vorgehen abzusprechen. In der Folgezeit wurde eine Reihe weiterer "Nachfaß-Telefonate" geführt, um eine möglichst hohe Beteiligung der in der Untersuchungseinheit vertretenen Firmen sicherzustellen.

Die Unternehmen, die sich an der Umfrage beteiligten, antworteten entweder schriftlich, telefonisch oder in einem persönlichen Gespräch. Die überwiegende Mehrheit wählte als Kommunikationsmodus das persönliche Gespräch im Unternehmen. Bei einer Reihe der in der Untersuchungseinheit enthaltenen kleineren Unternehmen stellten sich Vorstände zum Gespräch zur Verfügung; bei den größeren Unternehmungen kam es häufig zu Interviews mit den Abteilungsleitern des Bereichs "Finanzen" bzw. mit den Justitiaren der Unternehmen.

Von den im persönlichen Gespräch geführten Interviews wurden - mit einer Ausnahme[305] - Tonbandaufzeichnungen gemacht und schriftliche Protokolle angefertigt. In einigen Fällen kamen Telefoninterviews zustande, die anhand von Aufzeichnungen schriftlich dokumentiert wurden.

Auch die Unternehmen, die sich nicht äußern wollten, wurden soweit wie möglich berücksichtigt. In diesen Fällen dienten im wesentlichen Geschäftsberichte alten und neuen Datums, Satzungen sowie Selbstdarstellungsbroschüren als Informationsquellen.[306] Derartiges Informationsmaterial wurde auch von allen an der Umfrage teilnehmenden Unternehmen zur Verfügung gestellt.

III.B. Bedeutung der Mehrstimmrechtsaktien in Deutschland

III.B.1. Die deutschen Unternehmen mit Mehrstimmrechtsaktien

III.B.1.1. Beschreibung der Untersuchungseinheit

In die Untersuchungseinheit wurden alle börsennotierten deutschen Aktiengesellschaften aufgenommen, bei denen heute noch Mehrstimmrechtsaktien existieren. Mit eingeschlossen wurden auch Aktiengesellschaften, bei denen die Mehrstimmrechtsaktien zumindest bis 1990 existierten. Dies betrifft einen Fall einer Unternehmensliquidation nach 1990 sowie mehrere Fälle, in denen die Mehrstimmrechte im Zeitraum zwischen 1990 und 1996 abgeschafft wurden. Die Berücksichtigung der letztgenannten Gruppe erscheint bedeutsam, um Gründe und Umstände der Abschaffung von Mehrstimmrechtsaktien in der jüngeren Vergangenheit mit aufnehmen zu können, - auch um zu prüfen, ob eventuelle Entschädigungszahlungen zur Klärung der Frage des Werts von Mehrstimmrechtsaktien beitragen können. Das Jahr 1990 als Grenze des einbezogenen Zeitraums wurde willkürlich gewählt.

---

[305] Im Falle der W. Jacobsen AG, deren Interviewpartner, Peter Lotzow, dies nicht wünschte.

[306] Ein Großteil dieser Unterlagen wurde vom Firmenarchiv sowie dem sogenannten "Altarchiv" der Volkswirtschaftlichen Abteilung der Dresdner Bank zur Verfügung gestellt.

III.B.1.1.1. Gesamtheit der Unternehmen

Nach den genannten Kriterien sind folgende 35 Unternehmen zur Untersuchungseinheit zu rechnen:

Tab. 2: Unternehmen der Untersuchungseinheit unter Angabe der Branchenzugehörigkeit

Unternehmen:	*Branche*
BM Bäckermühlen AG	Mühlenwerk
Berliner Kraft- und Licht (BEWAG)-AG	Energieversorgung
Breitenburger Portland-Cement-Fabrik AG	Immobilien- bzw. Vermögensverwaltung
Calwer Decken- und Tuchfabriken AG	Textilunternehmen
Custodia Holding AG	Brauerei bzw. Brauholding
Daimler Benz AG	elektrotechnischer Konzern
Energieversorgung Ostbayern (OBAG)	Energieversorgung
Fränkisches Überlandwerk AG (FÜW AG)	Energieversorgung
Frankona Rückversicherungs-Aktien-Ges.	Versicherung
Th. Goldschmidt AG	Chemieunternehmen
Gruschwitz Textilwerke Aktiengesellschaft	Textilunternehmen
Hamburger Hochbahn Aktiengesellschaft	Städt. Verkehrsbetrieb
Hamburgische Electricitäts-Werke AG (HEW AG)	Energieversorgung
Hindrichs-Auffermann AG	NE-Metallverarbeitung
Konrad Hornschuch Aktiengesellschaft	Chemieunternehmen
W. Jacobsen AG	Immobilien- bzw. Vermögensverwaltung
Kühltransit AG	Kühlhausunternehmen
Lech-Elektrizitätswerke Aktien-Gesellschaft (LEW AG)	Energieversorgung
Markt- und Kühlhallen Aktiengesellschaft	Kühlhausunternehmen
Mittelschwäbische Überlandzentrale AG (MÜAG)	Energieversorgung
Porzellanfabrik Waldsassen Bareuther & Co. Aktiengesellschaft	Feinkeramische Industrie

Reichelbräu Aktien-Gesellschaft[307]	Brauerei bzw. Brauholding
Rieter Ingolstadt Spinnereimaschinenbau AG	Maschinenbau
RWE Aktiengesellschaft	Energieversorgung
Carl Schlenk AG	NE-Metallverarbeitung
Schloßgartenbau-Aktiengesellschaft	Immobilien- bzw. Vermögensverwaltung
Schwabenverlag AG	Verlag
Siemens AG	elektrotechnischer Konzern
Otto Stumpf AG	Pharmagroßhandel
Tucher Bräu Aktiengesellschaft	Brauerei bzw. Brauholding
Überlandwerk Unterfranken AG (ÜWU AG)	Energieversorgung
Vereinigte Elektrizitätswerke Westfalen AG (VEW AG)	Energieversorgung
VSM Vereinigte Schmirgel- und Maschinen-Fabriken Aktiengesellschaft	Feinkeramische Industrie
Joseph Vögele AG	Maschinenbau
Württembergische AG Versicherungs-Beteiligungsgesellschaft[308]	Versicherung

III.B.1.1.2. Abschaffung von Mehrstimmrechten seit 1990

Folgende Unternehmen haben seit 1990 ihre Mehrstimmrechtsaktien aufgegeben und sind in der Untersuchung berücksichtigt: Hindrichs Auffermann AG (1990), BM Bäckermühlen Aktiengesellschaft (1991), Württembergische AG Versicherungs-Beteilungsgesellschaft (1991), Daimler Benz

---

[307]Nachdem die Kulmbacher Reichelbräu AG zum 1. Mai 1996 das operative Geschäft aus der Konkursmasse der Ersten Kulmbacher Actienbrauerei AG (EKU) übernommen hat, befinden sich alle Brauereistätten in Kulmbach unter einem Dach. Seit der Hauptversammlung am 16. April 1996 firmiert das Unternehmen als "Kulmbacher Brauerei AG". Vgl. o. V., gutem Wege, S. 15. Im Folgenden wird das Unternehmen jedoch aus Gründen des Redaktionsschlusses weiterhin unter der Firma "Kulmbacher Reichelbräu" geführt.

[308]Vor der Neuordnung der Württembergischen Versicherungsgruppe verfügte nicht nur die Württembergische Feuerversicherung AG über die inzwischen abgeschafften Mehrstimmrechtsaktien, sondern auch ihre Schwestergesellschaft, die Allgemeine Rentenanstalt Lebens- und Rentenversicherungs-AG (ARA). Die beiden Unternehmen waren bezüglich des Grundkapitals miteinander verflochten; der Stimmenvorzug der Mehrstimmrechtsaktien der ARA betrug wie im Falle der WürttFeuer 125 Stimmen bei der Besetzung des Aufsichtsrates. Vgl. dazu Allgemeine Rentenanstalt Lebens- und Rentenversicherungs-AG Stuttgart, Geschäftsbericht, 1989, S. 39. Aus Vereinfachungsgründen soll deshalb auf die Aufnahme der ARA in die betrachtete Untersuchungseinheit verzichtet werden.

AG (1993), Frankona Rückversicherungs-Aktien-Gesellschaft (1993), Konrad Hornschuch AG (1996) sowie Jos. Vögele AG (1996).[309]

Der Untersuchungseinheit gehört ein Unternehmen an, das heute nicht mehr existiert: Die Porzellanfabrik Waldsassen Bareuther & Co meldete 1993 Konkurs an und wurde 1994 liquidiert.

III.B.1.1.3. In der Untersuchungseinheit vertretene Branchen

Unter den untersuchten Unternehmen befinden sich 9 Energieversorger, 3 Chemie- bzw. Pharmafirmen, 3 Brauereien, 3 Grundstücks- und Vermögensverwaltungsgesellschaften, 2 Maschinenbau- bzw. Maschinenbauzulieferfirmen, 2 Kühlhausunternehmen, 2 Elektrotechnikkonzerne, 2 Textilunternehmen, 2 Versicherungen, 2 NE-metallverarbeitende Unternehmen, 2 feinkeramische Unternehmen, 1 Mühlenwerk, 1 städtischer Verkehrsbetrieb sowie 1 Verlag. Auffallend ist die Häufung von Mehrstimmrechtsaktien bei den Versorgern; aber auch im Chemie- und Pharmabereich, bei den Vermögensverwaltungen und den Brauereien finden sich eine Reihe von Unternehmen mit Mehrstimmrechtsaktien.

Nicht an der Umfrage beteiligt haben sich Berliner Kraft- und Licht (BEWAG)-Aktiengesellschaft, Markt- und Kühlhallen Aktiengesellschaft, Hamburger Hochbahn Aktiengesellschaft, Konrad Hornschuch Aktiengesellschaft, Lech-Elektrizitätswerke Aktien-Gesellschaft, Reichelbräu Aktien-Gesellschaft, Siemens AG, Otto Stumpf AG, VSM Vereinigte Schmirgel- und Maschinen-Fabriken Aktiengesellschaft sowie Joseph Vögele AG.[310]

Persönliche Gespräche "vor Ort" wurden mit folgenden Unternehmen geführt: Calwer Decken- und Tuchfabriken AG, Energieversorgung Ostbayern AG, Fränkisches Überlandwerk Aktiengesellschaft, Frankona Rückversicherungs-Aktien-Gesellschaft, Goldschmidt AG, Gruschwitz Textilwerke AG, Hamburgische Electricitäts-Werke AG, Hindrichs-Auffermann Aktiengesellschaft, W. Jacobsen AG, Kühltransit AG, Mittelschwäbische Überlandzentrale AG, Porzellanfabrik Waldsassen Bareuther

[309] Die Ziffern in Klammern beziehen sich auf das Jahr der Abschaffung der Mehrstimmrechte.

[310] Die Joseph Vögele AG antwortete auf einige der speziell unternehmensbezogenen Fragen, dagegen nicht auf die allen Unternehmen der Untersuchungseinheit zugegangenen Fragen. Vgl. dazu Anhang 1.

& Co., RWE Aktiengesellschaft,[311] Carl Schlenk AG, Schloßgartenbau-Aktiengesellschaft, Schwabenverlag AG, Überlandwerk Unterfranken AG, Vereinigte Elektrizitätswerke Westfalen Aktiengesellschaft und Württembergische AG Versicherungs-Beteiligungsgesellschaft. Telefoninterviews kamen mit BM Bäckermühlen AG, Breitenburger Portland-Cement-Fabrik Aktiengesellschaft und Tucher Bräu Aktiengesellschaft zustande. Schriftliche Antworten - wenn auch meist unvollständig - sandten Custodia Holding AG, Daimler Benz AG sowie Rieter Ingolstadt Spinnereimaschinenbau Aktiengesellschaft. Damit haben sich 25 von insgesamt 35 und somit 71 % der Unternehmen aus der Untersuchungseinheit an der Umfrage beteiligt.

III.B.2. Aktienrechtliche Grundlagen

Die gesetzlichen Grundlagen für die Existenz von Mehrstimmrechtsaktien in Deutschland haben sich seit Anfang des 20. Jahrhunderts grundlegend verändert. Eine Wertung der Bedeutung von Mehrstimmrechtsaktien von ihrer Entstehung an bis heute kann nicht unabhängig von den aktienrechtlichen Gegebenheiten vorgenommen werden. Sie werden deshalb im folgenden kurz dargestellt. Wie sich später zeigen wird, hängen Umfang und Bedeutung der Mehrstimmrechtsaktien in Deutschland von den jeweils existierenden gesetzlichen Rahmenbedingungen ab.

III.B.2.1. Gesetzliche Grundlagen vor 1937

Nach den bis 1937 geltenden aktienrechtlichen Vorschriften des HGB konnten Mehrstimmrechtsaktien ohne besondere behördliche Genehmigung geschaffen werden. § 252 Abs. 1 Satz 4 HGB gestattete, den Aktien einer Gattung ein höheres Stimmrecht beizulegen als den Aktien einer anderen Gattung. Erforderlich war lediglich, daß es sich unabhängig vom Stimmrecht um Aktien verschiedener Gattungen handelte, die Mehrstimmrechtsaktien sich also in ihrer rechtlichen Ausstattung auch in einem anderen Punkt als dem Stimmrecht von den übrigen Aktien unterschieden.[312] Die Besonderheit der Mehrstimmrechtsaktien konnte beispielsweise in einer in der Satzung vorgesehenen Möglichkeit der Zwangseinziehung oder in der speziellen Dividendenausstattung liegen. Darüber hinaus ent-

---

[311] Im Falle der RWE AG wurden die Interviews mit Vertretern des Hauptaktionärs des Unternehmens geführt - des Verbands der kommunalen Aktionäre des RWE GmbH (VkA).

[312] Vgl. Staub, Hermann, Handelsgesetzbuch II, 1926, § 252 Anm. 10 und 11, S. 450 f.; ebenfalls Brodmann, Erich, Aktienrecht, 1928, § 252 HGB, Anm. 2 b.

hielt das Gesetz vor 1937 keinerlei Beschränkungen für die Schaffung von Mehrstimmrechtsaktien. Aus dem Gesetz ergab sich auch keine Einschränkung bezüglich der möglichen Höhe des Stimmenvorzugs.

In der Zeit bis 1937 wurde von dem Instrument der Mehrstimmrechtsaktie ausgiebig Gebrauch gemacht - dies meist mit der Begründung, die Gesellschaft müsse vor einer äußeren oder inneren "Überfremdung" geschützt werden, auch wenn es tatsächlich häufig nur darum ging, die gegebenen Machtverhältnisse im Unternehmen im Interesse einer bestimmten Aktionärsgruppe oder des Managements zu verfestigen.[313] Die Rechtsprechung bemühte sich zwar, allzu starken Auswüchsen durch ein Verbot sittenwidriger Geschäfte zu begegnen.[314] Die grundsätzliche Zulässigkeit der Mehrfachstimmrechte wurde jedoch dadurch nicht berührt.

Bei einer Reihe von Aktiengesellschaften entstanden die Mehrfachstimmrechtsaktien jedoch erst anläßlich der Währungsreform in den zwanziger Jahren, nämlich im Zuge der Verordnung über die Goldbilanzen vom 28. Dezember 1923 und der ihr folgenden Ausführungsbestimmungen, insbesondere der 2. Durchführungsverordnung zur Goldbilanzverordnung.[315] Aktien, bei denen die Zwangseinziehung durch eine Satzungsbestimmung möglich war, mußten nach dieser Vorschrift auf den in Goldmark umgerechneten Wert der auf sie geleisteten Einlagen umgestellt werden. Dieser Goldmarkwert wurde anhand des Dollarkurses zur Zeit der Einlage bestimmt. Eine Minderung des Stimmrechts entsprechend des neuen Verhältnisses der Nennbeträge von Stamm- und Mehrstimmrechtsaktien war dagegen nicht erforderlich. Nach Aussage eines Rechtsgutachtens zu den Mehrstimmrechtsaktien bei der RWE AG wurde im Schrifttum zur Goldbilanz-Verordnung allgemein gebilligt, daß die durch die Sonderregelung des § 28 Abs. 1 der 2. DVO zur Goldbilanzverordnung in ihrem Nennbetrag und damit in der finanziellen Ausstattung stärker beeinträchtigten Aktien im Stimmrecht den anderen Aktien gleichgestellt blieben und

[313]Vgl. Aron, Arno, Kapitalveränderungen, 1927, S. 98.

[314]S. zu sittenwidrigen Geschäften Reifferscheid, Adolf (Begr.), Sammlung, 1992, Bürgerliches Gesetzbuch vom 18. August 1896, RGBl., 1896, § 138 Abs. 1, S. 195; vgl. ebenfalls Nachweise aus der Rechtsprechung des Reichsgerichts bei Staub, Hermann, Handelsgesetzbuch I, 1926, § 85 Anm. 11 b; auch Zöllner, Wolfgang, Kölner, 1985 I, § 12 Rdn. 8, S. 122 f.

[315]Vgl. Aron, Arno, Kapitalveränderungen, 1927, S. 30.

auf diese Weise, gemessen am Nennbetrag, ein mehrfaches Stimmrecht erhielten.[316]

III.B.2.2. Gesetzliche Grundlagen von 1937 bis 1965

Anders als die bis dahin gültige Rechtslage bestimmte § 12 Abs. 2 AktG 1937, daß Mehrfachstimmrechte unzulässig sind. Der Reichswirtschaftsminister hatte allerdings nach Satz 2 die Möglichkeit, im Einvernehmen mit dem Reichsjustizminister Ausnahmen zuzulassen, "wenn das Wohl der Gesellschaft oder gesamtwirtschaftliche Belange es fordern."[317] Es sollte die Möglichkeit eröffnet werden, die öffentliche Hand bei gemischtwirtschaftlichen Unternehmen im Stimmrecht zu bevorzugen.[318] Die vor 1937 entstandenen Mehrfachstimmrechte blieben bestehen; sie sollten aber nach § 9 EGAktG 1937 ihren Stimmrechtsvorzug zu einem von der Reichsregierung zu bestimmenden Zeitpunkt verlieren. Dazu ist es jedoch nicht gekommen, so daß die vor 1937 geschaffenen Mehrstimmrechtsaktien bestehen blieben.[319]

Nach den Bestimmungen der 1. DVO zum AktG 1937 mußten sogenannte "Kleinaktien" in Aktien umgetauscht werden, die auf volle 100 RM lauteten.[320] Soweit Mehrstimmrechtsaktien umgetauscht wurden, entfiel die nach § 12 Abs. 2 AktG 1937 eigentlich notwendige Genehmigung durch den Reichswirtschaftsminister, wenn das Verhältnis von Stimmenzahl und Nennbetrag unverändert blieb.[321] Zu diesem Zeitpunkt wurde häufig das mehrfache Stimmrecht, das durch die frühere Kapitalumstellung implizit entstanden war, nun ausdrücklich in die entsprechende Unternehmenssatzung aufgenommen.

---

[316]Vgl. Hoffmann-Becking, Michael / Schmidt, Thomas L, Rechtsgutachten, 1992, 17 f., Hartmann, Walter, Gold, 1924, S. 107 u. 115; Koeppel, Wilhelm, Behandlung, 1924, S. 171 f. und 185 f.; Rosendorff, Richard, Goldmarkbilanz, 1924, S. 228.

[317]Zur Entwicklung von Gesetzgebung, Rechtsprechung und Praxis vgl. Mayer-Landrut, Joachim, Großkommentar AktG, 1973, § 12, Anm. 3, S. 121 f.

[318]Vgl. Schlegelberger, Franz, u.a., Aktiengesetz, 1939, § 12 Rdnr. 5, S. 43 f.

[319]Vgl. Hoffmann-Becking, Michael / Schmidt, Thomas L., Rechtsgutachten, 1992, S. 18.

[320]S. 1. Durchführungsverordnung zum Aktiengesetz vom 29. September 1937, in: RGBl., Jg. 1937, Teil I.

[321]S. 1. Durchführungsverordnung zum Aktiengesetz vom 29. September 1937, in: RGBl., Jg. 1937, Teil I, § 2 Abs. 2 Satz 2.

III.B.2.3. Rechtsgrundlage der Mehrstimmrechte seit Gültigkeit des AktG 1965

Nach der heutigen Fassung des § 12 Abs. 2 Satz 1 AktG 1965 sind Mehrstimmrechte zwar im Grundsatz unzulässig. Nach Satz 2 kann der Wirtschaftsminister des Landes, in dem die Gesellschaft ihren Sitz hat, allerdings eine Ausnahmegenehmigung erteilen, "soweit es zur Wahrung überwiegender gesamtwirtschaftlicher Belange erforderlich ist."[322]

Entsprechend dem AktG 1937 wurde also auch in der Neufassung 1965 der Weg beschritten, Mehrstimmrechtsaktien grundsätzlich für unzulässig zu erklären, Ausnahmegenehmigungen jedoch ausdrücklich zuzulassen. Allerdings sind im § 12 Abs. 2 AktG 1965 gegenüber der Formulierung im entsprechenden Passus des AktG 1937 zwei wesentliche Einschränkungen enthalten: Das Wohl der Gesellschaft ist als Begründung für Mehrstimmrechtsaktien irrelevant geworden; auch gesamtwirtschaftliche Belange allein reichen für die Zulässigkeit einer ministeriellen Ausnahmegenehmigung nicht aus; "überwiegende" gesamtwirtschaftliche Belange müssen gegeben sein.

Diese Formulierung wurde in erster Linie deshalb gewählt, um dem Bedürfnis des Staates nach Einflußerhaltung in Versorgungsunternehmen zu genügen.[323] Auch die Genehmigungspraxis seit Inkrafttreten des AktG 1965 betrifft in der Mehrzahl Energiewirtschaftsunternehmen, an denen die öffentliche Hand beteiligt ist.[324]

Nicht erforderlich wird eine ministerielle Ausnahmegenehmigung nach § 12 Abs. 2 Satz 2 AktG dann, wenn neue Mehrstimmrechtsaktien im Zuge einer Kapitalerhöhung aus Gesellschaftsmitteln entstehen. § 216 Abs. 1 Satz 2 AktG bestimmt, daß im Zuge einer Kapitalberichtigung das Verhältnis der mit den Aktien verbundenen Rechte zueinander nicht berührt wird. Nach Wiedemann ist diese Vorschrift als Muß-Bestimmung zu interpretieren: "Falls bei einer Gesellschaft noch Mehrstimmrechtsaktien vorhanden sind ..., erhalten die neuen Aktien ebenfalls das gleiche Mehr-

---

[322] S. § 12 Abs. 2 Satz 2, AktG 1965.

[323] Vgl. Schwark, Eberhard, Rechtsfragen, o. J., S. 11 u. 54; auch Würdinger, Hans, Aktienrecht, 1981, S. 71.

[324] Vgl. Brändel, Oliver C., Großkommentar, 1992, § 12 AktG, Rdnr. 31, S. 273.

stimmrecht. Das bisherige Stimmenverhältnis im Verhältnis der Gattungen zueinander wird dadurch nicht verschoben ..."[325]

Die Rechtsnatur der vor 1965 entstandenen Mehrstimmrechtsaktien wird in § 5 Abs. 1 EGAktG 1965 geregelt: Mehrstimmrechte, die vor dem Inkrafttreten des AktG 1965 geschaffen worden sind, bleiben erhalten.[326] Das EGAktG sieht zudem bei einer Beseitigung dieser "alten" Mehrstimmrechtsaktien einen Entschädigungsanspruch der betroffenen Aktionäre vor, wenn diese neben der Einlage auf das Grundkapital besondere Leistungen für die Gesellschaft erbracht haben oder erbringen.

Eigentlich sah der Regierungsentwurf zum AktG 1965 vor, Mehrstimmrechtsaktien generell für unzulässig zu erklären und bestehende Mehrstimmrechte mit Ablauf von drei Jahren nach Inkrafttreten des neuen Rechts erlöschen zu lassen.[327] Zur Begründung wurde neben grundsätzlichen Erwägungen auf andere aktienrechtliche Möglichkeiten, sich vor drohender Überfremdung von innen und außen zu schützen, hingewiesen. Es gebe keinen Anlaß, so hieß es, die an privaten Unternehmen beteiligte öffentliche Hand zu bevorzugen. Jung zitiert eine Stellungnahme der Deutschen Schutzvereinigung für Wertpapierbesitz e.V. vom Februar 1959 zum Referentenentwurf der Aktienrechtsreform: "Mag es auch Fälle gegeben haben und noch geben, in denen die Berücksichtigung bestimmter Interessen besonders geboten erscheint, so bedarf es dazu nicht der Aktie mit Mehrstimmrecht. Soweit z.B. die öffentliche Hand in ihrer Eigenschaft als Großabnehmer an der Entwicklung von Versorgungsunternehmen besonders interessiert ist, werden diese Interessen in ausreichendem Maße im Aufsichtsrat der Unternehmen vertreten sein. Im übrigen deckt sich das Interesse der öffentlichen Hand insoweit mit dem der privaten Aktionäre, als auch die an einer gesunden Entwicklung der Unternehmen in gleicher Weise lebhaft interessiert sind."[328] Die Schutzvereinigung argumentierte weiter, die Gefahr vor ausländischer Überfremdung trete in den Hintergrund, da durch die Verflechtung der internationalen Kapitalmärkte eine engere gegenseitige wirtschaftliche Interessennahme erwünscht sei. Ein

---

325 Wiedemann, Herbert, Großkommentar III, 1973, § 216, Anm. 2 a, S. 191.

326 Vgl. Hoffmann-Becking, Michael / Schmidt, Thomas L, Rechtsgutachten, 1992, S. 20 f.

327 Vgl. Kropff, Bruno (Hrsg.), Regierungsentwurfs, 1965, § 12 AktG, S. 25 f. (Ausschußbericht), sowie § 5 EGAktG, S. 518 (Ausschußbericht).

328 Jung, Erich, Beitrag, o. J., S. 3.

Interesse der Aktiengesellschaft als solcher an einem Schutz vor Überfremdung könne nicht anerkannt werden.[329]

Diese Sichtweise konnte sich allerdings im Gesetzgebungsverfahren nicht durchsetzen. Rechts- und Wirtschaftsausschuß des Deutschen Bundestages hoben hervor, daß es sehr wohl Fälle gebe, in denen ein öffentliches Interesse an der Beibehaltung der in einem Unternehmen bestehenden Einflußverhältnisse existiere. Ausdrücklich wurde in diesem Zusammenhang das Interesse der öffentlichen Hand an einer Sicherung ihres Einflusses in Versorgungsunternehmen genannt. Die dann verabschiedete Fassung "erlaubt es nach Ansicht der Ausschüsse nicht nur, das Interesse der öffentlichen Hand an einer Sicherung ihres Einflusses in Versorgungsunternehmen zu berücksichtigen, sondern auch sonst das Mehrstimmrecht zur Abwehr einer drohenden Überfremdung einzusetzen, soweit überwiegende Belange der Gesamtwirtschaft es erfordern."[330]

Diese Haltung haben Autoren wie beispielsweise Jung unterstützt, der sich seit den zwanziger Jahren mit der Problematik der Mehrstimmrechtsaktien auseinandersetzte und dessen Argumentation im wesentlichen von der damaligen politischen und ökonomischen Situation geprägt blieb. Auch in den 60er Jahren formulierte er noch: "Die Aktien mit vielfachem Stimmrecht sind heute noch wichtiger denn je."[331] Die Überfremdungsgefahr von innen - also die Gefahr, daß kleine Unternehmen von großen aufgekauft werden könnten, sei möglicherweise noch größer als zu Zeiten von Stinnes und Krupp geworden: "Dieser Versuch, den Kleinbesitz zu beherrschen oder stillzulegen, geht schon zurück auf die Inhaber der römischen Latifundien, den Fuggern und den Welsern bis jetzt zu den großen Konzernen, deren Namen nicht genannt zu werden brauchen."[332]

---

[329] Vgl. Jung, Erich, Beitrag, o. J, S. 3. Jung referiert hier die Auffassung der Deutschen Schutzvereinigung für Wertpapierbesitz e. V., die sich nicht mit seiner eigenen deckt. Die Deutsche Schutzvereinigung für Wertpapierbesitz e. V. lehnt somit bereits Anfang der 60er Jahre eine Überfremdungsgefahr als Argument für Mehrstimmrechte mit dem Hinweis auf die internationale Verflechtung der Kapitalmärkte ab. Die Siemens AG begründet noch heute die Existenz ihrer Mehrstimmrechtsaktien auf diese Weise. Vgl. dazu auch Gliederungspunkt III.D.2.1.2.4.

[330] Kropff, Bruno (Hrsg.), Regierungsentwurfs, 1965, § 12 AktG, Ausschußbericht, S. 26; vgl. auch Kermel, Cornelia, Steuerungsmöglichkeiten, 1994, S. 54.

[331] Jung, Erich, Beitrag, o. J, S. 4.

[332] Jung, Erich, Beitrag, o. J, S. 4.

III.C. Geschichte der Mehrstimmrechtsaktien in Deutschland

Im folgenden soll es um die historische Entstehung der Mehrstimmrechtsaktien, um ihre Bedeutung in den zwanziger und dreißiger Jahren dieses Jahrhunderts, sowie um ihre weitere Entwicklung in den 50er Jahren - nach der Währungsreform - bis in die Gegenwart gehen. Im Vordergrund steht dabei zunächst die Frage, warum Mehrstimmrechte in den Jahren nach dem 1. Weltkrieg in so großer Zahl geschaffen worden sind.

Auch auf Teil der Arbeit soll Bezug genommen werden. Dort findet sich eine Hypothese zu der Entstehung mehrstimmiger Aktien: Lease, McConnell und Mikkelson argumentieren, der Anreiz, verschiedene Aktienklassen zu schaffen, bestehe darin, neue Investitionsprojekte finanzieren zu können, ohne die Eigentumsverhältnisse verändern zu müssen.[333] Auf den Spezialfall der Mehrstimmrechtsaktien bezogen, heißt dies: Ein Großaktionär hat durch Mehrstimmrechtsaktien die Möglichkeit, seinen Einfluß im Unternehmen aufrecht zu halten, ohne sich an jeder Kapitalerhöhung des Unternehmens beteiligen zu müssen. Ob sich ein Zusammenhang zwischen diesem Erklärungsansatz und den Entstehungsursachen der Mehrstimmrechtsaktien in Deutschland herstellen läßt, soll ebenfalls in den folgenden Kapiteln überprüft werden.

III.C.1. Ursachen: Überfremdungsgefahr durch Hyperinflation

Die Ursachen für die Schaffung eines großen Teils der Mehrstimmrechtsaktien in Deutschland - derjenigen, die heute noch bestehen, aber auch derjenigen, die in den vergangenen Jahrzehnten bereits beseitigt worden sind -, gehen auf den Ersten Weltkrieg und seine wirtschaftlichen sowie politischen Folgen zurück. Die deutschen Unternehmer standen 1918 vor dem Problem, ihre Unternehmen den strukturellen Wirtschaftsänderungen anpassen zu müssen. Sie waren gezwungen, zu investieren, um mit ihren Produkten auf dem Weltmarkt konkurrenzfähig zu bleiben. Da ausreichende Mittel für derartige Investitionen nicht vorhanden waren, entstand großer Bedarf an Kapital, vor allem aus dem Ausland.[334] Gleichzeitig wuchs bei den deutschen Unternehmern die Angst vor einem "Eindringen fremden ausländischen Kapitals in deutsche Unternehmungen in dem Umfang, daß das ausländische Kapital dabei zum beherrschenden Faktor wird."[335]

---

[333]Vgl. Lease, Ronald C. / McConnel John J. / Mikkelson, Wayne H., Value, 1984, S. 447 f., auch Gliederungspunkt II.C.2.1.

[334]Vgl. Menke, Joachim, Kapitalbasis, 1988, S. 25 f.

[335]Kurz, Simon, Abwehr, 1921, S. 1;

Man befürchtete zum einen rein wirtschaftspolitische Gründe mit der Beherrschungsabsicht als Hauptzweck; d.h. die wirtschaftliche Ausbeutung Deutschlands durch die Siegermächte nach gewonnenem Krieg. Die Sorge der deutschen Unternehmen galt hier vor allem der Ausnutzung deutscher Patente, Verfahren und Marktstellungen in der deutschen Chemie-, Stahl-, Textil- sowie Schiffahrtsindustrie. Gleichzeitig suchten sich die deutschen Firmen aber auch gegen rein aus Anlagegründen entstehende ausländische Kapitalmehrheiten zu schützen. Beflügelt wurde das Interesse des Auslands an deutschen Aktiengesellschaften durch die Inflation. Die nach dem Friedensschluß beginnende Entwertung der Mark übte einen großen Anreiz auf das valutastarke Ausland aus, deutsche Werte zu erwerben. Wie Kurz Anfang der 20er Jahre berichtet, gab es an den deutschen Wertpapierbörsen "enorme ausländische Kaufaufträge. ... Die Inlandsbörsenkurse gingen anfangs keineswegs parallel mit der Währungsverschlechterung in die Höhe. Der Spielraum zwischen Inlandspreis und Auslandspreis war teilweise sehr hoch, besonders im September 1919 bis zum Januar 1920. ... Die Menge ausländischen Geldes, die nötig war, um eine ganze Gesellschaft zu erwerben, war viel kleiner als die Menge ausländischen Geldes, die nötig gewesen wäre, um die Anlagen einer solchen Gesellschaft zu errichten."[336] Die Aussicht auf billigen Einkauf und auf die Beherrschungsmöglichkeit wertvoller Unternehmen habe - so Kurz weiter - den Anreiz des Auslands, in großem Stil beträchtliche Posten von Wertpapieren zu kaufen, gesteigert. Die unabhängigen inländischen Aktionäre nutzten die Gelegenheit zur Erzielung eines ansehnlichen Kursgewinns und stießen - da sie ohnehin bezüglich der Werthaltigkeit ihrer Aktienanlagen pessimistisch gestimmt waren - ihre Papiere an die ausländischen Interessenten ab.

Im Prinzip wurde die Beteiligung ausländischen Kapitals in Deutschland angesichts des herrschenden Kapitalmangels im Inland als nützlich, ja geradezu als notwendig angesehen. Als problematisch wurde jedoch der Mehrheitserwerb einer Unternehmung durch einen ausländischen Kapitalgeber gewertet. Vielfältige Gefahren werden in der ökonomischen Literatur dieser Jahre aufgezählt: Neben der bereits genannten Ausnutzung deutscher Patente befürchtete man die Ausbeutung deutscher Rohstoffquellen, die Ausschaltung deutscher Konkurrenz durch Stillegung der erworbenen Fabriken, Veräußerung von Anlagewerten, Bewilligung von Sondervorteilen an die ausländischen Aktionäre per Mehrheitsbeschluß

---

[336] Kurz, Simon, Abwehr, 1921, S. 7 f.

sowie die erzwungene Abkehr der bisherigen konservativen Gewinnverteilungspolitik der Unternehmen.[337]

In den Augen der deutschen Unternehmer existierte allerdings nicht nur die Überfremdungsgefahr von außen. Der ungedeckte Kapitalbedarf der deutschen Aktiengesellschaften führte zu einer verstärkten Konzernbildung. Das Ziel dieser Gesellschaften bestand in der Rationalisierung ohne großen Kapitaleinsatz sowie der Stärkung ihrer Wettbewerbsfähigkeit. Nicht nur Ausländer, sondern auch große inländische Unternehmen begannen deshalb, vermehrt kleinere Unternehmen aufzukaufen, um ihre Wettbewerbsposition zu stärken. Es kam dann entweder zur Fusion oder zur Stillegung des ehemaligen Wettbewerbers.[338] Diese "Überfremdungsgefahr von Innen vollzieht sich wesentlich geräuschloser als die von Außen, da die daran interessierten Kreise die Presse größtenteils in der Hand haben. Ihre Gefahr für das Unternehmen ist jedoch eine mindestens ebenso große."[339]

Mit Satzungsbestimmungen, die beispielsweise Ausländer von der Verwaltung von Unternehmen ausnahmen, versuchte man, die Überfremdungsgefahr einzudämmen - mit geringen Erfolgsaussichten: Abgesehen davon, daß die Aktien häufig durch Treuhänder gekauft wurden, konnte der entsprechende Passus in der Satzung nach Übernahme der Mehrheit problemlos wieder gestrichen werden.[340] Eine wirksame gesetzgeberische Maßnahme gegen diese Überfremdungsgefahr erhoffte sich die deutsche Wirtschaft ebenfalls nicht. Da keine Unterstützung durch neue Gesetze in Aussicht stand, behalfen sich die deutschen Unternehmen mit zwei bereits existierenden Bestimmungen des deutschen Handelsgesetzbuchs in der Fassung vom 10. Mai 1897:

> § 251: "Die Beschlüsse in der Gesellschafterversammlung bedürfen der Mehrheit der abgegebenen Stimmen (einfache Stimmenmehrheit), soweit nicht durch Gesetz oder durch den Gesellschaftsvertrag eine größere Mehrheit oder ein sonstiges Erfordernis vorgeschrieben ist."

---

[337] Vgl. Kurz, Simon, Abwehr, 1921, S. 20 f.

[338] Vgl. Menke, Joachim, Kapitalbasis, 1988, S. 27.

[339] Jung, Erich, Maßnahmen, 1921, S. 10.

[340] Vgl. Kurz, Simon, Abwehr, 1921, S. 30 f.

> § 252: "Jede Aktie gewährt das Stimmrecht; werden mehrere Gattungen von Aktien ausgegeben, so kann der Gesellschaftsvertrag den Aktien der einen Gattung ein höheres Stimmrecht beilegen als den Aktien der anderen Gattung."[341]

Diese beiden Textstellen boten den Unternehmen die gesetzliche Grundlage, Aktien mit mehrfachem Stimmrecht an Aktionäre ihrer Wahl auszugeben. Diese waren dann in der Lage, allein durch das Stimmrecht ohne eine entsprechende kapitalmäßige Beteiligung die Beschlußfassung in der Gesellschafterversammlung in die gewünschte Richtung zu lenken. So sollte eine Überfremdung durch unerwünschte Aktionäre vermieden werden.

Die ersten Mehrstimmrechtsaktien wurden vom sogenannten "Anilinkonzern", d.h. der Interessengemeinschaft Farben, im November 1919 ausgegeben. Ihm folgten im Dezember 1919 mehrere Schiffahrtsgesellschaften und später eine Vielzahl anderer Unternehmen. Kurz greift in einer Übersicht die wichtigsten 30 Unternehmen heraus, die bereits 1921 über Mehrstimmrechtsaktien verfügten, darunter so bekannte Namen wie Schering, Dynamit A.G., vorm. Alfred Nobel & Co., Mannesmann-Röhren-Werke, Lindes Eismaschinen, Humboldt-Maschinen, Hapag und Feldmühle. Auch zwei Unternehmen aus der Untersuchungseinheit finden sich in dieser frühen Aufstellung: die Th. Goldschmidt AG sowie Siemens & Halske.[342]

Um die Vorzugsaktien mit einem mehrfachen Stimmrecht ausstatten zu können, war es laut HGB notwendig, daß sie sich neben dem Stimmrecht in einem weiteren Punkt von den Stammaktien unterschieden; die Vorzugsaktien mußten eine eigene Aktiengattung bilden.[343] Die Unternehmen beschritten hierzu mehrere Wege; ein häufiger Ansatz bestand in der Festlegung einer Höchstdividende für die Mehrstimmrechtsaktien - mit einem für das Management praktischen Nebeneffekt: "Um den diesbezüglichen Generalversammlungsbeschluß durchzusetzen, muß es gewöhnlich streng vermieden werden, daß die neuen Vorzugsaktionäre einen pekuniären Gewinn von ihren neuen Aktien haben. Deshalb werden die Vorzugsaktien fast durchweg mit einer Höchstbetragsdividende mit Nachzahlungs-

---

[341] Vgl. Staub, Hermann, Handelsgesetzbuch II, 1926, §§ 251, 252, S. 441 u. 445.

[342] Vgl. Kurz, Simon, Abwehr, 1921, hier: Anhang.

[343] Vgl. Kurz, Simon, Abwehr, 1921, S. 32 f.

anspruch ausgestattet."[344] Wie Jung beobachtet hat, schwankte diese Vorzugsdividende zwischen 3 1/2 und 6 %. Neben die Höchstdividende trat häufig zusätzlich die Bevorzugung bei der Vermögensaufteilung im Falle einer Liquidation des Unternehmens. Die Mehrstimmrechtsaktien näherten sich also in vielen Fällen den Charakteristiken festverzinslicher Wertpapiere an.

Ein großer Teil der Mehrstimmrechtsaktien wurde als vinkulierte Namensaktien ausgegeben, um die Veräußerung zu erschweren. Die Übertragbarkeit wurde an die Zustimmung von Aufsichtsrat und/oder Generalversammlung geknüpft. In der vorliegenden Untersuchungseinheit war und ist beispielsweise bei der ehemaligen Löwenbräu AG, heute Custodia Holding AG, der J. Vögele AG, der Kühltransit AG sowie der Hamburgische Electricitäts-Werke Aktiengesellschaft die Übertragung der Namensaktien an die Zustimmung des Aufsichtsrates geknüpft.[345] Bei der Württembergische AG Versicherungs-Beteiligungsgesellschaft war eine Veräußerung der Vorzugsaktien an die Genehmigung des Vorstands gebunden.[346] Bei der Hamburger Hochbahn AG, der Frankona AG, der Daimler Benz AG, der Markt- und Kühlhallen AG, der VEW AG sowie der Mittelschwäbische Überlandzentrale AG ist bzw. war die Zustimmung der Gesellschaft satzungsgemäß eine Vorbedingung für die Übertragung der mit Mehrstimmrecht ausgestatteten vinkulierten Namensaktien.[347] Sowohl die Mittelschwäbische Überlandzentrale AG als auch die Frankona Rückversi-

---

[344] Jung, Erich, Maßnahmen, 1921, S. 14.

[345] Vgl. Custodia Holding (Hrsg.), Satzung idF 26. Juli 1995, § 4; J. Vögele AG (Hrsg.), Satzung idF 9. Mai 1990, § 4 Abs. 2; Kühltransit AG (Hrsg.), Satzung idF 20. März 1987, § 3, Abs. 1 und 2; Hamburgische Electricitäts-Werke AG, Satzung idF gemäß Hauptversammlungsbeschluß vom 4. Juli 1979, § 4 Abs. 2. Für die Zustimmung des Aufsichtsrats zur Übertragung der Namensaktien ist hier eine 3/4-Mehrheit der abgegebenen Stimmen erforderlich.

[346] Vgl. Württembergische AG Versicherungs-Beteiligungsgesellschaft, Interview mit Dietrich Kaufmann am 20. April 1995, Antwort auf Frage 16 (vgl. Anhang 1).

[347] Vgl. Hamburger Hochbahn AG (Hrsg.), Satzung idF September 1991, § 3 Abs. 1 und 2; Frankona Rückversicherungs AG (Hrsg.), Satzung idF Dezember 1992, § 5 Abs. 2; Daimler Benz AG (Hrsg.), Satzung idF 28. Juni 1989, § 4 Abs. 1; Markt- und Kühlhallen AG (Hrsg.), Satzung idF Juli 1993, § 3 b; Mittelschwäbische Überlandzentrale AG (Hrsg.), Satzung idF 1. August.1994, § 6 Abschn. 2 und 5; Vereinigte Elektrizitätswerke Westfalen AG (Hrsg.), Satzung idF 30. Juni 1995, § 4 Abs. 1, S. 5. Die Zustimmung erteilt bei der VEW AG die Hauptversammlung mit einfacher Mehrheit der abgegebenen Stimmen. Die Zustimmung der Hauptversammlung ist nicht erforderlich, wenn der Aufsichtsrat der Übertragung der Aktien durch einstimmigen Beschluß aller im Amt befindlichen Mitglieder zugestimmt hat.

cherungs AG hatten in der Vergangenheit einen noch schärferen Überfremdungsschutz installiert als er heute in diesen Unternehmen existiert. Sehr weit ging die Frankona Rückversicherungs AG: In diesem Unternehmen war die Gesellschaft noch bis vor wenigen Jahren gar gezwungen, eine Übertragung der Vorzugsaktien dann abzulehnen, wenn dadurch mehr als ein Viertel des Grundkapitals an Personen mit Wohnsitz im Ausland gelangt wäre.[348] Bei der Mittelschwäbische Überlandzentrale AG gab es in der Vergangenheit eine zusätzliche Zustimmungsvoraussetzung durch den Aufsichtsrat; erst dann konnten die Vorzugsaktien übertragen werden.[349] Bei einigen Unternehmen ist diese sogenannte "doppelte Vinkulierung" gemäß § 68 Abs. 2 AktG auch heute noch zu beobachten: Eine Zustimmung von Vorstand und Aufsichtsrat ist erforderlich bei der Calwer Decken- und Tuchfabriken AG sowie der Siemens AG.[350] Bei der RWE AG ist die Übertragung ihrer Mehrstimmrechtsaktien an die Genehmigung durch Aufsichtsrat sowie Hauptversammlung gebunden.[351]

Auf der anderen Seite emittierte eine ganze Reihe von Unternehmen Mehrstimmrechtsaktien ohne Vinkulierung; in der Untersuchungseinheit ist beispielsweise in den Satzungen der Carl Schlenk AG,[352] der Berliner Kraft- und Licht (BEWAG)-Aktiengesellschaft,[353] der Energieversorgung Ostbayern AG[354] und der LEW AG[355] keine Vinkulierung der Namensaktien vermerkt. Einige Unternehmen gaben die Mehrstimmrechtsaktien sogar als Inhaberpapiere aus. Diese Aktien fielen dann in der Regel einem

---

[348]Vgl. Frankona Rückversicherungs AG (Hrsg.), Satzung idF Dezember 1992, § 5 Abs. II.

[349]Vgl. Mittelschwäbische Überlandzentrale AG, Interview mit Eberhard Göppert und Wolfgang Fischer am 4. Dezember 1995, Antwort auf Frage 16 (Anhang 1).

[350]Vgl. Calwer Decken- und Tuchfabriken AG (Hrsg.), Satzung idF November 1991, § 4, S. 6; Siemens AG (Hrsg.), Satzung idF November 1994, § 4 Abs. 3.

[351]Dies gilt allerdings nur für die Serie B der Vorzugsaktien. Bei der bezüglich des Nominalwerts weitaus kleineren Serie A der Vorzugsaktien erfolgt die Übertragung einfach durch Eintragung im Aktienbuch - wie bei anderen Namensaktien auch. Vgl. RWE AG (Hrsg.), Satzung idF 21. Juli 1992, § 2; sowie RWE AG, Interview mit Rudolf H. Müller am 15. Januar 1996, Antwort auf Frage 1 (Anhang 1).

[352]Vgl. Carl Schlenk AG (Hrsg.), Satzung idF 1. September 1989, § 5 Abs. 1 c.

[353]Vgl. Berliner Kraft- und Licht (BEWAG)-Aktiengesellschaft (Hrsg.), Satzung und Konzessionsvertrag idF 1996, § 4 Abs. 2.

[354]Vgl. Energieversorgung Ostbayern Aktiengesellschaft (Hrsg.), Satzung idF gemäß den Beschlüssen der Hauptversammlung vom 21. Mai 1990, § 3 Abs. 2.

[355]Vgl. Lech-Elektrizitäts-Werke Aktien-Gesellschaft (Hrsg.), Satzung idF 20. Oktober 1989, § 4.

Konsortium zu; häufig verpflichteten sich die Vorzugsaktionäre in einen Konsortialvertrag, die Aktien nicht ohne Zustimmung von Aufsichtsrat und Generalversammlung zu veräußern.[356]

Diese Vorgehensweise war in den zwanziger Jahren nicht ungewöhnlich: Viele Gesellschaften trafen sogar überhaupt keine Modalitäten, um einen mit hohen Prämien versehenen Verkauf der Vorzugsaktien an Außenstehende zu verhindern. Ein solches Vorgehen führte nicht nur dazu, daß kein wirksamer Schutz installiert wurde, sondern war vor allem deswegen problematisch, weil dem Erstinhaber der Mehrstimmrechtsaktien diese in der Regel zu einem Ausgabekurs zwischen 100 und 115 % zuwuchsen und er beim Verkauf derselben einen beträchtlichen Agiogewinn zum Nachteil der übrigen Aktionäre einstreichen konnte.[357] Dieser Aspekt soll weiter unten näher betrachtet werden.

Wie bereits oben angemerkt, war das angegebene Ziel eines Überfremdungsschutzes ohnehin häufig nur Vorwand für die Ausgabe von Mehrstimmrechtsaktien. Aron nennt als Beweis eine Kapitaltransaktion der Deutschen Bank, die ihre im Jahre 1923 geschaffenen Schutzaktien gegen Überfremdungsgefahr Anfang 1924 an einen amerikanischen Aktionär verkauft habe.[358]

Neben dem Gewinnerzielungsinteresse auf Seiten der Erstübernehmer bestand ein weiterer Grund für die Ausgabe von Mehrstimmrechtsaktien als Inhaberpapiere darin, die Eintragung der Inhaber ins Aktienbuch vermeiden und die Vorzugsaktionäre in der Anonymität belassen zu können. Auch in der Untersuchungseinheit nehmen die als Inhaberaktien ausgegebenen Mehrstimmrechtsaktien breiten Raum ein.[359]

Zu Beginn hielten sich die Unternehmen mit der stimmenmäßigen Ausgestaltung der sogenannten "Schutzaktien" noch zurück; die Zurückhaltung währte allerdings nicht lange. Kurz etwa berichtet bereits in seiner 1921

---

[356] Vgl. Jung, Erich, Maßnahmen, 1921, S. 15 f.

[357] Vgl. Kurz, Simon, Abwehr, 1921, S. 53.

[358] Vgl. Aron, Arno, Kapitalveränderungen, 1927, S. 97 f., Fußnote 2.

[359] Im einzelnen sind dies Rieter Ingolstadt Spinnereimaschinenbau AG, Schloßgartenbau AG, Konrad Hornschuch AG, Reichelbräu AG, Tucher Bräu AG, VSM Vereinigte Schmirgel- und Maschinen-Fabriken AG, Otto Stumpf AG, Gruschwitz Textilwerke AG, Porzellanfabrik Waldsassen Bareuther & Co. AG, Breitenburger Portland-Cement-Fabrik AG, W. Jacobsen AG, Th. Goldschmidt AG, Schwabenverlag AG, Fränkisches Überlandwerk AG sowie Überlandwerk Unterfranken AG.

erschienen Arbeit unter anderem über die Mehrstimmrechtsaktien der Norddeutschen Eiswerke, die mit einem 50fachen Stimmrecht den bis dato höchsten Stimmrechtsvorzug gewählt hätten.[360] Ironisch schrieb der "Plutus", daß bei einem Fortschreiten der Stimmrechtsbewegung bei gleicher Proportion wie bisher die deutsche Wirtschaft Ende 1921 wohl bei einem tausendfachen Stimmrecht angelangt sei.[361]

Das Instrument der Schutzaktien wurde immer häufiger mißbraucht. Manche Unternehmensleitungen ließen sich von den Aktionären ohne konkrete Gefahr Schutzaktien als Präventivmaßnahme genehmigen.[362] Die theoretische Möglichkeit, das ganze Stammkapital in fremde Hände übergehen zu lassen, ohne daß sich an der Leitung der Gesellschaft etwas zu ändern brauchte, stellte für eine Reihe von Managements in dieser Zeit eine reizvolle Möglichkeit des Selbstschutzes vor Mehrheitsentscheidungen der Eigentümer des Unternehmens dar. Passow schreibt: "Allmählich "... wurde die Gefahr der Überfremdung zum Vorwand; man wandte das Mittel der Schutzaktien auch an, um die bisherige Verwaltung gegen inländische Aktienerwerber zu sichern."[363] Später - so Passow - habe man es dann vielfach nicht mehr für nötig gehalten, überhaupt eine Begründung zu liefern und auf eine angebliche Überfremdungsgefahr des Unternehmens hinzuweisen. Zur Ausgabe von mehrstimmigen Schutzaktien sei es bisweilen gleich bei der Gründung der Aktiengesellschaft gekommen; sie "galt schon als ziemlich normaler Vorgang."[364]

Kritik an dieser Emissionspraxis wurde bereits früh geübt. Die Gegner dieser Praxis verwiesen auf das Mehrheitsprinzip des deutschen Aktienrechts, dem die Ausschaltung derer, die das Kapitalrisiko trügen, widerspreche. Die vom Gesetzgeber gewollte Aktiendemokratie werde in eine Oligarchie umgewandelt.[365] Aron schreibt 1927: "Bei diesem Gang der Entwicklung vermochten sich die Kleinaktionäre schließlich selbst da nicht mehr durchzusetzen, wo sie in Massen mit erheblicher Stimmenzahl erschienen und begründete Einwände vorzubringen hatten; durch den Mangel einer Organisation konnten sie gegen die Macht der Großaktionäre nicht erfolgreich

---

[360] Vgl. Kurz, Simon, Abwehr, 1921, S. 33.

[361] Vgl. Plutus. Kritische Zeitschrift für Volkswirtschaft und Finanzwesen, Jg. 1921, S. 5, zit. n. Kurz, Simon, Abwehr, 1921, S. 39.

[362] Vgl. Kurz, Simon, Abwehr, 1921, S. 30.

[363] Passow, Richard, Aktiengesellschaft, 1922, S. 336.

[364] Passow, Richard, Aktiengesellschaft, 1922, S. 336.

[365] Vgl. Kurz, Simon, Abwehr, 1921, S. 33.

ankämpfen. ... Unter diesen Umständen gestaltete sich die Generalversammlung, welche vom Gesetzgeber als eine Art Parlamentssitzung für die Gesellschaft gedacht war, in der erdrückenden Mehrzahl der Fälle zur Formsache."[366] In einem Bericht der Handelskammer Berlin an den Minister für Handel und Gewerbe aus dem Jahr 1920 greift die Kammer die unmäßige Ausgabe von Schutzaktien an und gibt gleichzeitig ihre Ohnmacht gegenüber der von der geltenden Rechtslage gedeckten Ausgabe von Mehrstimmrechtsaktien zu erkennen: "Nach unserem Erachten kann nicht bezweifelt werden, daß die Überfremdungsgefahr häufig nur als Vorwand dient, um durch die Schaffung von Vorzugsaktien mit mehrfachem Stimmrecht der gegenwärtigen Verwaltung oder einer ihr nahestehenden Gruppe die Herrschaft über die Gesellschaft dauernd zu sichern. Gleichwohl sind wir nicht in der Lage, bestimmte Fälle dieser Art zu bezeichnen, weil der Beweis, daß eine Überfremdungsgefahr nicht zu befürchten ist, nicht zu führen, den Gesellschaften auch schwerlich die Pflicht des Nachweises des Bestehens einer solchen aufzuerlegen ist."[367] Die Kammer erkennt zwar an, daß es im Interesse der deutschen Wirtschaft sein könne, einen drohenden Übergang von wichtigen Unternehmen in fremde Hände zu verhindern und daß Mehrstimmrechtsaktien dazu ein probates Mittel sein könnten. Aber es "darf nicht übersehen werden, daß die Schaffung solcher Vorzugsaktien zu Mißbräuchen die Möglichkeit bietet und auch bereits geführt hat. Als ein Mißbrauch ist es sicherlich zu bezeichnen, wenn, wie es vielfach geschehen ist, ein kleiner Betrag Vorzugsaktien geschaffen wird, denen nicht bloß ein vielfaches Stimmrecht, sondern auch noch in bezug auf Anteil am Gewinn und etwaigem Liquidationserlöse so erhebliche Sonderrechte zugesichert werden, daß die Erwerber dieser Vorzugsaktien durch Einzahlung eines ganz geringen Kapitals sozusagen ohne jedes Risiko die Kontrolle über die Gesellschaft in alleinigen Besitz nehmen und die Gesamtheit der anderen Aktien entrechten."[368]

Die größten Mißstände waren bei der Gruppe der Aktiengesellschaften zu beobachten, bei denen ein im Verhältnis zum Gesamtkapital geringer Nominalbetrag von Vorzugsaktien ausgegeben wurde, der aber dafür mit sehr hohem Stimmrecht ausgestattet war. Erschwerend kam hinzu, daß die Kapitalbeschaffung keine Rolle spielte. Der Vorteil für die Unternehmens-

[366] Aron, Arno, Kapitalveränderungen, 1927, S. 49.

[367] Handelskammer zu Berlin (Hrsg.), Mitteilungen, 1920, S. 309, zit. n. Passow, Richard, Aktiengesellschaft, 1922, S. 21.

[368] Handelskammer zu Berlin (Hrsg.), Mitteilungen, 1920, S. 309, zit. n. Passow, Richard, Aktiengesellschaft, 1922, S. 21.

leitung lag darin, die Aktien an eine kleine Gruppe von Banken oder Privatpersonen begeben zu können; dies sollte die Zusammenarbeit der Vorzugsaktionäre mit dem Management begünstigen. Die Emission von Mehrstimmrechtsaktien als Namensaktien erfolgte häufig nicht nur aus dem Grund, die Übertragung zu erschweren, sondern auch deshalb, um den Kapitalaufwand der Vorzugsaktionäre noch stärker zur reduzieren. Ein Unternehmen konnte damals gemäß § 179 HGB Mehrstimmrechtsaktien als Namensaktien auch dann ausgeben, wenn sie nur zum Teil - meist 25 % - einbezahlt waren.[369]

Das Stimmenverhältnis zwischen Vorzugsaktienstimmen und Stammaktienstimmen schwankte zu dieser Zeit zwischen 30 % und knapp 250 %; dieser höchste Wert wurde bei der Firma Siemens & Halske Anfang der zwanziger Jahre mit einem Verhältnis von 28 500 Vorzugsaktienstimmen zu 11 650 Stammaktienstimmen erreicht.[370] Dieser Spitzenwert wurde allerdings später durch die Ausgabe von Stammaktien wieder etwas reduziert. Im Durchschnitt bewegte sich nach einer Zusammenstellung von Kurz das Verhältnis zwischen Stammaktienstimmen und Vorzugsaktienstimmen zwischen 60 und 100 %: "Daß eine Dreiviertelmajorität allein durch die Schutzaktienstimmen gebildet wurde, ist mir nicht bekannt."[371]

Nach der Umstellung auf Goldbilanzen hatte mehr als die Hälfte der untersuchten 1595 deutschen Aktiengesellschaften Mehrstimmrechtsaktien ausgegeben. Auf sie entfielen 2,4 % des gesamten bei diesen Gesellschaften eingezahlten Kapitals und gleichzeitig 38,2 % sämtlicher Stimmen.[372] Eine Reihe von Firmen kombinierte verschiedene Formen von Mehrstimmrechtsaktien. Beliebt war beispielsweise der Typus der Verwer-

---

369 Nach § 179 HGB konnten auf den Namen gestellte Aktien auch vor der vollen Einzahlung begeben werden; der Betrag der geleisteten Einzahlung war in der Aktienurkunde anzugeben.

370 Vgl. Kurz, Simon, Abwehr, 1921, S. 38 sowie S. 41 f. Die Berechnung von Kurz muß jedoch relativiert werden: Die Bedeutung der Mehrstimmrechtsaktien bei Siemens & Halske Anfang der 20er Jahre ist eine theoretische, da die Familie Siemens die Option auf Umwandlung ihrer Stammaktien in Mehrstimmrechtsaktien bis dato gar nicht ausgeübt hatte.

371 Kurz, Simon, Abwehr, 1921, S. 38 sowie S. 42.

372 Die genannten 1595 Aktiengesellschaften machten nach der Umstellung auf Goldbilanzen 65 % des gesamten deutschen Aktienkapitals aus. Vgl. Aron, Arno, Kapitalveränderungen, 1927, S. 94 f.

tungsaktien[373] als Mittel zur Steigerung des Stimmrechts der Verwaltung. Auffällig war, daß bei den größten Gesellschaften am häufigsten Mehrstimmrechtsaktien anzutreffen waren. Bei Banken waren Mehrstimmrechtsaktien kaum zu beobachten.[374]

Daß der unabhängige Aktionär geschädigt wurde, wurde von den Unternehmensleitungen, die eine "billige Dauerbeherrschung"[375] und eine "Versteinerung der Hausmacht"[376] suchten, als zweitrangig betrachtet. Das im HGB verankerte Majoritätsprinzip der Aktiengesellschaft wurde von einigen Autoren sogar als schädlich betrachtet: "... so ist es doch klar, daß die Majorität der Generalversammlung der wesentliche Faktor für die Geschäftsführung ist. Darin liegt die Gefahr, die der Aktiengesellschaft durch die Überfremdung der Generalversammlung droht."[377] Die Generalversammlung dominierten Aktionäre wie zum Beispiel Banken, deren Ziele auf hohe Aktienumsätze und nicht auf stabile Unternehmensverhältnisse gerichtet seien oder die reine Spekulations- und Dividendeninteressen verfolgten; all dies stünde dem Wohl der Unternehmung diametral gegenüber.[378]

Man ging vermehrt dazu über, dem Unternehmen eine eigene, von den Eigentümern losgelöste Zweckbestimmung zuzuordnen. Im Vordergrund stand nicht mehr das Eigeninteresse des einzelnen Aktionärs, sondern das Interesse des Unternehmens als ein selbständiges, schutzwürdiges Rechtsgut. Rathenau hatte in seiner Schrift "Vom Aktienwesen" 1917 die Lehre vom "Unternehmen an sich" entwickelt.[379] Danach sollte es auf die Interessen der Einzelaktionäre nicht ankommen; das Unternehmen an sich sei schutzbedürftig.[380] Auf diese Weise ergab sich eine bequeme Rechtfertigung für jegliche gegen die Interessen der unabhängigen Aktionäre

---

[373] Bei den Verwertungsaktien, auch als Vorratsaktien bezeichnet, handelte es sich um meist mit Mehrstimmrecht ausgestattete Vorzugsaktien, die unter Ausschluß des Bezugsrechts der Aktionäre anläßlich einer Kapitalerhöhung zu dem ausdrücklichen Zweck geschaffen wurden, dem Unternehmen für künftige Bedarfsfälle zur Verfügung zu stehen. Vgl. dazu Menke, Joachim, Kapitalbasis, 1988, S. 98 f.

[374] Vgl. Aron, Arno, Kapitalveränderungen, 1927, S. 94 f.

[375] Kurz, Simon, Abwehr, 1921, S. 56.

[376] Kurz, Simon, Abwehr, 1921, S. 56.

[377] Jung, Erich, Maßnahmen, 1921, S. 11.

[378] Vgl. Jung, Erich, Maßnahmen, 1921, S. 5 f.Kurz, Simon, Abwehr, 1921, S. 56.

[379] Vgl. Rathenau, Walter, Aktienwesen, 1917.

[380] Vgl. Menke, Joachim, Kapitalbasis, 1988, S. 29 f.

gerichtete Maßnahme - also auch für die ungehemmte Emission von Mehrstimmrechtsaktien.

Wie Passow schreibt, sei es zu zahlreichen Gerichtsverfahren und zu immerhin einigen erstinstanzlichen Urteilen gegen Mehrstimmrechtsaktien gekommen; die Bestimmungen des § 252 HGB seien jedoch zu klar gewesen, um die damalige Praxis eindämmen zu können.[381] Vorzugsrechte mußten zugelassen werden, soweit sie nicht gegen die guten Sitten (§ 138 BGB) oder gegen ein gesetzliches Verbot (§ 134 BGB) verstießen.

Allerdings führte eine neue steuerliche Bestimmung zu einer gewissen Modifikation des Einsatzes zahlreicher Mehrstimmrechtsaktien.[382] In das in Deutschland 1922 verabschiedete Kapitalverkehrssteuergesetz war ein Passus eingefügt worden, der Passow zufolge als Instrument dienen sollte, den mit Mehrstimmrechtsaktien getriebenen Mißbrauch einzudämmen.[383] Die neue Regelung führte in der Folgezeit dazu, daß viele Unternehmen den Einsatz ihrer Mehrstimmrechte zumindest auf bestimmte Abstimmungsfälle beschränkten.

III.C.2. Beschränkung des Mehrstimmrechts auf Spezialfälle

Auffällig ist, daß in achtzehn der in der vorliegenden Arbeit betrachteten Fälle, also in gut der Hälfte der in der Untersuchungseinheit vertretenen Unternehmen, die Mehrstimmrechte nicht in jeder Abstimmung während der Hauptversammlung zum Einsatz kommen, sondern auf bestimmte Abstimmungsfälle begrenzt sind.

In den meisten dieser achtzehn Unternehmen kommt bzw. kam das Mehrstimmrecht bei drei Abstimmungsfällen - der Satzungsänderung[384], der Auflösung der Gesellschaft[385] und der Bestellung der Aufsichtsratsmitglieder[386] - zum Tragen. Dies ist der Fall bei der Rieter Ingolstadt Spinnereimaschinenbau AG, der Kulmbacher Reichelbräu Aktien-Gesellschaft, der Tucher Bräu AG, der VSM-Vereinigte Schmirgel- und Maschinen-Fabriken AG, der Joseph Vögele AG, der Otto Stumpf AG, der Gruschwitz

[381]Vgl. Passow, Richard, Aktiengesellschaft, 1922, S. 337.

[382]Vgl. dazu Gliederungspunkt III.C.2.

[383]Vgl. Passow, Richard, Aktiengesellschaft, 1922, S. 337.

[384]S. § 179 AktG idF vom 6. September 1965, in: BGBl. I S. 1089.

[385]S. § 262 AktG idF vom 6. September 1965, in: BGBl. I S. 1089.

[386]S. § 101 AktG idF vom 6. September 1965, in: BGBl. I S. 1089.

Textilwerke AG, der Calwer Decken- und Tuchfabriken AG, der W. Jacobsen AG, der Kühltransit AG, der Schwabenverlag AG, der Mittelschwäbische Überlandzentrale AG, der BM Bäckermühlen AG, der Porzellanfabrik Waldsassen Bareuther & Co.AG, der Hindrichs-Auffermann AG und der Daimler Benz AG.

Bei der Württembergische AG Versicherungs-Beteiligungsgesellschaft kam das Mehrstimmrecht nur in einem einzigen Abstimmungsfall, nämlich bei der Aufsichtsratswahl, zum Einsatz.

Einen Spezialfall stellt die Siemens AG dar: In diesem Unternehmen kommen die Mehrstimmrechtsaktien ebenfalls nur in bestimmten Fällen zum Einsatz - allerdings in mehr als drei Abstimmungsfällen; sie werden in § 23 der Satzung einzeln aufgezählt.[387] Die Abstimmungsfälle, bei denen das Mehrstimmrecht bei der Siemens AG Anwendung finden soll, sind Beschlüsse über Satzungsänderungen, Maßnahmen der Kapitalbeschaffung und -herabsetzung, Verschmelzung, Vermögensübertragung, Gewinngemeinschaft, Umwandlung der Gesellschaft, Auflösung der Gesellschaft, Verwendung des Bilanzgewinns, falls die Hauptversammlung einen vom Vorschlag des Vorstandes und des Aufsichtsrates abweichenden Beschluß über die Verwendung des Bilanzgewinns fassen will sowie über Wahlen zum Aufsichtsrat.

Ein weiterer Punkt zeichnet die Siemens AG als Sonderfall aus: Ungewöhnlich ist, daß bei Abstimmungen über einen der aufgeführten Beratungsgegenstände zunächst alle stimmberechtigten Aktien der Siemens AG mit einfachem Stimmrecht votieren. Gleichzeitig hat jeder Vorzugsaktionär das Recht, unmittelbar nach Feststellung des Ergebnisses der Abstimmung eine erneute Abstimmung zu verlangen, bei der die Vorzugsaktien dann mit ihrem Mehrstimmrecht gezählt werden. Das Ergebnis dieser letzten Abstimmung ist maßgebend. Wie die Siemens AG betont, ist diese Möglichkeit von der Familie von Siemens bisher nicht ausgenutzt worden: "Weder wurde jemals mit den Mehrstimmrechten ein Veto zum Nachteil der Gesellschaft und ihrer Aktionäre gegen Hauptversammlungsbeschlüsse eingelegt, noch wurden die Mehrstimmrechte jemals im Eigeninteresse der Familie Siemens eingesetzt."[388]

Die Mehrstimmrechtsaktien aller oben genannten Unternehmen verfügen in anderen als den genannten Abstimmungspunkten über nur eine oder

---

[387] Vgl. Siemens AG (Hrsg.), Satzung idF November 1994, § 23 Abs. 2 u. 3.

[388] Rembold, Otto u.a., Schriftsatz, 1991, S. 19.

zumindest weniger Stimmen. Die Schlagkraft der Mehrstimmrechtsaktien wird durch diese Regelung nicht wesentlich gebremst; bei den genannten drei Fällen handelt es sich um die entscheidenden Abstimmungspunkte, mit denen die Richtung der Unternehmenspolitik festgelegt wird. Es stellt sich die Frage, warum die Unternehmen beim Einsatz der Mehrstimmrechtsaktien derartige Regelungen überhaupt getroffen haben. In der Literatur zum Thema "Mehrstimmrechte" findet sich bislang keine Begründung für diesen Sachverhalt. Die Antwort geht zurück auf die zwanziger Jahre, als - wie oben bereits ausgeführt - die Schaffung von Mehrstimmrechtsaktien bereits kritisch vermerkt wurde, diese Praxis jedoch vom damals geltenden Aktienrecht gedeckt war. "Vielfach ist auch der Ruf nach einem Einschreiten des Gesetzgebers ertönt; aber gegen schematische Vorschriften darüber, wann mehrstimmige Aktien zulässig sein sollen und wann nicht, haben sich doch so große Bedenken ergeben, daß es zu einem solchen Vorgehen jedenfalls bisher nicht gekommen ist."[389]

Um der noch stärkeren Ausbreitung der Mehrstimmrechtsaktien einen Riegel vorzuschieben, wurde eine besondere steuerliche Belastung eingeführt: eine Steuer auf Mehrstimmrechte.

§ 15 des Kapitalverkehrsteuergesetzes vom 8. April 1922 bestimmte nämlich Folgendes:

> "Gewährt eine Aktie einer inländischen Aktiengesellschaft oder Kommanditgesellschaft auf Aktien eine über die Vorschriften der §§ 252, Abs. 1, Satz 2, 320, Abs. 3 des Handelsgesetzbuchs hinausgehendes Stimmrecht, so hat die Aktiengesellschaft oder Kommanditgesellschaft auf Aktien von dem Inkrafttreten des gegenwärtigen Gesetzes ab außer der Steuer des § 11 eine laufende Steuer zu entrichten.
>
> Die Steuer beträgt für jedes Geschäftsjahr 3 vom Tausend des Mehrbetrages, der sich ergeben würde, falls der Nennbetrag der Aktie mit dem Stimmrecht in Übereinstimmung gebracht würde. Steuerschuldner ist die Gesellschaft. Sie ist, soweit Aktien der im Abs. 1 bezeichneten Art geschaffen werden, berechtigt, den Gewinnanteil, der auf die bevorrechtigten Gesellschafter entfällt, um den Betrag der Steuer zu kürzen.

[389] Passow, Richard, Aktiengesellschaft, 1922, S. 337.

Die vorstehenden Vorschriften finden keine Anwendung, soweit das erhöhte Stimmrecht dem Reiche, Ländern oder Gemeinden (Gemeindeverbänden) zusteht oder sofern es auf die Fälle der Besetzung des Aufsichtsrats, der Änderung der Satzung oder der Auflösung der Gesellschaft beschränkt ist."[390]

Diese 1922 eingeführte Vorschrift liefert eine Erklärung, warum nicht nur die Unternehmen als Steuerschuldner, sondern auch die Inhaber der Mehrstimmrechte kein Interesse haben konnten, den Einsatz der Mehrstimmrechte über die ohnehin entscheidenden drei Fälle der Satzungsänderung, Aufsichtsratswahl und Auflösung der Gesellschaft hinaus auszudehnen: Die Möglichkeit, die Steuer durch eine Einsatzbeschränkung auf drei Abstimmungsfälle zu vermeiden, war ein "Schlupfloch", durch das sich ohne Verzicht auf Mehrstimmrechte finanzielle Belastungen des Unternehmens und Dividendenkürzungen bei den Aktionären vermeiden ließen. Das Ziel der Eindämmung von Mehrstimmrechtsaktien konnte mit einer so ausgestalteten steuerlichen Maßnahme sicherlich nicht erreicht werden.

In der Tat findet sich bei einer Reihe von Unternehmen aus der Untersuchungseinheit bereits 1926 eine Beschränkung des Einsatzbereichs der Mehrstimmrechtsaktien auf "einige Fälle", die im Handbuch der Deutschen Aktien-Gesellschaften dieses Jahrgangs allerdings nicht genauer spezifiziert werden. Die Einsatzbeschränkungen lagen beispielsweise bereits damals bei der "Württembergischen Feuerversicherung Akt.-Ges.", der Kühltransit Aktiengesellschaft, der Schwabenverlag Aktiengesellschaft, der "Gruschwitz Textilwerke, Akt.G. in Neusalz-Oder", der "Otto Stumpf, Aktien-Gesellschaft in Chemnitz", der Porzellanfabrik Waldsassen Bareuther & Co.Akt.Ges., der Joseph Vögele AG sowie der Mittelschwäbische Überlandzentrale AG vor.

Der oben zitierte letzte Passus des Gesetzestextes kann im übrigen erklären, warum sich aus der Reihe der Energieversorger nur bei der Mittelschwäbische Überlandzentrale AG die Einsatzbeschränkung auf die genannten drei Fälle findet: Als einziges Energieversorgungsunternehmen der Untersuchungseinheit waren bei der MÜAG private Anteilseigner die frühen Inhaber der Mehrstimmrechte. Für Unternehmen mit der öffentlichen Hand als Inhaber der Mehrstimmrechte dagegen griff die Steuer nicht, eine Einsatzbeschränkung der Mehrstimmrechte zur Steuervermeidung war nicht notwendig.

---

[390]Kapitalverkehrsteuergesetz idF 8. April 1922, R.G.Bl. Teil 1, S. 358.

III.C.3. Entstehung der Mehrstimmrechte in der Untersuchungseinheit

III.C.3.1. Entstehungszeitpunkt und frühe Inhaber

Bei 32 Firmen der Untersuchungseinheit sind die Mehrstimmrechtsaktien in den zwanziger Jahren dieses Jahrhunderts entstanden - genauer in der Zeitspanne zwischen 1919 und 1924. Dies ist der Fall bei

- der Th. Goldschmidt AG (1919),[391]
- den Vorläufer-Gesellschaften der Daimler-Benz AG - der Daimler Motoren Gesellschaft und der Benz & Cie (jeweils 1920),[392]
- der Kühltransit AG (1920),[393]
- der Markt- und Kühlhallen AG (1920),[394]
- der Carl Schlenk AG (1920),[395]
- der Hindrichs-Auffermann AG (1920),[396]
- der Siemens AG (1920 und 1925),[397]
- der Calwer Decken- und Tuchfabriken AG (1921),[398]
- der Porzellanfabrik Waldsassen Bareuther & Co. AG (1921),[399]
- der Schloßgartenbau AG (1921),[400]
- der Kulmbacher Reichelbräu AG (1921),[401]

---

[391] Vgl. Verlag für Börsen- und Finanzliteratur A.-G. (Hrsg.), Handbuch, 1926 II, S. 3151.

[392] 1920 wurden Stammaktien mit einem Optionsrecht auf Umwandlung in mehrstimmige Vorzugsaktien ausgestattet.

[393] Vgl. Verlag für Börsen- und Finanzliteratur A.-G. (Hrsg.), Handbuch, 1926 II, S. 3392.

[394] Vgl. Verlag für Börsen- und Finanzliteratur A.-G. (Hrsg.), Handbuch, 1926 II, S. 3390 f.

[395] Vgl. Verlag für Börsen- und Finanzliteratur A.-G. (Hrsg.), Handbuch, 1926 II, S. 3108.

[396] Vgl. Verlag für Börsen- und Finanzliteratur A.-G. (Hrsg.), Handbuch, 1926 I, S. 371.

[397] Das Jahr 1920 bezieht sich auf die Schaffung der Option zur Ausgabe von Mehrstimmrechtsaktien.

[398] Vgl. Vereinigte Deckenfabriken Calw A. G., Aktienbuch N 300i-6000, und beiliegende Schriften, "Vorzugsaktien", o. S.

[399] Vgl. Verlag für Börsen- und Finanzliteratur A.-G. (Hrsg.), Handbuch, 1926 I, S. 837.

[400] Vgl. Verlag für Börsen- und Finanzliteratur A.-G. (Hrsg.), Handbuch, 1926 I, S. 231 f.

- der Custodia Holding ehem. Löwenbräu AG (1921),[402]
- der Lech Elektrizitätswerke Aktiengesellschaft (1921),[403]
- der Fränkisches Überlandwerk Aktiengesellschaft (1922),[404]
- der Überlandwerk Unterfranken Aktiengesellschaft (1922),[405]
- der W. Jacobsen AG (1922),[406]
- der BM Bäckermühlen AG, ehemals Stuttgarter Bäckermühlen AG (1922),[407]
- der Rieter Ingolstadt Spinnereimaschinenbau Aktiengesellschaft, vormals Schubert & Salzer Aktiengesellschaft (1922),[408]
- der Württembergische AG Versicherungs-Beteiligungsgesellschaft vorm. Württembergische Feuerversicherung - WürttFeuer (1923),[409]
- der Breitenburger Portland-Cement-Fabrik AG (1923),[410]
- der Mittelschwäbische Überlandzentrale AG (1923),[411]
- der Otto Stumpf AG (1923),[412]
- der Vereingten Schmirgel- und Maschinen-Fabriken AG (1923),[413]

---

[401] Vgl. Verlag für Börsen- und Finanzliteratur A.-G. (Hrsg.), Handbuch, 1925 I, S. 2224.

[402] Vgl. Verlag für Börsen- und Finanzliteratur A.-G. (Hrsg.), Handbuch, 1925 II, S. 4116.

[403] Vgl. Verlag für Börsen- und Finanzliteratur A.-G. (Hrsg.), Handbuch, 1925 II, S. 5089.

[404] Vgl. Verlag für Börsen- und Finanzliteratur A.-G. (Hrsg.), Handbuch, 1925 I, S. 1262.

[405] Vgl. Verlag für Börsen- und Finanzliteratur A.-G. (Hrsg.), Handbuch, 1926 II, S. 2814.

[406] Vgl. Verlag für Börsen- und Finanzliteratur A.-G. (Hrsg.), Handbuch, 1926 I, S. 1871.

[407] Vgl. Verlag für Börsen- und Finanzliteratur A.-G. (Hrsg.), Handbuch, 1926 II, S. 3758.

[408] Vgl. Verlag für Börsen- und Finanzliteratur A.-G. (Hrsg.), Handbuch, 1926 I, S. 1973 f.

[409] Vgl. Verlag für Börsen- und Finanzliteratur A.-G. (Hrsg.), Handbuch, 1926 II, S. 3517 f.

[410] Vgl. Verlag für Börsen- und Finanzliteratur A.-G. (Hrsg.), Handbuch, 1926 II, S. 2883.

[411] Vgl. Verlag für Börsen- und Finanzliteratur A.-G. (Hrsg.), Handbuch, 1926 II, S. 2762 f.

[412] Vgl. Verlag für Börsen- und Finanzliteratur A.-G. (Hrsg.), Handbuch, 1926 I, S. 1059.

[413] Vgl. Verlag für Börsen- und Finanzliteratur A.-G. (Hrsg.), Handbuch, 1926 I, S. 512.

- der Hamburgische Electricitäts-Werke AG (1923),[414]
- der Schwabenverlag AG (1923),[415]
- der Hamburger Hochbahn Aktiengesellschaft (1923),[416]
- der Frankona Rückversicherungs-Aktien-Gesellschaft (1923),[417]
- der Oberpfalzwerke Aktiengesellschaft für Elektrizitätsversorgung - Vorläufergesellschaft der Energieversorgung Ostbayern AG (1923),[418]
- des Brauhauses Nürnberg, der Vorläufergesellschaft der Tucher Bräu AG (1923),[419]
- der RWE AG (1924).[420]

Auch bei der J. Vögele AG liegt der Entstehungszeitpunkt der Mehrstimmrechtsaktien in dem oben beschriebenen Zeitraum - nämlich in den Jahren 1922 rsp. 1923. Bereits 1922 sind Namens-Vorzugsaktien Lit A geschaffen worden; diese wurden allerdings im Jahre 1923 in Stammaktien umgewandelt und durch Namens-Vorzugsaktien Lit C ersetzt, die definitiv mit Mehrstimmrecht ausgestattet waren. Ob die 1922 geschaffenen Vorzüge bereits ebenfalls ein Mehrstimmrecht besaßen, geht aus den vorliegenden Veröffentlichungen nicht hervor.[421] Ein ähnlicher Fall liegt bei der Gruschwitz AG vor: Auch in diesem Unternehmen sind bereits in 1922 Vorzugsaktien geschaffen und ein Jahr später in Stammaktien umgewandelt worden. Der Verfasserin der vorliegenden Arbeit war es nicht möglich, nachzuvollziehen, ob bereits diese Vorzüge mit Mehrstimmrecht aus-

---

[414] Vgl. Verlag für Börsen- und Finanzliteratur A.-G. (Hrsg.), Handbuch, 1926 I, S. 739 f.

[415] Vgl. Verlag für Börsen- und Finanzliteratur A.-G. (Hrsg.), Handbuch, 1926 II, S. 3322.

[416] Vgl. Verlag für Börsen- und Finanzliteratur A.-G. (Hrsg.), Handbuch, 1926 II, S. 3599.

[417] Vgl. Verlag für Börsen- und Finanzliteratur A.-G. (Hrsg.), Handbuch, 1925 I, S. 2057.

[418] Vgl. Energieversorgung Ostbayern AG, Interview mit Bernhard Herget am 22. Januar 1996, Energieversorgung Ostbayern AG (Hrsg.), o. V., Schreiben vom 22. Januar 1996, Regensburg, schriftliche Beantwortung der Fragen, Antwort auf Frage 3 (Anhang 1); Verlag für Rechts- und Wirtschaftsliteratur Aktiengesellschaft (Hrsg.), Handbuch, 1934 II, S. 2755.

[419] Vgl. Verlag für Börsen- und Finanzliteratur A.-G. (Hrsg.), Handbuch, 1926 I, S. 1616.

[420] Vgl. Verlag für Börsen- und Finanzliteratur A.-G. (Hrsg.), Handbuch, 1926 I, S. 728 f.

[421] Vgl. Verlag für Börsen- und Finanzliteratur A.-G. (Hrsg.), Handbuch, 1926 I, S. 563.

gestattet waren oder dies erst für die im Jahre 1923 geschaffenen, mit 10fachem Stimmrecht versehenen Vorzugsaktien gilt.[422]

In den Zeitraum Anfang der zwanziger Jahre, in dem die Mehrzahl der Mehrstimmrechtsaktien entstanden ist, lassen sich drei Unternehmen nicht einordnen. Die Konrad Hornschuch AG entstand erst 1927; bei der Gründung wurden Mehrstimmrechtsaktien emittiert.[423] Ähnliches gilt für die BEWAG: Das Unternehmen wurde erst 1931 gegründet; die Mehrstimmrechtsaktien entstanden im gleichen Jahr.[424] Deutlichster "Nachzügler" bei der Entstehung der Mehrstimmrechtsaktien ist die VEW AG. In diesem Unternehmen wurden diese Papiere erst im Jahre 1965 mit einer ministeriellen Ausnahmegenehmigung geschaffen.[425]

III.C.3.1.1. Familienaktionäre als frühe Inhaber der Mehrstimmrechte

Bei einer Reihe von Firmen der Untersuchungseinheit waren die Gründerfamilien die Erstinhaber der Mehrstimmrechte; in einem Teil dieser Unternehmen sind diese Vorzüge an die Erbengeneration weitergegeben worden und befinden sich heute noch in Familienbesitz. Das prominenteste Beispiel ist die Siemens AG. Wie Jung 1921 urteilt, sei die Familie, obwohl ein großer Teil der Aktien im Handel sei, mit den Interessen des Unternehmens immer noch so eng verbunden gewesen, daß man sie ohne Bedenken zu dem Machtfaktor der Aktiengesellschaft habe machen können. Jung beurteilt die 1920 erfolgte Schaffung einer Option auf Mehrstimmrechtsaktien für die Familie von Siemens, die unten näher ausgeführt wird, wie folgt "So wurde es auch in der genannten Firma durchgeführt und der Familie Siemens das Bezugsrecht auf die neuen Aktien eingeräumt. Es entspricht dies auch einem gewissen Billigkeitsgefühl, denn der geistigen Schöpfung des Werner v. Siemens war das Entstehen der Gesellschaft allein zu verdanken."[426]

---

[422] Vgl. Verlag für Börsen- und Finanzliteratur A.-G. (Hrsg.), Handbuch, 1926 II, S. 3063.

[423] Vgl. Verlag für Rechts- und Wirtschaftsliteratur Aktiengesellschaft (Hrsg.), Handbuch, 1934 II, S. 2205.

[424] Vgl. Kermel, Cornelia, Steuerungsmöglichkeiten, 1994, S. 55.

[425] Vgl. Berlo, Kurt / Murschall, Hartmut, Einflußmöglichkeiten, 1994, S. 71.

[426] Jung, Erich, Maßnahmen, 1921, S. 31 f. Jung bezieht sich hier auf die mit einer Option auf die Umwandlung in mehrstimmige Aktien ausgestatteten Stammaktien; ausgeübt wurde diese Option erst zwei Jahrzehnte nach Abfassung von Jungs Arbeit.

Was den Entstehungszeitpunkt anbelangt, so gibt es Hinweise, die in zwei verschiedene Richtungen gehen und die ein Schlaglicht werfen auf die beiden wichtigsten Entstehungsursachen, die sich in der Untersuchungseinheit feststellen lassen - die bewußte Schaffung von Mehrstimmrechtsaktien und die sozusagen "technische" Entstehung, die mit der Währungsreform Mitte der zwanziger Jahre zusammenhängt. 1925 entstanden Mehrstimmrechtsaktien bei der Siemens AG im Zuge der Währungsreform durch Umstellung des inflationär aufgeblähten Kapitals.[427] Diese Vorzugsaktien wurden jedoch 1941 wieder eingezogen. Die Mehrstimmrechte, die heute noch existieren, wurzeln in noch früheren Jahren: Bereits fünf Jahre vor der Währungsreform, anläßlich der Hauptversammlung des Unternehmens am 18. Mai 1920, waren Stammaktien der Familie Siemens mit einer Option auf Umtausch in Vorzugsaktien mit 30fachem Stimmrecht ausgestattet worden. Diese Option wurde schließlich 1942 ausgeübt und die in Frage stehenden Stammaktien in Vorzugsaktien mit Mehrstimmrecht umgetauscht.[428] Auf Antrag der Siemens AG bestätigte das Reichswirtschaftsministerium am 23. April 1942 die Transaktion. Die ministerielle Genehmigung war nach dem AktG 1937 erforderlich geworden. Die Mehrstimmrechtsaktien dieses Unternehmens liegen nach wie vor bei der Familie von Siemens; sie werden heute von einer Vermögensverwaltung treuhänderisch verwaltet.[429]

Auch bei einer Reihe von kleineren Unternehmen der Untersuchungseinheit kam der Gründerfamilie bei der Entstehung der Mehrstimmrechtsaktien eine entscheidende Rolle zu:

Bei der Calwer Decken- und Tuchfabriken Aktiengesellschaft beispielsweise wurden die Mehrstimmrechtsaktien 1921 anläßlich einer von mehreren Kapitalerhöhungen in Folge geschaffen. Das Unternehmen entstand in der alten Textilregion Calw, nachdem die Calwer Zeughandlungscompagnie, ein Konzern aus alten Textilfamilien, Ende des 18. Jahrhunderts in einzelne Textilfabriken zerfallen war. Die Vorzugsaktien mit Mehrstimmrecht übernahm 1921 ein Konsortium um den Aufsichtsratsvorsitzenden. Dieser war ein Nachkomme einer der Familien, die Anfang des 19. Jahrhunderts die Vorläufergesellschaft der Calwer Decken- und

---

427 Vgl. Verlag Hoppenstedt GmbH (Hrsg.), Handbuch, 1992, S. 8.

428 Vgl. Rembold, Otto u.a., Siemens, 1992, S. 3. Die Auseinandersetzung bezog sich auf ein Genehmigtes Kapital, das in der Hauptversammlung der Siemens AG im Jahr 1991 beschlossen worden war und die Ausgabe weiterer Mehrfachstimmrechtsaktien ermöglichte.

429 Vgl. Gliederungspunkt III.E.1.

Tuchfabriken aufgebaut hatten. In den Folgejahren verteilte man die Mehrstimmrechte auf befreundete Textilunternehmen. Ab 1933 wurden die Vorzugsaktien breiter gestreut und auf die Nachkommen der Gründerfamilien, die auch zum Teil dem Aufsichtsrat des Unternehmens angehörten, aufgeteilt.

Auch bei der Gruschwitz Textilwerke AG kamen die damals mit 10fachem Stimmrecht ausgestatteten Vorzugsaktien zunächst in die Hände der Gründerfamilie Gruschwitz. Diese Vorzüge, deren Stimmrechtsausstattung mehrfach geändert wurde,[430] verblieben bis nach dem 2. Weltkrieg dort. Nachdem die ehemals im schlesischen Neusalz / Oder ansässige Fabrik unter polnische Verwaltung gekommen war, wurde das Unternehmen zunächst nach Berlin, später nach Neu-Ulm verlegt.[431] Das operative Geschäft führte eine GmbH weiter, die dann 1959 mit der zwischenzeitlich als reine Vermögensverwaltung tätige Gruschwitz Textilwerke AG verschmolzen wurde.[432] Die Mehrstimmrechtsaktien blieben dabei unverändert bestehen. Der letzte Nachkomme der Familie streute in der Folgezeit die ihm verbliebenen Anteile unter Freunde und Bekannte. Die Vorzugsaktien gab er in die Hände des damaligen Aufsichtsratsvorsitzenden des Unternehmens, der sie später an den heutigen Hauptaktionär der Gruschwitz Textilwerke AG, Adolf Merckle, weiterreichte.[433]

---

[430]Dies geschah beispielsweise 1943 im Zuge einer Kapitalberichtigung. Im Geschäftsbericht der damaligen Gruschwitz Textilwerke Aktiengesellschaft Neusalz (Oder) für das Geschäftsjahr 1941/42 vom 1. Okt. 1941 - 30. Sept. 1942 heißt es unter dem Punkt 'Bericht des Vorstandes': "Mit einer Kapitalberichtigung mußte eine Änderung des in § 18 Abs. 2 der Satzung festgelegten Stimmrechts verbunden werden. Da nämlich die nominell RM 60 000,- Vorzugsaktien über 10 000 Stimmen verfügten, so konnte eine Erhöhung der Stimmen um ein Drittel nur erreicht werden, daß vorher das Stimmrecht der Vorzugsaktien ebenso wie das der Stammaktien verdreifacht wurde. Auf diese Weise konnte dem gesetzlichen Erfordernis Rechnung getragen werden, daß das Stimmenverhältnis zwischen Vorzugs- und Stammaktien sich nicht ändern darf. Da nach gerichtlicher Eintragung der Kapitalberichtigung nach Änderung des § 18 Abs. 2 die Stammaktien 3 Stimmen je RM 100,- Nennbetrag und die Vorzugsaktien 4 Stimmen je RM 6,- Nennbetrag gewähren, so verfügen die Stammaktien künftig also über insgesamt 403 200 Stimmen, die Vorzugsaktien über insgesamt 40 000 und in den Sonderfällen des § 18 Abs. 3 der Satzung über insgesamt 80 000 Stimmen."

[431]Vgl. Gruschwitz Textilwerke Aktiengesellschaft (Hrsg.), Geschäftsbericht 1944/48; Gruschwitz Textilwerke Aktiengesellschaft (Hrsg.), Geschäftsbericht, 1956, S. 2.

[432]Vgl. Gruschwitz Textilwerke AG (Hrsg.), Geschäftsbericht, 1959, (hier Tagesordnung), Neu-Ulm.

[433]Vgl. Gruschwitz Textilwerke AG, Interview mit Karlheinz Mühlbronner am 14. August 1995, Frage 3 (Anhang 1).

Drei Textilunternehmer waren es auch, die sich in einem für sie neuen Geschäftsfeld betätigten und 1904 den Ausbau der bereits in den 70er Jahren des 19. Jahrhunderts gegründeten Porzellanfabrik Waldsassen Bareuther & Co. AG zu einer Aktiengesellschaft betrieben. Die Allgemeine Deutsche Creditanstalt Leipzig (ADCA) brachte 1912 die Aktien des Unternehmens an die Börse und erhielt im Gegenzug einen Aufsichtsratssitz im Unternehmen. Wie es heißt, erfolgte der Börsengang nicht ohne Widerstände aus dem Kreise der Hauptaktionäre.[434] Die Mehrstimmrechtsaktien wurden dann 1921 anläßlich einer Kapitalerhöhung geschaffen.[435] Sie lagen zu Beginn in den Händen der drei Familienstämme Bareuther, Schmerler und Ploß, die das Unternehmen gegründet hatten, und der Hausbank des Unternehmens - der Allgemeinen Deutschen Creditanstalt, Leipzig (ADCA).

Die Nachkommen der Gründerfamilien spielten bis zur Liquidation der Firma als Miteigentümer des Unternehmens eine bedeutende Rolle. Auch die Mehrstimmrechtsaktien verblieben bis zur Auflösung der Gesellschaft in den Händen der Familie Bareuther, der Erben der Familie Ploß sowie eines Vorstandes des Unternehmens, der diese Aktien von der ADCA übernommen hatte.

Ähnlich liegt der Fall bei der Carl Schlenk AG: Auch hier sind die 1920 geschaffenen, damals noch mit 10fachem Mehrstimmrecht ausgestatteten Vorzugsaktien in Familienbesitz geblieben. Der Aktionärskreis ist seit 1920 im wesentlichen unverändert. Die Mehrstimmrechtsaktien befinden sich heute noch im Besitz weniger Mitglieder der Familie von Schlenk.[436]

Bei der Th. Goldschmidt AG war zu Beginn und ist noch heute die Familie Goldschmidt Inhaberin der Mehrstimmrechtsaktien.[437] Die Mehrstimmrechte werden in diesem Fall allerdings nicht von den einzelnen Famili-

---

[434]Vgl. Siemen, Wilhelm (Hrsg.), Porzellan, 1991, S. 38.

[435]Vgl. Notariat Waldsassen, Ausfertigung, Gesch. Reg. No. 1174, Generalversammlungs-Protokoll der außerordentlichen Generalversammlung am 16. Dez. 1920, Waldsassen, S. 4; sowie Notariat Waldsassen, Ausfertigung, Gesch. Reg. No. 1012, Generalversammlungs-Protokoll der außerordentlichen Generalversammlung am 17. November 1921, Waldsassen, S. 2.

[436]Vgl. Carl Schlenk AG, Interview mit Alfred Hutzler am 5. Dezember 1995, Antworten auf Fragen 2 u. 3 (Anhang 1).

[437]Vgl. Th. Goldschmidt AG, Interview mit Dieter Keifenheim am 25. September 1995, Antworten auf Fragen 2 u. 3 (Anhang 1).

enmitgliedern persönlich, sondern von einer Vermögensverwaltungsgesellschaft treuhänderisch gehalten.[438]

Die Entstehung der Mehrstimmrechtsaktien der W. Jacobsen AG ist ebenfalls im Zusammenhang mit der Gründerfamilie zu sehen, die sie zunächst auch hielt. Ins Leben gerufen wurde das Unternehmen bereits in den 70er Jahren des 19. Jh. 1917 wurde das ehemalige Warenhausunternehmen dann Aktiengesellschaft. Zu diesem Zeitpunkt war die Familie Jacobsen noch im Unternehmen dominant; Söhne und Schwäger des Gründers Wilhelm Jacobsen führten das Unternehmen. Heute spielt die Familie Jacobsen im Unternehmen keine Rolle mehr; die Mehrstimmrechtsaktien werden von einer Bank gehalten.

Auch bei der Kühltransit AG ist der familiäre Einfluß auf das Unternehmen längst zurückgedrängt. Das 1920 gegründete Unternehmen gehörte zum Einflußbereich der jüdischen Bankiersfamilie Kroch, die im Zuge der Arisierungspolitik des Dritten Reiches enteignet wurde. Bereits im Jahr der Gründung - 1920 - existierten Namensaktien; diese wurden noch im selben Jahr in Vorzugsaktien mit 5fachem Stimmrecht umgewandelt. Diese Mehrfachstimmrechtsaktien wurden von der Bankfirma Kroch jr. K.a.A., Leipzig, der Hamburg-Amerika-Linie, Hamburg, der Fa. Schenker & Co., Berlin, der Gesellschaft für Markt- und Kühlhallen, Hamburg, sowie der Eisenbahn-Verkehrsmittel-Akt.-Gesellschaft, Berlin, gehalten.[439] Die Mehrstimmrechte sicherten dieser Gesellschaftergruppe eine Sperrminorität. Die Kühltransit AG hat sich in ihren frühen Jahren also nicht vollständig in Familienbesitz, sondern im Einflußbereich der Markt- und Kühlhallen AG sowie anderer Speditionsunternehmen befunden.

III.C.3.1.2. Die öffentliche Hand als erste Inhaberin

Insbesondere bei den in der Untersuchungseinheit vertretenen Versorgungsunternehmen hatte die öffentliche Hand großen Anteil an der Entstehung der Mehrstimmrechtsaktien und war auch zumeist erste Inhaberin dieser Anteile. Bei der Mehrheit dieser Energieversorger ist sie bis heute in Besitz der Mehrstimmrechtsaktien.

Dies gilt beispielsweise für die RWE AG. Bereits wenige Jahre nach Gründung der Rheinisch-Westfälischen Elektrizitätswerks AG im Jahr

---

[438] Vgl. Gliederungspunkt III.E.1.

[439] Vgl. Verlag für Börsen- und Finanzliteratur A.-G. (Hrsg.), Handbuch, 1926 II, S. 3392.

1898 hatten die ersten Städte - Essen, Mülheim a. d. Ruhr und Gelsenkirchen - Anteile an dem Unternehmen erworben. 1922 wurden bei der RWE AG auf Initiative eines der RWE-Gründer, Hugo Stinnes, mit einfachem Stimmrecht ausgestattete Namensaktien ausgegeben.[440] Diese Papiere wurden überwiegend den Städten und Landkreisen überlassen und mit einer Sonderdividende versehen, um einen zusätzlichen finanziellen Anreiz für die Beteiligung von einzelnen Kommunen am RWE zu bieten.[441] Nur durch möglichst viele kommunale Abnehmer bzw. Anteilseigner konnten die großen Kraftwerkseinheiten wirtschaftlich betrieben und die Vorteile der überregionalen Stromversorgung ausgenutzt werden.[442] In den Folgejahren übertrugen immer mehr Gemeinden und Gemeindeverbände der RWE AG die Stromversorgung ihres Gebietes und beteiligten sich am Unternehmen. Auf diese Weise erlangten die Kommunen 1921 die Kapitalmehrheit bei RWE: 45 kommunale Aktionäre verfügten über 51 % des RWE-Aktienkapitals von damals 108 Mio. Mark.

Die Währungsreform des Jahres 1924 führte zu einer Abwertung der Aktien. Da der Nennwert der Namensaktien bei RWE zwanzigmal so stark abgewertet wurde wie derjenige der Stammaktien, das einfache Stimmrecht jeder Aktie durch die Abwertung aber nicht berührt wurde, wuchs den Namensaktien praktisch ein - bezogen auf den Nennwert - zwanzigfaches Stimmrecht zu.[443] Zu explizit formulierten Mehrfachstimmrechten kam es aber erst später. Die 1. Durchführungsverordnung zum Aktiengesetz vom 29.9.1937 schrieb vor, daß Aktien mit Mindestnennwerten auszustatten seien.[444] Aus diesem Grund wurden zwanzig Namensaktien zu einer Aktie zusammengelegt und so der Nennwert der Namensaktien auf den der Stammaktien angehoben. Damit erlangte die Namensaktie den gleichen Nennbetrag wie die Stammaktien, umfaßte allerdings zwanzig Stimmen. Im Ergebnis führten die Vorgänge zwar zum Verlust der Kapitalmehrheit der Kommunen; die Stimmenmehrheit blieb jedoch erhalten. Dies hat sich bis heute nicht geändert.

---

[440] Vgl. Verband der kommunalen Aktionäre des RWE GmbH (Hrsg.), Jahre, o. J., S. 1.

[441] Vgl. Verband der kommunalen Aktionäre des RWE GmbH, Interview mit Rudolf H. Müller am 15. Januar 1996, Antwort auf Frage 4 (Anhang 1).

[442] Vgl. Verband der kommunalen Aktionäre des RWE GmbH (Hrsg.), Partnerschaft, 1992, S. 8 f.

[443] Vgl. Hoffschulte, Heinrich / Müller, Rudolf H., Beseitigung, 1993, S. 127.

[444] S. 1. Durchführungsverordnung zum Aktiengesetz vom 29. September 1937, in: RGBl., Jg. 1937, Teil I, Berlin, 1937, Art. 1, § 1, S. 1026.

Auch bei der Fränkisches Überlandwerk Aktiengesellschaft ist die öffentliche Hand - nämlich der Bezirk Mittelfranken - vom Zeitpunkt ihrer Entstehung an bis heute in Besitz der Mehrstimmrechtsaktien geblieben. Diese Papiere sind 1922, also erst etwa zehn Jahre nach Gründung des Unternehmens, geschaffen worden.[445]

Seit ihrer Schaffung - also seit 1923 - in Besitz der öffentlichen Hand sind auch die Mehrstimmrechtsaktien der Hamburgischen Electricitäts-Werke AG. Wie bei der FÜW AG existierten sie nicht von Beginn der Tätigkeit der Aktiengesellschaft an. 1893 hatte zunächst die Kommanditgesellschaft Schuckert & Co. die städtischen Elektrizitätswerke von der Hansestadt Hamburg übernommen und in die "Hamburgische Electricitäts-AG" umgewandelt. Zu einem gemischtwirtschaftlichen Unternehmen wurde das Versorgungsunternehmen durch eine Beteiligung der Hansestadt Hamburg am Grundkapital der jungen Aktiengesellschaft in Höhe von 50 %.[446] Die Mehrstimmrechte gab es zu dieser Zeit noch nicht; sie wurden erst anläßlich der inflationären Entwicklung geschaffen, damit die Stadt ihren Einfluß in Höhe von 50 % der Stimmen halten konnte.[447] Hamburg hat inzwischen seine Beteiligung an der HEW AG reduziert und einen Teilverkauf seines Stammaktienpaketes vorgenommen.[448]

Die Mehrstimmrechtsaktien der Überlandwerk Unterfranken Aktiengesellschaft sind im Jahr 1922, zwei Jahre nach Unternehmensgründung, entstanden. Als die Aufnahme neuer Aktionäre aus Finanzierungsgründen nötig wurde, wuchsen sie dem bisherigen Alleininhaber des Unternehmens, dem unterfränkischen Kreistag, im Zuge einer Kapitalerhöhung zu.[449] Heute ist dieser kommunale Aktionär nicht mehr als Anteilseigner im Unternehmen vertreten. Die damals neu als Aktionäre hinzugetretenen Unternehmen - es handelt sich um die Bayernwerk AG und eine Tochtergesellschaft der PreussenElektra AG - sind heute Hauptaktionäre der

---

445 Vgl. Fränkisches Überlandwerk Aktiengesellschaft, Geschäftsbericht, 1922. Dort sind die Mehrstimmrechtsaktien erstmals aufgeführt. Ebenfalls Fränkisches Überlandwerk Aktiengesellschaft, Interview mit Helmut Brandt am 5. Dezember 1995, Antwort auf Frage 3 (Anhang 1).

446 Vgl. Kermel, Cornelia, Steuerungsmöglichkeiten, 1994, S. 25.

447 Vgl. Hamburgische Electricitäts-Werke AG (Historisches Archiv), Philipp, Helmut, Leiter des Historischen Archivs, Schreiben vom 1. März 1995, Antwort auf Fragen 3. u. 4 (Anhang 1).

448 Vgl. Gliederungspunkt III.D.2.2.2.

449 Vgl. Schäfer, Hans-Peter, Überlandversorgung, o. J., S. 63.

ÜWU AG. Die Mehrstimmrechtsaktien liegen vollständig bei der Bayernwerk AG.

Die OBAG - die Energieversorgung Ostbayern AG - entstand, als sich einzelne Stromversorger in der Oberpfalz und in Niederbayern in immer größeren Einheiten zu einem flächendeckenden Versorgungsunternehmen zusammenschlossen.[450] Bei einer Grundkapitalerhöhung der Vorläufergesellschaft der OBAG - der Oberpfalzwerke AG Regensburg (OWAG) - um 300 Mio. Mark wurden zum einen neue Stammaktien geschaffen, zum anderen die bisher bestehenden Stammaktien in Höhe von 3 500 000,- Mark in Vorzugsaktien mit damals 100fachem Stimmrecht umgewandelt. Inhaber der mehrstimmigen Vorzugsaktien wurde die Kreisüberlandwerk Oberpfalz GmbH & Co. KG, Regensburg (KÜW). Die KÜW war ein Zusammenschluß kommunaler Gebietskörperschaften; als ihre Gesellschafter traten der Kreis Oberpfalz und Regensburg, die Städte Regensburg, Amberg, Weiden und Neumarkt sowie 18 Bezirksverwaltungen auf. Die Zielsetzung bestand in der Erschließung der Oberpfalz mit elektrischer Energie. Die OBAG selbst entstand erst Ende 1943 beim Zusammenschluß der OWAG mit der "Ostbayerischen Stromversorgungs-Aktiengesellschaft" (OSTROMAG).[451]

Nicht ausschließlich in kommunale Hände, sondern teilweise auch in Staats- und Landesbesitz gelangten die Mehrstimmrechtsaktien der Berliner Kraft- und Licht (BEWAG)-Aktiengesellschaft. 1931 wurde die "Berliner Kraft- und Licht-Aktiengesellschaft" (BKL) gegründet, um die bisher im Eigentum der Stadt Berlin stehenden Elektrizitätswerke zu erwerben. Ein internationales Konsortium übernahm das sich auf 240 Mio. RM belaufende Grundkapital der BKL, das in A- und B-Aktien eingeteilt war. Die nominal 80 Mio. RM B-Aktien mit doppeltem Stimmrecht[452] übernahmen die Stadt Berlin, die reichseigene "Elektrowerke Aktienge-

---

[450] Vgl. Energieversorgung Ostbayern AG (Hrsg.), OBAG Energieversorgung Ostbayern AG - Imagebroschüre, Regensburg, 1996, S. 4.

[451] Vgl. Energieversorgung Ostbayern AG (Hrsg.), OBAG Energieversorgung Ostbayern AG - Imagebroschüre, Regensburg, 1996, S. 4.

[452] Vgl. Verlag Hoppenstedt & Co. (Hrsg.), Handbuch, 1939, S. 835.

sellschaft" und die "Preußische Elektrizitäts-Aktiengesellschaft".[453] Um die Verwaltung der Elektrizitätsversorgung Berlins zu vereinfachen, wurden schließlich 1934 die "Berliner Städtische Elektrizitätswerke Akt.-Ges." mit der "Berliner Kraft- und Licht-Aktiengesellschaft" zur Berliner Kraft- und Licht (BEWAG)-Aktiengesellschaft zusammengelegt.[454]

Am spätesten entstanden die Mehrstimmrechtsaktien bei der VEW AG. Dies geschah nicht bereits 1930 bei der Umwandlung der früheren VEW GmbH in eine Aktiengesellschaft, sondern erst kurz vor der Umwandlung des ehemals rein kommunalen in ein gemischtwirtschaftliches Unternehmen im Jahre 1966. Wegen des Ausbaus von Kraftwerkskapazitäten und Leitungsnetzen hatte sich der jährliche Kapitalbedarf der VEW AG so beträchtlich erhöht, daß die Möglichkeiten der Eigen- und Fremdfinanzierung an ihre Grenzen stießen. Die Erweiterung des Aktionärskreises auf private Kapitalgeber schien der einzig gangbare Weg, um den steigenden Kapitalbedarf zu decken.

Um die Zustimmung der kommunalen Anteilseigner zu der Teilprivatisierung der VEW AG zu bekommen, wurden ihre vinkulierten Namensaktien 1965 mit dreifachem Stimmrecht ausgestattet. "Für das bisher rein kommunale Unternehmen war ein derartiger Schritt von einschneidender Bedeutung und nicht ohne das Verständnis der bisherigen Anteilseigner für eine nachhaltige Stabilisierung der Kapitalverhältnisse zu realisieren."[455] Da vor der Schaffung dieser Mehrstimmrechte das AktG 1965 in Kraft trat, mußten diese Stimmrechte von dem für die VEW AG zuständigen Ministerium für Wirtschaft, Mittelstand und Verkehr des Landes NRW genehmigt werden.[456]

---

[453] Einzelstaaten wie Preußen bauten Anfang und Mitte der zwanziger Jahre ihre Positionen als Stromerzeuger und -verteiler stetig aus. Die Preußische Elektrizitätsaktiengesellschaft Preag - oder Preußen-Elektra - wurde durch Gesetz vom 24. Oktober 1927 gegründet. Gemeinsam mit anderen Beteiligungsunternehmen des Landes Preußen wurde die Preußen-Elektra in die Dachgesellschaft Vereinigte Elektrizität und Bergwerk AG (VEBA) eingebracht. Vgl. dazu Kermel, Cornelia, Steuerungsmöglichkeiten, 1994, S. 28.

[454] Vgl. Verlag Hoppenstedt GmbH (Hrsg.), Handbuch, 1995, S. 515.

[455] Vereinigte Westfälische Elektrizitätswerke AG (Hrsg.), VEW, 1975, S. 10.

[456] Vgl. Gliederungspunkt III.C.4.1.4; Vereinigte Elektrizitätswerke Westfalen Aktiengesellschaft (Hauptverwaltung): Schreiben an das Ministerium für Wirtschaft, Mittelstand und Verkehr des Landes Nordrhein-Westfalen z. Hd. Herrn Oberregierungsrat Dr. Keßler, Düsseldorf, vom 15. April 1965.

Im Mai 1966 gab das Unternehmen dann Inhaberaktien in Höhe von nominell 75 Mio. DM unter Ausschluß des Bezugsrechts der kommunalen Anteilseigner aus.[457] Nach der Transaktion wurden nur noch 78,9 % des Grundkapitals von kommunalen, 21,1 % von privaten Aktionären gehalten. Gleichwohl konnten die Gebietskörperschaften mit Hilfe der Mehrstimmrechtsaktien auch nach dem Börsengang der VEW AG über 91,8 % der Stimmrechte verfügen.[458]

Auch bei der Hamburger Hochbahn AG war die öffentliche Hand in Gestalt des Staates Hamburg Erstinhaberin der Mehrstimmrechtsaktien. Zunächst - 1923 - waren B-Vorzugsaktien mit 5fachem Stimmrecht in Höhe von nominal 20 Mio. Mark ausgegeben worden; teilweise gegen Einbringung von Gleisanlagen in das Gesellschaftsvermögen. Diese Mehrstimmrechtsaktien wurden dann im Zuge der Goldbilanzumstellung 1924 in eine einzige Mehrstimmrechtsaktie mit einem Nennwert von RM 260 000,- zusammengelegt, die 48 900 Stimmen verbriefte.[459] Nach der Goldbilanzumstellung verfügte die Hansestadt Hamburg allein mit den Mehrstimmrechtsaktien über ein Stimmenpotential von 20,32 %; der finanzielle Einsatz Hamburgs war demgegenüber verschwindend gering: Der Grundkapitalanteil der B-Vorzugsaktie betrug nur 0,27 %. Der Stadtstaat verfügt noch heute über die mit Mehrstimmrecht ausgestattete Vorzugsaktie.

Kommunale Aktionäre beteiligen sich aber nicht nur an Unternehmen aus dem Bereich der Energiewirtschaft oder des öffentlichen Personennahverkehrs. Die öffentliche Hand ist auch Aktionärin der Schloßgartenbau AG, einer städtischen Grundstücksgesellschaft in Stuttgart. Am 3. Oktober 1921 wurde - zunächst nicht unter Beteiligung der Stadt Stuttgart selbst, sondern von Banken in Stuttgart und Berlin und von Einzelpersonen -, eine Gesellschaft gegründet "zum Zweck der Erwerbung des im Schloßgarten in Stuttgart gelegenen Marstallgebäudes und zu seiner Verwertung durch Überbauung oder auf andere Weise."[460] Die Stadt Stuttgart wurde erst 1926 Aktionärin der Gesellschaft, also nach Überwindung der Inflation und Umstellung des Grundkapitals auf die Goldbilanz. Die Entstehung der mehrstimmigen Vorzugsaktien im Jahre 1921 ist nach Durchsicht der heute noch erhaltenen Unterlagen - so die Angaben des Unternehmens -

---

[457]Vgl. Vereinigte Westfälische Elektrizitätswerke AG (Hrsg.), VEW, 1975, S. 10.

[458]Vgl. Berlo, Kurt / Murschall, Hartmut, Einflußmöglichkeiten, 1994, S. 71.

[459]Vgl. Verlag für Börsen- und Finanzliteratur A.-G., Handbuch, 1926 II, S. 3599.

[460]Schloßgartenbau AG, Interview mit Wolfgang Kurz am 18. September 1995, Antwort auf Frage 3 (Anhang 1).

mit dem kommunalen Aktionär nicht in Verbindung zu bringen. Aus den Akten gehe nur hervor, daß die Stadt Stuttgart im Laufe der Zeit einen Teil des Aktienkapitals übernommen habe.[461] Heute befindet sich ein Teil der Mehrstimmrechtsaktien in Händen der Stadt; die nach wie vor einer der Hauptaktionäre des Unternehmens ist. Es erscheint daher naheliegend, daß die Stadt bereits in der Frühzeit der Mehrstimmrechtsaktien derartige mehrstimmige Anteile übernommen hat. Wer auch immer über die Vorzugsaktien mit 10fachem Stimmrecht verfügte, der konnte allein mit ihrer Hilfe die Unternehmenspolitik bestimmen: Die Aktien verbrieften damals, 1926, ein Stimmenpotential von 50,33 %.

III.C.3.1.3 Andere Erstinhaber der Mehrstimmrechtsaktien

Mehrstimmrechtsaktien gelangten nach ihrer Entstehung nicht nur in Besitz der Gründerfamilie oder der öffentlichen Hand. Sie wurden auch zwischen einzelnen Unternehmen ausgetauscht sowie von Privatpersonen übernommen, die nicht der Gründerfamilie zuzurechnen sind.

Am häufigsten war die Übertragung der Vorzugsaktien an Aufsichtsrat und Vorstand eines Unternehmens zu beobachten. Wie Jung meint, seien auf diese Weise die Organe ausgewählt worden, die das Unternehmen leiteten und deren Interessen mit der Gesellschaft wirklich konform gingen.[462] Die von Jung unterstellte Interessengleichheit war jedoch beileibe nicht automatisch gegeben. Die Mehrstimmrechte dienten im Gegenteil häufig der Zementierung der Managementposition, zumal Gewicht und Eingriffsmöglichkeiten der Aufsichtsräte in den Unternehmen durch die zunehmende Komplexität und Ausweitung der Geschäftsbetriebe immer mehr abnahmen.[463]

In Gesellschaften, bei denen die Banken bereits einen großen Einfluß besaßen und auch Aufsichtsratsmitglieder stellten, wurde häufig ein Bankenkonsortium Inhaber der neuen Vorzugsaktien. Beispielsweise erfolgte 1920 in Berlin die Gründung einer Verwaltungsgesellschaft für Vorzugsaktien in Form einer Bank - der Bank für Industriewerte. Ihr Kapital wurde von der Deutschen Bank, der Dresdner Bank, der Diskontogesellschaft

---

[461] Vgl. Schloßgartenbau AG, Interview mit Wolfgang Kurz am 18. September 1995, Antwort auf Frage 3 (Anhang 1).

[462] Vgl. Jung, Erich, Maßnahmen, 1921, S. 45.

[463] Vgl. Passow, Richard, Strukturwandel, 1930, S. 24 f.

und der Berliner Handelsgesellschaft gehalten; eine Reihe von Industrieunternehmen brachten ihre Vorzugsaktien in diese Bank ein.[464]

Aron zufolge war zu dieser Zeit der Übergang großer Aktienpakete an Konsortien aus Banken und Verwaltungskreisen "der gewöhnliche Gang der Dinge"[465]. Diese Konsortien ließen sich das Recht von der Generalversammlung zuerkennen, die neuen Aktien im Interesse der Gesellschaft bestmöglich zu verwerten: "Soweit gewisse Verwaltungen diese Transaktionen ausführten, mag den Gesellschaften mit der raschen Beschaffung von Kapital gedient gewesen sein; es liegen aber sehr viele Fälle vor, in denen mindestens ein Teil der Verwertungen zum finanziellen Vorteil der die Verwaltung bildenden Großaktionäre erfolgte, indem sie die Aktien zu niedrigeren Kursen übernahmen. ... Das Ausmaß der durch die Großaktionäre erzielten Gewinne einwandfrei festzustellen, ist unmöglich. Die als erste Erwerber oder Kommissionäre auftretenden Großaktionäre haben ihre Bestände zum Teil abgestoßen, wobei, der verschiedenen Zeit entsprechend, die unterschiedlichsten Kurse erzielt wurden; ..."[466] Arons Berechnungen zufolge ging auf diese Weise mehr als die Hälfte des nominellen Aktienkapitals der deutschen Unternehmen nach dem 1. Weltkrieg bis Mitte der zwanziger Jahre in neue Hände über.[467] Aron kritisiert: "Den Verlust haben ... die Vorkriegskleinaktionäre zu tragen, welche sich trotz der geringen Einzahlungen auf die Neuemissionen mit deren Erwerbern in die vorhandene Substanz im Verhältnis der Nominalbeträge der Aktien teilen müssen."[468]

In die gleiche Richtung gehen Beobachtungen von Jung: Im Fall eines Konsortiums werde typischerweise keine Vinkulierung der Vorzugsaktien festgelegt. "Lediglich im Konsortialvertrag verpflichteten sich die die Aktien übernehmenden Banken, dieselben nicht in den Handel zu bringen. Es wurden daher auch fast nur Inhaberaktien ausgegeben."[469] Häufig wurden nur kurzfristige Regelungen zum Überfremdungsschutz getroffen; nach wenigen Jahren konnten die Banken die Aktien in den Handel bringen und die zum Nennwert überlassenen Papiere mit Gewinn verkaufen. Insgesamt galt, daß den Stammaktionären in vielen Fällen nicht offengelegt wurde,

---

[464] Vgl. Kurz, Simon, Abwehr, 1921, S. 47.

[465] Aron, Arno, Kapitalveränderungen, 1927, S. 86.

[466] Aron, Arno, Kapitalveränderungen, 1927, S. 87.

[467] Vgl. Aron, Arno, Kapitalveränderungen, 1927, S. 87 ff.

[468] Aron, Arno, Kapitalveränderungen, 1927, S. 91.

[469] Jung, Erich, Maßnahmen, 1921, S. 35.

wer die Mehrstimmrechtsaktien hielt. Sehr häufig lautete nach Kurz die den Aktionären gegebene Information wie folgt: "Die Vorzugsaktien werden von einem der Verwaltung nahestehenden Konsortium übernommen."[470]

Viele Mehrstimmrechtsaktien wurden auch von so bezeichneten "befreundeten Firmen" übernommen. Der bekannteste Fall war der der Großchemie: Acht Firmen - unter anderem die heutige BASF, Höchst, Casella und Bayer, hatten sich damals zu einer Interessengemeinschaft - I.G. - zusammengeschlossen. Das Bezugsrecht auf die Mehrstimmrechtsaktien dieses Konzerns wurde so durchgeführt, daß die Firma B die Vorzugsaktien der Firma A, die Firma C die der Firma B erhielt etc., so daß die Aktien im Kreis ausgegeben wurden. In der zeitgenössischen Presse wurden derartige Vorgänge mit "Verfilzung" bezeichnet.[471] Es gab Extremfälle, in denen die Überfremdungsaktien bei einer Tochtergesellschaft lagen, deren Aktien vollständig in Besitz der Muttergesellschaft waren.[472]

Die aufgeführten Maßnahmen waren aus finanziellen Gründen sehr praktisch, da keine besonderen Kosten entstanden. Gefahrlos waren die Überkreuzbeteiligungen allerdings für die Firmen nicht, da es sehr häufig Konkurrenzfirmen waren, denen die Vorzugsaktien übertragen wurden und damit der entscheidende Einfluß in der Gesellschaft eingeräumt wurde.[473]

Dieser Kategorie sind beispielsweise die heute nicht mehr existierenden Mehrstimmrechtsaktien der Daimler Benz AG zuzurechnen. Die nach Aussage des Unternehmens älteste erhaltene und dem Unternehmen bekannte Satzung der Daimler Benz AG, Berlin, die vermutlich aus dem Jahr 1933, spätestens aber aus dem Jahr 1935 datiert, weist Mehrstimmrechtsaktien aus.[474] Die Entstehung der Mehrstimmrechtsaktien im Unternehmen geht aber bereits auf die Vorläufergesellschaften des Unternehmens, die "Benz & Cie Rheinische Automobil- und Motoren-Fabrik Aktiengesellschaft" und die "Daimler Motoren Gesellschaft", zurück, die sich 1926 zur heutigen Daimler Benz AG zusammenschlossen.[475]

---

[470]Kurz, Simon, Abwehr, 1921, S. 43.

[471]Vgl. Kurz, Simon, Abwehr, 1921, S. 43.

[472]Vgl. Kurz, Simon, Abwehr, 1921, S. 44.

[473]Vgl. Jung, Erich, Maßnahmen, 1921, S. 33 ff.

[474]Vgl. Daimler Benz Aktiengesellschaft (Hrsg.), Satzung idF o. J., § 17, S. 10 ff.; auch Daimler Benz AG, Schreiben Reiff / Rappers vom 18. Dezember 1995, S. 2.

[475]Vgl. Verlag Hoppenstedt GmbH, Handbuch, 1996, S. 807.

Bereits bei diesen Vorläufergesellschaften existierten Aktien, die mit Mehrstimmrecht ausgestattet waren.[476] Sowohl die DMG als auch Benz & Cie haben im Jahre 1920 und in Folgejahren in großem Umfang Vorzugsaktien als Schutzaktien ausgegeben; dies geht beispielsweise aus der Satzung der Daimler Benz Motoren Gesellschaft aus dem Jahr 1925 hervor.[477] Die DMG machte von dem Instrument der Schutzaktien offensichtlich in erheblichem Umfang Gebrauch und tauschte die Vorzugsaktien mit anderen Unternehmen wie der Maschinenfabrik Esslingen aus.[478] Auch bei Benz & Cie wurden im Rahmen von umfangreichen Kapitalerhöhungen Mehrstimmrechtsaktien geschaffen, die beim Emissionskonsortium verblieben.[479] Die Mehrstimmrechtsaktien der Daimler Benz AG lagen später bis zu ihrer Abschaffung in den Händen des Kreditinstituts, das mit dem Unternehmen seit dessen Anfängen geschäftlich eng verbunden war - der Deutschen Bank AG.

Im Falle der Württembergische AG Versicherungs-Beteiligungsgesellschaft waren es Privatpersonen, die bereits im Jahre 1923 bei der Entstehung der Aktiengesellschaft, damals noch Württembergische Feuerversicherung AG (WürttFeuer), Mehrstimmrechtsaktien im Grundkapital des Unternehmens verankerten.[480] Sowohl Stammaktien als auch die mit Mehrstimmrecht ausgestatteten Vorzugsaktien wurden zu jeweils gleichen Teilen an die fünf Gründer ausgegeben, die das gezeichnete Kapital nur eine Zeitlang hielten und es dann weitergaben. Das Bankhaus Auffhäuser, München, soll - so das Unternehmen - in frühem Stadium in Besitz der Vorzugsaktien gekommen sein. Ein Mitinhaber des Bankhauses sei Mitglied im ersten Aufsichtsrat der WürttFeuer gewesen. Ebenfalls "zu einem sehr frühen Zeitpunkt"[481] sei dann die Allgemeine Rentenanstalt (ARA) in den Besitz dieser Vorzugsaktien gekommen.[482] Die ARA - ein Schwe-

---

[476]Vgl. Daimler Benz AG, Schreiben Reiff / Rappers vom 18. Dezember 1995, S. 2 f.; auch Daimler Benz AG (Hrsg.), 100 Jahre, 1986, S. 82 sowie 329.

[477]Vgl. Daimler Motoren Gesellschaft, Satzung idF 1925, § 17, S. 10 f.

[478]Vgl. Daimler Benz AG, Schreiben Reiff / Rappers vom 18. Dezember 1995, S. 2 f.

[479]Vgl. Daimler Benz AG (Hrsg.), 100 Jahre, 1986, S. 82 sowie 329.

[480]Vgl. Württembergische Feuerversicherung Aktiengesellschaft, Vertrag über die Errichtung einer Aktiengesellschaft, Stuttgart, 25. Juni 1923. Das Unternehmen selbst bestand bereits seit 1828.

[481]Württembergische AG Versicherungs-Beteiligungsgesellschaft, Interview mit Dietrich Kaufmann am 20. April 1995, Antwort auf Frage 2 (Anhang 1).

[482]Vgl. Württembergische AG Versicherungs-Beteiligungsgesellschaft, Interview mit Dietrich Kaufmann am 20. April 1995, Antworten auf Fragen 1-3 (Anhang 1).

sterunternehmen der WürttFeuer - hat die Vorzugsaktien nach Aussage des Unternehmens bis zur Abschaffung der Mehrstimmrechte gehalten.[483]

Das Energieversorgungsunternehmen Mittelschwäbische Überlandzentrale AG (MÜAG) läßt sich, was den Kreis der ersten und heutigen Inhaber der Mehrstimmrechtsaktien anbelangt, nicht in den Rahmen der übrigen Versorgungsunternehmen der Untersuchungseinheit einordnen. Die öffentlichen Hand war nicht als Aktionärin im Unternehmen vertreten; auch die Mehrstimmrechte wurden nicht an staatliche Organe ausgegeben. Vielmehr wurde die MÜAG 1908 von Landwirten auf der Schwäbischen Alb mit dem Ziel der Selbstversorgung mit Elektrizität ins Leben gerufen - dies zunächst als Genossenschaft. Infolge der Inflation wurde das Unternehmen 1923 in eine Aktiengesellschaft umgegründet; in diesem Jahr entstanden die mehrstimmigen Vorzugsaktien. Die MÜAG nimmt an - beweiskräftige Unterlagen darüber sind nicht mehr vorhanden - daß die Mehrstimmrechtsaktien bei der Umwandlung des Unternehmens in eine Aktiengesellschaft an die einstigen Genossen ausgegeben wurden; die anderen Anteilseigner haben dem Vernehmen nach Stammaktien erhalten.[484] Ein Teil dieser Mehrstimmrechtsaktien befindet sich heute noch in Händen von Erben der Landwirte, die das Unternehmen gegründet haben.[485] Über den anderen Teil dieser Aktien verfügt ein Energieversorgungsunternehmen,

---

[483] Die Versicherungsgesellschaften nahmen eine besondere Stellung ein: Ihre Aktien lauteten bereits auf Namen, und im Gesellschaftsvertrag war die Bedingung enthalten, daß die Übertragung nur mit Genehmigung der Verwaltung erfolgen sollte. Diese Übertragungsgenehmigung wurde aus dem Gesichtspunkt heraus getroffen, daß die Versicherungsaktien nur an kreditfähige Personen übergehen sollten, bei denen man mit einer gewissen Sicherheit auf eine reibungslose Einzahlung des noch ausstehenden Gesellschaftskapitals bei plötzlich eintretenden unerwarteten Schäden rechnen konnte. Die Versicherungsgesellschaften besaßen also bereits einen Überfremdungsschutz. Bis 1921 genügte den Gesellschaften dieser Schutz auch; Ende Februar 1921 brachte jedoch die Gruppe der Mannheimer kontinentalen Versicherungsgesellschaften den ersten Antrag auf Schaffung von Mehrstimmrechtsaktien als einer zusätzlichen Schutzmaßnahme ein. Weitere Versicherungsgesellschaften folgten. Vgl. dazu Kurz, Simon, Abwehr, 1921, S. 53 f.

[484] Vgl. Mittelschwäbische Überlandzentrale Aktiengesellschaft, Interview mit Eberhard Göppert und Wolfgang Fischer am 4. Dezember 1995; Antwort auf Frage 4 (Anhang 1).

[485] Wie Kurz 1921 ausgeführt hat, konnten vinkulierte Namensaktien - und um solche handelt es sich bei der Mittelschwäbische Überlandzentrale Aktiengesellschaft -, nach herrschender Rechtsauffassung auch ohne Genehmigung der Gesellschaft auf die Erben übergehen. Vgl. Kurz, Simon, Abwehr, 1921, 45 f.; ebenso Jung, Erich, Maßnahmen, 1921, S. 22 f. sowie S. 46.

das vor dem 2. Weltkrieg zum Kreis der Anteilseigner der Mittelschwäbischen Überlandzentrale Aktiengesellschaft hinzutrat.[486]

III.C.3.2. Gründe für die Schaffung in der Untersuchungseinheit

Die Entstehung der Mehrstimmrechtsaktien geht also in der überwiegenden Zahl der Fälle in der Untersuchungseinheit auf die zwanziger Jahre dieses Jahrhunderts zurück. Gemeinsamkeiten finden sich ebenfalls bezüglich der Gründe ihrer Schaffung. Hier lassen sich zunächst zwei Gruppen unterscheiden: Die große Mehrheit der Firmen hat die Mehrstimmrechte ganz bewußt ausgegeben, um einem bestimmten Anteilseigner oder einer Aktionärsgruppe einen besonders großen Einfluß im Unternehmen zu verschaffen; die näheren Umstände sollen unten im einzelnen dargelegt werden. In der zweiten Gruppe sind die Mehrstimmrechte zunächst nicht durch einen bewußten Willensakt der damaligen Aktionäre, sondern quasi durch einen bilanztechnischen Vorgang entstanden, nämlich durch die unterschiedlich starke Abwertung der Nennwerte verschiedener Aktienkategorien bei der Währungsreform Mitte der zwanziger Jahre. Später sind auch diese Mehrstimmrechte dann sehr wohl bewußt aufrechterhalten und in der Unternehmenssatzung verankert worden.

Zunächst soll jedoch die erste Gruppe der Unternehmen näher betrachtet und die Gründe der bewußten Schaffung der Mehrstimmrechte spezifiziert werden.[487]

III.C.3.2.1. Bewußte Schaffung der Mehrstimmrechte

Bei einer Reihe von Unternehmen sind die Mehrstimmrechte emittiert worden, um einer bestimmten Aktionärsgruppe mehr Einfluß im Unternehmen zu verschaffen. Dies trifft beispielsweise für die W. Jacobsen AG zu: Die Stimmrechte waren zunächst in der Hand der Gründerfamilie Jacobsen. Als das ehemalige Warenhausunternehmen - heute ist die W. Jacobsen AG eine Grundstücksgesellschaft - dann 1917 ihre Rechtsform von einer Offenen Handelsgesellschaft zu einer Aktiengesellschaft änderte, ist nach Aussage des Vorstands der W. Jacobsen AG bei der Gründerfamilie Jacobsen wohl der Wunsch entstanden, ihren Einfluß im Unternehmen zu

---

[486] Vgl. Mittelschwäbische Überlandzentrale Aktiengesellschaft, Interview mit Wolfgang Fischer und Eberhard Göppert am 4. Dezember 1995, Antwort auf Frage 1 und 2 (Anhang 1).

[487] Details zur Entstehung und Entwicklung der Mehrstimmrechtsaktien in einigen ausgewählten Unternehmen der Untersuchungseinheit sind im Anhang 5 enthalten.

sichern.[488] Eindeutig belegen läßt sich diese Aussage allerdings nicht. Die einzige Quelle - so das Unternehmen - besteht in einem Aufsichtsratsprotokoll, durch das die Ausgabe der Mehrstimmrechtsaktien im Jahr 1922 nachgewiesen werden kann. Hauptversammlungsprotokolle, die über Einzelheiten Auskunft geben könnten, existieren nicht mehr. Im Krieg wurde eine große Zahl von Akten und Archiven in Kiel zerstört, das Stammhaus des Unternehmens ausgebombt. Diese Problematik ist im übrigen bei der Mehrzahl der untersuchten Unternehmen anzutreffen.

Bei der Gruschwitz Textilwerke AG sind nach Auskunft des Vorstandes die Mehrstimmrechte ebenfalls geschaffen worden, damit die Familie Gruschwitz auch nach Gründung der Aktiengesellschaft in der Lage war, in entscheidenden Dingen ihren Einfluß zu bewahren.[489] Dies gilt auch für die Calwer Decken- und Tuchfabriken Aktiengesellschaft: Dort "...waren die Mehrfachstimmrechte dazu gedacht, um Einfluß auszuüben auf den Aufsichtsrat und damit auf die Unternehmenspolitik"[490], auch wenn dies im einzelnen nicht mehr exakt nachvollzogen werden könne.[491] Carl Schlenk AG begründet die Mehrstimmrechte ebenfalls mit dem gewünschten familiären Einfluß.[492]

Dieselbe Begründung - Einflußwahrung der Familie - wird bei der Th. Goldschmidt AG genannt - auch hier mit der Einschränkung, daß Einzelheiten hierzu nicht mehr bekannt seien.[493] Allerdings gibt die ökonomische zeitgenössische Literatur über Mehrstimmrechtsaktien einige Einblicke in die Entstehungsursachen dieser Papiere bei der Th. Goldschmidt AG: Deutschland mußte nach dem 1. Weltkrieg sämtliche außerdeutsche Erdölbeteiligungen abtreten und war ganz auf die Zufuhr aus dem Ausland angewiesen. Um die Abhängigkeit von amerikanischer, englischer und französisch-holländischer Ölpreispolitik zu mildern, war ein in Händen der

---

[488] Vgl. W. Jacobsen AG, Interview mit Peter Lotzow am 16. März 1995, Antwort auf Fragen 2, 3 u. 4 (Anhang 1).

[489] Vgl. Gruschwitz Textilwerke AG, Interview mit Karlheinz Mühlbronner am 14. August 1995, Antwort auf Frage 3 (Anhang 1).

[490] Calwer Decken- und Tuchfabriken AG, Interview mit Jürgen Renz am 9. Oktober 1995, Antwort auf Frage 8 (Anhang 1).

[491] Vgl. Calwer Decken- und Tuchfabriken AG, Interview mit Jürgen Renz am 9. Oktober 1995, Antwort auf Frage 4 (Anhang 1).

[492] Vgl. Carl Schlenk AG, Interview mit Alfred Hutzler am 5. Dezember 1995, Antwort auf Frage 4 (Anhang 1).

[493] Vgl. Th. Goldschmidt AG, Interview mit Dieter Keifenheim am 25. September 1995, Antwort auf Fragen 3 und 4 (Anhang 1).

Th. Goldschmidt AG befindliches Kohleverflüssigungspatent geeignet. Die Vereinigung von Kohlen- und Wasserstoff war bis dato noch nicht gelungen. "Daß nun ausländische Interessenten ein solches Verfahren, das ihnen nicht nur die bisher gewonnenen Vorteile in Deutschland illusorisch machen kann, sondern auch darüber hinaus vielleicht auf dem Petroleumweltmarkte umwälzend wirken kann, um jeden Preis in ihre Hände zu bekommen trachten, ist erklärlich."[494] Anfang der zwanziger Jahre setzte ein heftiger Kampf um die Goldschmidt-Aktien an den Börsen ein. Wie Kurz weiter berichtet, wollte das auch an der Shellkompagnie beteiligte holländisch-englische Kapital die Mehrheit an der Th. Goldschmidt AG erwerben, wodurch der Kurs der Aktien in wenigen Tagen von 500 % auf 1000 % erhöht wurde. Bei der Th. Goldschmidt AG dürfte es sich also bei der Schaffung der Vorzugsaktien Anfang der 20er Jahre um echte Schutzaktien zur Abwehr ausländischen Einflusses gehandelt haben und nicht - wie bei einer Reihe von Unternehmen in dieser Zeit - um ein Instrumentarium zur Verschanzung des Managements gegenüber dem bestehenden Aktionärskreis. Dies gilt umso mehr, als es bei der Goldschmidt AG nicht wie in so vielen Unternehmen darum ging, einen möglichst hohen Schutz mit möglichst geringem finanziellen Aufwand zu installieren. Die Goldschmidt AG gehörte zu den Unternehmen, die größere Kapitalbeträge mit niedrigem Mehrstimmrecht ausstatteten und so zumindest dafür sorgten, daß der Gesellschaft auch Kapital zugeführt wurde, so daß die Inhaber der Schutzaktien auch materiell mit dem Unternehmen verbunden blieben.[495] Gleichzeitig hielt sich das durch die Mehrstimmrechtsaktien erreichte Stimmenpotential in Grenzen: 1926 war bereits die Hälfte der bis dahin existierenden Vorzugsaktien in Stammaktien umgewandelt worden; die Mehrstimmrechtsaktien der Th. Goldchmidt AG vereinigten zu diesem Zeitpunkt gerade einmal gut 9 % aller vorhandenen Stimmen auf sich.[496]

Kühltransit AG[497] und Württembergische AG Versicherungs-Beteiligungsgesellschaft nennen als Gründe für die Schaffung von Mehrstimmrechtsaktien die gewünschte Vorrangstellung im Unternehmen für einen bestimmten Aktionärskreis. Beide Unternehmen müssen hierin jedoch im wesentlichen auf Mutmaßungen zurückgreifen, da detaillierte Unterlagen

494Kurz, Simon, Abwehr, 1921, S. 6.

495Vgl. Kurz, Simon, Abwehr, 1921, S. 30.

496Vgl. Verlag für Börsen- und Finanzliteratur A.-G. (Hrsg.), Handbuch, 1926 II, S. 3151.

497Vgl. Kühltransit AG, Interview mit Thomas Birtel am 6. November 1995, Antwort auf Frage 4 (Anhang 1).

dazu nicht mehr vorhanden seien. Für die Württ.AG "wurden die Mehrstimmrechte aus den Anfängen her wegen der Möglichkeit geschaffen, daß der Vorzugsaktionär bei der Bestellung der Aufsichtsräte ein größeres Gewicht hatte - aus keinem anderen Grund."[498]

Auch bei der BM Bäckermühlen AG - vormals Stuttgarter Bäckermühlen Aktiengesellschaft - kam es aus Gründen der Einflußsicherung zur Schaffung von Mehrstimmrechten; in diesem besonderen Fall ging es jedoch nicht um die Sicherung einer bereits länger gehaltenen Position, sondern um den Zugriff auf ein neu erworbenes Unternehmen. Nach dem Verkauf der Firma durch die bisherigen Inhaber, eine jüdische Familie, an einen anderen Mühlenbesitzer und bisherigen Konkurrenten, der in dieser Gegend, dem Esslinger Raum, bereits selbst ein Mühlenwerk besaß, entstanden die Mehrstimmrechte, weil sich der neue Investor die Einflußnahme auf den früheren Konkurrenzbetrieb sichern wollte. Die beiden Unternehmen sollten sich geschäftlich nicht "zerfleischen"[499]. Konkret bedeutet dies wohl, daß der neue Hauptaktionär die Mehrstimmrechte nutzte, um den Wettbewerb zwischen den Mühlenbetrieben einzuschränken. Dies war ihm mittels Mehrstimmrechten möglich, ohne eine kapitalmäßige Mehrheitsbeteiligung zu halten: Nach Informationen aus dem Unternehmen war der Investor nach einer anfänglich hohen Beteiligung in Höhe von 80 %, die nicht bestehen blieb, später zur Einflußsicherung auf die Mehrstimmrechte angewiesen.[500] Der Grund für die Entstehung der Mehrstimmrechtsaktien dürfte also eine Spielart des Perquisites-Konsums gewesen sein.

Ein konkreter finanzieller Hintergrund für die Entstehung von Mehrstimmrechten tritt auch in einigen anderen Unternehmen der Untersuchungseinheit deutlich hervor - dies beispielsweise im Fall der Überlandwerk Unterfranken Aktiengesellschaft:

1922 war der unterfränkische Kreistag nicht in der Lage, die wegen der Inflation dringend nötig gewordenen Kapitalaufstockung der Überlandwerk Unterfranken AG zu leisten. Der bayerische Versorger war im Vergleich zu anderen Energieversorgungsunternehmen der Untersuchungsein-

[498] Württembergische AG Versicherungs-Beteiligungsgesellschaft, Interview mit Dietrich Kaufmann am 20. April 1995, Antwort auf Frage 4 (Anhang 1).

[499] BM Bäckermühlen AG, Telefoninterview mit Fritz Vetter am 11. September 1995, Antwort auf Frage 4 (Anhang 1).

[500] Vgl. BM Bäckermühlen AG, Telefoninterview mit Fritz Vetter am 11. September 1995, Antwort auf Frage 4 (Anhang 1).

heit relativ spät - nämlich 1920 - gegründet worden. Deshalb fiel die Aufbau- und Investitionsphase des Unternehmens mit der sich verstärkenden Inflation zusammen. Die Finanzierungsprobleme der jungen Aktiengesellschaft nahmen rapide zu; die Investitionskosten begannen inflationär bedingt explosionsartig zu wachsen. Neue Geldgeber wurden gesucht und schließlich in der Bayernwerk AG und der Württembergischen Elektrizitäts-Aktiengesellschaft WEAG[501] gefunden. Das Grundkapital wurde kräftig erhöht; dies teilweise durch Ausgabe von Mehrstimmrechtsaktien, die vom unterfränkischen Kreistag übernommen wurden. Aus dieser Kapitalerhöhung ging der Kreistag mit einem Stimmenanteil von knapp 65 % hervor. "Die beiden Großaktionäre hatten volles Verständnis dafür, daß der Kreistag sich wegen Geldmangels nicht durch Erwerb von Stammaktien sein ausschlaggebendes Stimmrecht sichern könne, daß ihm aber dieses Stimmrecht gewahrt bleiben müsse, da er sich doch um die Gründung und Finanzierung der Gesellschaft große Verdienste erworben hatte, und das in einer Zeit völliger Ungewißheit, wie sich das Unternehmen bei der gänzlichen Unklarheit der kommenden wirtschaftlichen Verhältnisse im allgemeinen entwickeln werde."[502]

Ähnliche Ausgangsbedingungen herrschten bei der Fränkisches Überlandwerk Aktiengesellschaft vor: Nach Aussage des Unternehmens wollte sich 1922 der Bezirk Mittelfranken - zu dieser Zeit wie auch heute einer der Hauptaktionäre der FÜW AG - den Einfluß auf das Unternehmen ohne den entsprechenden Kapitaleinsatz, den er nicht hätte leisten können, sichern. Dies sei damals in der Versorgungswirtschaft durchaus üblich gewesen, verlautet aus dem Unternehmen.[503]

Bei der Mittelschwäbischen Überlandzentrale Aktiengesellschaft zielten die Mehrstimmrechtsaktien, die zusätzlich mit einem Dividendenvorzug ausgestattet waren, nach Aussage des Unternehmens darauf ab, beim Übergang von der Genossenschaft in eine Aktiengesellschaft für die ehemaligen Genossen "das wirtschaftliche Risiko zu mildern."[504] Neben der Dividendensicherheit erlaubten die Mehrstimmrechte den Gründer-Aktionären ein bestimmtes Stimmengewicht im Unternehmen bei gleichzeitig

---

[501] Eine Tochtergesellschaft der dem PreussenElektra-Konzern angehörenden THÜGA.

[502] Schäfer, Hans-Peter, Überlandversorgung, o. J., S. 63.

[503] Vgl. Fränkisches Überlandwerk Aktiengesellschaft, Interview mit Helmut Brandt am 5. Dezember 1995, Antwort auf Frage 4 (Anhang 1).

[504] Mittelschwäbische Überlandzentrale Aktiengesellschaft, Interview mit Eberhard Göppert und Wolfgang Fischer am 4. Dezember 1995, Antwort auf Frage 4 (Anhang 1).

geringerem kapitalmäßigen Anteil am Unternehmen und damit kleinerem finanziellen Risiko. Beispielsweise konnten die Inhaber der MÜAG-Mehrstimmrechtsaktien in der Situation des Jahres 1925 - nach Umstellung auf die Goldbilanz - mit 25 % Grundkapitalanteil ein Stimmenpotential von knapp 77 % und damit sowohl die einfache als auch die qualifizierte Stimmenmehrheit im Unternehmen erreichen.[505]

"Mit möglichst wenig Kapital möglichst viel Einfluß auf das Unternehmen zu haben, um den Unternehmenscharakter bestimmen zu können"[506], war auch bei der Hamburgischen Electricitäts-Werke AG der Grund für die Schaffung der Mehrstimmrechtsaktien. Während der Inflation nach dem 1. Weltkrieg war die HEW AG bemüht, durch mehrfache Kapitalerhöhungen mit der inflationären Entwicklung Schritt zu halten. Der Hamburgische Staat - er hatte im Jahre 1915 einen dem damaligen Stammkapital gleichen Anteil an Vorzugsaktien[507] übernommen -, konnte bei diesen Kapitalerhöhungen seine jeweiligen Bezugsrechte wahrnehmen und damit seinen 50%igen Kapitalanteil halten. Der Großaktionär hatte bereits 1921 in einem Nachtragsvertrag mit dem Unternehmen festgeschrieben, daß er auch künftig berechtigt sei zu verlangen, daß sich die Hälfte des Aktienkapitals der HEW AG in seinem Besitz befinde.[508] Durch die Inflation wurde das Übernahmerecht des Staates allerdings immer problematischer, da dieses Recht in bezug auf die Erwerbssumme eine Begrenzung des Übernahmepreises vorsah. Diese niedrige Erwerbssumme wollte das Unternehmen den übrigen Aktionären nicht weiter zumuten, da diese die Aktien zu einem Vielfachen des Nennwertes erwarben. Mit dieser Problematik trat das Unternehmen 1923 an den Hamburgischen Staat heran. Da Hamburg sich ohnehin nicht mehr in der Lage sah, das notwendige Kapital aufzubringen, um den Grundkapitalanteil halten zu können, wurden bei der

---

[505]Vgl. Verlag für Börsen- und Finanzliteratur A.-G. (Hrsg.), Handbuch, 1926 II, S. 2762 f.

[506]Hamburgische Electricitäts-Werke AG, Interview mit Manfred Milde-Büttcher am 2. Mai 1995, Antwort auf Frage 8 (Anhang 1).

[507]Diese Vorzugsaktien waren nicht mit Mehrstimmrecht ausgestattet und wurden 1921 in Stammaktien umgewandelt.

[508]Vgl. Hamburgische Electricitäts-Werke AG: Nachtragsvertrag zum Vertrage mit der Finanzdeputation Hamburg vom 10. Mai 1895 zwischen der Hamburgischen Electricitäts-Werke AG und der Finanzdeputation der Hansestadt Hamburg vom 30. Juni 1921, § 4 Abs. 3.

nächsten Kapitalerhöhung Vorzugsaktien mit Mehrstimmrecht geschaffen und an den Hamburgischen Staat ausgegeben.[509]

Einflußwahrung der kommunalen Aktionäre bei Kapitalerhöhung gibt auch die Energieversorgung Ostbayern AG als Grund für die Schaffung der Mehrstimmrechtsaktien an. Die Zielsetzung habe darin bestanden, der "Kreisüberlandwerk Oberpfalz GmbH & Co"., einem kommunalen Verband, bei einer Grundkapitalerhöhung "angesichts ihrer Bedeutung für die Stromversorgung in der Oberpfalz durch die Stimmenmehrheit an der Oberpfalzwerke AG [der Vorläuferin der OBAG; d. V.] weiterhin maßgebenden Einfluß an der Entwicklung"[510] zu sichern.

Bei der Vereinigten Elektrizitätswerke Westfalen AG entstand das Mehrstimmrecht erst viel später - 1966 - und stand demzufolge nicht mehr in Zusammenhang mit der Inflation der zwanziger Jahre. Vielmehr war der Ausgangspunkt für die Emission dieser Vorzugsaktien die Teilprivatisierung des Unternehmens. Die Mehrstimmrechte sollten zum einen eine Gegenleistung für den Verzicht von Bezugsrechten sein; zweitens - und wichtiger - sollten sie den Kommunen langfristig den Einfluß auf das Unternehmen sichern.[511]

Weitere Unternehmen der Untersuchungseinheit nennen die Abwehr fremden Einflusses auf das Unternehmen als Ursache für die Entstehung der Mehrstimmrechte.

Bei der Porzellanfabrik Waldsassen Bareuther & Co. AG etwa diente die Schaffung von Vorzugsaktien dem klar formulierten Zweck, "jeglicher Überfremdungsgefahr vorzubeugen."[512] Auf diese Weise blieb den alten Familienstämmen die Entscheidungsbefugnis über das Unternehmen er-

---

[509] Vgl. Hamburgische Electricitäts-Werke AG: Anträge des Aufsichtsrats und des Vorstandes der Hamburgischen Electricitäts-Werke an die ausserordentliche [sic!] Generalversammlung der Aktionäre am 21. April 1923, Tagesordnungspunkt B: Kapitalserhöhung [sic!], S. 1 f.; vgl. hierzu auch Hamburgische Electricitäts-Werke AG (Historisches Archiv): Philipp, Helmut, Leiter des Historischen Archivs, Schreiben vom 1. März 1995, Antwort auf Fragen 3 u. 4 (Anhang 1).

[510] Energieversorgung Ostbayern AG, o. V., Schreiben vom 22. Januar 1992, Antwort auf Frage 4 (Anhang 1).

[511] Vgl. Vereinigte Elektrizitätswerke Westfalen AG, Interview mit Klaus Wuppermann und Gisbert Stengel am 5. Februar 1996, Antwort auf Frage 4.

[512] Schreiben von Bankdirektor Ernst Petersen, ADCA-Bank, an Johann Schmidt vom 16.10. 1923, zitiert nach Siemen, Wilhelm (Hrsg.), Porzellan, 1991, S. 48.

halten. Ausgangspunkt dieser Überlegungen waren, wie in der Unternehmensgeschichte ausgeführt wird, Anstrengungen von Außenstehenden, sich in die Firma einzukaufen, z.B. im März 1918. Die ADCA-Bank, im Aufsichtsrat der Porzellanfabrik vertreten, verhinderte diesen Versuch - sicher auch aus Eigeninteresse - und bot an, selbst diese Aktien aufzukaufen:[513] "Der Gedanke, den Nutzen dieser gemeinsamen Arbeit nunmehr anderen zugute kommen lassen zu müssen, hat für mich und gewiß auch für Sie etwas Schmerzliches."[514]. Daß damit das Geldinstitut zu einem der größten Aktionäre der damals florierenden Fabrik wurde, war ein willkommener Nebeneffekt: "In jedem Fall liefen die Interessen Petersens [Bankdirektor der ADCA-Bank, d.V.] und der Hauptaktionäre, den 'familiären' Charakter des Unternehmens zu erhalten, spätestens seit dieser Zeit konform."[515]

Die Breitenburger Portland-Cement-Fabrik AG, die Rieter Ingolstadt Spinnereimaschinenbau Aktiengesellschaft und die Schwabenverlag AG geben ebenfalls als Grund für die Schaffung der Mehrstimmrechtsaktien "Überfremdungsangst" an.[516] Einzelheiten sind den Unternehmen ihren Angaben zufolge nicht bekannt.

Die bekanntesten Beispiele für den bewußten Einsatz von Mehrstimmrechten als Bollwerke gegen eine vom Unternehmen gesehene Überfremdungsgefahr sind die Daimler Benz AG und die Siemens AG. Letzteres Unternehmen hat die Existenz der Mehrstimmrechtsaktien auch jüngst noch mit dem Argument einer "Überfremdungsgefahr" begründet; bei ersterem Unternehmen sind die Mehrstimmrechte inzwischen abgeschafft.

Wie beispielsweise die Daimler Benz AG in ihrer Beantwortung der Umfrage ausführt, hat eine der beiden Vorläufergesellschaften der Daimler Benz AG, die Daimler Motoren Gesellschaft (DMG), von dem Instrument

---

[513]Vgl. Siemen, Wilhelm (Hrsg.), Porzellan, 1991, S. 48.

[514]Schreiben von Bankdirektor Petersen an Direktor Schmidt vom 16.03.1918, zitiert nach Siemen, Wilhelm (Hrsg.), Porzellan, 1991, S. 48.

[515]Siemen, Wilhelm (Hrsg.), Porzellan, 1991, S. 48.

[516]Vgl. Breitenburger Portland-Cement-Fabrik AG, Telefoninterview mit Doris Niemann am 25. Oktober 1995, Antwort auf Frage 4 (Anhang 1); Schubert & Salzer Maschinenfabrik Aktiengesellschaft, o. V., Schreiben an Dipl. Kaufmann Ulrich Keinath, Stuttgart-Untertürkheim, Margaretenstr. 15, vom 30. Juli 1957; Schwabenverlag AG, Interview mit Peter Salfeld am 20. April 1995, Antwort auf Fragen 2 u. 3.

der Schutzaktien in großem Umfang Gebrauch gemacht.[517] Verläßliche Unterlagen existieren nach Aussage des Unternehmens nicht mehr; es sei aber anzunehmen, daß die Daimler Motoren Gesellschaft die Schutzaktien begeben habe, um zu verhindern, daß außenstehende Übernahmeinteressenten die Situation der Hyperinflation ausnutzten, um sich günstig im Unternehmen einzukaufen.

Dies bestätigt die Untersuchung von Kurz; ihr zufolge sah das Unternehmen Anfang der zwanziger Jahre erhebliche Überfremdungsgefahren. Der Aufsichtsratsvorsitzende der DMG habe - so Kurz - als Indiz für diese Überfremdungsgefahr die Abwanderung größerer Aktienposten nach Holland und Amerika angeführt.[518] Wie die Daimler Benz AG schreibt, hat neben der DMG auch Benz & Cie. in diesen Jahren Vorzugsaktien mit Mehrstimmrecht ausgegeben.[519] Aus den frühen zwanziger Jahren liegen nach Aussage des Unternehmens keine verläßlichen Unterlagen mehr vor; es sei aber anzunehmen, daß die Daimler Motoren Gesellschaft die Schutzaktien begeben habe, um zu verhindern, daß außenstehende Übernahmeinteressenten die Situation der Hyperinflation ausnutzten, um sich günstig im Unternehmen einzukaufen.

Mit der Beseitigung der Hyperinflation durch die Einführung der Rentenmark Mitte der 20er Jahre sei - so die Daimler Benz AG auf Anfrage - der Grund für die Schaffung von Schutzaktien entfallen. Die Voraussetzungen für ein Abschmelzen der mehrstimmigen Aktien bei der Daimler Motoren Gesellschaft seien gegeben gewesen: Die Satzung habe den jederzeitigen Umtausch dieser Vorzüge in Stammaktien erlaubt,[520] so daß bei der Daimler Motoren Gesellschaft bereits 1925 nur noch ein marginaler Vorzugsaktienanteil existiert habe. Die Gründe für die weitere Beibehaltung dieser verbliebenen Kleinstanteile an Mehrstimmrechtssaktien sind nach Aussage des Unternehmens nicht mehr feststellbar. Einen Hinweis, warum letztlich doch - nach der Fusion der beiden Firmen - bei der Daimler Benz AG wieder mehrstimmige Vorzüge zu finden waren, vermittelt ein Blick in das Handbuch der Deutschen Aktien-Gesellschaften aus dem Jahre 1925: Hier ist vermerkt, daß die Mehrstimmrechtsaktien der Benz & Cie., Rheinische Automobil- und Motoren-Fabrik A.G. frühestens im Jahre

---

[517]Vgl. Daimler Benz AG, Schreiben Reiff / Rappers vom 18. Dezember 1995, S. 3.

[518]Vgl. Kurz, Simon, Abwehr, 1921, S. 28.

[519]Vgl. Daimler Benz AG (Hrsg.), 100 Jahre, 1986, S. 329.

[520]Vgl. Verlag für Börsen- und Finanzliteratur A.-G. (Hrsg.), Handbuch, 1925 III, S. 4848.

1930 in Stammaktien umgewandelt werden durften.[521] Es ist vorstellbar, daß der Bestand an Mehrstimmrechtsaktien aus diesem Grund bestehen bleiben mußte.

Die Siemens AG stellt bezüglich der Entstehung der Mehrstimmrechte einen Grenzfall zwischen bewußter Schaffung und bilanztechnischer Entstehung dar: Die Mehrstimmrechtsaktien, die heute noch existieren, sind bewußt geschaffen worden, nämlich 1942 nach Ausübung einer 1920 geschaffenen Option. In der Gesellschafterversammlung des Jahres 1920, in der die entsprechende Option eingeräumt wurde, gab die Siemens & Halske AG folgende Begründung: "Diese Beteiligung des Auslandes an der Gesellschaft, die auch von ausländischer Seite mehrmals angeregt worden ist, birgt aber bei dem Tiefstand unserer Valuta die große Gefahr in sich, daß das Ausland für eine an ausländischer Währung gemessene geringe Summe die Herrschaft an sich bringen kann und dann die Erfahrungen des Hauses, seine technischen Beziehungen, seine Weltorganisation nicht nur im deutschen Interesse ausnützen wird. Bewegungsfreiheit in der Geldbeschaffung und Schaffung einer breiten Basis ist aber für die Zukunft notwendig. Vorstand und Aufsichtsrat haben daher den Beschluß fassen müssen, den heute einzig gangbaren Weg zu gehen, der eine Überfremdung verhütet, auch um mit ihren Verhandlungen mit dem Ausland eine feste Grundlage zu haben und jedes offene und versteckte Bestreben des Auslandes nach Erringung des ausschlaggebenden Einflusses von vornherein auszuschalten. Sie waren sich einig darüber, daß dieser Weg viele Bedenken in sich schließt, und daß diesen berechtigten Bedenken soweit wie möglich Rechnung zu tragen ist. Sie glauben, einen Weg gefunden zu haben, einen Weg, der im normalen Gang die alten Verhältnisse bestehen läßt und nur im Fall besonderer Umstände die Sicherungsmaßnahmen in Kraft treten läßt, aber unter der vollen Kritik der Öffentlichkeit, deren Aufmerksamkeit automatisch darauf gelenkt wird."[522]

Wie Rembold u.a. im Zuge einer gerichtlichen Auseinandersetzung eines Aktionärs mit dem Unternehmen darlegen, sei die Ausübung der Option aus dem Grund erfolgt, weil die Aktienrechtsreform von 1937 eine Neuregelung der Unternehmenssatzung erforderlich gemacht habe.[523] "Das AktG 1937 schränkte in seinem § 12 II 1 die Schaffung von neuen Mehrstimmrechtsaktien zwar für die Zukunft ein, ließ aber alte Rechte unbe-

---

[521] Vgl. Verlag für Börsen- und Finanzliteratur A.-G. (Hrsg.), Handbuch, 1925 III, S. 5010.

[522] Kurz, Simon, Abwehr, 1921, S. 19.

[523] Vgl. Rembold, Otto u.a., Siemens, 1992, S. 3 f.

rührt. Ein Entzug bestehender Sonderrechte wie etwa der Optionsrechte der Familie Siemens hätte auch im Jahr 1937 enteignenden Charakter gehabt. Dies war letztlich der Grund, warum es im Jahr 1942 bei der Neuregelung der Gesellschaftsverhältnisse der Siemens AG zur Schaffung von Vorzugsaktien mit Mehrstimmrecht kam, wobei sich allerdings die Optionsinhaber mit einem sechsfachen Stimmrecht anstelle ihres Anspruchs auf 30faches Stimmrecht begnügten."[524]

Als Gründe der Schaffung von Mehrstimmrechtsaktien kristallisieren sich also der Wunsch nach Einflußwahrung einer bestimmten Gruppe vor dem Hintergrund geringer finanzieller Mittel dieser Gruppe und die Angst vor ausländischem oder anderweitigem - vor allem während der Hyperinflation billig zu erwerbenden - Einfluß heraus. Ihm sollte durch "Schutzaktien" begegnet werden. Die angeführten Gründe für die Entstehung der Mehrstimmrechte in der Untersuchungseinheit zeigen, daß die im theoretischen Teil der Arbeit ausgeführte Hypothese von Lease, McConnell und Mikkelson, der Anreiz für die Schaffung verschiedener Stimmrechtsklassen bestehe darin, auch andere Investitionsprojekte finanzieren zu können, ohne die Eigentumsverhältnisse im betrachteten Unternehmen zu ändern, auch für die Unternehmen der Untersuchungseinheit greift.

III.C.3.2.2. Entstehung bei der Kapitalumstellung im Jahr 1925

In einem zweiten, kleinen Segment der Untersuchungseinheit sind die Mehrstimmrechte nicht durch einen bewußten Willensakt der Entscheider im Unternehmen im Zuge einer Kapitalerhöhung oder -berichtigung, sondern durch die Umstellung der Grundkapitalien der Unternehmen von der wertlosen Papiermark auf die Goldmark nach der Währungsreform Mitte der zwanziger Jahre geschaffen worden.

Bekannt ist diese Entstehungsursache bei zwei Unternehmen der Untersuchungseinheit - bei der RWE AG und der Siemens AG -, wobei die so entstandenen Mehrstimmrechte bei der Siemens AG heute nicht mehr existieren. Berührt wurden selbstverständlich alle Grundkapitalien und damit auch die Mehrstimmrechtsaktien der in der Untersuchungseinheit enthaltenen Unternehmen; ein großer Teil dieser Vorzugsaktien war ja zu dieser Zeit bereits existent und wurde nicht erst durch die Grundkapitalumstellung geschaffen. In einer Reihe von Fällen hat sich der Stimmenvorzug durch die Goldbilanzumstellung verändert.

---

[524] Rembold, Otto u.a., Siemens, 1992, S. 5 f.

Bei der RWE AG wurden 1922 Namensaktien geschaffen und überwiegend bei Städten und Landkreisen in der Rhein-Ruhr-Region plaziert.[525] 1924 mußte das Aktienkapital der RWE AG auf Goldmark umgestellt werden. Nach § 28 der 2. Durchführungsverordnung zur Goldmarkbilanzverordnung vom 28. März 1924[526] wurden die Namensaktien im Verhältnis 1000:20, die Stammaktien dagegen im Verhältnis 1000: 400 umgestellt, also zwanzigfach geringer abgewertet. Der Grund: Der Goldmarkwert der im Jahre 1922 auf die Namensaktien geleisteten Einlagen, der nach dem Dollarkurs zur Zeit der Einlage bestimmt wurde, betrug nur rund 20 Mark. Deswegen mußten die Namensaktien auf RM 20,-. umgestellt wurden. Trotz der unterschiedlichen Umstellung der Nennbeträge von Inhaber- und Namensaktien blieb die Satzungsregelung, daß jede Aktie eine Stimme gewährt, unverändert bestehen. Auf diese Weise ergab sich, gemessen am Nennbetrag der Aktien, ein - im Vergleich zu den Stammaktien - 20faches Stimmrecht der Namensaktien. 1927 wurde der Gewinnvorzug der Namensaktien aufgehoben und durch die Ausgabe von Genußscheinen abgegolten.

1937 schließlich mußten nach den Bestimmungen der 1. DVO zum AktG 1937 vom 29. September 1937 die auf 20 RM lautenden Namensaktien als "Kleinaktien" in Aktien umgetauscht werden, deren Nennwert volle hundert RM betrug.[527] Nach § 2 Abs. 2 Satz 2 der 1. DVO war dazu eine Genehmigung durch den Reichswirtschaftsminister nicht erforderlich. Die "Kleinaktien" wurden bei der RWE AG im Jahr 1941 umgetauscht, und zwar in der Weise, daß die Namensaktionäre für je 20 Namensaktien im Nennbetrag von 20 RM eine neue Namensaktie im Nennbetrag von 400 RM erhielten. Die Fassung der Stimmrechtsregelung in der Satzung wurde an die geänderten Nennbeträge der Aktien wie folgt angepaßt: Jede Inhaberaktie im Nennbetrag von RM 400 gewährte 1 Stimme, jede Namensaktie im Nennbetrag von RM 400 gewährte 20 Stimmen. Damit kamen die in der Sache schon seit 1924 bestehenden Mehrstimmrechte nun auch explizit in der Satzung zum Ausdruck.[528]

---

[525] Vgl. Verband der kommunalen Aktionäre des RWE GmbH (Hrsg.), Jahre, o. J., S. 1.

[526] S. 2. Verordnung zur Durchführung der Verordnung über Goldbilanzen vom 28. März 1924, in: RGBl., Jg. 1924, Teil I, Berlin: 1924., § 28, S. 389.

[527] S. 1. Durchführungsverordnung zum Aktiengesetz vom 29. September 1937, in: RGBl., Jg. 1937, Teil I, Berlin: 1937, Art. 1, § 1, S. 1026.

[528] Vgl. Hoffmann-Becking, Michael / Schmidt, Thomas L, Rechtsgutachten, 1992, S. 6 ff.

Auch das Grundkapital der Siemens & Halske AG wurde Mitte der 20er Jahre auf Goldmark umgestellt. Ähnlich wie im Fall der RWE AG wurden Stammaktien und die damals noch nicht mit Mehrfachstimmrecht,sondern mit einfachem Stimmrecht ausgestatteten Vorzugsaktien auf unterschiedliche Nennwerte herabgestempelt. Die Vorzugsaktien, die künftig auf einen niedrigeren Nennwert lauteten als die Stammaktien, waren damit de facto mit einem 14fachen Stimmrecht ausgestattet.[529] 1941 schließlich wurden sämtliche bis dahin existierenden Vorzugsaktien des Unternehmens eingezogen.

Es ist bereits kurz erwähnt worden, daß anläßlich der Umstellung auf Goldbilanzen nicht nur Mehrstimmrechte neu geschaffen, sondern bereits bestehende einige Veränderungen erfuhren. Häufig wurde der Grundkapitalanteil der Mehrstimmrechtsaktien stark reduziert; gleichzeitig vervielfachte sich oft die auf einen bestimmten Nennwert bezogene Stimmrechtsausstattung. Letzteres geschah in der Regel dadurch, daß die Nennwerte der Mehrstimmrechtsaktien, die meist wenige Jahre vor der Goldbilanz und in der Hochzeit der Inflation eingeführt worden waren, wesentlich stärker abgewertet wurden als die Stammaktien, die Stimmrechtsausstattung dieser Beschneidung aber nicht in gleichem Maße folgte. Dieser Effekt ist auch bei Unternehmen in der Untersuchungseinheit zu beobachten. Beispielsweise wurde aus dem 30fachem Stimmrecht bei der WürttFeuer nach der Goldbilanzumstellung faktisch ein 100faches, aus dem 3fachen bei der Th. Goldschmidt AG ein 10faches, bei VSM Vereinigte Schmirgel stieg die Mehrstimmrechtsausstattung vom 10fachen auf das 20fache, bei den Metall-, Walz- und Plattierwerken Hindrichs-Auffermann wuchs das 10fache Stimmrecht auf ein 60faches, bei der Porzellanfabrik Waldsassen Bareuther & Co.AG erhöhte sich das Mehrstimmrecht vom 8- auf das 160fache, bei der Gruschwitz Textilwerke AG vom 10fachen auf das 200fache, bei der Breitenburger Portland Cement-Fabrik vom 4fachen auf das 320fache, bei der LEW AG vom 10fachen auf das 500fache, bei der Fränkisches Überlandwerk Akt.Ges. vom 20fachen auf das 2400fache und bei der HEW AG gar vom 7fachen Stimmrecht auf das 3608fache. Bei der Frankona Rück- und Mitversicherungs-Akt.Ges. erhöhte sich die Stimmrechtsausstattung vom 12fachen auf das 240fache, bei der Bronzefarbenwerke A.-G. vorm. Carl Schlenk stieg das Mehrstimmrecht vom Faktor 10 auf 60. Bei den beiden letzteren Unternehmen hat sich die Stimmrechtsausstattung der Mehrstimmrechtsaktien von der Goldbilanzumstellung bis in die Gegenwart nicht geändert - eine Ausnahme. In der überwiegenden Zahl der Fälle blieb es nicht bei der Mehrstimmrechtsausstat-

---

[529] Vgl. Verlag Hoppenstedt GmbH (Hrsg.), Handbuch, 1992, S. 8.

tung der ausgehenden zwanziger Jahre, da die Unternehmen in der Folgezeit im Zuge verschiedener Verordnungen gehalten waren, zum einen Kleinaktien zusammenzulegen - und dies betraf die meist auf Nennwerte unter 100 RM, ja sogar auf unter 10 RM herabgestempelten Mehrstimmrechtsaktien; zum anderen sollten Aktien nur noch auf Nennwerte von 100 oder ein Vielfaches davon lauten - dies betraf beispielsweise Unternehmen wie die HEW AG, die "krumme" Zahlen als Nennwerte der Mehrstimmrechtsaktien gewählt hatten.[530]

Abschließend sei angemerkt, daß eine Reihe von Unternehmen der Untersuchungseinheit nicht über Informationen zu den Entstehungsursachen ihrer Mehrstimmrechtsaktien verfügt bzw. sich nicht an der Umfrage beteiligt hat. Gleichzeitig standen für die vorliegende Arbeit keine weiteren Quellen zur Verfügung, aus denen sich Hinweise auf die Gründe der Entstehung der Mehrstimmrechtsaktien in den betreffenden Unternehmen ableiten ließen. Dies trifft zu auf die Schloßgartenbau AG, die Frankona Rückversicherungs-Aktien-Gesellschaft, die LEW AG, die Konrad Hornschuch AG, Reichelbräu AG, Tucher Bräu AG, Custodia Holding AG, VSM Vereinigte Schmirgel- und Maschinen-Fabriken AG, Joseph Vögele AG, Otto Stumpf AG, Hamburger Hochbahn AG sowie Hindrichs-Auffermann AG.[531]

---

[530] S. 7. Verordnung zur Durchführung der Verordnung über Goldbilanzen vom 7. Juli 1927, in: Reichsgesetzblatt, Teil I, Jahrgang 1927, Berlin 1927, Art. II. § 2, S. 176, sowie Art. III § 8, S. 176 f.; 2. Verordnung zur Durchführung der Verordnung über Goldbilanzen, in: RGBl., Jg. 1924, Teil I, Berlin, 1924, § 35 Abs.1, S. 391.

[531] Vgl. Schloßgartenbau AG, Interview mit Wolfgang Kurz am 18. September 1995, Antwort auf Frage 4 (Anhang 1); Frankona Rückversicherungs AG, Interview mit Thomas Geisberg am 18. Dezember 1995, Antwort auf Frage 4 (Anhang 1); Tucher Bräu AG, Telefoninterview mit Willy Hofmann am 24. August 1994, Antwort auf Frage 4 (Anhang 1); Hindrichs-Auffermann AG, Interview mit Dieter Rebmann am 6. November 1995, Antwort auf Frage 4 (Anhang 1); Custodia Holding AG, Gebhard, Volker, Mitglied des Vorstandes, Schreiben vom 23. August 1995, Antwort auf Frage 4 (Anhang 1); Löwenbräu Holding AG, Volker, Gebhard, Mitglied des Vorstandes, Schreiben vom 21. April 1993, S. 1.
LEW AG, Konrad Hornschuch AG, Kulmbacher Reichelbräu AG, VSM Vereinigte Schmirgel- und Maschinenfabriken AG, Joseph Vögele AG, Otto Stumpf AG sowie Hamburger Hochbahn AG haben sich an der Umfrage nicht beteiligt.

III.C.3.2.3. Exkurs: Bewertung der Entstehungsgründe am Beispiel der RWE AG

Daß die bewußte Schaffung von Mehrstimmrechtsaktien in den zwanziger Jahren häufig zu beobachten und mit einer Vielzahl von Mißbräuchen verbunden war, die bereits von zeitgenössischen Ökonomen kritisiert wurden, ist bereits erläutert worden. Zu klären bleibt, wie die Entstehung von Mehrstimmrechtsaktien durch den rein technischen Vorgang der Kapitalumstellung auf Goldbilanzen ökonomisch zu werten ist. Diese Bewertung soll am Beispiel der RWE AG vorgenommen werden.

Kaum ein Unternehmen hat sich mit der Geschichte der Mehrstimmrechtsaktien und ihrer Bedeutung so intensiv auseinandergesetzt wie die RWE AG und ihre Aktionäre. Es verwundert deshalb nicht, daß in diesem Zusammenhang eine ökonomische sowie juristische Diskussion darüber entbrannt ist, ob die damalige Entstehung dieser speziellen Vorzugsaktien gerechtfertigt oder sogar geboten war. Der historische Bezug dient den Verfechtern der Mehrstimmrechtsaktien gleichzeitig als Grundlage für die Rechtfertigung der Stimmrechte auch für die Gegenwart.

Die kommunale Aktionärsseite - Inhaber der Mehrstimmrechtsaktien - räumt ein, daß die Begründung für die starke Abwertung dieser Namensaktien anläßlich der Goldbilanzumstellung in dem im Verhältnis zu den früher erbrachten Einzahlungen auf Stammaktien geringeren Wert der 1922 für die Namensaktien geleisteten Einlagen zu suchen war. Gleichwohl sehen die kommunalen Aktionäre einen damals entstandenen Kapitalverlust als Ausgangspunkt für die ihrer Auffassung nach berechtigte Entstehung der Mehrstimmrechtsaktien: Durch die zwanzigfach stärkere Abwertung der Nennwerte der Vorzugsaktien habe die kommunale Aktionärsgruppe in den Folgejahren starke Einbußen bei der Dividende hinnehmen müssen. Um diesen Kapitalverlust auszugleichen, sei das zwanzigfache Stimmrecht der Namensaktien gerechtfertigt.[532] Im Ergebnis habe die Abwertung zum Verlust der Kapitalmehrheit geführt; zumindest die kommunale Stimmenmehrheit sei durch das den Namensaktien zugewachsene Mehrstimmrecht aufgefangen worden.[533]

---

[532] Vgl. Verband der kommunalen Aktionäre des RWE GmbH (Hrsg.), Jahre, o. J., S. 1.

[533] Vgl. Verband der kommunalen Aktionäre des RWE GmbH (Hrsg.), Partnerschaft, 1992, S. 9.

Zweifel an der Schlüssigkeit dieser Argumentation sind angebracht: Die Einlagen für Namensaktien waren bereits 1922 kaum noch werthaltig; sie waren, wie der Gesprächspartner aus dem Bereich der kommunalen Aktionäre bestätigt, außerdem nur teilweise einbezahlt.[534] Daß dies in der Tat so war, geht ebenfalls aus einer Zusammenstellung historischer RWE-Geschäftsberichte hervor. Dort heißt es, nach Ablauf des Geschäftsjahres 1921/22 hätten noch 75 % der Einzahlung der Namensaktien ausgestanden.[535]

Folglich wurden diese Aktien zu Recht stärker abgewertet als die Stammaktien. In dem sich durch die Kapitalumstellung ergebenden Kapitalverlust der Vorzüge steckt keine "Benachteiligung" der Vorzugsaktien und ihrer Inhaber, sondern er folgt ganz natürlich aus dem geringen Gegenwert der erst spät geschaffenen Namensaktien gegenüber den früher entstandenen Stammaktien. Eine Entschädigung mittels Mehrstimmrecht läßt sich hieraus ökonomisch nicht begründen.

Auch wenn man den Kommunen trotz der argumentativen Problematik ihres zur Zeit der Goldbilanz angeblich entstandenen Entschädigungsanspruchs eine ökonomische Basis für die Mehrstimmrechte zugesteht - eines ist mit Sicherheit aus den damaligen historischen Gegebenheiten nicht herzuleiten: die Tatsache nämlich, daß neue Mehrstimmrechte bei der RWE AG in den Kapitalerhöhungen der Folgejahre stets kostenlos an die Vorzugsaktionäre ausgegeben wurden. Dies trifft im übrigen auch für alle anderen Fälle in der Untersuchungseinheit, in denen die näheren Umstände bei der Schaffung von Vorzugsaktien anläßlich von Kapitalerhöhungen gegen Einlagen bekannt sind, zu. Hier handelt es sich um eine massive ökonomische und durch nichts gerechtfertigte Benachteiligung der übrigen Aktionäre. Dieser Punkt soll im nächsten Abschnitt näher ausgeführt und betrachtet werden.

Die kommunalen Aktionäre führen auch juristische Argumente für die Entstehung von Mehrstimmrechtsaktien ins Feld: Die Kapitalherabsetzung des Jahres 1924 sei ohne eine Gegenleistung in Form von Mehrstimmrechten juristisch nicht rechtmäßig gewesen. "Vor dem Hintergrund, daß auch in der Weimarer Verfassung das Gleichbehandlungsgebot bestand (Art. 109 Weimarer Verfassung), ist die Ungleichbehandlung bei der Ab-

---

534Vgl. Verband der kommunalen Aktionäre des RWE GmbH, Interview mit Rudolf H. Müller am 15. Januar 1996, Antwort auf Frage 4, (Anhang 1).

535Vgl. Rheinisch-Westfälisches Elektrizitätswerk Aktiengesellschaft (Hrsg.), Das RWE, 1948, S. 35.

wertung nur unter Beibehaltung der Stimmen erträglich und rechtmäßig gewesen. Man ging eben auch davon aus, daß Kommunen mit ihren Anteilen an Unternehmen nicht spekulieren, sondern die dauerhafte Wahrnehmung des Einflusses auf die Versorgungsaufgaben sichern wollten."[536] Die Eigentumsgarantie der Weimarer Verfassung, niedergelegt im Art. 103, sei bei der ungleichen Abwertung nur dadurch nicht angetastet worden, weil der Kern des kommunalen Einflusses durch den Erhalt der Stimmenmehrheit gesichert worden sei. Die Eigentumsgarantie in Art. 14 GG schütze in besonderem Maße die Stimmrechtsform dieser ehemals entstandenen Aktien.

Diese Auffassung ist in der juristischen Literatur umstritten. Nicht eindeutig ist vor allem, ob Mehrstimmrechte überhaupt als eigenständiger Vermögenswert anzusehen sind. Sollte dies nicht der Fall sein, dann wäre das Mehrstimmrecht keine selbständig enteignungsfähige Rechtsposition, sondern nur als Teil des Anteilseigentums durch Art. 14 GG geschützt. Die Beseitigung von Mehrstimmrechten wäre in diesem Fall nicht als eine zur Entschädigung verpflichtende Enteignung anzusehen.[537]

III.C.3.3. Kostenlose Ausgabe zu Lasten anderer Aktionäre

Daß die Unternehmensleitungen bei der Ausgabe von Mehrstimmrechtsaktien nicht immer durch uneigennützige Motive geleitet wurden, ist bereits oben aufgezeigt worden. Vielfach wurden Mehrstimmrechtsaktien, angeblich um vor Überfremdung zu schützen, eigentlich zum Zwecke der Verschanzung des Managements ausgegeben. Das Ziel dieser Kapitalmaßnahmen bestand in der Regel nicht darin, der Unternehmung Kapital zuzuführen, sondern dem Management wohlgesonnenen Aktionären eine möglichst kostengünstige Beteiligung am Unternehmen zu ermöglichen.

Die Verschanzung mittels Mehrstimmrechtsaktien wurde zum einen dadurch besonders preiswert gestaltet, daß diese Papiere häufig als nur teilweise einbezahlte Namensaktien ausgegeben wurden. Hinzu kam, daß diese Aktien an die mit der Unternehmensleitung konform gehenden Anteilseigner zu einem Bezugspreis abgegeben wurden, der nicht nur nicht höher als derjenige der gleichzeitig emittierten Stammaktien war - ein hö-

---

536 Hoffschulte, Heinrich / Müller, Rudolf, Beseitigung, 1993, S. 127.

537 Vgl. Hoffmann-Becking, Michael / Schmidt, Thomas L., Rechtsgutachten, 1992, S. 68 ff.; anders Schwark, Eberhard, Rechtsfragen, o. J., S. 63 ff. Schwark mißt dem Stimmrecht einen eigenständigen Vermögenswert zu, der vom Schutzbereich des Art. 14 GG erfaßt wird.

herer Preis wäre bei dem vielfachen Stimmrecht der Schutzaktien ökonomisch geboten gewesen -, sondern in der Regel weit niedriger.

Das bedeutet, daß die Mehrstimmrechte an die bevorzugten Aktionäre verschenkt wurden; in einer Reihe von Fällen wurde das Mehrstimmrecht sogar subventioniert. Der Grund für dieses Vorgehen lag darin, daß man dem Aktionär neben dem Machtmittel auch finanzielle Vorteile geben wollte, "damit er seine Interessen innerhalb der Unternehmung in einem Risiko verringernden Sinne möglichst umfassend verfolgen kann."[538] Das Ziel war nicht nur der Schutz gegen Überfremdung eines Unternehmens; die Mehrstimmrechtsaktien sollten gleichzeitig eine Beherrschung dieser Gesellschaft mit möglichst geringem Kapitaleinsatz sicherstellen.[539]

Es gibt bei den Unternehmen der Untersuchungseinheit keinen einzigen bekannten Fall, in denen die Mehrstimmrechte an die bevorrechtigten Aktionäre nicht verschenkt worden wären - so, als seien sie ökonomisch wertlos gewesen. Von einer Wertlosigkeit der Mehrstimmrechte war zu dieser Zeit jedoch nicht auszugehen. Die Papiere wurden gezielt als Schutzaktien zur Einflußsicherung des Managements oder bestimmter Aktionäre wie z.B. der Gründerfamilien ausgegeben und existierten damals in einer Vielzahl von Unternehmen in einem weit bedeutenderen Umfang als dies heute der Fall ist.

Dies bedeutet, daß die Unternehmensleitungen eine Schlechterstellung der übrigen Aktionäre, die vor allem während der Inflation hohe Preise für die bezogenen Stammaktien zu zahlen hatten, nicht nur in Form der stimmenmäßigen Einflußschmälerung, sondern auch in konkreter finanzieller Hinsicht ganz bewußt in Kauf nahmen. Diese Bevorzugung einiger weniger Aktionäre läßt sich bei zahlreichen Unternehmen der Untersuchungseinheit belegen. Die folgenden Firmen haben bei der erstmaligen Ausgabe von Papieren mit mehrfachem Stimmrecht dieses entweder verschenkt oder - und diese Alternative traf mehrheitlich zu - das Mehrstimmrecht auf Kosten der übrigen Aktionäre dadurch subventioniert, daß die mehrstimmigen Aktien preislich günstiger ausgegeben wurden als die Stammaktien.

Bei der Calwer Decken- und Tuchfabriken AG, der Th. Goldschmidt AG sowie der Konrad Hornschuch AG[540] waren nach Angabe der Unterneh-

[538]Hofem, Adolf, Schutzaktien, 1929, S. 56.

[539]Vgl. Hofem, Adolf, Schutzaktien, 1929, S. 64 f.

[540]Vgl. Verlag für Rechts- und Wirtschaftsliteratur Aktiengesellschaft (Hrsg.), Handbuch, 1934 II, S. 2205.

men die Bezugspreise für Stamm- und mehrstimmige Vorzugsaktien identisch.[541] Bei der Württembergische AG Versicherungs-Beteiligungsgesellschaft, früher Württembergische Feuerversicherung AG, war bereits im "Vertrag über die Errichtung einer Aktiengesellschaft" vom 25. Juni 1923 festgelegt, daß die Stammaktien zu einem Ausgabekurs von 400 %, die Mehrstimmrechtsaktien jedoch zu pari übernommen werden sollten.[542] Die Schutzaktien der Daimler Benz AG sind - wie in einer auf die Geschichte des Unternehmens abhebenden Selbstdarstellung des Unternehmens vermerkt - stets zu pari ausgegeben worden, die anderen jungen Aktien zu den entsprechend der Hyperinflation astronomischen Kursen.[543] Zu pari wurden auch die mehrstimmigen Vorzugsaktien der Gruschwitz Textilwerke, Akt.-Ges., einem Bankenkonsortium 1923 zum Bezug angeboten; der Bezugspreis der Stammaktien für die übrigen Aktionäre betrug demgegenüber 1500 %.[544] Ebenfalls zu pari wurden die Vorzugsaktien der Porzellanfabrik Waldsassen Bareuther & Co. AG emittiert; die Stammaktien dagegen zu 125 %[545].

Bei der Hamburgische Electricitäts-Werke AG konnte der Hamburgische Staat die Mehrstimmrechtsaktien zu einem Bezugspreis von 140 % erwerben; die Stammaktien gingen zu 950 % an ein Konsortium, ein Teil davon wurde an bisherige Aktionäre zu einem Preis von 1000 % abgegeben.[546] Die Namensaktien der Frankona Rück- und Mitversicherungs Akt.Ges. wurden zu 125 %, die Stammaktien teilweise zu 275 % bei einem Bankenkonsortium, teilweise zu 475 % bei den bisherigen Aktionären plaziert.[547] Bei den mehrstimmigen Aktien der Fränkisches Überlandwerk Aktiengesellschaft wurde der Bezug zu pari festgesetzt, ein Teil der Stammaktien wurde ebenfalls zu pari abgegeben, die anderen zu 200 %.[548] Die Inhaber-

---

[541] Vgl. Calwer Decken- und Tuchfabriken AG, Interview mit Jürgen Renz am 9. Oktober 1995, Antwort auf Frage 17 (Anhang 1); Th. Goldschmidt AG, Interview mit Dieter Keifenheim am 25. September 1995, Antwort auf Frage 17 (Anhang 1).

[542] Vgl. Württembergische Feuerversicherung AG, Vertrag über die Errichtung einer Aktiengesellschaft, Stuttgart, 25. Juni 1923, S. 1, Württembergische AG Versicherungs-Beteiligungsgesellschaft, Interview mit Dietrich Kaufmann am 20. April 1995, Antwort auf Frage 3 (Anhang 1).

[543] Vgl. Daimler Benz AG (Hrsg.), 100 Jahre, 1986, S. 82.

[544] Vgl. Verlag für Börsen- u. Finanzliteratur A.-G., Handbuch 1926 II. S. 3063.

[545] Vgl. Verlag für Börsen- u. Finanzliteratur A.-G., Handbuch, 1926 I, S. 837.

[546] Vgl. Verlag für Börsen- u. Finanzliteratur A.-G., Handbuch, 1926 I, S. 739 f.

[547] Vgl. Verlag für Börsen- u. Finanzliteratur A.-G., Handbuch, 1925 I, S. 2057.

[548] Vgl. Verlag für Börsen- u. Finanzliteratur A.-G., Handbuch, 1925 I, S. 1262.

Aktien der J. Vögele AG konnten zu 150 % bezogen werden, die mehrstimmigen Namens-Vorzugsaktien dagegen zu pari.[549]

Die kostenlose Überlassung von Mehrstimmrechten ist jedoch kein ausschließlich vergangenheitsbezogenes Phänomen, das sich mit den Kapitalmarktturbulenzen der Inflationsphase erklären ließe. Bei Unternehmen, die Mehrstimmrechtsaktien bei Kapitalerhöhungen gegen Einlagen bis in die Gegenwart hinein ausgegeben haben, ist diese Praxis nach wie vor zu beobachten. Beispielsweise geht aus dem Börsenprospekt für die Zulassung der Stammaktien aus der Kapitalerhöhung 1982 der Lech-Elektrizitätswerke AG hervor, daß die neuen Inhaberaktien zum Preis von DM 105,- je Aktie zu nominal DM 50,-, die neuen mehrstimmigen Vorzugsaktien zum Preis von DM 210,- je Aktie zu nominal DM 100,-, also zum selben Bezugspreis ausgegeben worden sind.[550] Auch bei der VEW AG konnten bei der Neuausgabe von Mehrstimmrechtsaktien anläßlich der Kapitalerhöhung des Jahres 1985 die mehrstimmigen Vorzüge zum selben Preis wie die Stammaktien - DM 75 je Aktie im Nennwert von DM 50, - bezogen werden.[551]

Die Mehrstimmrechtsaktien der Siemens AG, die diese auch in der Nachkriegszeit vermehrt emittiert hat, sind ebenfalls zum identischen Bezugskurs wie die Stammaktien ausgegeben worden. Wie das Unternehmen argumentiert, ist dies deswegen geschehen, weil Mehrstimmrechtsaktien keinen höheren wirtschaftlichen Wert besäßen als Stammaktien.[552] Wie diese Argumentation zu bewerten ist, d.h. ob die Mehrstimmrechte in den einzelnen Firmen heute ökonomischen Wert besitzen oder nicht, wird weiter unten ausführlich zu diskutieren sein.[553]

Bei der RWE AG wurden die Mehrstimmrechte ebenfalls stets kostenfrei an die kommunalen Aktionäre abgegeben: Die Bezugspreise für stimmrechtslose und mehrstimmige Vorzugsaktien sowie Stammaktien waren in der jüngeren Vergangenheit bei den Kapitalerhöhungen des Unternehmens identisch - mit einer Ausnahme, die die Mehrstimmrechtsaktien allerdings nicht betraf: Bei der jüngsten Kapitalerhöhung der RWE AG, bei der keine

---

549 Vgl. Verlag für Börsen- u. Finanzliteratur A.-G., Handbuch 1926 I, S. 563.

550 Vgl. Lech-Elektrizitätswerke Aktien-Gesellschaft (Hrsg.), Prospekt, 1982, S. 2.

551 Vgl. Vereinigte Elektrizitätswerke Westfalen AG, Prospekt, 1985, S. 3; sowie Vereinigte Elektrizitätswerke Westfalen AG, Interview mit Klaus Wuppermann am 5. Februar 1996, Antwort auf Frage 17 (Anhang 1).

552 Vgl. Rembold, Otto u.a., Nold, 1992, S. 12 f.

553 Vgl. Gliederungspunkt III.D.2.2.2.

neuen Mehrstimmrechtsaktien emittiert wurden, wurden stimmrechtslose Vorzüge und Stämme zu unterschiedlichen Preisen ausgegeben.

Auch bei der RWE AG finden sich Kapitalerhöhungen, bei denen junge Mehrstimmrechtsaktien der RWE AG zu niedrigeren Bezugskursen als die Stämme begeben wurden: 1929 lag der Bezugspreis der Stämme bei 130 %, derjenige der Mehrstimmrechtsaktien dagegen bei 110 %. 1955 waren Stämme der RWE AG zu 120 % zu beziehen; Mehrstimmrechtsaktien waren mit einem Bezugskurs von 100 % weit günstiger.[554]

Daß es durch diese Preisgestaltung zu einer deutlichen Bevorzugung der kommunalen Aktionärsgruppe gekommen ist, wird heute auch von einem ihrer Vertreter zugestanden: "Indirekt war das natürlich eine Subventionierung der Kommunen, das muß man sehen. Aus heutiger Sicht, würde ich sagen, hätten man ruhig den Kommunen für ihre Namensaktien mehr abfordern können."[555]

Abschließend ist festzuhalten, daß durch die kostenlose Abgabe oder gar durch eine Subventionierung dieser Stimmrechte die Auswirkung der Disproportionalität zwischen Stimmen und Dividendeneinnahmen noch verstärkt wird; das Verschenken von Mehrstimmrechten schafft zusätzlichen Anreiz zum Perquisites-Konsum durch die Inhaber dieser mehrstimmigen Vorzüge.

III.C.3.4. Bedeutung der Mehrstimmrechtsaktien in der Frühzeit und den Folgejahren: Gegenbewegung und Kritik

Die Maßnahmen, die die deutschen Aktiengesellschaften Anfang der zwanziger Jahre gegen die von ihnen befürchtete Überfremdungsgefahr getroffen hatten, waren laut Jung auf eine gewisse Zeitdauer beschränkt.[556] Die Aktionäre sträubten sich, einer bestimmten Gruppe auf unabsehbare Zeit die Macht über die Generalversammlung einzuräumen und wollten "in allen Fällen sich das Recht vorbehalten ..., nach einiger Zeit wieder die früheren Zustände herzustellen."[557] Für die zeitliche Beschränkung der Mehrstimmrechtsaktien waren drei Varianten zu beob-

---

[554] Vgl. Hoffmann-Becking, Michael / Schmidt, Thomas L., Rechtsgutachten, 1992, S. 79.

[555] Verband der kommunalen Aktionäre des RWE GmbH, Interview mit Rudolf H. Müller am 15. Januar 1996, Antwort auf Frage 17 (Anhang 1)

[556] Vgl. Jung, Erich, Maßnahmen, 1921, S. 49 ff.

[557] Jung, Erich, Maßnahmen, 1921, S. 49.

achten: Bei einigen Unternehmen wurde im Statut festgesetzt, daß die Vorzugsaktien nur über eine Reihe von Jahren über ein vielfaches Stimmrecht verfügten, das danach automatisch erlosch. Nach Ablauf dieser Frist wurden die Vorzugsaktien zu Stammaktien, die Vinkulierung wurde aufgehoben bzw. die vertragsmäßige Bindung ihrer Inhaber zur Nichtveräußerung aufgelöst. Ein neuer Beschluß der Generalversammlung war nicht notwendig. Der zweite von Unternehmen eingeschlagene Weg zur Abschaffung der Mehrstimmrechtsaktien bestand darin, daß diese ihre Sonderrechte durch Generalversammlungsbeschluß der Stammaktionäre verlieren sollten. Im Statut wurde ein bestimmter Zeitpunkt festgesetzt, zu dem die Stammaktionäre ohne Stimmen der Vorzugsaktionäre über die Zukunft der Mehrstimmrechtsaktien entscheiden sollten.[558] In diesen beiden genannten Fällen kam es häufig zu einer Umwandlung der Mehrstimmrechtsaktien in Stammaktien bereits nach wenigen Jahren.

Zu einer Verfestigung der Mehrstimmrechtsaktien führte der dritte Weg: Bei einem Teil der Unternehmen sollten die Vorzugsaktien nämlich ihre Rechte durch allgemeinen Beschluß der Generalversammlung verlieren, d.h. die Vorzugsaktionäre waren mit ihrem vielfachen Stimmrecht stimmberechtigt bei einem Abstimmungspunkt, der die Abschaffung ihrer eigenen Sonderrechte betraf. Vor allem in Unternehmen, in denen die Mehrstimmrechtsaktionäre über eine stimmenmäßige Mehrheit verfügten, konnten die auf Abschaffung der Vorzüge dringenden Stammaktionäre nicht auf Erfolg hoffen. Diesen Weg wählten vor allem Aktiengesellschaften, die eine permanente Gefahr der Überfremdung, insbesondere von innen, befürchteten: "Es ist außerordentlich schwer, im voraus festzulegen, bis zu welchem Zeitpunkt die Gefahr einer Überfremdung von Außen behoben sein wird. Eine Überfremdung von Innen ist künftighin immer zu befürchten."[559] Auf diese Weise gelang es den Unternehmen, die Aufrechterhaltung der Mehrstimmrechte - welche Motive auch immer zugrunde liegen mochten - vor ihren Aktionären zu rechtfertigen.

Allerdings sorgte die verstärkte Kritik an den Mehrstimmrechtsaktien doch für eine gewisse Modifikation ihres Einsatzes. Diese Kritik richtete sich vor allem gegen die vollständige Entrechtung der übrigen Aktionäre in der Generalversammlung, die insbesondere dann gesehen wurde, wenn die Vorzugsaktionäre "ein völlig uneingeschränktes, absolutes Stimmrecht haben, also gleichsam mit Blankovollmacht ausgestattet werden. Diese

---

[558] Vgl. Jung, Erich, Maßnahmen, 1921, S. 50.

[559] Jung, Erich, Maßnahmen, 1921, S. 51. Diesen Standpunkt vertritt der Autor auch etwa 40 Jahre später in Jung, Erich, Beitrag, o. J., S. 15.

Ausgabe mit absolutem Stimmrecht erfolgte meist im Anfange der Bewegung in der Zeit, in der manche Verwaltungen in der Angst, zu spät mit dem Überfremdungsschutz zu kommen, überhastete Anträge den einberufenen GV. [Generalversammlungen, d.V.] vorlegten."[560] Allmählich kamen die Managements jedoch zu der Erkenntnis, daß ein genauso wirksamer Überfremdungsschutz sich auch mit weit geringerer öffentlicher Kritik bewerkstelligen ließe: Das Mehrstimmrechtskapital wurde einschränkenden Bedingungen unterworfen, d.h. die Mehrstimmrechte kamen nur bei einigen wenigen - allerdings den entscheidenden - Abstimmungspunkten in der Generalversammlung zum Einsatz. Die Besteuerung eines unbeschränkt zum Einsatz kommenden Mehrstimmrechts wirkte in dieselbe Richtung.[561]

Eine vorsichtigere Handhabung des Instruments der Mehrstimmrechte verstärkte sich bei den deutschen Firmen auch durch Forderungen von Kritikern der Aktienrechtspraxis jener Jahre, die staatlichen Stellen sollten das Genehmigungs- und Versagungsrecht bei Kapitalerhöhungen, in denen Aktien mit vielfachem Stimmrecht ausgegeben wurden, strenger handhaben und die Emissionsvoraussetzungen intensiver prüfen. Nach der "Bekanntmachung über die staatliche Genehmigung zur Errichtung von Aktiengesellschaften usw." vom 2. November 1917 bedurften Kapitalerhöhungen über einen Nominalbetrag von 300 000,- Mark hinaus nämlich einer staatlichen Genehmigung.[562]

Nicht nur die Befürchtung, eine Kapitalerhöhung könnte durch eine extensive Verwendung des Stimmrechtsinstruments staatlicherseits unterbunden werden, wirkte bremsend. Auch die Kreditinstitute wirkten auf die Unternehmen ein; sie seien - wie einige zeitgenössische Autoren bemerken - aus Eigeninteresse nicht an der Beibehaltung oder gar Ausweitung der Mehrstimmrechtsaktien interessiert gewesen, da die Mehrstimmrechtsaktien - falls sie sich nicht in ihrem Besitz befanden - ihren eigenen Einfluß auf die Industrieunternehmen schmälerten.[563]

Bezüglich der Mehrstimmrechtsaktien kam es zu einer Zusammenarbeit zwischen deutschen Banken und den Stellen, bei denen die Genehmigung

---

[560]Kurz, Simon, Abwehr, 1921, S. 48 f.

[561]Vgl. Gliederungspunkt III.C.2.

[562]S. Bekanntmachung über die staatliche Genehmigung zur Errichtung von Aktiengesellschaften, in: Reichs-Gesetzblatt, Jg. 1917, Nr. 196, 2. November 1917, Berlin, § 1, S. 987 f.

[563]Vgl. Jung, Erich, Maßnahmen, 1921, S. 52 f.

der Börsenzulassung junger Emissionen lag. Beispielsweise wurde damals von einer Großbank angeregt, "daß die deutschen Börsen-Zulassungsstellen ihre Genehmigung für die Neueinführung von Aktien einer Gesellschaft, bei der Vorzugsaktien mit vielfachem Stimmrecht bestehen, bzw. für Zulassung von jungen Emissionen davon abhängig machen sollen, daß die Eigentümer der Vorzugsaktien für die Dauer des Börsennotizes sich ihres Stimmrechts zu Gunsten einer von der Zulassungsstelle bezeichneten Einrichtung evtl. einer Treuhandstelle begeben."[564] Um zu verhindern, daß sich die Vorzugsaktionäre ihres Stimmrechts in einer unangemessen Art und Weise bedienten, sollte die Treuhandstelle von dem Mehrstimmrecht nur dann Gebrauch machen, wenn der Gesellschafterversammlung in der Tat Anträge vorgelegt würden, die auf ein Eindringen ausländischen Einflusses hindeuteten. Diese Initiativen stießen bei den Unternehmen auf Ablehnung, waren es doch u.a. die Banken selbst, gegen deren Vordringen in die Unternehmen und die damit verbundene "innere Überfremdung" ein Teil der Mehrstimmrechte eingesetzt wurde.[565]

Einige Börsenzulassungsstellen nahmen, aus welchen Motiven auch immer, eine restriktivere Haltung gegenüber Mehrstimmrechtsaktien ein; zumindest bildete sich ein Trend hin zu mehr Transparenz für den Investor heraus: So verlangte beispielsweise die Berliner Zulassungsstelle, daß im Prospekt einer Aktiengesellschaft in Sperrschrift auf die Existenz mehrstimmiger Vorzugsaktien hingewiesen wurde; dies unter genauer Spezifizierung des Verhältnisses der einzelnen Aktiengattungen zueinander.[566]

Die Vielzahl der damals vorgebrachten Vorschläge brachte es immerhin mit sich, daß die Firmen sich in der Ausnutzung der gesetzlichen Möglichkeiten in bezug auf die Schaffung von Stimmrechtsaktien mehr und mehr zurückhielten. Die Zurückführung der Mehrstimmrechtsaktien ging jedoch insgesamt sehr langsam vor sich. Die "Frankfurter Zeitung" konstatierte 1929 nur einen sehr allmählichen Rückgang dieser Aktien.[567] Wie Passow 1930 schreibt, existierte damals allerdings kein genauer Überblick über den Umfang der Mehrstimmrechtsaktien in den Unternehmen.[568]

---

[564] Jung, Erich, Maßnahmen, 1921, S. 60.

[565] Vgl. Jung, Erich, Maßnahmen, 1921, S. 61.

[566] Vgl. Jung, Erich, Maßnahmen, 1921, S. 58.

[567] Vgl. Frankfurter Zeitung, 15. Februar 1929, Nr. 123, o. S., zit. n. Passow, Richard, Strukturwandel, 1930, S. 37 f., fn. 4.

[568] Vgl. Passow, Richard, Strukturwandel, 1930, S. 37 f.

Die Kritik an den Schutzaktien verstärkte sich im Zuge der Aktienrechtsreform 1937. Neben der Praxis der Mehrstimmrechtsaktien war es in den Vorjahren zu einer Vielzahl von weiteren Mißständen im deutschen Aktienwesen gekommen, so daß das Aktienrecht dringend einer Erneuerung bedurfte.[569] 1924 und 1926 beschäftigte sich der Deutsche Juristentag mit dem deutschen Aktienrecht; er setzte eine Aktienrechtskommission ein. Im gleichen Jahr startete das Reichsjustizministerium eine Fragebogenaktion an die Spitzenverbände des Handels und der Industrie sowie an Wirtschaftswissenschaftler, Banken, den deutschen Anwaltverein und Gewerkschaften mit der Bitte um Stellungnahme zu notwendigen aktienrechtlichen Reformmaßnahmen. Diese Aktion brachte eine weitreichende Reformdebatte in Gang, die sich auch mit Änderungsvorschlägen zum Mehrstimmrecht beschäftigte - gefordert wurde beispielsweise die Begrenzung der Mehrstimmrechtsaktien im Unternehmen auf 25 % aller Stimmen oder sogar ein Verbot dieser Papiere.[570] Im Vorfeld der Aktienrechtsreform wurden auch Stimmen laut, die zumindest die Abwehr der inneren Überfremdung mittels Mehrstimmrechtsaktien für ungerechtfertigt hielten und von Rathenaus Auffassung der Unternehmung als einem besonders geschützten Rechtsgut abrückten: "Ich halte übrigens die reine Theorie des Unternehmens für viel zu abstrakt und leblos, in der Praxis erhält das Unternehmen seine lebende Gestaltung doch erst durch die Aktionäre. ... Unseres Erachtens ist ferner die Mehrstimmaktie - wenigstens im allgemeinen - nicht als Mittel gegen die innere Überfremdung zu begrüßen. Wir vertreten die Ansicht, daß von einem dauernden Interesse des Unternehmens nicht allgemein gesprochen werden kann; neue Aktionärgruppen können vielfach dem Interesse besser dienen, und es ist zumindesten[sic!] also leicht mißverständlich, von einem solchen Dauerinteresse des Unternehmens zu sprechen."[571]

Zu quantitativen Begrenzungen des Mehrstimmrechts kam es aber dann im neuen Aktiengesetz nicht. Die bis 1937 geschaffenen Stimmrechtsaktien blieben bestehen; immerhin kam es zu einer Genehmigungspflicht; sie war jedoch an wesentlich leichter zu erfüllende Voraussetzungen gebunden als dies heute - gemäß AktG 1965 - der Fall ist.[572]

---

[569] Vgl. Menke, Joachim, Kapitalbasis, 1988, S. 10 f.

[570] Vgl. Passow, Richard, Strukturwandel, 1930, S. 16 f. sowie S. 44.

[571] Bruch, Rudolf, Stellungnahme, 1932, S. 46.

[572] Vgl. Gliederungspunkte III.B.2.2 sowie III.B.2.3.

Der Regierungsentwurf zum AktG 1965 sah eigentlich vor, daß die Mehrstimmrechtsaktien ihren Stimmenvorzug nach einer Übergangsfrist verlieren sollten.[573] Der Vorschlag rief viel Zustimmung hervor: "Gegen eine 'Überfremdung' der Gesellschaft ... gibt es andere Mittel, ganz abgesehen von der Frage, wie weit die Abwehr einer angeblichen Überfremdung einer Aktiengesellschaft rechtspolitisch überhaupt schutzbedürftig ist. Wir haben große Publikumsgesellschaften, bei denen Mehrstimmrechtsaktien keinem anderen Zweck dienen als dem Ziel, die Machtposition der Familie des ursprünglichen Gründers aufrechtzuerhalten. Dies kann heute nicht mehr als berechtigt anerkannt werden. Aber auch die berechtigten Belange der öffentlichen Hand, insbesondere bei Versorgungsunternehmen, lassen sich anders wahren als durch Beeinträchtigung der Rechte der privaten Geldgeber."[574] Bei den Beratungen in den Ausschüssen wurden jedoch Bedenken gegen ein generelles Verbot von Mehrstimmrechtsaktien ohne die Möglichkeit von Ausnahmegenehmigungen im Hinblick auf das Interesse der öffentlichen Hand an einer Sicherung ihres Einflusses an Versorgungsunternehmen laut.[575] Gleichwohl brachte der entsprechende Passus im AktG 1965, auf den man sich schließlich einigte, eine Reihe von Firmen mit Mehrstimmrechtsaktien in Begründungsnöte. Die Neuausgabe von Mehrstimmrechtsaktien bei ordentlichen Kapitalerhöhungen sollte nämlich fortan eine ministerielle Ausnahmegenehmigung erfordern; diese kann im Rahmen der Vorschriften des AktG 1965 ausschließlich dann erteilt werden, wenn überwiegende gesamtwirtschaftliche Belange dies notwendig machen.

Eine Reihe von Unternehmen konnte nicht mehr mit der Möglichkeit der Neuausgabe dieser Papiere bei Kapitalerhöhungen gegen Einlagen rechnen. Es verwundert nicht, daß im Laufe der folgenden Jahre die Zahl der Unternehmen, deren Grundkapital Mehrstimmrechtsaktien enthält, abgenommen hat.

Beispielsweise hat es 1954 in der Bundesrepublik noch 112 deutsche, mit Mehrstimmrechtsaktien ausgestattete Unternehmen gegeben; das sind 15,03 % aller 745 im Saling Aktienführer enthaltenen, in Deutschland bör-

---

[573] Vgl. Rasch, Harold, Regierungsentwurf, 1960, S. 9.

[574] Rasch, Harold, Regierungsentwurf, 1960, S. 9.

[575] Vgl. Eckardt, Ulrich, Kommentar, 1973, 1974, § 12, Rdnr. 55 u. 56, S. 170; Kermel, Cornelia, Steuerungsmöglichkeiten, 1994, S. 54.

sennotierten Aktiengesellschaften.[576] Große und bekannte Gesellschaften wie die Philipp Holzmann AG, die Gesellschaft für Linde's Eismaschinen Aktiengesellschaft, die Hermes-Kreditversicherungs-Aktiengesellschaft, die Münchener Rückversicherungs-Gesellschaft AG sowie die Brauerei-Aktiengesellschaften Holsten, Henninger und Berliner Kindl hatten zu dieser Zeit noch mehrstimmige Aktien emittiert.

Zwischen 1954 und 1975, also in der Phase der Neufassung des Aktiengesetzes, setzte ein deutlich sichtbarer Abschmelzprozeß ein. 1975 gab es über die in der Untersuchungseinheit aufgeführten Unternehmen hinaus nur noch 16 weitere deutsche Unternehmen mit Mehrstimmrechtsaktien:[577]

1. die Gebrüder Adt AG (Beteiligungs- und Grundstücksverwaltungsgesellschaft),
2. die Württembergische Baumwoll-Spinnerei und Weberei bei Eßlingen am Neckar AG (Immobilienverwaltung),[578]
3. Aktiengesellschaft für Seilindustrie vorm. Ferdinand Wolff (Textilunternehmen),[579]
4. Stöhr & Co. AG (Textilunternehmen),
5. die Allgemeine Rentenanstalt Lebens- und Rentenversicherungs-Aktiengesellschaft,[580]
6. die Magdeburger Feuerversicherungs-Gesellschaft,
7. die Nord-Deutsche Lebensversicherungs-Aktiengesellschaft,
8. die Württembergische und Badische Versicherungs-Aktiengesellschaft,
9. die Maschinenfabrik Banning AG,
10. die Bleicherei, Färberei und Appreturanstalt Uhingen AG,
11. die Deutsch-Atlantische Telegrafengesellschaft,
12. das Großkraftwerk Franken,

---

576 Vgl. Verlag Hoppenstedt & Co. (Hrsg.), Saling, 1953. Im Anhang 2 der vorliegenden Arbeit sind die 1954 mit Mehrstimmrechtsaktien ausgestatteten Unternehmen einzeln aufgeführt.

577 Vgl. Verlag Hoppenstedt & Co. (Hrsg.), Saling, 1974.

578 Das Unternehmen arbeitete früher als Textilhersteller.

579 Das Unternehmen firmiert heute unter A.A.A. Aktiengesellschaft Allgemeine Anlageverwaltung vorm. Seilwolff AG von 1890.

580 Vgl. Fußnote 295.

13. die Hoffmann's Stärkefabriken Aktiengesellschaft (Nahrungs- und Genußmittel),[581]
14. die Kromschöder Aktiengesellschaft (Meßgeräte- und Zählerhersteller),
15. Meinecke Aktiengesellschaft (Meßgeräte- und Zählerhersteller) sowie
16. die Vereinigte Deutsche Nickel-Werke Aktien-Gesellschaft.

Insgesamt waren 1975 49 deutsche Unternehmen mit Mehrstimmrechten ausgestattet.[582] Dies sind 6,89 % der zu dieser Zeit an deutschen Börsen notierten 711 Gesellschaften. Zahl sowie Bedeutung der Unternehmen mit mehrstimmigen Papieren in Relation zum Gesamtmarkt haben sich zwischen 1954 und 1975 also in etwa halbiert.

Auffällig ist, daß beispielsweise seit 1975 nur ein einziges Energieversorgungsunternehmen - das Großkraftwerk Franken - die mehrstimmigen Vorzugsaktien aufgegeben hat. Den Energieversorgungsunternehmen ist es aufgrund der starken Beteiligung der öffentlichen Hand auch weiterhin möglich, die geforderte gesamtwirtschaftliche Begründung für die Ausgabe von Mehrstimmrechtsaktien zu liefern.

Den Abschmelzungsprozeß der Mehrstimmrechtsaktien über 70 Jahre hinweg nach ihrer großflächigen Entstehung in den zwanziger Jahren soll am Beispiel der Brauereien schlaglichtartig verdeutlicht werden. 1925 gab es in Deutschland insgesamt 366 Brauerei-Aktiengesellschaften - in Liquidation befindliche Unternehmen nicht mitgerechnet. Bei 119 dieser Unternehmen, darunter Firmen wie die Dortmunder Actien-Brauerei und die Erste Kulmbacher Actien-Exportbier Brauerei, fanden sich zu dieser Zeit Mehrstimmrechtsaktien.[583] 32,5 % aller Brauereien hatten also 1925 mehrstimmige Papiere ausstehen. 1995 existierten noch 31 Brauerei-Aktiengesellschaften; 3 davon verfügten - und verfügen noch immer - über Mehrstimmrechtsaktien.[584] 1995 waren also nur noch 9,7 % aller Brauaktiengesellschaften mit Mehrstimmrechtsaktien ausgestattet.

---

[581] Das Unternehmen firmiert heute unter dem Namen Reckitt & Colman Deutschland Aktiengesellschaft.

[582] Auffällig ist, daß die Jos. Vögele AG sowie die Konrad Hornschuch AG in Verlag Hoppenstedt & Co., Saling, 1953 sowie Saling, 1974 nicht enthalten sind. Sie haben deshalb in die Berechnungen keinen Eingang gefunden.

[583] Vgl. Verlag für Börsen- und Finanzliteratur, A.-G. (Hrsg.), Handbuch, 1925 I-IV.

[584] Vgl. Verlag Hoppenstedt GmbH (Hrsg.), Saling, 1995, auch Anhang 4.

III.C.4. Mehrstimmrechtsaktien in Nachkriegs- und moderner Zeit

III.C.4.1. Mehrstimmrechtsaktien der Untersuchungseinheit seit 1945

Nach den Ergebnissen der im theoretischen Teil der Arbeit vorgestellten Studie von Partch haben die von ihr betrachteten Insider-Aktionäre in den USA die Einführung einer zweiten, stimmrechtsbeschränkten Aktienklasse genutzt, um ihren Stimmenanteil im Unternehmen auf-, ihre Kapitalbeteiligung jedoch abzubauen.[585] Auch in Deutschland zeigen die Veröffentlichungen der 20er Jahre in diese Richtung. Nach dem 2. Weltkrieg hat sich zum einen die Bedeutung dieser Papiere für den Gesamtaktienmarkt wieder reduziert. Zum anderen läßt sich zeigen, daß die Bedeutung der Mehrstimmrechtsaktien auch in den einzelnen Aktiengesellschaften der Untersuchungseinheit abgenommen hat. Im folgenden wird die Entwicklung der Mehrstimmrechtsaktien in den Unternehmen nach der DM-Eröffnungsbilanz Ende der 40er / Anfang der 50er Jahre dargestellt. Dabei sollen auch Extrempositionen herausgearbeitet werden: Auf der einen Seite stehen die Unternehmen, bei denen nach der Umstellung ihres Grundkapitals von RM auf DM keine Mehrstimmrechtsaktien oder insgesamt nur ein einziges Mal derartige Papiere emittiert worden sind. Auf der anderen Seite finden sich in der Untersuchungseinheit Firmen, die bis in die jüngste Zeit hinein solche Papiere mit Sondergenehmigung ausgegeben haben.

III.C.4.1.1. Veränderung des Bestands bis in die Gegenwart

Im folgenden Abschnitt soll dargestellt werden, wie häufig die einzelnen Unternehmen in der Untersuchungseinheit Mehrstimmrechtsaktien seit der Kapitalumstellung auf DM infolge der Währungsreform nach dem 2. Weltkrieg geschaffen haben. Herausgefiltert werden die Unternehmen, die nach Inkrafttreten des Aktiengesetzes von 1965 Mehrstimmrechtsaktien bei Kapitalerhöhungen gegen Einlagen emittiert und gemäß § 12 Abs. 2 eine Ausnahmegenehmigung des zuständigen Wirtschaftsministeriums einzuholen hatten. Beispielhaft sollen einzelne Begründungen für Antragstellung bzw. Ausnahmegenehmigung diskutiert werden.

III.C.4.1.2. Keine Neuausgabe nach dem 2. Weltkrieg

Bei der R i e t e r I n g o l s t a d t S p i n n e r e i m a s c h i n e n b a u A G sind nur ein einziges Mal - 1922 - Mehrstimmrechtsaktien geschaffen

---

[585] vgl. Partch, Megan, Creation, 1987; sowie Gliederungspunkt II.D.1.1.1.

worden.[586] Nach Auskunft der Custodia Holding AG ist dies ebenfalls nur einmal - 1921 - geschehen.[587] Daß zumindest nach 1951 mit Sicherheit keine neuen Mehrstimmrechtsaktien geschaffen worden sind, ist dem Handbuch der deutschen Aktiengesellschaften, Geschäftsberichten und Börsenprospekten zu entnehmen.[588] Ähnliches gilt auch für die Breitenburger Portland - Cement-Fabrik Aktiengesellschaft: Auch in diesem Unternehmen sind nur einmal - nämlich 1923 - Vorzugsaktien mit Mehrstimmrecht ausgegeben worden.[589] Dies gilt ebenfalls für die Tucher Bräu AG.[590] Die Markt - und Kühlhallen AG hat ebenfalls nur einmal mehr-stimmige Papiere geschaffen - dies im Jahre 1920.[591]

Auch bei der BM Bäckermühlen AG sind nach Aussage des Unternehmens nur ein einziges Mal - im Jahre 1922 - Mehrstimmrechtsaktien entstanden und bis zu ihrer Abschaffung so verblieben.[592] Diese Aussage läßt sich anhand vorliegender Geschäftsberichte nachvollziehen: Das Grundkapital der damaligen Stuttgarter Bäckermühlen AG ist 1950

---

586 Vgl. Verlag für Börsen- und Finanzliteratur A.-G. (Hrsg.), Handbuch, 1926 I, S. 1974 sowie Verlag Hoppenstedt GmbH (Hrsg.), Saling, 1994, S. 704.

587 Vgl. Custodia Holding AG, Gebhard, Volker, Mitglied des Vorstandes, Schreiben vom 23. August 1995, Antwort auf Frage 5 (Anhang 1).

588 Vgl. Löwenbräu Aktiengesellschaft, Bilanz, 1980/81; Löwenbräu Aktiengesellschaft, Prospekt, 1982, S. 8; außerdem Verlag Hoppenstedt GmbH (Hrsg.), Handbuch, 1993, S. 5890.

589 Vgl. Breitenburger Portland-Cement-Fabrik AG, Telefoninterview mit Doris Niemann am 25. Oktober 1995, Antwort auf Frage 5 (Anhang 1); Breitenburger Portland-Cement-Fabrik AG, Bilanz, 1940; Breitenburger Portland-Cement-Fabrik, Bilanz, 1950; Breitenburger Portland-Cement-Fabrik AG, Bilanz, 1955. Dazu auch Verlag Hoppenstedt GmbH (Hrsg.), Handbuch, 1993, S. 943.

590 Vgl Verlag für Börsen- und Finanzliteratur A.-G. (Hrsg.), Handbuch, 1926 I, S. 1616; Brauhaus Nürnberg J. G. Reif A. G., (Hrsg.), Geschäftsbericht, Nürnberg, Jg. 1942-47, 1048/49, 1949/50, 50/51, 54/55, 57/58, 59/60, 64/65, Reichsmark-Abschluß u. Geschäftsbericht, 1947/48, DM-Eröffnungsbilanz 1948; Brau-AG Nürnberg, Geschäftsbericht, 1965/66; Tucher Brau-AG Nürnberg, Geschäftsbericht 1984.

591 Vgl. Verlag für Börsen- und Finanzliteratur A.-G. (Hrsg.), Handbuch, 1926 II. S. 3391; Gesellschaft für Markt- und Kühlhallen, Hamburg (Hrsg.), Geschäftsbericht, Jg. 1951 sowie 1961.

592 Vgl. BM Bäckermühlen AG, Telefoninterview mit Fritz Vetter, 11. September 1995, Antwort auf Frage (Anhang 1).

1:1 von 1,2 Mio. RM auf 1,2 Mio. DM umgestellt worden.[593] Somit hat es nach der Kapitalerhöhung auf 1,2 Mio. RM, bei der die Mehrstimmrechte entstanden sind,[594] bis zur DM-Eröffnungsbilanz überhaupt keine Kapitalmaßnahme gegeben - also auch keine Neuausgabe von Mehrstimmrechtsaktien. Bei den Kapitalerhöhungen 1971 und 1987 wurden die Mehrstimmrechtsaktien nicht berücksichtigt;[595] ihr Bestand blieb bis zu ihrer Umwandlung in Stammaktien im Jahre 1991 unverändert.[596]

Bei der Calwer Decken-und Tuchfabriken AG wurden ebenfalls nur einmal, nämlich 1921, Mehrstimmrechtsaktien ausgegeben. In den zwanziger und dreißiger Jahren veränderte sich zwar ihre Stimmenausstattung mehrfach, es kamen jedoch keine neuen Aktien hinzu. Nach dem 2. Weltkrieg hat es weder am Umfang noch an der Stimmrechtsausstattung Änderungen gegeben.[597] Die Stimmenausstattung und der Nennwert der seit 1924 existierenden Mehrstimmrechtsaktie der Hamburger Hochbahn AG haben sich im Laufe der Jahre, beispielsweise bei der Umstellung von RM auf DM und bei späteren Neueinteilungen des Grundkapitals, mehrfach geändert; der tatsächliche nennwertbezogene Stimmenvorzug dieser Mehrstimmrechtsaktie hat sich jedoch bis heute nicht verändert.[598]

Bei der Hamburgische Electricitäts - Werke Aktiengesellschaft ist Umfang und Stimmrechtsausstattung der Mehrstimmrechtsaktien von 1928 bis heute unverändert geblieben.[599] Bei der Konrad Hornschuch AG hat sich seit der Kapitalumstellung des Unternehmens von RM auf DM im Jahre 1948 bis heute nichts

---

593 Vgl. Hoppenstedt & Co. (Hrsg.), Saling, 1953, S. 282; Stuttgarter Bäckermühlen Aktiengesellschaft, Esslingen am Neckar, Geschäftsbericht, Jg. 1969, 1970, 1971, 1975.

594 Vgl. Verlag für Börsen- und Finanzliteratur A. G., Handbuch, 1926 II, S. 3758.

595 Vgl. Stuttgarter Bäckermühlen AG (Hrsg.), Geschäftsberichte, 1970, 1971 sowie 1975; Verlag Hoppenstedt GmbH (Hrsg.), Saling, 1989, S. 678.

596 Vgl. Hoppenstedt GmbH (Hrsg.), Saling, 1994, S. 147.

597 Vgl. Calwer Decken- und Tuchfabriken AG, Interview mit Jürgen Renz am 9. Oktober 1995, Antwort auf Frage 5 (Anhang 1).

598 Vgl. Hamburger Hochbahn AG (Hrsg.), Geschäftsbericht, 1940; Hamburger Hochbahn AG (Hrsg.) Eröffnungsbilanz, 1948; Hamburger Hochbahn AG (Hrsg.), Geschäftsbericht, 1954; Hamburger Hochbahn AG (Hrsg.), Geschäftsbericht, 1948-1950, (hier Tagesordnung, Abs. 4, S. 4.)

599 Vgl. Hamburgische Electricitäts-Werke Aktiengesellschaft (Hrsg.), Geschäftsbericht 1927/28.

am Umfang der Mehrstimmrechte geändert.[600] Auch bei der Gruschwitz Textilwerke AG haben das Grundkapital der Gesellschaft im allgemeinen und die Vorzugsaktien mit Mehrstimmrecht im besonderen seit der DM-Eröffnungsbilanz[601] im Jahre 1948 keine Veränderungen erfahren.[602]

Bei der Porzellanfabrik Waldsassen Bareuther &. Co. wurden in den Jahren vor dem zweiten Weltkrieg zweimal - 1921 und 1923 - Mehrstimmrechtsaktien ausgegeben. Später, anläßlich der Goldbilanzumstellung sowie im Jahre 1938, veränderte sich der Stimmenvorzug der Mehrstimmrechtsaktien; neue Papiere wurden jedoch nicht ausgegeben. Die Mehrstimmrechtsaktien blieben in diesem Umfang bis zur Aufgabe des Geschäftsbetriebes erhalten. Die Frankona Rückversicherungs-Aktien-Gesellschaft hat ihren Bestand an Mehrstimmrechtsaktien nach Kapitalumstellung auf DM nicht mehr verändert. Nach ihrer Entstehung - 1924 - bis zur Kapitalumstellung auf DM war ihr Umfang nach Informationen aus dem Unternehmen mehrfach Veränderungen unterworfen.[603]

III.C.4.1.3. Neuausgabe ohne Notwendigkeit einer Ausnahmegenehmigung nach AktG 1965

Bei der überwiegenden Zahl der Firmen in der Untersuchungseinheit sind dagegen auch nach Währungsumstellung von Reichsmark auf D-Mark nach Ende des 2. Weltkriegs weitere Mehrstimmrechte entstanden, ohne daß eine ministerielle Ausnahmegenehmigung nach § 12 Abs. 2 AktG notwendig wurde. Entweder entstanden diese Aktien anläßlich von Kapitalerhöhungen gegen Einlagen, waren aber noch nicht vom AktG 1965 betroffen, oder sie wurden im Rahmen von Kapitalerhöhungen aus Gesell-

---

600 Vgl. Verlag Hoppenstedt GmbH (Hrsg.), Saling, 1994, S. 429; auch Konrad Hornschuch AG (Hrsg), Geschäftsberichte 1975,1976, 1977, 1982 und 1983; ebenfalls Konrad Hornschuch AG (Hrsg.): Verkaufsangebot, 1984, S. 7.

601 Vgl. Gruschwitz Textilwerke AG (Hrsg.), Geschäftsbericht,1944 - 1950, hier DM-Eröffnungsbilanz, 1948.

602 Das Archiv, das Einblick geben könnte über die Zusammensetzung des Grundkapitals vor dem Krieg, ist bei der Ausweisung der Unternehmerfamilie aus Polen verloren gegangen.; vgl. Gruschwitz Textilwerke AG, Interview mit Karlheinz Mühlbronner am 14. August 1995, Antwort auf Frage 4 (Anhang 1).

603 Vgl. Frankona Rückversicherungs-AG, interne Notiz 16/1992, Betreff: Beseitigung der Vorzugsaktien, 3. September 1992. Dort heißt es: "In der Folge [nach 1924, d.V.] wurden die Gesamtzahl der Mehrstimmaktien ... mehrfach geändert."

schaftsmitteln als sogenannte "Berichtigungsaktien" geschaffen, die auch nach Inkrafttreten des AktG 1965 nicht der ministeriellen Genehmigungspflicht unterliegen. Bei Kapitalberichtigungen wird der Unternehmung kein neues Kapital von außen zugeführt, sondern es werden in Form eines Passivtausches Rücklagen in Grundkapital umgewandelt.

Ersteres trifft für die Joseph Vögele AG zu: Zur Neuausgabe von Mehrstimmrechtsaktien kam es 1960 anläßlich einer Kapitalerhöhung unter Verwendung von Rücklagen[604]. Danach blieb der Bestand an Mehrstimmrechtsaktien bis zu ihrer Abschaffung im Jahre 1996 konstant.

Auch bei der Kulmbacher Reichelbräu AG sind nach dem 2. Weltkrieg neue Mehrstimmrechtsaktien geschaffen worden; dies geschah einmal, nämlich 1967 im Rahmen einer Kapitalberichtigung.[605] Bei der Kühltransit AG ist es in den Nachkriegsjahren ebenfalls einmal zu einer Ausweitung des Bestandes an Mehrstimmrechtsaktien gekommen. Dies geschah 1973 bei einer Kapitalerhöhung aus Gesellschaftsmitteln.[606]

Auch bei der Otto Stumpf AG erfolgte im Jahre 1962 eine Kapitalerhöhung aus Gesellschaftsmitteln, bei der auch der Umfang der Mehrstimmrechtsaktien ausgeweitet wurde.[607] Von diesem Zeitpunkt bis 1982 blieben Stückelung und Umfang der Mehrfachstimmrechtsaktien unverändert. Im Jahre 1982 fand bei der Otto Stumpf AG eine Kapitalherabsetzung im Verh. 5:1 und anschließende Wiederaufstockung statt. Die Mehrstimmrechtsaktien unterlagen der Herabsetzung, nahmen jedoch an der Wiederaufstockung nicht teil.[608] 1994 erfolgte erneut ein Kapitalschnitt mit anschließender Kapitalerhöhung. Bei der Kapitalherabsetzung wurden für eine Vorzugsaktie mit Mehrstimmrecht im Nennbetrag von DM 50,-

---

[604] Vgl. J. Vögele AG (Hrsg.), Geschäftsbericht, 1960.

[605] Vgl. Verlag Hoppenstedt GmbH (Hrsg.), Handbuch, 1994, S. 284.

[606] Vgl. Verlag Hoppenstedt GmbH (Hrsg.), Handbuch, 1995, S. 238. Die Kühlstransit AG selbst gibt hingegen an, es sei dem Unternehmen nicht bekannt, daß es nach dem Krieg noch einmal zur Neuschaffung von Mehrstimmrechtsaktien gekommen sei; dazu Kühltransit AG, Interview mit Thomas Birtel am 6. November 1995, Antwort auf Frage 5 (Anhang 1).

[607] Vgl. Otto Stumpf AG (Hrsg.), Geschäftsbericht, Jg. 1961 (hier Tagesordnung) sowie 1962.

[608] Vgl. Otto Stumpf AG (Hrsg.), Geschäftsbericht, Jg. 1980 u. 1982; Verlag Hoppenstedt GmbH (Hrsg.), Handbuch, 1996, S. 810.

zwei Vorzugsaktien mit Nennbetrag von DM 5,- ausgegeben.[609] Bei der Otto Stumpf AG ist der Bestand an Mehrstimmrechtsaktien also bis Anfang der 60er Jahre ausgebaut worden; später hat er allerdings eine deutliche Zurückführung erfahren.

Bei der V S M Vereinigte Schmirgel- und Maschinen-Fabriken AG kam es in den Nachkriegsjahren ebenfalls zur Ausgabe weiterer Mehrstimmrechtsaktien: 1964 und 1969 - jeweils anläßlich von Kapitalberichtigungen.[610] Nach 1969 wurden keine neuen Mehrstimmrechte mehr geschaffen. Zwei Kapitalmaßnahmen, die zur Ausweitung der Mehrstimmrechtsaktien genutzt wurden, erfolgten auch bei der Schwabenverlag AG. 1960 und 1970 wurde das Grundkapital mittels Kapitalberichtigungen erhöht; beide Male wurden die Vorzugsaktien mit Mehrstimmrecht bedacht.[611]

Bei der Schloßgartenbau AG kam es vom Zeitpunkt der Währungsreform bis heute insgesamt zu einer dreimaligen Neuemission von Mehrstimmrechtsaktien, nämlich 1968, 1981 sowie 1987. Dies geschah jeweils im Rahmen von Kapitalberichtigungen.[612]

Auch die Württembergische AG Versicherungs-Beteiligungsgesellschaft ist ein typischer Fall für die Gruppe der Unternehmen, die in den Nachkriegsjahren Mehrstimmrechtsaktien nur anläßlich von Kapitalerhöhungen aus Gesellschaftsmitteln ausgegeben haben: 1964, 1966 sowie 1978 wurden Mehrstimmrechtsaktien jeweils bei

---

609 Vgl. Otto Stumpf AG (Hrsg.), Prospekt, 1995, S. 6 ff.

610 Vgl. VSM Vereinigte Schmirgel- und Maschinen-Fabriken Aktiengesellschaft (Hrsg.), Hannover-Hainholz, Geschäftsberichte, 1964, 1963 (hier Tagesordnung); ebenso Verlag Hoppenstedt GmbH (Hrsg.), Handbuch 1995, S. 169.

611 Vgl. Schwabenverlag AG, Interview mit Peter Salfeld am 20. April 1995, Antwort auf Frage 5 (Anhang 1); ebenfalls Verlag Hoppenstedt GmbH (Hrsg.), Handbuch, 1993, S. 2405; sowie Verlag für Börsen- und Finanzliteratur A.-G. (Hrsg), Handbuch, 1926 II, S. 3322. In den Jahren 1960 und 1970 wurden auch Kapitalerhöhungen gegen Einlagen durchgeführt, bei denen der Umfang der Mehrstimmrechtsaktien nicht erhöht wurde.

612 Vgl. Verlag Hoppenstedt GmbH (Hrsg.), Handbuch, 1993, S. 932.

Kapitalberichtigungen emittiert.[613] Ähnlich gelagert ist der Fall der Carl Schlenk AG: Bei zwei Kapitalberichtigungen - 1970 und 1974 - sind neue Vorzugsaktien mit Mehrstimmrecht entstanden.[614] Bei der Mittelschwäbische Überlandzentrale Aktiengesellschaft kam es nach dem zweiten Weltkrieg ebenfalls zweimal zur Ausgabe neuer Mehrstimmrechtsaktien bei Kapitalerhöhungen aus Gesellschaftsmitteln. Diese Maßnahmen erfolgten in den Jahren 1970 und 1979.[615]

Die W. Jacobsen AG schuf neue Mehrstimmrechtsaktien bei einer Kapitalberichtigung. Dazu kam es erst 1992. Der Umfang der Mehrstimmrechtsaktien hatte sich nach Angaben des Unternehmens seit der Umstellung des Grundkapitals auf DM nach dem Krieg bis 1992 nicht verändert.[616]

Bei der Fränkisches Überlandwerk Aktiengesellschaft wurden mehrfach Mehrstimmrechtsaktien als Berichtigungsaktien ausgegeben: in den Jahren 1960, 1966, 1971, 1974, 1976 sowie 1984. Auch bei der Überlandwerk Unterfranken Aktiengesellschaft sind im betrachteten Zeitraum bei einer ganzen Reihe von Kapitalberichtigungen Mehrstimmrechtsaktien ausgegeben worden. Die betreffenden Kapitalerhöhungen aus Gesellschaftsmitteln erfolgten 1960, 1962, 1965, 1967, 1971, 1974 sowie 1977.[617] Zu häufigen Neuemissionen von Mehrstimmrechtsaktien bei der Umwandlung von Rücklagen in Grundkapital kam es auch bei der Energieversorgung Ostbayern AG: Nach der Grundkapitalumstellung auf DM

---

[613] Der Bestand an Mehrstimmrechtsaktien der Württembergische Feuerversicherung AG war in den Folgejahren des Jahres 1923, dem Jahr der Erstausgabe von Mehrstimmrechtsaktien, mehrfach Veränderungen unterworfen. Vgl. dazu Württembergische AG Versicherungs-Beteiligungsgesellschaft, Interview mit Dietrich Kaufmann am 20. April 1995, Antwort auf Frage 3 (Anhang 1); sowie Verlag für Börsen- und Finanzliteratur A.-G. (Hrsg.), 1926 II, S. 3517 f. und Württembergische Feuerversicherung AG (Hrsg.), Geschäftsbericht, 1940.

[614] Vgl. Carl Schlenk (Hrsg.), Geschäftsbericht, 1969, (hier Tagesordnung), 1970, 1973 (hier Tagesordnung) sowie 1974.

[615] Vgl. Mittelschwäbische Überlandzentrale Aktiengesellschaft, o. V., Schreiben vom 4. Dezember 1995 an die Verfasserin (Gründungsgeschichte der MÜAG und Kapitalentwicklung), Giengen, o. S.

[616] Vgl. W. Jacobsen AG, Interview mit Peter Lotzow am 16. März 1995, Antwort auf Fragen 5 und 6 (Anhang 1).

[617] Vgl. Überlandwerk Unterfranken Aktiengesellschaft, Interview mit Dieter Pathe und Ralph Trzeciak am 13. Dezember 1995, Antwort auf Frage 5 (Anhang 1).

nach der Währungsreform geschah dies bei der OBAG in den Jahren 1960, 1965, 1969, 1972, 1975, 1980 und 1990.[618]

Die Daimler Benz AG hat in den Nachkriegsjahren vermehrt Mehrstimmrechtsaktien emittiert. 1960, 1961, 1963, 1965, 1969, 1972, 1974 sowie 1986 wurden neue Aktien dieser Gattung mittels Kapitalberichtigung ausgegeben.[619] Das Unternehmen verweist in seiner Begründung darauf, daß es aufgrund der zwingenden gesetzlichen Lage bei Kapitalberichtigungen stets auch eine entsprechende Anzahl neuer Vorzugsaktien gleicher Ausstattung habe schaffen müssen: "Kapitalberichtigungen sind stets notwendig verhältniswahrend."[620]

Anders liegt der Fall der Hindrichs-Auffermann AG: Hier wurden Mehrstimmrechtsaktien nach dem 2. Weltkrieg nicht nur anläßlich von Kapitalberichtigungen ausgegeben. Bei einer Kapitalerhöhung im Jahre 1955, also noch vor der Aktienrechtsreform 1965, entstanden neue mit Mehrstimmrechten ausgestattete Vorzugsaktien.[621] Danach wurden keine mehrstimmigen Papiere emittiert.[622]

Vergleichbar liegt der Fall bei der Th. Goldschmidt AG; allerdings wurden in diesem Unternehmen - anders als bei der Hindrichs-Auffermann AG - in den Nachkriegsjahren recht häufig neue Mehrstimmrechtsaktien ausgegeben, dies nicht nur bei Kapitalberichtigungen, sondern auch anläßlich von Kapitalerhöhungen. Letzteres beschränkte sich auf die Phase vor Neufassung des AktG 1965, so daß auch bei diesem Unternehmen eine ministerielle Genehmigung nach dem hier zur Debatte stehenden § 12 Abs. 2 AktG 1965 nicht erforderlich war. Die Kapitalerhöhungen ge-

---

[618] Vgl. Energieversorgung Ostbayern AG (Hrsg.), Geschäftsberichte, 1960, 1965, 1969, 1972, 1975, 1979/1980 sowie 1989/90.

[619] Vgl. Verlag Hoppenstedt GmbH (Hrsg.), Handbuch, 1995, S. 806 ff.; ebenfalls Daimler-Benz Aktiengesellschaft (Hrsg.), Geschäftsbericht, 1959 (hier Tagesordnung), 1960 (hier Tagesordnung), 1962, (hier Tagesordnung), 1965, 1969, 1972, 1973 sowie 1974.

[620] Daimler Benz AG: Schreiben Reiff / Rappers vom 18. Dezember 1995, S. 4. Vgl. dazu auch Lutter, Marcus, Kölner, 1985 II, § 216, Rdnr. 4, S. 530.

[621] Vgl. Verlag Hoppenstedt GmbH (Hrsg.), Handbuch, 1993, S. 4609; ebenfalls Hindrichs-Auffermann AG (Hrsg.), Geschäftsbericht, 1964/1965.

[622] Im Widerspruch dazu gibt die Hindrichs-Auffermann AG an, es seien nur einmal Mehrstimmrechtsaktien ausgegeben worden. Vgl. dazu Hindrichs-Auffermann AG, Interview mit Dieter Rebmann am 6. November 1995, Antwort auf Frage 5 (Anhang 1). Die Angaben in Verlag Hoppenstedt GmbH (Hrsg.), Handbuch, 1993, S. 4609 widersprechen dieser Darstellung.

gen Einlagen, bei denen neue Mehrstimmrechte ausgegeben wurden, erfolgten bei der Th. Goldschmidt AG in den Jahren 1951, 1955, 1957 sowie 1963.[623] Nach Inkrafttreten des AktG 1965 wuchsen zweimal neue Vorzugsaktien als Berichtigungsaktien zu: 1969 sowie letztmalig 1973.[624]

III.C.4.1.4. Neuausgabe mit Genehmigungspflicht nach AktG 1965

Die Lech-Elektrizitätswerke Aktien-Gesellschaft ist eines der Unternehmen in der Untersuchungseinheit, das Mehrstimmrechtsaktien auch nach Inkrafttreten des AktG 1965 noch bei einer Kapitalerhöhung gegen Einlagen ausgegeben hat; diese Kapitalmaßnahme erfolgte 1982.[625] Eine ministerielle Ausnahmegenehmigung war hierzu erforderlich. Eine entsprechende Bestätigung von Seiten des Unternehmens oder anderes Quellenmaterial hierzu liegt der Verfasserin der vorliegenden Arbeit nicht vor, da sich die Lech-Elektrizitätswerke Aktien-Gesellschaft nicht an der Umfrage beteiligt hat. Darüber hinaus haben in der Nachkriegsphase bei der LEW AG dreimal Kapitalberichtigungen stattgefunden, bei denen neue Mehrstimmrechtsaktien geschaffen worden sind: 1961, 1966 sowie 1969.[626]

Bei einem weiteren Energieversorgungsunternehmen, der Vereinigte Westfälische Elektrizitätswerke AG, wurden nach dem 2. Weltkrieg neue Mehrstimmrechtsaktien ausgegeben, dies geschah erstmalig 1965. In diesem Jahr wurde das gesamte in kommunalen Händen liegende und aus vinkulierten Namensaktien bestehende Kapital mit dreifachem Stimmrecht ausgestattet. Danach kam es zu einer Kapitalerhöhung gegen Einlagen, bei der Inhaber-Stammaktien emittiert und am freien Kapitalmarkt begeben wurden.[627] 1985 wurden weitere Mehrstimmrechtsaktien geschaffen - im Rahmen einer Kapitalerhöhung gegen Einlagen.[628] Der Antrag der VEW AG auf Erteilung der ersten Ausnahmegenehmigung lautete wie folgt: "Die Teilprivatisierung der VEW wird deshalb entscheidend davon abhängen, daß den bisherigen Aktionären für ihre gebundenen

---

623 Vgl. Th. Goldschmidt A.-G (Hrsg.), Geschäftsbericht 1950 (hier Tagesordnung), 1951, 1954 (hier Tagesordnung), 1955, 1956 (hier Tagesordnung), 1957 sowie 1963.

624 Vgl. Th. Goldschmidt AG, Interview mit Dieter Keifenheim am 25. September 1995, Antwort auf Frage 5 (Anhang 1).

625 Vgl. Lech-Elektrizitätswerke Aktien-Gesellschaft (Hrsg.), Prospekt, 1982, S. 2.

626 Vgl. Verlag Hoppenstedt GmbH (Hrsg.), Handbuch, 1995 S. 39.

627 Vgl. Verlag Hoppenstedt GmbH, (Hrsg.), Sonderdruck, 1995, S. 1 u. 6.

628 Vgl. Vereinigte Elektrizitätswerke Westfalen AG (Hrsg.), Prospekt, 1985, S. 2 f.

Namensaktien, die nur unter sehr erschwerten Bedingungen, jedenfalls nicht im freien Handel veräußerlich sind, ein Mehrstimmrecht eingeräumt wird. Die bisherigen Aktionäre sind sich darüber im klaren, daß der ersten Kapitalerhöhung im Jahre 1966 in absehbarer Zeit weitere Kapitalerhöhungen mit Ausgabe von Inhaberaktien folgen werden, die dann zwangsläufig allmählich zu einem schwindenden Einfluß der kommunalen Gründeraktionäre führen müßten. Aus diesem Grunde besteht das dringende Bedürfnis, als Voraussetzung für die Teilprivatisierung, daß den vinkulierten Namensaktien ein dreifaches Stimmrecht eingeräumt wird."[629]
Die erforderlichen ministeriellen Ausnahmegenehmigungen wurden erteilt.[630]

Mehrfach hat die Berliner Kraft-und Licht (BEWAG)-Aktiengesellschaft genehmigungspflichtige neue Mehrstimmrechtsaktien ausgegeben. Zu Kapitalerhöhungen gegen Bareinlagen kam es nach der DM-Eröffnungsbilanz in den Jahren 1956, 1960, 1964, 1970, 1973, 1974 sowie 1983, bei denen stets neue Mehrstimmrechtsaktien ausgegeben wurden.[631] Die Emission neuer mehrstimmiger Aktien bei den letztgenannten vier Kapitalerhöhungen gegen Bareinlagen war genehmigungspflichtig.

Bei der Siemens AG sind in den Nachkriegsjahren vermehrt neue Mehrstimmrechte bei Kapitalerhöhungen gegen Einlagen entstanden. Nach Auskunft des Bayerischen Staatsministers für Wirtschaft und Verkehr gehen die gegenwärtig bei der Siemens AG existierenden Mehrfachstimmrechte nicht allein auf einen Beschluß der Hauptversammlung 1942 zurück.[632] "Vielmehr hat die Hauptversammlung in der Folgezeit - soweit aus den vorliegenden Unterlagen noch ersichtlich - weitere zwei Male im

---

[629]Vereinigte Elektrizitätswerke Westfalen Aktiengesellschaft (Hauptverwaltung): Schreiben an das Ministerium für Wirtschaft, Mittelstand und Verkehr des Landes Nordrhein-Westfalen z. Hd. Herrn Oberregierungsrat Dr. Keßler, Düsseldorf, vom 15. April 1965, S. 2 f.

[630]Vgl. Vereinigte Elektrizitätswerke AG, Prospekt, 1985, S. 2 f.

[631]Vgl. Verlag Hoppenstedt GmbH (Hrsg.), Handbuch, 1995, S. 516; ebenfalls Berliner Kraft- und Licht (BEWAG)-Aktiengesellschaft (Hrsg.), Geschäftsbericht 1955/1956, 1960/1961 sowie 1970/1971.

[632]Vgl. Kamm, Raimund (Abgeordneter des Bayerischen Landtages, Die Grünen), Schriftliche Anfrage 'Ausnahmegenehmigung der Staatsregierung für Siemens AG, Vorzugsaktien mit dem 6-fachen Stimmrecht auszugeben', München, 20. März 1992; sowie Bayerischer Staatsminister für Wirtschaft und Verkehr, Antwort auf die Schriftliche Anfrage des Abgeordneten Raimund Kamm vom 20. März 1992, München, 12. Mai 1992.

Wege eines Genehmigten Kapitals den Vorstand ermächtigt, das Grundkapital zu erhöhen, und dabei bestimmt, daß die Kapitalerhöhung in Teilbeträgen auch durch Ausgabe von Vorzugsaktien vorgenommen werden kann."[633] Es ergeben sich eine ganze Reihe von Kapitalmaßnahmen bei der Siemens AG, in denen anläßlich von Grundkapitalerhöhungen gegen Bareinlagen neue Mehrfachstimmrechtsaktien geschaffen worden sind: Seit der Ausübung der Option auf Umwandlung von Stammaktien in mehrstimmige Vorzugsaktien im Jahre 1942 sind bis zur Neufassung des AktG 1965 noch bei fünf weiteren Kapitalerhöhungen gegen Einlagen neue Mehrfachstimmrechtsaktien geschaffen worden: 1955, 1956, 1960, 1962 sowie 1964.[634] Nach der Neuregelung des Aktiengesetzes gab die Siemens AG in den darauffolgenden 10 Jahren keine neuen Mehrfachstimmrechtsaktien aus; Kapitalberichtigungen hat es in dieser Zeit nicht gegeben. 1975 wurden dann anläßlich einer Kapitalerhöhung gegen Einlagen wieder neue Mehrfachstimmrechte geschaffen. Insgesamt gab es nach Einführung des AktG 1965 fünf Neuemissionen von Mehrfachstimmrechtsaktien: 1975, 1979, 1980, 1983 und 1985, - alle bei Kapitalerhöhungen gegen Einlagen.[635] 1991 kam es anläßlich eines Genehmigten Kapitals zu einer vorsorglichen Anfrage an das zuständige Ministerium, die positiv entschieden wurde.[636]

Das bayerische Wirtschaftsministerium begründete seinen grundsätzlichen Bescheid, der der Siemens AG im Laufe der darauffolgenden 5 Jahre eine Kapitalerhöhung mittels teilweiser Ausgabe von Mehrfachstimmrechtsaktien ermöglicht hätte, mit folgendem Argument:

> "Die gesamtwirtschaftlichen Belange liegen hier in der notwendigen Verhinderung gesamtwirtschaftlich schädlicher äußerer Einflüsse. Sie gebieten nicht nur für Bayern, sondern auch für die Bundesrepublik, einem weltweit wettbewerbsfähigen Unternehmen Rahmenbedingungen für eine auf Dauer eigenverantwortliche Geschäftspolitik zu gewährleisten, wie sie die Siemens AG aufgrund

[633] Bayerischer Staatsminister für Wirtschaft und Verkehr, Antwort auf die Schriftliche Anfrage des Abgeordneten Raimund Kamm vom 20. März 1992, München, 12. Mai 1992, S. 3 f.

[634] Vgl. Verlag Hoppenstedt GmbH (Hrsg.), Handbuch, 1992, S. 8 ff.

[635] Vgl. Siemens AG (Hrsg.), Geschäftsbericht 1974/1975, 1978/1979 sowie 1979/1980.

[636] Vgl. Bayerisches Staatsministerium für Wirtschaft und Verkehr: Schreiben an die Siemens AG, Ausgabe von Vorzugsaktien mit Mehrstimmrecht gemäß § 12 Abs. 2 AktG, München, 27. März 1991.

ihrer Führungsstruktur in der Vergangenheit auf den zukunftsweisenden Tätigkeitsfeldern Elektrotechnik und Elektronik verfolgen konnte. Die Konzentration der Siemens AG auf Hochtechnologie und nicht zuletzt ihre umfangreichen Forschungs- und Entwicklungsarbeiten tragen zur Stärkung und Sicherung der Standortqualität Bayerns und der Bundesrepublik Deutschland bei. Im Interesse der gesamtdeutschen Wirtschaft muß daher der Gefahr vorgebeugt werden, daß die Geschäftspolitik der Siemens AG durch gesellschaftszweckwidrige Anliegen überfremdet wird."[637]

Eine Neuemission von Mehrstimmrechtsaktien bei der Siemens AG erfolgte jedoch nicht.[638]

Die R W E A G hat bis in die jüngere Zeit hinein Mehrfachstimmrechte ausgegeben - das vorläufig letzte Mal anläßlich der Kapitalerhöhung des Jahres 1983. Zur Begründung heißt es von seiten der kommunalen Aktionäre: "Dies geschah allerdings nur insoweit, als es notwendig war, das bisherige Anteilsverhältnis der Namensaktionäre an den Stimmen in der Hauptversammlung der RWE AG aufrechtzuerhalten."[639] Insgesamt kam es seit Anfang der 50er Jahre bei der RWE AG dreimal zur Neuausgabe von Mehrstimmrechten anläßlich von Kapitalberichtigungen (1961, 1967 und 1971) sowie weitere drei Male anläßlich von Kapitalerhöhung gegen Einlagen (1955, 1960 und 1983).

Die Kapitalmaßnahmen 1955 und 1960 fallen in den Gültigkeitszeitraum des AktG 1937. Beispielsweise genehmigte der Wirtschaftsminister des Landes Nordrhein-Westfalen die Ausgabe neuer Mehrstimmrechte für die Kapitalerhöhung gegen Bareinlagen des Jahres 1955 am 31. Januar 1955, die des Jahres 1960 am 31. Oktober 1959. Beide Bescheide enthielten keine Begründung. Die RWE AG hatte ihre Anträge im wesentlichen damit begründet, durch die Kapitalerhöhungen dürfe der Charakter des RWE als gemischtwirtschaftliches Unternehmen nicht beeinträchtigt werden.

---

[637]Bayerischer Staatsminister für Wirtschaft und Verkehr, Antwort auf die Schriftliche Anfrage des Abgeordneten Raimund Kamm vom 20. März 1992, München, 12. Mai 1992, S. 2 f.

[638]Vgl. Verlag Hoppenstedt GmbH (Hrsg.), Handbuch, 1996, S. 771; Verlag Hoppenstedt GmbH (Hrsg.), Saling, 1988, S. 645.

[639]Hoffschulte, Heinrich / Müller, Rudolf H., Beseitigung, 1993, S. 127.

Die Ausgabe neuer Mehrstimmrechtsaktien sollte gewährleisten, daß die bisherigen Stimmrechtsverhältnisse gewahrt blieben.[640]

Die vorläufig letzte Genehmigung fällt unter den Gültigkeitsbereich des AktG 1965. Sie erfolgte im Zusammenhang mit der Kapitalerhöhung im Jahr 1983. Der Wirtschaftsminister von Nordrhein-Westfalen genehmigte die Ausgabe neuer Mehrstimmrechtsaktien durch Bescheid vom 25. Februar 1983 und begründete die Genehmigung mit Schreiben vom 18. März 1983 wie folgt: "Der Tätigkeitsbereich der RWE-AG ist von gesamtwirtschaftlicher Bedeutung, da es sich um ein Unternehmen mit überregionaler Bedeutung handelt, die Aufgabenwahrnehmung im Energieversorgungsbereich letztlich Auswirkungen auf fast alle Bereiche der Wirtschaft hat und eine sichere Energieversorgung von fundamentaler Wichtigkeit ist. Die Bedeutung der Energieversorgung für die Gesamtwirtschaft ist ferner so hoch einzuschätzen, daß vom Vorliegen überwiegender gesamtwirtschaftlicher Belange auszugehen ist. Zur Wahrung der überwiegenden gesamtwirtschaftlichen Belange ist die Erhaltung eines maßgeblichen Einflusses der kommunalen Aktionäre erforderlich. Denn von diesen Anteilseignern ist zu erwarten, daß sie ihren aus der Stimmenmehrheit resultierenden Einfluß auf die Geschäftspolitik der RWE-AG auch zur Wahrung überwiegender gesamtwirtschaftlicher Belange einsetzen werden. Den privaten Aktionären kann unter diesem Gesichtspunkt die Aufrechterhaltung ihres bereits bisher durch Mehrstimmrechte geminderten Einflusses auf die Geschicke der RWE-AG zugemutet werden. Dies nicht zuletzt auch im Hinblick darauf, daß speziell im Stromversorgungsbereich praktisch eine Monopolsituation besteht. Die Zulassung der Ausgabe junger Mehrstimmrechtsaktien ist zur Wahrung überwiegender gesamtwirtschaftlicher Belange auch im beantragten Umfang erforderlich, um - ohne das derzeitige Stimmenverhältnis zugunsten der kommunalen Anteilseigner zu verbessern - eine sichere Stimmenmehrheit der öffentlichen Hand auch weiterhin zu gewährleisten. ... Die Interessen der privaten Anteilseigner müssen insoweit zurückstehen."[641]

---

[640] Vgl. Hoffmann-Becking, Michael / Schmidt, Thomas L, Rechtsgutachten, 1992, S. 9 f.

[641] Der Wirtschaftsminister von Nordrhein-Westfalen: Genehmigung der Ausgabe neuer Mehrstimmrechtsaktien bei der RWE AG durch Bescheid vom 25. Februar 1983, Begründung der Genehmigung im Schreiben vom 18. März 1983, Düsseldorf, zitiert nach Hoffmann-Becking, Michael / Schmidt, Thomas L, Rechtsgutachten, 1992, S. 10 f.

Im Vorfeld der Kapitalerhöhung 1993 wurde eine Genehmigung nicht beantragt; neue Mehrstimmrechte wurden nicht mehr geschaffen. Es sei - so inzwischen auch ein Vertreter der kommunalen Aktionäre - bei der Betrachtung der betrieblichen Kennzahlen unstreitig, daß andere Sparten als die der Energieerzeugung heute mehr als die Hälfte des RWE-Umsatzes beisteuerten. Das Mehrstimmrecht sei an einen öffentlichen Auftrag gebunden. Dieser lasse sich für Geschäftsfelder wie Mineralöl, Chemie, Maschinen und Anlagen nicht finden.[642]

Bei den übrigen Unternehmen der Untersuchungseinheit gibt es keine Hinweise auf das Vorliegen einer ministeriellen Ausnahmegenehmigung zur Ausgabe neuer Mehrstimmrechtsaktien oder auf die Beantragung einer solchen. Einige Firmen verweisen auf die veränderte Gesetzeslage nach AktG 1965 und auf die Problematik, die Ausgabe neuer Mehrstimmrechtsaktien auch heute noch schlüssig begründen zu können. Beispielsweise erklärt die Mittelschwäbische Überlandzentrale AG: "Die Wahrung gesamtwirtschaftlicher Belange hätten wir ... gar nicht begründen können."[643] Und die W. Jacobsen AG betont: "Man sah 1994 [anläßlich einer Kapitalerhöhung gegen Einlagen, d.V.] keinen Bedarf, neue Mehrfachstimmrechte zu schaffen. Im Gegensatz zu 1992 wäre dies auch nicht ganz einfach darzustellen gewesen. Die volkswirtschaftliche Bedeutung neuer derartiger Aktien wäre im Fall der W. Jacobsen AG - jedenfalls vor dem Hintergrund der heutigen Situation des Unternehmens - nur schwer darstellbar gewesen. Ausländischer Einfluß etwa, der möglicherweise zu vermeiden wäre, steht - jedenfalls gegenwärtig - nicht zu befürchten. Man hätte sicherlich Hilfskonstruktionen finden können, aber die Notwendigkeit wurde auch von Seiten der Aktionäre nicht gesehen."[644]

Die Schloßgartenbau AG hat nach den Worten ihres Vorstands keine Aussicht auf eine ministerielle Genehmigung gesehen: "Wir hatten keine Begründung, warum Vorzugsaktien ausgegeben werden sollten. Das hätten wir nicht gewagt."[645] Dem schließt sich die Frankona Rückversicherungs-Aktien-Gesellschaft an: "Wir haben auch nie wieder irgend etwas bean-

---

[642] Vgl. Verband der kommunalen Aktionäre des RWE GmbH, Interview mit Rudolf H. Müller am 15. Januar 1996, Antwort auf Frage 1 (Anhang 1).

[643] Mittelschwäbische Überlandzentrale Aktiengesellschaft, Interview mit Eberhard Göppert am 4. Dezember 1995, Antwort auf Fragen 6 und 7 (Anhang 1).

[644] W. Jacobsen AG, Gespräch mit Peter Lotzow am 16. März 1995, Antwort auf Fragen 5 u. 6 (Anhang 1).

[645] Schloßgartenbau AG, Interview mit Wolfgang Kurz am 18. September 1995.

tragt, zumal das ja auch in heutiger Zeit aufgrund der Gesetzeslage nicht mehr so ganz einfach ist."[646]

Andere Firmen aus der Untersuchungseinheit haben keine Ausnahmegenehmigung beantragt, weil sie ihrer Aussage zufolge dem Instrument der Mehrstimmrechtsaktien in ihrem besonderen Fall eine - jedenfalls zum Zeitpunkt der jeweils anstehenden Kapitalerhöhung gegen Einlagen - nur geringe Bedeutung beigemessen haben. Beispielsweise antwortete der Interviewpartner der Württembergische AG Versicherungs-Beteiligungsgesellschaft: "Soweit ich das beurteilen kann, hat es in unserem Unternehmen nie eine Veranlassung gegeben, bei 'normalen' Kapitalerhöhungen neue Vorzüge zu schaffen und dafür Ausnahmegenehmigungen zu erwirken."[647] Ähnlich die Th. Goldschmidt AG: "Damals [bei der Kapitalerhöhung gegen Einlagen 1986, d.V.] hat man dafür sicherlich keine Notwendigkeit gesehen und wahrscheinlich kaum Erfolgschancen, so etwas zu bekommen. Es war uns ja - aus damaliger Sicht - Mitte der 80er Jahre - auch nicht so furchtbar wichtig. Damals war das Problem mit den Großaktionären noch in keiner Weise bekannt ... Da hat das noch keiner für wichtig gehalten und auch gar nicht versucht, sich darum zu bemühen. ... Es hieß, wir müßten eine Genehmigung haben und die wäre sicherlich nicht einfach zu bekommen, die müßte man entsprechend begründen. Dann haben wir hinterher eigentlich darauf verzichtet, ohne uns weiter Gedanken zu machen."[648] Heute dagegen haben die Mehrstimmrechte durch die Übernahmewünsche zweier Großaktionäre - dies auch nach Aussage des Unternehmens - wieder einen Sinn bekommen.[649]

Vier der fünf Unternehmen, die eine Ausnahmegenehmigung benötigten, sind Energieversorger. Das ist insoweit nicht ungewöhnlich, als die Möglichkeit einer Ausnahmegenehmigung für Mehrstimmrechte, die im § 12 Abs. 2 des AktG 1965 vorgesehen ist, speziell mit Blick auf den staatlichen Einfluß bei Energieversorgungsunternehmen geschaffen wurde. Der

---

[646]Frankona Rückversicherungs AG, Interview mit Thomas Geisberg, Antwort auf Fragen 5 u. 6 (Anhang 1).

[647]Württembergische AG Versicherungs-Beteiligungsgesellschaft, Interview mit Dietrich Kaufmann am 20. April 1995, Antwort auf Frage 6 (Anhang 1).

[648]Th. Goldschmidt AG, Interview mit Dieter Keifenheim am 25. September 1995, Antwort auf Frage 5 (Anhang 1).

[649]Vgl. Th. Goldschmidt AG, Interview mit Dieter Keifenheim am 25. September 1995. 1997 ist die Abwehrstrategie der Familie allerdings gescheitert, die VIAG hält inzwischen eine Mehrheitsbeteiligung an dem Unternehmen. Vgl. dazu Anhang 6 dieser Arbeit.

Fall der Siemens AG ist ungewöhnlich; es gibt in Deutschland eine ganze Reihe von für die deutsche Wirtschaft bedeutenden Unternehmen, die mit gleichem Recht wie die Siemens AG auf eine Führungssrolle in zukunftsweisenden Tätigkeitsfeldern verweisen und in diesem Zusammenhang "Rahmenbedingungen für eine auf Dauer eigenverantwortliche Geschäftspolitik"[650] für sich reklamieren können.

Durch die obige Beschreibung der Entwicklung der Mehrstimmrechtsaktien in den Unternehmen der Untersuchungseinheit wird aber auch klar, daß bei Firmen der deutschen Untersuchungseinheit die Beobachtung von DeAngelo und DeAngelo, das Instrument der mehrklassigen Kapitalstruktur werde nach erstmaliger Ausgabe der zweiten Aktienklasse in den einzelnen betrachteten Firmen stetig ausgeweitet, für die deutsche Untersuchungseinheit nicht zutrifft. Nur in wenigen Fällen wurden in der Neuzeit neue Mehrstimmrechtsaktien bei Kapitalerhöhungen gegen Einlagen geschaffen. Allerdings dürfte der wesentliche Grund dieser Entwicklung in den gesetzlichen Rahmenbedingungen des AktG 1965 zu finden sein. Eine Reihe von Gesprächspartnern der Verfasserin sieht - wie berichtet - für das eigene Unternehmen keine Möglichkeit, neue Mehrstimmrechtsaktien entsprechend der Erfordernis überwiegender gesamtwirtschaftlicher Belange zu begründen.

III.C.4.2. Gegenwärtige Stimmrechtsvorzüge der Untersuchungseinheit

Im folgenden sind die gegenwärtigen oder bis zu ihrer Abschaffung gültigen Stimmrechtsausstattungen der Mehrstimmrechtsaktien der in der Untersuchungseinheit vertretenen Firmen aufgeführt. Um einen Überblick über die Stimmrechtsunterschiede zu geben, sind die Unternehmen nach der Höhe des Stimmrechtsvorzugs geordnet. Unter dem Begriff "Stimmenvorzug" soll im folgenden die Stimmrechtsausstattung der mehrstimmigen Vorzugsaktien in Relation zu derjenigen der Stammaktien verstanden werden, jeweils bezogen auf den gleichen Nominalbetrag. Verfügen beispielsweise die Stammaktien mit einem Nominalwert von DM 50,- über eine Stimme, die mehrstimmigen Vorzugsaktien mit einem Nominalwert von DM 500,- in Sonderfällen über 32 Stimmen, dann sind die Stimmrechtsausstattungen identischer Nominalbeträge in Beziehung zu-

---

650 Bayerischer Staatsminister für Wirtschaft und Verkehr, Antwort auf die Schriftliche Anfrage des Abgeordneten Raimund Kamm vom 20. März 1992, München, 12. Mai 1992, S. 2.

einander zu setzen. Es ergibt sich ein 3,2facher Stimmenvorzug der mehrstimmigen Vorzüge in Sonderfällen.[651]

Bei Unternehmen mit unterschiedlicher Stimmrechtsausstattung der Vorzüge im Normalfall und in einigen Abstimmungsfällen - in der Regel sind es die drei Fälle der Besetzung des Aufsichtsrats, der Satzungsänderung sowie der Auflösung der Gesellschaft - wird die Einordnung nach dem höheren Stimmenvorzug in den Sonderfällen vorgenommen. Bei Unternehmen, die keine Differenzierung des Stimmrechtsvorzugs je nach Abstimmungsfall vornehmen, ist aus Gründen der Vergleichbarkeit aller Unternehmen in der Untersuchungseinheit dieselbe Stimmrechtsausstattung im Normalfall und Sonderfall eingetragen.

Tab. 3: Stimmenvorzüge in der Untersuchungseinheit, geordnet nach der Höhe des Stimmenvorzugs in Sonderfällen

	Stimmenvorzug im Normalfall:	*Stimmenvorzug in Sonderfällen:*	
Berliner Kraft- und Licht (BEWAG)-AG	2	2	
Mittelschwäbische Überlandzentrale AG	1	3	(3 Fälle)
VEW AG	3	3	
VSM Vereinigte Schmirgel u. Masch.-Fabriken AG	1,60	3,20	(3 Fälle)
W. Jacobsen AG	1	4	(3 Fälle)
Kühltransit AG	1	4	(3 Fälle)
Siemens AG	1	6	(mehrere F.)[652]
Schloßgartenbau AG	10	10	
Th. Goldschmidt AG	10	10	
Konrad Hornschuch Aktiengesellschaft*	12	12	
BM Bäckermühlen Aktiengesellschaft*	1	15	(3 Fälle)
Überlandwerk Unterfranken AG	15	15	
Schwabenverlag AG	1	20	(3 Fälle)

651 Das Beispiel beschreibt die Stimmenverhältnisse bei der VSM Vereinigte Schmirgel- und Maschinen-Fabriken AG; vgl. dazu Tab. 3.

652 Das Mehrstimmrecht der Siemens AG ist zwar auf bestimmte Fälle beschränkt. Es kommt jedoch häufiger als in den drei bekannten Fällen zum Einsatz, nämlich bei Satzungsänderung, Kapitalbeschaffung und -herabsetzung, Auflösung der Gesellschaft, Gewinnverwendung und Aufsichtsratswahlen sowie als letzten Fall bei Maßnahmen der Verschmelzung, Vermögensübertragung, Gewinngemeinschaft und Umwandlung der Gesellschaft.

Hindrichs-Auffermann AG*	5	20	(3 Fälle)
LEW AG	20	20	
RWE AG	20	20	
Daimler Benz AG*	1	30	(3 Fälle)
Energieversorgung Ostbayern (OBAG)	35	35	
Gruschwitz Textilwerke AG	20	40	(3 Fälle)
HEW AG	40	40	
Rieter Ingolstadt Spinnereimaschinenbau AG	8,40	50,70	(3 Fälle)
Carl Schlenk AG	60	60	
Otto Stumpf AG	3	80	(3 Fälle)
Hamburger Hochbahn AG	94,04	94,04	
Kulmbacher Reichelbräu Aktien-Gesellschaft	55	110	(3 Fälle)
Porzellanfabrik Waldsassen Bareuther & Co.**	1	120	(3 Fälle)
Württembergische AG Versicherungs-Beteil.ges.*	1	125	(AR-Wahl)
Custodia Holding AG	130	130	
Calwer Decken- und Tuchfabriken AG	3	150	(3 Fälle)
Joseph Vögele AG*	10	200	(3 Fälle)
Frankona Rückversicherungs-Aktien-Gesellschaft*	240	240	
Markt- und Kühlhallen Aktiengesellschaft	250	250	
Tucher Bräu Aktiengesellschaft	50	400	(3 Fälle)
Breitenburger Portland-Cement-Fabrik AG	448	448	
Fränkisches Überlandwerk AG	3200	3200	

* Mehrstimmrechte wurden abgeschafft
** Unternehmen existiert nicht mehr

III.C.4.3. Entwicklung der Stimmrechtspotentiale

Wie bereits ausgeführt, hat es nach dem 2. Weltkrieg keine extensive Neuschaffung von Mehrstimmrechtsaktien mehr gegeben. Die Vermutung liegt daher nahe, daß die durch Mehrstimmrechtsaktien erreichbare Kontrollposition in den meisten Unternehmen der Untersuchungseinheit abgenommen hat. Damit dies im einzelnen deutlich wird, soll die Entwicklung der Grundkapitalanteile und Stimmenpotentiale der Mehrstimmrechtsaktien in der Untersuchungseinheit anhand zeitlicher Fixpunkte im folgenden tabellarisch dargestellt werden.

Hierbei soll unter dem Begriff "Grundkapitalanteil der Mehrstimmrechtsaktien" (GKA) der Anteil des nominellen Kapitals der Mehrstimmrechtsaktien am Grundkapital, bezogen auf des jeweilige Unternehmen, verstanden werden. Mit dem Begriff "Stimmenpotential der Mehrstimmrechtsaktien" (SP) ist der Anteil der auf die Mehrstimmrechtsaktien entfallenden Stimmen an der mit allen Aktien des Unternehmens verbundenen Gesamtstimmenzahl gemeint. Bei den Mehrstimmrechtsaktien, die in Sonderfällen mit einer höheren Stimmenzahl als im Normalfall ausgestattet sind, ist

SP zu unterscheiden in SPS (Stimmenpotential der Mehrstimmrechtsaktien in diesen Sonderfällen) bzw. SPN (Stimmenpotential der Mehrstimmrechtsaktien im Normalfall, d.h. wenn mit den Mehrstimmrechtsaktien mit der üblichen Stimmenzahl abgestimmt wird.)

Anhand der berechneten Stimmenpotentiale der Mehrstimmrechtsaktien kann beurteilt werden, welches Gewicht diesen Anteilen bei Abstimmungen in den einzelnen Unternehmen der Untersuchungseinheit zukommt. Ein Stimmenpotential der Mehrstimmrechtsaktien von beispielsweise 40 % bedeutet, daß der Inhaber dieser Stimmrechte zum Erreichen der für die meisten Abstimmungspunkte relevanten Stimmenmehrheit im Unternehmen (über 50 %)[653] nur in geringem Umfang zusätzlich mit einer Stimme ausgestattete Stammaktien erwerben muß. In Unternehmen mit einer niedrigen Hauptversammlungspräsenz ist diese Investition möglicherweise überhaupt nicht erforderlich. Aus dem Stimmenpotential der Mehrstimmrechtsaktien läßt sich also ein Urteil über die Bedeutung und den Wert dieser Anteile innerhalb der betrachteten Unternehmung ableiten. Dies wird in einem zentralen Gliederungspunkt der Arbeit für jedes Element der Untersuchungseinheit gesondert thematisiert werden.[654]

Mit Hilfe der Stimmenpotentiale und Grundkapitalanteile kann eine Aussage darüber getroffen werden, wie gering der Kapitalanteil ist, den ein Mehrstimmrechtsaktionär benötigt, um ein bestimmtes Maß an Kontrolle über die Unternehmung auszuüben. Wenn dieser Anteilseigner beispielsweise in der Lage ist, mit 2 % Kapitalanteil 40 % der Stimmen eines Unternehmens zu kontrollieren, dann erlaubt dies zum einen eine Aussage über den Wert dieser Mehrstimmrechte für ihn selbst, denn er hat das genannte Maß an Kontrolle über die Unternehmung bei entsprechend niedrigen Bezugspreisen der Mehrstimmrechtsaktien zum Discount-Preis erwerben können. Aus der Gegenüberstellung von Grundkapitalanteil und Stimmenpotential ergibt sich außerdem ein Hinweis darauf, wie die Mehrstimmrechte mit Blick auf die Unternehmenskontrolle in dem jeweiligen Unternehmen zu werten sind. Zu diesem Zweck betrachtet man den sogenannten Levy-Index, der sich mit Hilfe einer einfachen Berechnung aus SP und GKA ableiten läßt und auf den in einem weiteren Gliederungspunkt gesondert eingegangen wird.[655]

---

[653]Vgl. zu Mehrheitsregeln im Unternehmen auch Gliederungspunkt III.D.1.1.

[654]Vgl. Gliederungspunkt III.D.2.2.2.

[655]Vgl. Gliederungspunkt III.C.4.4.

Schließlich geht aus der tabellarischen Aufstellung hervor, daß sich bei den meisten Unternehmen der Untersuchungseinheit das Stimmenpotential und damit die Bedeutung der Mehrstimmrechtsaktien im Laufe der Jahre seit ihrer Entstehung bis heute deutlich reduziert hat. Diese Entwicklung soll direkt im Anschluß an die nun folgende Tab. 4 analysiert werden; sie klang bereits in einem weiter oben eingefügten Gliederungspunkt an.[656]

Tab. 4: Veränderung von Grundkapitalanteilen und Stimmrechtspotentialen der in der Untersuchungseinheit vertretenen Mehrstimmrechtsaktien von 1925 bis 1996

	1925/6[657] GKA	1925/6 SPN[658]	1951 GKA	1951 SPN	1951 SPS	1996[659] GKA	1996 SPN	1996 SPS
BM Bäckerm. AG	2,50	31,39	2,50	27,78	-	-[660]	-	-
BEWAG[661]	-	-	33,33	50,00	-	32,74	49,33	-

[656]Vgl. Gliederungspunkt III.C.4.1.

[657]Die Prozentsätze wurden anhand Verlag für Börsen- und Finanzliteratur A.-G. (Hrsg.), Handbuch, 1925 bzw. 1926, berechnet. Ziel der Berechnung war es, einen vergleichbaren Stand der Grundkapitalien direkt nach der Umstellung der Unternehmen auf Goldbilanzen darstellen zu können. Die Umstellung wurde jedoch nicht von allen Unternehmen gleichzeitig durchgeführt und dem Verlag gemeldet, so daß der Jahrgang 1925 nicht alle betroffenen Unternehmen abdeckt. Aus diesem Grund mußte teilweise auf die Bände des Jahrgangs 1926 ausgewichen werden.

[658]Die Handbücher der Deutschen Aktien-Gesellschaften 1925 bzw. 1926 vermerken nur bei einem Teil der Firmen bereits eine Einsatzbeschränkung der Mehrstimmrechte auf bestimmte Fälle. Erwähnt wird diese Beschränkung bei der Württembergische Feuerversicherungs Akt. Ges., der Kühltransit Aktiengesellschaft, der Schwabenverlag Aktiengesellschaft, der Gruschwitz Textilwerke Akt. Ges., der Otto Stumpf Akt. Ges., der Porzellanfabrik Waldsassen Bareuther & Co. Akt. Ges., der Joseph Vögele Aktiengesellschaft sowie der Mittelschwäbische Überlandzentrale Akt. Ges.
Aus Gründen der Übersichtlichkeit der Tabelle ist im Falle der genannten Unternehmen das Mehrstimmenpotential für die Jahre 1925 bzw. 1926 in den (nicht näher spezifizierten) Sonderfällen in der Spalte SPN vermerkt; für alle anderen Unternehmen wird 1925 bzw. 1926 der erhöhte Stimmenvorzug ohnehin bereits im Normalfall wirksam.

[659]Die Berechnungen erfolgten anhand Verlag Hoppenstedt GmbH (Hrsg.), Handbuch, 1996.

[660]Die Mehrstimmrechtsaktien der BM Bäckermühlen AG existieren seit 1991 nicht mehr. In diesem Jahr betrug ihr Grundkapitalanteil 1,56 % und ihr Stimmenpotential 19,23 %.

	1925/6 GKA	1925/6 SPN	1951 GKA	1951 SPN	1951 SPS	1996 GKA	1996 SPN	1996 SPS
B. Portl. Cement AG	0,29	48,48	0,21	48,48	-	0,07	22,99	-
Calwer Decken AG	0,02	33,00	0,16	0,48	19,23	0,08	0,23	10,26
Custodia Holding AG	0,34	31,58	0,34	31,03	-	0,21	21,42	-
Daimler Benz AG[662]	0,99	39,02	0,09	0,09	2,61	-[663]	-	-
Energ. Ostbayern[664]	1,15	22,58	2,97	51,69	-	2,06	42,35	-
FÜW AG	0,07	62,50	0,05	62,50	-	0,02	40,00	-
Frankona Rückv. AG	0,24	36,55	0,19	31,54	-	-[665]	-	-
Th. Goldschmidt AG	1,02	9,38	1,82	15,63	-	1,30	11,62	-
Gruschwitz AG	0,45	47,62	0,44	8,20	15,15	0,44	8,2	15,15

661 Die Berliner Kraft und Licht-Aktiengesellschaft (BKL) wurde 1931 mit einem Kapital von RM 240 Mio. gegründet, das aus 80 Mio. RM Namensaktien der Gruppe B und 160 Mio. RM Inhaberaktien der Gruppe A bestand. Die Namensaktien der Gruppe B waren mit doppeltem Stimmrecht ausgestattet und beinhalteten einen Grundkapitalanteil von 33 % sowie ein Stimmenpotential von 50 % aller Stimmen. Die BKL wurde gegründet, um die bisher im Eigentum der Stadt Berlin stehenden und von der Berliner Städtische Elektrizitätswerke Akt.-Ges. (BEWAG) betriebenen Elektrizitätswerke der Stadt unter Beteiligung letzterer sowie anderer privatwirtschaftlicher Aktionäre als gemischtwirtschaftliches Unternehmen zu erwerben. 1934 schließlich fusionierten die beiden Unternehmen zu der Berliner Kraft- und Licht (BEWAG)-Aktiengesellschaft.

662 Die Grundkapitalanteile und Stimmrechtspotentiale der Mehrstimmrechtsaktien 1926 beziehen sich auf die Daimler Motoren Gesellschaft. Die entsprechenden Anteile liegen auch für die Benz & Cie. vor: Der Grundkapitalanteil der Mehrstimmrechtsaktien bei Benz & Cie betrug 0,76 %, ihr Stimmrechtspotential belief sich auf 20,17 %.

663 Die Mehrstimmrechtsaktien der Daimler Benz AG wurden 1993 in Stammaktien umgewandelt. Vor der Umwandlung betrug der Grundkapitalanteil der Mehrstimmrechtsaktien 0,094 %; dies galt ebenso für das Stimmenpotential der Mehrstimmrechtsaktien in Normalfällen. In Sonderfällen verbrieften die Mehrstimmrechtsaktien ein Stimmenpotential von 2,75 %.

664 Grundkapitalanteil und Stimmenpotential beziehen sich hier auf die Oberpfalzwerke AG für Elektrizitätsversorgung, Regensburg - die Vorläufergesellschaft der OBAG. Die Energieversorgung Ostbayern AG selbst existiert erst seit 1943.

665 Die Mehrstimmrechtsaktien der Frankona Rückversicherungs AG wurden 1993 in Stammaktien umgewandelt. Vor ihrer Umwandlung machten sie einen Anteil am Grundkapital in Höhe von 0,0019 % und ein Stimmenpotential in Höhe von 0,91 % aus.

	1925/6 GKA	1925/6 SPN	1951 GKA	1951 SPN	1951 SPS	1996 GKA	1996 SPN	1996 SPS
HHA AG	0,27	20,32	0,24	18,51	-	0,10	8,39	-
HEW AG	0,01	31,82	0,67	21,16		0,22	8,02	-
Hindr.-Aufferm. AG	1,50	47,78	1,24	5,91	20,09	-[666]	-	-
K. Hornschuch AG	-[667]	-	4,54	36,36	-	0,65	7,27	-
W. Jacobsen AG	4,76	42,86	6,60	22,03	-[668]	5,51	5,50	18,90
Kühltransit AG	6,50	25,79	6,50	6,50	21,76	2,17	2,17	8,14
LEW AG	0,08	28,57	0,08	1,57	-	0,07	1,37	-
MuK AG	0,24	37,31	0,24	37,31	-	0,05	11,18	-
MÜAG	25,00	76,92	7,81	7,81	20,27	4,69	4,69	12,86
Porzell.Walds. B. AG	0,41	40,00	0,41	0,41	20,00	-[669]	-	-
Reichelbräu AG	0,25	45,45	0,17	8,62	15,87	0,03	1,74	3,42
Rieter AG	0,26	40	0,33	0,33	14,54	0,08	0,60	3,60
RWE AG	3,14	39,36	4,23	46,89	-	1,29	30,18[670]	-

666 Die Mehrstimmrechtsaktien der Hindrichs-Auffermann AG wurden 1990 in Stammaktien umgewandelt. Vor ihrer Abschaffung betrug ihr Grundkapitalanteil 1,24 %, das Stimmenpotential im Normalfall lag bei 5,91 %, in den Sonderfällen bei 20,09 %.

667 Die Konrad Hornschuch AG entstand erst im Jahre 1927; vgl. dazu Konrad Hornschuch AG (Hrsg.), Fortschritt, 1973, o. S. Im Jahre 1927 betrug der Grundkapitalanteil der Mehrstimmrechtsaktien 4,00 %; ihr Stimmenpotential belief sich auf 33,33 %.

668 Im Bericht des Vorstandes zur DM-Eröffnungsbilanz ist eine Einschränkung des Mehrstimmrechts noch nicht enthalten, auch im Geschäftsbericht des Jahres 1951 findet sich die heutige Einschränkung des vierfachen Stimmrechts auf drei Fälle noch nicht. Vgl. dazu W. Jacobsen Aktiengesellschaft (Hrsg.), Geschäftsbericht, Juni 1948 - Dez. 1948, 1949, 1950, sowie 1951. Im Geschäftsbericht Juni 1948 - Dez. 1948 heißt es: "Es gewähren jetzt DM 160,- eine Stimme, wobei die Aktien Lit. B mit dem vierfachen Stimmrecht (§ 20 der Gesellschaftssatzung) ausgestattet sind."

669 Die Porzellanfabrik Waldsassen Bareuther & Co. AG existiert seit 1994 nicht mehr. In diesem Jahr betrug der Grundkapitalanteil der Mehrstimmrechtsaktien sowie ihr Stimmenpotential im Normalfall 0,28 %, ihr Stimmenpotential in den drei Sonderfällen 14,23 %.

	1925/6 GKA	1925/6 SPN	1951 GKA	1951 SPN	1951 SPS	1996 GKA	1996 SPN	1996 SPS
Carl Schlenk AG	0,59	26,32	0,33	16,71	-	0,33	16,57	-
Schloßgartenbau AG	9,26	50,33	9,20	50,33	-	6,13	39,52	-
Schwabenverlag AG	4,76	6,25	4,46	4,46	50,00	3,52	3,52	42,20
Siemens AG	6,70	50,00	4,75	7,03	31,23	1,65	1,65	9,14
Otto Stumpf AG	1,00	9,26	0,25	0,75	16,71	0,003	0,01	0,28[671]
Tucher Bräu AG[672]	0,09	47,17	0,09	4,30	26,32	0,02	0,90	7,00
ÜWU AG	6,07	66,39	5,4	46,15	-	4,23	39,86	-
VEW AG[673]	-	-	-	-	-	31,54	58,02	-

670 Bei der RWE AG existieren stimmrechtslose Vorzugsaktien, die in den gesetzlich vorgeschriebenen Fällen der §§ 140 Abs. 2 sowie 141 AktG idF 6. September 1965 einfaches Stimmrecht erhalten, so daß sich in diesen Fällen Abweichungen vom angegebenen Stimmrechtspotential der Mehrstimmrechtsaktien ergeben.

671 Bei der Otto Stumpf AG existieren stimmrechtslose Vorzugsaktien, die in den gesetzlich vorgeschriebenen Fällen der §§ 140 Abs. 2 sowie 141 AktG idF 6. September 1965 einfaches Stimmrecht erhalten, so daß sich in diesen Fällen Abweichungen vom angegebenen Stimmrechtspotential der Mehrstimmrechtsaktien ergeben.

672 Bei der ursprünglichen Freiherrlich von Tucher'sche Brauerei A. G., Nürnberg selbst hat es nie Mehrstimmrechtsaktien gegeben. Eine andere Nürnberger Brauerei, das ebenfalls Ende des vergangenen Jahrhunderts gegründete Brauhaus Nürnberg, verfügte allerdings seit 1923 über Mehrstimmrechtsaktien. Das Brauhaus Nürnberg, das im Jahre 1966 in Brau-Aktiengesellschaft Nürnberg umfirmierte, übernahm im gleichen Jahr auf dem Wege einer Verschmelzung durch Aufnahme das Vermögen der Freiherrlich von Tucher'sche Brauerei A. G. 1985 schließlich erfolgte eine weitere Umfirmierung von der Brau-Aktiengesellschaft Nürnberg zur Tucher Bräu Aktiengesellschaft. Vgl. dazu Brau-Aktiengesellschaft Nürnberg, Geschäftsbericht 1965/1966; 1984 (hier Tagesordnung).

673 Das Unternehmen wurde zwar 1925 gegründet, ist aber erst seit 1930 Aktiengesellschaft. Die Mehrstimmrechtsaktien existieren im Unternehmen erst seit 1966.

	1925/6 GKA	1925/6 SPN	1951 GKA	1951 SPN	1951 SPS	1996 GKA	1996 SPN	1996 SPS
VSM AG	1,69	25,64	5,17	8,03	14,86	1,71	2,71	5,29
J. Vögele AG	0,16	49,18	0,17	1,69	25,53	0,06	0,56	10,08
Württ.AG	0,20	16,69	0,16	0,28	16,69	-[674]	-	-

Angaben in %; GKA = Grundkapitalanteil; SP= Stimmenpotential; SPN= Stimmenpotential im Normalfall; SPS= Stimmenpotential im Sonderfall, wenn der Einsatz der Mehrstimmrechte auf verschiedene Abstimmungsfälle beschränkt ist.

(Quelle: Verlag für Börsen- und Finanzliteratur A.-G. (Hrsg.), Handbuch 1925 u. 1926; Verlag Hoppenstedt GmbH (Hrsg.), Handbuch, 1996; Geschäftsbericht, jew. Jg, eigene Berechnungen.)

Aus der Aufstellung geht hervor, daß sich bei einem Großteil der Unternehmen in der Untersuchungseinheit das Stimmenpotential der Mehrstimmrechtsaktien sowohl seit Umstellung des Grundkapitals auf Goldbilanz bis 1951 als auch von 1951 bis 1996 stufenweise reduziert hat. Konkret gilt dies für 12, also ein Drittel der beobachteten Unternehmen, nämlich für die Rieter Ingolstadt Spinnereimaschinenbau AG, die Tucher Bräu AG, die Reichelbräu AG, die VSM Vereinigte Schmirgel- und Maschinen-Fabriken AG, die J. Vögele AG, die Calwer Decken- und Tuchfabriken AG, die W. Jacobsen AG, die Kühltransit AG, die Siemens AG, die MÜAG, die ÜWU AG und die HEW AG.

Bei 9 Firmen hat erst in den Jahren zwischen 1951 und 1996 eine deutliche Reduktion des Mehrstimmenpotentials stattgefunden; in diesen Unternehmen hat sich das betreffende Stimmenpotential zwischen 1925 (resp. 1927 im Falle der Konrad Hornschuch AG) und 1951 entweder überhaupt nicht verändert oder nur bis zu 5 %-Punkte abgenommen: Custodia Holding AG, BM Bäckermühlen AG, Schloßgartenbau AG, Württ.AG, Hamburger Hochbahn AG, Breitenburger Portland Cement-Fabrik AG, Konrad Horn-

674 Die Mehrstimmrechtsaktien der Württembergische AG Versicherungs-Beteiligungsgesellschaft wurden 1990 in Stammaktien umgewandelt. In diesem Jahr betrug der Grundkapitalanteil sowie das Stimmenpotential im Normalfall 0,016 %, das Stimmenpotential in Sonderfällen machte 1,98 % aus.

schuch AG, FÜW AG und Markt- und Kühlhallen AG. Bei einem Unternehmen - der BEWAG - hat sich das Stimmenpotential der Mehrstimmrechtsaktien seit ihrer Entstehung 1931 bis 1996 überhaupt nicht verändert.

Fünf Unternehmen - die Otto Stumpf AG, die Th. Goldschmidt AG, die OBAG, die RWE AG und die Schwabenverlag AG - haben das Stimmenpotential ihrer Mehrstimmrechte gar bis 1951 noch gesteigert; es schwächte sich erst zwischen 1951 und 1996 wieder ab. Bei der Gruschwitz Textilwerke AG, der Carl Schlenk AG und der LEW AG verringerte sich das Mehrstimmrechtspotential bereits zwischen 1925 und 1951 deutlich; verharrte dann allerdings bis 1996 auf dem erreichten Niveau. Bei der Daimler-Benz AG, der Porzellanfabrik Waldsassen Bareuther & Co.AG sowie der Hindrichs-Auffermann AG wurde das Stimmenpotential der Mehrstimmrechte bis 1951 sichtbar abgebaut; in diesen drei Fällen waren 1996 keine Mehrstimmrechtsaktien mehr existent. Letzteres gilt auch für die Frankona Rückversicherungs-AG; bei diesem Unternehmen veränderte sich das Stimmenpotential zwischen 1925 und 1996 kaum. Die Mehrstimmrechtsaktien der VEW AG wurden erst spät geschaffen; in diesem Fall ist eine Zeitreihenbetrachtung nicht möglich. Bei keinem Unternehmen ist das Stimmenpotential der Mehrstimmrechte zwischen 1951 und 1996 ausgeweitet worden.

III.C.4.4. Statistische Darstellung der Stimmrechtskonzentration mittels Levy-Indizes

Aus den oben dargestellten Grundkapitalanteilen und Stimmrechtspotentialen der Mehrstimmrechtsaktien in der Untersuchungseinheit läßt sich der sogenannte Levy-Index ableiten. Er stellt ein hilfreiches Kriterium für die Beurteilung des Verschanzungspotentials in den einzelnen Unternehmen der Untersuchungseinheit dar. Beim Levy-Index, der bereits im Teil II der vorliegenden Arbeit vorgestellt wurde, handelt es sich um einen Spezialfall des häufig verwendeten Gini-Koeffizienten, ein Maß für die Ungleichverteilung, hier von Stimmrechten.[675]

Der Levy-Index beschreibt diese Ungleichverteilung für den Spezialfall zweier mit verschiedenen Stimmrechten ausgestatteter Aktienklassen. In diesem Fall ist die Berechnung des Indizes sehr einfach, nämlich durch Bildung der Differenz av - ac.[676] Da av = SP/100 sowie ac = GKA/100, lassen sich die aktuellen, auf das Jahr 1996 bezogenen Levy-Indizes der

[675] Vgl. Gliederungspunkt II.B.1.2.2.1.; ebenfalls Levy, Haim, Evaluation, 1983.

[676] Vgl. Gliederungspunkt II.B.1.2.2.1.

betrachteten Unternehmen direkt aus den letzten drei Spalten der Tab. 4 (GKA, SPN bzw. SPS) ableiten. Für Unternehmen, bei denen der Stimmenvorzug nur bei bestimmten Entscheidungsfällen greift oder sich in diesen Sonderfällen erhöht, wurde SPS-GKA berechnet; in allen anderen Fällen wurde die Differenz SPN-GKA ermittelt.

In nachstehender Tabelle sind die einzelnen Unternehmen der Untersuchungseinheit nach der Größe ihrer Levy-Indizes geordnet.[677]

Tab. 5: Ungleichverteilung der Stimmen in der Untersuchungseinheit - Darstellung der auf 1996 bezogenen Levy-Indizes, aufsteigend geordnet

Unternehmen:	Levy - Index:	
Otto Stumpf AG[678]	0,0027	(in Spezialfällen)
Frankona AG	0,0091	
Lech-Elektrizitätswerke AG	0,0130	
Württembergische AG Versicherungs Bet.Ges.	0,0196	(Spezialfall)
Daimler Benz AG	0,0266	(in Spezialfällen)
Reichelbräu AG	0,0338	(in Spezialfällen)
Rieter Ingolstadt Spinnereimaschinenbau AG	0,0353	(in Spezialfällen)
Verein. Schmirgel- und Maschinen-Fabriken AG	0,0358	(in Spezialfällen)
Kühltransit AG	0,0597	(in Spezialfällen)
Konrad Hornschuch AG	0,0662	
Tucher Bräu AG	0,0698	(in Spezialfällen)
Siemens AG	0,0749	(in Spezialfällen)
Hamburgische Electricitäts-Werke AG	0,0780	
Mittelschwäbische Überlandzentrale AG	0,0817	(in Spezialfällen)
Hamburger Hochbahn AG	0,0829	
J. Vögele AG	0,1002	(in Spezialfällen)
Calwer Decken- und Tuchfabriken AG	0,1018	(in Spezialfällen)
Th. Goldschmidt AG	0,1032	
Markt- und Kühlhallen Aktiengesellschaft	0,1113	

---

[677]Die in Tabelle 2 angegebenen Grundkapitalanteile und Stimmenpotentiale der Mehrstimmrechtsaktien im Jahre 1996 wurden anhand Verlag Hoppenstedt GmbH (Hrsg.), Handbuch, 1996, und der dort ausgewiesenen Kapitalverhältnisse der Unternehmen in der Untersuchungseinheit berechnet.

[678]Im Unternehmen existieren Vorzugsaktien ohne Stimmrecht; bereits diese führen normalerweise zu einem Gini-Koeffizienten ungleich 0; der hier berechnete Gini-Koeffizient basiert ausschließlich auf den mit Stimmrecht ausgestatteten Aktien.

W. Jacobsen AG	0,1340	(in Spezialfällen)
Porzellanfabrik Waldsassen Bareuther & Co.AG	0,1395	(in Spezialfällen)
Gruschwitz Textilwerke AG	0,1471	(in Spezialfällen)
Carl Schlenk AG	0,1624	
Berliner Kraft- und Licht (BEWAG-) Aktienges.	0,1659	
BM Bäckermühlen AG	0,1767	(in Spezialfällen)
Hindrichs-Auffermann AG	0,1885	(in Spezialfällen)
Custodia Holding AG	0,2122	
Breitenburger Portland-Cement-Fabrik AG	0,2292	
Vereinigte Elektrizitätswerke Westfalen AG	0,2648	
RWE AG[679]	0,2807	
Schloßgartenbau AG	0,3339	
Überlandwerk Unterfranken AG	0,3563	
Schwabenverlag AG	0,3868	(in Spezialfällen)
Fränkisches Überlandwerk AG	0,3998	
Energieversorgung Ostbayern AG	0,4029	

(Quelle: eigene Berechnungen, gestützt auf GKA, SPN bzw. SPS 1996; siehe Tab. 4)

Der Levy-Index liefert eine Aussage darüber, wie stark die Verteilung eines Merkmals - in dem betrachteten Fall die Verteilung der Stimmenzahl - konzentriert ist. Die Konzentration bezieht sich auf den jeweiligen Anteil der betreffenden Aktienklasse am Grundkapital. Ein Indexwert von 0 bedeutet Gleichverteilung; mit zunehmender Konzentration nähert sich der Index dem Wert 1.

Ein hoher Levy-Index bedeutet, daß viele Stimmrechte auf einen relativ niedrigen Anteil des nominellen Grundkapitals konzentriert sind. Die Unternehmung kann mit einer relativ geringen Kapitalbeteiligung kontrolliert werden. Levy ermittelte in seiner Untersuchung Indexwerte zwischen 0,06 und 0,52 für 25 israelische börsennotierte Unternehmen mit zwei Aktienklassen.[680] Für die in der vorliegenden Arbeit betrachtete Untersuchungseinheit errechnen sich Werte zwischen 0,0027 und 0,4029.

---

679 Bei der RWE AG existieren zusätzlich zu den mehrstimmigen Vorzugsaktien auch stimmrechtslose Vorzüge. Der oben berechnete Gini-Koeffizient basiert wie im Fall der Otto Stumpf AG ausschließlich auf den mit Stimmrecht ausgestatteten Anteilen.

680 Vgl. Levy, Haim, Evaluation, 1983, S. 87.

In Deutschland bleiben insgesamt 9 Unternehmen unter dem niedrigsten Wert für Israel.

Zur Interpretation der berechneten Levy-Indizes lassen sich die Ergebnisse von Grossman und Hart heranziehen.[681] Ihrer Analyse zufolge steigt die Wahrscheinlichkeit, daß ein Unternehmen von einem Perquisites konsumierenden Managementteam geleitet wird, je stärker Dividenden und Stimmrechte auseinanderfallen, d.h. je mehr Stimmrechte auf einen kleinen Grundkapitalanteil konzentriert sind. Dadurch ist es wahrscheinlicher, daß die Mehrstimmrechtsaktionäre versuchen, sich zu Lasten anderer Aktionäre besser zu stellen. "Dies reduziert zwar tendenziell den Gesamtwert der Unternehmung, erhöht jedoch den Wert der Stimmrechte, weil sie nicht nur eine Übernahme, sondern insbesondere auch das Erlangen privater Vorteile ermöglichen."[682]

Betrachtet man die fünf Unternehmen der Untersuchungseinheit mit dem höchsten Levy-Index - Schloßgartenbau AG, Überlandwerk Unterfranken AG, Schwabenverlag AG, Fränkisches Überlandwerk AG, Energieversorgung Ostbayern AG - so fällt auf, daß der Stimmenvorzug der Mehrzahl dieser Mehrstimmrechtsaktien in der Spanne zwischen 10 und 35 liegt, also nicht extrem hoch ist. Die Fränkisches Überlandwerk Unterfranken Aktiengesellschaft jedoch nimmt bezüglich des Stimmenvorzugs die höchste sowie bei der Ausprägung des Levy-Indizes die zweithöchste Position innerhalb der gesamten Untersuchungseinheit ein; hier ist der Anreiz zum Perquisites-Konsum als besonders ausgeprägt einzuschätzen.

Die Problematik, inwieweit die Existenz von Mehrstimmrechtsaktien zum Perquisites-Konsum anreizt, berührt nur eine der Fragen nach der Bedeutung dieser Stimmrechte in einer spezifischen Unternehmenssituation. Die Bedeutung und der Wert von Mehrstimmrechten hängt im Einzelfall genauso davon ab, ob diese Anteile zur Verschanzung gegen potentielle Übernehmer eine Rolle spielen können oder nicht und - aus der entgegengesetzten Perspektive betrachtet - ob sie von einem potentiellen Herausforderer zur kostengünstigen Übernahme genutzt werden können. Diese Überlegungen werden Thema der nun folgenden Abschnitte sein.

---

[681] Vgl. Grossman, Sanford J. / Hart, Oliver D., Share, 1988.

[682] Kunz, Roger M., Wert, 1996, S. 339.

III.D. Der Wert von Mehrstimmrechten

III.D.1. Bedeutung für die Mehrheitsverhältnisse in der Untersuchungseinheit

Die Bedeutung von Mehrstimmrechten in Unternehmen hängt u. a. davon ab, nach welcher Mehrheitsregel Entscheidungen in der Hauptversammlung getroffen werden. In Deutschland sind gemäß dem gültigen AktG 1965 folgende Mehrheitsregeln anzutreffen:

- einfache Stimmenmehrheit
- Dreiviertelmehrheit der Stimmen (qualifizierte Stimmenmehrheit)
- Dreiviertelmehrheit des Kapitals (qualifizierte Kapitalmehrheit).[683]

Für verschiedene Entscheidungen innerhalb einer Hauptversammlung finden dabei unterschiedliche Mehrheitsregeln Anwendung. Welche Regel bei welcher Abstimmung greift, wird durch das AktG und u. U. durch zusätzliche Bestimmungen in den Satzungen der Unternehmen festgelegt.

Da insbesondere den aktienrechtlichen Regelungen große Bedeutung bei der Bewertung von Mehrstimmrechtsaktien zukommt, sollen die bei wichtigen Abstimmungsfällen gültigen Mehrheitsregeln im folgenden kurz dargestellt werden.

III.D.1.1. Mehrheitsregeln für deutsche Unternehmen

Grundsätzlich ist im deutschen Aktienrecht bei Hauptversammlungsbeschlüssen die einfache Stimmenmehrheit ausschlaggebend. Sie genügt bei so wichtigen Entscheidungen wie der Wahl der Aufsichtsratsmitglieder und Abschlußprüfer, der Entlastung von Vorstand und Aufsichtsrat und der Verwendung des Bilanzgewinns.[684] Das Gesetz und / oder die Satzung des Unternehmens können nun bei einer Reihe von Abstimmungspunkten

---

[683] Das Gesetz verlangt in einer nicht geringen Zahl von Fällen für die Annahme des entsprechenden Beschlußantrags eine Mehrheit des vertretenen Grundkapitals, und zwar in allen Fällen eine qualifizierte Mehrheit von drei Vierteln. Die gesetzlichen Beschlußerfordernisse können in einigen Fällen durch die Unternehmenssatzung modifiziert werden. Das Erfordernis der qualifizierten Grundkapitalmehrheit kann zum Beispiel im Fall der Kapitalerhöhung (§ 182 Abs. 1 AktG) auf eine einfache Kapitalmehrheit reduziert werden. In den meisten Fällen jedoch kann die Satzung die gesetzlichen Regelungen nur verschärfen, nicht abschwächen. Vgl. dazu Zöllner, Wolfgang, Kölner, 1985 I, § 133, Rnr. 69, S. 1364 sowie Rnr. 89, S. 1368.

[684] Vgl. Lehmann, Jürgen, Minderheitenrechte, 1983, S. 117.

weitere Mehrheitserfordernisse bestimmen. Beispielsweise sieht das Gesetz für die Abberufung von Aufsichtsratsmitgliedern durch die Hauptversammlung vor Ablauf ihrer Amtszeit und für den Beschluß der Hauptversammlung über zustimmungspflichtige Geschäfte, bei denen der Aufsichtsrat seine Zustimmung verweigert hat, eine größere als die einfache Stimmenmehrheit vor - nämlich eine Mehrheit, die mindestens drei Viertel aller abgegebenen Stimmen umfaßt.[685] Diese Fälle kommen jedoch selten vor: "Wenn der Aufsichtsrat ein wichtiges Geschäft, das seiner Zustimmung bedarf, nicht genehmigt, kann der Vorstand - wenn er den Mut dazu hat - die Hauptversammlung anrufen, die mit Dreiviertelmehrheit die vom Aufsichtsrat versagte Zustimmung durch ihre eigene Zustimmung ersetzen kann."[686]

Weit häufiger sind Vorschriften, die für einen bestimmten Hauptversammlungsbeschluß neben der einfachen Stimmenmehrheit weitere Erfordernisse verlangen. Am häufigsten findet sich das Erfordernis einer Mehrheit von mindestens drei Vierteln des bei der Beschlußfassung vertretenen Grundkapitals.[687] Das Aktiengesetz ordnet diese qualifizierte Kapitalmehrheit bei grundlegenden Beschlüssen wie Satzungsänderungen,[688] Kapitalerhöhungen gegen Einlagen[689] und Kapitalherabsetzungen,[690] Schaffung eines Genehmigten Kapitals,[691] Ausschluß des Bezugsrechts der Aktionäre[692] sowie Auflösung des Unternehmens und Verschmelzung mit einer anderen Gesellschaft an.

Die Bedeutung der Mehrstimmrechtsaktien für die in der Hauptversammlung getroffenen Entscheidungen hängt davon ab, welche Mehrheitsregeln für die jeweiligen Abstimmungspunkte relevant sind.

---

685 S. §§ 103 Abs. 1 sowie 111 Abs. 4 S. 4 AktG idF 6. September 1965; vgl. auch Barz, Carl Hans, Großkommentar II, 1973, § 133 Anm. 7, S. 11009.

686 Lehmann, Minderheitenrechte, 1983, S. 116.

687 Vgl. Lehmann, Jürgen, Minderheitenrechte, 1983; sowie Eckardt, Ulrich, Kommentar, 1973, 1974, § 133, S. 293 ff.

688 Verminderung der Kapitalmehrheit ist durch die Satzung zulässig, allerdings nicht bei Änderung des Gegenstandes der Unternehmung (§ 179 Abs. 2 AktG).

689 S. § 182 Abs. 1 S. 1 AktG idF 6. September 1965; Verminderung der Kapitalmehrheit durch die Satzung zulässig, allerdings nicht bei einer Kapitalerhöhung durch Ausgabe von Vorzugsaktien ohne Stimmrecht sowie beim Ausschluß des Bezugsrechts (§ 186 Abs. 3 Satz 2).

690 S. § 222 Abs. 1 AktG idF 6. September 1965.

691 S. § 193 Abs. 1 AktG idF 6. September 1965.

692 S. § 186 Abs. 3 AktG idF 6. September 1965.

Mehrstimmrechtsaktien besitzen in allen Abstimmungsfällen, bei denen Stimmenmehrheiten genügen - und dies ist die Regel -, große Bedeutung, wenn der sie haltende Aktionär die entsprechende Mehrheit mit ihrer Hilfe erreicht. Die Mehrstimmrechtsaktien sind dann zum einen ausschlaggebend für den Abstimmungserfolg; darüber hinaus sind sie dafür verantwortlich, daß der Anteilseigner die Abstimmung mit einer weit niedrigeren kapitalmäßigen Beteiligung als bei Stammaktien für sich entscheiden kann. In der folgenden Tabelle soll die Bedeutung der Mehrstimmrechtsaktien vor dem Hintergrund verschiedener Mehrheitsregeln anhand eines einfachen Beispiels mit zwei Aktionären A 1 und A 2 verdeutlicht werden. Annahmegemäß kommt die Differenz zwischen dem Grundkapitalanteil (GKA) und dem Stimmenanteil (StA) durch die Existenz von Mehrstimmrechtsaktien zustande. Beide Aktionäre seien auf der Hauptversammlung präsent und stimmten ab.

Tab. 6. Bedeutung von Mehrstimmrechtsaktien bei Gültigkeit verschiedener Mehrheitsregeln

Relevante Mehrheitsregel	*A 1 (75% GKA, 40 % StA)*	*A 2 (25 % GKA, 60 % StA)*
a. einfache Stimmen-mehrheit	verliert Abstimmung	gewinnt Abstimmung mit Hilfe der MSA
b. qualifizierte Kapital-mehrheit erforderlich	wird von A 2 blockiert	kann zwar selbst nicht gewinnen, aber mit Hilfe der MSA A 1 blockieren
Relevante Mehrheitsregel	*A 1 (95 % GKA, 70 % StA)*	*A 2 (5 % GKA, 30 % StA)*
c. qualifizierte Stimmen-mehrheit	wird von A 2 blockiert	kann zwar selbst nicht gewinnen, aber mit Hilfe der MSA A 1 blockieren

MSA = Mehrstimmrechtsaktien, StA = Stimmenanteil,
GKA = Grundkapitalanteil, A = Aktionär

(Quelle: eigene Darstellung)

Beispielsweise verfüge ein Aktionär 1 über 75 % des Grundkapitals eines Unternehmens. Die restlichen 25 % halte ein Anteilseigner 2,der in Besitz von Mehrstimmrechtsaktien und der einfachen Stimmenmehrheit im Unternehmen sei. In dieser Konstellation gewinnt Aktionär 2 in allen Abstimmungsfällen, in denen eine einfache Stimmenmehrheit genügt, (Tab. 6, Fall a) trotz des dominierenden Anteilsbesitzes von Aktionär 1. Dabei sind die Mehrstimmrechtsaktien auch dann bedeutsam, wenn sie allein nicht für eine Stimmenmehrheit ausreichen, sondern einen Sockel von ebenfalls im Depot des Aktionärs 2 vorhandenen Stammaktien zu einer Stimmenmehrheit ausbauen.

Gleichwohl ist ein Unternehmen mit der stimmenmäßigen Mehrheit allein nicht vollständig kontrollierbar. Gerade bei wichtigen Beschlüssen - sie sind weiter oben aufgezählt worden - verlangt das AktG zusätzlich eine qualifizierte Kapitalmehrheit.[693] In diesen Fällen verlieren die Mehrstimmrechtsaktien an Bedeutung, da für das Abstimmungsergebnis der kapitalmäßige Anteil des jeweiligen Aktionärs relevant ist. Im obigen Beispiel (Tab. 6, Fall b) kann Aktionär 2 eine von ihm befürwortete Alternative gegen Aktionär 1, der die Kapitalmehrheit besitzt, nicht durchsetzen. Daß die Mehrstimmrechte auch angesichts von erforderlichen Kapitalmehrheiten nicht vollkommen bedeutungslos sind, wird noch gezeigt werden. Zunächst ist festzuhalten: "Das zusätzliche Erfordernis der Kapitalmehrheit verhindert dann, daß allein mit den Mehrstimmrechtsaktien ein bestimmter Hauptversammlungsbeschluß durchgesetzt werden kann."[694]

Mehrstimmrechtsaktien sind aber nicht grundsätzlich irrelevant, wenn das Aktiengesetz eine kapitalmäßige Mehrheit vorschreibt. Nach nahezu unstreitiger Rechtsauffassung ist die einfache Stimmenmehrheit nämlich auch dann für das Zustandekommen von Beschlüssen erforderlich, wenn das Gesetz eine Kapitalmehrheit verlangt.[695] Das bedeutet, daß ein Aktionär, der über die entsprechende notwendige Kapitalmehrheit verfügt, auch die Stimmenmehrheit - quasi als notwendige Bedingung - innehaben muß, um die Abstimmung für sich entscheiden zu können. Auch hier soll das oben erwähnte Beispiel aufgegriffen werden (Tab. 6, Fall b). Wenn Aktionär 1 einen Vorschlag, der einer kapitamäßigen Mehrheit bedarf, in der

---

[693]Vgl. Zöllner, Wolfgang, Kölner, 1985, § 133, Rdnr. 70, S. 1364; auch Baumbach, Adolf / Hueck, Alfred / Hueck, Goetz, Aktiengesetz 1968, § 133, Anm. 3, S. 431.

[694]Eckardt, Ulrich, Kommentar, 1973, 1974, § 133, S. 299.

[695]Vgl. Schwark, Eberhard, Rechtsfragen, o. J., S. 9; auch Baumbach, Adolf / Hueck, Alfred / Hueck, Goetz, Aktiengesetz 1968, § 133, Anm. 3, S. 430 f.; ebenfalls Zöllner, Wolfgang, Kölner, 1985 I, § 133, Rdnr. 67, S. 1363 m. w. N.

Hauptversammlung durchsetzen will, so kann er dies gegen den Willen von Aktionär 2 nicht erreichen, da er nicht über die erforderliche einfache Stimmenmehrheit verfügt. Zusammenfassend kann man sagen: Sind Kapitalmehrheiten erforderlich, so können Mehrstimmrechtsaktien zwar nichts aktiv durchsetzen; sie können jedoch Beschlüsse verhindern.

Ist schließlich eine 3/4-Mehrheit der Stimmen aktienrechtlich erforderlich und verfügt der Aktionär 2 mit Hilfe der Mehrstimmrechte über einen Stimmenanteil von mehr als 25 %, so kann er die gegnerischen Abstimmungsalternativen ebenfalls blockieren (Tab. 6, Fall c).

Fazit: Vor dem Hintergrund der aktienrechtlichen Gegebenheiten in Deutschland ist ein Einfluß der Mehrstimmrechtsaktien auf die Entscheidungsbildung der betroffenen Unternehmen durchaus zu vermuten. Sind stimmenmäßige Mehrheiten erforderlich, so kann sich ein Aktionär mit Hilfe von Mehrstimmrechtsaktien leichter durchsetzen. Ihre blockierende Wirkung entfalten Mehrstimmrechte dann, wenn das Aktiengesetz Kapitalmehrheiten vorschreibt.

III.D.1.2. Die Mehrheitsverhältnisse der untersuchten Firmen

Um diskutieren zu können, ob und in welchem Umfang den Mehrstimmrechtsaktien in der Untersuchungseinheit ökonomischer Wert zukommt und wie diese Stimmrechte die Entscheidungsabläufe in den einzelnen Firmen beeinflussen, sind die Mehrheitsverhältnisse und Aktionärsstrukturen der Unternehmen detailliert betrachtet worden. Sie sind im Anhang 6 der vorliegenden Arbeit enthalten.[696]

III.D.2. Wertermittlung der Mehrstimmrechte

Bevor die Bedeutung der Mehrstimmrechtsaktien vor dem Hintergrund der bestehenden Mehrheitsverhältnisse im Unternehmen aus Sicht der Theorie der Unternehmenskontrolle beleuchtet wird, soll die subjektive Werteinschätzung der in der Untersuchungseinheit enthaltenen Unternehmen wiedergegeben werden. Wie sich zeigen wird, besteht in einigen Fällen eine deutliche Diskrepanz zwischen den Ergebnissen beider Perspektiven. Eine Reihe von Unternehmen mißt den Mehrstimmrechtsaktien eine nur geringe

[696] Im Text sind Entwicklungen in den einzelnen Unternehmen bis zum 1. April 1997 berücksichtigt. Dieser Redaktionsschluß gilt auch für die weiter unten zu ziehenden Schlußfolgerungen. Spätere Entwicklungen bis zum 1. Mai 1997 sind in Fußnoten vermerkt.

Bedeutung für das Zustandekommen unternehmerischer Entscheidungen bei, obwohl sich diese Beurteilung aus Sicht der Corporate Governance nicht aufrechterhalten läßt.

III.D.2.1. Wert aus Sicht der Unternehmen

Die Einschätzung der Unternehmen bezüglich des Wertes und der Bedeutung ihrer Mehrstimmrechte ergab sich aus der Beantwortung des Fragebogens. Dabei beurteilten die Gesellschaften die Rolle ihrer Mehrstimmrechte in der Vergangenheit ebenso wie deren Bedeutung in der gegenwärtigen Unternehmenssituation.

III.D.2.1.1. Mehrstimmrechte bedeutungs- und wertlos

Von 25 befragten Unternehmen der Untersuchungseinheit erklärten 19 Firmen, in ihrem Fall seien die Mehrstimmrechte bedeutungs- und wertlos.

Beispielsweise haben die Mehrstimmrechtsaktien der T u c h e r A G nach Einschätzung durch die Unternehmensleitung nie eine bedeutende Rolle gespielt. Die Stimmrechte seien zwar regelmäßig zum Einsatz gekommen, die Bedeutung für die getroffenen Entscheidungen sei aber wegen der bestehenden Mehrheitsverhältnisse gering.[697] Auch die C u s t o d i a A G mißt ihren Mehrstimmrechtsaktien wegen deren minimalem Anteil am Grundkapital nur eine sehr geringe Bedeutung bei. Die Mehrstimmrechte hätten - so das Unternehmen - keinen Einfluß ausgeübt.[698] Bei der B M B ä c k e r m ü h l e n A G und der H i n d r i c h s - A u f f e r m a n n A G[699] habe die Existenz der Mehrstimmrechte ebenfalls nie eine entscheidende Rolle für unternehmerische Entscheidungen gespielt, so die Unternehmen. Nach Auffassung der Hindrichs-Auffermann AG hängt der Wert derartiger Stimmrechte von den Mehrheitsverhältnissen im Unternehmen ab. Wer über 90 % der Anteile besitze, der habe ohnehin den entscheidenden Einfluß.[700] Eine ähnli-

---

[697] Vgl. Tucher Bräu AG, Telefoninterview mit Willy Hofmann am 24. August 1995, Antwort auf Frage 11 (Anhang 1).

[698] Vgl. Custodia Holding AG, Gebhard, Volker, Mitglied des Vorstandes, Schreiben vom 23. August 1995, Antwort auf Frage 10 (Anhang 1).

[699] Vgl. Hindrichs-Auffermann AG, Interview mit Dieter Rebmann am 6. November 1995, Antwort auf Frage 11 (Anhang 1); BM Bäckermühlen AG, Telefoninterview mit Fritz Vetter am 11. September 1995, Antwort auf Frage 11 (Anhang 1).

[700] Vgl. Hindrichs-Auffermann AG, Interview mit Dieter Rebmann am 6. November 1995, Antwort auf Frage 9 (Anhang 1).

che Aussage trifft die Porzellanfabrik Waldsassen Bareuther &. Co. AG: Wie der ehemalige Vorstand des inzwischen in Konkurs gegangenen Unternehmens betont, sind die Mehrstimmrechte nur in drei Abstimmungsfällen zum Tragen gekommen und hätten in der Abstimmung nie den Ausschlag gegeben.[701] Bei der Schloßgartenbau AG kamen "die Abstimmungen in den Hauptversammlungen ... immer mit wenigen Gegenstimmen zustande. Die Mehrstimmrechte haben also keinen Ausschlag gegeben."[702] Auf Nachfrage erklärte der Vorstand allerdings, daß Abstimmungspunkte vorher im Aufsichtsrat abgeklärt würden: "Die Aufsichtsratsmitglieder ... können das abschätzen, ob derjenige, der viele Stimmen hat, einverstanden ist, was wir hier vortragen. Also insoweit findet da schon im Aufsichtsrat eine Absprache statt."[703] Nach Ansicht des Unternehmens hängt der Wert von Mehrstimmrechten davon ab, wer sie hält oder erwerben will. Für jemanden, der nur wenige Aktien halte, bringe es auch nichts, wenn diese Aktien Mehrstimmrechtsaktien seien. Anders sei der Wert zu beurteilen, wenn es sich um ein ganzes Paket handle.[704] Einen geringen Einfluß der Mehrstimmrechtsaktien auf die Entscheidungsbildung konstatiert auch die Württembergische AG Versicherungs-Beteiligungsgesellschaft: "Vom Umfang her waren die Mehrstimmrechte in unserem Unternehmen vernachlässigbar. Außerdem kommt eines hinzu: Im Gegensatz zu den Stammaktien sind die Vorzugsaktien nie an der Börse gehandelt worden. Sie sind in festen Händen gewesen. Die Mehrstimmrechte hatten in unserem Unternehmen keine Auswirkung. Wir mußten sie lediglich alle fünf Jahre bei Aufsichtsratswahlen und jedes Jahr bei der Dividendenverwendung berücksichtigen, weil sie eben diese Vorzugshöchstdividende hatten. Bei der Relation, die sie hatten, haben sie nie eine Rolle gespielt."[705] Die Breitenburger Portland-Cement-Fabrik AG verweist auf die überwältigende Grundkapitalmehrheit des Großaktionärs, der Breitenburger Finanzholding. Vor dem Hintergrund dieser Dominanz

---

[701] Vgl. Porzellanfabrik Waldsassen Bareuther & Co. AG, Interview mit Oskar Deininger am 26. August 1995, Antwort auf Frage 11.

[702] Schloßgartenbau AG, Interview mit Wolfgang Kurz am 18. September 1995, Antwort auf Frage 11 (Anhang 1).

[703] Schloßgartenbau AG, Interview mit Wolfgang Kurz am 18. September 1995, Antwort auf Frage 11 (Anhang 1).

[704] Vgl. Schloßgartenbau AG, Interview mit Wolfgang Kurz am 18. September 1995, Antwort auf Frage 9 (Anhang 1).

[705] Württembergische AG Versicherungs-Beteiligungsgesellschaft, Interview mit Dietrich Kaufmann am 20. April 1995, Antwort auf Fragen 9, 10, 11 und 13 (Anhang 1).

spielten die Mehrfachstimmrechte überhaupt keine Rolle und besäßen daher keinerlei wirtschaftlichen Wert: "Die Mehrheit allein aus dem Besitz der Stammaktien ist für den Mehrheitsaktionär völlig ausreichend, um entsprechende Entscheidungen herbeizuführen."[706] Die Frankona Rückversicherungs-Aktien-Gesellschaft bezieht sich auf den sehr geringen Anteil der Mehrstimmrechtsaktien am Gesamtkapital; zudem seien diese Stimmrechte durch die vertragliche Stimmrechtsbeschränkung nicht ins Gewicht gefallen:[707] "Es gab überhaupt keine Beeinflussung unternehmerischer Entscheidungen."[708] Die Energieversorgung Ostbayern AG erklärt, Mehrfachstimmrechte könnten zwar im Grundsatz heute noch eine umfangreiche Einflußnahme auf ein Unternehmen garantieren. Im Falle der OBAG seien diese Stimmrechte jedoch von sekundärer Bedeutung.[709]

Auch bei der W. Jacobsen AG habe - so das Unternehmen - die Existenz der Mehrstimmrechtsaktien seit Ende der 60er Jahre keine Rolle mehr gespielt. Die Abstimmungsergebnisse wären alle so, wie sie sich ergeben haben, auch ohne Mehrfachstimmrechte zustande gekommen.[710] Die Mehrstimmrechte griffen ohnehin in nur drei Fällen: Die Auflösung der Gesellschaft habe nie zur Debatte gestanden; bei der Aufsichtsratswahl seien sie im gesetzlich vorgeschriebenen Rhythmus von vier Jahren stets zum Einsatz gekommen. Die Satzungsänderungen seien redaktioneller Natur gewesen; das Unternehmen habe sein Statut aktienrechtlichen Veränderungen angepaßt. Es sei zwar richtig, daß die Mehrstimmrechtsaktien insgesamt eine Sperrminorität verbrieften. Wenn sich alle Mehrstimmrechtsaktien in den Händen von Nicht-Stammaktienbesitzern befänden, wären sie in der Tat bedeutsam. Ihre Bedeutung verringere sich jedoch wie im Falle der W. Jacobsen AG dann, wenn der entsprechende Aktionär mit den Mehrstimmrechtsaktien nur einen ohnehin bestehenden Anteilssockel erhöhe. Die Inhaber der Mehrstimmrechtsaktien hätten auch ohne diese Papiere keine Probleme, eine Sperrminorität zu erreichen. Zudem gebe es

---

[706] Breitenburger Portland-Cement-Fabrik AG, Telefoninterview mit Doris Niemann am 25. Oktober 1995, Antwort auf Fragen 9 u. 11 (Anhang 1).

[707] Vgl. Frankona Rückversicherungs AG, Interview mit Thomas Geisberg am 18. Dezember 1995, Antwort auf Frage 9 (Anhang 1).

[708] Frankona Rückversicherungs AG, Interview mit Thomas Geisberg am 18. Dezember 1995, Antwort auf Frage 11 (Anhang 1).

[709] Vgl. Energieversorgung Ostbayern AG, o. V., Schreiben vom 22. Januar 1996, Antwort auf Frage 12 (Anhang 1).

[710] Vgl. W. Jacobsen AG, Interview mit Peter Lotzow am 16. März 1995, Antwort auf Frage 9 (Anhang 1).

keine Konstellation im Unternehmen, bei der sich eine Konfrontation zwischen verschiedenen Aktionärsgruppen abzeichne. Diese Konstellation sei zum Beispiel bei public private partnerships gegeben: wenn die öffentliche Hand mit Hilfe von Mehrfachstimmrechten alle Entscheidungen in einem bestimmten Projekt treffe, aber über keine Dividendenansprüche verfüge, die private Seite dagegen umgekehrt keinerlei Einflußmöglichkeiten besitze, aber alle Dividendenansprüche innehabe. Wenn Aktionäre ohne Stimmeneinfluß das gesamte Risiko trügen und umgekehrt, dann sei in der Tat eine problematische Interessenlage entstanden. Dies treffe für die W. Jacobsen AG in keiner Weise zu.[711]

Der Gesprächspartner bei der W. Jacobsen AG trifft auch eine generelle Aussage zur Wertermittlung von Mehrstimmrechtsaktien: "Ich würde sagen, der Wert des Stimmrechts hängt von den existierenden Mehrheitsverhältnissen im Unternehmen ab. Es kommt darauf an, wer diese Mehrfachstimmrechtsaktien hält. Wenn sie jemand hält, der ohne diese Aktien auf 49 % des Grundkapitals, mit diesen Aktien aber über 50 % kommt, dann sind diese Aktien eine entscheidende Größe. Entscheidend ist meines Erachtens der Grenzwert einer Stimme, also die Frage, welchen Einfluß man mit einer zusätzlichen Stimme mehr im Unternehmen ausüben kann. Man muß eine Grenzwertanalyse durchführen."[712]

Der Gesprächspartner in der Kühltransit AG überblickt die Situation im Unternehmen seit der zweiten Hälfte der 80er Jahre. Eine Bedeutung der Mehrstimmrechte kann er für diese Zeitperiode nicht erkennen: "Da gilt eben die Überlegung, daß die beiden großen Aktionäre die Mehrstimmrechte zur Hälfte und insgesamt die Mehrheit - 90 % - der Stimmen haben."[713] Die beiden Hauptaktionäre einigten sich ohnehin vorab und stimmten stets gemeinsam. Dies gelte auch bezüglich des Einsatzes der Mehrstimmrechtsaktien.[714]

Die Rieter Ingolstadt Spinnereimaschinenbau AG kann nicht nachvollziehen, ob in der Vergangenheit wichtige unternehme-

---

[711] Vgl. W. Jacobsen AG, Interview mit Peter Lotzow am 16. März 1995, Antwort auf Frage 9 (Anhang 1).

[712] W. Jacobsen AG, Interview mit Peter Lotzow am 16. März 1995, Antwort auf Frage 9 (Anhang 1).

[713] Kühltransit AG, Interview mit Thomas Birtel am 6. November 1995, Antwort auf Frage 11 (Anhang 1).

[714] Vgl. Kühltransit AG, Interview mit Thomas Birtel am 6. November 1995, Antwort auf Fragen 5, 9 u. 11. (Anhang 1).

rische Entscheidungen durch die Vorzugsaktien beeinflußt wurden - dies insbesondere wegen fehlender Unterlagen aus den frühen Jahren. Bei den Hauptversammlungen der jüngeren Unternehmensgeschichte seien die Mehrstimmrechte jedoch nie gegen Tagesordnungspunkte der Verwaltung verwendet worden.[715] Der Umfang der Aktien mit Mehrstimmrechten ist nach Aussage des Unternehmens gering; deshalb sei auchihr wirtschaftlicher Wert gering.

Die Daimler Benz AG antwortet auf Anfrage: "Wie Sie feststellen, haben die Mehrfachstimmrechte bei unserer Gesellschaft über viele Jahrzehnte hinweg nur eine äußerst untergeordnete Rolle gespielt. Sie wurden in unvordenklicher Zeit vor einem anderen wirtschaftlichen Hintergrund geschaffen."[716] Die Überlandwerk Unterfranken Aktiengesellschaft sowie die Fränkisches Überlandwerk Aktiengesellschaft verneinen eine Beeinflussung unternehmerischer Entscheidungen durch Mehrstimmrechtsaktien ebenfalls.[717] Die FÜW AG betont darüber hinaus, daß der Bezirk Mittelfranken - in Besitz des überwiegenden Teils der Mehrstimmrechtsaktien - überhaupt keine unternehmerischen Vorgaben mache.[718] Die Überlandwerk Unterfranken Aktiengesellschaft berichtet, daß anläßlich des Aktientausches zwischen der Bayernwerk AG und der ÜWU AG eine Bewertung der jeweiligen Anteile stattgefunden habe. Die Mehrstimmrechte seien dabei nicht gesondert bewertet worden, da sie keine große Bedeutung hätten.[719]

Eine maßgebliche Beeinflussung durch Mehrstimmrechtsaktien sieht auch die Mittelschwäbische Überlandzentrale Aktiengesellschaft nicht. Es seien jedoch anläßlich von Kapitalerhöhun-

---

[715]Vgl. Rieter Ingolstadt Spinnereimaschinenbau AG, Seidel, Rolf, Leiter Controlling und Finanzen, Schreiben vom 25. August 1995, Ingolstadt, Antwort auf Frage 11 (Anhang 1).

[716]Daimler Benz AG, Schreiben Reiff / Rappers vom 18. Dezember 1995, Stuttgart, S. 5.

[717]Vgl. Überlandwerk Unterfranken Aktiengesellschaft, Interview mit Dieter Pathe und Ralph Trzeciak am 13. Dezember 1995, Antwort auf Frage 11 (Anhang 1); auch Fränkisches Überlandwerk Aktiengesellschaft, Interview mit Helmut Brandt am 5. Dezember 1995, Antwort auf Frage 11 (Anhang 1).

[718]Vgl. Fränkisches Überlandwerk AG, Interview mit Helmut Brandt am 5. Dezember 1995, Antwort auf Frage 11 (Anhang 1).

[719]Vgl. Überlandwerk Unterfranken AG, Interview mit Dieter Pathe und Ralph Trzeciak am 13. Dezember 1995, Antwort auf Frage 9 (Anhang 1).

gen Überlegungen angestellt worden, ob angesichts der Streuung der Vorzugsaktien die erforderlichen Sonderbeschlüsse mit der notwendigen Dreiviertelmehrheit zustande kommen würden.[720] Die Mehrstimmrechtsaktien in Händen der Kleinaktionäre bewertet das Unternehmen mit einem 5-10%igen Abschlag gegenüber den Stammaktien mit der Begründung, diese Aktien seien schwerer verkäuflich als Stammaktien und das dreifache Stimmrecht bringe den Streuaktionären nichts.[721]

Die Hamburgische Electricitäts-Werke Aktiengesellschaft mißt den Mehrstimmrechten keinen wirtschaftlichen Wert bei.[722] Der Wert der Mehrstimmrechte hänge vom Verhältnis zwischen Stammkapital und Stimmrechten ab: "Bei uns ist der Abstand gar nicht so groß. Der Mehrheitsaktionär verfügt über etwa 71 % am Kapital und etwa 73 % an Stimmrechten. Wenn das stärker auseinanderklaffen würde, dann wären die Stimmrechte meiner Meinung nach auch mehr wert."[723] Der Gesprächspartner gibt gleichzeitig aber auch zu bedenken, daß eine andere Konstellation - hielte beispielsweise ein Paketaktionär, dessen Anteil sich der Sperrminorität nähere, die Mehrstimmrechte - den Wert dieser Papiere erheblich steigern könnte.[724]

Auch die Schwabenverlag AG glaubt angesichts der augenblicklichen Struktur des Unternehmens nicht an die Bedeutung der Mehrstimmrechtsaktien. Sie seien gegenwärtig nicht erforderlich und brächten auch nichts. Daß unternehmerische Entscheidungen von den Mehrstimmrechtsaktien beeinflußt werden, verneint der Gesprächspartner.[725] Allerdings müsse dies nicht für die Zukunft gelten. Auf Hauptversammlungen des Unternehmens sei die Frage eines Übernahmeangebots für den Streubesitz angesprochen worden, aber vom Großaktionär - der Diözese Rottenburg - verneint worden. Die Diözese wolle im Augenblick also nicht

---

[720] Vgl. Mittelschwäbische Überlandzentrale AG, Interview mit Eberhard Göppert und Wolfgang Fischer am 4. Dezember 1995, Antwort auf Frage 11 (Anhang 1).

[721] Vgl. Mittelschwäbische Überlandzentrale AG, Interview mit Eberhard Göppert und Wolfgang Fischer am 4. Dezember 1995, Antwort auf Frage 9 (Anhang 1).

[722] Diese Aussage wurde allerdings vor dem "Einstieg" der Sydkraft und der PreussenElektra AG getroffen.

[723] Hamburgische Electricitäts-Werke AG, Interview mit Manfred Milde-Büttcher am 2. Mai 1995, Antwort auf Frage 9 (Anhang 1).

[724] Vgl. Hamburgische Electricitäts-Werke AG, Interview mit Manfred Milde-Büttcher am 2. Mai 1995, Antwort auf Frage 9 (Anhang 1).

[725] Vgl. Schwabenverlag AG, Interview mit Peter Salfeld am 20. April 1995, Antwort auf Fragen 9, 11, u. 12 (Anhang 1).

alle Aktien übernehmen. Es könne sogar geschehen, daß sie sich zukünftig von einigen Anteilen trenne, da sie in der Lage sei, mit Hilfe der Mehrstimmrechte einen gewissen Einfluß aufrechtzuerhalten. Nach Einschätzung des Gesprächspartners könnten die Mehrstimmrechte insofern wieder an Bedeutung gewinnen.[726]

III.D.2.1.2. Mehrstimmrechte mit Bedeutung und Wert

Nur sechs der 25 in der Untersuchungseinheit vertretenen Aktiengesellschaften, mit denen Gespräche stattfanden, nehmen die Gegenposition ein. Die Werthaltigkeit der Mehrstimmrechte wird unterschiedlich begründet. Im folgenden seien die wichtigsten Argumente aufgeführt.

III.D.2.1.2.1. Zur Einflußsicherung eines Aktionärs

Die Calwer Decken-und Tuchfabriken AG mißt den Mehrstimmrechtsaktien - wenn auch begrenzte - Bedeutung bei: "Die Existenz der Mehrstimmrechtsaktien hat natürlich schon Auswirkungen gehabt, vor allen Dingen in den früheren Jahren. Es ist natürlich eine wichtige unternehmerische Entscheidung, wer im Aufsichtsrat sitzt, weil der dann alle weiteren Entscheidungen trifft. Die Mehrstimmrechte haben vielleicht eine regulierende Wirkung gehabt. Man hat einfach gesehen, daß das Unternehmen in der Hand von gewissen Familien ist. Auch heute - nach der breiteren Streuung der Aktien - folgen bis auf wenige Ausnahmen auch die fremden Aktionäre den Vorschlägen der Verwaltung."[727]

Den Mehrstimmrechten einen konkreten wirtschaftlichen Wert beizumessen, sei jedoch problematisch. Die Mehrstimmrechtsaktien, die auf mehrere Familien aufgeteilt sind, entfalteten nämlich nur dann ihre volle Wirkung, wenn zwischen diesen Aktionären Einigkeit herrsche. Dies sei zwar bisher stets, auch in schwierigen Geschäftsjahren, der Fall gewesen; von einem konkreten ökonomischen Wert durch Machtausübung könne man aber dann nur sprechen, wenn alle Mehrstimmrechtsaktien in einer Hand lägen.[728]

---

[726] Vgl. Schwabenverlag AG, Interview mit Peter Salfeld am 20. April 1995, Antwort auf Fragen 8 u. 9 (Anhang 1).

[727] Calwer Decken- und Tuchfabriken AG, Interview mit Jürgen Renz am 9. Oktober 1995, Antwort auf Frage 11 (Anhang 1).

[728] Vgl. Calwer Decken- und Tuchfabriken, Interview mit Peter Salfeld am 20. April 1995, Antwort auf Frage 9 (Anhang 1).

Auch die V E W A G mißt den Mehrstimmrechten im Unternehmen einen positiven, aber begrenzten Wert bei, da die kommunalen Inhaber der Mehrstimmrechtsaktien ohnehin über eine einfache Kapitalmehrheit verfügten. Den Mehrstimmrechten komme eine Sicherungsfunktion für die kommunale Position im Unternehmen zu, falls einige Kommunen in der Hauptversammlung abweichend stimmten. Eingeschränkt werde der Wert der Mehrstimmrechtsaktien außerdem durch die mangelnde Fungibilität der Papiere und durch den Wegfall des Stimmenvorzugs bei der Veräußerung an nichtöffentliche Aktionäre.[729]

Wie die G r u s c h w i t z T e x t i l w e r k e A G erklärt, haben die mehrstimmigen Vorzugsaktien unternehmerische Entscheidungen dort durchaus beeinflußt. Die Unternehmensleitung habe Anfang der 90er Jahre ein Genehmigtes Kapital schaffen wollen, um einen größeren unternehmerischen Spielraum zu erreichen. Diese Initiative sei mit Hilfe der Vorzugsaktien verhindert worden.[730] Die Mehrstimmrechte hätten sich in dieser Hinsicht störend auf die geschäftliche Entwicklung des Unternehmens ausgewirkt. Nach Aussage des Vorstands bestand der Schaden nicht nur im Nichtzustandekommen des Genehmigten Kapitals, sondern auch darin, daß Kunden und Aktionäre des Unternehmens deutlich erkannt hätten, wie stark blockiert das Unternehmen sei, und die Geschäftsbeziehung hinterfragt hätten.[731] Die Mehrstimmrechte hätten im Unternehmen also sehr wohl einen positiven Wert; wenn jemand unternehmerischen Einfluß gewinnen wolle, trachte er nach diesen Vorzügen.[732]

Die C a r l S c h l e n k A G hält Mehrfachstimmrechte für wichtig, um Übernahmeversuche abwehren zu können: "... vor allem dann, wenn man bestimmte Produkte herstellt, die konkurrenzlos sind oder für die es wenige Hersteller gibt. Ich kann mir vorstellen, daß - wenn nicht die Familie,

---

729 Vgl. Vereinigte Electricitäts-Werke AG, Interview mit Klaus Wuppermann und Gisbert Stengel am 5. Februar 1996, Antwort auf Frage 9 (Anhang 1). Abweichend dagegen o.V, Entsorgung, 1996, S. 29. Hier heißt es, die von der Bundesregierung verfolgten Pläne, das Mehrstimmrecht abzuschaffen, spielten für die VEW AG keine besondere Rolle, da die Kommunen auch nach Angleichung der Stimmrechte eine bequeme Mehrheit behalten würden.

730 Vgl. Gruschwitz Textilwerke AG, Interview mit Karlheinz Mühlbronner am 14. August 1995.

731 Vgl. Gruschwitz Textilwerke AG, Interview mit Karlheinz Mühlbronner am 14. August 1995, Antwort auf Frage 11 (Anhang 1).

732 Vgl. Gruschwitz Textilwerke AG, Interview mit Karlheinz Mühlbronner am 14. August 1995, Antwort auf Frage 9 (Anhang 1).

respektive Herr Schlenk 'wie eine Gluckhenne' über dem Unternehmen sitzen würde - schon mancher von Seiten der Konkurrenz hier versucht hätte, Einfluß auf die Firma zu gewinnen."[733] Das Unternehmen sei mit einem wichtigen Konkurrenten in der Nachbarstadt konfrontiert, der bereits ein kleines Paket im Umfang von ca. 200 000,- DM Stammaktien der Carl Schlenk AG halte. Außerdem arbeite man mit einem bedeutenden Metallpulverhersteller in England zusammen, mit dem die Carl Schlenk AG eine gemeinsame Unternehmung in den USA betreibe. Dieses englische Unternehmen wäre nach Angaben der Carl Schlenk AG am Erwerb einer Kapitalbeteiligung an der Carl Schlenk AG interessiert, die Familie von Schlenk-Barnsdorf blockiere dies jedoch. Der Gesprächspartner betont das Ziel der Unternehmerfamilie, den Einfluß im Unternehmen zu sichern und Außenstehende von einer maßgeblichen Beteiligung abzuhalten.[734]

Die Mehrstimmrechtsaktien der T h. G o l d s c h m i d t A G haben nach Aussage des Unternehmens noch vor einigen Jahren die Position der Familie zwar gestärkt; sie seien aber nicht allzu bedeutsam gewesen. Mitte der 80er Jahre habe das Unternehmen neben den Familien-Aktionären und der Allianz AG Holding, die der Familie immer sehr freundschaftlich verbunden gewesen sei, 6000 Aktionäre gehabt. Weitere Großaktionäre habe es nicht gegeben; die Mehrstimmrechte seien angesichts dieser Situation uninteressant gewesen. Vor dem Hintergrund der neuen Aktionärsstruktur hätten die Mehrstimmrechte für die Familie Goldschmidt sicherlich eine wichtige Funktion bekommen und seien daher auch wertvoll.[735] Es sei im Sinne der Th. Goldschmidt AG, daß es nicht zu einer Übernahme durch die VIAG AG oder VEBA AG komme.[736] Der Wert von Mehrstimmrechten für einen Erwerber hänge generell davon ab, über wieviele Anteile er außerdem verfüge; die Mehrstimmrechte bekämen ihren Wert erst an der Grenze zur Mehrheit.[737]

Sowohl Kritiker als auch Befürworter der Mehrstimmrechtsaktien der R W E A G messen diesen eine Bedeutung für das Unternehmen bei. Gegner des Mehrstimmrechts befürchten, daß die kommunalen Aktionäre

---

[733] Antwort auf Frage 8 (Anhang 1).

[734] Vgl. Antwort auf Frage 9 (Anhang 1).

[735] Vgl. Th. Goldschmidt AG, Interview mit Dieter Keifenheim am 25. September 1995, Antwort auf Frage 11 (Anhang 1).

[736] Vgl. Th. Goldschmidt AG, Interview mit Dieter Keifenheim am 25. September 1995.

[737] Vgl. Th. Goldschmidt AG, Interview mit Dieter Keifenheim am 25. September 1995, Antwort auf Frage 9 (Anhang 1).

die Mehrstimmrechte dazu nutzen könnten, sachfremden Einfluß zu Lasten der Kleinaktionäre auszuüben. Eine derartige Einflußnahme mittels der Mehrstimmrechtsaktien sehen die Inhaber dieser Stimmrechte nicht: "Diese Befürchtung ist nicht recht verständlich, wenn man die Praxis der vergangenen vier Jahrzehnte zurückverfolgt. In dieser Zeit hat es bei RWE keinen Fall gegeben, bei dem eine kommunale Stimmenmehrheit sich gegen Interessen der Kleinaktionäre gerichtet oder sachfremden gegen Kleinaktionäre gerichteten Einfluß ausgeübt hätte."[738] Die Kommunen hätten über die wichtigen unternehmenspolitischen Entscheidungen immer Gespräche mit dem Vorstand geführt und diese Entscheidungen alle mitgetragen, heißt es von Seiten der kommunalen Aktionäre weiter.[739] Zur Sicherung des kommunalen Einflusses auf die RWE AG seien die Mehrstimmrechte nicht unbedingt notwendig, da die Kommunen ohnehin über die Hauptversammlungsmehrheit verfügten. Allerdings sei stets die Möglichkeit gegeben, daß einzelne Kommunen Aktien veräußerten. Es könne sein, daß die eine oder andere Gebietskörperschaft sich nicht solidarisch verhalte. Wenn die Mehrheit nicht mehr existiere, verlören alle Gemeinden. Aus dieser Überlegung heraus seien die Mehrstimmrechtsaktien der RWE AG von Bedeutung.[740]

III.D.2.1.2.2. Zur Erfüllung eines kommunalen Versorgungsauftrags

Die Sicherung der kommunalen Mehrheit bei der RWE AG ist nach Auffassung der Gebietskörperschaften deswegen so entscheidend, weil diese Mehrheit die Erfüllung eines so bezeichneten Versorgungsauftrags der RWE AG im Rahmen einer gemischtwirtschaftlichen Unternehmensstruktur garantiere.

Die Mehrstimmrechtsaktien stellten die Erfüllung dieses kommunalen Versorgungsauftrags innerhalb einer gemischtwirtschaftlichen Organisationsform sicher. Die Energieversorgung ist - so die Argumentation der Kommunen - eine der wichtigsten Aufgaben der kommunalen Daseinsvorsorge. Eine Gebietskörperschaft erfülle diese Aufgabe auch dadurch, daß

---

[738]Hoffschulte, Heinrich / Müller, Rudolf, Beseitigung, 1993, S. 128.

[739]Vgl. Verband der kommunalen Aktionäre des RWE GmbH, Interview mit Rudolf H. Müller am 15. Januar 1996, Frage 11 (Anhang 1).

[740]Vgl. Verband der kommunalen Aktionäre des RWE GmbH, Interview mit Rudolf H. Müller am 15. Januar 1996, Antwort auf Frage 7 (Anhang 1).

sie sich an einer auf diesem Gebiet tätigen Gesellschaft beteilige und auf diese Einfluß nehme.[741]

Der Bundesgerichtshof habe ausführlich die besonderen Anforderungen an die Stromversorgung dargelegt. Diesen Ausführungen entsprechend sei es optimal, wenn die Kommunen diese Aufgabe in einer gemischtwirtschaftlichen Gesellschaft gemeinsam wahrnähmen. Die Beteiligung der öffentlichen Hand an der Unternehmensführung sei ein konstitutives Merkmal eines gemischtwirtschaftlichen Unternehmens. Die öffentlichen Partner erhielten aufgrund ihrer Gesellschafterrechte Einfluß auf die Erfüllung des öffentlichen Auftrags zur Daseinsvorsorge, z.B. dadurch, daß sie im Aufsichtsrat vertreten seien und bei der Bestellung von Vorstandsmitgliedern mitwirken könnten.[742] Damit ist nach Auffassung der Gebietskörperschaften der kommunale Einfluß auf ein Unternehmen wie die RWE AG gerechtfertigt.

Der Begriff der "Daseinsvorsorge", auf den sich die kommunalen Aktionäre beziehen, wurde im Jahr 1938 von Forsthoff geprägt. Als Daseinsvorsorge und damit als staatliche Aufgabe bezeichnet Forsthoff "diejenigen Veranstaltungen, welche zur Befriedigung des Appropriationsbedürfnisses getroffen werden ..."[743] Nach Auftreten der großen sozialen Spannungen Mitte des 19. Jahrhunderts kann nach Forsthoff von einer individuellen Daseinsverantwortung nicht mehr gesprochen werden. Der einzelne sah Forsthoff zufolge seine Daseinsmöglichkeiten nur in der Solidarität der sozialen Gruppe gesichert. Später sei die Aufgabe der Daseinsvorsorge dann der modernen Verwaltung zugefallen.[744]

Der Begriff der "Daseinsvorsorge" wurde in Literatur und Rechtsprechung bald aufgegriffen und als Argument für die Eingliederung der Energieversorgung in die öffentliche Verwaltung herangezogen.[745] Wie Kermel schreibt, teile der Begriff der Daseinsvorsorge das Schicksal der Begriffe "öffentliche Aufgabe" und "Staatsaufgabe": "Auch sein Inhalt ist nicht geeignet, die Qualifizierung der gemischtwirtschaftlichen Unternehmen als

---

[741] Vgl. Bundesverfassungsgericht, Beschluß vom 16. Mai 1989, Grundrechtsfähigkeit juristischer Personen, in: Neue Juristische Wochenschrift, 1990, Heft 29, S. 1783.

[742] Vgl. Müller, Rudolf H., Schreiben vom 16. Januar 1996, Stellungnahme an das rheinland-pfälzische Innenministerium vom 30. März 1995, S. 4 ff.

[743] Forsthoff, Ernst, Leistungsträger, 1938, S. 6; vgl. dazu Kermel, Cornelia, Steuerungsmöglichkeiten, 1994, S. 87.

[744] Vgl. Forsthoff, Ernst, Leistungsträger, 1938, S. 6 f.

[745] Vgl. Kermel, Cornelia, Steuerungsmöglichkeiten, 1994, S. 89.

Teil der öffentlichen Verwaltung nachzuweisen."[746] Und an anderer Stelle heißt es weiter: "Insoweit mag der Umstand, daß eine ausreichende Energieversorgung durch privatwirtschaftliche Unternehmen im allgemeinen oder jedenfalls in einigen Bereichen nicht möglich oder nicht sichergestellt war, in der Vergangenheit ein entscheidender Grund für die Durchführung der öffentlichen Energieversorgung durch die öffentliche Hand gewesen sein. Die heutigen Verhältnisse in der Energiewirtschaft erlauben die Feststellung, daß eine Energieversorgung durch die öffentliche Hand zur Sicherstellung einer ausreichenden und preisgünstigen Versorgung unbedingt erforderlich ist, nicht mehr."[747]

Aus einem weiteren Grund kann der Argumentation der an der RWE AG beteiligten Gebietskörperschaften nicht gefolgt werden. Abgesehen davon, daß der unscharfe Begriff "Daseinsvorsorge" als Argument für den Zugriff der öffentlichen Hand auf die energiewirtschaftliche Leistungserbringung nicht ausreicht[748], hat sich insbesondere die RWE AG inzwischen von der Aufgabenstellung der "Daseinsvorsorge" entfernt. Die geschäftliche Ausrichtung dieses Unternehmens hat sich seit Ende der 80er Jahre stark gewandelt. Die RWE AG ist heute kein hauptsächlich im Bereich der Energieversorgung tätiges Unternehmen mehr. Von heute sechs rechtlich und organisatorisch selbständigen Unternehmensbereichen obliegt nur dem Unternehmensbereich Energie die der traditionellen Ausrichtung des Konzerns entsprechende Aufgabe der leitungsgebundenen Energieversorgung.

Durch den Erwerb der Texaco AG 1988 wurde der Unternehmensbereich Mineralöl und Chemie in seinem Umsatzvolumen verdreifacht. Der Unternehmensbereich Bau wurde als Folge des Mehrheitserwerbs an der Hochtief AG neu geschaffen, der Unternehmensbereich Entsorgung stark ausgebaut. Außerdem wurden in nahezu allen diesen Unternehmensbereichen in den Jahren 1989 bis 1991 zahlreiche ausländische Beteiligungen erworben. "Mindestens vier der sechs Unternehmensbereiche sind auf rein erwerbswirtschaftliche Tätigkeiten ausgerichtet, verstanden als Gegensatz zu den häufig unscharf als 'Daseinsvorsorge' bezeichneten Aufgaben in den Bereichen der Energieversorgung und Entsorgung."[749] Alle Unternehmensbereiche sind von starker Expansion geprägt, ausgenommen die nationale Energieversorgung im Unternehmensbereich Energie. Als Folge

---

[746] Kermel, Cornelia, Steuerungsmöglichkeiten, 1994, S. 91.

[747] Kermel, Cornelia, Steuerungsmöglichkeiten, 1994, S. 37.

[748] Vgl. Kermel, Cornelia, Steuerungsmöglichkeiten, 1994, S. 89.

[749] Hoffmann-Becking, Michael / Schmidt, Thomas L. Rechtsgutachten, 1992, S. 32.

dieser Entwicklung veränderte sich der Umsatzanteil des Bereichs Energie von 61,5 % in 1981/82 auf 37,3 % in 1990/91. Auch die Entwicklung des Konzernjahresüberschusses zeigt deutlich die veränderte Ausrichtung der Konzernaktivitäten. Heute trägt der Unternehmensbereich Energie nur noch gut ein Drittel zum Konzernjahresüberschuß ohne Fremdanteile bei.

Die Voraussetzungen für die Rechtfertigung einer gemischtwirtschaftlichen Unternehmensstruktur liegen bei der RWE AG deshalb nicht mehr vor. Mit dem Gedanken der "Daseinsvorsorge" läßt sich also der mit Hilfe der Mehrfachstimmrechte gefestigte Einfluß der Kommunen auf die RWE AG nicht mehr begründen. Eine Rechtfertigung ließe sich heute allenfalls für die für die Energieversorgung zuständige Tochtergesellschaft, die RWE Energie AG, finden.

Auch die VEW AG betätigt sich inzwischen außerhalb ihres ursprünglichen Geschäftsfelds "Energieversorgung": 1988 beschlossen die VEW-Aktionäre auf Vorschlag des Vorstands eine Satzungsänderung zur Erweiterung des Gesellschaftszwecks um den Bereich "Entsorgung". Das Unternehmen hält inzwischen maßgebliche Beteiligungen an einer Reihe von Umwelt- und Entsorgungsunternehmen und ist in Deutschland Branchendritter im Entsorgungsbereich.[750] Wie Berlo und Murschall schreiben, ist bei der VEW AG ein "Prozeß der Entkommunalisierung" im Gange.[751] Die kommunalen Einflußmöglichkeiten auf die Geschäftspolitik der VEW minderten sich durch "die Diversifikation und Ausweitung des Gesellschaftszwecks auf branchenfremde Bereiche."[752] Aus diesen Ausführungen muß gefolgert werden, daß bei den Kommunen formal - mittels Mehrstimmrechte - ein Einfluß gefestigt wird, der aus der Perspektive des unternehmerischen Tätigkeitsfeldes betrachtet, immer schwieriger zu rechtfertigen sein dürfte. Die Diversifizierung der Tätigkeitsbereiche ist in diesem Unternehmen allerdings noch nicht so weit fortgeschritten wie im Falle der RWE AG: Nach wie vor ist die VEW Energie das wichtigste Standbein des Unternehmens; sie trug beispielsweise im Geschäftsjahr 1996 zu jeweils über der Hälfte zum Umsatz und Ergebnis der VEW AG bei.[753]

---

[750] Vgl. Berlo, Kurt / Murschall, Hartmut, Einflußmöglichkeiten, 1994, S. 103.

[751] Berlo, Kurt / Murschall, Hartmut, Einflußmöglichkeiten, 1994, S. 105.

[752] Berlo, Kurt / Murschall, Hartmut, Einflußmöglichkeiten, 1994, S. 104.

[753] Vgl. o.V., Rekordergebnis, 1997, S. 17.

Um die Verfolgung des öffentliches Interesses im Unternehmen sicherzustellen, hat sich ein Teil der Energieversorger für eine Fixierung dieses Ziels in der Satzung entschieden. "Dies bedeutet jedoch ein Abrücken vom Erwerbsprinzip, das normalerweise den privaten Gesellschaften zugrundeliegt ... So werden alle Organe gezwungen, sich an diesem zu orientieren. Dies gilt vor allem für den Vorstand. Er ist verpflichtet, sich am Gesellschaftszweck zu orientieren, und muß sich bei Nichtbeachtung gegenüber dem Aufsichtsrat verantworten oder mit Vertrauensentzug von seiten der Hauptversammlung rechnen. Er hat umgekehrt aber auch die Möglichkeit, sich gegenüber den Aktionären, die vor allem an einer hohen Rendite interessiert sind, auf die satzungsmäßige Pflicht der Gemeinwohlbindung zu berufen."[754] Innerhalb der Untersuchungseinheit ist beispielsweise bei der HEW AG der öffentliche Versorgungsauftrag explizit in der Satzung unter dem Punkt "Gegenstand des Unternehmens" verankert: "Gegenstand des Unternehmens ist die Versorgung des gesamten Gebietes der Freien und Hansestadt Hamburg mit elektrischer Energie und Wärme unter der sich danach ergebenden Berücksichtigung der öffentlichen Interessen ..."[755]

Versorgungsleistungen erbringen aber auch Unternehmen außerhalb der Energieversorgung, ebenfalls häufig unter Beteiligung der öffentlichen Hand.[756] In der Untersuchungseinheit trifft dies für die Hamburger Hochbahn AG zu: "Gegenstand des Unternehmens ist die Versorgung Hamburgs sowie die Versorgung des Hamburger Umlands mit öffentlichem Personennahverkehr."[757]

Die Problematik aller privatrechtlicher Unternehmen, die an die Erfüllung eines wie auch immer gearteten öffentlichen Auftrags gebunden sind, besteht in dem sich unweigerlich ergebenden Zielkonflikt zwischen privaten und öffentlichen Interessen. Zur gemischtwirtschaftlichen Unternehmensform hat sich beispielsweise Wöhe kritisch geäußert,: "weil die Interessen der öffentlichen Hand und des privaten Kapitals unterschiedlich sein können. Letzteres ist gewöhnlich an einer möglichst hohen Verzinsung interessiert, während die öffentliche Hand bei ihrer Preis- und Tarifpolitik häufig - wenn auch nicht in allen Fällen - Rücksicht auf die Interessen der

---

[754]Klein, Matthias, Betätigung, 1992, S. 85 f.

[755]Hamburgische Electricitäts-Werke AG (Hrsg.): Satzung idF gemäß Hauptversammlungsbeschluß vom 4. Juli 1979, § 2 Abs. 1.

[756]Vgl. Klein, Matthias, Betätigung, 1992, S. 23 f.; ebenfalls Rehn, Erich / Cronauge, Ulrich, Gemeindeordnung, 1972, § 18, Anm. 1.

[757]Hamburger Hochbahn AG (Hrsg.): Satzung idF September 1991, Abschnitt I, § 1 Abs. 1.

Allgemeinheit nimmt."[758] Die Kritik an der Verpflichtung einer Aktiengesellschaft auf öffentliche Ziele wie das der "Daseinsvorsorge" leitet sich nicht nur aus der Befürchtung her, daß die Präferenzordnungen der einflußnehmenden Gruppen nicht miteinander vereinbar seien und die gemischtwirtschaftlich aufgebaute Unternehmung deshalb kein in sich konsistentes Entscheidungssystem besitzt.

Die Gefahr der Übernahme öffentlicher Leistungen durch Private besteht auch darin, daß diese Unternehmen mit den öffentlichen Aufgabenstellungen gleichzeitig immer mehr Macht an sich ziehen, die bei einer Beschränkung dieser Firmen auf das Ziel der Gewinnmaximierung nicht gegeben wäre. Bereits Hayek warnte davor, Privatunternehmen zu öffentlichen Zielsetzungen zu verpflichten: "... it is precisely the tendency to allow and even to impel the corporations to use their resources for specific ends other than those of a long-run maximization of the return of the capital placed unter their control that tends to confer upon them undesirable and socially dangerous powers, and that the fashionable doctrine that their policy should be guided by 'social considerations' is likely to produce most undesirable results."[759]

III.D.2.1.2.3. Für die Umsetzung weltanschaulicher oder politischer Ziele

Die beschriebene Problematik der Mehrgipfligkeit von Präferenzordnungen[760] ergibt sich nicht nur durch die Bindung von Aktiengesellschaften an den Gedanken der "Daseinsvorsorge", sondern auch an andere weltanschauliche und politische Ziele, die das Interesse der nicht-öffentlichen Aktionäre an Gewinnmaximierung überlagern.

Bei der HEW AG kommen politische Zielsetzungen zum öffentlichen Versorgungsauftrag noch hinzu. Der Hamburger Senat hat in den vergangenen Jahren mit Hilfe der durch die Mehrstimmrechtsaktien erreichten Stimmenmehrheit wiederholt versucht, sein politisches Ziel des Verzichts der HEW AG auf den Einsatz von Kernenergie durchzusetzen. Der 1987 vom Senat beschlossene Entwurf erzielte die notwendige Dreiviertelmehrheit des Kapitals in der Hauptversammlung nicht, nachdem der Vorstand und - mit den Stimmen der Arbeitnehmerseite - der Aufsichtsrat der HEW AG der Hauptversammlung empfohlen hatten, die vorgeschlagene Sat-

---

[758]Wöhe, Günter, Einführung, 1978, S. 223.

[759]Hayek, Friedrich August von (Hrsg), Philosophy, 1967, S. 300.

[760]Vgl. dazu Gliederungspunkt II.A.1.5.

zungsänderung abzulehnen.[761] Eine "entschärfte" Satzungsänderung, die das Unternehmen auf einen möglichst zügigen Verzicht auf den Einsatz von Kernenergie verpflichtet - dies allerdings unter der Voraussetzung der wirtschaftlichen Vertretbarkeit und rechtlichen Zulässigkeit - ist schließlich 1992 beschlossen worden.[762] Auch ein derartiges, an die geschilderten Voraussetzungen gebundenes Ausstiegsszenario ist in seinen Auswirkungen auf das Unternehmen sehr umstritten.[763]

Die HEW AG erzeugt elektrische Energie zu mindestens 79 % in Kernkraftwerken. Ein Sofortausstieg hätte einen Verlust von 2,5 Mrd. DM und vermutlich die Überschuldung der Gesellschaft zur Folge. Der Bilanzverlust bei einem mittelfristigen Ausstieg - Stillegung der Kernkraftwerke innerhalb der nächsten 10 Jahre - wird ebenfalls im Milliardenbereich veranschlagt.[764] Das politische Ziel des Kernkraftausstiegs gehtalso eindeutig zu Lasten der privaten Minderheitsaktionäre der HEW AG. Kermel kritisiert Vorgänge wie bei der HEW AG scharf:

> "Betrachtet man die Satzungsbestimmungen der Energieversorgungsunternehmen, so kann die Durchsetzung des Ausstiegs aus der Kernenergie nicht als eine bloße Verlagerung innerhalb der bereits statuierten Ziele angesehen werden ... Aus diesem Grund bedarf die Entscheidung über den Ausstieg der Gesellschaft aus der Kernenergie, die eine Entscheidung über die Änderung des Gesellschaftszwecks darstellt, der Zustimmung sämtlicher Aktionäre. Eine qualifizierte Mehrheit ist hierfür nicht ausreichend. Dies gilt auch und gerade im Hinblick auf die Wahrung der Interessen des

---

761 Vgl. Berlo, Kurt / Murschall, Hartmut, Einflußmöglichkeiten, 1994, S. 267 f.

762 Vgl. Hamburgische Electricitäts-Werke AG (Hrsg), Satzung idF gemäß Hauptversammlungsbeschluß vom 22. Juni 1995, § 2 Abs. 1: "Angesichts ungeklärter Entsorgungsfragen sowie angesichts der erkennbar gewordenen Unsicherheiten und technischen Risiken der Kernenergie verfolgt die Gesellschaft zur Begrenzung wirtschaftlicher und ökologischer Risiken das Ziel, für die Erzeugung von elektrischer Energie und Wärme in eigenen Anlagen oder Anlagen von Beteiligungsunternehmen auf die Kernenergie so zügig, wie dieses rechtlich möglich und für die Gesellschaft wirtschaftlich vertretbar ist, zu verzichten und sie insbesondere durch Förderung von Stromeinsparungen, ressourcenschonende und umweltfreundliche andere Techniken sowie durch den Einsatz erneuerbarer Energieträger und fossiler Brennstoffe zu ersetzen. Über die dafür geeigneten Maßnahmen entscheidet die Gesellschaft nach pflichtgemäßem Ermessen."

763 Vgl. o. V., Satzungsänderung, 1992, S. 15; Kermel, Cornelia, Steuerungsmöglichkeiten, 1994, S. 16. f.

764 Vgl. Kermel, Cornelia, Steuerungsmöglichkeiten, 1994, S. 17.

privaten Kapitals. Die privaten Aktionäre werden getäuscht, wenn sie ihr Kapital zunächst im ... Vertrauen auf die Beständigkeit und Sicherheit der Kapitalanlage in das Energieversorgungsunternehmen investieren und dann durch eine Satzungsänderung zusehen müssen, wie ihr eingesetztes Kapital entwertet, 'sozialisiert' wird, ohne eine Möglichkeit zu haben, dies zu verhindern."[765]

Ein weiterer Vorfall bei dem Hamburger Energieversorgungsunternehmen verdeutlicht noch einmal schlaglichtartig die Interessenkonflikte öffentlicher und privater Aktionäre: 1989 mußte der frühere schleswig-holsteinische Energieminister Günther Jansen den HEW-Aufsichtsrat verlassen, weil er, so die Urteilsbegründung des zuständigen Hamburger Gerichts, als bekannter Kernkraftgegner alles daran setze, die Atomkraftwerke der HEW AG abzuschalten. Damit befinde sich Jansen in einer unlösbaren Pflichtenkollision, denn als Aufsichtsratsmitglied der HEW AG dürfe es ihm nicht um das zentrale Anliegen des Gemeinwohls, sondern ausschließlich um das Wohl der HEW AG gehen.[766]

III.D.2.1.2.4. Zur Abwehr ausländischen Einflusses

Vor allem die S i e m e n s A G hat in der Vergangenheit häufig argumentiert, daß durch die Mehrfachstimmrechte ein das Unternehmen schädigender Einfluß durch ausländische Investoren vermieden werden solle. Nach der ersten Ölkrise zu Beginn der 70er Jahre sei - so das Unternehmen - bekannt geworden, daß sich durch das Ölgeschäft reich gewordene ausländische Staaten an deutschen Großunternehmen maßgeblich beteiligen wollten und sich - wie im Falle Irans und Kuweits - tatsächlich beteiligt hätten. Seitdem habe die Siemens AG - so erklärte der Konzern 1991 - großen Wert darauf gelegt, daß sich der Stimmenanteil der Vorzugsaktionäre nicht ohne besonderen Grund verringere. Ausländische Beteiligungen in einem damals realistisch erscheinenden Beteiligungsausmaß hätten einen Einfluß befürchten lassen, der mit den Interessen des Unternehmens und der Aktionäre nicht vereinbar gewesen wäre: Aushöhlung der Vermögenssubstanz, Kapitaltransfer ins Ausland, Verschiebung wichtiger Entwicklungsvorhaben und Produktionszweige ins Ausland und dadurch Verlust von Arbeitsplätzen.[767] Mit Hilfe der Mehrstimmrechtsaktien - so

[765]Kermel, Cornelia, Steuerungsmöglichkeiten, 1994, S. 131 f.

[766]Vgl. Hanseatisches Oberlandesgericht Hamburg 11 W 92/89, Beschluß vom 23. Januar 1990, in: Energiewirtschaftliche Tagesfragen, Zeitschrift für Energiewirtschaft, Recht und T

die Siemens AG - sollten die Ideen der Gründerfamilie an zukünftige Aktionärsgenerationen weitergegeben werden.[768] Das Unternehmen rechtfertigt die Mehrstimmrechte also offensichtlich heute noch mit derselben Begründung, die in den 20er Jahren zur Verbreitung dieser Aktienform geführt hat.

Auch verweist die Siemens AG auf die Einführung von Höchststimmrechten in anderen Unternehmen, auf die die Siemens AG angesichts der stabilisierenden Wirkung der bestehenden Mehrstimmrechtsaktien aber habe verzichten können.[769] Die Argumentation des Siemens-Managements, wegen der Existenz eines Verschanzungsinstruments sei es nicht zur Installierung eines anderen gekommen, ist wenig überzeugend und erinnert an den im Volksmund gebräuchlichen Satz, "den Teufel mit Beelzebub auszutreiben."

Knapp 45 % des derzeitigen Grundkapitals der Siemens AG liegen in den Händen ausländischer - insbesondere institutioneller - Investoren. Die Siemens AG verweist darauf, daß Mehrstimmrechtsaktien auch im Ausland nicht ungebräuchlich und ausländischen Anlegern bekannt seien; diese Anteile führten deshalb auch nicht zu einem Ansehensverlust auf den internationalen Kapitalmärkten.[770] Daß dieser Gedanke heute nicht mehr zutrifft, hat die RWE-Hauptversammlung des Jahres 1992 gezeigt, bei der ein Vertreter ausländischer Aktionäre darauf hinwies, Unternehmen mit derartigen Stimmrechtsschranken könnten keinen unbeschränkten Zugang zu den internationalen Kapitalmärkten haben.[771]

Einen höheren wirtschaftlichen Wert als den Stammaktien mißt das Unternehmen den Mehrstimmrechtsaktien gleichwohl nicht bei: "Dies hängt einerseits damit zusammen, daß die Vorzugsaktien nicht frei übertragbar sind, sondern nur dann, wenn sie in Stammaktien umgewandelt werden, wodurch das Mehrstimmrecht verlorengeht ...; im übrigen können sie nur mit Zustimmung von Vorstand und Aufsichtsrat übertragen werden. ... Ein Handel in Vorzugsaktien der Siemens AG ist daher nicht möglich. Insofern kann sich kein Preis bilden, der in irgendeiner Relation zur Stammaktie steht. Andererseits beschränken sich die Mehrstimmrechte nur auf

---

[768]Vgl. Rembold, Otto u. a., Schriftsatz, 1991, S. 19.

[769]Vgl. Rembold, Otto u. a., Schriftsatz, 1991, S. 16 f.

[770]Vgl. Siemens AG (Hrsg.), Anträge, 1993, Stellungnahme der Siemens AG zu den Anträgen 7 sowie 8. Dazu ebenfalls Dries, Folker, Vermögensvorteil, 1993, S. 5.

[771]Vgl. Dries, Volker, Vermögensvorteil, 1993, S. 5.

ganz bestimmte enumerativ aufgeführte Maßnahmen ...; sie gelten also nicht generell für jede Beschlußfassung der Hauptversammlung. Schließlich gehen die Vorzugsaktien den Stammaktionären bei der Verteilung des Liquidationserlöses im Range nach. ... Wenn demnach in der Vergangenheit die Vorzugsaktien zum gleichen Preis ausgegeben wurden wie die Stammaktien, geschah dies in zutreffender Bewertung der Situation."[772]

Wie Interviews mit anderen Unternehmen der betrachteten Untersuchungseinheit ergaben, sieht die Mehrheit dieser Firmen die Abwehr der äußeren Überfremdung nicht mehr als anzustrebendes Ziel an. Eine Reihe von Firmen - Frankona Rückversicherungs-AG, Breitenburger Portland-Cement-Fabrik AG, Kühltransit AG sowie Daimler Benz AG - verwies auf die Existenz ausländischer Großaktionäre im eigenen Unternehmen und betonte, man sei ausländischen Aktionären gegenüber aufgeschlossen.[773] Nur zwei der befragten Unternehmen - die W. Jacobsen AG sowie die Carl Schlenk AG - bejahten die Frage, ob Mehrstimmrechtsaktien auch heute ein geeignetes Instrument zur Abwehr ausländischen Einflusses darstellen könnten.[774]

Die überwiegende Mehrheit der an der Umfrage teilnehmenden Unternehmen ist im Gegesatz dazu der Auffassung, deutsche Unternehmen müßten sich heute dem ausländischen Kapitalmarkt öffnen: "Ich halte diese von einem großen deutschen Unternehmen angeführte Argumentation für eine vielleicht sehr von egozentrischer Sicht geprägte Aussage. ... Das ist eine sehr veraltete Sicht der Dinge, die man nur erklären kann, wenn man eben bestimmte Eigeninteressen verfolgt. ... Ich halte es in keiner Weise für zeitgemäß bei den internationalen Kapitalverflechtungen, auch bei der Internationalisierung der Waren- und Dienstleistungsströme."[775]

---

[772]Rembold, Otto u. a., Nold, 1992, S. 12 f.

[773]Vgl. Frankona Rückversicherungs-AG, Interview mit Thomas Geisberg am 18. Dezember 1995, Antwort auf Frage 8 (Anhang 1); Breitenburger Portland-Cement-Fabrik AG, Telefoninterview mit Doris Niemann am 25. Oktober 1995, Antwort auf Frage 8 (Anhang 1); Kühltransit AG, Interview mit Thomas Birtel am 6. November 1995, Antwort auf Frage 8 (Anhang 1); Daimler Benz AG: Schreiben Reiff / Rappers zur Beantwortung der Fragen, vom 18. Dezember 1995, Stuttgart, S. 3 f.

[774]Vgl. W. Jacobsen AG, Interview mit Peter Lotzow am 16. März 1995, Antwort auf Frage 8 (Anhang 1); Carl Schlenk AG, Interview mit Alfred Hutzler am 5. Dezember 1995, Antwort auf Frage 8 (Anhang 1).

[775]Kühltransit AG, Interview mit Thomas Birtel am 6. November 1995, Antwort auf Frage 8 (Anhang 1).

Auch die RWE AG hat sich mit dem Thema der Akzeptanz der Mehrstimmrechte auf den internationalen Kapitalmärkten befaßt. Die kommunalen Anteilseigner argumentieren - ähnlich wie die Siemens AG -, die Existenz der Mehrfachstimmrechte behindere das Unternehmen beim Agieren auf diesen Märkten nicht. Großanlegern könne der Hintergrund dieser Papiere erläutert werden. Im übrigen seien Mehrstimmrechte an ausländischen Börsen nicht unbekannt.[776] Ausländische Beteiligung bei der RWE AG sei zwar im Prinzip wünschenswert. Es stelle sich aber die Frage nach der Berechenbarkeit und Steuerbarkeit des Unternehmens. Die kommunale Mehrheit bleibe ein Garant dafür, "daß das Schiff einen berechenbaren Kurs fährt"[777].

Der frühere Vorstandsvorsitzende der RWE AG, Gieske, hat das Thema "ausländische Beteiligung" anders bewertet. Unter seiner Führung ist das ehemalige Energieversorgungsunternehmen zu einem international operierenden Konzern mit breit gefächerten Tätigkeitsfeldern umgebaut worden. Die Aktie der RWE AG wurde durch diese Neuorientierung auch für ausländische, insbesondere institutionelle Anleger ein attraktiverer, intensiver als vorher beobachteter Wert. Gieskes Einschätzung zufolge präferieren ausländische Investoren den Grundsatz "one share - one vote". Deswegen könne - so Gieske - das mit den Mehrstimmrechtsaktien der Kommunen verbundene Stimmenprivileg auf Dauer nicht bestehen bleiben.[778]

In seiner Beurteilung der Mehrstimmrechtsaktien wurde Gieske durch ausländische Investoren unterstützt. Während der Hauptversammlung des Jahres 1992 gab ein Vertreter amerikanischer institutioneller Aktionäre eine Erklärung ab. Joseph Lufkin, Vertreter der Global Proxy Services Corporation, trug für den größten US-Pensionsfonds Calpers die Argumentation großer US-Investoren vor.[779] Stimmrechtsschranken jeder Art - so Lufkin - seien ein gravierendes Hindernis, das Anlagekapital abschrecke: "Daß RWE - wie auch andere deutsche Unternehmen - an solchen Schranken festhält, zugleich aber glaubt, weiterhin unbeschränkten Zugang zu internationalem Kapital zu haben, ist naiv und unrealistisch im

---

[776]Vgl. Hoffschulte, Heinrich / Müller, Rudolf H., Beseitigung, 1993, S. 128.

[777]Verband der kommunalen Aktionäre des RWE GmbH, Interview mit Rudolf H. Müller am 15. Januar 1996, Antwort auf Frage 8 (Anhang 1).

[778]Vgl. Rudnick, Brunfrid, Gedanken, 1993, S. 5.

[779]Das Engagement von Calpers, des Pensionsfonds der kalifornischen Staatsangestellten, bei der RWE AG belief sich zu dieser Zeit auf über 55 Mill. DM.

heutigen globalen Kapitalmarkt."[780] Das Kapital werde dorthin gehen, wo es am freundlichsten aufgenommen werde und wo man Eigentümer voll und angemessen an der Gestaltung der Unternehmensgeschicke und an den Gewinnen beteilige. Die Stimmrechtsschranken bei der RWE AG bewirkten, daß Kapital abgezogen werde und in fortschrittlichere Gesellschaften fließe oder gänzlich aus Deutschland in progressivere Märkte abwandere. Aus Sicht Lufkins erhalten Aktien mit unterdurchschnittlich ausgestatteten Stimmrechten am Markt nur einen unterdurchschnittlichen Kurswert.[781]

Festzuhalten bleibt: Die Beurteilung des Werts der Mehrstimmrechtsaktien durch die Unternehmen selbst divergiert - häufig entsprechend der Interessenlage im einzelnen Unternehmen. Bei der RWE AG beispielsweise ist die Diskussion um die baldige Abschaffung der Mehrstimmrechte nach Verhandlungen mit dem neuen Vorstandsvorsitzenden der RWE AG, Kuhnt, inzwischen relativ weit fortgeschritten. Deshalb zielen die kommunalen Aktionäre nun auf eine möglichst hohe Entschädigungszahlung; entsprechend hoch setzen sie den Wert der Mehrstimmrechte an. Dieser Punkt wird weiter unten näher ausgeführt werden.[782]

Auf der anderen Seite setzen Firmen wie die Siemens AG, bei denen sich bislang kein derartiger Kontrolltransfer abzeichnet, den wirtschaftlichen Wert einer mit Mehrstimmrechtsaktien verankerten Kontrollposition u. U. möglichst niedrig an, um keine Rückschlüsse auf einen potentiellen Perquisites-Konsum zuzulassen.

III.D.2.2. Der Wert von Mehrstimmrechten aus ökonomischer Sicht

Der ökonomische Wert von Mehrstimmrechten ist abzuleiten aus den Ergebnissen der Diskussion über den Wert von Stimmrechten im Gesamtzusammenhang der Theorie der Unternehmenskontrolle. Eine Reihe von Resultaten der im ersten Teil der vorliegenden Arbeit dargestellten Ansätze läßt sich auf die Problematik der Mehrstimmrechtsaktien übertragen. Dementsprechend hängt der Wert von Stimmrechten - in diesem besonderen Fall von Mehrstimmrechten - von den bestehenden Mehrheitsverhältnissen im Unternehmen ab. Die Prämie, die für Mehrstimmrechtsaktien bezahlt wird, basiert beispielsweise auf der bereits oben im einzelnen dar-

---

[780] Lufkin, Joseph C. F., Global Proxy Services Corporation, Managing Director, Statement vor der Hauptversammlung der RWE AG, Essen, 10. Dezember 1992.

[781] Vgl. Rudnick, Brunfrid, Mehrstimmrecht, 1992, S. 5.

[782] Vgl. Gliederungspunkt III.D.2.2.3.

gestellten Stimmenkonzentration, aber gleichzeitig auf einer Reihe anderer Faktoren: "Wie sich zeigt, beeinflussen nicht nur Stimmrechte, sondern auch Eigentümerstruktur, unterschiedliche Liquidität und Einschränkungen in bezug auf die Übertragbarkeit vinkulierter Namenaktien die beobachteten Preisdifferenzen."[783]

III.D.2.2.1. Wertbestimmung anhand von Kurswerten

Die empirische Bestimmung des Werts verschiedener Aktienklassen in einzelnen Analysen des amerikanischen, kanadischen, italienischen, israelischen oder schweizerischen Kapitalmarkts basiert auf Kurswerten von Aktien unterschiedlicher Stimmenausstattung und hat zu einer großen Spannbreite von Wertangaben geführt. Beispielsweise findet Kunz für die Schweiz im Zeitraum von 1990 bis 1991 eine durchschnittliche Stimmrechtsprämie von Aktien gegenüber den stimmrechtslosen Partizipationsscheinen in Höhe von 13,3 %.[784] Dieser Wert liegt deutlich niedriger als die 81,5 %, die Zingales für den italienischen Kapitalmarkt ermittelt.[785] Einen durchschnittlich nur 5,4 %igen an der US-amerikanischen Börse bezahlten Aufpreis bei der besser mit Stimmrechten ausgestatteten Aktienklasse finden Lease, McConnell und Mikkelson.[786] Die Höhe der beobachteten Preisdifferenzen ist im internationalen Vergleich also sehr unterschiedlich. Abweichende institutionelle Rahmenbedingungen in den einzelnen Ländern dürften ein wichtiger Grund für dieses Phänomen sein. Eine Übertragung der genannten Ergebnisse auf den deutschen Aktienmarkt ist also nicht ohne weiteres durchführbar.[787]

Eine Wertermittlung von Mehrstimmrechten anhand von Kurswerten ist in Deutschland ohnehin nicht möglich, da Mehrstimmrechtsaktien nicht zum Aktienhandel an den Börsen eingeführt sind. Analysen des Mehrstimmrechtswertes in den einzelnen Unternehmen können deshalb nur auf den Preisunterschied zwischen Stamm- und stimmrechtslosen Vorzugsaktien, falls das Unternehmen auch letztere emittiert haben sollte, abstellen. Allerdings muß hierbei eine Bereinigung der erheblichen verzerrenden Effekte aufgrund der verschiedenen Dividendenausstattungen der einzelnen

---

[783]Kunz, Roger M.,Wert, 1996, S. 330.

[784]Vgl. Kunz, Roger M., Wert, 1996.

[785]Vgl. Zingales, Luigi, Milan, 1994, S. 125 - 148.

[786]Vgl. Lease, Ronald C. / McConnell, John J. / Mikkelson, Wayne H., Control, 1983, S. 441.

[787]Vgl. Kunz, Roger M., Wert, 1996, S. 344.

Aktiengattungen vorgenommen werden. Überdies kann die Bestimmung des Wertes der Mehrstimmrechte über den Kapitalmarkt nur ungenau erfolgen, da dieser den Wert von Stimmrechten häufig verfälscht - beispielsweise dann, wenn Stammaktien eines Unternehmens zwar mit positivem Kurswert notieren, die freien Stammaktionäre aber wegen einer gefestigten Kontrollposition gar keine Möglichkeit haben, einen Kontrolltransfer via Stimmrecht durchzuführen.

III.D.2.2.2. Die Abhängigkeit des Werts von der Aktionärsstruktur und der Position des Inhabers

Dieser Gliederungspunkt beinhaltet einen zentralen Teil der vorliegenden Untersuchung. Im folgenden soll die aktuelle ökonomische Bedeutung der Mehrstimmrechtsaktien in Deutschland empirisch bestimmt werden. Hierzu wird der Versuch der Wertermittlung aller in der Untersuchungseinheit vertretenen Mehrstimmrechte unternommen.

Die dazu verwendete Methodik basiert auf einem wichtigen Ergebnis des Teils II der Arbeit, daß nämlich der Wert der Mehrstimmrechte von der spezifischen Unternehmenssituation abhängt.[788] Der Wert von Stimmrechten leitet sich beispielsweise davon ab, inwieweit ihre Besitzer die Unternehmenspolitik beeinflussen können. Stimmrechte sind aber nicht nur als Eigentumsrechte wertvoll, sondern z. B. auch als Mittel zur Beschaffung bestimmter Konsummöglichkeiten. Ihre Inhaber können sich gegen die Kontrolle durch die übrigen Aktionäre je nach besonderer Unternehmenssituation unterschiedlich effektiv verschanzen. Aus diesem Grund muß für jedes einzelne Unternehmen der Untersuchungseinheit gesondert eine Bewertung der Mehrstimmrechte vor dem Hintergrund der speziellen Gegebenheiten im jeweiligen Unternehmen vorgenommen werden.

Zu diesem Zweck sollen die Unternehmen der Untersuchungseinheit in sechs Kategorien eingestuft werden:

- Unternehmen mit einem hohen Wert der Mehrstimmrechte (z.B. durch erhebliches Verschanzungspotential, Erreichen der Stimmenmehrheit durch Mehrstimmrechte, Abwehr eines feindlichen Übernehmers),
- Unternehmen, die mit Hilfe der Mehrstimmrechte eine stimmenbezogene Sperrminorität erreichen,

[788] Vgl. Gliederungspunkt II.B.1.2.2.2.

- Unternehmen mit einem latenten Wert der Mehrstimmrechte (Werthaltigkeit bei veränderter Machtkonstellation, Möglichkeit des kostengünstigen Perquisites-Konsums etc.),
- Unternehmen, bei denen die Mehrstimmrechte zum Abbau des finanziellen Engagements genutzt werden können,
- Unternehmen mit geringem Wert der Mehrstimmrechtsaktien,
- Unternehmen, bei denen eine Einordnung in die genannten Kategorien nicht möglich erscheint.

Die Einordnung der Unternehmen in die Kategorien soll anhand folgender Kriterien und Fragestellungen erfolgen:

- Ist es für Außenstehende oder eine Gruppe von Aktionären, die bisher keine Mehrheitsposition haben, möglich, die im Unternehmen existierenden Mehrstimmrechte firmenwerterhöhend einzusetzen?
- Kann mit ihrer Hilfe eine firmenwertsteigernde Übernahme vonstatten gehen?
- Wie stark erhöhen Mehrstimmrechtsaktien den Anreiz zum Perquisites-Konsum?
- Kann der Mehrstimmrechtsaktionär diese Anteile zur Diversifizierung seines Portfolios einsetzen, ohne den Einfluß auf das Unternehmen zu verlieren?

Kunz gibt einen weiteren Hinweis für die Bewertung von Stimmrechten: "Der Wert des Stimmrechts wird .. auch durch die Wahrscheinlichkeit beeinflußt, daß es bei einer zukünftigen Unternehmensübernahme entscheidend ist. Denn nur mit dem Aktienstimmrecht können Entscheidungen getroffen werden, die den Wert der zukünftigen Zahlungsströme erhöhen. ... Selbst wenn zur Zeit keine entsprechenden Pläne [zur Auswechslung des Managements, d. V.] vorliegen, können die stimmberechtigten Aktionäre dies irgendwann in der Zukunft wünschen."[789] Die Stimmrechte sind demnach auch dann wertvoll, wenn ein Mehrheitsaktionär mehr als 50 % der Gesellschaft kontrolliert: Sie können irgendwann in Zukunft entscheidend sein - beispielsweise dann, wenn sich die Erben einer Familiengesellschaft zerstreiten.[790]

Die Frage nach dem konkreten Stimmrechtswert läßt sich allerdings in der Praxis nur schwer beantworten; hierfür wäre im Einzelfall zu prüfen, um

---

[789]Kunz, Roger M., Wert, 1996, S. 332.

[790]Vgl. Kunz, Roger M., Wert, 1996, S. 337. Ähnlich auch Calwer Decken- und Tuchfabriken AG, Jürgen Renz im Interview am 9. Oktober 1995.

wieviel ein neues Management den Firmenwert der Unternehmung nach einer mit Hilfe der Mehrstimmrechte zustandekommenden Übernahme würde steigern können. Wie auch Zimmermann u.a. schreiben, bewertet der Aktienmarkt das Stimmrecht wohl positiv, aber der Einfluß potentiell wertbestimmender Faktoren sei noch nicht sehr transparent.[791] Es kann also in der folgenden Wertermittlung nur um Tendenzaussagen gehen.

Der Frage nach dem Wert von Mehrstimmrechtsaktien kann man sich jedoch auch aus einer anderen Perspektive als der einer Übernahme nähern, indem man nämlich analysiert, wie groß die Möglichkeiten für den Inhaber der Mehrfachstimmrechte sind, diese zum Genuß von Perquisites-Konsum zu nutzen. Auch aus der Antwort hierauf lassen sich Hinweise auf den Wert der gegenwärtigen Kontrollposition ableiten. Die Analyse des Wertes von Mehrstimmrechten läßt sich nur für jedes Unternehmen der Untersuchungseinheit getrennt durchführen; dies soll im folgenden geschehen.

III.D.2.2.2.1. Unternehmen mit hohem Mehrstimmrechtswert

Bei fünf Unternehmen der Untersuchungseinheit ergeben sich deutliche Hinweise auf einen hohen Wert der Mehrstimmrechte.

Dies gilt beispielsweise für die Th. Goldschmidt AG. Gegenwärtig ist eine Auseinandersetzung um die Zukunft des Unternehmens - Weiterführung der unternehmerischen Eigenständigkeit oder Eingliederung in einen Großkonzern - im Gange. Der Kaufinteressent ist die VIAG AG; die Rütgers AG, die früher ebenfalls interessiert war, hat sich inzwischen zurückgezogen. Allein mit dem Erwerb der Mehrstimmrechtsaktien und damit eines Stimmenpotentials von knapp 12 % wäre die VIAG AG nicht in der Lage, eine Mehrheitsposition aufzubauen. Die Frage nach dem Verkauf der Mehrstimmrechtsaktien an einen Außenstehenden stellt sich aber in diesem Fall ohnehin nicht, da die Inhaber der Mehrstimmrechte, die Familien-Aktionäre, den Eingliederungsplänen der VIAG AG ablehnend gegenüberstehen. Eine feindliche Übernahme ist in naher Zukunft zwar durchaus denkbar; sie dürfte aber mit Hilfe verschiedener Stammaktienpakete vonstatten gehen. Die Allianz AG Holding, in Besitz eines 10,5%igen, mit den Stimmen der Familien-Aktionäre gepoolten Aktienpaketes, kündigte nach dem Auslaufen des Pool-Vertrages Mitte 1996 an, diese Anteile veräußern zu wollen. Nach dem Verkauf der Goldschmidt-Aktien der Rütgers AG an die VIAG AG wäre eine Mehrheitsposition der

[791] Vgl. Zimmermann, Heinz / Bill, Markus / Dubacher, René, Schweiz, 1989, S. 126.

VIAG AG bei der Th. Goldschmidt AG denkbar, wenn es der VIAG AG gleichzeitig gelänge, auch das Paket der Allianz AG Holding zu erwerben.[792]

Auf der anderen Seite ist es denkbar, daß der Familie Goldschmidt auch weiterhin die Verschanzung gelingt. Dabei sind die Mehrstimmrechtsaktien in der gegenwärtigen Situation für die Familie von erheblichem Wert, da sie nur mit ihrer Hilfe den Herausforderer, die VIAG AG, abwehren kann.[793] Die Familie verfügt mit den Mehrstimmrechtsaktien über ein Stimmenpotential von 40 % bei einem Kapitalanteil von nur 33 %. Falls es nicht der VIAG AG, sondern den Familien-Aktionären gelänge, das Allianz-Paket in Höhe von 10 % zu erwerben, wäre die Unabhängigkeit des Unternehmens gesichert.[794] Existierten die Mehrstimmrechtsaktien nicht, müßte die Familie doppelt so viele Anteile zukaufen.

Bei der Th. Goldschmidt AG ist das Gros der Mehrstimmrechtsaktien innerhalb der von der Familie getragenen Vermögensverwaltung Erben Dr. Karl Goldschmidt GmbH gebündelt und so dem Zugriff von Herausforderern wie der VIAG AG entzogen. Die Vermögensverwaltung verfolgt im Sinne der meisten Familienmitglieder einen konsequenten Unabhängigkeitskurs und ist bisher auf kein Kaufangebot eingegangen. Der Verkauf einzelner Anteile an Außenstehende durch einzelne Familienmitglieder ist ohnehin erschwert; die Aktien müssen zunächst der Vermögensverwaltung zum Kauf angeboten werden.[795]

Was den Perquisites-Konsum anbelangt, so bieten sich der Familie Goldschmidt aufgrund ihrer historischen Bindung an das Unternehmen vermutlich gute Möglichkeiten. Die personellen Verflechtungen der Familie mit dem Unternehmen sind eng; beispielsweise ist der heutige Aufsichtsratsvorsitzende und frühere Vorstandsvorsitzende des Unternehmens gleichzeitig Geschäftsführer der Vermögensverwaltung Erben Dr. Karl Goldschmidt GmbH. In diesem Zusammenhang stellt sich auch die Frage, ob sich der Wert des Unternehmens innerhalb der VIAG-Gruppe steigern ließe, ob das Beharren der Familien-Gesellschafter auf der Eigenständig-

---

792 Viag hat inzwischen eine Mehrheitsposition eingenommen. Vgl. Anhang 6.

793 Die Verschanzung der Familie mittels Mehrstimmrechtsaktien im Sinne der Abwehr einer feindlichen Übernahme scheint jedoch mißlungen zu sein. Vgl. Anhang 6.

794 Vgl. Dunsch, Jürgen, Gefecht, 1996, S. 17.

795 Vgl. Th. Goldschmidt AG, Interview mit Dieter Keifenheim am 25. September 1995, Antwort auf Frage 7 (Anhang 1).

keit des Unternehmens den Firmenwert also schmälert und somit eine Form des Perquisites-Konsums darstellt. Daß man sich mit dieser kritischen Argumentation auch im Kreis der Familie Goldschmidt auseinandersetzt, zeigt folgender Passus einer Presseveröffentlichung, der sich auf den größten Einzelaktionär und Vorsitzenden des Gesellschafterausschusses der Erbengemeinschaft bezieht: "Karl Theo Goldschmidt ist sich darüber im klaren, daß in einer Zeit, in der die Idee des Shareholder Value, also des Vorrangs des unternehmenspolitischen Ziels der Maximierung des Wertes der Aktie, auch an den deutschen Börsen immer mehr an Bedeutung gewinnt, seine Thesen und sein Verhalten anachronistisch wirken müssen. Doch das läßt ihn kalt. Er ist nach wie vor überzeugt davon, daß Goldschmidt allein die Zukunft meistern kann - und dies mit der Familie an Bord."[796]

Der Wert der Mehrstimmrechtsaktien der S i e m e n s A G wird auf den ersten Blick durch die doppelte Vinkulierung dieser Papiere begrenzt. Es gibt jedoch keine Handhabe dagegen, daß die "Von Siemens Vermögensverwaltung GmbH", die die Mehrstimmrechtsaktien treuhänderisch hält, in ihrer Gesamtheit an einen Außenstehenden veräußert wird, so daß diese Papiere auch gegen das Votum des Vorstands und Aufsichtsrates in den Einflußbereich eines Außenstehenden übergehen können.[797] Ein externer Übernehmer gewänne einen beträchtlichen finanziellen Vorteil, da er mit den Mehrstimmrechtsaktien gut 9 % der Stimmrechte erwerben könnte, gleichzeitig aber nur den finanziellen Aufwand des Erwerbs von gut 1½ % des Grundkapitals zu tragen hätte.[798] Eine Mehrheitsposition bei der Siemens AG könnte er mit dem Stimmenpotential der Mehrstimmrechtsaktien allein nicht darstellen, aber immerhin mit ihrer Hilfe bei den niedri-

---

[796]Radzio, Heiner, Familie, 1996, S. 9.

[797]Die einzelnen Vorzugsaktien sind nur mit Zustimmung des Vorstands und Aufsichtsrats übertragbar. Zur Abtretung von Geschäftsanteilen oder Teilen von Geschäftsanteilen ist hingegen nur die Zustimmung aller Gesellschafter erforderlich. Vgl. hierzu von Siemens-Vermögensverwaltung Gesellschaft mit beschränkter Haftung, Gesellschaftsvertrag, notariell bescheinigt am 19. März 1986, München, Handelsregisterauszug des Amtsgerichts München, Aktenzeichen HRB 2876, § 2; sowie von Siemens-Vermögensverwaltung Gesellschaft mit beschränkter Haftung, Gesellschafterliste, idF 15. Januar 1996, München, Handelsregisterauszug des Amtsgerichts München, Aktenzeichen HRB 2876. Entsprechend der Gesellschafterliste halten sechs Gesellschafter (Peter von Siemens, Ruprecht von Siemens, Nikolaus Fürst Blücher, Gerd von Brandenstein, Karl Ludwig Falkenhagen sowie Oliver v. Seidel) jeweils Geschäftsanteile in Höhe von DM 10 000,-. Das Stammkapital der GmbH beträgt DM 60 000,-.

[798]Hinzu käme vermutlich ein bestimmter Paketaufschlag.

gen Hauptversammlungspräsenzen des Unternehmens beträchtlichen Einfluß auf den Großkonzern ausüben.[799]

Die Familie von Siemens kann die Stimmrechtsaktien durch eine Veräußerung der sie haltenden Vermögensverwaltung trotz doppelter Vinkulierung also letztlich doch verwerten und sich damit einen beträchtlichen Vermögensvorteil verschaffen, der sich nicht nur aus der heutigen Bedeutung der Mehrstimmrechtsaktien für die Ausübung von Einfluß auf das Unternehmen, sondern auch daraus ergibt, daß diese Stimmrechte der Familie Siemens stets unentgeltlich zugeflossen sind.[800] Die Familie hat also theoretisch die Möglichkeit, durch den Verkauf der Vermögensverwaltungsgesellschaft einen Vermögensvorteil zu Lasten der Aktionärsmehrheit zu realisieren.[801]

Für die Familie von Siemens sind die Mehrstimmrechtsaktien aber auch ohne Veräußerung derselben von Wert. Die Gründerfamilie ist mit dem Unternehmen nach wie vor stark verknüpft. Auch wenn heute die Familie nicht mehr im Vorstand des Unternehmens vertreten ist, so ist durch die Stellung der Familienmitglieder als Nachkommen des Gründers und durch die Besetzung einer Aufsichtsratsposition ein nach wie vor erheblicher Einfluß der Familie auf das Unternehmen gewährleistet.[802] Die Mehrstimmrechte sichern die Position der Familie; gleichzeitig gestalten sie einen eventuellen Perquisites-Konsum aus Gründen der Disproportionalität zwischen Stimmen und Dividenden weitaus kostengünstiger. Mit ihrer Hilfe kann sie bei im Unternehmen zu beobachtenden Hauptversammlungspräsenzen bei Abstimmungspunkten, die eine qualifizierte Stimmenmehrheit erfordern, mit einer Sperrminorität rechnen.

Bei der Fränkisches Überlandwerk Aktiengesellschaft sind die Aktionärsstrukturen vermutlich nicht so festgefügt, wie sie zunächst erscheinen. Das Management des Unternehmens schließt nicht aus, daß beide Hauptaktionäre - der Bezirk Mittelfranken sowie die THÜGA - ihre Anteile einmal verkaufen könnten. Die Fränkisches Über-

---

799 Die Präsenzen bei Hauptversammlungen der Siemens AG liegen üblicherweise bei etwa 50 % des Grundkapitals. Bei der HV des Jahres 1995 etwa betrug die Präsenz 53 %. Vgl. dazu o.V., Kapitalrendite, 1995, S. 13.

800 Vgl. dazu Gliederungspunkt III.C.3.3.

801 Vgl. Dries, Folker, Vermögensvorteil, 1993, S. 5.

802 Peter von Siemens wechselte 1993 in den Aufsichtsrat.

landwerk Aktiengesellschaft ist "eine Insel im Bayernwerk-Meer"[803], alle Regionen außerhalb des FÜW-Versorgungsgebiets sind vom Bayernwerk dominiert. Wie der Interviewpartner der FÜW AG erläutert, könne es sich durchaus ergeben, daß der Bezirk, wenn besonders große Finanznot herrsche, bei einem guten Angebot der Bayernwerk AG zugreife. Denkbar sei auch, daß die THÜGA ihren Anteil im Zuge des Interessenausgleichs zwischen der PreussenElektra AG und der Bayernwerk AG verkaufe; Tauschaktionen im Zuge der Gebietsarrondierung seien nichts Ungewöhnliches.[804] Der außenstehende Übernehmer könnte in einem solchen Fall von den Mehrstimmrechtsaktien des Bezirks Mittelfranken profitieren: Um eine Mehrheitsbeteiligung zu erreichen, wäre ein wesentlich geringerer Kapitaleinsatz als bei einem ausschließlichen Erwerb von Stammaktien notwendig. Die Mehrstimmrechtsaktien mit ihrem erheblichen Gesamtstimmenpotential von 40 % sind vor diesem Hintergrund deutlich werthaltig.

Aus der Perspektive der gegenwärtigen Anteilseigner betrachtet, stellt sich die Bedeutung der Mehrstimmrechtsaktien wie folgt dar: Die Intensität des Verschanzungswunsches der beiden Hauptaktionäre - der THÜGA und des Bezirks Mittelfranken - ist unterschiedlich zu beurteilen. Die THÜGA verfügt über eine Beteiligung knapp unterhalb der einfachen Mehrheit. Sie verfolgt bei der FÜW AG ein ähnliches Ziel wie in einer Reihe anderer Engagements: eine Minderheitsbeteiligung an Unternehmen der öffentlichen Hand ohne deutlich ausgeprägte Machtinteressen.[805] Ganz anders ist die Interessenlage des Bezirks Mittelfranken, eines politischen, von der CSU dominierten Gremiums, zu beurteilen.

Nach Aussage der FÜW AG nutzt der Bezirk das Unternehmen, um im Bereich der Energiepolitik im Wettbewerb mit anderen politischen Strömungen bestimmte Positionen zu besetzen. Die Unternehmenspolitik der Fränkisches Überlandwerk Aktiengesellschaft beinhaltet Felder wie Solarenergie, Fotovoltaik, Wasserkraftnutzung sowie Stromsparen. Nach Aussage der FÜW AG setzt der Bezirk die aufgeführten Aktivitäten gezielt für seine politischen Zwecke ein, bei denen es ihm beispielsweise um den Nachweis der Umweltverträglichkeit von Energieversorgungsunter-

---

[803] Fränkisches Überlandwerk Aktiengesellschaft, Interview mit Helmut Brandt am 5. Dezember 1995, Antwort auf Frage 15 (Anhang 1).

[804] Vgl. Fränkisches Überlandwerk Aktiengesellschaft, Interview mit Helmut Brandt am 5. Dezember 1995, Antwort auf Frage 15 (Anhang 1).

[805] Vgl. Fränkisches Überlandwerk Aktiengesellschaft, Interview mit Helmut Brandt am 5. Dezember 1995, Antwort auf Frage 4 (Anhang 1).

nehmen in der Auseinandersetzung mit dem politische Gegner geht. Wie das Unternehmen erläutert, übe der Bezirk zwar im täglichen Geschäft keinen Einfluß aus, werde aber gegebenenfalls verhindern, daß Aktivitäten entfaltet werden, die den geschilderten politischen Zielen entgegenstehen.[806]

Die Gebietskörperschaft konsumiert hier offensichtlich Perquisites. Die verfolgten politischen Interessen stehen dann den Interessen der übrigen Aktionäre entgegen, wenn sie das Unternehmen von gewinnbringenden Aktivitäten abhalten oder zu nicht gewinnbringenden Investitionen führen. Daß der Bezirk Mittelfranken ein starkes Verschanzungsinteresse besitzt, wird durch sein Festhalten an einer "hauchdünnen" Mehrheitsposition deutlich: Mittels der Mehrstimmrechtsaktien hat er seinen Anteil an Stammaktien in den vergangenen Jahren soweit reduziert, wie es möglich war, ohne die Stimmenmehrheit zu verlieren[807]. Trotz seiner Finanzknappheit hat er bislang diese äußerst knappe Mehrheitsposition beibehalten, obwohl die Bayerische Staatsregierung, die den Bezirk mittels Subventionen unterstützt, dem Vernehmen nach Druck in Richtung eines Verkaufs weiterer FÜW-Aktien ausgeübt hat.[808] Der Bezirk Mittelfranken hat die Mehrstimmrechtsaktien also bisher gezielt zur Verschanzung eingesetzt; diese Anteile dürften einen hohen Wert für ihn darstellen.

Bei der Hamburgische Electricitäts-Werke Aktiengesellschaft haben die Mehrstimmrechte durch den Verkauf von insgesamt 25 % der Anteile an zwei private Unternehmen - den schwedischen Energieversorger Sydkraft und die PreussenElektra AG - an Bedeutung und Wert gewonnen. Die Stadt Hamburg erhöht mit ihrer Hilfe die verbliebene äußerst knappe Grundkapitalmehrheit von 50,2 % zumindest auf eine Stimmenmehrheit von 54,1%. Die Mehrstimmrechte stützen den politischen Einfluß der Stadt Hamburg auf das Unternehmen nachhaltig ab.[809] Sie dürften noch an Bedeutung gewinnen, wenn sich Hamburg zum Verkauf eines weiteren Stammaktienpaketes entschließen sollte.

---

806 Vgl. Fränkisches Überlandwerk Aktiengesellschaft, Interview mit Helmut Brandt am 5. Dezember 1995, Antwort auf Frage 11 (Anhang 1).

807 Vgl. Fränkisches Überlandwerk Aktiengesellschaft, Interview mit Helmut Brandt am 5. Dezember 1995,Antwort auf Frage 8 (Anhang 1).

808 Vgl. Fränkisches Überlandwerk Aktiengesellschaft, Interview mit Helmut Brandt am 5. Dezember 1995, Antwort auf Frage 1 (Anhang 1).

809 Vgl. o. V., Hamburg, 1997, S. 1.

Eine Mehrheitsposition in der Hauptversammlung der R W E A G erreichen die Kommunen eigenen Angaben zufolge auch ohne die ein Stimmenpotential von ca. 30 % umfassenden Mehrstimmrechtsaktien, da diese Aktionärsgruppe gleichzeitig über einen Anteil in Höhe von 42 % am stimmberechtigten Kapital verfügt: "Die Stammaktien der kommunalen Aktionäre machten stets mehr als 55 % aller präsenten Stammaktien aus."[810] Die Mehrstimmrechtsaktien, mit deren Hilfe die an der RWE AG beteiligten Gebietskörperschaften über insgesamt etwa 60 % aller Stimmrechte verfügen,[811] stellen für die Kommunen eine Art "Versicherung" dar, um in finanzschwachen Zeiten Stammaktien verkaufen zu können, ohne ihre Stimmenmehrheit im Unternehmen einzubüßen, oder um abweichendes Stimmverhalten einzelner kommunaler Vertreter in der Hauptversammlung auffangen zu können. Die Mehrstimmrechte sind also für die Gebietskörperschaften wertvoll.

Theoretisch können die Mehrstimmrechte der RWE AG von einem außenstehenden Übernehmer zum Aufbau einer stimmenbezogenen Sperrminorität genutzt werden. Allerdings stellt sich die Frage, ob Aufsichtsrat und Hauptversammlung der RWE AG einer Veräußerung dieser Papiere an Private unter Aufrechterhaltung des Mehrstimmrechts überhaupt zustimmen dürfen, weil dadurch möglicherweise die Zweckbestimmung der Mehrstimmrechte, in der Hand der kommunalen Aktionäre dem gesamtwirtschaftlichen Belang einer sicheren Energieversorgung zu dienen, vereitelt würde. Ein Verkauf an Private könnte dann möglicherweise eine Aufhebung der Genehmigung der Mehrstimmrechtsaktien durch den Landeswirtschaftsminister nach sich ziehen.[812] Es gibt freilich auch andere Rechtsauffassungen: Der Landeswirtschaftsminister habe von der Möglichkeit, seine Genehmigung unter Auflagen zu erteilen, keinen Gebrauch gemacht. Zudem stünden grundsätzliche Erwägungen dagegen, stillschweigende Bedingungen bei einem Verwaltungsakt - um einen solchen handelt es sich bei der ministeriellen Ausnahmegenehmigung - zuzulassen.[813] Welcher Argumentation letztlich zu folgen ist, ist eine für die Wertermittlung der Mehrstimmrechtsaktien der RWE AG entscheidende Frage.

---

[810] Hoffmann-Becking, Michael / Schmidt, Thomas L., Rechtsgutachten, 1992, S. 42.

[811] Vgl. Sturbeck, Werner, Verfassungsklage, 1996, S. 23.

[812] Vgl. Hoffmann-Becking, Michael / Schmidt, Thomas L., Rechtsgutachten, 1992, S. 87 f.

[813] Vgl. Schwark, Eberhard, Rechtsfragen, o. J., S. 121.

Bezüglich der Möglichkeiten zum privaten Konsum - weiterer Ausgangspunkt für die Wertermittlung der Mehrstimmrechtsaktien - ergibt sich ein schärfer gezeichnetes Bild als in anderen Unternehmen der Untersuchungseinheit. Die Gemeinden sind mit dem Unternehmen zum einen als Abnehmer von Strom- und Entsorgungsleistungen, zum anderen als Hauptaktionäre verbunden. Die kommunale Zielsetzung der Einflußnahme auf die RWE AG geht eindeutig zu Lasten der privaten Aktionäre: "Im einzelnen hat der VkA [der Verband der kommunalen Aktionäre der RWE GmbH, d.V.] die Aufgabe, ... Anliegen der Kommunen in Fragen der Ver- und Entsorgung ihrer Gebiete wie auch des angemessenen Einsatzes heimischer Energieträger gegenüber dem RWE-Vorstand zu vertreten."[814]

Daß die Gebietskörperschaften ihre Eigentümerrolle bei RWE im Sinne ihrer kommunalen Versorgungsaufgabe nutzen, läßt sich bereits aus dem Gesellschaftsvertrag des VkA ableiten: "Die Gesellschaft unterstützt ihre Gesellschafter insbesondere bei ... der Darbietung einer sicheren und preiswerten Ver- und Entsorgung in den Bereichen Strom, Öl, Gas, Wasser, Abwasser und Abfall."[815] Der durch das Mehrstimmrecht gefestigte Einfluß der Kommunen wird offensichtlich Richtung günstiger Preise bei Ver- und Entsorgung umgemünzt. In einem von den Kommunen angeforderten Gutachten zur Problematik der Mehrstimmrechte der RWE AG heißt es: "Würden sie [die Kommunen, d.V.] diese Aufgabe [der Daseinsvorsorge, d.V.] nicht über ein Unternehmen wie die RWE AG erfüllen, wären die Kommunen entweder gezwungen, eigene kommunale Elektrizitätswerke aufzubauen, ... oder aus einer wesentlich schlechteren Verhandlungsposition heraus mit dem Großversorger RWE zu verhandeln."[816] Wenn die Mehrstimmrechte wegfielen, dann - so heißt es aus dem Kreis der kommunalen Anteilseigner - würde RWE möglicherweise die Preise erhöhen.[817]

Die Verquickung von kommunalen Versorgungs- und Aktionärsinteressen geht auch aus anderen Stellungnahmen der Gebietskörperschaften klar hervor: "Die Städte, Gemeinden und Kreise konnten mit Hilfe der RWE-Einnahmen aus Dividenden, Konzessionsabgabe und Gewerbesteuer viele

---

[814] Verband der kommunalen Aktionäre des RWE GmbH (Hrsg.), Partnerschaft, 1992, S. 10.

[815] Verband der kommunalen RWE-Aktionäre GmbH (Hrsg), Gesellschaftsvertrag, 1992, § 2 Abs. 1, S. 3.

[816] Schwark, Eberhard, Rechtsfragen, o. J., S. 29.

[817] Vgl. Verband der kommunalen Aktionäre des RWE GmbH, Interview mit Richard Klein am 9. März 1993.

kommunale Aufgaben leichter und schneller durchführen."[818] Zwei von insgesamt zehn Vorstandsmitgliedern der RWE AG stammen gegenwärtig aus den kommunalen Reihen. Im Aufsichtsrat wird die Hälfte der Sitze der Aktionärsseite durch kommunale Vertreter besetzt.[819] Angesichts dieser Konstellation fragt die Frankfurter Allgemeine Zeitung zu Recht: "Welche Unabhängigkeit oder Unternehmenstreue kann man von einem Vorstand erwarten, der nach dem Marsch durch die Gemeindeämter mit der Unterstützung des kommunalen Großaktionärs in einen Konzern eintritt und später Verhandlungen mit kommunalen Kunden führen muß?"[820]

III.D.2.2.2.2. Stimmen-Sperrminorität durch Mehrstimmrechte

Bei dem nun folgenden Unternehmen der Untersuchungseinheit wiegen die Mehrstimmrechtsaktien nicht so schwer wie in den oben dargestellten Fällen, führen aber immerhin zu einer stimmenbezogenen Sperrminorität in Händen des Mehrstimmrechtsaktionärs.[821] Inwiefern diese Stimmen-Sperrminorität von Bedeutung sein kann, soll am Beispiel des betreffenden Unternehmens erläutert werden:

Die Mehrfachstimmrechte der J. Vögele AG, die vor ihrer Abschaffung im Jahr 1996 ein Stimmenpotential von rund 10 % in den drei Sonderfällen umfaßten, lagen in den Händen der Familie Vögele und stellten sicher, daß die Familie, die zusätzlich über einen Stammaktienanteil von etwa 17 % verfügte, in wichtigen Abstimmungsfragen eine stimmenbezogene Sperrminorität hielt. Die Familie wäre mit Hilfe der Mehrstimmrechte zwar nicht in der Lage gewesen, eine maßgebliche Beteiligung durch einen außenstehenden Aktionär zu verhindern, eine wirkungsvolle Verschanzung war also nicht zu erreichen. Gleichwohl hätte die Familie mit Hilfe ihrer Mehrstimmrechtsaktien, die bei der Besetzung des Aufsichtsrats zum Einsatz kommen, die Abberufung von Aufsichtsratsmitgliedern durch einen neuen Großaktionär - ein Tagesordnungspunkt, der eine

---

818 Verband der kommunalen Aktionäre des RWE GmbH (Hrsg.), Partnerschaft, 1992, S. 24.

819 Vgl. Verband der kommunalen Aktionäre des RWE GmbH (Hrsg.), Partnerschaft, 1992, S. 18.

820 Sturbeck, Werner, Kommunen, 1994, S. 15.

821 Dies gilt im übrigen auch für die Mehrstimmrechtsaktionäre der Siemens AG; dieser Fall ist bereits im Kreis der Unternehmen erfaßt, bei denen diese Stimmrechte als besonders wertvoll erscheinen.

qualifizierte Stimmenmehrheit in der Hauptversammlung erfordert - vor Auslaufen der Amtszeit unterbinden können.[822]

1996 kam es dann in der Tat zum Aufbau einer neuen Mehrheitsposition in Höhe von 72 % durch Zukäufe eines bereits vorher existenten Aktionärs, der Wirtgen GmbH. Dieser Anteilseigner erwarb die Pakete der bisherigen Aktionäre Deutsche Bank AG sowie Badenwerk Aktiengesellschaft. Von dem neuen Mehrheitsaktionär erhofft sich die J. Vögele AG Presseberichten zufolge Synergieeffekte hinsichtlich seiner internationalen Präsenz.[823] Es handelt sich hierbei also anscheinend um eine der Familie Vögele willkommene Mehrheitsposition. Unklar bleibt, ob die Familie ihre Mehrstimmrechte, die beispielsweise auch im Fall der Auflösung der Gesellschaft zum Einsatz gekommen wären, genutzt hat, um die Zusicherung der Wirtgen GmbH zu bekommen, die Vögele AG als eigene Aktiengesellschaft sowie alle Fertigungsstandorte des Unternehmens zu erhalten.[824]

Aber auch in den Vorjahren, als die Beteiligung des neuen Mehrheitsaktionärs erst bei 26 % lag, waren die Mehrstimmrechtsaktien für die Familie Vögele von Bedeutung. Über die Ziele der Beteiligung der Badenwerk Aktiengesellschaft sowie der Deutsche Bank AG wurde wenig bekannt. Ein Verkauf an unerwünschte außenstehende Aktionäre erschien zumindest denkbar. Auch aus der Sicht der Beteiligungsverhältnisse vor 1996 waren die Mehrstimmrechtsaktien für die Familie Vögele also werthaltig, weil im Falle eines Verschanzungsbedarfs zur Sicherung der familiären Position im Unternehmen von Bedeutung.

Die Möglichkeiten der Familie Vögele, Perquisites zu konsumieren, ergeben sich aus der seit Gründung - also seit 70 Jahren - zu beobachtenden Verflechtung von Unternehmen und Familie. Ein Familienmitglied ist im Aufsichtsrat des Unternehmens vertreten. Bis 1990 stellte die Familie Vögele gleichzeitig ein Vorstandsmitglied; in früheren Jahren waren mehrere Familienmitglieder Vorstände des Unternehmens. Der Konsum von Perquisites steht der Familie zwar vermutlich unabhängig von den Mehrstimmrechtsaktien offen, wird aber durch ihre Existenz kostengünstiger.

---

[822] S. § 103 Abs. 1 AktG.

[823] Vgl. o. V., Wirtgen, 1996, S. 25.

[824] Vgl. o. V., Umsatzeinbußen, 1996, S. 19.

III.D.2.2.2.3. Unternehmen mit latent werthaltigen Mehrstimmrechten

Bei der nun folgenden Gruppe von fünf Unternehmen festigen Mehrstimmrechte entweder eine auch ohne sie bestehende knappe Mehrheitsposition, bieten durch ihr hohes Stimmenpotential den Anreiz zum kostengünstigen Perquisites-Konsum oder können bei einer veränderten Machtkonstellation in Zukunft bedeutsam werden. In diesen Fällen sollen sie als "latent werthaltig" bezeichnet werden.

Bei der Vereinigte Elektrizitätswerke Westfalen AG verfügen die kommunalen Aktionäre über einen Grundkapitalanteil von 55,5 % und einen Stimmenanteil in Höhe von 72,7 %. Die privaten Aktionäre (Contigas, RWE, Deutsche Bank, Allianz, Bayernwerk) halten auf der anderen Seite einen Grundkapitalanteil von 44,5 % und einen Stimmenanteil von 27,3 %.[825] Dies bedeutet, daß die einfache Grundkapitalmehrheit der Kommunen auch ohne Berücksichtigung der Mehrstimmrechte vorhanden ist. Eine Dreiviertelmehrheit der Stimmen ist rein rechnerisch nicht vorhanden; ihr Zustandekommen hängt von der Hauptversammlungspräsenz ab. Die Mehrstimmrechtsaktien haben hier eher die Funktion einer Absicherung gegen Verkäufe von Stammaktien aus dem kommunalen Lager bzw. gegen ein vom kommunalen Konsens abweichendes Stimmverhalten in der Hauptversammlung.

Auch für die Position des Hauptaktionärs der Gruschwitz Textilwerke AG sind die Mehrstimmrechtsaktien latent von Bedeutung. Nach Informationen des Unternehmens verfügt der Mehrstimmrechtsaktionär in Verbindung mit einem Stammaktienpaket zumindest über eine kapitalmäßige Sperrminorität. Diesen Einfluß kann er zum Perquisites-Konsum nutzen, dessen Kosten wegen des hohen Mehrstimmenpotentials (15 % der Stimmrechte in drei Sonderfällen) niedrig sind.[826] Die Anhaltspunkte für Perquisites-Konsum stellen sich wie folgt dar:

Nach Aussage des Unternehmens bewertet Merckle sein Engagement bei der Gruschwitz Textilwerke AG weniger aus der Perspektive der Renditeerzielung aus dem Geschäftsbetrieb des Unternehmens, sondern vornehmlich aus dem Blickwinkel des mit dem Unternehmen verbundenen

---

[825] Vgl. Vereinigte Elektrizitätswerke Westfalen AG, VEW Aktionärsstruktur, Essen, o.S., o. J. (der Verfasserin vom Unternehmen zur Verfügung gestellt).

[826] Nach Aussage des Gesprächspartners sind die Vorzugsaktien dem Aktionär Merckle zuzurechnen.

Immobilienbesitzes. Merckle - so heißt es aus dem Unternehmen - messe der Textilbranche kein unternehmerisches Potential bei. Deshalb votiere er seit Jahren gegen Kapitalerhöhungen, die entweder Geld kosteten oder - beteiligte er sich nicht - seinen Einfluß auf das Unternehmen schmälerten. Sein Interesse an der Gruschwitz Textilwerke AG basiere ausschließlich auf ihrer Instandhaltungs- und Verwaltungsfunktion bezüglich der Immobilie, die ihm gehöre.[827] Ein derartiger Ansatz ist als eine Form des Perquisites-Konsums einzuordnen, der sich durch das Mißverhältnis zwischen Stimmen und Dividenden für den betreffenden Aktionär verbilligt.

Bei der W. Jacobsen AG ist nur einer der Inhaber der Mehrstimmrechtsaktien, die insgesamt ein Stimmenpotential in Höhe von knapp 19 % in Sonderfällen verbriefen, bekannt: die Landesbank Schleswig-Holstein Girozentrale. Sie verfügt über einen Anteil am Grundkapital in Höhe von 60,53 % und über einen Anteil von 59,03 % der Stimmrechte. Die Werthaltigkeit der Mehrstimmrechte speist sich in diesem Beispiel nicht aus ihrem Einfluß auf die Mehrheitsverhältnisse. In dieser Hinsicht sind die Mehrstimmrechte irrelevant, ja sogar kontraproduktiv: Die Landesbank befände sich in einer besseren Position, wenn im Unternehmen überhaupt keine Mehrstimmrechtsaktien existierten, da der Grundkapitalanteil der Bank ihren Stimmenanteil übersteigt.[828] Vielmehr weist das hohe Stimmenpotential dieser Papiere auf Möglichkeiten zum kostengünstigen Perquisites-Konsum hin, die latent vorhanden sind. Indizien dafür - wie im Beispiel der Gruschwitz Textilwerke AG - liegen jedoch nicht vor.

Die Beteiligung der Familienaktionäre Sannwald an der Calwer Dekken- und Tuchfabriken AG wird vom Unternehmen mit 50 % angegeben. Die Mehrstimmrechte mit ihrem Stimmenpotential von rd. 10 % in den drei Sonderfällen können also zur Festigung der Mehrheitsposition der Familie durchaus von Bedeutung sein und beinhalten daher einen positiven Wert.

Die Mehrstimmrechtsaktien liegen allerdings nicht gänzlich in Familienbesitz, sondern sind auf die Mitglieder des Vorstands und Aufsichtsrates aufgeteilt. Auch familienfremde Persönlichkeiten - gegenwärtig sind dies die Vertreter der Arbeitnehmer und einer Bank im Aufsichtsrat - können seit einem entsprechenden Beschluß der Familie im Jahr 1995 über Mehr-

---

827 Vgl. Gruschwitz Textilwerke AG, Interview mit Karlheinz Mühlbronner am 14. August 1995.

828 Dieses Phänomen liegt darin begründet, daß die Landesbank Schleswig-Holstein Girozentrale nicht über die Mehrheit der Mehrstimmrechtsaktien verfügt.

stimmrechtsaktien verfügen. Auch wenn der Fall eintreten sollte, daß in einem der drei Abstimmungspunkte, bei denen die Mehrstimmrechte ihre volle Wirkung entfalten, alle im Aufsichtsrat vertretene Außenstehende in der Hauptversammlung gegen die Familien stimmen, verfügte letztere über ein Stimmenpotential aus den Vorzugsaktien von 7 %, das zur Stabilisierung der einfachen Stimmenmehrheit bequem ausreichte.

Falls die Familien Sannwald dies wünschten, wäre ihnen Perquisites-Konsum in erheblichem Umfang möglich, da sie als Nachkommen der Gründerfamilien im Aufsichtsrat und Vorstand nach wie vor dominieren. Allerdings haben sie durch den Beschluß, Mehrstimmrechtsaktien auch an Nicht-Familienmitglieder auszugeben, auf die Möglichkeit zur Verschanzung in einem bestimmten Umfang verzichtet. Konkrete Anhaltspunkte für Perquisites-Konsum sind nicht gegeben.

Für einen außenstehenden Übernehmer wären die Mehrstimmrechte sicher ein erster, kostengünstiger Schritt zum Aufbau einer Machtposition und daher von Wert. Diese Überlegung muß allerdings angesichts der doppelten Vinkulierung der Aktien ein theoretisches Konstrukt bleiben, solange nicht bekannt ist, ob Vorstand und Aufsichtsrat des Unternehmens im Eventualfall ihre Zustimmung zur Veräußerung erteilen würden.

Bei der Schloßgartenbau AG ändert die Existenz der Mehrstimmrechte die Mehrheitsverhältnisse nur unwesentlich. Auch ohne Berücksichtigung der Mehrstimmrechtsaktien liegt die einfache Stimmenmehrheit für die Stadt Stuttgart im üblichen Fall einer nicht vollständigen Präsenz des Streubesitzes in der Hauptversammlung in Reichweite - dies unter Hinzurechnung der Stimmen der 100%igen Tochtergesellschaft "Stuttgarter Messe- und Kongreßgesellschaft mbH". Der zweite Mehrstimmrechtsaktionär, die Landesgirokasse Stuttgart, verfügt auch ohne Berücksichtigung der Mehrstimmrechtsaktien über eine kapitalbezogene Sperrminorität.

Aus dem Gesichtswinkel eines potentiellen Übernehmers heraus ist es zwar nicht möglich, allein mit dem Erwerb der Mehrstimmrechtsaktien eine Mehrheitsposition aufzubauen; der Kauf aller Mehrstimmrechte würde ohnedies durch den Umstand erschwert, daß diese Papiere auf zwei Gesellschafter aufgeteilt sind. Allerdings beinhaltete bereits ein Paket von Mehrstimmrechtsaktien - beispielsweise das der Stadt Stuttgart - den kostengünstigen Aufbau einer Position von 20 % der Stimmen. Ein Außenstehender könnte so unter Hinzunahme von Stammaktien eine preiswerte Übernahme finanzieren; im Fall einer Veräußerung würden die Mehrstimmrechtsaktien deutlich an Wert gewinnen. Aus heutiger Sicht sind die Mehrstimmrechtsaktien also nur latent von ökonomischem Wert.

III.D.2.2.2.4. Mehrstimmrechte nutzbar zum Abbau des finanziellen Engagements

Den folgenden neun Unternehmen ist gemeinsam, daß die Mehrstimmrechtsaktien in der aktuellen Situation als nicht erforderlich für das Erreichen einer Mehrheitsposition erscheinen, sie aber, wenn erforderlich, zum Abbau des finanziellen Engagements bei gleichzeitiger Beibehaltung des Einflusses genutzt werden können.[829] Hier sind auch Fälle erfaßt, bei denen die Mehrstimmrechtsaktien den kostengünstigen Aufbau einer Mehrheitsposition ermöglichen.[830]

In der Custodia Holding AG, vor der Ausgliederung der operativen Einheiten firmierend als Löwenbräu AG, existieren eindeutige Mehrheitsverhältnisse, da knapp 90 % des Aktienkapitals in der Hand der Familie von Finck sind. Eine Übernahme durch Außenstehende ist ohne Einverständnis dieser Familie nicht möglich und kann auch ohne Mehrstimmrechte verhindert werden; für eine Verschanzung der Familie werden diese Papiere nicht benötigt. Die Familie von Finck kann ohne weiteres Perquisites konsumieren. Dies hängt allerdings nicht von der Existenz der Mehrstimmrechtsaktien ab, verbilligt sich aber durch sie. Die Mehrstimmrechtsaktien dürften aus dieser Sicht wegen der klaren Machtverhältnisse im Unternehmen gegenwärtig nur bedingt werthaltig sein.

Auf der anderen Seite werfen sie mit rd. 21 % ein relativ großes Stimmengewicht in die Waagschale. Falls sich die Familie von Finck also einmal zum Verkauf der Löwenbräu-Beteiligung entschlösse, stünden die Mehrstimmrechte sicher im Zentrum des Interesses potentieller Übernehmer und gewännen deutlich an Wert; mit ihnen ließe sich eine Stimmenmehrheit günstig finanzieren, allerdings mit den ungünstigen Nebeneffekten, daß nicht unbedingt das beste Management zum Zuge käme und der An-

---

[829] Dies gilt im übrigen auch für die Mehrstimmrechtsaktien der RWE AG; das Unternehmen ist jedoch bereits weiter oben in die Kategorie der Unternehmen mit besonders werthaltigen Mehrstimmrechtsaktien eingestuft worden.

[830] Bei einer Reihe der hier eingeordneten Firmen ermöglichen die Mehrstimmrechte dem Hauptaktionär die qualifizierte Stimmenmehrheit. Gleichwohl sind diese Unternehmen nicht in die Kategorie "hoher Wert der Mehrstimmrechte" eingruppiert worden. Die genannte Mehrheitsregel ist aktienrechtlich nur in wenigen Fällen erforderlich, beispielsweise bei der Abberufung von Aufsichtsräten durch die Hauptversammlung. Vgl. dazu Gliederungspunkt III.D.1.1.

reiz zum Perquisites-Konsum groß wäre - insbesondere dann, wenn der Übernehmer nicht - wie im Falle der Familie von Finck - fast die gesamten Stammaktien würde halten wollen.

In den 60er und 70er Jahren, bevor die Familie von Finck die Mehrheitsbeteiligung an der damaligen Löwenbräu AG erwarb, stellte sich der Wert der Mehrstimmrechtsaktien völlig anders dar. Zu dieser Zeit waren die Bayerische Vereinsbank AG, die Bayerische Hypotheken- und Wechsel-Bank AG und das Bankhaus Merck, Finck & Co. paritätisch an einem Stimmenpool beteiligt. In diesen Stimmenpool mit einbezogen war auch die Custodia GmbH, die bereits zu dieser Zeit die Mehrstimmrechtsaktien hielt und deren Gesellschafter die genannten Banken gewesen sein sollen. Presseberichten zufolge erreichten die drei Kreditinstitute mit Hilfe der Mehrstimmrechte eine Stimmenmehrheit in der Hauptversammlung und blockierten sich wirkungsvoll gegenseitig - keine konnte auf Kosten der anderen ihren Stimmenanteil bei Löwenbräu erhöhen. Die Mehrstimmrechte dürften aus diesem Grund damals wesentlich bedeutsamer gewesen sein als nach der Übernahme durch die Familie von Finck.[831] In diesem Unternehmen zeigt sich sehr deutlich, wie stark der Wert von Mehrstimmrechtsaktien von der Aktionärsstruktur abhängt, also immer nur eine Momentaufnahme sein kann.

Bei der Breitenburger Portland-Cement-Fabrik AG handelt es sich ebenfalls um ein Unternehmen, dessen Mehrheitsaktionär auch ohne Nutzung der Mehrstimmrechtsaktien (Stimmenpotential 22 %) über eine überwältigend hohe Mehrheit - über 98 % des Grundkapitals - verfügt. Der Großaktionär, die schweizerische Schmidheiny-Gruppe, verfügt über die vollständige Kontrolle über das Unternehmen: Die Breitenburger Portland-Cement-Fabrik AG hat mit der Holderbank Financière Glarus AG, einem Unternehmen der Schmidheiny-Gruppe, einen Beherrschungsvertrag abgeschlossen. Angesichts dieser Mehrheitsverhältnisse ist der Wert der Mehrstimmrechtsaktien begrenzt. Er besteht ausschließlich darin, daß der Hauptaktionär ohne Aufgabe der Stimmenmehrheit ein Paket Stammaktien veräußern könnte; grundsätzlich könnten dies verschiedene Motive - Finanzknappheit oder der Wunsch nach Diversifikation - erforderlich machen. Die Möglichkeiten zum Perquisites-Konsum sind umfassend, aber unabhängig von den Mehrstimmrechtsaktien, gegeben.

---

[831] Die beschriebenen Aktionen und Beweggründe auf der damaligen Gesellschafterebene wurden vom Unternehmen weder kommentiert noch bestätigt. Die Darstellung beruht auf der Berichterstattung in der Presse. Vgl. dazu o. V., Bierruhe, 1970, S. 15.

Ob sich der private Konsum für den Hauptaktionär angesichts seines fast 100%igen Grundkapitalanteils lohnt, muß allerdings bezweifelt werden.

Auch die Mehrstimmrechte der Schwabenverlag AG dürften trotz ihres großen Stimmenpotentials in Höhe von 42 % angesichts der gegenwärtigen Aktionärsstruktur - über 75 % hält die Diözese Rottenburg, der Rest liegt in Streubesitz - in der gegenwärtigen Unternehmenssituation nur vor dem Hintergrund einer potentiellen Desinvestition werthaltig sein. Eine wertsteigernde Übernahme, bei der sie eingesetzt werden könnten, ist wegen der dominierenden Mehrheit der Kirche, die mit dem Verlag weltanschauliche Ziele verfolgt, unwahrscheinlich. In den Händen der Kirche sind die Mehrstimmrechtsaktien aus heutiger Sicht für Verschanzungszwecke ebenfalls ohne großen Wert; die Diözese erreicht auch ohne sie eine einfache und qualifizierte Stimmenmehrheit sowie eine Dreiviertelmehrheit des Grundkapitals.

Die Mehrstimmrechtsaktien gewännen allerdings dann für die Diözese beträchtlich an Bedeutung, wenn sie beabsichtigte, ihren Grundkapitalanteil zu reduzieren, ohne ihren stimmenmäßigen Einfluß aufzugeben. Es gibt Hinweise in dieser Richtung: Der Hauptaktionär hat es nach Aussage des Interviewpartners in der Vergangenheit abgelehnt, ein Übernahmeangebot für den Streubesitz abzugeben. Aus diesem Grund sei es nicht auszuschließen, daß die Diözese ihre Beteiligung am Unternehmen in der Zukunft wieder reduziere.

Die Bischöfliche Kanzlei ist ohne weiteres in der Lage, mit Hilfe ihrer Mehrheitsposition Perquisites, beispielsweise die kirchliche Prägung des Verlages, zu konsumieren. Ihr Einfluß auf Verlag und Redaktion hat zugenommen. Der Vorstand ist von zwei Gremien, dem Aufsichtsrat und einem ebenfalls vom Hauptaktionär dominierten Verwaltungsrat, abhängig. Der Zugriff der Kirche auf die Schwabenverlag AG und ihre Publikationen ist dem Vernehmen nach seit Anfang 1990 noch gewachsen.[832]

Allerdings ist die Existenz der Mehrstimmrechtsaktien nicht als Voraussetzung für einen potentiellen Perquisites-Konsum anzusehen. Der Grundkapitalanteil des Hauptaktionärs genügt, um diesen Konsum zu ermöglichen. Darüber, welcher der gegenläufigen Anreize - Verbilligung des privaten Konsums auf der einen Seite, Verzicht auf privaten Konsum wegen

[832]Vgl. Schwabenverlag AG, Interview mit Peter Salfeld am 20. April 1995, Antwort auf Frage 2 (Anhang 1).

der dann zu erwartenden Wertminderung des Stammaktienpaketes - verhaltenswirksam ist, läßt sich keine Aussage treffen.

Die gegenwärtige Aktionärsstruktur der Überlandwerk Unterfranken Aktiengesellschaft - die zur VIAG AG zählende Bayernwerk AG ist Mehrheitsaktionärin - dürfte sich in absehbarer Zeit kaum ändern. Die Bayernwerk AG versucht, ihre Strombeteiligungen zu arrondieren und regionale Lücken zu schließen. Vor diesem Hintergrund ist auch ihre Beteiligung an der Überlandwerk Unterfranken Aktiengesellschaft zu bewerten. Die Mehrstimmrechte des Unternehmens - sie verbriefen ein hohes Stimmenpotential von 40 % - stehen wohl nicht für einen außenstehenden Investor zur Disposition; aus dieser Perspektive sind sie nicht werthaltig.

Auch ohne die Mehrstimmrechtsaktien verfügt die Bayernwerk AG über die Stimmenmehrheit. Die Mehrstimmrechtsaktien bringen nicht sehr viel zusätzliches Verschanzungspotential. Die Bayernwerk AG erreicht mit ihrer Hilfe 72 % der Stimmen und damit rein rechnerisch nicht die qualifizierte Stimmenmehrheit; dies mag sich allerdings vor dem Hintergrund normaler Hauptversammlungspräsenzen anders darstellen. Auf alle Fälle ist die qualifizierte Stimmenmehrheit nur in wenigen Abstimmungspunkten erforderlich. Zusätzliches Wertpotential für die Bayernwerk AG bieten die Mehrstimmrechtsaktien erst dann, wenn der Hauptaktionär seinen Kapitalanteil an der ÜWU AG reduzieren möchte, ohne die Mehrheitsbeteiligung zu verlieren.

Auch im Falle der ÜWU AG ist keine Aussage möglich, wie sich der Hauptaktionär bezüglich des privaten Konsums verhält, da wegen des hohen Grundkapitalanteils gegenläufige Effekte wirken.

Ähnliches gilt im Falle der Energieversorgung Ostbayern AG. Der Mehrheitsaktionär - auch hier die Bayernwerk AG über eine Tochtergesellschaft - verfügt über 95,7 % der Stammaktien und alle Mehrstimmrechtsaktien. Dieser Anteilseigner benötigt die Mehrstimmrechte für eine vollständige Verschanzung nicht. Der Einfluß der Bayernwerk AG auf das Unternehmen ist allein durch ihren Stammaktienbesitz so groß, daß privater Konsum jederzeit möglich wäre. Auf der anderen Seite würde Perquisites-Konsum den Wert dieses großen Pakets schädigen. Der Wert des mit über 42 % sehr hohen Stimmenpotentials der Mehrstimmrechtsaktien liegt in der Möglichkeit des Hauptaktionärs, seinen finanziellen Einsatz im Unternehmen beträchtlich reduzieren zu können, ohne die Stimmenmehrheit zu verlieren.

Bei der Carl Schlenk AG benötigt die Familie von Schlenk angesichts eines Grundkapitalanteils in Höhe von knapp 70 % die Mehrfachstimmrechte nur für die qualifizierte, nicht aber für die einfache Stimmenmehrheit. Sie eröffnen der Familie die Option, ihre Beteiligung am Unternehmen ohne Verlust der einfachen Stimmenmehrheit deutlich zu reduzieren. Diese Stimmrechte sind also mit Sicherheit werthaltig.

Für einen potentiellen außenstehenden Unternehmer dürften die Mehrfachstimmrechte außer Reichweite und damit bedeutungslos sein. Die Familie fühlt sich der unternehmerischen Tradition verpflichtet. Anhaltspunkte, daß es Verkaufsabsichten gibt, sind nicht bekannt. Nach Auskunft des Unternehmens habe nach dem Krieg die Gefahr bestanden, daß Familienmitglieder Aktien an die Konkurrenz verkauft hätten.[833] Diese Gefahr bestehe heute angesichts der geringen Zahl der Familienmitglieder nicht mehr.

Die Mehrfachstimmrechte sind sicherlich nicht die entscheidende Basis für einen eventuellen Perquisites-Konsum durch die Familie von Schlenk, erhöhen aber durch das Mißverhältnis zwischen ihrem Stimmenanteil und ihrem Anteil am Grundkapital den Anreiz. Die Unternehmerfamilie hat vermutlich gute Möglichkeiten zum privaten Konsum, zumal sie nicht nur den Hauptaktionär, sondern auch den Vorstand des Unternehmens repräsentiert. Der Gesprächspartner bringt den Einfluß der Familie auf den Punkt: "Die Carl Schlenk AG ist eine Traditionsfirma. Wenn der Senior heute eine Entscheidung fällt, wird die auch durchgeführt."[834] Ob die Möglichkeiten zum Perquisites-Konsum ausgenutzt werden, dazu lassen sich keine Angaben machen. Auch bei diesem Unternehmen ist in diesem Zusammenhang zu bedenken, daß ein eventueller privater Konsum den Ertrag aus dem umfangreichen Stammaktienbesitz der Familie stark tangieren würde.

Die Mehrstimmrechtsaktie der Hamburger Hochbahn AG spielt bei der Beurteilung der Mehrheitsverhältnisse trotz ihres Stimmenpotentials von gut 8 % keine Rolle. Die Freie und Hansestadt Hamburg ist mit etwa 98 % praktisch Alleininhaberin des Unternehmens. Eine firmenwertsteigernde Übernahme durch außenstehende Aktionäre mit Hilfe der Mehrstimmrechtsaktie ist nicht möglich. Auf der anderen Seite gelingt die

---

[833] Vgl. Carl Schlenk AG, Interview mit Alfred Hutzler am 5. Dezember 1995, Antwort auf Frage 4 (Anhang 1).

[834] Carl Schlenk AG, Interview mit Alfred Hutzler am 5. Dezember 1995, Antwort auf Frage 3 (Anhang 1).

vollständige Verschanzung des Hauptaktionärs völlig unabhängig von diesem Papier. Ihr latentes Wertpotential besteht darin, daß die Hansestadt Hamburg im Falle von Finanzknappheit einen größeren Teil ihrer Stammaktien verkaufen kann, ohne ihre Stimmenmehrheit zur Disposition zu stellen. Da das Stimmenpotential der Vorzüge hier im Vergleich zu anderen Unternehmen der Untersuchungseinheit nicht bedeutend ist, ist auch das durch die Mehrstimmrechte erreichbare Einsparpotential begrenzt.

Perquisites-Konsum durch die Stadt Hamburg ist angesichts der dominanten Mehrheitsverhältnisse fraglos möglich. Indizien dafür sind vorhanden. Bei der Hamburger Hochbahn AG konkurrieren staatliche verkehrs- und steuerpolitische Interessen mit der Gewinnerzielungsmaxime. Die Gesellschaft für Beteiligungsverwaltung (HGV) hat mit der Hamburger Hochbahn AG 1978 einen Beherrschungs- und Gewinnabführungsvertrag geschlossen. Dadurch wurde es möglich, daß die Gewinne des ertragsstarken Stromversorgers HEW AG und die Verluste der HHA im Zuge des steuerlichen Verlustausgleichs miteinander verrechnet werden konnten. Die Stadt Hamburg nutzt die HHA offensichtlich, um Steuern zu sparen. Zu Vertragsabschluß Ende der 70er Jahre konnte die Hansestadt Hamburg mit jährlich 28 Mio. DM aus ersparten Steuern rechnen.[835] Dieses Verhalten ist als Perquisites-Konsum einzuordnen; es hängt jedoch nicht von der Existenz der Mehrstimmrechtsaktie ab.

Auch die Mehrfachstimmrechte der Tucher Bräu AG sind nicht nötig zur Aufrechterhaltung der Mehrheitsposition des Münchener Unternehmers Inselkammer in Höhe von 75,36 % des Grundkapitals. Das Stimmenpotential der Mehrstimmrechtsaktien in Höhe von 7 % würde dem Hauptaktionär eine Reduktion seines Kapitalanteils ohne Aufgabe der Stimmenmehrheit erlauben. Sollte der Hauptaktionär eine Diversifizierung seines Portefeuilles beabsichtigen, dann würden die Mehrstimmrechte einen Wertzuwachs erfahren.

Nach der Übernahme des Berliner Bank-Anteilsbesitzes an der Markt- und Kühlhallen AG durch die Doblinger-Gruppe verfügt die Mehrheitsaktionärin - die Doblinger Industriebeteiligungs-KG - auch ohne die Mehrstimmrechte sowohl über eine qualifizierte Stimmen- als auch Grundkapitalmehrheit. Obgleich die Hauptaktionärin erst vor kurzem das finanzielle Engagement bei der MuK erhöht hat, ist eine Reduzierung dieses Investments in Zukunft denkbar; diese Maßnahme wäre mit Hilfe der Mehrstimmrechte ohne Einflußverlust durchführbar. Die Mehrstimm-

---

[835] Vgl. o. V., Aktienbesitz, 1976, S. 13.

rechte bieten darüber hinaus die Möglichkeit des kostengünstigen Perquisites-Konsums; der umfangreiche Stammaktienbesitz wirkt dieser Tendenz jedoch entgegen.

III.D.2.2.2.5. Unternehmen mit geringwertigen Mehrstimmrechten

Bei folgenden zehn Unternehmen sind die Mehrstimmrechte als geringwertig einzustufen:

Bei der Kulmbacher Reichelbräu AG verfehlt der Hauptaktionär, die Schörghuber-Gruppe, ohne Hinzurechnung der Mehrstimmrechte die einfache Mehrheit knapp; unter Hinzurechnung der Mehrstimmrechten ist der Stimmenanteil sogar noch etwas geringer. Dieses Phänomen liegt darin begründet, daß ein Minderheitsaktionär über das Gros der Mehrstimmrechtsaktien verfügt. Diese Papiere dürften somit für den Hauptaktionär zur Sicherung seiner Position im Unternehmen kaum werthaltig sein.

Für den weiteren mit Mehrstimmrechten ausgestatteten Aktionär, die IREKS GmbH, sind die Mehrstimmrechte ebenfalls wertlos; die IREKS GmbH verfügt auch ohne die Vorzugsaktien über eine Sperrminorität. Gleichzeitig kann die IREKS diese Stimmrechte wegen des geringen Stimmenpotentials - der auf sie entfallenden Hälfte von insgesamt 3,4 % - nicht zum Abbau ihres Engagements bei gleichzeitiger Aufrechterhaltung der Sperrminorität nutzen.

In der Rieter Ingolstadt Spinnereimaschinenbau Aktiengesellschaft gibt es eine dominante Mehrheitsposition in Höhe von 92 % der Anteile. Die Mehrstimmrechte mit ihrem Stimmenpotential von nur 3,6 % in Sonderfällen können weder benutzt werden, um eine firmenwerterhöhende Übernahme zu ermöglichen, noch sind sie nötig, um die auch ohne sie umfassende Machtposition des Mehrheitsaktionärs zu stabilisieren. Gleichzeitig ist ihr Stimmenpotential zu gering, um einen nennenswerten Abbau des finanziellen Engagements ohne Machtverlust zu ermöglichen.

Die Rieter Deutschland GmbH & Co. OHG könnte ihre dominante Mehrheit bei der Rieter Ingolstadt Spinnereimaschinenbau AG ohne weiteres in Perquisites-Konsum umsetzen. Diese Möglichkeit hängt nicht von der Existenz der Mehrstimmrechte ab und verbilligt sich auch nicht durch sie. Diese Mehrstimmrechte sind vermutlich in diesem Umfeld von geringem ökonomischen Wert.

Die Mehrstimmrechtsaktien der Hindrichs-Auffermann AG vereinigten bis zu ihrer Abschaffung in den wichtigen drei Fällen immerhin 20 % der Stimmrechte auf sich. Gleichzeitig verfügte der damalige Großaktionär, die Vereinigten Deutschen Nickel-Werke Aktien-Gesellschaft, über 91 % des Grundkapitals. Die Mehrstimmrechte waren also zur Stabilisierung des Einflusses unnötig. Sie hätten dem Großaktionär erlaubt, seinen Bestand an Stammaktien unbeschadet seiner Mehrheitsposition zu verringern. Tatsächlich ist dies jedoch nicht geschehen. Bei der Hindrichs-Auffermann AG ist es dann zu einer Neuordnung gekommen, die vom Großaktionär der Muttergesellschaft ausging. Diese Veränderungen kamen jedoch unabhängig von den Mehrstimmrechtsaktien zustande; sie fanden erst nach ihrer Abschaffung statt.

Angesichts der genannten Beteiligung hatte die Vereinigten Deutschen Nickel-Werke Aktien-Gesellschaft mit Sicherheit die Möglichkeit zum Perquisites-Konsum. Privater Konsum hätte den Wert ihres umfangreichen Stammaktienpakets allerdings direkt und unmittelbar geschädigt. Deswegen ist es fraglich, ob und inwieweit die Möglichkeit zum Perquisites-Konsum ausgenutzt worden ist. Der Wert der Mehrstimmrechtsaktien dürfte aus der Perspektive des damaligen Großaktionärs sowie potentieller Übernehmer angesichts der bis zu ihrer Abschaffung festgefügten und dominanten Mehrheitsverhältnisse eng begrenzt gewesen sein.

Vor der Abschaffung der Mehrstimmrechtsaktien herrschte bei der B M Bäckermühlen AG mit 95 % Grundkapitalanteil ebenfalls eine dominante Mehrheitsposition vor - die der Landwirtschaftlichen Rentenbank. Trotz ihres hohen Stimmenpotentials in Höhe von knapp 20 % blieben die Mehrstimmrechtsaktien bis zu ihrer Beseitigung kaum werthaltig, da sie ebenfalls nicht zum Abbau des finanziellen Engagements des Großaktionärs genutzt wurden.[836] Für einen eventuellen Perquisites-Konsum gilt das bereits zu anderen Mehrstimmrechtsaktionären mit hohen Stammaktienanteilen Gesagte. Die Einsatzbeschränkung der Mehrstimmrechte dürfte den Wert der mehrstimmigen Vorzugsaktien zusätzlich gemindert haben.

---

[836] Vorbesitzer der Mehrstimmrechtsaktien war die Rudolf Gauger AG gewesen; auf eine Analyse der Werthaltigkeit der Mehrstimmrechtsaktien vor dem Hintergrund früherer Aktionärsstrukturen soll jedoch im Rahmen der vorliegenden Arbeit in der Regel verzichtet werden. Frühere Aktionärsstrukturen werden dann zugrunde gelegt, wenn die Mehrstimmrechtsaktien inzwischen beseitigt worden sind.

Letzteres gilt auch für die Otto Stumpf AG. Darüber hinaus hat das Stimmenpotential der Mehrstimmrechtsaktien im Laufe der Jahre stark abgenommen. Mit den Mehrstimmrechtsaktien allein hätte die Merckle-Gruppe bei der Otto Stumpf AG einen minimalen Einfluß: Die PH Pharma Holding AG, Hamburg, besitzt einen Grundkapitalanteil in Höhe von 87,48 %. Die Mehrstimmrechtsaktien verbriefen ein Stimmenpotential von unter 1 % und sind daher bedeutungslos. Die Einflußnahme der Merckle-Gruppe auf die Otto Stumpf AG, deren Tochtergesellschaften und die übrigen angeschlossenen Pharmaunternehmen wird nicht durch die Mehrstimmrechtsaktien, sondern durch die Verpachtung des operativen Geschäfts dieser Gesellschaften an die Phoenix Pharmahandel AG & Co. KG, Mannheim, und durch einen beträchtlichen Besitz von Stammaktien gesichert.

Anlaß zur Kritik außenstehender Aktionäre war beispielsweise die von Merckle gewählte Konstruktion der Betriebspachtverträge. Presseberichten zufolge habe die Leitung der Otto Stumpf AG erklärt, die Absicht, die Phoenix Pharmahandel AG & Co. KG als Dachgesellschaft der Pharmaunternehmen zu installieren, sei aufgegeben worden, weil man den außenstehenden Aktionären eine Abfindung oder Garantiedividende hätte anbieten müssen.[837] In der gewählten Konstruktion ist dies vermieden worden; gleichzeitig haben die außenstehenden Aktionäre keinen Einblick mehr in die Führung des operativen Geschäfts der Otto Stumpf AG: Die Phoenix Pharmahandel AG & Co. KG, an die es verpachtet wurde, ist nicht publizitätspflichtig. Die Möglichkeiten für den Hauptaktionär, Perquisites zu konsumieren, sind sicher gegeben, hängen aber nicht von den Mehrstimmrechtsaktien ab. Aus Gründen ihres geringen Stimmenpotentials verbilligen diese den Perquisites-Konsum nicht und erweisen sich auch aus diesem Blickwinkel als wertlos.

Die Mehrstimmrechtsaktien der Württembergische AG Versicherungs-Beteiligungsgesellschaft fielen mit ihrem Stimmenpotential von knapp 2 % nur in sehr begrenztem Umfang ins Gewicht. Die entscheidendere Abweichung vom One Share - One Vote-Prinzip in diesem Unternehmen ist die Existenz eines Höchststimmrechts, das den jeweiligen Anteilsbesitz auf ein Stimmenpotential von 20 % zurückschneidet. Der Inhaberin der Mehrstimmrechtsaktien, der Allgemeine Lebens- und Rentenversicherungs AG (ARA), brachte das Stimmenpotential in Höhe von 2 %, das die Mehrstimmrechtsaktien einschlossen, nur insofern einen Vorteil, als sich das Höchststimmrecht allein auf die

---

[837] Vgl. Dunsch, Jürgen, Pharma-Großhandel, 1994, S. 21.

Stammaktien, nicht aber auf die mit Mehrstimmrecht ausgestatteten Vorzüge bezog. Der sich aus ihrem Grundkapitalanteil in Höhe von 23 % ableitende Einfluß der ARA wurde durch die Mehrstimmrechte kaum erhöht; gleichzeitig boten diese nur geringe Möglichkeiten für die ARA, die Kapitalbindung zu reduzieren. Um aus den Mehrstimmrechten ein Verschanzungspotential oder die Möglichkeit zum Perquisites-Konsum ableiten zu können, dürfte ihr Umfang zu gering gewesen sein. Überdies konnten sie nur in einem Abstimmungspunkt, nämlich bei den Wahlen zum Aufsichtsrat, zum Einsatz kommen, was ihre Bedeutung noch weiter einschränkte.

Die Mehrstimmrechtsaktien der Frankona Rückversicherungs-Aktien-Gesellschaft lagen in Händen des Gerling-Konzerns, des früheren Mehrheitsaktionärs der Frankona Rückversicherungs-Aktien-Gesellschaft, und beinhalteten ein Stimmenpotential von unter 1 %. Gleichzeitig hatte Gerling mit der Frankona Rückversicherungs-Aktien-Gesellschaft einen Vertrag über eine Stimmrechtsbeschränkung abgeschlossen, die die Stimmenausübung von Gerling bei der Hauptversammlung auf 50 % begrenzte. Die Mehrfachstimmrechte dürften also vom Standpunkt des damaligen Mehrheitsaktionärs als wertlos angesehen werden. Auch für einen außenstehenden Erwerber hätten sie keine Möglichkeit geboten, Einfluß auf das Unternehmen zu gewinnen.

Auch vor dem Hintergrund eines hypothetischen Perquisites-Konsum waren die Mehrstimmrechtsaktien bedeutungslos. Darüber, ob der damalige Mehrheitsaktionär, die Gerling-Gruppe, bei der Frankona Rückversicherungs-Aktien-Gesellschaft Perquisites konsumiert hat, ist keine konkrete Aussage möglich. Man habe einige Risiken ins Portefeuille nehmen müssen, die nicht so erfreulich gewesen seien, heißt es im Interview.[838] Ein eventueller Perquisites-Konsum durch Gerling hing jedoch sicher nicht von der Existenz der Mehrstimmrechtsaktien ab und verbilligte sich für den Hauptaktionär auch nicht durch sie.

Auch bei der Daimler Benz AG war das Stimmenpotential der Mehrstimmrechtsaktien mit 2,75 % ohne Relevanz für die Einflußmöglichkeiten ihrer Inhaberin, der Deutsche Bank AG, auf das Unternehmen. Die Bank verfügte über einen Grundkapitalanteil von gut 28 % - d.h. eine Sperrminorität war sichergestellt. Gemeinsam mit der von einem Verbund freundlich gesinnter Aktionäre gebildeten Mercedes Automobil Holding (MAH) war die Stimmenmehrheit - und damit auch ohne Hilfe der Mehr-

---

[838] Vgl. Frankona Rückversicherungs-AG, Interview mit Thomas Geisberg am 18. Dezember 1995.

stimmrechte die Verschanzung - gewährleistet, die Ende der 70er Jahre eine Übernahme des Unternehmens durch reiche Öllander verhindern sollte. Die Mehrstimmrechtsaktien wiesen ein zu geringes Potential auf, um diese Verschanzung wirkungsvoll fördern zu können. Auch ein außenstehender feindlicher Übernehmer hätte mit diesem geringen Stimmenpotential wenig anfangen können.

Ob die Paketaktionärin, die Deutsche Bank AG, die bereits zu dieser Zeit den Aufsichtsratsvorsitzenden der Daimler Benz AG gestellt hat, ihre einflußreiche Position zu Perquisites-Konsum genutzt hat, kann innerhalb dieser Arbeit nicht thematisiert werden. Dieses zu diskutieren, führte zu einer Abhandlung über die Verflechtung der Großunternehmen in Deutschland und über die Qualität der internen Unternehmenskontrolle durch Aufsichtsräte und sprengte den Rahmen dieser Arbeit. Auch jüngste Fehlentwicklungen innerhalb der Daimler Benz AG[839] dürften mit der Existenz der Mehrfachstimmrechte nicht zu erklären sein. Diese waren angesichts ihres geringen Umfangs auch nicht dazu geeignet, privaten Konsum entscheidend zu verbilligen.

Die Mehrstimmrechtsaktien der L E W A G machen ebenfalls ein sehr geringes Stimmenpotential von nur 1,37 % aus und dürften - in wessen Händen sie sich auch befinden mögen - eine nur unbedeutende Rolle für die Einflußstruktur im Unternehmen spielen. Die Mehrheitsaktionäre - RWE AG bzw. deren Tochterunternehmen Lahmeyer Aktiengesellschaft für Energiewirtschaft - verfügen über eine Dreiviertelmehrheit des Grundkapitals. Die Verschanzung gelingt unabhängig von der Existenz der Mehrstimmrechtsaktien. Wegen ihres geringen Stimmenpotentials ist weder ein Abbau eines finanziellen Engagements möglich, noch reduzieren sich die Kosten von Perquisites-Konsum. Der Wert der Mehrstimmrechte ist daher als sehr gering einzustufen.

Damit bei der M i t t e l s c h w ä b i s c h e Ü b e r l a n d z e n t r a l e A G eine Übernahme durch einen externen Interessenten zustande kommen kann, reicht das Stimmenpotential der Mehrstimmrechte, das nur in den drei Sonderfällen bei rd. 13 %, im Normalfall bei knapp 5 % liegt, nicht aus. Die Mehrstimmrechte sind überdies zur Hälfte in der Hand von Kleinaktionären, um die sich ein Interessent einzeln bemühen müßte. Vor dem Hintergrund der gegenwärtigen Aktionärsstruktur dürfte ein sich allein aus

---

[839] Vgl. dazu beispielsweise Dunsch, Jürgen, Generalbereinigung, 1996, S. 11; Jeske, Jürgen, Deutsche Bank, 1996, S. 11; o. V., Ermittlungen, 1996, S. 15; Fockenbrock, Dieter, Lehren, 1996, S. 2; o.V., Zündstoff, 1996, S. 17.

einer potentiellen Übernahme ergebender Wert dieser Stimmrechte recht gering sein.[840]

Das gesamte Stimmenpotential, über das der Mehrheitsaktionär, die Energieversorgung Schwaben AG, inklusive der von ihm gehaltenen Hälfte der Mehrstimmrechtsaktien verfügt, beläuft sich auf etwa 77 % in den drei Sonderfällen. Der Kapitalanteil der EVS AG beträgt über 80 %, sie ist also in Besitz einer Dreiviertelmehrheit des Grundkapitals. Aus dem Blickwinkel des gegenwärtigen Hauptaktionärs besitzen die Mehrstimmrechte nur deshalb eine - geringe - Bedeutung, weil auch Kleinaktionäre über einen Teil der Mehrstimmrechtsaktien verfügen. Gäbe es überhaupt keine Mehrstimmrechte im Unternehmen, dann befände sich der Hauptaktionär in einer noch klareren Mehrheitsposition. Die auf den Streubesitz verteilten Mehrstimmrechtsaktien sind nicht werthaltig.

III.D.2.2.2.6. Keine Aussage über ökonomischen Wert möglich

Bei fünf Unternehmen läßt sich eine Aussage über den Wert der Mehrstimmrechte nur schwer treffen:

Die Wertbetrachtung der Mehrstimmrechtsaktien der Berliner Kraft- und Licht (BEWAG-) Aktiengesellschaft muß je nach betrachtetem Aktionär und nach der durch den Verkauf der Landesbeteiligung entstehenden Aktionärsstruktur differenziert vorgenommen werden. Zunächst sind die Mehrstimmrechte für das Land Berlin im wesentlichen ohne Bedeutung. Das Land Berlin erreichte auch ohne die Existenz der Mehrstimmrechte - besäßen die B-Aktien also wie die A-Anteile eine Stimme - eine 50,82%ige, knappe Stimmenmehrheit.[841] Die Mehrstimmrechte bieten dem kommunalen Aktionär also keinerlei Verschanzungsvorteile. Bei den beiden anderen Aktionären, der PreussenElektra AG und der Bayernwerk AG, verhält sich die Sachlage etwas anders: Die beiden Konzerne erreichen mit ihren Aktienpaketen ohne Berücksichtigung des Stimmenvorzugs jeweils nur 10 % der Stimmen statt

---

840 Andererseits ist auch ein abweichendes Szenario bei der MÜAG vorstellbar - dergestalt nämlich, daß ein außenstehender Übernehmer, z.B. per Zeitungsanzeige, mit den Besitzern der Inhaber-Vorzugsaktien Kontakt aufnimmt und ein Gebot abgibt. Der Insider-Aktionär, die EVS, würde dann möglicherweise ebenfalls ein Gebot abgeben. Vor dem Hintergrund dieses "proxy contests" würden die Mehrstimmrechte der Kleinaktionäre deutlich an Wert gewinnen.

841 Vgl. Berliner Kraft- und Licht (BEWAG-) AG (Hrsg.), Geschäftsbericht, 1995/96, Berlin.

14 % unter Hinzurechnung der Mehrstimmrechte. Agieren die privaten Aktionäre allein, ändert sich durch die Mehrstimmrechtsaktien nichts. Bei gemeinsamem Vorgehen sichern ihnen die Mehrstimmrechte eine stimmenbezogene Sperrminorität.

Die Situation bei der BEWAG ändert sich nun nach dem Verkauf vollständig. Das Unternehmen soll in Kürze privatisiert werden. Das Land Berlin spielt dann als Aktionär keine Rolle mehr. Denkbar ist, daß der Stimmenvorzug entweder abgeschafft oder die auf das Land Berlin entfallenden Mehrstimmrechtsaktien an die privaten Kaufinteressenten mitveräußert werden. Inwieweit die Mehrstimmrechtsaktien nach der vollständigen Privatisierung der BEWAG von Bedeutung und damit von Wert sein werden, hängt von der künftigen Aktionärsstruktur im Unternehmen ab. Übernehmen die bisherigen Aktionäre den gesamten zum Verkauf stehenden Anteil der Stadt Berlin, dann dürften die Mehrstimmrechte aufgrund der entstehenden Anteilsverhältnisse nicht so entscheidend sein wie beispielsweise im denkbaren Falle, daß sich der Senat der Stadt Berlin mit dem Bewerber Southern Co., der bisher noch keine Beteiligung hält, auf den Verkauf einigen sollte. In diesem Fall wären die Mehrstimmrechte in Händen der PreussenElektra AG und der Bayernwerk AG im Sinne einer Kombination ihrer Stimmenpotentiale zu einer stimmenbezogenen Sperrminorität möglicherweise wieder von Bedeutung.[842]

Bei der Porzellanfabrik Waldsassen Bareuther & Co. AG hätte ein außenstehender Übernehmer allein mit den Mehrstimmrechtsaktien keine Mehrheitsposition aufbauen können. Die Mehrstimmrechte kamen in nur drei Abstimmungsfällen zum Einsatz und umfaßten dann ein Stimmenpotential von etwa 14 %. Nach Informationen des Gesprächspartners hat die Familie nie eine Mehrheitsposition im Unternehmen innegehabt.[843]

Vorstand und Familien-Aktionäre waren bei der Porzellanfabrik Waldsassen Bareuther & Co. AG eng miteinander verbunden. Beispielsweise war der letzte Vorstand des Unternehmens, Oskar Deininger, ein Mitglied der Familie Bareuther.[844] Die Möglichkeit insbesondere für die Familie Ba-

---

[842] Die Entscheidung bezüglich der BEWAG-Privatisierung ist inzwischen gefallen. Vgl. dazu Anhang 6, Mehrheitsverhältnisse der BEWAG.

[843] Vgl. Porzellanfabrik Waldsassen Bareuther & Co. AG, Interview mit Oskar Deininger am 26. August 1995, Antwort auf Frage 1 (Anhang 1).

[844] Oskar Deininger ist ein Großneffe seines Vorgängers im Amt, Oskar Bareuther, der das Unternehmen zuvor dreißig Jahre lang leitete.

reuther, verhältnismäßig kostengünstig Perquisites zu konsumieren, war gegeben. Es sind keine Hinweise vorhanden, ob und in welchem Umfang dies allerdings tatsächlich geschehen ist.

Für die bisherigen Hauptaktionäre der Kühltransit AG - Gerd Buss sowie die Transit Kühlhaus Gesellschaft -, die jeweils über 50 % bzw. 25 % des Grundkapitals besaßen und jeweils über die Hälfte des Stimmenpotentials der Mehrstimmrechte in Höhe von insgesamt etwa 11 %verfügten, dürften die Mehrstimmrechte von geringem Wert gewesen sein. Beide Aktionäre hatten allein durch ihre jeweiligen Anteile am Grundkapital bestimmte Einflußgrenzen - 50 % auf der einen und 25 % auf der anderen Seite - erreicht. Die Mehrstimmrechte, die sich die Aktionäre teilten, brachten keinen zusätzlichen Verschanzungsvorteil.

Das Unternehmen hat nun seit September 1996 einen neuen Mehrheitsaktionär - die WCM Beteiligungs- und Grundbesitz AG. In der Veröffentlichung finden sich keine Details zur neuen Aktionärsstruktur. Über den gegenwärtigen Wert der Mehrstimmrechte, über deren Verbleib nichts bekannt ist, läßt sich ohne zusätzliche Informationen keine Aussage treffen.

Bereits im Interview wurde deutlich, daß Pläne verfolgt wurden, das operative Kühlhausgeschäft aus der AG herauszulösen und den AG-Mantel zu veräußern. Mit verändertem Geschäftszweck sollte so neues Potential für die Aktie entstehen. Möglicherweise ist der neue Mehrheitsaktionär der Kühltransit AG in Zusammenhang mit diesen Plänen zu sehen.[845]

Auch im Falle der Konrad Hornschuch AG und der VSM Vereinigte Schmirgel-und Maschinen-Fabriken Aktiengesellschaft ist keine Aussage zur Werthaltigkeit der Mehrstimmrechtsaktien möglich, da keine Informationen über ihre Eigentümer vorliegen.

III.D.2.2.3. Wertbestimmung anhand geleisteter Entschädigungszahlungen

Wie sich gezeigt hat, lassen sich aus der gegebenen Aktionärsstruktur und dem Stimmenpotential der Mehrstimmrechtsaktien zumindest Werttendenzen ablesen. Der Versuch einer Wertbestimmung kann aber auch aus einer anderen Perspektive ansetzen - aus der Perspektive des Kapital-

---

[845] Vgl. Kühltransit AG, Interview mit Thomas Birtel am 6. November 1995, Antwort auf Frage 8 (Anhang 1).

marktes, in dem sich tatsächlich ein Preis für einen bestimmten Kontrolltransfer gebildet hat. Diese Art der Wertermittlung wird beispielsweise von DeAngelo u. DeAngelo verwendet; sie versuchen den Wert der Kontrollposition durch beobachtbare Entschädigungszahlungen festzustellen.[846]

Diese Art der Wertbestimmung kann nur bei den Unternehmen der Untersuchungseinheit ansetzen, bei denen die Mehrstimmrechtsaktien abgeschafft worden und Entschädigungszahlungen an die betroffenen Aktionäre geflossen sind. Anzumerken ist hier jedoch, daß Entschädigungen auch nicht-finanzieller Natur sein können; derartige Leistungen sind in der Regel nur schwer beobachtbar. Die für Außenstehende mangelnde Transparenz dieser nicht-finanziellen Entschädigungen kann der Grund für diese Art der Entschädigung sein. Wie DeAngelo und DeAngelo schreiben, lassen sich Aktionäre, um diesen Effekt herbeizuführen, höchstwahrscheinlich nicht vollständig finanziell entschädigen. Aus beobachtbaren Kompensationen ist also höchstens die Untergrenze des Wertes der Kontrollposition abzuleiten.[847]

Erschwert wird eine Wertanalyse mittels beobachtbarer Entschädigungszahlungen zusätzlich durch die unklare Rechtslage. Nach § 5 (2) EGAktG hat ein Mehrstimmrechtsaktionär bei Abschaffung des Stimmenvorzugs dann einen Anspruch auf eine vom Unternehmen an ihn zu leistende Entschädigung, wenn er im Verhältnis zu den anderen Aktionären neben der Einlage auf das Grundkapital besondere Leistungen für die Gesellschaft erbracht hat oder erbringt. Zöllner zufolge besteht jedoch auch dann kein überzeugender Grund, den entschädigungslosen Entzug der Mehrstimmrechte zuzulassen, wenn Sonderleistungen des Aktionärs nicht vorliegen oder nicht nachweisbar sind: "Entscheidend ist vielmehr, daß der Gesetzgeber fest umrissene Vermögenswerte ihrem Inhaber nicht nachträglich grundlos entziehen kann. Die Gesellschaft hat daher den Mehrstimmrechtsinhaber bei Abschaffung der Mehrstimmrechte für deren Wert in jedem Fall angemessen zu entschädigen."[848] Daß im Einzelfall Entschädigungen gezahlt oder nicht gezahlt werden, muß also nicht unbedingt Rückschlüsse auf den Wert der betreffenden Mehrstimmrechte zulassen, sondern ist möglicherweise auf die Interpretation des § 5 (2) EGAktG zurückzuführen.

---

[846] Vgl. DeAngelo, Harry / DeAngelo, Linda, Ownership, 1985.

[847] Vgl. DeAngelo, Harry / DeAngelo, Linda, Ownership, 1985, S. 56.

[848] Zöllner, Wolfgang, Kölner, 1985 III, § 5 EGAktG, Rdnr. 3, S. 1097.

Mit der juristischen Problematik der Entschädigungsleistungen bei Abschaffung von Mehrstimmrechten hat sich beispielsweise die Frankona Rückversicherungs-Aktien-Gesellschaft auseinandergesetzt.[849] Bei diesem Unternehmen wurden die Mehrfachstimmrechte der Namens-Vorzugsaktien Lit A gemäß Beschluß der Hauptversammlung vom 14.12.93 beseitigt. Die Namens-Vorzugsaktien Lit A wurden den Namens-Stammaktien Lit B zugeschlagen. Eine Entschädigung für die Mehrstimmrechtsaktien hat es nach Auskunft des Gesprächspartners nicht gegeben. Es sei nicht nachweisbar gewesen, daß der Mehrstimmrechtsaktionär besondere Leistungen für das Unternehmen erbracht habe.[850]

Die Mehrstimmrechtsaktien der Hindrichs-Auffermann AG wurden gleichzeitig mit der Neueinteilung des Grundkapitals von der bisherigen Einteilung der Aktien in Stücke à DM 100 Nennwert zu à DM 50 Nennwert beseitigt, d.h. in Stammaktien umgewandelt. Dieser Maßnahme lagen ein Beschluß der ordentlichen Hauptversammlung vom 18.05.90 sowie Sonderbeschlüsse von Vorzugs- und Stammaktionären zugrunde. Eine Entschädigung hat die Vereinigte Deutsche Nickel-Werke Aktien-Gesellschaft (VDN), damalige Hauptaktionärin und Inhaberin der Mehrstimmrechtsaktien, nach Angaben des Unternehmens nicht erhalten. Im gegenteiligen Fall wäre dies - so betont der Interviewpartner - im Geschäftsbericht vermerkt.[851]

Bei der BM Bäckermühlen AG erfolgte die Entscheidung, die Mehrstimmrechtsaktien in Stammaktien umzuwandeln, ebenfalls im Zuge der Neueinteilung der Kapitals im Jahre 1991. Kurz zuvor war das Unternehmen von einem neuen Mehrheitsaktionär, der Landwirtschaftlichen Rentenbank, Frankfurt, übernommen worden. Diese hat nach Aussage des Unternehmens keine Entschädigungszahlung für den Verlust der Mehr-

---

[849] Vgl. Frankona Rückversicherungs-AG, interne Notiz 16/1992, Betreff: Beseitigung der Vorzugsaktien, 3. September 1992.

[850] Vgl. Frankona Rückversicherungs-AG, Interview mit Thomas Geisberg am 18. Dezember 1995, Antwort auf Frage 9 (Anhang 1). Hierzu auch Frankona Rückversicherungs-AG, Prospekt, 1994, S. 3: "Die Inhaber der früheren Namensaktien Buchstabe A erhielten für den Verlust des Mehrstimmrechts keine Entschädigung."

[851] Vgl. Hindrichs-Auffermann AG, Interview mit Dieter Rebmann am 6. November 1995, Antwort auf Frage 14 (Anhang 1).

stimmrechte erhalten, da es "keinen Sinn gehabt" hätte, "Geld von der linken in die rechte Hand zu schaufeln."[852]

Die Mehrstimmrechte der heutigen Württembergische AG Versicherungs - Beteiligungsgesellschaft wurden im Zuge der Konzernbildung der Württembergischen Versicherungsgruppe beseitigt. Bei diesem Gruppenumbau erwarb das damals noch als Württembergische Feuerversicherung AG firmierende Unternehmen die Mehrheit an ihrer Schwestergesellschaft, der Allgemeine Rentenanstalt Lebens- und Rentenversicherungs-AG (ARA), die die Mehrstimmrechtsaktien der WürttFeuer hielt. Das Erstversicherungsgeschäft der WürttFeuer wurde ausgegliedert und auf eine Tochtergesellschaft, die Württembergische Versicherung Aktiengesellschaft (WürttVers) übertragen. Schließlich wurden beide Unternehmen - die WürttVers und die künftig als Württembergische Lebensversicherung AG (WürttLeben) firmierende ARA - unter die einheitliche Leitung der Obergesellschaft WürttFeuer gestellt, die ihren Namen in "Württembergische AG Versicherungs-Beteiligungsgesellschaft" änderte. Der Umbau der württembergischen Versicherungsgruppe war Mitte 1991 abgeschlossen. Wegen des Mehrheitserwerbs der WürttFeuer an der ARA mußten bereits zuvor die Mehrstimmrechte, die die ARA an der WürttFeuer hielt, in Stammaktien umgewandelt und an der Börse zugelassen werden. Die Beteiligung der ARA an der WürttFeuer wurde zu einigen Banken umplaziert. Es gab nach Aussage des Unternehmens keine Veranlassung, die Mehrstimmrechtsaktien, die die ARA - dies galt für ihre gesamte WürttFeuer-Beteiligung - nicht mehr halten durfte, an einen anderen Aktionär zu übertragen.[853] Wie der Interviewpartner erklärt, hat es keine Entschädigung für den Verlust der Mehrstimmrechte gegeben.[854]

Die Mehrstimmrechtsaktien der Daimler Benz AG wurden durch Beschluß der ordentlichen Hauptversammlung am 26. Mai 1993 abgeschafft und in Stammaktien umgewandelt.[855] Zur Frage der Entschädigung hat sich das Unternehmen in seinem Antwortschreiben im Rahmen

---

[852] BM Bäckermühlen AG, Telefoninterview mit Fritz Vetter am 11. September 1995, Antwort auf Frage 7 (Anhang 1).

[853] Vgl. Württembergische AG Versicherungs-Beteiligungsgesellschaft, Interview mit Dietrich Kaufmann am 20. April 1995, Antwort auf Frage 14 (Anhang 1).

[854] Vgl. Württembergische AG Versicherungs-Beteiligungsgesellschaft, Interview mit Dietrich Kaufmann am 20. April 1995.

[855] Vgl. Daimler Benz AG, Schreiben Reiff / Rappers zur Beantwortung der Fragen, vom 18. Dezember 1995, S. 5.

der Fragebogenaktion nicht geäußert. Gleichzeitig heißt es in der vor Abschaffung der Mehrstimmrechte gültigen Satzung des Unternehmens[856]: "... Die Vorrechte der Vorzugsaktien sind insofern befristet, als nach Bestimmung des Aufsichtsrats der Vorstand der Gesellschaft unter Mitwirkung der zur Vertretung erforderlichen Anzahl Mitglieder jederzeit in gerichtlicher oder notarieller Form gegenüber den Vorzugsaktionären erklären kann, daß die Vorzugsaktien ohne Aufzahlung in Stammaktien umgewandelt werden; durch diese Erklärung kommen die Vorrechte der Vorzugsaktien sofort zum Erlöschen und tritt deren völlige Gleichstellung mit den Stammaktien ein." Gemäß der Unternehmenssatzung war also keinerlei Entschädigung notwendig; ob es in der Realität eine Entschädigung welcher Natur auch immer an die Eigentümerin der Mehrstimmrechtsaktien, die Deutsche Bank AG, gegeben hat, ist nicht bekannt.

Die Konrad Hornschuch AG sowie die J. Vögele AG haben ihre Mehrstimmrechtsaktien im Jahre 1996 abgeschafft. Die beiden Unternehmen haben sich an der Umfrage nicht beteiligt; zu eventuellen finanziellen Entschädigungszahlungen gibt es keine Hinweise.

Zusammenfassend läßt sich also festhalten, daß eine finanzielle Entschädigung an die ehemaligen Mehrstimmrechtsaktionäre in keinem einzigen Fall der Untersuchungseinheit bekannt ist. Eine Wertbestimmung anhand von tatsächlichen Zahlungen läßt sich also bislang nicht durchführen. Dies könnte sich allerdings in Zukunft ändern: Es zeichnet sich ab, daß zwei weitere Unternehmen aus der Untersuchungseinheit ihre Mehrstimmrechtsaktien abschaffen bzw. veräußern werden: Die RWE AG sowie die Berliner Kraft- und Licht (BEWAG)-Aktiengesellschaft. In einem Unternehmen, der VEW AG, ist es bereits zu Transaktionen innerhalb der bevorrechtigten Aktionärsgruppe gekommen.

Die Abschaffung der Mehrstimmrechtsaktien der RWE AG wird seit geraumer Zeit öffentlich diskutiert; in diese Diskussion ist nun insoweit Bewegung gekommen, als die kommunalen Aktionäre, die sich bisher vehement gegen die Beschneidung ihrer Vorrechte gewandt hatten, nun einzulenken scheinen. Es ist also durchaus denkbar, daß mit Billigung der öffentlichen Hand eine Umwandlung ihrer Mehrstimmrechtsaktien in Stammaktien zustande kommt; dies wohl unter der Voraussetzung, daß die Gemeinden eine starke Stellung im Unternehmen weiterhin beibehalten können. Die Diskussion um die Abschaffung der Mehrstimmrechtsaktien bei der RWE AG wird beschleunigt durch die Befürchtung der Kommu-

---

[856]Vgl. Daimler Benz AG (Hrsg.) Satzung idF 28. Juni 1989, § 4 Abs. 2.

nen, daß die Aktienrechtsnovelle, die in das sogenannte „Gesetz zur Kontrolle und Transparenz im Unternehmensbereich“ (KonTraG) münden soll, eine entschädigungslose Beseitigung dieser Stimmrechte vorsehen könnte.[857] Erste Vorstellungen des Verbandes kommunaler Aktionäre der RWE GmbH (VkA) über den Wert dieser Stimmrechte liegen bereits vor. Der gegenwärtige Vorsitzende des VkA, Mende, hat ihn mit 1,5 bis 2 Mrd. DM beziffert. Bei der Wertermittlung geht Mende von der Kursdifferenz zwischen den stimmrechtslosen Aktien und den mit einfacher Stimme versehenen Stammaktien, multipliziert mit den Mehrstimmen aller Namensaktien, aus.[858] Bei einem Wertansatz der Mehrstimmrechtsaktien in Höhe von 2 Mrd. DM wäre das Paket dieser Aktien rd. 3,7 bzw. 4,6 mal soviel wert wie eine entsprechende Anzahl Stammaktien bzw. stimmrechtsloser Vorzugsaktien.[859] Diese Summe hat der Vorstandsvorsitzende der RWE AG, Kuhnt, als jenseits jeder Vorstellung und nicht vertretbar abgelehnt. Es gibt also noch keinen Konsens bezüglich des Wertes der Mehrstimmrechte bei der RWE AG.[860]

Bezüglich der Berliner Kraft-und Licht (BEWAG)-Aktiengesellschaft steht die Stadt Berlin - wie oben bereits ausgeführt - in Verkaufsverhandlungen mit mehreren in- und ausländischen Investoren, denen sie ihren gesamten Anteil in Höhe von 50,8 % des Grundkapitals verkaufen will.[861] Wenn es zu dem Verkauf kommt, lassen sich möglicherweise - falls Einzelheiten zum Verkaufspreis bekanntgegeben werden - Schlußfolgerungen über den Wert der Mehrstimmrechtsaktien treffen. Denkbar ist natürlich auch, daß die Mehrstimmrechtsaktien der BEWAG vor einem Verkauf des Pakets in Stammaktien umgewandelt werden.

---

[857] Vgl. Sturbeck, Werner, Produktivität, 1996, S. 24; ebenfalls o. V., Aussicht, 1997, S. 7.

[858] Vgl. Sturbeck, Werner, Verfassungsklage, 1996, S. 23.

[859] Dieser Berechnung liegen die Kassakurse der RWE-Stammaktie und der stimmrechtslosen RWE-Vorzugsaktie vom 14. März 1997 zugrunde. Vgl. dazu o. V., Aktien: Kassakurse amtlicher Handel, in: Handelsblatt, 17. März 1997, Nr. 53, S. 34.

[860] Vgl. o. V., Gespräche, 1996, S. 23. Die Mehrstimmrechte der RWE AG sind nach Redaktionsschluß der vorliegenden Arbeit im Rahmen einer außerordentlichen Hauptversammlung am 26.02.98 mit Hilfe eines speziellen Verfahrens beseitigt worden. Zu Einzelheiten vgl. Gliederungspunkt III.F.2.3.1.

[861] Vgl. Knipper, Hermann-Josef, Senatorin, 1996, S. 17; o. V., Angebote, 1997, S. 18.

Nach Aussage der V E W A G ist es in diesem Unternehmen zu Veräußerungen von Mehrstimmrechtsaktien innerhalb des kommunalen Aktionärskreises gekommen. Wie es heißt, haben sich die Kommunen beim Verkauf untereinander am aktuellen Börsenkurs der Inhaberaktien orientiert.[862] Eine Stimmrechtsprämie für die Mehrstimmrechte ist offensichtlich nicht gezahlt worden. Dies entspricht einer Regelung im Gesellschaftervertrag der Vereinigung der kommunalen Aktionäre der VEW GmbH, in der sich die kommunalen Gesellschafter der VEW AG zusammengeschlossen haben. Danach dürfen Kommunen beispielsweise Aktien an Nichtgesellschafter nur dann verkaufen, wenn sie diese zuvor den übrigen Gesellschaftern über die VkA zum Tageskurs angeboten haben.[863] Inwieweit politische statt ökonomische Einflußfaktoren zu einer solchen Preisgestaltung führen, läßt sich nur schwer abschätzen.

III.D.2.2.4. Andere Ansätze zur Quantifizierung des Werts

Weitere Ansätzen zur Quantifizierung des Wertes von Mehrstimmrechten haben sich im Laufe der Diskussion über die Abschaffung von Mehrstimmrechten herauskristallisiert.

Ein Ansatz für die Bestimmung des Wertes von Mehrstimmrechten findet Erwähnung in einem von den kommunalen Aktionären der RWE AG in Auftrag gegebenen Gutachten und geht von der Differenz von Durchschnittskursen der stimmrechtslosen Vorzugsaktien und Stammaktien des betreffenden Unternehmens aus. Diese Differenz soll dem Wert des Stimmrechts in diesem Unternehmen entsprechen; sie wird mit der Höhe des Stimmenvorzugs multipliziert.[864] Gegen diesen Ansatz sprechen jedoch verzerrende Einflüsse; sie ergeben sich zum einen durch den Dividendenvorzug der stimmrechtslosen Vorzugsaktien, der sich auf den Kurs dieser Papiere auswirkt und den stimmrechtsbedingten Kursabschlag gegenüber Stammaktien mindert. Der zweite verfälschende Effekt kommt dadurch zustande, daß Mehrstimmrechtsaktien bei einer Reihe von Beschlüssen, bei denen das Aktiengesetz zusätzlich zur Stimmenmehrheit eine Kapitalmehrheit verlangt, nicht ausschlaggebend sind. Der Stimmrechtsvorzug fällt in seinem Gewicht zurück, wenn bei Beschlüssen die Kapitalmehrheit erforderlich ist, und erscheint deshalb als Multiplikator

---

[862] Vgl. Vereinigte Elektrizitätswerke Westfalen AG, Interview mit Klaus Wuppermann und Gisbert Stengel am 5. Februar 1996, Antwort auf Frage 9 (Anhang 1).

[863] Vgl. Verband der kommunalen RWE-Aktionäre GmbH (Hrsg.), Gesellschaftsvertrag, 1992, § 5 Abs. 2.

[864] Vgl. Schwark, Eberhard, Rechtsfragen, o. J., S. 132 - 154.

für die Wertermittlung ohne den Einsatz einer Bereinigungs- oder Korrekturgröße nicht geeignet. Eine Wertbestimmung von Mehrstimmrechtsaktien mittels Multiplikation des Stimmenvorzugs mit der Kursdifferenz zwischen Stammaktien und stimmrechtslosen Vorzugsaktien würde das relativ zu derselben Zahl von Stammaktienstimmen niedrigere Kapitalgewicht der Mehrstimmrechtsaktien außer acht lassen.

Die Notwendigkeit eines Wertabschlages leitet sich außerdem aus ihrer fehlenden Börsengängigkeit und mangelnden Fungibilität her.[865] Ein weiterer Gesichtspunkt läßt einen Abschlag geboten erscheinen: Bei der RWE AG beispielsweise beinhaltet der Wert des Mehrstimmrechtes vor allem ein Verschanzungselement; das Veräußerungselement ist fraglich. Es kann sein, daß Aufsichtsrat und Hauptversammlung der RWE AG einer Veräußerung der Mehrstimmrechtsaktien an Private nicht zustimmen dürfen, da andernfalls die Zweckbestimmung der Mehrstimmrechte, in der Hand der kommunalen Aktionäre dem gesamtwirtschaftlichen Belang einer sicheren Energieversorgung zu dienen, vereitelt würde: "Die Veräußerung von Mehrstimmrechtsaktien an Private unter Aufrechterhaltung des Mehrstimmrechts würde außerdem die Befugnis und auch die Verpflichtung des Landeswirtschaftsministers zur Aufhebung der Genehmigung des Mehrstimmrechts für diese Aktien nach § 48 Abs. 1 oder § 49 Abs. 2 Nr. 3 VwVfG auslösen, da auch durch die Übertragung an einen privaten Aktionär eine für die Erteilung der Genehmigung wesentliche Voraussetzung wegfällt."[866] Diese Argumentation würde, falls ihr zu folgen ist, die Veräußerung von Mehrstimmrechtsaktien auch anderer Versorgungsunternehmen an Private unmöglich machen. Im Falle der VEW AG steht der Weitergabe von Mehrstimmrechten an Private zudem eine Satzungsbestimmung entgegen: Werden Mehrstimmrechtsaktien dieses Unternehmens an einen Aktionär veräußert, der nicht eine Gemeinde, Gemeindeverband, eine öffentliche Körperschaft oder ein in öffentlichem Besitz befindliches Unternehmen ist, so erlöschen die Mehrstimmrechte. Gleichzeitig kann ein Verkauf dieser Papiere nur mit Zustimmung der Gesellschaft erfolgen, die die Hauptversammlung mit einfacher Mehrheit der abgegebenen Stimmen erteilt.[867]

---

[865] Vgl. Verband der kommunalen Aktionäre des RWE GmbH, Interview mit Rudolf H. Müller am 15. Januar 1996, Antwort auf Frage 9 (Anhang 1).

[866] Hoffmann-Becking, Michael / Schmidt, Thomas L., Rechtsgutachten, 1992, S. 87 f.

[867] Vgl. Vereinigte Elektrizitätswerke Westfalen AG (Hrsg.), Satzung idF 30. Mai 1995, § 4 Abs. 1 u. 2.

Bedingungen, an die die Existenz von Mehrstimmrechtsaktien geknüpft sind, sind für die Wertermittlung von Bedeutung und dürften den ökonomischen Wert derjenigen Mehrstimmrechtsaktien, die praktisch nicht verkäuflich sind, einschränken. Diese These wird durch die auf den Schweizer Kapitalmarkt bezogenen Ergebnisse von Kunz gestützt: "Die Übertragbarkeit der meisten Namensaktien in der Stichprobe war während des Untersuchungszeitraums mehr oder weniger stark eingeschränkt. Damit wird der Hauptvorteil von Wertpapieren, nämlich die einfache Übertrag- und Handelbarkeit von Forderungen, erheblich beeinträchtigt. ... Einschränkungen der Aktionärsrechte und schlechtere (relative) Liquidität der Aktien führen erwartungsgemäß zu einem niedrigeren Preisverhältnis."[868]

Die Möglichkeiten, den kurswertbezogenen Ansatz in der Praxis anzuwenden, sind in Deutschland sehr eingeschränkt, da die meisten Unternehmen mit Mehrstimmrechtsaktien nicht gleichzeitig auch über stimmrechtslose Vorzugsaktien verfügen. In der Untersuchungseinheit trifft dieser Fall auf nur zwei Firmen zu: auf die RWE AG und die Otto Stumpf AG.

Neben dem von den Kurswerten stimmrechtsloser Vorzüge und Stämme abgeleiteten Ansatz, der für die vorliegende Untersuchungseinheit nicht in Frage kommt, wird in der Literatur ein weiterer, ebenfalls ungeeigneter Wertermittlungsansatz diskutiert - die Ertragswertmethode. Dieser Ansatz basiert auf der Berechnung des Barwertes zukünftiger Erträge des Unternehmens, aus dem nach einer Korrektur um Zu- und Abschläge der Anteilswert abgeleitet wird. Innerhalb der Untersuchungseinheit verweist beispielsweise der Gesprächspartner der Kühltransit AG auf den Ertragswert des Unternehmens als richtige Methode zur Berechnung des Mehrstimmrechtswerts.[869]

Aber auch dieser Ansatz erfaßt den Wert von Mehrstimmrechten nur ungenau. Wie im Falle der kurswertbezogenen Wertermittlung tritt die Problematik der Höhe von Zu- und Abschlägen auf. Überdies hängt das auf den Mehrstimmrechten basierende Maß an Unternehmenskontrolle von einer Vielzahl von Faktoren ab - Höhe des Stimmenvorzugs, Aktionärsstruktur, geltende Mehrheitsregel für den in Frage stehenden Abstim-

---

868Kunz, Roger M., Wert, 1996, S. 339 u. 344.

869Vgl. Kühltransit AG, Interview mit Thomas Birtel am 6. November 1995, Antwort auf Frage 9 (Anhang 1). Auch Schwark stellt die Ertragswertmethode als richtigen Ansatz für die Wertermittlung dar. Vgl. dazu Schwark, Eberhard, Rechtsfragen, o. J., S. 136 - 142.

mungspunkt, konkrete Übernahmeversuche etc. Diese Faktoren werden durch eine sich am Ertragswert orientierende Analyse nicht erfaßt. Darüber hinaus ist zu bedenken, daß mit der Ertragswertmethode der Versuch einer Wertermittlung des gesamten Anteils und nicht der isolierten Stimmrechte vorgenommen wird. Auch Schwark als Befürworter der Ertragswertmethode gesteht zur Frage der Isolierung des Stimmrechtswerts ein: "Zum dabei einzuschlagenden Bewertungsverfahren finden sich in der verfügbaren Literatur, die bei der Anteilsbewertung ggf. mit Zu- oder Abschlägen arbeitet und dabei Halt macht, keine Hinweise."[870]

Grundsätzlich hängt der Wert von Mehrstimmrechtsaktien davon ab, welcher Einfluß von ihnen vor dem Hintergrund einer bestimmten Aktionärsstruktur ausgeht. Wenn beispielsweise Mehrstimmrechtsaktien einer Kapitalminderheit die Möglichkeit geben, Beschlüsse zu verhindern, die die erforderliche Kapitalmehrheit fänden, dann begründet diese Konstellation einen hohen Wert dieser Aktien. Dieser Wert läßt sich mit einer kursdifferenz- oder ertragswertbezogenen Betrachtung nur unzureichend abtasten.

Ein denkbarer Ausgangspunkt zur Wertermittlung von Mehrstimmrechten könnte die Fragestellung sein, wieviel der Inhaber oder Erwerber von Mehrstimmrechten für denselben Einfluß auf das Unternehmen hätte bezahlen müssen, wenn er statt Mehrstimmrechtsaktien Stammaktien erworben hätte. Diese Überlegung berücksichtigt zumindest Faktoren wie das Ausmaß des Stimmenvorzugs als auch die unterschiedliche Aktionärs- und Einflußstruktur im Unternehmen.

III.D.3. Zusammenfassung der Ergebnisse

Betrachtet man die Aktionärsstrukturen sowie die Stimmrechtspotentiale und Grundkapitalanteile der Anteilseigner in den Firmen der Untersuchungseinheit, dann zeigt sich, daß in nur wenigen Unternehmen Hauptaktionäre mit Hilfe der Mehrstimmrechte das aktienrechtlich wichtigste Mehrheiterfordernis - die Stimmenmehrheit - erreichen. Dies ist der Fall bei der Fränkisches Überlandwerk Aktiengesellschaft sowie - mit Ein-

---

[870] Schwark, Eberhard, Rechtsfragen, o. J., S. 141.

schränkung - bei der RWE AG.[871] Bei der Mehrzahl der Unternehmen basiert der Wert der Mehrstimmrechtsaktien auf der in ihnen enthaltenen Möglichkeit, finanziellen Einsatz ohne Einflußverlust zu reduzieren oder kostengünstig Perquisites zu konsumieren.

Eine Aussage über die konkrete Ausprägung der beiden letztgenannten Faktoren im einzelnen Unternehmen kann nur spekulativ sein und muß deshalb hier unterbleiben. Gleichwohl darf ihre Bedeutung für den Wert der Mehrstimmrechtsaktien nicht unterschätzt werden. Auffällig ist, daß die Interviewpartner der betrachteten Firmen diese beiden Aspekte kaum ins Kalkül ziehen, sondern ihre Argumentation im wesentlichen auf die mit Mehrstimmrechten erreichbaren Mehrheiten stützen.

III.E. Wirkung der Mehrfachstimmrechte auf den Firmenwert

Mehrstimmrechte erleichtern ihren Inhabern die Verschanzung gegen interne und externe Kontrolle, wie bereits im ersten, theoretischen Teil der Arbeit deutlich wurde. Sie können wertsteigernde Übernahmen eines schlecht gemanagten Unternehmens verhindern und verstärken den Anreiz zum Perquisites-Konsum. Diese beiden Auswirkungen von Verschanzung sind in den vorangegangenen Kapiteln - insbesondere beim Thema "Wert der Mehrstimmrechte" - ausführlich diskutiert worden. Sie sollen deshalb aus der Perspektive ihrer Wirkung auf den Unternehmenswert nur noch kurz aufgegriffen werden. Neben den Wirkungen der Verschanzungen ist zunächst kurz auf einige in der Untersuchungseinheit anzutreffende Verschanzungsinstrumente einzugehen.

III.E.1. Verschanzungsinstrumente in der Untersuchungseinheit

Insider-Aktionäre, die eine informelle oder formelle Absprache über ihr Abstimmungsverhalten treffen, erhöhen die Wahrscheinlichkeit, daß es nicht zu einer feindlichen Übernahme kommen wird. Wie Stulz zeigt, muß ein Bieter den außenstehenden Aktionären eine um so höhere Übernahmeprämie zahlen, je größer der vom Insider-Aktionär gehaltene Stimmenblock - die Stimmenkonzentration α - ist. Je höher die zu zahlende Prämie ist, desto wahrscheinlicher wird es, daß sich die Übernahme für den Bieter

871 Theoretisch verfügen die Kommunen in der Tat nicht über die Kapitalmehrheit bei der RWE AG, sondern mittels der Mehrstimmrechte über die Stimmenmehrheit. Gleichwohl ist aber anzumerken, daß die Gebietskörperschaften eigenen Angaben zufolge aus Gründen der gegebenen HV-Präsenzen bei der RWE AG in praxi auch eine einfache Grundkapitalmehrheit erreichen.

nicht mehr lohnt.[872] Insider-Aktionäre, die sich verschanzen wollen, schließen deshalb Abstimmungsvereinbarungen oder errichten sogenannte "Stimmenpools", um α zu erhöhen. Die Aktien einer Insider-Aktionärsgruppe werden innerhalb eines eigens dafür gegründeten Unternehmens - des Stimmenpools - gebündelt. Stimmenpools gewährleisten einerseits einheitliches Abstimmungsverhalten; zum anderen verhindern sie vor allem bei großen Aktionärsgruppen nicht-kooperative Lösungen - daß also einzelne Anteilseigner sich von einem guten Angebot eines Bieters zum Verkauf verleiten lassen.

In der Untersuchungseinheit existieren mehrere derartige Pools: die Vermögensverwaltung Erben Dr. Karl Goldschmidt GmbH, die Von Siemens Vermögensverwaltung GmbH, der Verband kommunaler Aktionäre des RWE GmbH (VkA), die Vereinigung kommunaler Aktionäre der VEW GmbH, (VkA/VEW), die Custodia GmbH als Aktionärin der Custodia Holding AG und die Mittelfranken Stiftung Natur-Kultur-Struktur als Anteilseignerin der Fränkische Überlandwerk Aktien-Gesellschaft.

Bei der Th. Goldschmidt AG sind der überwiegende Teil der Stammaktien der Familie und alle Mehrstimmrechtsaktien in der Vermögensverwaltung "Erben Dr. Karl Goldschmidt GmbH" gepoolt. Hier ist der zusätzliche Verschanzungseffekt gegeben, daß Mitglieder der Familie, die Aktien der Th. Goldschmidt AG an Außenstehende verkaufen möchten, diese Papiere zunächst der Vermögensverwaltung zu einem günstigen Preis andienen müssen.[873]

Zwischen Anteilseignern des Unternehmens existieren bzw. existierten zwei weitere Pool-Verträge: Bis Ende 1996 existierte ein Stimmenpool der Familien-Aktionäre mit der Allianz AG Holding. Sie hat einen großen Teil ihres 10,5%-Pakets, nämlich 8,3 %, der Familie Goldschmidt zur Vertretung überlassen und so die Verschanzungsmöglichkeit der Familien-Aktionäre entscheidend erhöht.[874] Im übrigen hatten zwei weitere Paketaktionäre - VIAG AG und Rütgers AG - Berichten zufolge einen formellen Poolvertrag abgeschlossen, um ihre Position im Unternehmen zu stärken.[875] Beide Großaktionäre teilten der Th. Goldschmidt AG mit, daß ih-

---

[872]Vgl. Stulz, René M., Managerial, 1988, S.26 ff., II.D.2.2.

[873]Vgl. Rudnick, Brunfrid, Festung, 1992, S. 4; o. V., Front, 1992, S. 19 f.

[874]Vgl Th. Goldschmidt AG, Interview mit Dieter Keifenheim am 25. September 1995, Antwort auf Frage 9 (Anhang 1).

[875]Vgl. o. V., Augen, 1996, S. 3.

nen ein bestimmter Prozentsatz an Aktien des jeweils anderen Anteilseigners ebenfalls zuzurechnen sei.[876] Inzwischen hat sich die Rütgers AG aus der Auseinandersetzung um die Th. Goldschmidt AG zurückgezogen.

Bei der Siemens AG werden die vinkulierten Vorzugsaktien - dies galt bereits vor 1942 für die Stammaktien der Familie Siemens -, aufgrund eines Vertrages der Gründerfamilie aus dem Jahr 1897 von einem Treuhänder verwaltet.[877] Dieser Treuhänder ist heute die "Von Siemens Vermögensverwaltung GmbH", München. Zweck der Gesellschaft ist die "Verwaltung von Vermögensgegenständen von Mitgliedern und von Familienstiftungen der Familie Siemens, insbesondere die Verwaltung von Aktien"[878]. Zur Abtretung von Geschäftsanteilen oder Teilen von Geschäftsanteilen ist laut Gesellschaftervertrag die Zustimmung aller Gesellschafter erforderlich.[879] Sollen vinkulierte Vorzugsaktien abgegeben werden, muß überdies die Zustimmung des Vorstands und des Aufsichtsrats vorliegen.[880]

Auch bei der RWE AG existieren zwei Stimmenpools; der ältere, der Verband kommunaler Aktionäre der RWE GmbH (VkA), läßt sich heute allerdings nicht so effektiv zur Verschanzung einsetzen wie die beiden oben beschriebenen.

Die kommunale Aktionärsgruppe, der - ähnlich wie bei der Siemens AG - zahlreiche Einzelaktionäre angehören, schloß sich 1929 zu einer Interessenvertretung, dem VkA, zusammen. Der VkA wurde gegründet, um zu verhindern, daß einzelne Gebietskörperschaften aus Finanznot ihre RWE-

[876] Vgl. Th. Goldschmidt AG, Interview mit Dieter Keifenheim am 25. September 1995, Frage 7 (Anhang 1).

[877] Vgl. Rembold, Otto u. a., Schriftsatz, 1991, S. 15.

[878] Von Siemens-Vermögensverwaltung Gesellschaft mit beschränkter Haftung, Gesellschaftsvertrag, notariell bescheinigt am 19. März 1986, München, Handelsregisterauszug des Amtsgerichts München, Aktenzeichen HRB 2876, § 2. Vgl. auch von Siemens Vermögensverwaltung Gesellschaft mit beschränkter Haftung, Gesellschafterliste idF 15. Januar 1996, München, Handelsregisterauszug des Amtsgerichts München, Aktenzeichen HRB 2876.

[879] Vgl. von Siemens-Vermögensverwaltung Gesellschaft mit beschränkter Haftung: Gesellschaftsvertrag, notariell bescheinigt am 19. März 1986, München: Handelsregisterauszug des Amtsgerichts München, Aktenzeichen HRB 2876, § 7: "Zur Abtretung von Geschäftsanteilen oder Teilen von Geschäftsanteilen ist die Zustimmung aller Gesellschafter erforderlich."

[880] Vgl. Siemens AG (Hrsg.), Satzung idF November 1994, Berlin und München, § 4 Abs. 3, S. 4.

Anteile an Außenstehende verkauften und damit den kommunalen Einfluß auf das Unternehmen gefährdeten. Damals wurden die ersten Bindungsverträge zwischen dem VkA und seinen Mitgliedern abgeschlossen, die die Kommunen unter Androhung einer Konventionalstrafe verpflichteten, RWE-Aktien vor einem Verkauf "nach außen" zunächst den anderen Kommunen anzubieten.[881] Die Aktien selbst werden jedoch - im Unterschied zur Von Siemens Vermögensverwaltung GmbH - nicht vom VkA, sondern von den Gebietskörperschaften selbst gehalten. Diese stimmen ebenfalls selbst in den Hauptversammlungen der RWE AG ab; sie sind bei ihrem Votum nicht an die Beschlußfassung der VkA-Gesellschafterversammlung gebunden. Der VkA, dem heute 64 Gesellschafter angehören, ist zwar gehalten, stets den Ausgleich und eine möglichst breite Übereinstimmung zu suchen;[882] die einzelnen Gebietskörperschaften unterliegen jedoch nicht der Stimmenbindung. Dies vermindert die Effektivität der Verschanzung der kommunalen Aktionärsgruppe, weil es einzelnen Gebietskörperschaften möglich wird, ein von der kommunalen Mehrheit abweichendes Votum abzugeben. Dies kann dann geschehen, wenn der Kreistag oder Stadtrat, dem das VkA-Mitglied angehört, dieses mit einer entsprechenden Stimmanweisung in die RWE-Hauptversammlung entsendet. In der Vergangenheit ist es bereits zu solchem abweichenden Stimmverhalten gekommen.[883]

Um dies zu verhindern, war noch Anfang der 80er Jahre ein Passus im Gesellschaftsvertrag des VkA enthalten, demzufolge bei mehrheitlich gefaßten Beschlüssen der Gesellschafterversammlungen des VkA jede Kommune verpflichtet war, bei der RWE-Hauptversammlung gemäß dieser Beschlüsse abzustimmen.[884] Diese Passage ist in der Folgezeit gestrichen

---

[881] Vgl. Verband der kommunalen Aktionäre des RWE GmbH (Hrsg.), Jahre, o. J., S. 2.; auch Verband der kommunalen Aktionäre des RWE GmbH (Hrsg.), Gesellschaftsvertrag, 1992, § 12, S. 13.

[882] Vgl. Verband der kommunalen Aktionäre des RWE GmbH (Hrsg.), Partnerschaft, 1992, S. 13.

[883] Vgl. Verband der kommunalen Aktionäre des RWE GmbH, Interview mit Rudolf H. Müller am 15. Januar 1996, Antwort auf Frage 1 (Anhang 1).

[884] Vgl. Verband der kommunalen Aktionäre des RWE GmbH (Hrsg.), Satzung, 1974, § 6 c: "Wird bei Beschlußfassung ... festgestellt, daß sie mit einer Mehrheit der abgegebenen Stimmen und einer Mehrheit von zwei Drittel des vertretenen Stammkapitals gefaßt sind, so sind die Verbandsmitglieder verpflichtet, in der Hauptversammlung des RWE die ihnen auf Grund ihres Aktienbesitzes zustehenden Stimmen nach Maßgabe der Beschlüsse der Verbandsversammlung abzugeben." Dazu ebenfalls Brüggemeier, Gert / Damm, Reinhard, Einwirkung, 1988, S. 95.

worden, um die Gefahr auszuschließen, der VkA könne als herrschendes Unternehmen bei der RWE AG betrachtet werden.[885] Eine Abhängigkeitsvermutung nach § 17 Abs. 2 AktG kann zu Schadenersatzforderungen aufgrund der Einflußnahme der öffentlichen Hand - beispielsweise in Richtung eines Ausstiegs aus der Kernenergie mit den damit verbundenen hohen Kosten - führen.[886]

Nach Wegfall dieser Stimmenbindung aufgrund der Haftungsproblematik läßt sich der Verband der kommunalen Aktionäre des RWE GmbH nicht mehr unter den Begriff "Stimmenpool" im engeren Sinn fassen; er dient gleichwohl - wenn auch weniger effektiv als die Vermögensverwaltungsgesellschaften der Familien Siemens und Goldschmidt - dem Zweck der Verschanzung der kommunalen Aktionärsseite. Die Verschanzungsmöglichkeit ergibt sich hier nicht durch die Bündelung von Stimmen in einer Verwaltungsgesellschaft, sondern durch die erwähnten Bindungsverträge, die einen Verkauf der in kommunalem Besitz befindlichen RWE-Aktien an Außenstehende erschweren sollen, sowie durch eine informelle Abstimmung innerhalb der im VkA zusammengeschlossenen kommunalen Aktionäre.

1992 kam es zur Gründung einer weiteren Gesellschaft, die die Verschanzung der kommunalen Aktionäre bei RWE weiterhin sichern sollte. Die Kommunen hatten den Eindruck gewonnen, daß der damalige Vorstandsvorsitzende der RWE AG, Gieske, nicht nur die Mehrstimmrechtsaktien abschmelzen, sondern darüber hinaus die Stimmenmehrheit der Kommunen insgesamt angreifen wolle.[887] Um trotz finanzieller Engpässe bei Kapitalerhöhungen auch künftig mithalten zu können, schufen die Kommunen die RW Holding AG, ein Gemeinschaftsunternehmen mit der Westdeutschen Landesbank an der Spitze und mehrstufig mit Schachtelgesellschaften aufgebaut.

Im Vorfeld der Hauptversammlung 1993 kam es zu einem Zerwürfnis zwischen Gieske und dem VkA. Für Verärgerung auf Seiten der öffentlichen Aktionäre sorgten die Modalitäten der anstehenden Kapitalerhöhung. Die öffentlichen Aktionäre sowie WestLB, eine Reihe von Sparkassen und Landesbanken - insgesamt 27 Investoren -, nutzten daraufhin ihr Auffang-

---

885 Vgl. Verband der kommunalen Aktionäre des RWE GmbH, Interview mit Rudolf H. Müller am 15. Januar 1996, Antwort auf Frage 1 (Anhang 1).

886 Vgl. Klein, Matthias, Betätigung, 1992, S. 153 ff.

887 Vgl. Verband der kommunalen Aktionäre des RWE GmbH, Interview mit Rudolf H. Müller am 15. Januar 1996, Antwort auf Frage 1 (Anhang 1).

netz RW Holding AG und sicherten den finanzschwachen Kommunen die Beteiligung an der Kapitalerhöhung. Der Fonds hatte 470 Mio. DM aufzubringen und war nach der Kapitalerhöhung 1993 mit gut 10 % am Grundkapital der RWE AG beteiligt.[888]

Die RW Holding übt seitdem die Bezugsrechte der kommunalen Aktionäre bei Kapitalerhöhungen aus, überläßt ihnen aber die Stimmen und sorgt damit bei künftigen Kapitalerhöhungen dafür, daß die Kommunen ohne Kapital- und Liquiditätseinsatz ihren Einfluß auf das Unternehmen konservieren können.[889] Um einen Stimmenpool im engeren Sinne handelt es sich auch hier nicht, da die Stimmrechte nach wie vor von den Kommunen selbst ausgeübt werden; die Gesellschaft dient allerdings - genau wie der VkA - dem Ziel einer effektiven Verschanzung der an der RWE AG beteiligten Gebietskörperschaften.

Ebenfalls mit dem Ziel, den kommunalen Einfluß auf die Geschäftspolitik zu sichern, ist 1968 die Vereinigung kommunaler Aktionäre der VEW GmbH gegründet worden. "Diese Institutionalisierung der kommunalen Interessenvertretung war eine Reaktion auf die im Jahr 1966 vollzogene Umwandlung der VEW in ein gemischtwirtschaftliches Unternehmen ..."[890] Diesem Zusammenschluß kommunaler Aktionäre der VEW AG gehören heute 60 Gesellschafter an - Städte, Gemeinden, Kreise, Landschaftsverbände sowie die WestLB.

Wie der kommunale Einfluß gesichert wird, konkretisieren Satzungsbestimmungen der Vereinigung: Beabsichtigt ein Mitglied der kommunalen Aktionärsvereinigung, VEW-Aktien zu veräußern bzw. Namensaktien zu übertragen, dann bedarf dies grundsätzlich der Zustimmung der Gesellschafterversammlung. An Nichtgesellschafter dürfen Aktien nur dann verkauft werden, wenn diese Aktien zuvor den übrigen Gesellschaftern über die Vereinigung zum Tageskurs angeboten wurden.[891] Zudem verlieren die Papiere dann ihr Mehrstimmrecht.[892]

---

[888]Vgl. o. V., RWE, 1993, S. 5.

[889]Vgl. Luber, Thomas, Wattikan, 1994, S. 12 - 15.

[890]Berlo, Kurt / Murschall, Hartmut, Einflußmöglichkeiten, 1994, S. 224.

[891]Vgl. Vereinigung kommunaler Aktionäre der VEW GmbH (Hrsg.), Gesellschaftsvertrag der Vereinigung kommunaler Aktionäre der VEW GmbH idF 10. November 1992, § 5.

[892]Vgl. Vereinigte Elektrizitätswerke Westfalen AG (Hrsg.), Satzung idF 30. Mai 1995, § 4 Abs. 2, S. 5.

Anders als bei der kommunalen Aktionärsvereinigung der RWE ist hier auch weiterhin Bestandteil der Satzung, daß die Stimmabgabe in all jenen Fragen festgelegt wird, "in denen eine einheitliche Willensbildung zweckmäßig ist ..."[893] Wird zu bestimmten Abstimmungspunkten in der Gesellschafterversammlung der Vereinigung kommunaler Aktionäre der VEW GmbH mit 3/4-Mehrheit der abgegebenen Stimmen beschlossen, in der VEW-Hauptversammlung einheitlich abzustimmen, so sind die Gesellschafter in der HV verpflichtet, die ihnen zustehenden Stimmen nach Maßgabe dieses Gesellschafterbeschlusses abzugeben.[894]

Es wurde bereits deutlich, daß Vermögensverwaltungen, die der Verschanzung ihrer Gesellschafter dienen, nicht unbedingt aus Gründen der Stimmenbündelung entstanden sein müssen. Verschanzungsziel und -methode können davon abweichen - beispielsweise im Falle der Fränkisches Überlandwerk Aktiengesellschaft.

Die "Mittelfranken Stiftung Natur-Kultur-Struktur", die heute die Mehrstimmrechtsaktien der FÜW AG hält, ist aus Gründen der Verschanzung ihres Hauptaktionärs, des Bezirks Mittelfranken, gegenüber einer anderen politischen Körperschaft und letztlich gegenüber den anderen Aktionären der FÜW AG entstanden. Das Interesse der bayerischen Landesregierung, die den Bezirk finanziell unterstützt, liegt in einem Abbau dieser Subventionen, der dann möglich wird, wenn der Bezirk Mittelfranken über zusätzliche liquide Mittel durch den Verkauf von Anteilen der FÜW AG verfügen kann. Die Landesregierung drängt den Bezirk Mittelfranken deshalb zum Verkauf.[895] Um diese Forderungen besser abwehren zu können, hat sich Bezirk als unmittelbarer Anteilseigner bei der Fränkisches Überlandwerk Aktiengesellschaft zurückgezogen und die Aktien an die von ihm beherrschte Stiftung, die "Mittelfranken Stiftung Natur-Kultur-Struktur" abgegeben. Der Bezirk vertritt diese Körperschaft auf Hauptversammlungen und ist ihr gesetzlicher Vertreter. Von einem expliziten "Stimmenpool" kann man hier nicht sprechen; die Anteile des Bezirks waren bereits vorher in einer Hand gebündelt und sind lediglich aus taktischen Gründen auf

---

[893] Vereinigung kommunaler Aktionäre der VEW GmbH (Hrsg.), Gesellschaftsvertrag der Vereinigung kommunaler Aktionäre der VEW GmbH idF 10. November 1992, § 7 Abs. 3 f., S. 5.

[894] Vgl. Vereinigung kommunaler Aktionäre der VEW GmbH (Hrsg.), Gesellschaftsvertrag der Vereinigung kommunaler Aktionäre der VEW GmbH idF 10. November 1992, § 7 Abs. 8, S. 6.

[895] Vgl. Fränkisches Überlandwerk Aktiengesellschaft, Interview mit Helmut Brandt am 5. Dezember 1995.

eine andere politische Ebene verbracht worden.[896] Die "Mittelfranken Stiftung Natur-Kultur-Struktur" dient dem Bezirk gleichwohl als Instrument der Verschanzung und ist aus diesem Grund entstanden.

III.E.2. Wirkungen der Verschanzung

III.E.2.1. Verhinderung wertsteigernder Übernahmen

Das Prinzip One Share - One Vote bewirkt, daß bei Übernahmekämpfen keine Seite stärker bevorzugt wird; der wertsteigernde Mechanismus funktioniert in beiden Fällen, ob Rivale oder Amtsinhaber die bessere Wahl darstellen. Dagegen ermöglichen Mehrstimmrechte eine starke und kostengünstige Stimmenkonzentration, die die Abwehr von Rivalen erleichtert. Je höher der Stimmenvorzug der Mehrstimmrechte ist, desto kostengünstiger kann sich ein Managementteam verschanzen und wertsteigernde Übernahmen verhindern.

Den einzige Fall in der Untersuchungseinheit, in der die Mehrstimmrechtsaktien für die Verhinderung einer feindlichen Übernahme eingesetzt worden sind, stellt die Th. Goldschmidt AG dar. Für die VIAG AG dürfte es sich nicht rechnen, die Th. Goldschmidt AG zu übernehmen, wenn das gegenwärtige Goldschmidt-Management die bessere Wahl und der Unternehmenswert durch eine neue Unternehmensleitung nicht steigerbar wäre. Der Dividendenstrom, den die Rivalen erzielen würden, wäre dann geringer als der Dividendenstrom des amtierenden Managements, d.h. die beiden Rivalen könnten nur unter Inkaufnahme von Verlusten oder unter Einberechnung von privatem Nutzen den Aktionären ein Angebot machen, das über den Dividendenzahlungen des amtierenden Managements läge. Perquisites-Konsum wäre aber in diesem speziellen Fall für die VIAG AG nicht interessant, da er den Wert des zu erwerbenden Stammaktienpaket schädigen würde. Die Mehrstimmrechtsaktien, die einen solchen Konsum verbilligen würden, sind für die VIAG AG nicht verfügbar. Aus dieser Überlegung ist der Schluß zu ziehen, daß die VIAG AG in der Tat eine Steigerung des Unternehmenswerts der Th. Goldschmidt AG durch ein neues Management erwartet und daß sich das amtierende Management der Th. Goldschmidt AG resp. die Insider-Familienaktionäre mit Hilfe der Mehrstimmrechtsaktien gegen eine wertsteigernde Übernahme verschanzen.

---

[896] Vgl. Fränkisches Überlandwerk Aktiengesellschaft, Interview mit Helmut Brandt am 5. Dezember 1995, Antwort auf Frage 1 (Anhang 1).

Auf der anderen Seite ist es denkbar, daß die VIAG die Erwartung auf zukünftigen Perquisites-Konsum in ihre Übernahmeprämie einfließen läßt. Als Perquisites-Konsum kommen beispielsweise Synergieeffekte in Frage, die der VIAG durch die Eingliederung des Chemiespezialisten zufließen, aber den Unternehmenswert der Th. Goldschmidt AG nicht erhöhen. In diesem Zusammenhang entscheidend ist die Frage nach der Richtigkeit der vom amtierenden Goldschmidt-Management aufgestellten These, das Chemieunternehmen könne nur als unabhängig agierender Anbieter seinen breiten Kundenstamm behalten. Goldschmidt beliefere ausschließlich industrielle Kunden und könne deshalb an einer engen Konzernzugehörigkeit kein Interesse haben.[897] Die Frage des Perquisites-Konsums durch die VIAG spielt also bei der Beurteilung des Werts der Th. Goldschmidt AG nach erfolgter Übernahme eine entscheidende Rolle.

III.E.2.2. Anreiz zum Perquisites-Konsum

"Perquisites" sollen hier nicht im engen begrifflichen Sinne interpretiert werden. Privater Konsum auf Kosten anderer Aktionäre beinhaltet nicht nur finanzielle Mittel, die dem Unternehmen entzogen werden. Es kann sich umgekehrt auch um finanzielle Mittel handeln, die dem Unternehmen aus bestimmten Gründen nicht zugeführt werden, weil der Inhaber der Mehrstimmrechtsaktien nicht an der unternehmerischen Entwicklung des Unternehmens interessiert ist, sondern aus ihm einen bestimmten privaten Nutzen ziehen möchte, wie dies beispielsweise aus der Gruschwitz Textilwerke AG zu hören ist.[898] Dieser Fall, wie auch andere Beispiele, ist bereits oben behandelt worden.[899] Deshalb soll an dieser Stelle nur ein kurzer Überblick folgen.

Perquisites-Konsum kann im Rahmen einer derartigen Untersuchung nicht im einzelnen nachgewiesen werden. Darüber hinaus ist ein eindeutiger Zusammenhang zwischen privatem Konsum und der Existenz von Mehrstimmrechtsaktien nicht belegt. Festzuhalten bleibt aber, daß Mehrstimmrechtsaktien ein Anreizmuster etablieren, das zu Perquisites-Konsum führen kann. Im folgenden geht es um ein bestimmtes, durch diese Stimmrechte geschaffenes Umfeld; nicht um den Mißbrauchsnachweis im Einzelfall.

---

[897] Vgl. o. V., Familie, 1992, S. 8; o. V., Pokerspiel, 1994, S. 12.

[898] Vgl. Gruschwitz Textilwerke AG, Interview mit Karlheinz Mühlbronner am 14. August 1995.

[899] Vgl. Gliederungspunkt III.D.2.2.2.

III.E.2.2.1. Anreiz zu finanziellem Perquisites-Konsum

Eine Auffälligkeit in der Untersuchungseinheit ergibt sich aus dem Hinweis mehrerer Gesprächspartner, daß Kapitalerhöhungen gegen Einlagen unterblieben sind. Dies gilt beispielsweise für die Frankona Rückversicherungs-AG, deren Hauptaktionär vor Abschaffung der Mehrstimmrechtsaktien der Gerling-Konzern war. Die Familie Gerling hatte nach Aussage des Interviewpartners nicht die erforderliche Finanzkraft, um bei Kapitalerhöhungen, die sich aus dem beträchtlichen Wachstum der Frankona Rückversicherungs-AG ergaben, mitzuziehen. Gleichwohl habe Gerling seinen Kapitalanteil bei der Frankona Rückversicherungs-AG halten wollen. Die Frankona Rückversicherungs-AG habe alle zwei Jahre eine Kapitalerhöhung gebraucht. Das Thema "Kapitalerhöhungen" sei im Rahmen der früheren Aktionärsstruktur immer ein besonders schwieriger Punkt gewesen.[900] Ob diese Problematik die Frankona Rückversicherungs-AG tatsächlich in ihrer Entwicklung behindert hat oder nicht, läßt sich aus diesen Aussagen nicht ableiten, gleichwohl wird hier eine negative Tendenz aufgezeigt. Eine ähnliche Situation zeigt sich bei der Gruschwitz Textilwerke AG - der Fall wurde bereits oben erwähnt.

Auch die RWE AG hat bei Kapitalerhöhungen der vergangenen Jahre - ausgenommen der Kapitalerhöhung des Jahres 1993 - stets Rücksicht auf die Finanzschwäche der Kommunen genommen.[901] Dazu war das Management des Unternehmens deshalb gezwungen, weil es sich mit Ausnahme der Kapitalmaßnahme 1993 um Kapitalerhöhungen gehandelt hat, deren Konditionen in Hauptversammlungen beschlossen wurden und damit letztlich von der Zustimmung der Kommunen abhängig waren.

Bei der Kapitalerhöhung des Jahres 1993 ist mit Einverständnis der Kommunen erstmals das Verfahren angewandt worden, daß die Hauptversammlung das Volumen der Kapitalerhöhung bestimmt, aber hinsichtlich der Konditionen Vorstand und Aufsichtsrat ermächtigt, diese festzusetzen.[902] 1993 kam es dann schließlich zu einem "Ausgabepreis mit größerer Marktnähe",[903] der dem Vernehmen nach gegen den erbitterten Widerstand der Kommunen durchgesetzt wurde. Zusammenfassend hat die kom-

---

[900] Vgl. Frankona Rückversicherungs-AG, Interview mit Thomas Geisberg am 18. Dezember 1995, Antwort auf Frage 8 (Anhang 1).

[901] Vgl.Rudnick, Brunfrid, Gedanken, 1993, S. 5.

[902] Vgl. Verband der kommunalen Aktionäre des RWE GmbH, Interview mit Rudolf H. Müller am 15. Januar 1996.

[903] Rudnick, Brunfrid, Gedanken, 1993, S. 5.

munale Problematik - jedenfalls bis 1993 - also dazu geführt, daß der RWE AG in den vergangenen Jahrzehnten insgesamt weniger Kapital zugeflossen ist, als dies ohne Rücksicht auf kommunale Interessen hätte der Fall sein können. Kritiker werfen den Kommunen deshalb vor, das Unternehmen in seiner Entwicklung beeinträchtigt und die übrigen Aktionäre in ihren Kurs- und Dividendeninteressen schlechter gestellt zu haben. Die kommunalen Aktionäre bestreiten eine Schädigung des Unternehmens durch die kommunale Mehrheit gleichwohl vehement. Der kommunale Einfluß sei bei Ausweitung der Tätigkeit der RWE AG auf die unterschiedlichsten Geschäftsfelder und bei der strukturellen Neuorganisation des Konzerns in den 80er Jahren in keiner Weise hinderlich gewesen, heißt es.[904]

Negative Anreizmuster treten auch dann auf, wenn Hauptaktionäre, die durch die preiswerten Mehrstimmen ohnehin zum Perquisites-Konsum gereizt werden, gleichzeitig Hauptzulieferer oder Hauptkunden des Unternehmens sind und so besonders große Möglichkeiten zum privaten Konsum vorfinden. Auch hier ist wieder das Beispiel der RWE AG zu nennen: Die Kommunen sind in ihrer Eigenschaft als Abnehmer bestrebt, die Leistungen der RWE AG zu möglichst niedrigen Preisen bei möglichst hohen Konzessionsabgaben zu erhalten; diese Ziele laufen den Interessen der anderen RWE-Aktionäre zuwider. Beispielsweise flossen den Kommunen im RWE-Geschäftsjahr 1990/91 560 Mio. Mark an Konzessionsabgaben von seiten des Unternehmens zu; die Einnahmen aus Dividenden betrugen im gleichen Zeitraum dagegen nur 150 Mio. Mark - also nur knapp ein Drittel davon.[905] Die Aktionärs- und damit Dividendeninteressen dürften also in der Präferenzordnung der Kommunen erst an zweiter Stelle rangieren.

Die kommunale Seite mißt einem derartigen Spannungsverhältnis zwischen der Erfüllung des öffentlichen Auftrages einerseits und der Gewinnmaximierung der RWE AG andererseits jedoch nur eine geringe Bedeutung bei. Es sei nicht so, daß die öffentlichen Anteilseigner nur an der Erfüllung des öffentlichen Auftrags interessiert sind und die Privaten nur an der Gewinnerzielung. Ein hoher Standard der Daseinsvorsorge liege in vielen Fällen auch im Interesse der privaten Wirtschaft. Andererseits sollten die Beteiligungen der öffentlichen Körperschaften auch einen Gewinn für den Haushalt abwerfen. Müller, Geschäftsführer des VkA der RWE GmbH i.R., führt aus: "Bei den meisten gemischtwirtschaftlichen Unter-

---

[904]Vgl. Hoffschulte, Heinrich / Müller, Rudolf H., Beseitigung, 1993, S. 128.

[905]Vgl. Verband der kommunalen Aktionäre des RWE GmbH (Hrsg.), Partnerschaft, 1992, S. 19.

nehmen gibt es keinen prinzipiellen Gegensatz bei der Zielsetzung, allenfalls eine unterschiedliche Akzentuierung. Die jahrelange Erfahrung zeigt, daß die in der Literatur vermuteten Gegensätze nicht auftreten oder ohne besondere Schwierigkeiten bewältigt werden können."[906] An anderer Stelle äußert Müller, die Absicht der Gewinnerzielung sei im Rahmen der Daseinsvorsorge legitim, soweit die Erfüllung des öffentlichen Auftrags nicht beeinträchtigt werde. Die gemischtwirtschaftlichen Unternehmen sollen einen "Überschuß" für den kommunalen Haushalt abwerfen, sofern die kommunalen Aufgaben es zulassen.[907] Es geht also nur um einen "Überschuß", von einem anzustrebenden "Gewinn" ist hier nicht die Rede, geschweige denn von "Gewinnmaximierung". Es mag wohl zutreffen - so ließe sich schlußfolgern -, daß ein Spannungsfeld zwischen Gewinnmaximierung und öffentlichen Aufgaben hier nicht ins Gewicht fällt, weil das Prinzip der Gewinnmaximierung in so geführten gemischtwirtschaftlichen Unternehmen überhaupt keine Beachtung mehr findet.

Interessenkonflikte durch die gleichzeitige Funktion des Hauptaktionärs als Anteilseigner und Hauptlieferant des Unternehmens existieren beispielsweise bei der Mittelschwäbische Überlandzentrale Aktiengesellschaft. Die Energie-Versorgung Schwaben AG besitzt eine Mehrheitsbeteiligung und ist gleichzeitig der praktisch einzige Stromlieferant für die MÜAG, die heute nicht mehr über eigene Kraftwerke verfügt.[908] Die entsprechende Anreizkonstellation für Perquisites-Konsum liegt vor: Bei der Überlandwerk Unterfranken Aktiengesellschaft ist der Großaktionär des Unternehmens - die Bayernwerk AG - gleichzeitig wichtigster Stromlieferant. Allerdings soll die Abhängigkeit von der Bayernwerk AG nach Aussage des Unternehmens künftig gelockert werden: Es existiert bereits ein Joint venture der ÜWU AG mit Akzo Nobel in bezug auf den Bau eines Blockheizkraftwerks, mit dem die ÜWU AG 10 % ihres Strombedarfs decken will.[909]

III.E.2.2.2. Anreiz zu nicht-finanziellem Perquisites-Konsum

Nicht immer werden Perquisites direkt in Form von Geldströmen, die aus dem Unternehmen abgezweigt oder ihm vorenthalten werden, konsumiert.

---

[906] Müller, Rudolf H., Gemischtwirtschaftlichkeit, 1995, S. 7.

[907] Müller, Rudolf H., Gemischtwirtschaftlichkeit, 1995, S. 3.

[908] Vgl. Mittelschwäbische Überlandzentrale Aktiengesellschaft (Hrsg.), Partner, o. J., S. 9.

[909] Vgl. Überlandwerk Unterfranken AG, Interview mit Dieter Pathe und Ralph Trzeciak am 13. Dezember 1995.

Als nicht-finanzielle Perquisites soll privater Konsum bezeichnet werden, der dazu dient, weltanschauliche, politische und religiöse Bedürfnisse des betreffenden Aktionärs zu befriedigen und der bewirkt, daß das Unternehmen eine nicht gewinnmaximierende und daher den Firmenwert beeinträchtigende non-profit-Strategie einschlägt.

Beispielsweise nutzt der Hauptaktionär der Schwabenverlag AG das Unternehmen zur Kommunikation einer bestimmten Weltanschauung. Bereits in der Satzung des Verlags ist festgelegt, daß "die von der Gesellschaft geführten Verlagsgeschäfte, insbesondere Zeitungen und Zeitschriften, .. im Geiste der katholischen Glaubens- und Sittenlehre zu leiten" sind.[910]

Wie Barclay, Holderness und Pontiff ausgeführt haben, ist die Gefahr des Perquisites-Konsums besonders groß, wenn sich der Großaktionär auf dem non-profit-Sektor betätigt.[911] Dieser Effekt zeigt sich auch, wenn es sich bei den Hauptanteilseignern um Familien-Aktionäre, die das Unternehmen gegründet haben, handelt. In der Untersuchungseinheit sind bzw. waren solche Aktionäre bei der Carl Schlenk AG, der Th. Goldschmidt AG, der J. Vögele AG, der Siemens AG, der Porzellanfabrik Waldsassen Bareuther & Co. AG sowie der Calwer Decken- und Tuchfabriken AG vorhanden.

Familien-Aktionäre streben - so die Ergebnisse empirischer Untersuchungen - tendenziell nach Konsum von Prestige und Achtung, den sie aus ihrer traditionellen Verankerung im Unternehmen ziehen. Dieses Bedürfnis nach Prestige hält sie von einem Rückzug aus dem Unternehmen ab, auch wenn dieser unternehmerisch geboten wäre. Wie DeAngelo und DeAngelo schreiben, birgt die Kontinuität von Generation zu Generation eine enorme Verschanzungsgefahr.[912] Morck, Shleifer und Vishny räumen zwar ein, daß die unternehmerischen Talente des Gründers in jüngeren Unternehmen positiv einzuschätzen seien; in alten schwäche sich dieser positive Effekt jedoch stark ab und werde vom Entrenchment-Effekt überlagert.[913] Letzterer sollte im Falle der Unternehmen der Untersuchungseinheit überwiegen, da das Engagement der Familien in den genannten Firmen auf die Gründerjahre zurückgeht. Der positive Gründereffekt ist in diesen Fällen also vermutlich nicht mehr ausgeprägt oder hat sich ins Negative verkehrt.

---

[910] Schwabenverlag AG (Hrsg.), Satzung idF 28. August 1992, Ostfildern, § 3, S. 3.

[911] Vgl Barclay Michael J. / Holderness, Clifford G. / Pontiff, Jeffrey, Benefits, 1993, S. 280.

[912] Vgl. DeAngelo, Harry / DeAngelo, Linda, Ownership, 1985, S. 50.

[913] Vgl. Morck, Randall / Shleifer, Andrei / Vishny, Robert W., Market, 1988, S. 310 f.; auch Gliederungspunkt II.D.3.4.

Nicht-finanzielle Perquisites können auch in einem Umfeld wie dem der Hamburger Hochbahn AG auftreten. Der Hauptaktionär, die Freie und Hansestadt Hamburg, bindet das Unternehmen in seine Politik des öffentlichen Nahverkehrs ein; politische Zielsetzungen sind geeignet, sich negativ auf den Unternehmenswert auszuwirken. Daß die HHA den Zielvorgaben des Senats folgen muß, ist Teil ihrer Satzung: "Die Gesellschaft hat die sonstigen vom Senat festgelegten öffentlichen Interessen zu berücksichtigen, zum Beispiel arbeitsmarkt- und ausbildungspolitische Zielsetzungen".[914] Dadurch werden die Aktivitäten der Hamburger Hochbahn einer sich am geschäftlichen Erfolg des Unternehmens orientierenden Kontrolle entzogen.

Wie stark sich der Hauptaktionär der HHA verschanzen kann, zeigt die Verankerung wichtiger Interessen der Hansestadt Hamburg in der Satzung des Unternehmens.[915] U. a. bedürfen eine 5 % übersteigende Beteiligung der HHA an anderen Unternehmen, Kapitalerhöhungen und -herabsetzungen des Unternehmens sowie Änderungen des staatlichen Einflusses im Aufsichtsorgan der Zustimmung der zuständigen Behörde der Freien und Hansestadt Hamburg. Auch die Verankerung der Hansestadt im Aufsichtsrat ist durch einen Passus in der Satzung abgesichert: Die Inhaber der auf den Namen lautenden B- und C-Aktien - dies ist die Stadt in Gestalt der Hamburger Gesellschaft für Beteiligungsverwaltung - verfügen über das Recht, drei von sieben Aufsichtsratsmitglieder zu wählen.[916] Um diese Vorschriften per Hauptversammlungsbeschluß zu ändern, bedarf es einer satzungsändernden Dreiviertelmehrheit des Grundkapitals.

Indizien für Anreizmuster, die den Konsum nicht-finanzieller Perquisites begünstigen, existieren des weiteren bei der Fränkisches Überlandwerk Aktiengesellschaft. Der Bezirk Mittelfranken als Hauptaktionär bei der FÜW, der seinen Einfluß fast gänzlich auf die Mehrstimmrechtsaktien stützt, nutzt diesen Einfluß, um in der energiepolitischen Debatte eine bessere Position zu gewinnen. Bestimmte umweltschonende Aktivitäten des EVU wie Stromsparen oder Solarenergie werden politisch genutzt und vermarktet. Vor diesem Hintergrund ist der Anreiz für den Bezirk Mittel

---

914 Hamburger Hochbahn AG (Hrsg.), Satzung idF September 1991, § 2, Abs. 3, S. 3.

915 Vgl. Hamburger Hochbahn AG (Hrsg.), Satzung idF September 1991, § 17 Abs. 3.

916 Vgl. Hamburger Hochbahn AG (Hrsg.), Satzung idF September 1991, § 8, S. 5.

franken groß, eventuelle gewinnbringende Aktivitäten, die seiner politischen Ausrichtung nicht entsprechen, zu verhindern.[917]

Wenn man überprüft, ob sich besonders auffällige Anreize zum privaten Konsum in Unternehmen mit hohen Levy-Indizes finden, dann richtet sich der Blick auf die Schwabenverlag AG, die Fränkisches Überlandwerk AG sowie die Überlandwerk Unterfranken AG. Alle drei Firmen weisen eine starke Ungleichverteilung der Stimmen und Dividenden auf, die den Perquisites-Konsum für die betreffenden Aktionäre verbilligt und dadurch ein Umfeld schafft, das zu potentiellem privatem Konsum anreizt.

III.E.2.2.3. Höchstdividende und Perquisites-Konsum

Ein weiterer Aspekt fällt bei den Unternehmen der Untersuchungseinheit auf: Bei 14 Aktiengesellschaften, also 40 % der Unternehmen, sind bzw. waren die Mehrstimmrechtsaktien mit einer Höchstdividende - meist mit Nachzahlungsanspruch - verbunden, die zwischen 3 und 7 % schwankt bzw. schwankte.[918] Bei diesen Unternehmen erhöht sich tendenziell der Anreiz des Mehrstimmrechtsaktionärs zum Perquisites-Konsum noch, weil er seine Vorzugsdividende durch sein Verhalten ohnehin nur bis zu einer bestimmten Grenze positiv beeinflussen kann. Der Aktionär hat keinen Anreiz, Mißwirtschaft und Perquisites-Konsum zu vermeiden sowie das Unternehmen effektiv zu kontrollieren, da sich dieser Aufwand aufgrund der Höchstdividende für ihn nicht rechnet. Der Kontroll- und Leistungsanreiz sowie der Anreiz, Perquisites-Konsum zu vermeiden, kommt erst dann zum Tragen, wenn der Inhaber der Mehrstimmrechtsaktien neben diesen Papieren über ein größeres Paket von Stammaktien verfügt. Ist dies nicht der Fall, schafft die Kombination von Mehrstimmrechtsaktien mit einer Höchstdividende beträchtlichen Anreiz zum Perquisites-Konsum.

---

[917] Vgl. Fränkisches Überlandwerk Aktiengesellschaft, Interview mit Helmut Brandt am 5. Dezember 1995, Antwort auf Frage 11 (Anhang 1).

[918] Dies ist der Fall bei der Tucher Bräu AG, der Rieter Ingolstadt Spinnereimaschinenbau AG, der Reichelbräu AG, der Custodia Holding AG, der VSM Vereinigte Schmirgel- und Maschinen-Fabriken AG, der J. Vögele AG, der Gruschwitz Textilwerke AG, der Calwer Decken- und Tuchfabriken AG, der Porzellanfabrik Waldsassen Bareuther & Co. AG, der Württembergische AG Versicherungs-Beteiligungsgesellschaft, der Hindrichs-Auffermann AG, der Breitenburger Portland-Cement-Fabrik AG, der Schwabenverlag AG sowie der Daimler Benz AG.

III.E.3. Beeinträchtigung des Firmenwerts durch Mehrstimmrechte

III.E.3.1. Auswirkungen einer hohen Kontrollkonzentration

In den vorangegangenen Kapiteln wurde aufgezeigt, daß eine Reihe von Indizien für die Entstehung einer negativen Anreizstruktur durch Mehrstimmrechtsaktien sprechen. Ein empirischer Nachweis, daß es durch solche Anreizstrukturen in der Tat zu einer Beeinträchtigung des Unternehmenswertes kommt, existiert bisher nicht. Wie in Teil I der Arbeit bereits dargestellt, haben einige Autoren versucht, eine solche Beeinträchtigung des Firmenwerts anhand von Aktienkursveränderungen empirisch zu belegen. Wie sich die durch die Einführung mehrerer Aktienklassen erhöhte Kontrollkonzentration auf den Unternehmenswert auswirkt, läßt sich aufgrund der vorliegenden Studien aber kaum generell beantworten; die Ergebnisse dieser Arbeiten gehen nicht in dieselbe Richtung. Böhmer resümiert: "Daher bleibt der Zusammenhang zwischen einer hochkonzentrierten Kontrolle und sowohl dem Wert als auch der Effizienz eines Unternehmens ein offenes empirisches Problem."[919]

Aus diesem Grund soll von einer Übertragung der Ergebnisse der vorliegenden empirischen Studien auf die hier zu untersuchende Problematik abgesehen werden, zumal unterschiedliche institutionelle Rahmenbedingungen in den USA - die meisten Studien beziehen sich auf den amerikanischen Kapitalmarkt - und Deutschland vorliegen. Diese Übertragungsproblematik dürfte insbesondere dann auftreten, wenn es um die Auswirkungen konkreter Konzentrationsgrade auf den Firmenwert geht.

III.E.3.2. Alignment oder Entrenchment - optimaler Konzentrationsgrad

Je größer der Aktienbesitz eines Anteilseigners ist, desto stärker beeinflussen seine Unternehmensentscheidungen seine Vermögenslage.[920] Das Gegenteil dieses Alignment-Prozesses - der Entrenchment-Effekt -, entsteht dann, wenn ein Aktionär bei kleinem Aktienbesitz nicht an Überwachung interessiert ist und sich auf Kosten der anderen Anteilseigner verschanzt, um Perquisites zu konsumieren. Auch die empirischen Untersuchungen zu der Frage, bei welchen Anteilsspannen in den USA welcher Effekt überwiegt, lieferten unterschiedliche Aussagen. Die Ergebnisse dieser Studien können deshalb nicht zu einer Alignment- bzw. Entrenchment-Analyse der

---

[919] Böhmer, Ekkehard, Kontrolle, 1996, S. 207.

[920] Vgl. Jensen, Michael C. / Meckling, William H, Firm, 1976, S. 312 f.

Untersuchungseinheit herangezogen werden - ganz abgesehen von der ungeklärten Frage, ob diese Ergebnisse, die auf amerikanischem Datenmaterial basieren, überhaupt auf den deutschen Kapitalmarkt übertragbar sind.

III.F. Ausblick: Zukunft der Mehrstimmrechtsaktien

Die vorangegangene Diskussion hat verdeutlicht, daß Mehrstimmrechtsaktien einem Teil der Aktionäre eines Unternehmens Sondervorteile auf Kosten der Gesamtheit der Anteilseigner verschaffen; diese Sondervorteile sind außerdem meist unentgeltlich zugewachsen. Ob diese Anteile den Wert der betroffenen Unternehmen vermindern, bleibt unklar. Fest steht jedoch, daß sie für die Funktionsweise des Marktes für Unternehmenskontrolle im Grundsatz nicht positiv zu werten sind. Deswegen stellt sich am Ende dieser Untersuchung die Frage nach der Zukunft dieser Mehrstimmrechtsaktien.

III.F.1. Perspektiven in der Untersuchungseinheit

Eine Minderheit der Unternehmen aus der Untersuchungseinheit hat diese Stimmrechtsungleichgewichte inzwischen beseitigt; sie soll im folgenden vorgestellt werden.

III.F.1.1. Entwicklung seit 1990: Seither entfallene Mehrstimmrechte

Wie bei der Beschreibung der Untersuchungseinheit bereits vermerkt, sind seit 1990 die Mehrstimmrechte bei insgesamt sieben Unternehmen der Untersuchungseinheit abgeschafft worden: bei der Württembergische AG Versicherungs-Beteiligungsgesellschaft, der Hindrichs-Auffermann AG, der BM Bäckermühlen AG, der Frankona Rückversicherungs-AG, der Daimler-Benz AG, der Konrad Hornschuch AG sowie der J. Vögele AG. Bei der Porzellanfabrik Waldsassen Bareuther & Co. AG sind die Mehrstimmrechte nicht bewußt abgeschafft worden, sondern mit der Liquidation des Unternehmens entfallen.

Die Württembergische AG Versicherungs-Beteiligungsgesellschaft faßte den Beschluß zur Abschaffung der Mehrstimmrechtsaktien auf der Hauptversammlung 1990 mit Wirkung zum 1.1.91. Nach Einschätzung des Gesprächspartners waren die Vorzugsaktien "überholt."[921] Bei der Hindrichs-Auffermann AG stammt der Beschluß zur Abschaffung der

921 Württembergische AG Versicherungs-Beteiligungsgesellschaft, Interview mit Dietrich Kaufmann am 20. April 1995, Antwort auf Frage 14 (Anhang 1).

Mehrstimmrechte aus der Hauptversammlung am 18. Mai 1990. Auf die Frage, warum man die Mehrstimmrechtsaktien nicht bereits zu einem früheren Zeitpunkt abgeschafft habe, lautete die Begründung, eine Satzungsänderung sei mit Kosten verbunden. Deshalb habe man die Abschaffung im Zuge der Kapitalerhöhung 1990 in Verbindung mit der Umstellung auf DM 50,- Aktiennennwert durchgeführt. Die Überlegungen, die Vorzugsaktien abzuschaffen, habe es bei der Hindrichs-Auffermann AG schon länger gegeben.[922]

Der Beschluß, Mehrstimmrechte abzuschaffen, wurde bei der BM Bäkkermühlen AG bei der Hauptversammlung am 14. August 1991 gefaßt.[923] Begründung der Maßnahme im Interview: "Aus meiner Kenntnis ging es der Landwirtschaftlichen Rentenbank darum, die BM Bäckermühlen AG durch die Neueinteilung des Kapitals börsengängiger zu machen. Die Landwirtschaftliche Rentenbank hat keine langfristige und auf Dauer angelegte Beteiligung an unserem Unternehmen im Sinn; die Anteile sollten wohl durch die neue Kapitalstruktur und durch die Umwandlung der Mehrfachstimmrechte besser verkäuflich gemacht werden."[924]

Bei der Frankona Rückversicherungs-Aktiengesellschaft kam es 1993 zur Umwandlung der Mehrstimmrechtsaktien in Namensaktien Lit B. Bei der darauffolgenden Kapitalerhöhung wurden diese Namensaktien börsennotiert.[925] Man habe keine guten Gründe für das Weiterbestehen der Mehrstimmrechte gesehen, berichtet der Interviewpartner aus dem Unternehmen. Mit dem neuen Mehrheitsaktionär habe die Abschaffung nichts zu tun; dieser sei zum Zeitpunkt der Beseitigung der Stimmrechte noch nicht hervorgetreten.[926]

Bei der Daimler Benz erfolgte die Abschaffung der Mehrfachstimmrechtsaktien "im wesentlichen nicht aufgrund einer neulich entbrannten Diskussion um die ökonomische und gesellschaftsrechtliche Sinnhaftigkeit von Mehrfachstimmrechten, sondern schlicht aus pragmatischen Gesichts-

---

[922] Vgl. Hindrichs-Auffermann AG, Interview mit Dieter Rebmann am 6. November 1995, Antwort auf Frage 14 (Anhang 1).

[923] Vgl. BM Bäckermühlen AG (Hrsg.), Geschäftsbericht, Jg. 1990, (hier Tagesordnung).

[924] BM Bäckermühlen AG, Telefoninterview mit Vetter am 11. September 1995.

[925] Vgl. Frankona Rückversicherungs-AG, Interview mit Thomas Geisberg am 18. Dezember 1995, Antwort auf Fragen 3 und 9 (Anhang 1).

[926] Vgl. Frankona Rückversicherungs-AG, Interview mit Thomas Geisberg am 18. Dezember 1995, Antwort auf Frage 12 (Anhang 1).

punkten: Die Existenz der Mehrfachstimmrechte löste - insbesondere bei der Zulassung deutscher Aktiengesellschaften an ausländischen Börsenplätzen - Erläuterungsbedarf aus, der in keinem Verhältnis zur Bedeutung der wenigen, mit Mehrfachstimmrechten ausgestatteten Aktien stand."[927]

Im Verlauf des Jahres 1996 haben des weiteren die J. Vögele AG sowie die Konrad Hornschuch AG ihre Mehrstimmrechte abgeschafft.[928] Die Gründe liegen der Verfasserin nicht vor; die beiden Unternehmen nahmen nicht an der Befragung teil.

Die beschriebenen Szenarien und Begründungen lassen sich wie folgt zusammenfassen: Die Problematik "Mehrstimmrechtsaktien" besitzt in den Firmen der Untersuchungseinheit nur sekundäre Bedeutung; sie wird einer Lösung dann zugeführt, wenn z.B. das Grundkapital ohnehin neu eingeteilt wird oder ein Umbau der Unternehmensstruktur ansteht. Bei zwei Unternehmen, der BM Bäckermühlen AG und der Daimler Benz AG, wurden sie beseitigt, um die Akzeptanz der Unternehmen am Kapitalmarkt zu erhöhen. Bei der Daimler Benz AG stand diese Maßnahme in engem zeitlichem Zusammenhang mit der Entscheidung, die Mercedes Automobil Holding (MAH) mit der Daimler Benz AG zu verschmelzen. Beides geschah im Vorfeld der Aufnahme der Notierung der Daimler Benz-Aktie an der Wall Street.

Mehrstimmrechtsaktien werden also häufig nicht als Einzelproblem erkannt und abgeschafft. Sie erscheinen nicht bedeutsam genug, um allein ihretwegen eine Satzungsänderung herbeizuführen; dies geschieht nur dann, wenn sie Erklärungsbedarf hervorrufen - dies allerdings nur in Einzelfällen, beispielsweise beim Erschließen ausländischer Kapitalmärkte.

Es überrascht deshalb nicht, daß viele der Unternehmen in der Untersuchungseinheit, die ihre Mehrstimmrechtsaktien abgeschafft haben, größere oder große Unternehmen wie die Daimler Benz AG, die Württembergische AG Versicherungs-Beteiligungsgesellschaft und die Frankona Rückversicherungs-AG sind, bei denen die Wahrscheinlichkeit von Kapitalveränderungen oder die Hinwendung an einen nichtdeutschen Aktionärskreis größer ist.

---

[927]Daimler Benz AG, Schreiben Reiff / Rappers zur Beantwortung der Fragen (Anhang 1), 18. Dezember 1995, Stuttgart, S. 5.

[928]Vgl. o. V., Vögele, 1996, S. 19; o. V., Konrad, 1996, S. 16.

Auffällig ist aber auch, daß ebenfalls kleine, auf den deutschen Aktienmarkt bezogene Unternehmen wie die BM Bäckermühlen AG und die Hindrichs-Auffermann AG Mehrstimmrechtsaktien abgeschafft haben. Umstrukturierungen und Druck durch neue Großaktionäre dürften hier das auslösende Moment sein. Festzuhalten bleibt also, daß Mehrstimmrechte in den vergangenen Jahren durch verschiedene Spielarten interner oder externer Kontrolle weichen mußten.

III.F.1.2. Die Meinungsbildung in der Untersuchungseinheit

Die geführten Interviews ergaben, daß die Mehrheit der Unternehmen in der Untersuchungseinheit die Mehrstimmrechtsaktien vorläufig beibehalten will. Daß diese Stimmrechte in den Unternehmen, in denen sich die begünstigten Aktionäre von ihnen einen zusätzlichen Verschanzungseffekt erwarten, bisher erhalten blieben, verwundert nicht. Vorstöße zur Beseitigung der Mehrstimmrechte hat es durchaus gegeben. Managements, die die Existenz von Mehrstimmrechtsaktien als schädlich einstufen, haben ihre Abschaffung nicht erreicht oder sehen keine Erfolgsaussicht für ein solches Vorhaben. Ersteres gilt beispielsweise für das frühere Management der RWE AG unter Gieskes Leitung. Letzteres gilt für die Vorstände der Schloßgartenbau AG und der Gruschwitz Textilwerke AG, die die hemmende und der Aktionärsdemokratie zuwiderlaufende Wirkung dieser Papiere im Interview betonen; sie sehen jedoch keine Möglichkeit für die Beseitigung der Mehrstimmrechte in ihren Unternehmen.[929] Nach Auffassung der Schloßgartenbau AG und der Überlandwerk Unterfranken AG geht es ungeachtet der Bedeutung der Stimmrechte um die Wahrung von Besitzständen. Es sei für das Management eines Unternehmens kaum denkbar, an Aktionäre mit dem Ansinnen, diese sollten auf Rechte verzichten, heranzutreten. Hier sei der Gesetzgeber gefordert.[930] Auch für die VEW AG ist die Abschaffung der Mehrstimmrechtsaktien "ein Tabuthema"[931].

---

[929] Vgl. Schloßgartenbau AG, Interview mit Wolfgang Kurz am 18. September 1995, Antwort auf Fragen 13 und 14 (Anhang 1); Gruschwitz Textilwerke AG, Interview mit Karlheinz Mühlbronner am 14. August 1995, Antwort auf Frage 14 (Anhang 1).

[930] Vgl. Schloßgartenbau AG, Interview mit Wolfgang Kurz am 18. September 1995, Antwort auf Frage 13; Überlandwerk Unterfranken AG, Interview mit Dieter Pathe und Ralph Trzeciak, Antwort auf Frage 12 (Anhang 1).

[931] Vereinigte Elektrizitätswerke Westfalen AG, Interview mit Klaus Wuppermann und Gisbert Stengel am 5. Februar 1996, Antwort auf Frage 14 (Anhang 1).

Vor einer Initiative zur Abschaffung der Mehrstimmrechtsaktien schreckt offensichtlich aber auch eine Reihe derjenigen Unternehmen zurück, die die Bedeutung der Stimmrechte als gering einstufen. Beispielsweise rechtfertigen die Rieter Ingolstadt Spinnereimaschinenbau AG, die Custodia Holding AG, die Hamburgische Electricitäts-Werke AG und die Reichelbräu AG die Beibehaltung dieser Aktien mit historischen bzw. traditionellen Gründen.[932] Einige Unternehmen der Untersuchungseinheit - die Tucher Bräu AG, die Porzellanfabrik Waldsassen Bareuther & Co. AG, die Breitenburger Portland-Cement-Fabrik AG sowie die Kühltransit AG - geben an, die Mehrstimmrechtsaktien aus Gründen der durch die erforderliche Satzungsänderung entstehenden Kosten bisher beibehalten zu haben.[933] Die überwiegende Mehrheit der Unternehmen erklärt, die Mehrstimmrechtsaktien schadeten dem Firmenwert nicht und würden deshalb wohl weiterbestehen. Dies äußern u.a. die Calwer Decken- und Tuchfabriken AG, die W. Jacobsen AG, die Fränkisches Überlandwerk Aktiengesellschaft, die VEW AG sowie die Hamburgische Electricitäts-Werke AG.[934] Erstaunlicherweise erläutert der Interviewpartner des letzteren Unternehmens gleichzeitig: "Diese Mehrfachstimmrechte sind ja nie im Interesse des Unternehmens, sondern immer nur im Interesse des Aktionärs, der sie hat. Und die Frage, ob ein Übernahmeversuch erwünscht oder

---

932 Vgl. Rieter Ingolstadt Spinnereimaschinenbau AG, Seidel, Rolf, Leiter Controlling und Finanzen, Schreiben vom 25. August 1995, Ingolstadt, Antwort auf Fragen 12 und 13 (Anhang 1); Custodia Holding AG, Gebhard, Volker, Mitglied des Vorstandes; Schreiben vom 23. August 1995, München, Antwort auf Frage 12 (Anhang 1); Hamburgische Electricitäts-Werke AG, Interview mit Manfred Milde-Büttcher am 2. Mai 1995, Antwort auf Frage 12 (Anhang 1); Kulmbacher Reichelbräu AG, Himmel, Albert, Leiter Finanzwesen, telefonische Auskunft vom 25. März 1996.

933 Vgl. Tucher Bräu AG, Telefoninterview mit Willy Hofmann am 24. August 1995, Antwort auf Frage 12 (Anhang 1); Porzellanfabrik Waldsassen Bareuther & Co. AG, Interview mit Oskar Deininger am 26. August 1995, Antwort auf Fragen 4, 12, 13 und 14 (Anhang 1); Breitenburger Portland-Cement-Fabrik AG, Telefoninterview mit Doris Niemann am 25. Oktober 1995, Antwort auf Frage 12 (Anhang 1); Kühltransit AG, Interview mit Thomas Birtel am 6. November 1995, Antwort auf Frage 13 (Anhang 1).

934 Vgl. Calwer Decken- u. Tuchfabriken AG, Interview mit Jürgen Renz, Antwort auf Frage 12 (Anhang 1); W. Jacobsen, Interview mit Peter Lotzow am 16. März 1995, Antwort auf Fragen 12 u. 13 (Anhang 1); Fränkisches Überlandwerk AG, Interview mit Helmut Brandt am 5. Dezember 1995, Antwort auf Frage 12 (Anhang 1); Vereinigte Elektrizitätswerke AG, Interview mit Klaus Wuppermann und Gisbert Stengel am 5. Februar 1996, Antwort auf Frage 12 (Anhang 1); Hamburgische Electricitäts-Werke AG, Interview mit Manfred Milde-Büttcher am 2. Mai 1995, Antwort auf Fragen 13 und 14 (Anhang 1).

unerwünscht ist, kann dann auch nur aus der Sicht des Aktionärs, aber nie aus der Sicht des Unternehmens beurteilt werden. Es kann ja etwas für das Unternehmen erwünscht sein, was nur dieser eine Großaktionär nicht wünscht. ... Mehrfachstimmrechte sind ja eigentlich systemfremd für eine Aktiengesellschaft - eigentlich gehören sie dort nicht hinein."[935]

Überlegungen zur Abschaffung der Mehrstimmrechtsaktien sind neben den sieben eingangs genannten, die diese Papiere bereits beseitigt haben, neben der RWE AG in nur einem weiteren Unternehmen verfolgt worden - der Mittelschwäbische Überlandzentrale Aktiengesellschaft. Konkretes läßt sich aber noch nicht sagen.[936] Grundsätzlich könnten Mehrstimmrechtsaktien - so der Interviewpartner der MÜAG - sehr wohl ein nützliches Instrument sein, um bei großem Kapitalbedarf den Einfluß der Altgesellschafter wahren zu können. Im speziellen Fall der MÜAG bestehe dieser Kapitalbedarf jedoch nicht; die Mehrheitsverhältnisse seien überdies so klar, daß keine Mehrstimmrechtsaktien vonnöten seien. Deshalb seien die Vorzugsaktien bei der MÜAG eigentlich überflüssig.[937]

Auch bei der RWE gibt es - wie bereits ausgeführt - Vorstellungen zur Abschaffung der Mehrstimmrechtsaktien.[938] Daß die Meinungsbildung bei der RWE AG so weit fortgeschritten ist, ist sicherlich auch auf die Absicht des Gesetzgebers zurückzuführen, die Mehrstimmrechtsaktien gänzlich entfallen zu lassen. Insofern ist die Situation eingetreten, die beispielsweise die Gesprächspartner der Schloßgartenbau AG und der Überlandwerk Unterfranken AG gefordert haben. Gleichzeitig hat es im Falle der RWE AG auch Vorstöße durch Aktionärsvertreter gegeben, die Mehrstimmrechte dieses Unternehmens auf dem Klagewege zu beseitigen. Verschiedene Möglichkeiten zur Abschaffung von Mehrstimmrechten sollen nun im einzelnen dargestellt werden.

---

935 Hamburgische Electricitäts-Werke AG, Interview mit Manfred Milde-Büttcher am 2. Mai 1995, Antwort auf Frage 8 (Anhang 1).

936 Vgl. Mittelschwäbische Überlandzentrale Aktiengesellschaft, Interview mit Eberhard Göppert und Wolfgang Fischer am 4. Dezember 1995, Antwort auf Frage 14 (Anhang 1).

937 Vgl. Mittelschwäbische Überlandzentrale Aktiengesellschaft, Interview mit Eberhard Göppert und Wolfgang Fischer am 4. Dezember 1995, S. 9, Antwort auf Frage 13 (Anhang 1).

938 Zu einem neuen vom Vorstandsvorsitzenden der RWE AG entwickelten Modell zur Beseitigung der Mehrstimmrechtsaktien, das nach Redaktionsschluß der Arbeit bekannt wurde, vgl. Gliederungspunkt III. G.

III.F.2. Verschiedene Wege der Beseitigung von Mehrstimmrechten

Die wichtigsten Möglichkeiten, die zu einer Beseitigung der Mehrstimmrechtsaktien führen können, bestehen zum einen in ihrer Abschaffung durch die Unternehmen - entweder in Form eines Hauptversammlungsbeschlusses oder per Zwangseinziehung dieser Aktien -, zum zweiten in der verwaltungsgerichtlichen Durchsetzung der Aufhebung ministerieller Ausnahmegenehmigungen sowie schließlich in der Abschaffung der Mehrstimmrechtsaktien im Rahmen der Aktienrechtsreform.

III.F.2.1. Abschaffung durch den Gesetzgeber

Wie bereits an anderer Stelle angemerkt, ist in Deutschland eine Aktienrechtsnovelle in Vorbereitung.[939] Bundesjustiz- und Bundeswirtschaftsministerium haben im November 1996 einen Referentenentwurf vorgelegt.[940] Im Zentrum dieses geplanten „Gesetzes zur Kontrolle und Transparenz im Unternehmensbereich" (KonTraG) steht der Beteiligungsbesitz der Banken und die Stärkung der Unternehmenskontrolle durch den Aufsichtsrat. Der Entwurf, dessen erste Lesung eigentlich vor der Sommerpause 1997 vorgesehen war und der 1998 Gesetz werden könnte,[941] sieht aber auch unter anderem die Abschaffung der Höchst- und Mehrstimmrechtsaktien vor.[942] Im Falle der Mehrstimmrechtsaktien ist eine Übergangsfrist von fünf Jahren geplant, mit der "im wesentlichen politische Rücksichtnahmen auf die Beteiligungen der öffentlichen Gebietskörperschaften an Stromversorgungsunternehmen"[943] abgedeckt werden.

Vorgesehen ist des weiteren, daß im Falle einer erbrachten Gegenleistung des Aktionärs das Entziehungsverfahren nach § 5 Abs. 2 EGAktG gelten soll, wonach dem betreffenden Anteilseigner ein angemessenes Entgelt zu zahlen ist.

---

[939] Vgl. III.D.2.2.3.

[940] Vgl. Bernhard, Wolfgang, Aktienrechtsreform, 1997, S. 18.

[941] Vgl. Dunsch, Jürgen, Aktienrechtsnovelle, 1996, S. 17. Inzwischen zeichnen sich aber Verschiebungen im Zeitplan ab. Der Referentenentwurf sollte ursprünglich dem Bundeskabinett im April 1997 vorliegen; dies verzögerte sich. Inzwischen ist fraglich, ob das „Gesetz zur Kontrolle und Transparenz im Unternehmensbereich" (KonTraG) wie geplant zum 1.1.98 in Kraft treten kann. Vgl. dazu o.V, Proteste, 1997, S. 7; sowie o. V., Rechtsfragen, 1997, S. 7.

[942] Vgl. Goffart, Daniel, Banken, 1996, S. 6.

[943] Goffart, Daniel, Reförmchen, 1996, S. 6.

Falls es zu dieser Aufhebung von Mehrstimmrechten per Gese
lautet die zentrale Frage, die mit Sicherheit für Diskussionsst
wird: Stellt das Mehrstimmrecht eine eigenständige enteign
Rechtsposition nach Art. 14 GG dar -, ist seine Beseitigung alsc
eignung? Die Diskussion hierüber ist bereits seit Jahren unt
rechtsexperten im Gange. Wie Hengeler u.a. ausführen, ist der
ber durch Art. 14 GG nicht gehindert, die bestehenden Mehrsti
auch ohne Vorgabe durch Europarecht zu beseitigen. Das Mehrs
sei keine selbständig enteignungsfähige Rechtsposition, sonde
Teil des Anteilseigentums durch Art. 14 GG geschützt. Seine B
sei deshalb keine zur Entschädigung verpflichtende Enteignun
eine beschränkende Inhaltsbestimmung des in der Aktie verkör
gentums im Sinne von Art. 14 Abs. 1 Satz 2 GG. Den Aktion
deshalb kein Anspruch auf Entschädigung zu. Die Mehrstimm
RWE seien im öffentlichen Interesse verliehen worden und beru
auf eigenen vermögensmäßigen Leistungen der kommunalen
"Damit unterscheiden sich diese Rechtspositionen in ihrem En
grund ganz wesentlich von den durch eigene Leistung gescha
fentlich-rechtlichen Rechtspositionen Privater, die nach der
chung des Bundesverfassungsgerichts als enteignungsfähige R
tionen anerkannt werden."[944]

Schwark dagegen spricht vom Stimmrecht als einem rechtlich
sichtigenden, werterhöhenden Faktor, dem ein eigenständige
genswert zukomme, da es dem Aktionär Einfluß- und Entschei
lichkeiten im Innenbereich der Gesellschaft verschaffe. Auch
zelne Stimmrecht einer Mehrstimmrechtsaktie stelle ein vermög
Recht dar. Der Entzug dieser Stimmrechte überschreite die Gre
Art. 14 Abs. 1 GG beschriebenen Inhaltsbestimmung des Eige
stelle eine entschädigungspflichtige Enteignung nach Art 14
dar. [945]

Mit verfassungsrechtlichen Argumenten hat sich beispielsweis
mens AG in der Vergangenheit gegen eine gesetzliche Abschaff
hender Mehrfachstimmrechte gewandt: Ein Entzug der Mehrst
stelle einen Eingriff in das verfassungsrechtlich gewährte Eig
Eine Beseitigung bzw. Beeinträchtigung dürfe deshalb nicht

---

944 Hoffmann-Becking, Michael / Schmidt, Thomas L., Stellungnahme, 19

945 Vgl. Schwark, Eberhard, Rechtsfragen, o. J., S. 60 ff.

gungslos erfolgen.[946] Diese Aussage ist allerdings nur schwer mit der an anderer Stelle geäußerten Argumentation zu vereinbaren, die Mehrstimmrechtsaktien der Siemens AG besäßen keinerlei wirtschaftlichen Wert.[947]

Der Entwurf zur Aktienrechtsreform sieht nur dann eine Entschädigung vor, wenn der Aktionär dem Unternehmen eine Gegenleistung für den Erhalt der Mehrstimmrechte erbracht hat. Eine derartige Gegenleistung nehmen die kommunalen Aktionäre der RWE AG für sich in Anspruch; aus ihm leiten sie ihren Entschädigungsanspruch her. Wie oben bereits ausgeführt, führen die Gebietskörperschaften in diesem Zusammenhang die Entwertung ihrer Anteile bei der Goldbilanzumstellung und den Verzicht auf erhebliche Dividendenströme in den Folgejahren an, für den die Mehrstimmrechte als Ausgleich dienen sollten.[948]

Beobachter glauben, daß die Unternehmensleitung der RWE AG unabhängig von der juristischen Diskussion eine für beide Seiten befriedigende Lösung anstrebt: "Denn ansonsten könnten die VkA-Mitglieder eine Prozeßlawine ohne Ende lostreten. RWE-Chef Dietmar Kuhnt kann daher nur daran interessiert sein, einen Kompromiß zu finden, den alle Beteiligten akzeptieren."[949]

III.F.2.2. Abschaffung auf dem Klageweg

Eine weitere Möglichkeit der Beseitigung von Mehrstimmrechten besteht für den benachteiligten Aktionär darin, die Erteilung der ministeriellen Ausnahmegenehmigung nach § 12 Abs. 2 Satz 2 AktG vor dem Verwaltungsgericht anzufechten. Hier kommt es allerdings auf die besondere Unternehmenssituation an, ob der ministerielle Genehmigungsbescheid bereits nach § 58 Abs. 2 VwGO mit Ablauf der dort bestimmten Jahresfrist bestandskräftig geworden ist, d.h. in diesem Fall nicht mehr angefochten werden kann. Diese Jahresfrist beginnt nach allgemeiner Rechtsmeinung dann zu laufen, wenn den Aktionären die Existenz dieser Genehmigung bekannt geworden ist.[950]

---

[946] Vgl. Rembold, Otto u. a., Nold, 1992, S. 5 f.

[947] Vgl. Rembold, Otto u. a., Nold, 1992, S. 12; auch Gliederungspunkt III.D.2.1.2.4.

[948] Vgl. Gliederungspunkt III.C.3.2.3.

[949] Lückmann, Reinhard, Ausnahmen, 1996, S. 2.

[950] Vgl. Hoffmann-Becking, Michael / Schmidt, Thomas L., Rechtsgutachten, 1992, S. 43 ff.

Eine weitere Möglichkeit der Beseitigung auf dem Klagewege zielt auf die gerichtliche Durchsetzung der Rücknahme der Ausnahmegenehmigung. Nach § 51 Abs. 1 Nr. 1 VwVfG hat die Genehmigungsbehörde auf Antrag des Betroffenen das Genehmigungsverfahren wieder aufzugreifen und über die Aufhebung eines unanfechtbaren Verwaltungsaktes zu entscheiden, wenn sich die dem Verwaltungsakt zugrunde liegende Sach- oder Rechtslage nachträglich zugunsten des Betroffenen geändert hat. Beispielsweise könnte dies im Falle der RWE AG ein gangbarer Weg sein: "Der RWE-Konzern hat sich seit 1988 im Vergleich zu der Situation des Konzerns, die der Landeswirtschaftsminister bei seiner letzten Genehmigung Anfang 1983 zu beurteilen hatte, so stark gewandelt, daß sich die Frage der Genehmigungsfähigkeit von Mehrstimmrechten in anderem Licht stellt."[951]

Die vor Inkrafttreten des AktG 1965 entstandenen Mehrstimmrechtsaktien werden von § 5 Abs. 1 EGAktG geschützt; allerdings ist zu fragen, ob nicht auch die "alten" Mehrstimmrechte aufgrund von eingetretenen Veränderungen der tatsächlichen Verhältnisse durch Verwaltungsakt beseitigt werden können, da sie ansonsten stärkeren Bestandsschutz genössen als Mehrstimmrechte, die entsprechend dem AktG 1965 rechtmäßig genehmigt worden sind.[952]

Es hat bereits ein von der Deutschen Schutzvereinigung für Wertpapierbesitz (DSW) und dem Aktionär Wenger angestrengtes Verfahren zur Aufhebung der ministeriellen Genehmigung der Mehrfachstimmrechtsaktien bei der RWE AG gegeben; die Klage wurde jedoch 1995 vom Oberverwaltungsgericht Münster in 2. Instanz zurückgewiesen.[953]

---

[951] Hoffmann-Becking, Michael / Schmidt, Thomas L., Rechtsgutachten, 1992, S. 56 ff.

[952] Vgl. Hoffmann-Becking, Michael / Schmidt, Thomas L., Rechtsgutachten, 1992, S. 62 ff. Abweichend Schwark, der eine Beseitigung bestehender Mehrstimmrechte durch Rücknahme oder Widerruf für ausgeschlossen hält. Für die vor 1937 geschaffenen Mehrstimmrechte bestände schon deshalb keine verwaltungsrechtliche Eingriffsmöglichkeit, da sie seinerzeit ohne Genehmigung entstanden seien. Außerdem habe der Gesetzgeber im AktG 1965 angeordnet, daß die alten Mehrstimmrechte ohne weiteres fortbestehen. Auch Genehmigungen nach 1965 könnten nicht zurückgenommen werden, da es sich um privatrechtsgestaltende Verwaltungsakte handele, bei denen eine spätere Aufhebung nach Eintritt der privatrechtlichen Wirkungen in jedem Falle ausgeschlossen sei. Dazu Schwark, Eberhard, Rechtsfragen, o. J., S. 37 ff.

[953] Vgl. o. V., Streit, 1995, S. 1.

Der Anspruch auf Abschaffung der Mehrstimmaktien hätte innerhalb von drei Monaten nach Bekanntwerden der aus dem Jahre 1988 datierenden strukturellen Veränderungen der RWE AG geltend gemacht werden müssen; die Klage war aber erst 1992 eingereicht worden, so daß die einzuhaltende Frist verstrichen war.[954] Die Kläger hätten spätestens 1990, nach Bekanntwerden der grundlegenden Umstrukturierung des Konzerns in der Öffentlichkeit, innerhalb einer Drei-Monats-Frist eine Überprüfung der Sonderregelungen für die kommunalen Aktionäre einklagen müssen. Dies war versäumt worden.[955]

Gegen diese Entscheidung hat die Schutzvereinigung beim Bundesverwaltungsgericht Revision eingelegt. Begründung: Das OVG habe den sachlichen Argumenten in allen wesentlichen Punkten zugestimmt; die Klage gegen das nordrhein-westfälische Wirtschaftsministerium sei aus rein formalen, verfahrensrechtlichen Gründen abgewiesen worden.[956] Das OVG habe die Argumentation der Mehrstimmrechts-Gegner, daß sich die Struktur der RWE AG seit Genehmigung der Mehrstimmrechtsaktien nachhaltig verändert habe, bekräftigt. Bei der RWE AG handle es sich nicht mehr um ein reines Energieversorgungsunternehmen, sondern um eine Konzernholding.

III.F.2.3. Abschaffung durch die Unternehmen selbst

Wie in oben genannten Unternehmen der Untersuchungseinheit geschehen, können die betroffenen Firmen die Mehrstimmrechte unabhängig von einer gesetzlichen Regelung selbst beseitigen. Dies kann durch einen satzungsändernden Beschluß der Hauptversammlung oder durch Zwangseinziehung dieser Aktien geschehen.

III.F.2.3.1. Beseitigung des Stimmenvorzugs durch HV-Beschluß

Der Stimmrechtsvorzug der Mehrstimmrechtsaktien kann durch eine Satzungsänderung per Hauptversammlungsbeschluß beseitigt werden. Wenn dies geschehen soll, ist zu unterscheiden, ob es sich bei diesen Anteilen um nach oder vor 1965 ausgegebene Aktien handelt.

[954]Vgl. o. V., Instanz, 1995.

[955]Vgl. o. V., Mehrfachstimmrecht, 1995, S. 15.

[956]Vgl. o. V., Mehrfachstimmrechte, 1995, S. 15.

Um Mehrstimmrechtsaktien, die nach 1965 geschaffenen wurden, zu beseitigen, ist eine Satzungsänderung erforderlich, die gemäß § 179 Abs. 1 AktG einer einfachen Mehrheit der Stimmen und einer qualifizierten Kapitalmehrheit bedarf.[957] Zusätzlich ist nach § 179 Abs. 3 ein Sonderbeschluß der Vorzugsaktionäre erforderlich, für dessen Zustandekommen im Grundsatz ebenfalls eine einfache Stimmen- und eine qualifizierte Kapitalmehrheit nötig ist, falls die Satzung kein anderes Mehrheitserfordernis bestimmt.

Mehrstimmrechte, die vor Inkrafttreten des Aktiengesetzes 1965 geschaffen wurden, können demgegenüber unter erleichterten Voraussetzungen beseitigt werden. Nach § 5 Abs. 2 EG AktG genügt ein Beschluß der Hauptversammlung. Dieser Beschluß bedarf einer Dreiviertelmehrheit des Kapitals, aber nicht einer Mehrheit der abgegebenen Stimmen. Ein Sonderbeschluß der betroffenen Aktionäre ist ebenfalls nicht vonnöten. "Diese Regelung gilt sowohl für die während der Geltung des Aktiengesetzes 1937 mit behördlicher Genehmigung geschaffenen Mehrstimmrechte als auch für die älteren Mehrstimmrechte aus der Zeit vor 1937".[958] Bei der RWE AG beispielsweise könnten also die sogenannten "alten" Mehrstimmrechte abgeschafft werden, wenn der Grundkapitalanteil der kommunalen Aktionäre bzw. der mit ihnen verbündeten Banken auf unter 25 % sänke.[959]

Im Regelfall kann eine Beseitigung der Mehrstimmrechte nach § 5 EG AktG ohne Entschädigung erfolgen. Das Unternehmen hat diesen Aktionären dann ein angemessenes Entgelt für die entfallenden Mehrstimmrechte zu gewähren, wenn diese Aktionäre zur Erlangung des Mehrstimmrechts im Verhältnis zu den anderen Anteilseignern neben der Einlage auf das Grundkapital besondere Leistungen für die Gesellschaft

[957] Dies gilt beispielsweise nicht im Falle der RWE AG, bei der Hauptversammlungsbeschlüsse grundsätzlich mit einfacher Stimmen- und Kapitalmehrheit zustande kommen. Vgl. dazu RWE AG (Hrsg.), Satzung idF 21. Juli 1992. In § 16 Abs. 2 sind einige Ausnahmefälle, in denen eine größere Kapitalmehrheit vorgeschrieben wird, aufgeführt (Auflösung der Gesellschaft, Verschmelzung der Gesellschaft, Abberufung von Aufsichtsratsmitgliedern); sie betreffen jedoch nicht den Fall der Satzungsänderung.

[958] Hoffmann-Becking, Michael / Schmidt, Thomas L., Rechtsgutachten, 1992, S. 78.

[959] Vgl. Schwark, Eberhard, Rechtsfragen, o. J., S. 15.

erbracht haben oder erbringen.[960] Diese Interpretation des § 5 EG AktG ist aber nicht unumstritten: "Fraglich ist, ob den durch die Abschaffung ihrer Mehrstimmrechte betroffenen Aktionären eine Entschädigung nach allgemeinen Grundsätzen auch dann zu gewähren ist, wenn sie die Stimmrechte nicht durch Sonderleistungen gekauft haben; ..."[961]

Bei der RWE AG hat es in der Vergangenheit an Initiativen, die Mehrstimmrechte per Hauptversammlungbeschluß zu beseitigen oder zumindest zurückzuschneiden, nicht gefehlt.

In der Hauptversammlung am 10. Dezember 1992 begründete Gieske die Absicht des Unternehmens, für die geplante Kapitalerhöhung 1993 keinen Antrag auf Zulassung von neuen Mehrfachstimmrechten zu stellen, wie folgt: "Die vielfältigen Aktivitäten des RWE-Konzerns im In- und Ausland werden nicht mehr vorrangig durch die leitungsgebundene Energieversorgung geprägt, die in früheren Jahrzehnten Grundlage für die Genehmigung der Mehrfachstimmrechte war."[962] Die kommunalen Aktionäre konnten bei der Kapitalerhöhung im März 1993 erstmals nur normale Stammaktien, keine stimmrechtsbevorzugten Namens-Vorzugsaktien mehr beziehen.

Des weiteren lagen zur Hauptversammlung am 8. Dezember 1994 zwei Anträge der Aktionäre Nold bzw. Wenger vor, die sich gegen das Mehrstimmrecht richteten und zum einen auf eine entsprechende Satzungsänderung, zum anderen auf eine Einziehung der Namensaktien zielten. Eine Reihe von Aktionärsvertretern sprach sich zwar kritisch gegen die starke Einflußnahme der Kommunen auf RWE aus. Die Anträge erreichten aber jeweils nur 0,28 % der Stimmen. Die betreffenden Aktionäre waren bereits in den Jahren 1992 und 1993 mit ähnliche Anträgen gescheitert.

In der Hauptversammlung am 14. Dezember 1995 wurde erneut von den Aktionären Nold / Wenger der Antrag auf Abschaffung der Mehrstimmrechte gestellt. Die meisten Banken - u.a. die Bayerische Hypotheken- u. Wechselbank, die Westdeutsche Landesbank, Merck, Finck & Co., Westfalenbank - sowie der seit kurzem unter dem Vorsitz von Kuhnt befindliche RWE-Vorstand, letzterer auch mit Hinweis auf das oben erwähnte,

---

[960] Vgl. Einführungsgesetz zum Aktiengesetz (EGAktG) idF 6. September 1965 (BGBl I S. 1185), § 5 Abs. 2 Satz 4; ebenfalls Hoffmann-Becking, Michael / Schmidt, Thomas L., Rechtsgutachten, 1992, S. 76 ff.

[961] Zöllner, Wolfgang, Kölner, 1985 I, § 12, Rdnr. 17, S. 104.

[962] Gieske, Friedhelm, Ausführungen, 1992, S. 16.

kurz vorher ergangene Urteil des Oberverwaltungsgerichts, empfahlen die Ablehnung des Antrags. Die gegenteilige Empfehlung gaben Commerzbank und BHF-Bank. Die Commerzbank vertrat die Auffassung, daß es im generellen Interesse der Aktionäre liege, Mehrfachstimmrechte abzuschaffen. Die Klage der Schutzvereinigung sei lediglich aus formalen Gründen abgewiesen und die Revision ausdrücklich zugelassen worden, so daß dieses Verfahren noch nicht endgültig entschieden sei. Auch die BHF-Bank erklärte, sie sehe keinen Anlaß, von der bereits im Anschreiben an die Depotkunden von 1992 geäußerten Haltung abzuweichen. Damals hatte die Bank darauf hingewiesen, daß die Stromversorgung für den RWE-Konzern zunehmend an Gewicht eingebüßt und deshalb der wesentliche Anlaß für die Genehmigung der Mehrfachstimmrechte an Bedeutung verloren habe. Im Zuge der allgemeinen Privatisierungsbemühungen sei ohnehin die Frage zu stellen, ob der beherrschende Einfluß der öffentlichen Hände auf die RWE AG noch Sinn mache. BHF-Bank und Commerzbank sowie die Dresdner Bank empfahlen den Aktionären, wegen der besonderen Situation persönlich an der Hauptversammlung teilzunehmen. Einige andere Institute, beispielsweise die Deutsche Bank, erbaten eine ausdrückliche Weisung der Aktionäre in der Frage des Mehrstimmrechts.[963]

In der dann folgenden Hauptversammlung der RWE AG wurde die Abschaffung des Mehrstimmrechts zwar wieder eindeutig abgelehnt. Während aber alle anderen Abstimmungsvorschläge der Verwaltung sehr hohe Zustimmung fanden, gaben in dem Punkt "Mehrstimmrechte" fast 3,7 Mio. Stimmen mit einem Kapital von 172 Mio. DM ihr Votum zugunsten des Antrags Wenger / Nold ab. Diese Ja-Stimmen für den Antrag auf Abschaffung der Mehrstimmrechte repräsentierten immerhin 13,18 % des vertretenen stimmberechtigten Kapitals. Bereinigt man das Ergebnis um das Abstimmungsgewicht der durch die Aktien mit zwanzigfachem Stimmrecht begünstigten kommunalen Aktionäre, so hat sich bei einer Präsenz von rund 82 % etwa jede zweite angemeldete und nicht den Kommunen zurechenbare Aktie für die Abschaffung der Mehrstimmrechte ausgesprochen.[964]

Nach langem Diskussionsprozeß ist bei RWE die Problematik „Mehrstimmrechtsaktien“ inzwischen gelöst: Mit 97,84 % des stimmberechtigten Grundkapitals hat die außerordentliche Hauptversammlung am 26. Februar 1998 die Abschaffung der Mehrstimmrechte beschlossen. Der Kompromiß zwischen Kommunen und Unternehmensleitung gelang durch

[963] Vgl. o. V., Absetzung, 1995.

[964] Vgl. o. V., Votum, 1995, S. 22.

ein spezielles Konzept: Die Mehrstimmrechtsaktien werden in normale Stammaktien umgewandelt und die so frei werdenden 136 Mio. Stimmen den Inhabern der bisher stimmrechtslosen Vorzugsaktien zum Kauf angeboten. Auf diese Weise ist der von den Kommunen geforderte finanzielle Ausgleich nicht mit einer Belastung für das Unternehmen verbunden. Der Umtausch wird technisch mittels sogenannter Umwandlungsscheine vollzogen, deren Ausgabepreis im Bookbuildingverfahren ermittelt wird. Die von den Kommunen geforderten 1,15 Mrd. DM dürften nach Ansicht von Experten problemlos zusammenkommen.[965]

Andere Energieversorgungsunternehmen der Untersuchungseinheit haben mit Interesse die Ereignisse bei der RWE AG beobachtet; dies gilt beispielsweise für die Überlandwerk Unterfranken AG. In der Überlandwerk Unterfranken AG glaubt man nicht daran, daß der Großaktionär - das Unternehmen ist über die Mehrheitsaktionärin Bayernwerk AG in den VIAG-Konzern eingebunden - die Mehrstimmrechte auf Initiative des Würzburger Versorgers hin aufgeben wird: "Unser Großaktionär ist ja zugleich unser Vorlieferant hinsichtlich Strom und auch sonstig stark verquickt. Seitens des Überlandwerks Unterfranken gibt es sicher keinen Ansatz."[966] Wenn allerdings eine große Abschaffungswelle komme, dann stelle sich der Sachverhalt anders dar. Im Interview wird die Auffassung geäußert, der Anstoß für die Abschaffung der Mehrstimmrechte könne auch von der Bayernwerk-Aktionärin VIAG AG kommen, die sich verstärkt international ausrichten wolle.

Zur Abschaffung der Mehrstimmrechte durch das Unternehmen selbst können auch Finanznöte kommunaler Aktionäre führen. Beispielsweise hat sich die finanzielle Situation der Fränkisches Überlandwerk Aktiengesellschaft Ende 1996 verschärft; das Unternehmen ist durch Manipulationen mit gefälschten Schuldscheinen tief in die Verlustzone geraten.[967] Für das Jahr 1997 zahlt die FÜW AG keine Dividende.[968] Es erscheint möglich, daß der Bezirk Mittelfranken, der seine Beteiligung ohnehin bis knapp oberhalb der Grenze der Stimmenmehrheit reduziert hat, zukünftig sein Engagement bei der Fränkisches Überlandwerk Unterfranken AG vor

---

[965] Vgl. Sturbeck, Werner, Kurssteigerung, S. 20.

[966] Überlandwerk Unterfranken Aktiengesellschaft, Interview mit Dieter Pathe und Ralph Trzeciak am 13. Dezember 1995, Antwort auf Frage 12 (Anhang 1).

[967] Vgl. o. V., Verlust, 1996, S. 25; sowie o. V., Fränkische, 1996, S. 30; ebenfalls o. V., Symeonidis, 1996, S. 26.

[968] Vgl. o.V., Stadtwerken, 1997, S. 24.

diesem Hintergrund überdenkt und den Weg zur Abschaffung der Mehrstimmrechtsaktien freimacht.

Bei der HEW AG ist es aus Gründen der angespannten Finanzlage der Stadt Hamburg bereits zu einem Verkauf eines Pakets durch den kommunalen Mehrheitsaktionär gekommen, der allerdings nicht die Mehrstimmrechtsaktien einschließt. Im Gespräch ist nun die Frage, ob sich Hamburg möglicherweise von einem weiteren 25%-Paket trennt;[969] die Mehrstimmrechtsaktien dürften aber wohl weiter in kommunalen Händen bleiben. Um eine vollständige Privatisierung der Berliner Licht- und Kraft (BEWAG-) AG bemüht sich dagegen das ebenfalls mit einer großen Haushaltslücke kämpfende Land Berlin. Die Landesregierung erhofft sich von dem Verkauf des Energieversorgers einen Verkaufserlös von mindestens 3 Mrd. Mark.[970] Diese Ereignisse zeigen, daß die Finanznot in den kommunalen Haushalten erheblichen Druck in Richtung einer Privatisierung kommunaler Versorgungsunternehmen ausübt. Dieser Druck könnte dazu führen, daß die Gebietskörperschaften nach einer besseren Börsengängigkeit ihrer Energieversorger streben und in diesem Rahmen auch die Mehrstimmrechte beseitigen.

III.F.2.3.2. Zwangseinziehung der Mehrstimmrechtsaktien

Bei 8 Firmen, also knapp einem Viertel der Unternehmen in der Untersuchungseinheit ist bzw. war in der jeweiligen Satzung die Zwangseinziehung der Mehrstimmrechtsaktien gegen eine in Prozent des Nennwertes festgelegte Erstattung vorgesehen.[971] Die Erstattung ist durchweg sehr gering; sie bewegt sich in der Spannbreite zwischen 62,5 % des Nennbetrages im Falle der Custodia Holding AG und 115 % des Nennbetrages bei einer Reihe anderer Unternehmen, beispielsweise der RWE AG und der Tucher Bräu AG.[972]

---

[969] Vgl. o. V., HEW-Mehrheit, 1997, S. 21.

[970] Vgl. Knipper, Hermann-Josef, Deckungslücke, 1997, S. 5.

[971] Im einzelnen sind dies die Unternehmen Breitenburger Portland-Cement-Fabrik AG, Rieter Ingolstadt Spinnereimaschinenbau AG, Reichelbräu AG, Tucher Bräu AG, Custodia Holding AG, Gruschwitz Textilwerke AG, Porzellanfabrik Waldsassen Bareuther & Co. AG sowie RWE AG.

[972] Vgl. Custodia Holding AG (Hrsg.), Satzung idF 26. Juli 1995, München, § 4; Tucher Bräu AG (Hrsg.), Satzung idF 29. Mai 1995, Nürnberg, § 4 Abs. 5; RWE AG (Hrsg.), Satzung idF 21. Juli 1992, § 3 Abs. 3.

Bei einer Zwangseinziehung werden - anders als bei dem oben beschriebenen satzungsändernden Hauptversammlungsbeschluß - nicht nur die Mehrstimmrechte beseitigt; es kommt zu einer Herabsetzung des Grundkapitals um den Nennbetrag der einzuziehenden Aktien. Die Voraussetzung des § 237 Abs. 1 Satz 2 AktG muß vorliegen: Eine Zwangseinziehung der Aktien ist nur insoweit zulässig, als sie bereits vor der Zeichnung der Aktien in der Satzung gestattet war. Für die RWE AG z.B. ist diese Voraussetzung erfüllt; die Möglichkeit der Zwangseinziehung ist seit der Schaffung der ersten Mehrstimmrechtsaktien vorgesehen.[973]

Normalerweise kann eine Kapitalherabsetzung nur mit einer Dreiviertelmehrheit des Grundkapitals sowie Stimmenmehrheit in der Hauptversammlung beschlossen werden. Falls es sich dabei jedoch um Aktien handelt, auf die der Ausgabebetrag voll geleistet wurde und falls das Einziehungsentgelt zu Lasten der anderen Gewinnrücklagen ausgezahlt wird, genügt nach § 237 Abs. 4 AktG die einfache Stimmenmehrheit (Kapitalherabsetzung in vereinfachter Form). Gleichwohl kann die Satzung größere Mehrheiten und weitere Erfordernisse bestimmen.

Beispielsweise verlangt die Satzung der RWE AG für die Zwangseinziehung nicht nur eine Beschlußfassung der Hauptversammlung mit 75 % der Stimmen und des Kapitals, sondern außerdem Sonderbeschlüsse der Stamm-, Namens- und Vorzugsaktionäre mit den entsprechenden Dreiviertelmehrheiten, insbesondere also einen Sonderbeschluß der Mehrstimmrechtsaktionäre mit einer Mehrheit von drei Vierteln der abgegebenen Stimmen und des abstimmenden Kapitals.[974] Sonderbeschlüsse mit Dreiviertelmehrheiten sind auch in anderen Unternehmen der Untersuchungseinheit für eine Zwangseinziehung erforderlich - so beispielsweise bei der Reichelbräu AG, der Rieter Ingolstadt Spinnereimaschinenbau AG sowie der Gruschwitz Textilwerke AG.[975]

Bei diesen Unternehmen kann es gegen den Willen der begünstigten Aktionäre also nicht zu einer Zwangseinziehung der Mehrstimmrechtsaktien

---

[973]Vgl. Hoffmann-Becking, Michael / Schmidt, Thomas L., Rechtsgutachten, 1992, S. 80.

[974]Vgl. RWE AG (Hrsg.), Satzung idF 21. Juli 1992, § 3 Abs. 3.

[975]Vgl. Reichelbräu AG (Hrsg.), Satzung idF April 1991, Kulmbach, § 5; Rieter Ingolstadt Spinnereimaschinenbau AG (Hrsg.), Satzung idF nach den Beschlüssen der Hauptversammlung vom 10. Juni 1992, Ingolstadt, § 6 Abs. 3 und 4; Gruschwitz Textilwerke AG (Hrsg.), Satzung idF 13. Juli 1970, Neu-Ulm, § 6 Abs. 4 u. 5.

kommen; die Satzungen sehen eine perfekte Verschanzungsmöglichkeit der Mehrstimmrechtsaktionäre gegen eine Zwangseinziehung dieser Anteile vor. Ihre Zustimmung zur Zwangseinziehung dürfte angesichts der niedrigen Erstattungsbeträge im Regelfall auszuschließen sein. Allerdings kann eine höhere Entschädigung, die die Bereitschaft der Mehrstimmrechtsaktionäre zur Zustimmung steigern würde, festgesetzt werden. Sie darf allerdings nicht den wirklichen Wert der eingezogenen Aktien übersteigen, da ansonsten der Wert der anderen Stamm- und Vorzugsaktien verwässert würde.[976] Hier geht es also wieder um die Frage des Wertes von Mehrstimmrechtsaktien, auf die oben bereits ausführlich eingegangen wurde.

III.F.3. Blick in die Schweiz: Trend zur Einheitsaktie erkennbar

Aus dem anglo-amerikanischen Raum haben deutsche Kritiker der Mehrstimmrechtsaktien bereits vor Jahren Unterstützung für die Abschaffung solcher Sondervorteile und anderer Stimmrechtsbeschränkungen erhalten. Gefördert werden die deutschen Initiativen zur Abschaffung der Mehrstimmrechtsaktien aber auch von parallel laufenden Bestrebungen in einem Land, dem man eine aktive Rolle in bezug auf Belange der Aktionärsdemokratie auf den ersten Blick nicht zusprechen würde - der Schweiz.

In den Kapitalstrukturen Schweizer Unternehmen sind Mehrstimmrechtsaktien nichts Ungewöhnliches, sondern im Gegenteil eine übliche Erscheinung - allerdings nicht in der expliziten deutschen Spielart. Wie in Israel ist auch in der Schweiz eine Aufteilung des Grundkapitals in Aktien unterschiedlicher Nennwerte, die gleichwohl jeweils mit einer Stimme ausgestattet sind, zu beobachten. Aktien mit niedrigeren Nennwerten verfügen so gegenüber Anteilen höherer Nennwerte faktisch über ein höheres Stimmrecht, wie dies beispielsweise auch in Deutschland nach der Goldbilanzumstellung Mitte der 20er Jahre zu beobachten war. Kunz beschreibt den Schweizer Kapitalmarkt so: "Zahlreiche Gesellschaften haben sogenannte Stimmrechtsaktien geschaffen, d.h. Namensaktien ausgegeben, die einen niedrigeren Nennwert als die Inhaberaktien aufweisen. Bei Gesell-

---

[976]Vgl. Hoffmann-Becking, Michael / Schmidt, Thomas L., Rechtsgutachten, 1992, S. 81 ff.; ebenfalls Schilling, Wolfgang, Großkommentar III, 1973, § 237 Anm. 15, S. 304; Lutter, Marcus, Kölner, 1985 III, § 237 Rdn. 37 f.; Wilhelmi, Hans / Wilhelmi, Sylvester, Godin / Wilhelmi, 1967, § 237 Anm. 11, S. 1249.

schaften mit Namensaktien verfügt diese Titelkategorie fast ausnahmslos über eine Stimmenmehrheit."[977]

Eine große Zahl Schweizer Gesellschaften verfügen über Stimmrechtsaktien beziehungsweise über ein Aktienkapital mit unterschiedlichen Titelkategorien, so das Ergebnis der Bank Julius Bär in einer Analyse der Beteiligungsverhältnisse von Schweizer Unternehmen. In der Schweiz kann mit einem geringen Kapitalaufwand ein beträchtlicher Teil der Stimmen kontrolliert werden. "Ein Vergleich der Beteiligungsverhältnisse in Bezug [sic!] auf Stimmen, Grundkapital und Börsenkapitalisierung zeigt, daß einige Schweizer Gesellschaften mit einem geringen Kapital-Engagement von einem Grossaktionär [sic!] (Beteiligung: ab 50 %) kontrolliert werden."[978] Den Angaben der Bank zufolge werden beispielsweise die Unternehmen Roche, Zehnder, Ascom, Holderbank, Bossard sowie Julius Bär Holding von einem Großaktionär kontrolliert, der über 50 % der Stimmen, aber weniger als 20 % der Börsenkapitalisierung hält.[979] Kunz kritisiert diese Situation: "Die komplizierten Eigenkapitalstrukturen waren Ausdruck eines nur sehr begrenzten Willens zur echten Publikumsöffnung: Externe Risikoträger waren zwar erwünscht, aber ein der Kapitalbeteiligung entsprechendes Mitspracherecht wurde ihnen oftmals verwehrt."[980]

Dennoch: Auch in der Schweiz scheint die Ära der verschiedenen Aktienkategorien langsam zu Ende zu gehen: "Unter dem Druck der internationalen Finanzmärkte, die über die Eigenkapitalkosten entscheiden, gewannen jedoch Werte wie höhere Handelsliquidität der Beteiligungspapiere und Maximierung der Börsenkapitalisierung an Bedeutung. Diese Ziele sind mit einer aufgesplitterten Eigenkapitalstruktur kaum erreichbar."[981] In einer Reihe von Unternehmen ist die Kapitalstruktur in Richtung einheitlicher Nennwerte bereits vollzogen worden; auch die Aufteilung in Inhaber- und Namenspapiere wird schrittweise abgebaut. Von 1992 bis Anfang 1995 haben insgesamt 27 Publikumsgesellschaften die Einheitsaktie eingeführt, darunter Nestlé und Oerlikon-Bührle. Weitere fünf Gesellschaften haben die Einführung angekündigt. 1989 hatten erst 13,2 % aller an der Börsen notierten Aktiengesellschaften schweizerischen Rechts eine

---

[977]Kunz, Roger M., Wert, 1996, S. 333.

[978]Bank Julius Bär (Hrsg.), Besitzverhältnisse, 1996, S. 24.

[979]Vgl. Bank Julius Bär (Hrsg.), Besitzverhältnisse, 1996, S. 24.

[980]Kunz, Roger M., Einheitsaktie, 1995, S. 643.

[981]Kunz, Roger M., Einheitsaktie, 1995, S. 643.

einzige Aktienkategorie ausstehend; 1995 waren bereits 40,3 % dieser Aktiengesellschaften mit der Einheitsaktie ausgestattet.[982]

Der Trend zu vinkulierten Namensaktien mit vielfachem Stimmrecht kam bei den Schweizer Unternehmen in den 70er Jahren auf. Die Schweizer Firmen befürchteten ausländische Überfremdung durch unerwünschte Beteiligungen aus den Ölstaaten.

Heute hat auch in der Schweiz der Druck der Anleger aus dem In- und Ausland in Richtung fungibler Anteilsscheine zugenommen. Das Ziel vieler Schweizer Firmen besteht heute darin, die Liquidität der neuen Einheitsaktien zu steigern und dadurch auch für ausländische Aktionäre an Attraktivität zu gewinnen.

Für viel Aufmerksamkeit hat in diesem Zusammenhang der Fall SBG gesorgt. Bei der Schweizerischen Bankgesellschaft, der größten Schweizer Bank, ist die Kuriosität zu beobachten, daß ein sich verschanzendes Management die Mehrstimmrechte beseitigen will, um einen Herausforderer abzuwehren. Bei der SBG versucht ein Minderheitsaktionär, der mittels Mehrstimmrechtsaktien, über die er verfügt, beträchtlichen Einfluß auf die Gesellschaft ausüben kann, die Implementierung des Shareholder-Value-Ansatzes im Unternehmen. Das amtierende Management versucht nun im Gegenzug, den Einfluß dieses Aktionärs durch die Einführung der Einheitsaktie zu schwächen. Ein potentieller Aufkauf durch andere - möglicherweise ausländische - Außenstehende wird in Kauf genommen.[983]

Auf eine weniger spektakuläre Weise als im Fall SBG gaben sich auch andere Schweizer Banken - wie bereits 1995 die CS Holding oder 1996 der Schweizerische Bankverein - durch Neueinteilung des Kapitals unter Abschaffung der Mehrstimmrechte eine einfachere und transparentere Kapitalstruktur.[984]

Die Abschaffung von vinkulierten Namensaktien bei den erwähnten Banken wurde erst möglich durch die Neufassung des schweizerischen Bankengesetzes, das Anfang 1995 in Kraft trat. Bis zu dieser Gesetzesänderung mußte eine Schweizer Bank nachweislich im Eigentum von Schwei-

---

[982] Vgl. Kunz, Roger M., Einheitsaktie, 1995, S. 643 ff.; o. V., Einheitsaktie, 1995, S. 34.

[983] Vgl. o. V., Bankgesellschaft, 1994, S. 26.

[984] Vgl. o. V., CS Holding, 1994, S. 22; sowie o. V., Kapital, 1995, S. 19; ebenfalls o. V., SBV-Aktionäre, 1996, S. 21.

zern stehen.[985] Generell war es nur Schweizern oder in der Schweiz niedergelassenen Ausländern - letzteren bis zu einer Höchstgrenze von 2 % - möglich, Namensaktien zu erwerben.[986] Auf die Lockerung dieser Eintragungsvorschriften, die auch Nicht-Schweizern den Erwerb von Namensaktien gestattet, sowie die Entwicklung in Richtung Einheitsaktie folgte eine Welle von Beteiligungen ausländischer und institutioneller Anleger an Schweizer Firmen; dies führt in der Tendenz zu einer stärkeren Aufsicht über die Geschäftsleitungen und erhöht den Börsenwert der schweizerischen Unternehmen.[987]

In der Schweiz scheint der Zwang, internationale Kapitalmärkte zu erschließen, ausschlaggebend für die Beseitigung von Verschanzungsinstrumentarien zu sein: "Die Effizienz, Liquidität und Transparenz des Aktienhandels wurde gesamthaft verbessert. Der Finanzplatz Schweiz hat sich im Vergleich zu anderen europäischen Staaten relativ stark an angelsächsische Verhältnisse angenähert, wo der Berücksichtigung von Aktionärsinteressen eine viel höhere Bedeutung beigemessen wird. Für börsenkotierte [sic!] Gesellschaften wird die Attraktivität ihrer Beteiligungspapiere auch für internationale Anleger immer wichtiger. Sie entscheidet letztlich über die Eigenfinanzierungskosten einer Unternehmung, die einen zentralen Faktor der Wettbewerbsfähigkeit darstellen."[988]

Als Initialzündung für Verbesserungen erweist sich eine gesetzliche Veränderung, wie sie in der Schweiz in den vergangenen Jahren stattgefunden hat und in Deutschland in Vorbereitung ist, als hilfreich. Es ist zu vermuten, daß die deutsche Aktienrechtsreform bereits im Vorfeld zu einemAbbröckeln der bestehenden Mehrstimmrechtsaktien führt. Dies gilt insbesondere dann, wenn sich eine Entscheidung beim öffentlichkeitswirksamen Beispiel RWE AG abzeichnet.

III. G. Zusammenfassung der Ergebnisse des Teils III

Teil III der Arbeit hat die empirische Bedeutung der Mehrstimmrechtsaktien in Deutschland behandelt. Zu diesem Zweck wurde eine Untersuchungseinheit definiert, die aus 35 börsennotierten deutschen Unternehmen besteht, die entweder heute noch über Mehrstimmrechtsaktien verfü-

985 Vgl. Meier, Medard / Lüchinger, René, Ebner, 1994, S. 77 f.

986 Vgl. o. V., CS Holding, 1994, S. 22.

987 Vgl. o. V., Machtbalance, 1995, S. 28.

988 Kunz, Roger M., Einheitsaktie, 1995, S. 648.

gen oder diese erst nach 1990 beseitigt haben. (Gliederungspunkt III.B.1.) Alle Unternehmen der Untersuchungseinheit wurden gebeten, an einer Umfrage zu ihren Mehrstimmrechtsaktien teilzunehmen. Von den 35 Unternehmen der Untersuchungseinheit beteiligten sich 25 Aktiengesellschaften - entweder in Form "vor Ort" oder telefonisch geführter Interviews oder schriftlicher Antworten. Auch die an der Befragung nicht teilnehmenden 10 Unternehmen der Untersuchungseinheit wurden soweit wie möglich in die Analyse einbezogen. Die in Teil III abgeleiteten Ergebnisse basieren zum einen auf der Umfrage, zum anderen auf allgemein zugänglichem Informationsmaterial (aktuelle bzw. historische Geschäftsberichte, Unternehmenshistorien, Börsenprospekte sowie Aktienhandbücher verschiedener Jahrgänge).

Die überwiegende Mehrzahl der Unternehmen der Untersuchungseinheit hat die Mehrstimmrechtsaktien Anfang der zwanziger Jahre (zwischen 1919 und 1924) emittiert, um dem Aufkauf durch Ausländer zu entgehen (Gliederungspunkt III.C.3.1.). Die Unternehmen waren in diesen Jahren mit dem Problem der Hyperinflation konfrontiert; die Entwertung der Mark verbilligte Firmenaufkäufe durch ausländische Interessenten erheblich und schuf einen starken Anreiz, deutsche Anteilswerte zu erwerben. Mehrstimmrechtsaktien, die nach der damals gültigen Fassung des HGB unbeschränkt zulässig waren (Gliederungspunkt III.B.2.1.), sollten es befreundeten inländischen Unternehmen oder anderen wohlgesonnenen Aktionären ermöglichen, trotz Hyperinflation die Stimmenmehrheit im Unternehmen mit geringem Kapitaleinsatz zu halten. (Gliederungspunkt III.C.1.) In der Untersuchungseinheit waren vorwiegend Mitglieder der Gründerfamilien, Banken, befreundete Firmen sowie - bei Versorgungsunternehmen - die öffentliche Hand Erstinhaber der Mehrstimmrechtsaktien. Beispielsweise rechtfertigt die Siemens AG, deren Mehrstimmrechte sich in Besitz der Gründerfamilie von Siemens befinden, die Existenz dieser Anteile noch heute mit der Abwehr ausländischer Überfremdung.

Gleichzeitig war bei den Unternehmensleitungen die Tendenz zu beobachten, Mehrstimmrechtsaktien unabhängig von einer konkreten Überfremdungsgefahr von den Gesellschafterversammlungen genehmigen zu lassen. Bereits zeitgenössische Ökonomen mutmaßten, dieses Vorgehen habe nichts mit einem Schutz gegen ausländische Aufkäufer zu tun, sondern diene dem Selbstschutz des amtierenden Managements gegen inländische Aktionäre.

Auf Kapitalbeschaffung zielten diese Emissionen nicht; im Gegenteil: Die Mehrstimmrechte wurden an die entsprechenden Aktionäre regelrecht verschleudert (Gliederungspunkt III.C.3.3.). Eigentlich hätten ihre Bezugspreise wegen der zusätzlichen Stimmen höher als die mit nur einer Stimme ausgestatteten Stammaktien sein müssen. Sie wurden aber entweder mit dem gleichen Preis oder sogar mit einem niedrigeren Bezugspreis ausgegeben als die Stammaktien.

Das Verschenken oder gar Subventionieren der Mehrstimmrechte war eine gängige Praxis auch in den Unternehmen der Untersuchungseinheit: Für ein knappes Drittel der Unternehmen konnte dies für Kapitalerhöhungen in den zwanziger Jahren nachgewiesen werden. Darüber hinaus ließ sich aber auch zeigen, daß die Praxis des Verschenkens von Mehrstimmrechtsaktien kein rein vergangenheitsbezogenes Phänomen ist: Z. B. sind in vier Unternehmen der Untersuchungseinheit (RWE AG, LEW AG, VEW AG, Siemens AG), die Mehrstimmrechtsaktien bis in die Gegenwart hinein anläßlich von Kapitalerhöhungen gegen Einlagen geschaffen haben, nicht teurer als gleichzeitig emittierte Stammaktien ausgegeben worden.

Neben dem Wunsch der Unternehmensleitungen, sich durch Mehrstimmrechtsaktien vor in- und ausländischen Aktionären zu schützen, existiert eine zweite Ursache für die Entstehung der Mehrstimmrechtsaktien, die mit der Umstellung der Bilanzen auf Reichsmark nach der Währungsreform Mitte der zwanziger Jahre zusammenhängt (Gliederungspunkt III.C.3.2.2): Bei dem bekanntesten deutschen Beispiel eines Unternehmens mit Mehrstimmrechtsaktien, der RWE AG, wurden dabei die Stammaktien weniger stark abgewertet als die bis dahin ebenfalls einstimmigen Namensaktien. Da die Nennwerte dieser Namensaktien nach der Umstellung wesentlich niedriger waren als die der Stammaktien, die Stimmrechte pro Aktien aber nicht verändert wurden, entstand bei den Namensaktien ein Mehrstimmrecht, das bis heute erhalten blieb. Die Mehrstimmrechtsaktien der RWE AG liegen in Händen von Gemeinden und Gemeindeverbänden, die die Existenz des Mehrstimmrechts mit dem durch die Währungsreform entstandenen Kapitalverlust der Namensaktien rechtfertigen (Gliederungspunkt III.C.3.2.3.).

Die zunehmende Kritik an der Emission von Papieren mit immer höherem Mehrstimmrecht, die bereits in den zwanziger Jahren aufkam, führte damals zwar nicht zu einem Verbot der Mehrstimmrechte, aber zumindest zu einer Steuer, die auf Mehrstimmrechtsaktien erhoben wurde. Diese neue Steuer bewirkte, daß in der Folgezeit viele Unternehmen den Einsatz ihrer Mehrstimmrechte auf wenige Abstimmungsfälle (Besetzung des Aufsichtsrats, Änderung der Satzung sowie Auflösung der Gesellschaft) beschränkten, da die Steuer in den genannten Ausnahmefällen nicht erhoben wurde. Die Einsatzbeschränkung des Mehrstimmrechts auf drei oder weniger Fälle ist in der Untersuchungseinheit sehr ausgeprägt; sie ist in 18 Unternehmen zu beobachten (Gliederungspunkt III.C.2.).

1937 schließlich kam es zu einer Aktienrechtsreform, die auch die Behandlung der Mehrstimmrechtsaktien neu regelte, aber keine maßgeblichen Einschränkungen brachte. Die bisher geschaffenen Mehrstimmrechte sollten aufrechterhalten bleiben, neue ministeriell genehmigt werden (Gliederungspunkt III.B.2.2.). Dieses Vorgehen ist im Grundsatz vom Aktiengesetz des Jahres 1965 so bestätigt worden; allerdings wurde die Genehmigung neuer Mehrstimmrechte durch den jeweiligen Landeswirtschaftsminister an schärfere Bedingungen geknüpft. Nicht genehmigungspflichtig ist die Schaffung neuer Mehrstimmrechtsaktien anläßlich von Kapitalerhöhungen aus Gesellschaftsmitteln, bei denen kein neues Kapital von außen zugeführt wird, sondern Rücklagen in Grundkapital umgewandelt werden (Gliederungspunkte III.B.2.3. sowie III.C.3.4.).

Die schärferen Bedingungen - überwiegende gesamtwirtschaftliche Belange müssen die Neuausgabe erforderlich machen - dürften zum Abschmelzen der Mehrstimmrechtsaktien in deutschen Unternehmen geführt haben. Beispielsweise waren 1954 noch über 15 % aller deutschen börsennotierten Gesellschaften mit Mehrstimmrechtsaktien ausgestattet. 1975 - also nach der Aktienrechtsreform 1965 - galt dies nur noch für knapp 7 % der deutschen börsennotierten Unternehmen.

In den Gesellschaften der Untersuchungseinheit sind überwiegend, nämlich in 22 Unternehmen - nach dem 2. Weltkrieg weiter Mehrstimmrechtsaktien ausgegeben worden; dies allerdings meist im Rahmen von Kapitalerhöhungen aus Gesellschaftsmitteln, die keine ministerielle Genehmigung erfordern, oder vor Inkrafttreten des Aktiengesetzes 1965. Nur fünf dieser 22 Unternehmen holten ministerielle Ausnahmegenehmigungen auf Basis des AktG 1965 ein, schufen also neue Mehrstimmrechtsaktien nach 1965 anläßlich von Kapitalerhöhungen gegen Einlagen. 13 Unternehmen gaben keine neuen Mehrstimmrechtsaktien nach Kriegsende mehr aus (Gliederungspunkt III.C.4.).

Im Mittelpunkt der Diskussion über Mehrstimmrechte steht die Frage nach ihrem Wert. Die empirische Bestimmung des Werts von Stimmrechten in Kapitalmärkten verschiedener Länder ist in der Literatur gewöhnlich anhand von Kurswerten der einzelnen Aktiengattungen vorgenommen worden. Berechnet wurden beispielsweise Stimmrechtsprämien der mit Stimmrecht ausgestatteten Aktiengattungen gegenüber solchen ohne

Stimmrecht. Die Wertermittlung von Mehrstimmrechten anhand von Kurswerten ist in Deutschland nicht möglich, da Mehrstimmrechtsaktien nicht börsennotiert sind (Gliederungspunkt III.D.2.2.1.).

Der ökonomische Wert der Mehrstimmrechtsaktien in den einzelnen Unternehmen wurde in der vorliegenden Untersuchung vielmehr abgeleitet von den Ergebnissen der Theorie der Unternehmenskontrolle. Die Theorie der Corporate Governance zeigt, daß der Wert von Stimmrechten - in diesem Fall von Mehrstimmrechten - von einer Vielzahl von Faktoren abhängt: beispielsweise von den bestehenden Mehrheitsverhältnissen und der Eigentümerstruktur im Unternehmen sowie der Möglichkeit einer Veränderung dieser Struktur in Zukunft, von der Stimmenkonzentration, von der Liquidität der Anteile, von der Stärke des Anreizes und den Möglichkeiten zum Perquisites-Konsum, sowie von den Möglichkeiten für den Mehrstimmrechtsaktionär, mittels dieser Aktien seinen Grundkapitalanteil abbauen, d.h. diversifizieren zu können, ohne den Einfluß auf die Unternehmenspolitik zu verlieren.

Eine derartige Betrachtung kann nicht in eine Berechnung konkreter Stimmrechtsprämien münden. Das Ziel war es, die Mehrstimmrechte der 35 Unternehmen der Untersuchungseinheit in bestimmte Wertkategorien einzuordnen und so Tendenzaussagen zu ihrer Bedeutung und ihrem Wert treffen zu können (Gliederungspunkt III.D.2.2.2.). Um eine Wertbestimmung anhand der oben genannten Kriterien leisten zu können, mußte eine Reihe von Basisinformationen zusammengestellt werden.

Da Mehrstimmrechtsaktien für einen Anteilseigner dann besonders werthaltig sind, wenn er mit ihrer Hilfe bestimmte Mehrheitsregeln, die für die Entscheidungsbildung im Unternehmen bedeutsam sind, erfüllen kann - und dies kostengünstig, d.h. mit weniger Kapitaleinsatz als mit Stammaktien -, wurden die Mehrheitsverhältnisse in den einzelnen Unternehmen geprüft (Anhang 6). Mehrstimmrechte besitzen je nach relevanter Mehrheitsregel - einfache und qualifizierte Stimmenmehrheit, 3/4-Mehrheit des Grundkapitals - unterschiedlich große Bedeutung. (Gliederungspunkt III.D.1.1.).

Das bedeutet, daß Mehrstimmrechte nicht bei jedem Abstimmungspunkt eine gleich wichtige Rolle spielen. Sie können aktiv Entscheidungen herbeiführen, sind aber in manchen Konstellationen auf eine passiv verhindernde Rolle beschränkt. Eine aktive und damit besonders bedeutende Rolle spielen Mehrstimmrechtsaktien immer dann, wenn der betreffende Abstimmungspunkt durch die einfache Stimmenmehrheit entschieden wird und der Aktionär mit Hilfe dieser Papiere über diese Mehrheit verfügt. Verlangt das Aktiengesetz dagegen auch Grundkapitalmehrheiten, verlieren Mehrstimmrechte an Bedeutung.

Der Wert von Mehrstimmrechten speist sich aber nicht allein aus ihrer Bedeutung für die Mehrheitsverhältnisse. Wie die Untersuchung gezeigt hat, sind die Fälle innerhalb der Untersuchungseinheit, in denen bestimmte Mehrheiten durch diese Mehrstimmrechte erreicht werden, relativ selten. Beispielsweise sind in 12 Unternehmen - also etwa in einem Drittel der Untersuchungseinheit - die Anteile der betreffenden Aktionäre am Grundkapital so hoch, daß allen relevanten Mehrheitsregeln bereits durch den reinen Grundkapitalanteil des Hauptaktionärs genügt werden kann. Wert und Bedeutung dieser Stimmrechte können in diesen Beispielen aber auf anderen Faktoren basieren.

Einer dieser Faktoren läßt sich mit Hilfe des sogenannten Levy-Indizes messen (Gliederungspunkt III.C.4.4.). Der Levy-Index beschreibt die Ungleichverteilung von Stimmen und Dividendenansprüchen für den Fall zweier unterschiedlich mit Stimmrechten ausgestatteten Aktienklassen.

Je näher der Levy-Index dem Wert 1 kommt, desto ungleicher ist die Verteilung von Stimmen und Dividenden; umso geringer ist auch der Schaden eines eventuellen Perquisites-Konsums für die Dividendeneinnahmen des Aktionärs, da an die Mehrstimmrechtsaktien entsprechend wenig Dividenden geknüpft sind.

Für jedes Unternehmen der Untersuchungseinheit wurde der entsprechende Levy-Index auf der Basis der beiden Aktienklassen "Stammaktien" sowie "Mehrstimmrechtsaktien" berechnet. (Gliederungspunkt III.C.4.4.) Einige Unternehmen der Untersuchungseinheit, beispielsweise die Schwabenverlag AG, die Fränkisches Überlandwerk Unterfranken AG und die Energieversorgung Ostbayern AG zeichnen sich durch recht hohe Levy-Indizes aus.

Mit zunehmender Stimmenkonzentration - in Unternehmen mit hohen Levy-Indizes - steigt der Anreiz des betreffenden Aktionärs, Perquisites zu konsumieren, da der sich daraus ergebende Vermögensschaden in Form sinkender Dividendeneinnahmen abnimmt. Levy-Indizes sagen also etwas über den Anreiz zum kostengünstigen Perquisites-Konsum aus - ebenfalls eine für den betreffenden Aktionär wertvolle Möglichkeit, seine Mehrstimmrechtsaktien zu nutzen.

Von Interesse für die Beurteilung des Werts der Mehrstimmrechtsaktien ist nicht nur die jeweilige Stimmenkonzentration, sondern auch das Stimmenpotential, das die Mehrstimmrechtsaktien verbriefen. Diese Kennzahl beantwortet die Frage, wieviel Prozent der Gesamtstimmenzahl allein auf die Mehrstimmrechtsaktien entfallen (Gliederungspunkt III.C.4.3.) Bei einem hohen Stimmenpotential dieser Anteile ist es dem Mehrstimmrechtsaktionär beispielsweise möglich, seinen Stammaktienanteil drastisch zu reduzieren, ohne einen Einflußverlust hinnehmen zu müssen. Der Aktionär kann somit sein Portefeuille diversifizieren und andere rentable Investitionsmöglichkeiten wahrnehmen oder einem Bedarf nach liquiden Mitteln nachkommen. Auch aus dieser Überlegung heraus sind Mehrstimmrechte von Wert. Bei acht Unternehmen der Untersuchungseinheit ergibt sich der Wert der Mehrstimmrechtsaktien aus der Möglichkeit zur Desinvestition ohne Einflußverlust.

Ein weiteres Kriterium für den Wert der Mehrstimmrechtsaktien in den einzelnen Unternehmen besteht in der Frage, ob diese Anteile im Zusammenhang mit einer Übernahme des Unternehmens durch einen außenstehenden Herausforderer eine Rolle spielen können, d. h. ob der Übernehmer sie erwerben und damit leichter und kostengünstiger an die notwendige Stimmenmehrheit herankommen kann. Die Frage läßt sich natürlich auch aus der entgegengesetzten Perspektive stellen: Helfen die Mehrstimmrechtsaktien den sie haltenden Anteilseignern, sich effektiver gegen Übernahmen externer Herausforderer zu verschanzen?

Anhand der oben diskutierten Kriterien wurden die Mehrstimmrechtsaktien aller Unternehmen der Untersuchungseinheit in folgende sechs Wertkategorien eingeordnet (Gliederungspunkt III.D.2.2.2.):

- Unternehmen mit hohem Wert der Mehrstimmrechte (z. B. durch erhebliches Verschanzungspotential oder durch Erreichen der Stimmenmehrheit durch die Mehrstimmrechte);
- Unternehmen, die mit Hilfe der Mehrstimmrechte zwar keine Stimmenmehrheit, aber zumindest eine stimmenbezogene Sperrminorität erreichen;
- Unternehmen mit einem latenten Wert der Mehrstimmrechte (Möglichkeit des kostengünstigen Perquisites-Konsums);
- Unternehmen, bei denen die Mehrstimmrechte zum Abbau des finanziellen Engagements genutzt werden können;
- Unternehmen mit geringem Wert der Mehrstimmrechtsaktien;
- Unternehmen, bei denen eine Einordnung nicht möglich erscheint.

Um einen zusammenfassenden Überblick über Wert und Bedeutung der Mehrstimmrechtsaktien in der Untersuchungseinheit zu geben, sind die Ergebnisse dieser Einordnung in Wertkategorien sowie die wichtigsten Einordnungskriterien (Stimmenpotential, Levy-Index, Stimmenanteil des Mehrstimmrechtsaktionärs) in der folgenden Tabelle 7 zusammengefaßt.

Tab. 7: Tabellarischer Überblick über die Ergebnisse von Teil III der Arbeit

Unternehmen	GKA des MSA-Aktionärs in %[989]	SA des MSA-Aktionärs / mit MSA über höhere Mehrheitsgrenze?[990]	SP der MSA in %[991]	Levy-Index[992]	MSA-Wert aus Sicht der Firmen[993]	MSA-Wert aus ökon. Sicht[994]	Abschaffung geplant?[995]
BM Bäcker	95	- / nein	19,23	0,1767	gering	Wert gering	vollzogen
BEWAG	1. 50,8 2. 10 3. 10	1. 50 %+1 2. 14 3. 14 / k. A. mgl.	49,33	0,1659	k. A.	k.A. mögl.	k. A.
B. Portland	99,1	- / nein	22,99	0,2292	gering	Wert wg. Desinvestitionsmögl.-keit	nein

989 Bei Vorhandensein mehrerer wichtiger Aktionäre, die über Mehrstimmrechtsaktien verfügen, sind diese erfaßt und mit arabischen Ziffern versehen. Dies ist der Fall bei BEWAG, Kühltransit und Reichelbräu. Zu den Mehrheitsverhältnissen in den Unternehmen vgl. auch Anhang 6.

990 Vgl. nachstehende Ausführungen zu Spalte 2.

991 Vgl. Gliederungspunkt III.C.4.3. sowie nachstehende Ausführungen.

992 Vgl. Gliederungspunkt II.B.1.2.2.1. sowie III.C.4.4. sowie nachstehende Ausführungen.

993 Vgl. Gliederungspunkt III.D.2.1. sowie nachstehende Ausführungen.

994 Vgl. Gliederungspunkt III.D.2.2.2. sowie nachstehende Ausführungen.

995 Vgl. Gliederungspunkt III.F.1. sowie nachstehende Ausführungen.

Unternehmen	GKA des MSA-Aktionärs in %	SA des MSA-Aktionärs / mit MSA über höhere Mehrheitsgrenze?	SP der MSA in %	Levy-Index	MSA-Wert aus Sicht der Firmen	MSA-Wert aus ökon. Sicht	Abschaffung geplant?
Calwer D.	rd. 50	zwischen 50 u. 75 / n. bekannt	10,26	0,1018	sichern Einfluß	Wert latent (Festigung der Mehrheit)	nein
Custodia	ca. 90	- / nein	21,42	0,2122	gering	Wert wg. Desinvestitionsmögl.-keit	nein
Daimler	28,37	- / nein	2,75	0,0266	gering	Wert gering	vollzogen
Energ. Ostb.	95,78	97,52 / nein	42,35	0,4029	gering	Wert wg. Desinvestitionsmögl.-keit	nein
FÜW	28,65	50,10 / ja (einfache Stimmenmehrheit)	40,00	0,3998	gering	hoher Wert (wg. Verschanzung)	nein
Frankona	56	- / nein	0,91	0,0091	gering	Wert gering	vollzogen
Goldschmidt	33	40 / nein	11,62	0,1032	sichern Einfluß	hoher Wert (wg. Verschanzung)	nein
Gruschwitz	Genauer Anteil unbekannt, mind. 25 %	- / nicht bekannt	15,15	0,1471	sichern Einfluß	Wert latent (Perquisites Konsum)	nein
HHA	98,5	- / nein	8,39	0,0829	k. A. / HA mit komm. Versorgungsziel	Wert wg. Desinvestitionsmögl.-keit	k. A.

Unternehmen	GKA des MSA-Aktionärs in %	SA des MSA-Aktionärs / mit MSA über höhere Mehrheitsgrenze?	SP der MSA in %	Levy-Index	MSA-Wert aus Sicht der Firmen	MSA-Wert aus ökon. Sicht	Abschaffung geplant?
HEW	50,2	54,1 / nein	8,02	0,0780	gering/ HA mit polit. Ziel (Kernkraftverzicht)	hoher Wert Verschanzung bei knapper Mehrheit	nein
Hindrichs	91	- /nein	20,09	0,1885	gering	Wert gering	vollzogen
Hornschuch	k. A. mgl.	- / k. A. möglich	7,27	0,0662	k. A.	k. A. möglich	vollzogen
Jacobsen	60,53	59,0 / nein	18,90	0,1340	gering	Wert latent (Perquisites Konsum)	nein
Kühltransit	1. über 25 2. über 50	- / nein	8,14	0,0597	gering	k. A. möglich	nein
LEW	k. A. mgl.	- / k. A. mgl.	1,37	0,0130	k. A.	Wert gering	k. A.
MuK	über 80	über 80 / nein	11,18	0,1113	k. A.	Wert wg. Desinvestitionsmögl.-keit	k. A.
MÜAG	83,1	77 / nein	12,86	0,0817	gering	Wert gering	möglich
P. Waldsass.	35	44 / nein	14,23	0,1395	gering	k.A. mgl.	U.-liquid.
Reichelbräu	1. 49,9 2. 25,4	1. 49,0 2. 26,2 / nein	3,42	0,0338	k. A.	Wert gering	k. A.
Rieter	92	92 / nein	3,60	0,0353	gering	Wert gering	nein
RWE	29,3	ca. 60 / ja (einfache Stimmenmehrheit)	30,18	0,2807	sichern Einfluß/ HA mit komm. Versorgungsziel	hoher Wert (Verschanzung / heterogene Aktionärsgruppe)	möglich

Unternehmen	GKA des MSA-Aktionärs in %	SA des MSA-Aktionärs / mit MSA über höhere Mehrheitsgrenze?	SP der MSA in %	Levy-Index	MSA-Wert aus Sicht der Firmen	MSA-Wert aus ökon. Sicht	Abschaffung geplant?
Schlenk	70	qualifizierte Stimmenmehrheit	16,57	0,1624	sichern Einfluß	Wert wg. Desinvestitionsmögl.-keit	nein
Schloßgarten	44,78	48,89 / einfache Stimmenmehrheit i. Rw.	39,52	0,3339	gering	Wert latent	nein
Schwabenverlag	75	ca. 85 / nein	42,20	0,3868	gering	Wert wg. Desinvestitionsmögl-keit	nein
Siemens	6,94	14,03 / Stimmen-Sperrminorität i. Rw.	9,14	0,0749	gering / HA mit Ziel Überfremdungsabwehr	hoher Wert (Vermögensvorteil)	nein
O. Stumpf	87,48	- /nein	0,28	0,0027	k. A.	Wert gering	nein
Tucher Bräu	75,36	77,35 / nein	7,00	0,0698	gering	Wert wg. Desinvestitionsmögl.-keit	nein
ÜWU	55,23	71,89 / qualifizierte Stimmenmehrheit i. Rw.	39,86	0,3563	gering	Wert wg. Desinvestitionsmögl.-keit	nein
VEW	55,5	72,7 / qualifizierte Stimmenmehrheit i. Rw..	58,02	0,2648	sichern Einfluß/ HA mit komm. Versorgungsziel	Wert latent (heterogene Aktionärsgruppe)	nein

Unternehmen	GKA des MSA-Aktionärs in %	SA des MSA-Aktionärs / mit MSA über höhere Mehrheitsgrenze?	SP der MSA in %	Levy-Index	MSA-Wert aus Sicht der Firmen	MSA-Wert aus ökon. Sicht	Abschaffung geplant?
VSM	k. A. mgl.	- / k. A. möglich	5,29	0,0358	k. A.	k.A. möglich	k. A.
J. Vögele	17	25 / ja (Stimmen-Sperrminorität)	10,08	0,1002	k. A.	Stimmen-Sperrminorität der MSA	vollzogen
Württ. AG	23	- / nein	1,98	0,0196	gering	Wert gering	vollzogen

GKA= Grundkapitalanteil; HA= Hauptaktionär; i. Rw. = in Reichweite; k. A. = keine Angaben; komm.= kommunal; mgl.= möglich; mind.= mindestens; MSA= Mehrstimmrechtsaktien; ökon.= ökonomisch; polit.= politisch; SA= Stimmenanteil; SP= Stimmenpotential; U.-liquid.= Unternehmensliquidation.

(Quelle: eigene Zusammenstellung)

Die Spalten 2 und 3 der Tabelle 7 geben einen Überblick über die Bedeutung der Mehrstimmrechte für die Mehrheitsverhältnisse im Unternehmen und für die Machtposition des Mehrstimmrechtsaktionärs; sie basieren auf dem in Anhang 6 der Arbeit zusammengefaßten Mehrheitsverhältnissen der einzelnen Unternehmen der Untersuchungseinheit.

Spalte 2 gibt den reinen Grundkapitalanteil des Mehrstimmrechtsaktionärs ohne Berücksichtigung der Stimmrechte wider.

Spalte 3 enthält mehrere Informationen: Zunächst wird der Stimmenanteil des bzw. der Mehrstimmrechtsaktionäre unter Hinzurechnung der Mehrstimmrechte aufgeführt.[996] Bei Unternehmen, bei denen das Mehrstimmrecht nur in Sonderfällen zum Einsatz kommt oder sich in diesen erhöht,

[996] Als Grundlage für die Berechnung dienten Verlag Hoppenstedt GmbH (Hrsg.), Saling, 1994, sowie Verlag Hoppenstedt GmbH (Hrsg.), Handbuch, 1996.

ist der für die Sonderfälle gültige Stimmenvorzug in die Berechnung eingegangen. Falls der Stimmenanteil des Mehrstimmrechtsaktionärs nur unwesentlich von seinem Grundkapitalanteil abweicht, so daß die Mehrstimmrechte für die Mehrheitsverhältnisse im Unternehmen eine unwesentliche Rolle spielen, ist auf die Angabe in der Regel verzichtet worden. Dies ist auch dann geschehen, wenn nicht alle Daten für eine genaue Berechnung der jeweiligen Stimmenanteile vorlagen bzw. veröffentlicht worden sind.

Die zweite Information in Spalte 3 beantwortet die Frage, ob der Mehrstimmrechtsaktionär mit Hilfe des Mehrstimmrechts eine durch den Stammaktienbesitz nicht erreichte Mehrheitsgrenze - zum Beispiel die einfache oder qualifizierte Stimmenmehrheit - überspringt. Diese Information verdeutlicht, inwieweit die Mehrstimmrechte für die Machtposition des betreffenden Aktionärs wichtig sind oder nicht.

Weitere Spalten enthalten die Stimmenpotentiale der Mehrstimmrechte (Spalte 4) sowie die einzelnen Levy-Indizes (Spalte 5).

Der Bedeutung der Mehrstimmrechtsaktien für die Unternehmen der Untersuchungseinheit trägt die tabellarische Zusammenstellung auf verschiedene Arten Rechnung: Der ökonomische Wertermittlung (Spalte 7), die sich auf die oben beschriebenen Kriterien gründet, wurde eine subjektive Sicht der Unternehmen gegenübergestellt (Spalte 6).

Bei der Einordnung der Unternehmen in die oben beschriebenen Wertkategorien ergaben sich bei 5 Unternehmen der aus 35 Gesellschaften bestehenden Untersuchungseinheit deutliche Hinweise auf einen hohen Wert der Mehrstimmrechte (Gliederungspunkt III.D.2.2.2.1.). Hier wurde in der Regel die Verschanzung der Mehrstimmrechtsaktionäre durch diese Papiere wesentlich erleichtert. Ein Unternehmen - die Fränkisches Überlandwerk Aktiengesellschaft - stellt geradezu einen "Bilderbuchfall" für Verschanzung mittels Mehrstimmrechten dar: Die kommunalen Inhaber erlangen durch diese Stimmrechte, die zudem ein enormes Stimmenpotential von 40 % umfassen, die einfache Stimmenmehrheit im Unternehmen. Gleichzeitig ist die mittels Levy-Index gemessene Stimmenkonzentration die zweithöchste in der Untersuchungseinheit; dies bedeutet einen beträchtlichen Anreiz zum Perquisites-Konsum.

Bei einem Unternehmen der Untersuchungseinheit erreicht der Mehrstimmrechtsaktionär mit diesen Stimmrechten zwar keine Stimmenmehrheit, aber zumindest eine stimmenbezogene Sperrminorität (Gliederungspunkt III.D.2.2.2.2.). Er kann also gegen Beschlüsse, deren Zustandekommen eine Dreiviertelmehrheit der Stimmen in der Hauptversammlung erfordert, sein Veto einlegen. Dies ist der Fall bei der J. Vögele AG, deren Mehrstimmrechte inzwischen beseitigt sind. Vor ihrer Abschaffung hielt der Mehrstimmrechtsaktionär - die Familie Vögele - einen Grundkapitalanteil von 17 % und einen Stimmenanteil von 25 %.

Die Mehrstimmrechte einer weiteren Gruppe - 5 Gesellschaften sind hier einzuordnen - wurden als latent werthaltig bezeichnet (Gliederungspunkt III.D.2.2.2.3.). Die Stimmrechte können beispielsweise bei einer veränderten Machtkonstellation bedeutsam werden oder bieten durch ihr hohes Stimmenpotential großen Anreiz zum Perquisites-Konsum. Die kommunalen Aktionäre der VEW AG verfügen beispielsweise über einen Grundkapitalanteil von 55 %; die Mehrstimmrechte werden für die einfache Stimmenmehrheit nicht benötigt. Der Wert speist sich hier aus dem relativ hohen Levy-Index, der auf einen beträchtlichen Perquisites-Anreiz hindeutet, sowie aus der Heterogenität der kommunalen Aktionärsgruppe, bei der abweichendes Stimmverhalten einzelner Gemeinden und damit die Gefährdung der kommunalen Mehrheit nicht auszuschließen ist.

Bei einer der beiden größten Gruppen der Untersuchungseinheit wurden Mehrstimmrechtsaktien deshalb als werthaltig eingeschätzt, weil sie es ihrem Besitzer ermöglichen, das in diesem Unternehmen gebundene Kapital zu reduzieren und andere interessante Investitionsmöglichkeiten wahrzunehmen, ohne einen Einflußverlust im Unternehmen in Kauf nehmen zu müssen (Gliederungspunkt III.D.2.2.2.4.). 9 Unternehmen der Untersuchungseinheit zählen zu dieser Wertkategorie. Beispielsweise sind die Mehrstimmrechte der Energieversorgung Ostbayern AG aus der Perspektive der Mehrheitsverhältnisse völlig irrelevant: Der Hauptaktionär kann mit und ohne Mehrstimmrechte auf eine Stimmenmehrheit von weit über 90 % zählen. Gleichwohl sind die Mehrstimmrechte nicht wertlos: Der sie haltende Aktionär könnte sein Stammaktienpaket drastisch reduzieren, denn die Mehrstimmrechtsaktien allein verbriefen eine Stimmenpotential, das mit 42 % schon fast in die Nähe einer einfachen Stimmenmehrheit rückt.

Als geringwertig wurden die Mehrstimmrechte bei 10 Unternehmen eingestuft (Gliederungspunkt III.D.2.2.2.5.). Bei der O. Stumpf AG beispielsweise kann der Mehrstimmrechtsaktionär mit diesen Papieren keine weitere Mehrheitsgrenze überspringen; er verfügt ohnehin über einen Grundkapitalanteil von knapp 90 %. Das Stimmenpotential der Mehrstimmrechte beträgt in diesem Unternehmen weit unter 1 %; der Levy-Index liegt nahe Null. Hier gibt es keine Indizien für die Werthaltigkeit dieser Stimmrechte.

Die letzte Gruppe beinhaltet Unternehmen, bei denen die Kriterien, anhand derer die Einordnung vorgenommen wird, in verschiedene Richtung deuten und eine klare Aussage unmöglich machen (Gliederungspunkt III.D.2.2.2.6.). Diese Gruppe umfaßt 5 Gesellschaften. Bei der Berliner Kraft- und Licht (BEWAG-) Aktiengesellschaft sind die Mehrstimmrechte auf private und öffentliche Aktionäre aufgeteilt. Ihr Potential ist für jeden dieser Aktionäre einzeln recht gering und bietet kaum Verschanzungsvorteile. Dies ändert sich, wenn man ein gemeinsames Vorgehen z.B. der privaten Aktionäre voraussetzt. Gleichzeitig ist eine vollständige Privatisierung und damit eine weitreichende Veränderung der Aktionärsstruktur der BEWAG geplant. Welche Bedeutung den Mehrstimmrechtsaktien dann zukommen wird, ist im einzelnen noch nicht absehbar.[997]

Die Beurteilung der Mehrstimmrechtsaktien aus der subjektiven Sicht der Unternehmen brachte abweichende Ergebnisse: Von den 25 Unternehmen, die an der Befragung teilnahmen, erklärten 19 Unternehmen, in ihrem Fall hätten die Mehrstimmrechtsaktien nur geringe Bedeutung (Gliederungspunkt III.D.2.1.1.). Sie hätten bei der Entscheidungsbildung nie eine Rolle gespielt, hieß es in diesen Fällen meist. Nur 6 Unternehmen bewerteten die Mehrstimmrechtsaktien als bedeutsam - aus unterschiedlichen Gründen (Gliederungspunkt III.D.2.1.2.). Beispielsweise wurde die Einflußsicherung des/der sie haltenden Aktionärs bzw. Aktionäre genannt; dieses Argument spielte in einigen Aktiengesellschaften, in denen die Mehrstimmrechtsaktionäre zur Gründerfamilie gehören, eine große Rolle (Gliederungspunkt III.D.2.1.2.1.).

Bei Energieversorgern wie der RWE AG dienen Mehrstimmrechte Angaben des kommunalen Hauptaktionärs zufolge zur Sicherung des kommunalen Versorgungsauftrags (Gliederungspunkt III.D.2.1.2.2.). Die Energieversorgung sei - so die Kommunen - eine der wichtigsten Aufgaben innerhalb dieses Versorgungsauftrages. Die Mehrstimmrechte stellten die Versorgung innerhalb einer gemischtwirtschaftlichen Organisationsform sicher. Dieser Versorgungsauftrag spielt nicht nur bei den in der Untersuchungseinheit vertretenen Energieversorgern eine Rolle, sondern beispielsweise auch bei der Hamburger Hochbahn AG, einem Unternehmen des öffentlichen Personennahverkehrs. Auch dort ist der öffentliche Versor-

---

[997] Die Entscheidung bezüglich der Privatisierung der BEWAG ist inzwischen gefallen. Vgl. dazu Anhang 6, Mehrheitsverhältnisse bei der BEWAG.

gungsauftrag in der Unternehmenssatzung fixiert. Die Hamburger Hochbahn AG nahm nicht an der Befragung teil.

Mehrstimmrechtsaktien können aber auch vorrangig der Umsetzung weltanschaulicher oder politischer Ziele dienen - z. B. wenn sie in einem Unternehmen wie der HEW AG vom kommunalen Hauptaktionär für dessen politisches Ziel "Ausstieg aus der Kernenergie" eingesetzt werden. (Gliederungspunkt III.D.2.1.2.3.).

Auch zur Abwehr ausländischen Einflusses werden Mehrstimmrechtsaktien nach wie vor genutzt; dies gilt für die Siemens AG. Nach der Ölkrise in den 70er Jahren - so das Unternehmen - habe es die Befürchtung gegeben, daß sich die erstarkten Ölländer an deutschen Großunternehmen beteiligen wollten. Dies sei nicht mit den Interessen des Unternehmens vereinbar; Kapitaltransfer und Verschiebung von Produktionszweigen ins Ausland seien befürchtet worden. Deswegen habe man darauf geachtet, daß sich der Stimmenanteil der Vorzugsaktionäre nicht verringere. Die Existenz der Mehrstimmrechte wurde in jüngerer Vergangenheit weiterhin mit obigen Argumenten begründet. (Gliederungspunkt III.D.2.1.2.4.).

Zu einer Beurteilung der Bedeutung von Mehrstimmrechten muß auch deren zukünftige Entwicklung herangezogen werden. Es gibt verschiedene Möglichkeiten der Beseitigung von Mehrstimmrechten (Gliederungspunkt III.F.2.): Abschaffung auf dem Klagewege durch benachteiligte Aktionäre, Abschaffung durch die Unternehmen selbst (Zwangseinziehung oder Beseitigung des Stimmenvorzugs mittels Hauptversammlungsbeschluß) sowie Abschaffung durch den Gesetzgeber.

Die in Deutschland anstehende Aktienrechtsreform beinhaltet die Möglichkeit der Abschaffung aller Mehrstimmrechte (Gliederungspunkt III.F.2.1.). Auf diese Alternative warten offensichtlich die meisten der Aktiengesellschaften der Untersuchungseinheit; die Befragung ergab, daß in nur wenigen Unternehmen Pläne zur Abschaffung der Mehrstimmrechtsaktien existieren (Gliederungspunkt III.F.1.2.). Nur in zwei Gesellschaften sind nach den Ergebnissen der Umfrage derartige Pläne vorhanden: bei der RWE AG[998] sowie bei der Mittelschwäbische Überlandzen-

---

[998]Die Pläne zur Abschaffung der Mehrstimmrechtsaktien bei der RWE AG sind inzwischen weiter konkretisiert worden. Dies geschah nach Redaktionsschluß der vorliegenden Untersuchung. Wegen der Bedeutung dieses Unternehmens für die Untersuchungseinheit sollen die neuen Entwicklungen ausnahmsweise an dieser Stelle kurz Aufnahme finden: Im August 1997 hat der Vorstandvorsitzende der

trale AG. Die Mehrheit der Unternehmen will die Mehrstimmrechtsaktien vorläufig beibehalten. Einige Unternehmen erwähnen, diese Stimmrechte seien Besitzstände für die betreffenden Aktionäre, ihre Beseitigung sei ein Tabuthema. Das Management könne hier keine Initiative ergreifen; der Gesetzgeber sei gefordert. Gleichzeitig heißt es in den meisten befragten Gesellschaften, die Mehrstimmrechtsaktien schadeten dem Firmenwert aber nicht. In 7 Unternehmen sind die Mehrstimmrechtsaktien seit Anfang 1990 bis zum Redaktionsschluß dieser Arbeit (1. Mai 1997) aufgegeben worden.

Auch in die Tabelle 7 (Spalte 8) wurden die Pläne der Unternehmen bezüglich Abschaffung oder Aufrechterhaltung aufgenommen. Sie werfen ein Schlaglicht auf die recht unterschiedlich Bedeutung, die den Mehrstimmrechten aus verschiedenen Perspektiven zugemessen wird. Die Theorie der Unternehmenskontrolle stuft die Mehrstimmrechte als schädlich für den Kapitalmarkt ein; gleichzeitig werden diese Papiere von den Unternehmen selbst häufig nicht als Einzelproblem erkannt und beseitigt. Sie erscheinen den Gesellschaften als nicht bedeutsam genug, um in eine Diskussion mit dem Mehrstimmrechtsaktionär einzutreten bzw. allein ihretwegen eine Satzungsänderung herbeizuführen. Dies geschieht häufig nur dann, wenn diese Anteile Erklärungsbedarf in der Öffentlichkeit oder bei ausländischen Aktionären hervorrufen. Ein gutes Beispiel hierfür ist die Diskussion um die Mehrstimmrechtsaktien bei der RWE AG und die sich im Zuge dieser Debatte konkretisierenden Pläne zu ihrer Beseitigung.

Im Gliederungspunkt III.E. werden Wirkungen der Mehrstimmrechtsaktien auf den Firmenwert und einige in der Untersuchungseinheit vorhandene Verschanzungsinstrumentarien beschrieben. Perquisites-Konsum ließ sich in den einzelnen Unternehmen der Untersuchungseinheit nicht konkret nachweisen; aufgezeigt wurde jedoch der mehr oder minder starke Anreiz zu diesem Konsum.

RWE AG, Dietmar Kuhnt, ein Modell für die Abschaffung der Mehrstimmrechte entwickelt, das eine Übertragung dieser Stimmrechte auf die stimmrechtslosen Vorzugsaktien des Unternehmens vorsieht. Die Stimmrechte sollen also den Inhaber-Vorzugsaktionären zum Kauf angeboten werden; diese sollen für die Stimmrechte ein Entgelt bezahlen, das sich an der Kursdifferenz zwischen Stamm- und stimmrechtslosen Vorzugsaktien orientiert. Das Modell bietet für alle Beteiligten Vorteile; die RWE AG selbst braucht keine Entschädigung an die kommunalen Aktionäre zu bezahlen; diese entgehen dem Risiko eines entschädigungslosen Wegfalls der Mehrstimmrechte im Zuge der Aktienrechtsreform. Vgl. dazu Sturbeck, Werner, Balanceakt, 1997, S. 11.

In der Untersuchungseinheit ist finanzieller und nicht-finanzieller Perquisites-Konsum zu beobachten (Gliederungspunkt III.E.2.2.). Anhaltspunkte für finanziellen Perquisites-Konsum ergeben sich z. B. bei der Frankona Rückversicherungs-AG, der RWE AG sowie der Gruschwitz Textilwerke AG. Das Management der RWE AG mußte beispielsweise bei der Ausgestaltung der Konditionen von Kapitalerhöhungen bis vor kurzem stets Rücksicht auf die Finanzschwäche der Kommunen nehmen. Negative Anreizmuster treten auch dann auf, wenn wie bei der RWE AG Hauptaktionäre gleichzeitig Hauptzulieferer oder Hauptkunden des Unternehmens sind und so besonders große Möglichkeiten zum Perquisites-Konsum vorfinden.

Hinweise auf nicht-finanziellen Perquisites-Konsum sind beispielsweise bei der Schwabenverlag AG vorhanden; hier nutzt die katholische Kirche als Hauptaktionär den Verlag zur Kommunikation einer bestimmten konfessionellen Richtung. Die Gefahr des Perquisites-Konsums ist - dies haben auch amerikanische Autoren gezeigt - besonders groß, wenn sich die Aktionäre auf dem non-profit-Sektor betätigen.

Auffällig ist der hohe Anteil der Unternehmen der Untersuchungseinheit (40 %), bei denen die Mehrstimmrechtsaktien mit einer Höchstdividende versehen sind. Bei diesen Unternehmen erhöht sich der Anreiz zum Perquisites-Konsum noch, weil der Mehrstimmrechtsaktionär seine Vorzugsdividende durch sein Verhalten nur bis zu einer bestimmten Grenze positiv beeinflussen kann. Der Anreiz, Mißwirtschaft zu vermeiden, wird durch solche Höchstdividenden zusätzlich vermindert.

Abschließend war festzuhalten, daß es eine Reihe von Indizien für die schädliche Wirkung von Mehrstimmrechten auf den Firmenwert gibt. Gleichwohl mußte konzediert werden, daß ein eindeutiger empirischer Nachweis bisher nicht existiert. Die Ergebnisse empirischer Studien aus den USA, Kanada und der Schweiz gehen nicht in dieselbe Richtung (Gliederungspunkt III.E.3.1.).

IV. Fazit

Die Analyse der historischen Entstehung und gegenwärtigen Verbreitung der Mehrstimmrechte hat gezeigt, daß ihre Bedeutung in Deutschland kontinuierlich abgenommen hat. Eine Reihe von Unternehmen beseitigte diese Stimmrechte bereits nach der Währungsreform Mitte der zwanziger Jahre - also kurz nach ihrer Entstehung. Das Aktiengesetz 1937, das erstmals eine ministerielle Genehmigungspflicht für die Schaffung von Mehrstimmrechten vorsah, sorgte für eine weitere Zurückführung der Mehrstimmrechtsaktien. Im Zeitraum zwischen Mitte der fünfziger und Mitte der siebziger Jahre, als das Aktiengesetz 1965 die Bedingungen für die ministerielle Genehmigung verschärfte, setzte der nächste deutliche Abschmelzprozeß ein.

Übrig blieben auf der einen Seite einige wenige Energieversorgungsunternehmen mit öffentlich-rechtlichen Aktionären, die auch nach 1965 auf eine ministerielle Genehmigung bei Neuemission von Mehrstimmrechtsaktien zählen können bzw. konnten. Auf der anderen Seite - dies betrifft die Mehrheit der deutschen Unternehmen mit Mehrstimmrechten - finden sich zahlreiche Aktiengesellschaften, deren Bestand an Mehrstimmrechten sich nach dem Krieg überhaupt nicht verändert hat oder die neue mehrstimmige Papiere ausschließlich bei Kapitalberichtigungen -verhältniswahrend - ausgegeben haben. Einen Sonderfall stellt die Siemens AG dar. Obgleich die Mehrstimmrechtsaktien anläßlich der Neufassung des Aktiengesetzes im Jahre 1965 vor allem deshalb nicht generell verboten wurden, um den Einfluß der öffentlichen Hand auf Energieversorgungsunternehmen zu bewahren, hat auch die Siemens AG, bei der die öffentliche Hand nicht beteiligt ist, ministerielle Ausnahmegenehmigungen erhalten.

Gegenwärtig setzt im Vorfeld einer erneuten Aktienrechtsreform eine Diskussion in den Unternehmen - vor allem im Bereich der Energieversorgungsunternehmen - ein. Das Beispiel RWE AG, die ihre Mehrstimmrechte vermutlich bereits vor Verabschiedung der Aktienrechtsnovelle beseitigen wird, wird vor allem von Seiten der Inhaber der Mehrstimmrechtsaktien interessiert verfolgt. Welche Entschädigung die kommunalen Anteilseigner der RWE AG für die Abschaffung ihrer Stimmrechtsprivilegien mit dem Vorstand der RWE AG aushandeln werden, dürfte eine Signalwirkung für andere Fälle sein und den Abschmelzprozeß mit beeinflussen.

Wie schädlich die Mehrstimmrechtsaktien für den Wert einer Unternehmung tatsächlich sind, ist bislang empirisch nicht geklärt. Die Theorie der Unternehmenskontrolle schreibt Mehrstimmrechtsaktien eine negative Wirkung auf den Wert der betreffenden Aktiengesellschaft zu. Versuche, dies eindeutig zu belegen, konnten jedoch bisher nicht erbracht werden. Die Ergebnisse einiger empirischer Arbeiten lassen sogar auf das Gegenteil - nämlich auf steigende Kurswerte nach Einführung verschiedener Aktienklassen - schließen.

Bei Betrachtung der für die vorliegende Arbeit gewählten Untersuchungseinheit hat sich gezeigt, daß Wert und Bedeutung von Mehrstimmrechtsaktien jeweils fallbezogen analysiert werden müssen, da sie von einer Reihe unternehmensspezifischer Faktoren abhängen. In nur einem Unternehmen der Untersuchungseinheit, der Th. Goldschmidt AG, spielten die Mehrstimmrechtsaktien im Zusammenhang mit einer feindlichen Übernahme eine Rolle. Daß die Übernahme mit Hilfe der Mehrstimmrechtsaktien nicht abgewehrt werden konnte, liegt an der Kooperation eines Aktionärs, der Allianz, mit dem feindlichen Übernehmer, der VIAG, und mindert den Wert der Mehrstimmrechte für ihre Inhaber in der Zeitspanne vor dem Erwerb der Aktienmehrheit durch die VIAG nicht. Danach hat sich die Bedeutung der Mehrstimmrechtsaktien für die Familien-Aktionäre der Th. Goldschmidt AG wieder erheblich reduziert.

Dieses Beispiel illustriert, daß der Wert der Mehrstimmrechtsaktien nicht als eine im Zeitablauf konstante Größe angesehen werden kann. In der Untersuchungseinheit finden sich zwar zahlreiche Fälle, in denen sich die Mehrheitsposition eines Aktionärs als so dominant darstellt, daß die Mehrstimmrechtsaktien aus dieser Perspektive heraus bedeutungslos erscheinen müssen. Gleichwohl stellen sich die Mehrheitsverhältnisse von Unternehmen im Verlauf von Jahren immer wieder anders dar. Bei den Aktiengesellschaften der Untersuchungseinheit findet sich hierzu eine Fülle von Beispielen; aus dem Anhang 6 der vorliegenden Arbeit sind deutliche Verschiebungen in den Aktionärsstrukturen zu entnehmen.

Wie die theoretischen Grundlagen für die vorliegenden Erhebung zeigen, existiert neben der Situation eines Kontrollwechsels eine zweite Konstellation, die den Mehrstimmrechtsaktien beträchtlichen Wert verleiht: Anreiz zum kostengünstigen Perquisites-Konsum, wenn der Stammaktienbesitz des betreffenden Anteilseigners nicht groß ist. Vor allem nicht-finanzieller Perquisites-Konsum in Form von politischen und weltanschaulichen Zielen ist in der Untersuchungseinheit anzutreffen. Die Forderungen von Berle und Means aus den dreißiger Jahren - das moderne Unternehmen sowie seine Gewinne sollten öffentlichen Zwecken dienen und die Öffentlichkeit, nicht der apathische Aktionär sei der rechte Kontrolleur - sind in vielen deutschen Unternehmen längst Wirklichkeit. Deutsche Energieversorgungsunternehmen sind dem Forsthoffschen Begriff der Daseinsvorsorge verpflichtet. Orientierung an öffentlichen Interessen, ja sogar, wie im Falle der HEW AG, Festlegung auf einzelne energiepolitische Zielsetzungen, hat Eingang in die Satzungen der Unternehmen gefunden und ist somit verpflichtende Handlungsanweisung für das Management.

Ein eindeutiger Ursache-Wirkungs-Zusammenhang zwischen diesen Phänomenen und der Existenz von Mehrstimmrechtsaktien in den betreffenden Unternehmen ist nicht festzustellen. Gleichwohl ist z. B. festzuhalten, daß Mehrstimmrechtsaktien in Händen eines öffentlichen Aktionärs die Verfolgung öffentlicher, nicht-gewinnmaximierender Ziele verbilligen. Die durch Mehrstimmrechtsaktien geschaffene Anreizkonstellation begünstigt Perquisites-Konsum. Dies allein genügt für eine negative Bewertung dieser Papiere anhand der Bewertungsmaßstäbe der Corporate Control.

Wie in diesem Gliederungspunkt eingangs erwähnt wurde, hat die Bedeutung der Mehrstimmrechtsaktien in Deutschland zwar abgenommen. Diese Vorzüge sind jedoch nicht isoliert, sondern im Zusammenspiel mit anderen Instrumenten wie beispielsweise dem Vollmachtsstimmrecht, Höchststimmrechten und Überkreuzverflechtungen, zu bewerten. Mehrstimmrechte bilden quasi das letzte - verstärkende - Glied in einer Kette verschiedener Verschanzungsinstrumente und erhöhen deren Wirkung noch. Beispielsweise stimmen die von den nicht an der HV teilnehmenden Aktionären bevollmächtigten Banken in der Regel nicht gegen Vorschläge der Verwaltung. Das Management bzw. der Insider-Aktionär kann davon ausgehen, daß eine Beteiligung unterhalb der Stimmenmehrheit im Normalfall ausreicht, um mit einem Vorschlag in der Hauptversammlung erfolgreich zu sein. Die Koalition von Management, Insider-Aktionären und bevollmächtigten Banken macht das Mehrheitserfordernis des Aktienrechts zu einem überwindbaren Problem, Mehrstimmrechte perfektionieren die Verschanzung. Durch sie wird der finanzielle Einsatz, der zur Kontrolle einer Unternehmung notwendig wird, noch geringer.

Es darf nicht vergessen werden, daß für eine Reihe wichtiger Entscheidungen auf der Hauptversammlung neben der Stimmen- auch die Grundkapitalmehrheit verlangt wird. Dies relativiert die Bedeutung der Mehrstimmrechtsaktien. Sie bleiben aber angesichts der Tatsache, daß zum Erfordernis der Grundkapitalmehrheit immer die Stimmenmehrheit hinzutreten muß, nach wie vor grundsätzlich werthaltig.

Von den Unternehmen der Untersuchungseinheit wird dies offensichtlich anders beurteilt. Nur wenige der befragten Aktiengesellschaften bewerten ihre Mehrstimmrechtsaktien als werthaltig. Gleichzeitig werden diese jedoch als wenig zeitgemäß und als hinderlich beim Agieren auf internationalen Kapitalmärkten eingestuft. Eine besonders starke Diskrepanz in der Argumentation fällt bei der Siemens AG ins Auge: Einerseits seien Mehrstimmrechte nicht wertvoll, andererseits dürften sie aber auch nicht entschädigungslos entfallen. Die Argumentation der Unternehmen entspricht offenbar der jeweiligen Interessenlage. Entschädigungen, wenn sie zukünftig an die Inhaber gezahlt werden sollten, dürften weniger den wirklichen wirtschaftlichen Wert repräsentieren als vielmehr das Ergebnis von Überlegungen von Managements sein, langwierige Gerichtsverfahren zu vermeiden, oder - auf der anderen Seite - der betreffenden Aktionäre, einer entschädigungslosen Abschaffung per Gesetz zuvorzukommen.

Die Diskussion über Mehrstimmrechtsaktien wird außerdem von einer zunehmenden Entkommunalisierung der Energieversorgungsunternehmen in Deutschland überlagert. Kommunale Anteilseigner veräußern aus Finanznot ihren Aktienbesitz an Private. Die Rechtfertigung für die Beibehaltung der Mehrstimmrechtsaktien, wie sie für die Aktienrechtsnovelle 1965 formuliert wurde, ist nicht länger aufrechtzuerhalten.

Die Finanzknappheit der öffentlichen Hand zwingt zur Desinvestition und zum Rückzug aus der Daseinsvorsorge. Ein Umdenkungsprozeß kristallisiert sich heraus, der vom Ansatz von Berle und Means wegführt. Die Abschaffung der Mehrstimmrechtsaktien - per Gesetz, aber auch im Vorgriff durch einzelne Unternehmen selbst -, fügt sich in dieses Bild und stellt einen kleinen, aber bedeutsamen Schritt in Richtung einer effektiveren Unternehmenskontrolle dar.

ANHANG

Anhang 1: An die Unternehmen der Untersuchungseinheit gestellten Fragen

1. Welcher Aktionär / welche Aktionäre hält / halten heute die mit Mehrfachstimmrechten ausgestatteten Aktien Ihres Unternehmens?

2. Hat sich die Zusammensetzung dieses speziellen Aktionärskreises seit der Gründung Ihres Unternehmens geändert? Wenn ja, welche Anteilseigner hatten diese Stimmrechte seit ihrer Schaffung inne?

3. Wie und wann sind die Mehrfachstimmrechtsaktien historisch in Ihrem Unternehmen entstanden? Gibt es dazu in Ihrem Archiv möglicherweise historische Quellen, die ich für meine Arbeit einsehen und benutzen kann?

4. Aus welchem Grund, mit welcher Zielsetzung wurden diese Mehrfachstimmrechtsaktien in Ihrem Unternehmen geschaffen?

5. Wurden in Ihrem Unternehmen nur einmal solche spezielle Anteilsscheine ausgegeben oder auch bei Kapitalerhöhungen der Folgejahre? Wenn letzteres zutrifft - wann und in welchem Umfang wurden jeweils neue Mehrfachstimmrechte geschaffen?

6. Wurden nach dem Inkrafttreten des neuen Aktiengesetzes Mitte der 60er Jahre weitere Mehrfachstimmrechte in Ihrem Unternehmen geschaffen? Wenn ja, mit welcher Begründung hat das für Ihr Unternehmen zuständige Wirtschaftsministerium die erforderliche Ausnahmegenehmigung erteilt?

7. Falls Frage 6 von Ihnen postitiv beantwortet wird: Wie definierte Ihr Unternehmen selbst die in § 12(2) AktG so bezeichnete "Wahrung überwiegender gesamtwirtschaftlicher Belange", die nach dem gültigen Aktienrecht Voraussetzung dafür ist, damit neue Mehrfachstimmrechtsaktien ausgegeben werden dürfen?

8. In einigen Unternehmen wurden Mehrfachstimmrechte geschaffen, um den Einfluß potentieller ausländischer Aufkäufer abzuwehren. Hat diese Überlegung bei der Einführung von Mehrfachstimmrechten in Ihrem Unternehmen eine Rolle gespielt?

Wie beurteilen Sie heute den Einfluß ausländischer Investoren auf dem deutschen Aktienmarkt und speziell auf Ihr Unternehmen? Finden Sie, daß Mehrfachstimmrechtsaktien auch heute wichtig sind, um ausländischem Einfluß besser begegnen zu können?

Sind Sie der Auffassung, daß Mehrfachstimmrechte wichtig sind, um das Unternehmen vor unerwünschten Übernahmeversuchen zu schützen? Könnten Sie Ihre Meinung bitte begründen?

9. Läßt sich Ihrer Meinung nach der Wert von Stimmrechten quantifizieren? Wenn Sie dieser Meinung sind - nach welchen Kriterien richtet sich dieser Wert?

   Oder sind Sie im Gegenteil der Auffassung, daß Stimmrechten überhaupt kein oder ein vernachlässigbarer wirtschaftlicher Wert beizumessen ist? Wenn Sie dieser Auffassung sind, könnten Sie diese bitte begründen?

   Inwieweit hängt der wirtschaftliche Wert von Stimmrechten - falls es diesen Ihrer Meinung nach gibt - von den existierenden Mehrheitsverhältnissen im Unternehmen, speziell in Ihrem Unternehmen, ab?

   Wie hoch ist Ihrer Meinung nach der wirtschaftliche Wert von Mehrfachstimmrechtsaktien in Ihrem Unternehmen anzusetzen?

10. Inwieweit beeinflußt Ihrer Auffassung nach die Existenz von Mehrfachstimmrechten den Aktienkurs eines Unternehmens?
    Hat diese spezielle Stimmrechtsstruktur im Zusammenwirken mit bestimmten Ereignissen in Ihrer Unternehmensgeschichte den Aktienkurs Ihres Unternehmens beeinflußt?

11. Hat die Existenz von Mehrfachstimmrechten in Ihrem Unternehmen wichtige unternehmerische Entscheidungen zu irgendeinem Zeitpunkt maßgeblich beeinflußt?

12. Gibt es auch heute gute Gründe für das Weiterbestehen der Mehrfachstimmrechte in Ihrem Unternehmen - und wenn ja, welche? Oder sind Sie vielmehr der Auffassung, daß es keine besonderen Gründe dafür gibt, die Mehrfachstimmrechte aber auch nicht schadeten und deshalb bestehen blieben?

13. Falls Sie sich keiner der unter 12 genannten Auffassungen anschließen können - wie bewerten Sie heute die Existenz der Mehrfachstimmrechte in Ihrem Unternehmen?

14. Gibt es in Ihrem Unternehmen Pläne, die Mehrfachstimmrechtsaktien aufzugeben? Wenn ja, würden Sie diese Pläne näher konkretisieren?

15. Wurde in Ihrem Unternehmen bisher jemals von den Mehrfachstimmrechten Gebrauch gemacht? Wenn ja - wann und in welchem Zusammenhang?

16. Welche Instrumentarien gibt es bei Ihnen, um den möglichen Verkauf von Mehrfachstimmrechten an Dritte zu kontrollieren?

17. Gab es in Ihrem Unternehmen einen Unterschied im Bezugspreis bei der Ausgabe von Mehrfachstimmrechtsaktien und anderen Aktiengattungen?

Anhang 2: Im Jahre 1954 mit Mehrstimmrechtsaktien ausgestattete börsennotierte deutsche Unternehmen

1. Actien-Gesellschaft der Gerresheimer Glashüttenwerke vorm. Ferd. Heye
2. Gebrüder Adt Aktiengesellschaft
3. Aktien-Färberei Münchberg
4. Aktiengesellschaft für pharmazeutische Bedarfsartikel vorm. Georg Wenderoth
5. Aktiengesellschaft für Seilindustrie vormals Ferdinand Wolff
6. Allgemeine Lokalbahn- und Kraftwerke-Aktiengesellschaft
7. Allgemeine Rentenanstalt Lebens- und Rentenversicherungs-AG
8. H. W. Appel Feinkost-Aktiengesellschaft
9. Aschaffenburger Zellstoffwerke Aktiengesellschaft
10. Bank für Brau-Industrie
11. J.Banning Aktien-Gesellschaft
12. Bast Aktiengesellschaft
13. Bayerische Hypotheken- und Wechsel-Bank
14. Bamag-Meguin Aktiengesellschaft
15. Berliner Kindl Brauerei Aktiengesellschaft
16. Berliner Kraft- und Licht- (BEWAG)-Aktiengesellschaft
17. Berliner Maschinenbau-Actien-Gesellschaft vormals L. Schwartzkopff
18. Bleicherei, Färberei u. Appretur-Anstalt Uhingen A.G.
19. Brauerei Durlacher Hof A.-G.
20. Brauerei Schwartz-Storchen Aktiengesellschaft
21. Brauerei Wulle Aktiengesellschaft
22. Brauhaus Nürnberg
23. Braunkohlen-Industrie-Aktiengesellschaft Zukunft
24. Breitenburger Portland-Cement- Fabrik
25. Bremer Woll-Kämmerei
26. Bronzefarbenwerke Aktiengesellschaft vorm. Carl Schlenk
27. Chemische Fabrik von Heyden Aktiengesellschaft
28. Chemische Werke Albert
29. Crefelder Baumwoll-Spinnerei
30. Daimler-Benz Aktiengesellschaft
31. Deutsch-Asiatische Bank
32. Deutsch-Atlantische Telegraphengesellschaft
33. Diamalt Aktiengesellschaft
34. Energieversorgung Ostbayern Aktiengesellschaft

35. Engelhardt-Brauerei Aktiengesellschaft
36. Erste Kulmbacher Actien-Exportbier-Brauerei
37. Gebrüder Fahr Aktiengesellschaft
38. Feldmühle Papier- und Zellstoffwerke Aktiengesellschaft
39. Fränkisches Ueberlandwerk Aktiengesellschaft
40. Frankona Rück- und Mitversicherungs-Aktien-Gesellschaft
41. Gesellschaft für Linde's Eismaschinen Aktiengesellschaft
42. Gesellschaft für Markt- und Kühlhallen
43. Gesellschaft Süd-Kamerun
44. Th. Goldschmidt Aktiengesellschaft
45. Grosskraftwerk Franken Aktiengesellschaft
46. Haller-Meurer-Werke Aktiengesellschaft
47. Hamburger Hochbahn Aktiengesellschaft
48. Hamburgische Electricitäts-Werke Aktiengesellschaft
49. Hannoversche Portland-Cementfabrik Aktiengesellschaft
50. Heidelberger Strassen- und Bergbahn Aktiengesellschaft
51. Henninger-Bräu Aktiengesellschaft
52. Hermes Kreditversicherungs-Aktiengesellschaft
53. Hochseefischerei Nordstern Aktiengesellschaft
54. Hoffmann's Stärkefabriken Aktiengesellschaft
55. Holsten-Brauerei
56. Hourdeaux-Bergmann Aktiengesellschaft
57. HUTA Hoch- und Tiefbau- Aktiengesellschaft
58. W. Jacobsen
59. Kammgarnspinnerei Stöhr & Co. Aktien-Gesellschaft
60. Knoeckel, Schmidt & Cie., Papierfabriken Aktiengesellschaft
61. W. Krefft Aktiengesellschaft
62. G. Kromschröder Aktiengesellschaft
63. Kühltransit-Aktiengesellschaft
64. Lech-Elektrizitätswerke Aktien-Gesellschaft
65. Liquidations-Casse in Hamburg Aktiengesellschaft
66. "Löwenbräu" München
67. Magdeburger Feuerversicherungs-Gesellschaft
68. Mainzer Aktien-Bierbrauerei
69. H. Meinecke Aktiengesellschaft
70. Metallpapier-Bronzefarben-Blattmetallwerke Aktiengesellschaft
71. Metall-, Walz- und Plattierwerke Hindrichs-Auffermann Aktien-Gesellschaft
72. Mittelschwäbische Überlandzentrale Aktiengesellschaft
73. Münchener Rückversicherungs-Gesellschaft
74. Nord-Deutsche Lebensversicherungs- Aktiengesellschaft
75. Norddeutsche Hochseefischerei Aktiengesellschaft

76. Ostertag-Werke Vereinigte Geldschrankfabriken Aktiengesellschaft
77. Phillip Holzmann Aktiengesellschaft
78. Portland-Zementwerke Heidelberg Aktiengesellschaft
79. Porzellanfabrik Kahla
80. Porzellanfabrik Lorenz Hutschenreuther Aktiengesellschaft
81. Porzellanfabrik Waldsassen Bareuther & Co. A.-G.
82. Press-, Stanz- und Ziehwerke Rud. Chillingworth A.-G.
83. Reichelbräu Aktien-Gesellschaft
84. Rheinisch-Westfälisches Elektrizitätswerk Aktiengesellschaft
85. Gebrüder Roeder Aktiengesellschaft
86. Rosenthal-Porzellan Aktiengesellschaft
87. J. H. Roser A.-G.
88. Salzdetfurth Aktiengesellschaft
89. Schlossgartenbau-Aktiengesellschaft
90. Schubert & Salzer Maschinenfabrik Aktiengesellschaft
91. Schüle-Hohenlohe Aktien-Gesellschaft
92. Schwabenverlag AG
93. Siemens & Halske Aktiengesellschaft[999]
94. Siemens-Schuckertwerke Aktiengesellschaft
95. D. Stempel A.-G.
96. Stuttgarter Bäckermühlen Akt.-Ges.
97. Überlandwerk Unterfranken
98. Veith-Gummiwerke Aktiengesellschaft
99. Vereingte Deutsche Nickel-Werke Aktien-Gesellschaft vorm. Westfälisches Nickelwalzwerk Fleitmann, Witte & Co.
100. Vereingte Ultramarinfabriken Aktiengesellschaft vormals Leverkus, Zeltner & Consorten
101. Vereinigte Deckenfabriken Calw Aktiengesellschaft
102. Vereinigte Glanzstoff-Fabriken A.-G.
103. Vereinigte Schmirgel- und Maschinen-Fabriken Aktiengesellschaft
104. Victoria Werke A.-G.
105. Waggonfabrik Aktiengesellschaft
106. Wanderer-Werke Aktiengesellschaft
107. Westfälische Drahtindustrie
108. Württembergische Baumwoll - Spinnerei und -Weberei bei Esslingen am Neckar
109. Württembergische Feuerversicherung AG

---

[999]Überraschenderweise gibt der Verlag Hoppenstedt & Co. (Hrsg.), Saling, 1953, bei der Siemens & Halske Aktiengesellschaft an: je nom. DM 100 Stammaktien sowie Vorzugsaktien = 1 Stimme! Gleichwohl soll aus Gründen anderslautender Informationen Siemens & Halske hier Aufnahme finden.

110. Württembergische und Badische Vereinigte Versicherungsgesellschaften Aktiengesellschaft
111. Würzburger Hofbräu Aktiengesellschaft
112. Ziegelwerke Ludwigsburg A.-G. vorm. Ganzenmüller & Baumgärtner

Verlag Hoppenstedt & Co. (Hrsg.), Saling, 1953, weist 111 Unternehmen mit Mehrstimmrechtsaktien aus. Einschließlich der Siemens & Halske AG waren damals also 112 Aktiengesellschaften mit Mehrstimmrechten ausgestattet. Insgesamt führt der Aktienführer 745 börsennotierte Aktiengesellschaften auf. Die Unternehmen mit Mehrstimmrecht machten also einen Anteil von 15,03 % aus.

Im Aktienführer des betreffenden Jahrgangs trafen einige Unternehmen keine Aussagen zum Stimmrecht. Firmen, bei denen die Mehrstimmrechte nur in Spezialfällen zum Einsatz kamen, nannten i.d.R. die Fälle der §§ 87 (Wahl und Abberufung des Aufsichtsrates), 145 (Satzungsänderung) und 203 AktG (Auflösung der Gesellschaft). Grundlage: AktG idF 1937.[1000]

(Quelle: Verlag Hoppenstedt & Co. (Hrsg.): Saling Aktienführer: Die Aktienwerte der deutschen Börsen 1954, Berlin u. a.: Verlag Hoppenstedt & Co., 1953.)

[1000]Vgl. Schlegelberger, Franz, u.a. Aktiengesetz, 1939, § 87, S. 133 ff., § 145, S. 709 ff. sowie § 203, S. 904 ff.

Anhang 3: Im Jahre 1975 mit Mehrstimmrechtsaktien ausgestattete börsennotierte deutsche Aktiengesellschaften

1. Gebrüder Adt AG (Beteiligungs- und Grundstücksverwaltung)
2. Aktiengesellschaft für Seilindustrie vorm. Ferdinand Wolff (Textilhersteller: Seile und Garne)
3. Allgemeine Rentenanstalt Lebens- und Rentenversicherungs-Aktiengesellschaft (Versicherung)
4. Banning AG (Maschinenfabrik)
5. Berliner Kraft- und Licht (BEWAG-) Aktiengesellschaft
6. Bleicherei, Färberei und Appreturanstalt Uhingen AG (Textilunternehmen)
7. Brau-Aktiengesellschaft Nürnberg
8. Breitenburger Portland-Cement-Fabrik-AG
9. Calwer Decken- und Tuchfabriken AG
10. Daimler Benz AG
11. Deutsch-Atlantische Telegrafengesellschaft (Fernmeldewesen)
12. Energieversorgung Ostbayern AG
13. Fränkisches Überlandwerk AG
14. Frankona Rückversicherungs Aktiengesellschaft
15. Markt- und Kühlhallen AG
16. Th. Goldschmidt AG
17. Großkraftwerk Franken AG (Energieversorger)
18. Gruschwitz Textilwerke AG
19. Hamburger Hochbahn AG
20. Hamburgische Electricitäts-Werke AG
21. Hindrichs-Auffermann AG
22. Hoffmann's Stärkefabriken Aktiengesellschaft (Nahrungs-Genußstoffe)
23. Jacobsen Aktiengesellschaft
24. Kromschröder Aktiengesellschaft (Maschinenfabrik: Meßgeräte)
25. Kühltransit-Aktiengesellschaft
26. Lech-Elektrizitätswerke Aktien-Gesellschaft
27. Löwenbräu München
28. Magdeburger Feuerversicherungs-Gesellschaft (Versicherung)
29. Meinecke Aktiengesellschaft (Elektrische Anlagen, Zähler)
30. Mittelschwäbische Überlandzentrale Aktiengesellschaft
31. Nord-Deutsche Lebensversicherungs-Aktiengesellschaft (Versicherung)
32. Porzellanfabrik Waldsassen Bareuther & Co. A.-G.

33. Reichelbräu Aktien-Gesellschaft
34. Rheinisch-Westfälisches Elektrizitätswerk Aktiengesellschaft
35. Carl Schlenk Aktiengesellschaft
36. Schlossgartenbau-Aktiengesellschaft
37. Schubert & Salzer Maschinenfabrik Aktiengesellschaft
38. Schwabenverlag Aktiengesellschaft
39. Siemens Aktiengesellschaft
40. Stöhr & Co. Aktiengesellschaft (Textilfabrik)
41. Otto Stumpf Aktiengesellschaft
42. Stuttgarter Bäckermühlen Aktiengesellschaft
43. Überlandwerk Unterfranken Aktiengesellschaft
44. Vereinigte Deutsche Nickel-Werke Aktien-Gesellschaft vormals Westfälisches Nickelwalzwerk Fleitmann, Witte & Co. (Chemie - Nickelherstellung)
45. Vereinigte Elektrizitätswerke Westfalen
46. Vereinigte Schmirgel- und Maschinen-Fabriken Aktiengesellschaft
47. Württembergische und Badische Versicherungs-Aktiengesellschaft (Versicherung)
48. Württembergische Baumwoll-Spinnerei und Weberei bei Eßlingen am Neckar (früher Textilhersteller, heute Immobilienverwaltung)
49. Württembergische Feuerversicherung AG in Stuttgart

Insgesamt 49 von insgesamt 711 an deutschen Börsen notierten Gesellschaften wiesen im Jahre 1975 Mehrstimmrechtsaktien auf; dies ist ein Anteil von 6,89 %.

(Quelle: Verlag Hoppenstedt & Co. (Hrsg.): Saling Aktienführer: Die Aktienwerte der deutschen Börsen 1975, 68. Auflage, Darmstadt: Verlag Hoppenstedt & Co., 1974.)

Anhang 4: Deutsche börsennotierte Brauerei-Aktiengesellschaften

1. Aktienbrauerei Kaufbeuren AG
2. Bavaria St. Pauli-Brauerei AG
3. Berliner Kindl Brauerei AG
4. Binding-Brauerei AG
5. Brauerei Cluss AG
6. Brauerei Moninger AG
7. Brauhaus Amberg AG
8. Bürgerliches Brauhaus Ingolstadt AG
9. Bürgerliches Brauhaus Ravensburg-Lindau AG
10. Dinckelacker Brauerei AG
11. Dortmunder Actien-Brauerei AG
12. Dortmunder Union-Schultheiss Brauerei AG
13. Eichbaum Brauereien AG
14. Einbecker Brauhaus AG
15. Erste Kulmbacher Actienbrauerei AG
16. Gilde Brauerei AG Hannover
17. Haake-Beck Brauerei AG
18. Hasen-Bräu AG
19. Henninger-Bräu AG
20. Hofbrauhaus Wolters AG
21. Holsten-Brauerei AG
22. Custodia Holding AG
23. Mainzer Aktien-Bierbrauerei AG
24. Parkbrauerei AG Pirmasens-Zweibrücken
25. Patrizier-Bräu AG
26. Paulaner-Salvator-Thomasbräu AG
27. Reichelbräu AG
28. Stern-Brauerei Carl Funke AG Köln
29. Stuttgarter Hofbräu AG, Stuttgart
30. Tucher Bräu AG Nürnberg

3 Brauereien - die Reichelbräu AG, die Tucher Bräu AG sowie die Custodia Holding AG - sind heute noch mit Mehrstimmrechten ausgestattet.

Damit haben heute 9,7 % aller deutschen börsennotierten Brauereien mehrstimmige Vorzüge emittiert.

(Quelle: Verlag Hoppenstedt GmbH (Hrsg.), Saling Aktienführer 1995, Darmstadt, Verlag Hoppenstedt GmbH, 1994.)

Anhang 5: Entstehung der Mehrstimmrechtsaktien in der Untersuchungseinheit: Beispiele und Details

Im folgenden soll bei einigen ausgewählten Unternehmen der Untersuchungseinheit die historische Entstehung der Mehrstimmrechtsaktien und ihre weitere Entwicklung in den Folgejahren beschrieben werden.

Bei der Calwer Decken- und Tuchfabriken Aktiengesellschaft verbrieften die mit 12fachem Stimmenvorzug ausgestatteten Mehrstimmrechtsaktien 1921, zum Zeitpunkt ihrer Schaffung, einen Anteil am Grundkapital von 7,7 % und in Fällen der Besetzung des Aufsichtsrats, der Satzungsänderung und der Auflösung der Gesellschaft ein Stimmenpotential von 50 %.

Dieses Stimmenpotential nahm bis 1923/24 auf 33 % ab. Bei der Kapitalumstellung anläßlich der Goldbilanz wurden Umfang und Nennwert der Mehrstimmrechtsaktien überproportional herabgestuft; die Stimmrechtsausstattung der Vorzüge bezog sich nun auf einen viel niedrigeren Nennwert als vorher. Gleichzeitig wurde der Stimmenvorzug pro Aktie anläßlich der Umstellung leicht beschnitten. Alle Maßnahmen zusammengenommen, verfügten die Mehrstimmrechtsaktien nach der Goldbilanzumstellung über ein im Vergleich zu den Stammaktien 300faches Stimmrecht. Der neue Stimmenvorzug war so festgelegt worden, daß es Inhabern der Vorzüge möglich war, das durch die Mehrstimmrechtsaktien verbriefte Stimmenpotential von 33 % auch nach der Goldbilanzumstellung exakt zu halten.

1932, anläßlich einer Kapitalherabsetzung, die die Vorzugsaktien jedoch nicht betraf, wurde die Stimmrechtsausstattung wieder erhöht, so daß die Vorzüge gegenüber den Stämmen schließlich sogar über ein 360faches Stimmrecht verfügten. Das Stimmenpotential dieser Aktienkategorie stieg in den drei Sonderfällen auf über 36 %. Eine Veränderung ergab sich bereits 1934: Der Stimmenvorzug wurde auf 5 Stimmen pro Aktie in den drei Fällen zurückgeschnitten, so daß ein gegenüber den Stammaktien 150faches Stimmrecht verblieb. Durch diese Verminderung des Stimmenvorzugs schrumpfte das Stimmenpotential der Vorzüge auf knapp 20 %;

dabei blieb es bis nach dem 2. Weltkrieg. Der 150fache Stimmenvorzug der Mehrstimmrechtsaktien besteht bis heute.[1001]

Eine Mitte der dreißiger Jahre gültige Satzung der Daimler Benz AG weist bei einem Grundkapital von RM 26.172.000,- einen Vorzugsaktienanteil von RM 216.000,- aus. Die Ausgestaltung der Vorzugsaktien als vinkulierte Namensaktien hat - so die Daimler Benz AG auf schriftliche Anfrage - bereits seinerzeit der Ausgestaltung entsprochen, die bis zur Umwandlung der Vorzugsaktien in Stammaktien weiterbestand.[1002] Bereits zuvor gab es bei den beiden Vorgängergesellschaften der Daimler Benz AG Vorzugsaktien mit Mehrfachstimmrechten. Die Daimler Motoren Gesellschaft verdreifachte Anfang der 20er Jahre ihr Aktienkapital innerhalb von 8 Monaten auf 100 Millionen Mark. Zusätzlich wurden mit der Maschinenfabrik Esslingen Vorzugsaktien mit 16fachem Stimmrecht ausgetauscht, um der Überfremdungsgefahr noch wirkungsvoller begegnen zu können.[1003] Ausweislich der einzigen erhaltenen Satzung der Daimler Motoren Gesellschaft - Stand 1925 - existierten bei einem Grundkapital von RM 36.360.000,- Vorzugsaktien im Nominalwert von RM 360.000,-, die ein Stimmenpotential von knapp 40 % verbrieften.[1004]

Auch bei Benz & Cie versuchte man im Rahmen von umfangreichen Kapitalerhöhungen die Entstehung ungewollter Beteiligungspakete zu verhindern. Im ersten Zuge wurden 1920 neue Aktien im Umfang von 11 Millionen Mark als Schutzaktien ausgegeben. Sie brauchten nur zur Hälfte eingezahlt werden und durften zehn Jahre lang nicht veräußert wer-

---

[1001] Vgl. Vereinigte Deckenfabriken Calw A. G. (Hrsg.), Geschäftsberichte, Jg. 1920 - 1935; Jg. 1938; Jg. 1940 - 1945; Jg. 1946 - 1948; Jg. 1952; sowie Vereinigte Deckenfabriken Calw Aktiengesellschaft, DM-Eröffnungsbilanz auf 21. Juni 1948.

[1002] Vgl. Daimler Benz AG, Schreiben Reiff / Rappers zur Beantwortung der Fragen (Anhang 1), vom 18. Dezember 1995, Antwort auf Frage 1 (Anhang 1), S. 2.

[1003] Gleichzeitig mit der verstärkten Nutzung des Instruments der Mehrstimmrechtsaktien wurde es üblich, daß die Gesellschaften Aktien untereinander austauschten. Durch den Austausch der jeweiligen Vorzugsaktien wurden die Verwaltungen beider Gesellschaften instand gesetzt, "ihre Unternehmungen autonom, unabhängig von dem Willen der Kapital-Aktionäre, zu leiten." Passow, Richard, Aktiengesellschaft, 1922, S. 334 f.

[1004] Vgl. Verlag für Börsen- und Finanzliteratur A.-G. (Hrsg.), Handbuch, 1925 III, S. 4848.

den.[1005] Nur drei Monate später machte eine weitere außerordentliche Hauptversammlung von einer anderen Möglichkeit Gebrauch, das Unternehmen gegen Überfremdung zu sichern, und beschloß die Ausgabe von 2 Millionen Vorzugsaktien mit 12fachem Stimmrecht. Sie verkörperten zu diesem Zeitpunkt einen Stimmrechtsanteil von 26,7 % - zugleich wurden nämlich für 33 Millionen Mark neue Stammaktien ausgegeben - und blieben beim Emissionskonsortium. Ende 1921 folgte eine weitere Kapitalerhöhung um 2 Millionen Mark Vorzugsaktien. Der Stimmrechtsanteil der Vorzugsaktien bei der Benz & Cie. betrug danach genau ein Drittel. Die nun erreichten 100 Millionen Mark Grundkapital erschienen dem Unternehmen als nicht ausreichend: 1923 wurden noch einmal 250 Mio. Mark Stammaktien ausgegeben - davon 150 Mio. Mark als Schutzaktien und nach einem ausgeklügelten Schlüssel untergebracht: zu Kursen von 10 000 und 15 000 %, die Schutzaktien zu pari. [1006]

Weitere Dokumentationen der Vergangenheit der Mehrstimmrechte bei Daimler Benz AG lassen sich nicht ausfindig machen. Das Unternehmen teilte mit, Dokumente aus der Frühzeit des Unternehmens seien größtenteils verschollen oder unvollständig. Auch beim Handelsregister Stuttgart geführte Gesellschaftsakten seien aufgrund von Kriegseinwirkungen zerstört.[1007]

Die Mehrstimmrechtsaktien der Fränkisches Überlandwerk Aktiengesellschaft wurden 1922 geschaffen und waren anfangs mit zwanzigfachem Stimmrecht ausgestattet. Das Grundkapital betrug zu dieser Zeit 13 Mio. Mark. Die Mehrstimmrechtsaktien beliefen sich auf einen Nominalwert von 1 Mio. Mark. 1924, bei der Grundkapitalumstellung, wurde ihr Wert von nominal 1 Mio. Papiermark auf 659 Goldmark berechnet. Durch Zuzahlung von 4 341,- Goldmark wurde der für diese Aktiengattung gesetzlich vorgeschriebene Mindestbetrag von 5000 Goldmark erreicht.[1008] Der Nennwert der Vorzugsaktien von bisher

---

[1005] Nicht alle Aktien, die in den zwanziger Jahren als Schutzaktien ausgegeben wurden, waren mit Mehrstimmrechten ausgestattet; es gab auch Schutzaktien mit einfachem Stimmrecht, bei denen sich die Übernehmer zur Nichtveräußerung verpflichteten.

[1006] Vgl. Daimler Benz (Hrsg.), 100 Jahre, 1986, S. 82 sowie 329.

[1007] Vgl. Daimler Benz AG, Schreiben Reiff / Rappers zur Beantwortung der Fragen (Anhang 1), vom 18. Dezember 1995, Antwort auf Frage 1 (Anhang 1), S. 1.

[1008] Vgl. Fränkisches Überlandwerk Aktiengesellschaft, Prüfungsbericht des Vorstandes und des Aufsichtsrates über die Eröffnungsbilanz und den Umstellungsplan, 6. November 1924, Nürnberg, III. Umstellung, S. 2.

1000 Mark wurde auf 5 Goldmark ermäßigt; gleichzeitig wurde das bisherige 20fache Stimmrecht pro Vorzugsaktie beibehalten.[1009] Auf den nach der Goldbilanzumstellung 120fach höheren Nennwert der Stammaktien bezogen, bedeutet dies eine Stimmrechtsausstattung der Vorzugsaktien von 2400 Stimmen. Später, in der Bilanz des Jahres 1941, wurden statt der bisher insgesamt 20 000 Stimmen der nominal 5000,- RM betragenden Mehrstimmrechtsaktien bei unverändertem Nominalwert nun 80 000 Stimmen ausgewiesen.[1010] Diese 80 000 Stimmen blieben bis zur DM-Eröffnungsbilanz unverändert; sie verteilten sich auf 50 Mehrstimmrechtsaktien à DM 100,-; jede Vorzugsaktie mit Nennwert 100,- beinhaltete 1600 Stimmen. Die Nennwerte der Stammaktien lauteten zu dieser Zeit auf 200,- Mark, so daß sich hieraus ein 3200facher Stimmenvorzug der Vorzugsaktien ergab.

Die Mehrstimmrechtsaktien der Frankona Rückversicherungs-AG entstanden 1923 anläßlich einer Kapitalerhöhung um 16 Mio. Mark Stammaktien (16 000 Stück à 1000 Mark) und 2 Mio. Mark Namens-Vorzugsaktien Lit B. (2000 Stück à 1000 Mark). Die Namensaktien wurden bei ihrer Entstehung mit 12fachem Stimmrecht ausgestattet und von einem Bankenkonsortium unter Beteiligung der Darmstädter und Nationalbank übernommen. 1924 wurde das Kapital im Rahmen der Goldbilanzumstellung von 32 Mio. Mark auf 1 806 000 Goldmark umgestellt und im gleichen Zug auf GM 2 506 000,- durch Neuausgabe von Stammaktien erhöht.

Bei der Goldbilanzumstellung wurden die Nennwerte der Stammaktien im Verhältnis 50:3, die der Namens-Vorzüge im Verhältnis 1000:3 zurückgeschnitten.[1011] Gleichzeitig wurde die Stimmrechtsausstattung verändert. Die Stammaktien verbrieften nach der Goldbilanzumstellung 1 Stimme per 20 Goldmark Nennwert. Die 2000 Stück Namensaktien Lit B waren danach mit Nennwerten von je 3 Goldmark ausgestattet und gewährten jeweils 36 Stimmen: "Mit 72 000 Stimmen sicherten diese Aktien einen Einfluß von 36,55 %, bezogen auf die Gesamtsumme von 197 000 Stimmen. In der Folge wurden die Gesamtzahl der Mehrstimmaktien und die Zahl

---

[1009] Vgl. Fränkisches Überlandwerk Aktiengesellschaft, Prüfungsbericht des Vorstandes und des Aufsichtsrates über die Eröffnungsbilanz und den Umstellungsplan, 6. November 1924, Nürnberg, III. Umstellung, S. 2.

[1010] Vgl. Fränkisches Überlandwerk Aktiengesellschaft (Hrsg.), Geschäftsbericht, Jg. 1940 und 1941.

[1011] Vgl. Verlag für Börsen- und Finanzliteratur A.-G. (Hrsg.), Handbuch, 1925 I, S. 2057.

der jeweils mit einer solchen Aktien verbundenen Stimmen mehrfach geändert."[1012]

Bei der Th. Goldschmidt AG entstanden 1919 mit dreifachem Stimmrecht ausgestattete Vorzugsaktien. 5 Mio. Mark Vorzugsaktienkapital standen 25,5 Mio. Mark Stammaktienkapital gegenüber. Die Stammaktien verbrieften 25 500 Stimmen, die Vorzüge 15 000 Stimmen; letztere beinhalteten also allein ein Stimmenpotential von 37 %. Es folgten mehrere Kapitalmaßnahmen. Bereits 1923 wurde die Hälfte der Vorzugsaktien in Stammaktien umgewandelt. Anläßlich der Goldbilanzumstellung wertete das Unternehmen die Stammaktien im Verhältnis 5:1 auf 145 000 Stück à RM 200,- und die Vorzüge im Verhältnis 50:3 auf 5000 Aktien à RM 60,- ab. 1926 betrug das Stimmenpotential der Vorzugsaktien nur noch gut 9 %.

Bei der Hamburgische Electricitäts-Werke AG wurden erstmals 1923 Vorzugsaktien mit 7fachem Stimmrecht ausgegeben; es handelte sich um nominal 44 000 000,- Mark, aufgeteilt in 44 000 Aktien à 1000 Mark bei einem damaligen Gesamtkapital des Unternehmens in Höhe von 704 Mio. Mark. Die Mehrstimmrechtsaktien fielen in ihrer Gesamtheit an die Hansestadt Hamburg und sicherten ihr zusammen mit ihrem Stammaktienbesitz auch weiterhin ein Stimmenpotential von 50 %. Während die Stammaktien der HEW AG bei der Goldbilanzumstellung im Verhältnis 100:1 abgewertet wurden - also nach der Umstellung 660 000 Stämme à 100 RM vorhanden waren -, wurden die 44 000 Vorzugsaktien zu einer einzigen Aktie à 8536 RM zusammengelegt, die 308 000 Stimmen verbriefte. Die Gesamt-Stimmrechtsausstattung der Vorzugsaktien veränderte sich durch die Zusammenlegung nicht; die Hansestadt Hamburg konnte auch nach der Umstellung auf Goldbilanz seine 50%-Position im Unternehmen aufrechterhalten.[1013]

Bei diesen Stimmrechtsverhältnissen blieb es jedoch nicht. Die "7. Verordnung zur Durchführung der Verordnung über Goldbilanzen" beinhaltete, daß künftig auch alle Vorzugsaktien mit Mehrfachstimmrecht mit

---

1012 Frankona Rückversicherungs-AG, interne Notiz 16/1992, Betreff: Beseitigung der Vorzugsaktien, 3. September 1992, München, S. 1. Vgl. auch Frankona Rückversicherungs-AG, Interview mit Thomas Geisberg am 18. Dezember 1995, Antwort auf Frage 3 (Anhang 1). Das Unternehmen wurde im Krieg ausgebombt; viele historische Unterlagen sind Angaben des Unternehmens zufolge vernichtet.

1013 Vgl. Verlag für Börsen- und Finanzliteratur A.-G. (Hrsg.), Handbuch, 1926 I, S. 739 f.

Nennwert über RM 100 nur auf RM 100 oder einem Vielfachen davon lauten durften.[1014] Die Unternehmen hatten bis Ende 1929 Zeit, sich auf diese Gesetzeslage einzustellen; die HEW AG war durch den Nennwert ihrer Vorzugsaktie in Höhe von RM 8536,- von der Verordnung betroffen.

In der Gesellschafterversammlung im Jahre 1928 wurde das Grundkapital des Unternehmens um 22 Mio. RM Stämme auf 88 Mio. RM Stammaktien und außerdem um 1 Mio. RM Vorzüge, dies gegen Einbringung der Vorzugsaktie im Nennwert von RM 8536,-, erhöht. Die Vorzugsaktien wurden mit einem 40fachen Stimmrecht ausgestattet, das bis heute erhalten blieb. Die Stadt Hamburg zahlte den entsprechenden Nennwert-Restbetrag, der von RM 8536,- auf 1 Mio. RM fehlte, zu. Auch in den 30er Jahren und später blieben die Vorzugsaktien zu 100 % in den Händen Hamburgs.[1015] An ihrem Umfang hat sich bis heute nichts geändert.

Die Vorzugsaktien der Porzellanfabrik Waldsassen Bareuther & Co. AG wurden 1921 anläßlich einer Kapitalerhöhung um 1 250 000 Mark von damals 2 000 000 Mark auf 3 250 000 Mark geschaffen. Diese Kapitalerhöhung beinhaltete u.a. die Ausgabe von 250 Stück auf den Inhaber lautender Vorzugsaktien im Nennbetrag von je 1000 Mark mit mehrfachem Stimmrecht. Damals gewährte jede Vorzugsaktie 8 Stimmen, jede Stammaktie eine Stimme. Die neuen Aktien wurden der ADCA-Bank überlassen; die Stammaktien sollten den alten Aktionären zum Bezug angeboten werden.[1016] Die Betreiber der Fabrik - Bareuther, Schmerler und Ploß -, die ADCA, ein dem Unternehmen verbundener Porzellanfabrikant sowie einige wichtige Angestellte übernahmen die Vorzugsaktien. Diese vereinigten damals insgesamt ein Stimmenpotential von 40 % auf sich.

1923 gab es eine weitere Kapitalerhöhung - auf 6 500 000 Mark; nominell 1 000 000 Mark neue Stammaktien (Nennbetrag der Stämme: 10 000 Mark) und nominell 250 000 neue Vorzugsaktien (Nennbetrag wie zuvor: 1000 Mark) wurden geschaffen. Der Bestand an Mehrstimmrechtsaktien verdoppelte sich hierbei von 250 000 Mark auf 500 000 Mark. Die neuen Stammaktien sollte wiederum die ADCA bestmöglich verwerten; die

---

[1014] Vgl. 7. Verordnung zur Durchführung der Verordnung über Goldbilanzen vom 7. Juli 1927, in RGBl., Jg. 1927, Teil I, Berlin, 1927, § 8, S. 176.

[1015] Vgl. Kermel, Cornelia, Steuerungsmöglichkeiten, 1994, S. 54.

[1016] Vgl. Notariat Waldsassen. Ausfertigung. Gesch. Reg. No. 1012. Generalversammlungs-Protokoll der außerordentlichen Generalversammlung am 17. November 1921, Waldsassen, S. 2 u. 3 f.

Vorzugsaktien wurden ihr selbst überlassen.[1017] Das Stimmrecht der Vorzugsaktien, das weiterhin 8fach sein sollte, wurde aber bereits damals auf die drei Fälle "Auflösung der Gesellschaft", "Änderung der Gesellschaftsstatuten" und "Besetzung des Aufsichtsrats" beschränkt. Das Stimmenpotential der Vorzugsaktien - dies bezogen auf die genannten drei Fälle - blieb durch die Kapitalveränderungen unberührt; es betrug weiterhin 40 %.

Ende der zwanziger Jahre, nach der Goldbilanzumstellung, betrug das Grundkapital des Unternehmens nur noch RM 1 205 000,-. Dieses Kapital war gestückelt in 6000 Stammaktien à RM 200,- und 500 Vorzugsaktien à RM 10. Diese Nennwertveränderung brachte es mit sich, daß sich das 8fache Stimmrecht nun auf RM 10,- Nennwert der Vorzugsaktien, das einfache Stimmrecht auf RM 200,- Nennwert der Stämme bezog.[1018] Das Stimmenpotential der Vorzugsaktien wurde auch durch diese Maßnahmen nicht berührt - es blieb weiterhin bei 40 %.

1938 kam es zu einer Satzungsänderung. Der bisherige Gesellschaftsvertrag wurde durch eine neue Satzung zwecks Anpassung an die Bestimmungen des Aktiengesetzes vom 30. Januar 1937 ersetzt und die Bestimmungen über Stückelung und Stimmrecht der Vorzugsaktien geändert.[1019] Das Grundkapital wurde neu eingeteilt und bestand nun aus 6000 Stammaktien à RM 200 und 50 Vorzugsaktien à RM 100.[1020] Künftig gewährten je RM 100,- in der Hauptversammlung 1 Stimme. Bei der Besetzung des Aufsichtsrats, bei Satzungsänderungen sowie der Auflösung der Gesellschaft sollte jedoch jede Vorzugsaktie mit 60 Stimmen votieren.[1021]

[1017] Vgl. Bayer. Notariat Waldsassen, Beglaubigte Abschrift, Gesch. Reg. No. 1362, Generalversammlungs-Protokoll der außerordentlichen Generalversammlung der Porzellanfabrik Waldsassen Bareuther & Co. Aktiengesellschaft, 22. November 1923, Waldsassen, S. 3 f.

[1018] Vgl. Bayer. Notariat Waldsassen, Ausfertigung Gesch. Reg. Nr. 437, Generalversammlungs-Protokoll der ordentlichen fünfundzwanzigsten Generalversammlung der Porzellanfabrik Waldsassen Bereuther & Co. Aktiengesellschaft, 15 April 1930, Waldsassen, Anwesenheitsliste, S. 5.

[1019] Vgl. Thom, Oscar, Notar in Waldsassen, Erstausfertigung, Urkunden-Rolle Nr. 512, Hauptversammlungs-Niederschrift der ordentlichen Hauptversammlung der Porzellanfabrik Waldsassen Bareuther & Co. Aktiengesellschaft, 10. Juni 1938, Waldsassen, S. 2 f. und 6.

[1020] Vgl. Porzellanfabrik Waldsassen Bareuther & Co. Aktiengesellschaft (Hrsg.), Satzung idF 10. Juni 1938, Waldsassen, § 4, S. 1 ff.

[1021] Vgl. Porzellanfabrik Waldsassen Bareuther & Co. Aktiengesellschaft (Hrsg.), Satzung idF 10. Juni 1938, Waldsassen, § 16, S. 8.

Diese Veränderungen gingen am Stimmenpotential der Vorzüge nicht spurlos vorüber - es schrumpfte - bezogen auf die drei Fälle - auf nur noch 20 %.

Bei der Rieter Ingolstadt Spinnereimaschinenbau AG, ehemals Schubert & Salzer Maschinenfabrik AG, Chemnitz, wurde das Grundkapital Anfang der zwanziger Jahre stark aufgebläht: es stieg von 4,5 Millionen Mark 1914 auf 76 Millionen Mark im Jahre 1923;[1022] von diesen 76 Millionen Mark waren 6 Millionen Mark Vorzugsaktien, die erstmalig 1922 mit 6fachem Stimmrecht ausgegeben worden waren. Bei der Goldbilanzumstellung wurde das 70 Millionen umfassende Stammkapital auf 7 Millionen Reichsmark, also 10:1, das Vorzugskapital im Verhältnis 1000:3 von 6 Millionen Mark auf 18 000 Reichsmark, aufgeteilt in 6000 Vorzüge à 3 RM, umgestellt.[1023] Die Vorzugsaktien wurden also 33fach stärker als die Stammaktien herabgestuft. Zu dieser Zeit verbrieften sie ein Stimmenpotential von 40 % bei einem Grundkapitalanteil von 0,26 %. In den Folgejahren hat sich ihre Bedeutung wieder reduziert.

Wie bei anderen Unternehmen erforderte die Inflation auch bei der RWE AG besondere Kapitalmaßnahmen. Im Geschäftsbericht 1917/18 wurde über eine Kapitalerhöhung des Unternehmens von 10 Mio. auf 60 Mio. Mark berichtet.[1024] Bereits 1919/20 mußte eine weitere Kapitalerhöhung um 48 Mio. auf 108 Mio. Mark vorgenommen werden.[1025] Nach dieser Kapitalmaßnahme verfügten die Kommunen über 51 % des RWE-Aktienkapitals und damit über eine knappe Kapitalmehrheit. 1920/21 wurde eine nochmalige Kapitalerhöhung um 42 Mio. auf 150 Mio. Mark notwendig. An diesem Punkt wurden "drei große Industrieunternehmen, die unsere Stromabnehmer sind, an unserem Unternehmen neu beteiligt, wobei darauf

---

[1022] Vgl. Verlag für Börsen- und Finanzliteratur A.-G. (Hrsg.), Handbuch, 1926 I, S. 1974.

[1023] Vgl. Verlag für Börsen- und Finanzliteratur A.-G. (Hrsg.), Handbuch, 1926 I, S. 1974.

[1024] Vgl. Rheinisch-Westfälisches Elektrizitätswerk Aktiengesellschaft (Hrsg.), Das RWE, 1948, S. 34.

[1025] Vgl. Rheinisch-Westfälisches Elektrizitätswerk Aktiengesellschaft (Hrsg.), Das RWE, 1948, S. 34.

geachtet wurde, daß die Mehrheit des Aktienkapitals bei den von uns versorgten Kommunalverbänden verblieb."[1026]

Auch im Geschäftsjahr 1921/22 mußte wieder eine Kapitalerhöhung vorgenommen werden, "um die Mittel für die Bauten [Erweiterung der bisher bestehenden Kraftwerke, d.V.] flüssig zu machen. ... Das Kapital wurde in einer außerordentlichen Generalversammlung vom 26. April 1922 von 150 auf 550 Millionen Mark erhöht, in der Weise, daß das Kapital nunmehr eingeteilt ist in 305 000 auf den Inhaber lautende Aktien zu je M. 1000,- und in 245 000 auf den Namen lautende Aktien zu je M. 1000,-."[1027] Von den neugeschaffenen Namensaktien im Nominalwert von 245 Millionen Mark erhielten die 47 damals beteiligten Kommunen durch ihren Treuhänder, den Landkreis Essen, 220 Mio. Mark, also 89,8 %, "so daß durch diese Namens-Aktien in Verbindung mit den im Besitz der Kommunalverbände befindlichen Inhaber-Aktien die kommunale Mehrheit sichergestellt ist."[1028] Namensaktien in Höhe von 25 Mio. Mark wurden an die Rheinisch-Westfälische Treuhand-Gesellschaft m.b.H., Essen mit dem Ziel begeben, die Arbeitnehmer der Gesellschaft am Unternehmen zu beteiligen. Dies geschah jedoch nicht; Vorstand und Aufsichtsrat des Unternehmens beschlossen die Einziehung der 25 Mio. Mark Namensaktien, weil die Arbeitnehmer eine Beteiligung nicht wünschten.[1029] Laut Geschäftsbericht 1921/22 standen nach Ablauf des betreffenden Geschäftsjahres 75 % der Einzahlung der inzwischen abgerufenen Namensaktien aus.[1030]

Die Währungsreform führte anläßlich der Umstellung der Bilanzen auf Goldmark zu einer Abwertung auch der Passivseite der RWE-Bilanz. Das Grundkapital der RWE AG sank von 550 Millionen Mark auf 126,4 Mil-

---

[1026]Rheinisch-Westfälisches Elektrizitätswerk Aktiengesellschaft (Hrsg.), Das RWE, 1948, S. 34. Näheres zu den drei Industrieunternehmen wird an dieser Stelle nicht genannt; es dürfte sich jedoch um die PreussenElektra, die VIAG und die Allianz gehandelt haben; diese drei Unternehmen halten heute einen geringen Teil der Namensaktien des Unternehmens - knapp 3 %. Vgl. dazu Verband der kommunalen Aktionäre des RWE GmbH, Interview mit Rudolf H. Müller am 15. Januar 1996.

[1027]Rheinisch-Westfälisches Elektrizitätswerk Aktiengesellschaft (Hrsg.), Das RWE, 1948, S. 34 f.

[1028]Rheinisch-Westfälisches Elektrizitätswerk Aktiengesellschaft (Hrsg.), Das RWE, 1948, S. 35.

[1029]Vgl. Rheinisch-Westfälisches Elektrizitätswerk Aktiengesellschaft (Hrsg.), Das RWE, 1948, S. 35.

[1030]Vgl. Rheinisch-Westfälisches Elektrizitätswerk Aktiengesellschaft (Hrsg.), Das RWE, 1948, S. 35.

lionen Goldmark. Vor der Umstellung betrug der Nennwert sowohl der Stamm- als auch der Namensaktien, wie bereits erwähnt, 1000 Mark; die Stammaktien wurden dann auf 400 Reichsmark pro Aktie, insgesamt auf einen Nennbetrag von 122 Millionen, die Namensaktien auf nur 20 RM pro Aktie, insgesamt auf 4 400 000 RM, abgewertet. Letztere wurden also "um das zwanzigfache stärker beschnitten als die Stammaktien."[1031] Gleichzeitig wurde das Stimmrecht der einzelnen Namensaktie bei der Abwertung im Jahre 1924 nicht berührt: Die umgestellten Stamm- und Vorzugsaktien verbrieften nach wie vor eine Stimme - allerdings nun bezogen auf einen Nennwert von 400 bzw. 20 RM; damit führte die Kapitalumstellung zu einem faktischen 20fachen Mehrstimmrecht der Namensaktien. Im Ergebnis mündeten die Vorgänge zwar in einen Verlust der kommunalen Kapitalmehrheit; die Stimmenmehrheit blieb ihnen jedoch erhalten. Allein das Stimmenpotential der Mehrstimmrechtsaktien betrug 1925 gut 39 %.[1032]

Durch Kapitalerhöhungen in den Jahren 1924, 1927, 1928 und 1929 stieg das Inhaber-Aktienkapital um 113,6 Mio. RM auf 235,6 Mio. RM und das Namens-Aktienkapital von 4,4 Mio. RM auf 10,4 Mio., eingeteilt in 520 000 Vorzugsaktien à 20 RM. Die Stimmenmehrheit der Kommunen hatte durch die Mehrstimmrechtsaktien weiter Bestand.[1033]

Zu expliziten Mehrstimmrechten bei der RWE AG kam es 1941. Die 1. DVO zum Aktiengesetz vom 29. September 1937, die vorschrieb, daß Aktien mit Mindestnennwerten auszustatten seien,[1034] führte dazu, daß je 20 Stück Namensaktien zu einer Aktie im Wert von 400 RM zusammengefaßt wurden. Damit erlangte die Namensaktie den gleichen Nennbetrag wie die Stammaktie; erstere gewährte nun nicht nur implizit, sondern auch ausdrücklich 20faches Stimmrecht. Nach dem Umtausch ergab sich ein Bestand von 26 000 Namensaktien im Nennbetrag von je 400 RM, insgesamt also ein unveränderter Gesamtnennbetrag von 10,4 Mio. RM. Dieses Volumen der mehrstimmigen Namensaktien blieb bis 1955 unverändert.

1031 Hoffschulte, Heinrich / Müller, Rudolf H, Beseitigung, 1993, S. 127.

1032 Die Berechnung fußt auf den Angaben in Verlag für Börsen- und Finanzliteratur (Hrsg.), Handbuch, 1926 I, S. 728 f.

1033 Vgl. Rheinisch-Westfälisches Elektrizitätswerk Aktiengesellschaft (Hrsg.), Das RWE, 1948, S. 52.

1034 Vgl. 1. Durchführungsverordnung zum Aktiengesetz vom 29. September 1937, in RGBl., Jg. 1937, Teil I, Berlin, 1937, §§ 1 und 2, S. 1026.

Im Jahre 1897 betrug das Grundkapital der Siemens AG, ehem. Siemens & Halske AG, 35 000 000 Mark und bestand damals ausschließlich aus Stammaktien. Bis 1920 hatte es sich auf 260 000 000 Mark erhöht, davon waren 130 000 000 Mark Stammaktien und 130 000 000 Mark Vorzugsaktien mit einfachem Stimmrecht, jeweils aufgeteilt in 130 000 Aktien à 1000 Mark. Diese Vorzugsaktien lagen nicht in Händen der Familie Siemens, sondern wurden als Schutzaktien an die Mitglieder der sogenannten "Siemens-Rheinelbe-Schuckert-Union" ausgegeben. Diese Interessengemeinschaft mit mehreren Bergwerks- und Hüttenunternehmen wurde 1920 gebildet; jede Firma übernahm nach einem bestimmten Schlüssel Anteile der jeweils anderen.[1035]

Am 26. Februar 1925 erfolgte im Zuge der Goldbilanzumstellung die Umstellung des Grundkapitals von Siemens & Halske auf 97 500 000 Reichsmark. Davon entfielen auf Stammaktien 91 000 000 RM (Umst. 10:7) à 700 RM mit 1 Stimme; auf Vorzugsaktien 6 500 000 RM (Umst. 20:1) à 50 RM mit 1 Stimme; die Vorzugsaktien waren durch diese Nennwertumstellung faktisch mit 14fachem Stimmrecht ausgestattet.

1929 hatte das Grundkapital einen Stand von 107 090 000 RM erreicht - davon waren 100 590 000 RM Stammaktien und 6 500 000 RM Vorzugsaktien. 1939 belief sich das Grundkapital des Unternehmens auf 157 091 000 RM, davon waren 100 590 000 RM Stammaktien, 6 500 000 RM Vorzugsaktien mit 14fachem Stimmrecht, 50 001 000 RM Vorzugsaktien ohne Stimmrecht (aus Kapitalerhöhung für Erwerb der restlichen 50 % an SSW AG von E.A. Schuckert & Co.,Nürnberg.) 1941 kam es zur Einziehung der RM 6 500 000,- Vorzugsaktien und von RM 10 591 000,- Stammaktien aus Eigenbesitz. Das Grundkapital betrug noch RM 140 000 000,-.

1942 erfolgte schließlich eine Kapitalberichtigung, bei der wieder Mehrstimmrechte entstanden. Die Familie von Siemens übte bei der Neuregelung der Gesellschaftsverhältnisse die ihr 1920 zugewachsene Option zur Schaffung von Vorzugsaktien mit Mehrstimmrecht aus. Das Grundkapital wurde im Verh. 7:20 auf RM 400 000 000,- berichtigt; davon lauteten 251 000 Stammaktien auf RM 1 000,- Nennwert und machten nominal RM 251 000 000,- aus. Weiter waren 130 000 stimmrechtslose Vorzugsaktien à RM 1000,- mit einem Nominalwert von insgesamt RM 130 000 000,- ausstehend. Außerdem existierten nun 19 000 Vorzugs-

1035 Vgl. Verlag für Börsen- und Finanzliteratur A.-G. (Hrsg.), Handbuch, 1926 I, S. 711.

aktien mit 6fachem Stimmrecht à RM 1 000,-, die insgesamt nominell RM 19 000 000,- umfaßten.

Das Grundkapital der Überlandwerk Unterfranken AG wurde nach einem Aufsichtsratsbeschluß vom 11. Dezember 1922 von 5 Mio. auf 140 Mio. Mark erhöht. Dies geschah durch Ausgabe von 120 000 Inhaber-Stammaktien zu je 1000 Mark, die zum größten Teil bei der WEAG (heute die zum PreussenElektra-Konzern gehörende THÜGA) und der Bayernwerk AG plaziert wurden, und durch Ausgabe von 15 000 Inhaber-Vorzügen à 1000 Mark mit 15fachem Stimmrecht, die der unterfränkische Kreistag übernahm. So konnte sich der Kreistag als bisheriger Alleininhaber weiterhin das ausschlaggebende Stimmrecht sichern. Er ging aus der Kapitalerhöhung mit einem Anteil von 64,65 % der Stimmen hervor. Die Bayernwerk AG vereinigte 12,02 %, die WEAG 14 % der Stimmen auf sich.

Es kam 1923, als die Inflation ihren Höhepunkt erreichte, zu drei weiteren Kapitalerhöhungen, die die Stimmrechtsquoten nicht nennenswert verschoben. Das Besitzgefüge jedoch hatte sich gegenüber dem Gründungsjahr einschneidend geändert: Das Grundkapital des Unternehmens befand sich 1923 nur noch zu gut 7 % in Händen des Bezirks Unterfranken - im Jahr 1920 hatte er noch über 51 % des Kapitals der ÜWU AG verfügt. Der Energieversorger hatte sich inflationsbedingt vom gemeinnützigen Unternehmen zu einem Unternehmen mit gemischtwirtschaftlichem Charakter entwickelt.[1036]

Die Mehrstimmrechtsaktien der Württembergischen AG Versicherungs-Beteiligungsgesellschaft - damals firmierend unter dem Namen Württembergische Feuerversicherung AG (WürttFeuer) - wurden gleich bei der Gründung der Aktiengesellschaft 1923 geschaffen; das Grundkapital der neuen AG betrug 151 Mio. Mark. 150 Mio. Mark wurden als Stammaktien ausgegeben, nominal 1 Mio. Mark waren Vorzugsaktien. Die Vorzugsaktien verbrieften 30 Stimmen, und zwar in den Fällen Besetzung des Aufsichtsrats, Auflösung der Gesellschaft und Änderung der Satzung.[1037] Nach der Kapitalumstellung auf die Goldbilanz im Jahre 1924 wurden die Nennwerte der 1000 Stück Vorzugsaktien, die bisher auf 1000,- Mark lauteten, auf jeweils 10,- RM abgewertet. Das Stimmrecht veränderte sich dadurch wie folgt: RM 20,- der

1036 Vgl. Schäfer, Hans-Peter, Überlandversorgung, o. J., S.63 f.

1037 In der Folgezeit nach dem 2. Weltkrieg wurde der Einsatz des Mehrstimmrechts auf den Fall Besetzung des Aufsichtsrats begrenzt.

Stammaktien verbrieften nun 1 Stimme; gleichzeitig gewährten RM 10,- bei Vorzugsaktien 50 Stimmen, so daß ein 100facher Stimmenvorzug der Vorzugsaktien entstand.[1038]

[1038] Vgl. Verlag für Börsen- und Finanzliteratur A.-G. (Hrsg.), Handbuch, 1926 II, S. 3518.

Anhang 6: Die Mehrheitsverhältnisse in der Untersuchungseinheit[1039]

Die Mehrstimmrechtsaktien der B M Bäckermühlen A G lagen Anfang der 50er Jahre im Besitz des Inhabers der Firma C. Rommel, der die Aktienmehrheit an der damaligen Stuttgarter Bäckermühlen AG gekauft hatte. Nach seinem Tod gingen die Mehrstimmrechte an seine Erben, die Rudolf Gauger KG, über. Seit 1991 hielt ein neuer Großaktionär, die Landwirtschaftliche Rentenbank - zunächst Inhaberin von 85 % der Anteile, später von 95 % - die Mehrstimmrechtsaktien, bis diese schließlich im Zuge der Neueinteilung des Grundkapitals in Stammaktien im Nennwert DM 50,- und der Umbenennung der Firma in BM Bäckermühlen in Stammaktien umgewandelt wurden.

An der Berliner Kraft-und Licht (BEWAG)-Aktiengesellschaft ist das Land Berlin mit 50,8 % des Grundkapitals und einem Stimmenanteil von 50 % + 1 Stimme beteiligt. Weitere Aktionäre sind die Bayernwerk AG und die PreussenElektra, jeweils beteiligt mit 10 % des Grundkapitals und 14 % der Stimmen.[1040] Im Detail entfielen 1995 von den Aktien der Gruppe A mit einfachem Stimmrecht nom. 197,5 Mio. DM auf das Land Berlin, je 7,9 Mio. DM auf die PreussenElektra AG und die Bayernwerk AG. Der Rest der A-Aktien - 163,4 Mio. DM - lag in Streubesitz von rd. 20 000 Aktionären. Die mit doppeltem Stimmrecht ausgestatteten B-Aktien waren mit 87,1 Mio. DM in Händen des Landes Berlin und mit je 48,1 Mio. DM im Eigentum der PreussenElektra AG sowie der Bayernwerk AG.[1041]

Die Aktionärsstruktur dürfte sich jedoch in Kürze ändern, da das Land Berlin seinen Anteil an der BEWAG zu verkaufen gedenkt und die Verkaufsverhandlungen mit in- und ausländischen Bewerbern Presseberichten zufolge sehr weit fortgeschritten sind. Als inländische Interessenten treten die zu VIAG gehörende Bayernwerk AG und PreussenElektra (VEBA)

[1039] Im Text sind Entwicklungen in den einzelnen Unternehmen bis zum 1. April 1997 berücksichtigt. Dieser Redaktionsschluß gilt auch für die weiter unten zu ziehenden Schlußfolgerungen. Spätere Entwicklungen bis zum 1. Mai 1997 sind in Fußnoten vermerkt.

[1040] Vgl. Verlag Hoppenstedt GmbH (Hrsg.), Handbuch, 1996, S. 98.

[1041] Vgl. Berliner Kraft- und Licht (BEWAG)-Aktiengesellschaft, Geschäftsbericht, 1995/96, Berlin.

gemeinsam auf, als ausländischer Bewerber wird das amerikanische Energieversorgungsunternehmen Southern Co., Atlanta, genannt.[1042]

99,1 % der Stammaktien und die gesamten Vorzugsaktien der Breitenburger Portland-Cement-Fabrik AG hält die Holderbank Financière Glarus über die Breitenburger Finanzholding GmbH, Hamburg. Weniger als 1 % der Stammaktien liegen in Streubesitz.[1043] Es existiert ein Gewinnabführungs- und Beherrschungsvertrag mit der Muttergesellschaft. In der Holderbank Financière Glarus AG sind die Zementinteressen der schweizerischen Schmidheiny-Gruppe zusammengefaßt. Die Breitenburger Portland-Cement-Fabrik AG befindet sich bereits seit den 60er Jahren im Mehrheitsbesitz der Schmidheiny-Gruppe. Sie betätigt sich inzwischen nur noch als Vermögensverwaltung und ist eine reine Holdinggesellschaft.

Mehrere Familien Sannwald - Nachkommen der Gründerfamilien - verfügen heute über etwa 50 % des Aktienkapitals der Calwer Decken- und Tuchfabriken Aktiengesellschaft. Über Erbschaften etc. existieren inzwischen weit verzweigte Familiengruppen. Es gibt darüber hinaus ein einziges größeres Paket - gehalten von der Familie Schnetz, die mit dem Unternehmen ebenfalls sehr früh verbunden war -, in Höhe von etwa 5 %.[1044] Die Mehrstimmrechtsaktien sind zwischen den Mitgliedern des Vorstands und Aufsichtsrats aufgeteilt; dies wird heute im Unternehmen auch dann so gehandhabt, wenn das betreffende Mitglied nicht der Gründerfamilie angehört. Der Beschluß, auch an familienfremde

---

[1042] Inzwischen ist eine Entscheidung bezüglich der Privatisierung der BEWAG gefallen. Der Berliner Senat hat zugestimmt, daß die Southern Energy Inc., Atlanta, die für das Auslandsgeschäft zuständige Tochtergesellschaft der Southern Co., 20,8 % der zum Verkauf stehenden Landesbeteiligung übernehmen wird. Die PreussenElektra AG und die Bayernwerk AG wollen jeweils 15 % übernehmen. Die beiden deutschen Konzerne stocken somit ihre bisherige BEWAG-Beteiligung von jeweils 10 % der Anteile und 14 % der Stimmrechte auf 25 bzw. 29 % auf. Innerhalb des Dreierkonsortiums, das von Southern Energy geführt werden soll, soll aber am Ende jeder über den gleichen Anteil, also 23,6 % der Aktien und 26,3 % der Stimmen, verfügen, so daß es intern zu Umschichtungen kommen dürfte. Die Transaktion steht unter dem Vorbehalt der Genehmigung der Kartellbehörden, die - insbesondere dann, wenn die Entscheidung von der EU-Kommission zum Bundeskartellamt verwiesen wird -, als zweifelhaft gilt. Vgl. o.V., Grünes Licht, 1997, S. 18; sowie o.V., Tisch, 1997, S. 13.

[1043] Vgl. Verlag Hoppenstedt GmbH (Hrsg.), Handbuch, 1996, S. 124.

[1044] Vgl. Calwer Decken- und Tuchfabriken AG, Interview mit Jürgen Renz am 9. Oktober 1995, Antwort auf Frage 1 (Anhang 1).

Personen, also beispielsweise auch an Arbeitnehmer- und Bankvertreter, Mehrstimmrechtsaktien zu geben, wurde Mitte 1995 gefaßt. Früher stellte sich die Problematik nicht: Vorstand und Aufsichtsrat bestanden ausschließlich aus Familienmitgliedern. Gegenwärtig sind die 50 Vorzugsaktien wie folgt aufgeteilt: Je 15 liegen bei den beiden Vorständen; die restlichen zwanzig verteilen sich gleichmäßig auf die vier Aufsichtsratsmitglieder.[1045]

An der Custodia Holding AG hält die Familie von Finck derzeit eine Mehrheitsbeteiligung in Höhe von ca. 90 % der Stammaktien.[1046] Die Mehrstimmrechte werden über die Custodia GmbH gehalten. Die Custodia GmbH ist nach Aussage des Unternehmens seit jeher in Besitz der Mehrstimmrechte gewesen.[1047] Presseberichten zufolge sollen bis zum Mehrheitserwerb durch den Bankier August von Finck die Bayerische Hypotheken- und Wechsel-Bank, die Bayerische Vereinsbank und das Bankhaus Merck, Finck & Co. die Gesellschafter der Custodia GmbH gewesen sein.[1048]

Bei der Daimler Benz AG war bis zur Abschaffung der Mehrstimmrechtsaktien im Jahr 1993 die Deutsche Bank in Besitz von 28,37 % der Anteile - darunter aller Aktien mit Mehrfachstimmrecht. Die Mercedes Automobil Holding (MAH), Frankfurt, verfügte über 25,23 % der Aktien, dem Emirat Kuweit gehörten rd. 14 %. Der Rest - rd. 32 % - lag in Streubesitz. Im Zuge der Pläne des Konzerns, die Aktien der Daimler-Benz AG an ausländischen Börsenplätzen einzuführen, wurden sowohl die Mehrfachstimmrechte abgeschafft als auch die MAH mit der Daimler-Benz AG verschmolzen. Auch die Gesellschaften, die als Schachtelaktionäre der MAH fungiert hatten, wurden in der Folgezeit mit der Daimler-Benz AG verschmolzen. Die Deutsche Bank AG gab einige Prozentpunkte ihrer Beteiligung am Unternehmen ab. Es sind heute als größere Paketaktionäre nur noch die Deutsche Bank mit 24,4 % und das Emirat Kuweit mit 14 % verblieben.[1049]

1045 Vgl. Calwer Decken- und Tuchfabriken AG, Interview mit Jürgen Renz am 9. Oktober 1995, Antwort auf Frage 1 (Anhang 1).

1046 Vgl. Verlag Hoppenstedt GmbH (Hrsg.), Handbuch, 1996, S. 166.

1047 Vgl. Custodia Holding AG, Gebhardt, Volker, Mitglied des Vorstandes, Schreiben vom 21. April 1993.

1048 Vgl. o. V., Spezialbiere, 1964, S. 21.

1049 Vgl. Daimler Benz AG, Schreiben Reiff / Rappers zur Beantwortung der Fragen (Anhang 1), vom 18. Dezember 1996, Stuttgart, S. 4.

Großaktionärin bei der O B A G Energieversorgung Ostbayern A G ist die CONTIGAS Deutsche Energie-AG, eine Tochtergesellschaft der Bayernwerk AG. Sie hält 95,7 % der Stammaktien sowie sämtliche Mehrstimmrechtsaktien und erreicht damit einen Kapitalanteil von 95,78 % und gleichzeitig einen Stimmrechtsanteil von 97,52 %. Der Rest der Anteile ist gestreut.

Über 67,01 % der Stammaktien, 14,65 % der Vorzugsaktien und damit über 46,06 % der Stimmrechte der Fränkisches Überlandwerk Aktien-gesellschaft (FÜW) verfügt die THÜGA, eine Tochtergesellschaft der PreussenElektra AG; letztere wiederum ist mehrheitlich der VEBA zuzurechnen. Der Bezirk Mittelfranken als weiterer Hauptaktionär hält über die Mittelfranken-Stiftung "Natur-Kultur-Struktur" 26,66 % der Stammaktien sowie 85,35 % der Vorzugsaktien. Beim Bezirk Mittelfranken liegen somit 50,14 % der Stimmrechte. Der Rest - 6,3 % des Kapitals und 3,8 % der Stimmen - befindet sich in Streubesitz. Am Unternehmen sind insgesamt etwa 2500 Aktionäre beteiligt.[1050] Der Bezirk Mittelfranken war bereits in den 60er Jahren Großaktionär bei der Fränkisches Überlandwerk Aktiengesellschaft, seither hat er aus Gründen seiner Finanzknappheit seinen Anteil am Grundkapital der FÜW AG kontinuierlich reduziert.

Die Frankona Rückversicherungs-Aktien-Gesellschaft gehörte bis zum Sommer 1995 mehrheitlich zum Einflußbereich des Gerling-Konzerns, Köln. Das Engagements Gerlings bei der Frankona Rückversicherungs-Aktien-Gesellschaft datiert aus den 60er Jahren; vorher hatte sich die Frankona Rückversicherungs-Aktien-Gesellschaft im wesentlichen in Streubesitz befunden. Die Höhe der Beteiligung Gerlings war in der Vergangenheit Schwankungen unterworfen, doch Gerling war immer in Besitz der Mehrheit. Die Beteiligung an der Frankona Rückversicherungs-Aktien-Gesellschaft wurde über die GBV Gesellschaft für Beteiligungswerte mbH, Köln, gehalten. Die GBV hielt rund 56 %, außerdem lagen bei der zusammen mit der Dresdner Bank unterhaltenen Gesellschaft für Versicherungswerte mbH 10 %. Als weitere Aktionäre bei der Frankona Rückversicherungs-Aktien-Gesellschaft waren damals u.a. die Victoria Versicherung AG, Düsseldorf, mit 5 % und die Landschaftliche Brandkasse, Hannover, mit 10 % vertreten. Einige weitere kleinere Pakete - aber keines über 5 % - existierten. Der Rest war Streubesitz.

1050 Vgl. Fränkisches Überlandwerk AG, Beteiligungsverhältnisse am 12. Juli 1995 (der Verfasserin zur Verfügung gestellte unveröffentlichte Aufstellung des Unternehmens).

Im Gegensatz zu anderen Gesellschaften mit 100%iger Beteiligung durch den Gerling-Konzern hielt Gerling die Frankona Rückversicherungs-Aktien-Gesellschaft stets "an der langen Leine".[1051] Die Frankona Rückversicherungs-Aktien-Gesellschaft folgte einer eigenen Geschäftspolitik und hatte mit Gerling einen Entherrschungsvertrag abgeschlossen. "Durch vertragliche Stimmrechtsbeschränkung der mit Mehrheit beteiligten Gesellschaft ist die Möglichkeit einer beherrschenden Einflußnahme ausgeschlossen. Ein Abhängigkeitsverhältnis besteht nicht",[1052] hieß es im Geschäftsbericht 1993/94 der Frankona Rückversicherungs-Aktien-Gesellschaft. Gerling hatte sich verpflichtet, niemals mehr als 50 % der Stimmrechte auszuüben, um die Abhängigkeitsvermutung nach AktG zu widerlegen.[1053] Was die Mehrstimmrechte betrifft, die 1993 in normale Stammaktien umgetauscht wurden, so gehörten laut Aktienbuch 10 der insgesamt 60 Aktien seit 1974 der Gerling Konzern-Beteiligungs-Aktiengesellschaft und die restlichen 50 - ebenfalls seit 1974 - der Gerling Konzern Rheinische Versicherungsgruppe AG.[1054]

1995 wurde die Frankona Rückversicherungs-Aktien-Gesellschaft schließlich zu 94 % von der Employers Reinsurance Corporation Holding GmbH, einer Enkelgesellschaft der Employers Reinsurance Corporation, Overland Park, Kansas, übernommen.

Bei der Th. Goldschmidt AG stellen sich die Mehrheitsverhältnisse wie folgt dar:[1055] Die Familie hat den größten Teil ihrer Aktien in der Vermögensverwaltung Erben Dr. Karl Goldschmidt GmbH gebündelt; die Vermögensverwaltung verfügt über 33 % des Kapitals und 40 % der Stimmen. Hinzu kommen rund 3 % des Kapitals, die direkt in Händen der etwa 50 Familien-Gesellschafter liegen. Die mehrheitlich zur Ruhrkohle gehörende Rütgers AG besitzt 27,9 % des Kapitals und 25,1 % der Stimmrechte. Die VIAG AG verfügt über 17,8 % des Kapitals und 16 % der Stimmrechte. Weitere 10,5 % des Kapitals und 9,2 % der Stimmrechte

---

[1051] Frankona Rückversicherungs-AG, Interview mit Thomas Geisberg am 18. Dezember 1995, Antwort auf Frage (Anhang 1).

[1052] Frankona Rückversicherungs-AG (Hrsg.), Geschäftsbericht, 1993/94, München.

[1053] Vgl. Frankona Rückversicherungs-AG, Interview mit Thomas Geisberg am 18. Dezember 1995, Antwort auf Frage 8 (Anhang 1).

[1054] Vgl. Frankona Rückversicherungs-AG, interne Notiz 16/1992, Betreff: Beseitigung der Vorzugsaktien, 3. September 1992, München, S. 1 f.

[1055] Wie bereits oben erwähnt, war Redaktionsschluß für den Fließtext der Arbeit der 1. April 1997; spätere Veränderungen in den Beteiligungsverhältnissen bis zum 1. Mai 1997 fanden Berücksichtigung in den Fußnoten.

liegen bei der Allianz AG Holding.[1056] Das Engagement der beiden Großkonzerne VIAG und VEBA stammt vom Beginn der 90er Jahre.[1057] VIAG und VEBA sind daran interessiert, ihre Chemiesparten zu arrondieren; eine Mehrheitsposition bei der Th. Goldschmidt AG stellt sich daher für beide Konzerne als attraktive Investition dar. Die VIAG unterbreitete den Familien-Aktionären bereits Mitte 1992 ein Kaufangebot, die Familie will jedoch die Eigenständigkeit des Unternehmens erhalten.

Entscheidende Bedeutung hat inzwischen das Paket der Allianz AG Holding erlangt, deren Pool-Vertrag mit den Familien-Gesellschaftern Mitte 1996 ausgelaufen ist und die ihre Th. Goldschmidt-Anteile verkaufen möchte.[1058] Die Familie beabsichtigt das Paket der Allianz zwar zu erwerben; die bisherigen Verhandlungen haben sich aber Presseberichten zufolge als schwierig erwiesen.[1059] Gleichzeitig will die Rütgers AG die Beteiligung an der Th. Goldschmidt AG wieder verkaufen, weil es dem Unternehmen bisher nicht gelang, die unternehmerische Führung bei Goldschmidt zu erreichen.[1060] VIAG resp. ihre Chemie-Führungsgesellschaft SKW Trostberg zeigen nun verstärktes Interesse, sowohl die Goldschmidt-Aktien der Allianz AG Holding als auch die Anteile der Rütgers AG zu erwerben und damit eine unfreundliche Mehrheitsübernahme bei der Th. Goldschmidt AG durchführen zu können.[1061]

Seinen Aktienbesitz an der Gruschwitz Textilwerke Aktiengesellschaft hat der letzte Nachkomme der Familie Gruschwitz, Alexander Doherr-Gruschwitz, nach der Neugründung der AG nach dem 2. Weltkrieg breit gestreut. Die Mehrstimmrechtsaktien

---

[1056] Vgl. Bohne, Andreas, Gründer-Erben, 1996, S. 16; Radzio, Heiner, Schlüsselrolle, 1996, S. 17.

[1057] Die VEBA AG ist an der Ruhrkohle AG mit 37 % des Grundkapitals beteiligt.

[1058] Vgl. Dunsch, Jürgen, Gefecht, 1996, S. 17.

[1059] Vgl. Radzio, Heiner, Familie, 1996, S. 9.

[1060] Vgl. o. V., Rütgers, 1996, S. 19.

[1061] Eine dahingehende Entscheidung ist inzwischen gefallen. Zeitungsberichten zufolge hat die VIAG inzwischen die Goldschmidt-Aktienpakete der Allianz Holding AG sowie der Rütgers AG erworben und verfügt damit über 56,24 % des Grundkapitals sowie über 50,34 % der Stimmen. Die Familie bleibt weiterhin in Besitz von 33 % des Grundkapitals sowie 40 % der Stimmen. Nach Angaben der VIAG soll die Th. Goldschmidt AG mit eigenem Profil weiterentwickelt und nicht mit der SKW Trostberg AG, die innerhalb des VIAG-Konzerns die Obergesellschaft für Chemie darstellt, zusammengeführt werden. Die Goldschmidt-Beteiligung soll direkt von der VIAG AG gehalten werden. Vgl. dazu o.V., Viag, 1997, S. 18; sowie o.V., Chemie-Tochter, 1997, S. 15.

gingen an den damaligen Aufsichtsratsvorsitzenden des Unternehmens. Dieser wiederum hat diese Mehrstimmrechtsaktien an Adolf Merckle verkauft.[1062] Die heutige Firmenleitung geht davon aus, daß sich darüber hinaus auch ein Paket von Stammaktien des Unternehmens im Einflußbereich Merckles befindet. Trifft dies zu, dann dürfte Merckle die Beteiligung auf mehrere seiner Unternehmungen verteilt haben, da sie offensichtlich nicht mitteilungspflichtig ist. Merckle scheint zumindest über eine Sperrminorität zu verfügen, da er beispielsweise eine Erhöhung des Grundkapitals verhindern kann.[1063] Mit den Vorzugsaktien allein verfügt er in den drei bekannten Sonderfällen über gut 15 % der Stimmen. Nach Auskunft der Unternehmensleitung verneint Merckle, daß er über eine Mehrheit im Unternehmen verfüge. Aussagen dieser Art müssen aber stets in Anbetracht der Möglichkeit, Aktienpakete auf verschiedene Unternehmungen zu verteilen, relativiert werden.

An der Hamburger Hochbahn AG ist die Freie und Hansestadt Hamburg über die Hamburger Gesellschaft für Beteiligungsverwaltung mbH (HGV), Hamburg, mit 98,5 % beteiligt. Die restlichen Anteile liegen in Streubesitz. Die Hansestadt hat im Laufe der Jahre ihre Beteiligung an der HHA kontinuierlich ausgebaut. Anfang der 50er Jahre verfügte die Stadt erst über gut 56 % der Aktien der Hamburger Hochbahn.

Auch bei der Hamburgischen Electricitäts-Werke AG (HEW) ist die öffentliche Hand als Aktionärin vertreten. Bis vor kurzem hielt die Freie und Hansestadt Hamburg über die Hamburger Gesellschaft für Beteiligungsverwaltung mbH (HGV) 71,4 % der Anteile und gleichzeitig 73,6 % der Stimmen. Anfang des Jahres 1996 verkaufte Hamburg dann jeweils 12,5 % des Aktienkapitals der HEW AG an die schwedische Sydkraft Aktiebolag, Malmö, sowie die PreussenElektra AG.[1064] Das Gesamtpaket in Höhe von 25 % enthält einen Anteil von 3,79 %, den die HGV unmittelbar zuvor von der Hamburgischen Landesbank übernommen hatte.[1065] Die Hansestadt Hamburg verfügt weiterhin über sämtliche Vorzugsaktien. Eine knappe Mehrheit von 50,2 % des Grundkapitals und

---

1062 Vgl. Gruschwitz Textilwerke AG, Interview mit Karlheinz Mühlbronner am 14. August 1995, Antwort auf Frage 1 (Anhang 1).

1063 Vgl. Gruschwitz Textilwerke AG, Interview mit Karlheinz Mühlbronner am 14. August 1995.

1064 Presseberichten zufolge hat die Sydkraft AB ihre Beteiligung an der HEW AG inzwischen auf 13,3 % aufgestockt. Vgl. o.V., Tücken, 1997, S. 11.

1065 Vgl. o. V., PreussenElektra, 1997, S. 17.

54,1 % der Stimmen blieb der Stadt erhalten.[1066] Der Rest der Anteile liegt in Streubesitz von ca. 17 000 Aktionären.[1067]

Bis 1990, also vor der Abschaffung der Mehrstimmrechtsaktien, war die Hindrichs - Auffermann AG zu 91 % in Besitz der Vereinigten Deutschen Nickel-Werke Aktiengesellschaft (VDN AG). Der Rest lag in Streubesitz. Nach 1990 wurde die Mehrheitsgesellschafterin der VDN AG, die Langbein Pfanhauser Werke AG, über die LPW Holding GmbH mit 91 % neue Mehrheitsaktionärin bei Hindrichs-Auffermann. Hindrichs-Auffermann wurde Führungsgesellschaft für die Feuerwehrtechnologie des Langbein-Pfanhauser-Konzerns. Der Metallverarbeitungszweig der Hindrichs-Auffermann AG wurde ausgegründet und als GmbH 1994 direkt der Vereinigten Deutschen Nickel-Werke zugeordnet.

Über ca. 51 % der Anteile der Konrad Hornschuch AG verfügt die Kunz Holding GmbH & Co. KG, Gschwend. Bei der Baden-Württembergischen Bank AG, Stuttgart, liegen weitere ca. 13 % der Anteile. Der Rest - ca. 36 % - befindet sich in Streubesitz. Wer Inhaber der Mehrstimmrechtsaktien war, ist der Verfasserin nicht bekannt.[1068] Diese Vorzüge wurden 1996 in Stammaktien umgewandelt.[1069]

An der W. Jacobsen AG ist die Landesbank Schleswig-Holstein Girozentrale zu 60,53 % am stimmberechtigten Kapital beteiligt. Sie ist in Besitz eines Teils der Mehrfachstimmrechtsaktien und verfügt mit ihnen über 59,03 % der Stimmrechte in den in der Satzung vorgesehenen Fällen.[1070] Wer Inhaber des anderen Teils ist, wollte das Unternehmen "im Hinblick auf die gebotene Vertraulichkeit dieser Dinge"[1071] nicht mitteilen. Es gebe "weitere Aktionäre"[1072], die Mehrfachstimmrechtsaktien in ihrem Besitz hielten.

1066 Vgl. o. V., Hamburg, 1997, S. 1.

1067 Vgl. Verlag Hoppenstedt GmbH (Hrsg.), Handbuch, 1996, S. 349.

1068 Die Konrad Hornschuch AG hat sich an der Umfrage nicht beteiligt.

1069 Vgl. o. V., Konrad, 1996, S. 16.

1070 Vgl. W. Jacobsen Aktiengesellschaft, Kiel, Bekanntmachung gemäß § 41 Abs. 3 WpHG, Kiel, 8. März 1995, in Börsen-Zeitung, 11. März 1995, Nr. 50, S. 9.

1071 W. Jacobsen AG, Interview mit Peter Lotzow am 16. März 1995, Antwort auf Frage 1 (Anhang 1).

1072 W. Jacobsen AG, Interview mit Peter Lotzow am 16. März 1995, Antwort auf Frage 1 (Anhang 1).

Ebenfalls unklar war längere Zeit der Inhaber einer Schachtelbeteiligung am Unternehmen, die früher von der Landschaftlichen Grundstücksgesellschaft mbH, Kiel, einer Tochtergesellschaft der Schleswig-Holsteinischen Landschaft, Kiel, gehalten wurde. 1990 erfolgte ein Gesellschafterwechsel, hinter dem eine "KG Ronald Frohne Beteiligungsgesellschaft & Co.", Hamburg, stand. Ronald Frohne, der persönlich haftende Gesellschafter der KG, war zeitweilig Mitglied des Aufsichtsrats der W. Jacobsen AG, schied dann jedoch wieder aus.

Zu der Frage nach dem Verbleib der betreffenden Schachtel mochte sich das Unternehmen zur Zeit des Interviews nicht äußern.[1073] 1995 schließlich legte die August Haerder & Co. GmbH, Lübeck, den Besitz einer Beteiligung in Höhe von 18,89 % am stimmberechtigten Kapital gemäß § 41 Abs. 3 Wertpapierhandelsgesetz offen. Die August Haerder & Co. GmbH verfügt gleichzeitig über 16,21 % der Stimmrechte in den satzungsgemäßen Fällen. Denkbar ist, daß es sich bei dieser Beteiligung um die betreffende Schachtel aus dem Besitz der Landschaftlichen Grundstücksgesellschaft mbH, Kiel, handelt.

Die K ü h l t r a n s i t A G wurde bislang von drei Aktionären dominiert. Bis September 1996 hielt die Transit Kühlhaus Gesellschaft mbH zusammen mit Gerd Buss etwa 90 % des Aktienkapitals. Die Transit Kühlhaus Gesellschaft mbH wiederum ist in Mehrheitsbesitz der Frigoscandia Holding GmbH, Duisburg, welche sich im Alleinbesitz der schwedischen Kühlhausgruppe Frigoscandia AB, Helsingborg, befindet. Die Gerd Buss Lager- und Speditionsgesellschaft Kuhwerder mbH hatte eine Beteiligung über 25 % gemeldet, die Transit Kühlhaus Gesellschaft mbH eine Beteiligung von mindestens 50 %. Ein 5-%-Paket lag bei der Commerzbank, weitere knapp 5 % in Streubesitz. Die Mehrstimmrechtsaktien liegen je zur Hälfte bei der Transit Kühlhaus Gesellschaft und bei Buss.[1074] Im September 1996 änderte sich jedoch die Aktionärsstruktur bei der Kühltransit AG: Das Unternehmen teilte mit, ihr neuer Mehrheitsaktionär sei die WCM Beteiligungs- und Grundbesitz AG, Heidenheim.

Mehrheitsgesellschafterin der L e c h - E l e k t r i z i t ä t s w e r k e A G unter Hinzurechnung der von der Lahmeyer Aktiengesellschaft für Energiewirtschaft gehaltenen Beteiligung ist die RWE AG mit einem An-

---

[1073] Vgl. W. Jacobsen AG, Interview mit Peter Lotzow am 16. März 1995.

[1074] Vgl. Kühltransit AG (Hrsg.), Geschäftsbericht, 1994; Kühltransit AG, Interview mit Thomas Birtel am 6. November 1995, Antwort auf Frage 1 (Anhang 1).

teil am Grundkapital in Höhe von 76,23 %.[1075] Detailliert aufgeschlüsselt verfügt die Lahmeyer AG über 49,9 %, die RWE Energie AG über 26,33 % des Grundkapitals. Die öffentliche Hand hält 7,44 %, Isar-Amperwerke AG 6,14 %, Großkraftwerk Franken AG 4,8 %. Der Rest liegt in Streubesitz.[1076] Wer über die Mehrstimmrechte verfügt, ist der Verfasserin nicht bekannt.[1077]

Bis Februar 1997 stellten sich die Gesellschafterverhältnisse bei der Markt-und Kühlhallen Aktiengesellschaft wie folgt dar: Einer der Großaktionäre war die Doblinger Industriebeteiligung KG - eine Vorschaltgesellschaft für den Unternehmer Alfons Doblinger - mit einem Anteil von 40,3 % der Stammaktien und 50 % der Mehrstimmrechtsaktien. Die Doblinger Industriebeteiligung KG verfügte über einen Stimmrechtsanteil von 41,4 %. Derselbe Anteil an Stammaktien, Mehrstimmrechtsaktien und Stimmrechten wurde von der Berliner Bank - Kapitalbeteiligungsgesellschaft mbH, Berlin, gehalten. Im Februar 1997 gab die Berliner Bank ihren Anteil an die Doblinger Industriebeteiligung KG ab, so daß letztere nun über einen Stimmenanteil von über 80 % verfügt.[1078] Der Rest der Anteile ist breit gestreut.[1079] Früher war das Unternehmen dem Einflußbereich der Familie von Finck zuzurechnen.[1080]

An der Mittelschwäbische Überlandzentrale AG (MÜAG) ist die Energie-Versorgung Schwaben AG, Stuttgart, mit 83,1 % beteiligt. Von den Stammaktien hält sie 84,6 %, von den Vorzugsaktien 53,4 %. Bereits ihr Vorgängerunternehmen - die EVS AG besteht erst seit 1939 - war Gesellschafterin bei der MÜAG. In den 60er Jahren betrug der Anteil der EVS AG an der MÜAG bereits über 60 %; durch Zukäufe von Aktien bei den Erben der ehemaligen Genossen bzw. späteren Aktionären hat sich ihr Anteilsbesitz kontinuierlich gesteigert.

An der MÜAG sind neben dem genannten Großaktionär 600 Kleinaktionäre beteiligt, die Stamm- sowie ebenfalls Mehrstimmrechtsaktien halten.

[1075] Die Lahmeyer Aktiengesellschaft für Energiewirtschaft ist in Mehrheitsbesitz der RWE AG. Vgl. Lech-Elektrizitätswerke AG (Hrsg.), Geschäftsbericht, 1994/95; auch Verlag Hoppenstedt GmbH, Handbuch, 1996, S. 511.

[1076] Vgl. Verlag Hoppenstedt GmbH (Hrsg.), Handbuch, 1996, S. 511.

[1077] Die Lech-Elektrizitätswerke AG hat sich nicht an der Umfrage beteiligt.

[1078] Vgl. o. V., Berliner Bank, 1997, S. 25.

[1079] Vgl. Verlag Hoppenstedt GmbH (Hrsg.), Handbuch, 1996, S. 554.

[1080] Vgl. Goslich, Lorenz, Tegernsee, 1988, S. 13.

Wie bereits oben erwähnt, sind diese Vorzugsaktien in den Familien der früheren Landwirte bzw. Genossen des vormals genossenschaftlich organisierten Stromversorgers zum großen Teil weitervererbt worden. Dieser Aktionärskreis hat der Energie-Versorgung Schwaben AG im Laufe der Zeit einen Teil der Mehrstimmrechtsaktien angedient.[1081]

Die Aktien der Porzellanfabrik Waldsassen Bareuther & Co. AG waren vor der Liquidation des Unternehmens größtenteils auf einzelne Mitglieder der verschiedenen Familienstämme verteilt. Die Beteiligung der Familie Bareuther betrug zum Schluß noch etwa 35 %, es war nach Aussage des ehemaligen Vorstands des Unternehmens nie eine Mehrheitsbeteiligung gewesen.[1082] Seinem Bericht zufolge hat es außerdem einige größere Pakete gegeben, von denen aber keines 25 % des Grundkapitals auf sich vereinigt habe. Die Vorzugsaktien befanden sich in Händen der Familien Bareuther, Ploß und deren Erben sowie Personen, die der Familie nahestanden, beispielsweise eines Vorstands des Unternehmens.

Bei der Reichelbräu AG liegen 49,9 % der Stammaktien sowie 25 % der mehrstimmigen Vorzüge über die Wohnungsbaugesellschaft Isar GmbH bei der Paulaner-Salvator-Beteiligungs-AG, München - ein Unternehmen der Schörghuber-Gruppe. Weitere 25,4 % der Stammaktien sowie 50 % der Vorzugsaktien sind in Besitz der IREKS GmbH, Kulmbach. Über die restlichen 25 % der Vorzugsaktien verfügt die August Lenz & Co., München. Weitere 8 % der Stammaktien sind in Besitz der Oetker-Gruppe.[1083] Der Rest befindet sich in Streubesitz.

Die Beteiligungsverhältnisse stellten sich 1995 - zur Zeit der Anfrage an des Unternehmen - anders dar: Damals lagen 25 % der Stammaktien sowie 50 % der Vorzugsaktien in Familienhand - bei der Familie Schlutius. Über die anderen 50 % der Mehrstimmrechtsaktien verfügte die Wohnungsbaugesellschaft Isar, wie das Unternehmen auf Rückfrage mitteilte.[1084] Die

---

1081 Vgl. Mittelschwäbische Überlandzentrale AG, Interview mit Eberhard Göppert und Wolfgang Fischer am 4. Dezember 1995, Antworten auf Fragen 1 und 2 (Anhang 1).

1082 Vgl. Porzellanfabrik Waldsassen Bareuther & Co. AG, Interview mit Oskar Deininger am 26. August 1995, Antwort auf Frage 1 (Anhang 1).

1083 Vgl. Verlag Hoppenstedt GmbH (Hrsg.), Handbuch, 1996, S. 674.

1084 Vgl. Reichelbräu AG, Himmel, Albert, Leiter Finanzwesen, telefonische Auskunft vom 25. März 1996.

Wohnungsbaugesellschaft Isar hat also die Hälfte ihres Bestandes an Vorzugsaktien abgegeben.

Bei der Rieter Spinnereimaschinen Ingolstadt Aktiengesellschaft hält die Rieter Deutschland GmbH & Co. OHG, Ingolstadt, 92 % des Grundkapitals. Sie ist auch in Besitz der Mehrstimmrechtsaktien. Die restlichen Aktien befinden sich in Streubesitz.

Seit 1953 hat nach Aussage des Unternehmens stets der jeweilige Mehrheitsaktionär die Mehrstimmrechtsaktien gehalten: zunächst die Süddeutsche Bank AG, später die Deutsche Bank AG, München.[1085] 1987 schließlich wurde das vormals noch als Schubert & Salzer AG firmierende Unternehmen in den Schweizer Rieter-Konzern integriert.

Bei der RWE AG verfügen die Inhaber der Mehrstimmrechtsaktien - Kommunen und Gemeindeverbände - allein aus dem Besitz dieser Papiere über ein Stimmenpotential von 30,18 % bei einem Anteil der Vorzüge am Grundkapital von 1,35 %. Zusammen mit den ihnen gehörenden Stammaktien halten die Kommunen und Gemeindeverbände einen Stimmenanteil am Unternehmen von insgesamt etwa 60 % bei einem Kapitalanteil von 29,3 % und einem Anteil am stimmberechtigten Kapital von 44 %.[1086] Investmentgesellschaften halten weitere 11,1 %, Banken, Versicherungen und Vermögensverwaltungen besitzen 29,2 % (darunter Allianz AG Holding mit 10,6 %). Auf Industrie, Handel und Gewerbe entfallen 8,5 %, auf Belegschaftsaktionäre 3,2 %. Privatpersonen sind in Besitz von 17,2 %, auf Sonstige entfällt der verbleibende Rest - 1,5 %. Etwa 211 000 Aktionäre sind insgesamt an der RWE AG beteiligt, darunter rund 6 800 ausländische Anteilseigner.

Fast 70 % der Anteile der Carl Schlenk AG besitzt die Familie Schlenk-Barnsdorf; sie verfügt darüber hinaus über die qualifizierte Stimmenmehrheit. Ihr gehören Stammaktien sowie alle Mehrstimmrechtsaktien. Die Familie besteht aus Carl Günter von Schlenk, seinem Sohn Alfred Friedrich von Schlenk, zwei Schwestern und einer weiteren Ver-

---

[1085] Vgl. Rieter Ingolstadt Spinnereimaschinenbau AG: Seidel, Rolf, Leiter Controlling und Finanzen, Schreiben vom 25. August 1995, Ingolstadt.

[1086] Vgl. Kowalewsky, Reinhard, Closed Shop, 1995, S. 51 f. Die Kommunen hielten 1994 nom. rd. DM 697 345 000,- Stammaktien, DM 20 580 000,- stimmrechtlose Vorzugsaktien und DM 34 770 000,- Namens-Vorzugsaktien mit 20fachem Stimmrecht.

wandten. Ein Wettbewerber des Unternehmens verfügt über etwa 6 % der Anteile. Der Rest befindet sich in Streubesitz.

An der Schloßgartenbau AG als Grundstücksgesellschaft der Stadt Stuttgart ist die Stadt selbst mit 16,62 % beteiligt (14,03 % der Stammaktien, 56,35 % der Vorzugsaktien)[1087], weitere 30 % der Stammaktien sind in Besitz der Stuttgarter Messe- und Kongreß GmbH[1088], 26,8 % am Gesamtkapital (25,78 % der Stammaktien, 42,50 % der Vorzugsaktien) hält die Landesgirokasse Stuttgart. Die restlichen Aktien sind in Streubesitz. Von den DM 644 000,- Mehrstimmrechtsaktien sind DM 273 700,- in Besitz der Landesgirokasse Stuttgart; über DM 362 900,- verfügt die Landeshauptstadt Stuttgart.[1089] Die restlichen Vorzugsaktien im Umfang von DM 7 400,- sind nach Aussagen des Vorstands in Streubesitz; es handelt sich bei den Mehrstimmrechtsaktien der Schloßgartenbau AG um Inhaber-Vorzüge.[1090]

Das Einflußpotential der Mehrstimmrechtsaktien läßt sich bei der Schloßgartenbau AG exakt darstellen: Berücksichtigt man die Mehrstimmrechte, dann verfügt die Landeshauptstadt Stuttgart unter Berücksichtigung der Aktien der Messegesellschaft Stuttgart über 48,89 % der Stimmen. Die Landesgirokasse Stuttgart verfügt über 32,39 %, der Streubesitz über 18,72 % der Stimmen. Allein die Mehrstimmrechtspapiere bringen der Stadt Stuttgart ein Stimmenpotential in Höhe 22,27 % ein.

75 % der Aktien der Schwabenverlag AG hält die Bischöfliche Kanzlei in Rottenburg; die Diözese ist ebenfalls in Besitz der Mehrfachstimmrechtsaktien. Der verbleibende Rest befindet sich in Streubesitz.

Vor den 80er Jahren war die Stuttgarter Volksbank AG noch mit 25 % des Aktienkapitals beteiligt gewesen; die Bank verkaufte dann ihr Paket an die Süddeutsche Zeitungsdienst Druckerei- und Verlagsgesellschaft mbH. Der

---

[1087] Vgl. o. V., Mieteinnahmen, 1996, S. 24.

[1088] Die Stuttgarter Messe- und Kongreßgesellschaft mbH ist zu 100 % in Besitz der Landeshauptstadt Stuttgart. Vgl. Commerzbank AG (Hrsg.), Beteiligungsverhältnisse, 1994, S. 926.

[1089] Vgl. Schloßgartenbau AG, Verzeichnis der Teilnehmer der 70. ordentlichen Hauptversammlung vom 27.06.1995; erschienene oder vertretene Aktionäre, S. 22 f.

[1090] Vgl. Schloßgartenbau AG, Interview mit Wolfgang Kurz am 18. September 1995, Antwort auf Frage 1 (Anhang 1); Schloßgartenbau AG (Hrsg.), Satzung idF 28. September 1993, § 5 Abs. 3, o. S.

Verleger Theiss, dessen Publikationen sich bezüglich ihres Verbreitungsgebietes teilweise mit denen des Schwabenverlags deckten, wurde so neuer Mitaktionär des Schwabenverlags. Mitte der 80er Jahre kam es zu Meinungsverschiedenheiten zwischen den Großaktionären.[1091] 1990 gab Theiss sein Paket an die Bischöfliche Kanzlei in Rottenburg ab.

Die Vorzugsaktien der S i e m e n s A G - 1,65 % des Grundkapitals - sowie weitere 5,29 % der Stammaktien liegen bei der Familie von Siemens. Die Familie von Siemens mit ihren gegenwärtig etwa 180 Mitgliedern erreicht damit einen Grundkapitalanteil von 6,94 % sowie ein Gesamtstimmenpotential von 14,03 %.[1092] Wenn man die gegebenen Hauptversammlungspräsenzen bei der Siemens AG in Höhe von etwa 50 % des Grundkapitals zugrunde legt, ist die Familie mit ihrem Stimmenpotential in Reichweite der Sperrminorität bei Abstimmungspunkten, die eine qualifizierte Stimmenmehrheit erfordern.[1093] Ansonsten sind die Stammaktien des Unternehmens breit gestreut. Insgesamt sind über 600 000 Aktionäre an der Siemens AG beteiligt.

Die O t t o S t u m p f A G war in den 60er Jahren ein Familienunternehmen, das von einer Aktionärsgruppe aus den Familien Stumpf und Merckle dominiert wurde. In der Folgezeit setzte Adolf Merckle seine Strategie, die vier Pharmaunternehmen Hageda AG Köln, F. Reichelt AG Hamburg, Ferd. Schulze GmbH & Co., Mannheim, und Otto Stumpf AG zu einem Konzern zusammenzuschließen, mehr und mehr um. Die letzten Schritte wurden 1994/95 eingeleitet. Die Zusammenführung geschah nicht im Rahmen von Beherrschungsverträgen und Abfindungen an den Streubesitz. Vielmehr schlossen die genannten Gesellschaften sowie Tochtergesellschaften der Otto Stumpf AG Betriebspachtverträge mit der Phönix Pharmahandel AG & Co., Mannheim, ab. Erstere Unternehmen sind damit zu reinen Besitzgesellschaften geworden. Sie sind wiederum am Kommanditkapital der Phönix beteiligt. Komplementärin ist die Phönix Pharmahandel AG, Dreieich, deren persönlich haftende Gesellschafterin die Phönix Pharmahandel AG, Villingen-Schwenningen. Deren Hauptgesellschafterin soll die Merckle-Gruppe sein.[1094] Mehrheitsaktionärin der Firmen Reichelt, Stumpf, Schulze und Hageda ist die PH Pharma-Holding

---

[1091] Vgl. Schwabenverlag AG, Interview mit Peter Salfeld am 20. April 1995.

[1092] Vgl. Dunsch, Jürgen, Zahlenspielerei, 1995, S. 19.

[1093] Bei der Hauptversammlung des Jahres 1995 betrug die Präsenz 53 % des Grundkapitals. Vgl. o. V., Kapitalrendite, 1995, S. 13.

[1094] Vgl. o. V., Verbundes, 1994, S. 16.

AG, Hamburg. Die PH Pharma-Holding AG verfügt heute über 87,48 % der Anteile der Otto Stumpf AG und gehört über andere Gesellschaften zum Konzern der Interpromotion Internationale Bau-Promotion GmbH, Hamburg.[1095] Presseberichten zufolge sind diese Unternehmen im Einflußbereich von Adolf Merckle angesiedelt.[1096] Ebenfalls der Presse ist zu entnehmen, daß alle Mehrstimmrechtsaktien der Otto Stumpf AG direkt bei der Familie Adolf Merckle liegen sollen.[1097]

Die Tucher Bräu AG war bis Juni 1994 zu 75,36 % im Besitz der EKU - der Ersten Kulmbacher Actien Brauerei AG. Hans Inselkammer, ein Münchener Unternehmer, übernahm dann die Anteile. Vor der EKU - bis 1985 - haben 50 % der Anteile bei Reemtsma, 25 % bei der Bayerischen Vereinsbank gelegen. Beide verkauften dann ihre Anteile an die EKU. Die Mehrfachstimmrechte lagen immer beim Mehrheitsaktionär - gegenwärtig also bei Inselkammer. Inselkammer verfügt heute über 77,35 % der Stimmrechte bei den drei Abstimmungsfällen Satzungsänderung, Auflösung der Gesellschaft und Aufsichtsratswahlen, bei allen anderen Fällen über 75,85 % der Stimmrechte. Die restlichen Anteile sind in Streubesitz.[1098]

Bei der Überlandwerk Unterfranken Aktiengesellschaft (ÜWU AG) entwickelten sich die Mehrheitsverhältnisse folgendermaßen: Ende der 70er Jahre hielt die Württembergische Elektrizitätswerke AG WEAG (die spätere THÜGA) etwa 35 % der Anteile, das Bayernwerk 33 % und der Bezirk Unterfranken knapp 14 % der Aktien. Die restlichen Anteile lagen in Streubesitz. Durch das Mehrfachstimmrecht verfügte der Bezirk Unterfranken über die Stimmenmehrheit. 1983 kam es zu einer Tauschaktion, durch die sich die Mehrheitsverhältnisse des Unternehmens deutlich veränderten: Das Bayernwerk übernahm die Überlandwerk-Aktien des Bezirks und wurde dadurch Inhaber der Kapitalmehrheit. Im Gegenzug erhielt der Bezirk Unterfranken stimmrechtslose Vorzüge der Bayernwerk AG. Der Anteil der Bayernwerk AG an der ÜWU AG erhöhte sich in der Folgezeit durch eine Kapitalerhöhung, so daß sie heute 55,23 % des Aktienkapitals und 71,89 % der Stimmen der ÜWU AG besitzt. Alle Mehrstimmrechtsaktien liegen in ihren Händen.

1095 Vgl. Verlag Hoppenstedt GmbH (Hrsg.), Handbuch, 1996, S. 810; o. V., Vorstand, 1994, S. 15.

1096 Vgl. o. V., Finanzdrehscheibe, 1994, S. 10.

1097 Vgl. o. V., Haus, 1994, S. 8.

1098 Vgl. Verlag Hoppenstedt GmbH (Hrsg.), Handbuch, 1996, S. 850.

Daneben verfügt die Württembergische Elektrizitäts AG - heute mehrheitlich zur THÜGA gehörig - über 35,42 % des Aktienkapitals und über 22,24 % der Stimmen. Auf die zur PreussenElektra AG zählende THÜGA AG selbst vereinigen sich 5,53 % des Kapitals und 3,47 % der Stimmen. Weitere geringe Anteile - rd. 2 % des Kapitals - gehören der Stadt Würzburg und anderen öffentlichen Körperschaften. Der Rest - etwa 1,5 % des Kapitals - liegt in Streubesitz.[1099]

Bis Mitte 1994 war der Freistaat Bayern durch seinen Mehrheitsbesitz am Bayernwerk Mehrheitsgesellschafter des Unternehmens. Heute hält die VIAG AG mittelbar über das Bayernwerk die Mehrheitsbeteiligung an der Überlandwerk Unterfranken Aktiengesellschaft.[1100]

Die Vereinigte Elektrizitätswerke Westfalen AG (VEW) wird teils von privaten, teils von kommunalen Aktionären getragen. Der größte Teil der privaten Aktionäre wird von der Energie-Verwaltungs-Gesellschaft mbH, Düsseldorf, repräsentiert. Sie ist mit 25,3 % der Anteile und 15,5 % der Stimmrechte beteiligt. An der Energie-Verwaltungs-Gesellschaft mbH beteiligt sind die Deutsche Bank AG, CONTIGAS Deutsche Energie AG, Allianz-Lebensvers.-AG sowie RWE AG. Außerdem besitzt die VIAG Aktiengesellschaft über die Bayernwerk AG 11,2 % des Grundkapitals sowie 6,9 % der Stimmrechte.

Wichtigster kommunaler Anteilseigner ist die Kommunale Energie-Beteiligungsgesellschaft mbH, Dortmund, mit 37,5 % der Anteile und gleichzeitig 43,8 % der Stimmrechte. Die Kommunale Energie-Beteiligungsgesellschaft mbH wird getragen von der Westdeutschen Landesbank Girozentrale, der Dortmunder Stadtwerke AG, vom Hochsauerlandkreis sowie vom Landesverband Westfalen-Lippe. Andere kommunale Körperschaften verfügen über weitere 18 % der Anteile und 28,9 % der Stimmrechte. Die restlichen Anteile - etwa 8 % des Grundkapitals sowie 4,9 % der Stimmen - befinden sich in Streubesitz.[1101]

[1099] Vgl. Überlandwerk Unterfranken AG, Aufteilung des Grundkapitals, unveröffentlichte Aufstellung nach dem Verzeichnis der Teilnehmer an der Hauptversammlung am 16. Mai 1994 (der Verfasserin vom Unternehmen zur Verfügung gestellt).

[1100] Vgl. Überlandwerk Unterfranken AG (Hrsg.), Geschäftsbericht, 1993/1994, Würzburg.

[1101] Vgl. Verlag Hoppenstedt GmbH (Hrsg.), Handbuch, 1996, S. 875; dazu auch Vereinigte Elektrizitätswerke Westfalen AG, VEW Aktionärsstruktur, Essen, o. S., o. J., (der Verfasserin vom Unternehmen zur Verfügung gestellt).

Die Zündwarenfabrik Starcke GmbH & Co., Melle, und der Schleif- und Putzmittelhersteller Rud. Starcke KG, Melle, halten zusammen über 50% des Kapitals der VSM-Vereinigte Schmirgel-und Maschinen-Fabriken AG. Die Rud. Starcke KG ist ein direkter Konkurrent von VSM. Weitere 25,1 % sind in Besitz der Pferd-Rüggeberg GmbH, Marienheide. Dieses Paket lag zuvor bei der Dresdner Bank AG. Wer die Mehrstimmrechtsaktien hält, ist der Verfasserin nicht bekannt.[1102]

Vor Abschaffung der Mehrstimmrechtsaktien im Jahre 1996 hielt die Familie Vögele etwa 17 % des Grundkapitals und 25 % der Stimmrechte der Vögele AG[1103]. Die Mehrstimmrechtsaktien waren vollständig in Familienbesitz. In einer Mitteilung nach § 41 WpHG hatte die Familie Vögele ihre Beteiligung spezifiziert: Hanno Vögele war unter Berücksichtigung der Mehrstimmrechtsaktien und in den in der Satzung vorgesehenen Fällen mit 6,51 %, Heinz Dieter Vögele mit 8,82 % und die Erbengemeinschaft Dr. Marianne Vögele mit 5,35 % beteiligt.[1104] Weitere Aktionäre waren die Deutsche Bank mit 10 %. Einer Versicherung wurden weitere 10 % zugerechnet,[1105] 20 % des Grundkapitals lagen in Besitz des Badenwerks.

Im Jahr 1995 wurde die Existenz eines neuen Aktionärs der J. Vögele AG bekannt: die Wirtgen GmbH, die wie die J. Vögele AG Straßenbaumaschinen herstellt. Presseberichten zufolge beteiligte sich die Wirtgen GmbH zunächst mit etwas mehr als 12 % am Grundkapital der Vögele AG.[1106] Diese Beteiligung hat die Wirtgen GmbH durch Zukauf der Anteile der Deutschen Bank sowie des Badenwerks bis zum Jahr 1996 auf 72 % der Stammaktien und gleichzeitig 68,82 % der Stimmrechte ausgebaut.[1107] Die Mehrstimmrechtsaktien der Familie Vögele wurden 1996 in Stammaktien umgewandelt. Die Familie hält nach wie vor rund 17 % des Grundkapitals; der Rest befindet sich in Streubesitz.[1108]

[1102] Die VSM Vereinigte Schmirgel- und Maschinen-Fabriken AG hat sich an der Umfrage nicht beteiligt.

[1103] Vgl. Verlag Hoppenstedt GmbH (Hrsg.), Handbuch, 1996, S. 885.

[1104] Vgl. Verlag Hoppenstedt GmbH (Hrsg.), Handbuch, 1996, S. 885.

[1105] Vgl. o. V., Partnern, 1995, S. 9.

[1106] Vgl. o. V., Partnern, 1995, S. 9.

[1107] Vgl. Verlag Hoppenstedt GmbH (Hrsg.), Handbuch, 1996, S. 885.

[1108] Vgl. o.V., Mannheim, 1997, S. 20.

An der Württembergische AG Versicherungs-Beteiligungsgesellschaft halten heute die Schweizer Rück und Töchter - ebenso wie zu der Zeit, als die Mehrstimmrechte noch existierten -, als Hauptaktionäre gut 30 % der Anteile.[1109] Die mit Mehrstimmrecht ausgestatteten Vorzugsaktien - deren Stimmenpotential mit rd. 2 % sehr gering war - lagen bei der Allgemeine Rentenanstalt Lebens- und Rentenversicherungs-AG (ARA), deren Grundkapital mit dem der damaligen WürttFeuer eng verflochten war. Die ARA besaß vor der Konzernbildung, die im Jahre 1991 stattfand, knapp 23 % der WürttFeuer. Weitere 10 % der Aktien lagen bei der Robert Bosch GmbH, Stuttgart; ebenfalls 10 % vereinigte die Baden-Württembergische Bank AG auf sich.

Durch die im Unternehmen existierende Stimmrechtsbeschränkung auf 20 % des Grundkapitals[1110] war die ARA durch ihren Besitz der Vorzugsaktien der einzige mit einem leichten Vorteil ausgestattete Aktionär, weil sich das Höchststimmrecht nur auf die Stammaktien bezieht.[1111]

[1109] Bei der Württembergische AG Versicherungs-Beteiligungsgesellschaft existiert ein Höchststimmrecht in Höhe von 20 %.

[1110] Vgl. Württembergische AG Versicherungs-Beteiligungsgesellschaft (Hrsg), Satzung idF 7. Oktober 1994, Stuttgart, § 12 Abs. 4, S. 8.

[1111] Vgl. Verlag Hoppenstedt & Co. (Hrsg.), Saling, 1974, S. 1001.

Verzeichnis der Abbildungen und Tabellen

Abbildungen:

Tabellen:

Verzeichnis der verwendeten Abkürzungen

AB	Actiebolag
Abs.	Absatz
ADCA	Allgemeine Deutsche Credit-Anstalt
AG	Aktiengesellschaft
Akt. Ges.	Aktiengesellschaft
AMEX	American Stock Exchange
AR	Aufsichtsrat
ARA	Allgemeine Rentenanstalt Lebens- und Rentenversicherungs-AG
Art.	Artikel
Bet. Ges.	Beteiligungsgesellschaft
BEWAG	Berliner Kraft- und Licht (BEWAG-) Aktiengesellschaft
BGB	Bürgerliches Gesetzbuch
BGBl.	Bundesgesetzblatt
BKL	Berliner Kraft- und Licht- Aktiengesellschaft
CEO	Chief Executive Officer
Cie.	Compagnie
d. V.	die Verfasserin
DM	Deutsche Mark
DMG	Daimler Motoren Gesellschaft
DSW	Deutsche Schutzvereinigung für Wertpapierbesitz e. V.
DVO	Durchführungsverordnung
EGAktG	Einführungsgesetz zum Aktiengesetz
EKU	Erste Kulmbacher Actien-Brauerei
EU	Europäische Union
EVS	Energieversorgung Schwaben
EVU	Energieversorgungsunternehmen
f.	folgende (Seite)
ff.	fortfolgende (Seite)
fn.	Fußnote
FÜW	Fränkisches Überlandwerk
GBV	Gesellschaft für Beteiligungswerte mbH
GG	Grundgesetz
GK	Grundkapital
ggf.	gegebenenfalls
GKA	Grundkapitalanteil
GmbH	Gesellschaft mit beschränkter Haftung

GV	Generalversammlung
HA	Hauptaktionär
HEW	Hamburgische Electricitäts-Werke
HGB	Handelsgesetzbuch
HGV	Hamburgische Gesellschaft für Beteiligungsverwaltung mbH
Hrsg.	Herausgeber
HV	Hauptversammlung
I.G.	Interessengemeinschaft
idF	in der Fassung
Inc.	Incorporated
i. Rw.	in Reichweite
jew. Jg.	jeweiliger Jahrgang
Jh.	Jahrhundert
k. A.	keine Angaben
KG	Kommanditgesellschaft
komm.	kommunal
KÜW	Kreisüberlandwerk Oberpfalz GmbH & Co. KG
LEW	Lech-Elektriziätswerke
MAH	Mercedes Automobil Holding Aktiengesellschaft
mbH	mit beschränkter Haftung
mgl.	möglich
mind.	mindestens
Mio.	Million(en)
MSA	Mehrstimmrechtsaktien
MÜAG	Mittelschwäbische Überlandzentrale Aktiengesellschaft
MuK	Markt- und Kühlhallen
NASDAQ	National Association of Securities Dealers Automated Quotations
nom.	nominal
Nr.	Nummer
NRW	Nordrhein-Westfalen
NYSE	New York Stock Exchange
o. J.	ohne Jahresangabe
o. S.	ohne Seitenangaben
o. V.	ohne Verfasserangabe
o. Verl.	ohne Verlagsangabe
OBAG	Energieversorgung Ostbayern AG
ökon.	ökonomisch
OSTROMAG	Ostbayerische Stromversorgungs-Aktiengesellschaft
OVG	Oberverwaltungsgericht
OWAG	Oberpfalzwerke AG

pol.	politisch
repr.	reprinted
RGBl.	Reichsgesetzblatt
RM	Reichsmark
rsp.	respektive
RWE	Rheinisch-Westfälisches Elektrizitätswerk
S.	Seite
SA	Stimmenanteil
SBG	Schweizerische Bankgesellschaft
SEC	Securities Exchange Commission
SP	Stimmenpotential
SPN	Stimmenpotential im Normalfall
SPS	Stimmenpotential im Spezialfall
St	Stimmen
Tab.	Tabelle
u. a.	unter anderem
ÜWU	Überlandwerk Unterfranken
U.-liquid.	Unternehmensliquidation
VDN	Vereinigte Deutsche Nickel-Werke
VEBA	Vereinigte Elektrizität- und Bergwerk AG
VEW	Vereinigte Elektrizitätswerke Westfalen
vgl.	vergleiche
VIAG	Vereinigte Industrie-Unternehmungen AG
VkA	Verband der kommunalen Aktionäre
VSM	Vereinigte Schmirgel- und Maschinen-Fabriken
VwGO	Verwaltungsgerichtsordnung
VwVfG	Verwaltungsverfahrensgesetz
WEAG	Württembergische Elektrizitätswerke AG
WestLB	Westdeutsche Landesbank
WpHG	Wertpapierhandelsgesetz
WürttAG	Württembergische AG Versicherungs-Beteiligungsgesellschaft
WürttFeuer	Württembergische Feuerversicherung AG
WürttLeben	Württembergische Lebensversicherung AG

Literatur- und Quellenverzeichnis

1. Durchführungsverordnung zum Aktiengesetz vom 29. September 1937, in: RGBl., Jg. 1937, Teil I, Berlin: 1937

2. Verordnung zur Durchführung der Verordnung über Goldbilanzen vom 28. März 1924, in: RGBl., Jg. 1924, Teil I, Berlin: 1924

7. Verordnung zur Durchführung der Verordnung über Goldbilanzen vom 7. Juli 1927, in: RGBl, Jg. 1927, Teil I, Berlin: 1927

Adams, Michael [Hindernisse, 1990]: Höchststimmrechte, Mehrfach stimmrechte und sonstige wundersame Hindernisse auf dem Markt für Unternehmenskontrolle, in: Die Aktiengesellschaft, 1990 (20), S. 63 - 78.

Aktiengesetz (AktG) idF vom 6. September 1965, in: BGBl. I, S. 1089

Albach, Horst: [Organisationstheorie, 1989]: Mikroökonomische Organisationstheorie - Prinzipal-Agenten-Theorie, in: Zeitschrift für Betriebswirtschaft, ZfB-Editorial, 1989, 59. Jg., Nr. 7, S. 705 - 707

Alchian, Armen A. / Demsetz, Harold [Production, 1972]: Production, Information Costs, and Economic Organization, in: American Economic Review, 1972 (62), S. 777 - 795

Allgemeine Rentenanstalt Lebens- und Rentenversicherungs-AG Stuttgart, (Hrsg.) [Geschäftsbericht, 1989]: Geschäftsbericht, 1989, Stuttgart

Antrecht, Rolf [Alles, 1996]: Alles für die Aktionäre, in: Capital 1996 (3), S. 17-18

Aron, Arno [Kapitalveränderungen, 1927]: Die Kapitalveränderungen deutscher Aktiengesellschaften nach dem Kriege, in: F. Schmidt (Hrsg.): Betriebs- u. finanzwirtschaftliche Forschungen, II. Serie, Heft 32, , Berlin / Wien: Industrieverlag Spaeth & Linde, 1927

Arrow, Kenneth J. [Agency, 1985]: The Economics of Agency, in: John W. Pratt / Richard J. Zeckhauser (Eds.): Principals and Agents: The Structure of Business, Boston, Mass.: Harvard Business School Press, 1985, S. 37 - 51

Bank Julius Bär (Hrsg.) [Besitzverhältnisse, 1996]: Swiss Brokerage Research: Besitzverhältnisse von Schweizer Aktien, in: Marktübersicht Schweiz, September 1996

Barclay, Michael J./ Holderness, Clifford G. [Block, 1991]: Negotiated Block Trades and Corporate Control, in: Journal of Finance, 1991, vol. XLVI, S. 861 - 878

- / - / Pontiff, Jeffrey [Benefits, 1993]: Private Benefits from block ownership and discounts on closed-end funds, in: Journal of Financial Economics, 1993 (33), S. 263 - 291

Barnea, Amir / Haugen, Robert A. / Senbet, Lemma W. [Contracting, 1985]: Agency Problems and Financial Contracting, Englewood Cliffs: Prentice Hall, 1985

Barz, Carl Hans [Großkommentar I, 1973]: in: Großkommentar AktG: Carl Hans Barz u.a. (Hrsg.), Erster Band, 1. Halbband §§ 1 - 75, 3., neu bearbeitete Auflage, Berlin, New York: De Gruyter, 1973

- [Großkommentar II, 1973]: in: Großkommentar AktG: Carl Hans Barz u.a. (Hrsg.), Erster Band, 2. Halbband, §§ 76 - 147, 3., neu bearbeitete Auflage, Berlin, New York: De Gruyter, 1973

Baumbach, Adolf (begr.) / Hueck, Alfred / Hueck, Goetz (fortgeführt) [Aktiengesetz, 1968]: Aktiengesetz, Beck'sche Kurz-Kommentare, Band 23, 13., völlig neu bearbeitete Auflage, München: C.H.Beck'sche Verlagsbuchhandlung, 1968

Baums, Theodor [Höchststimmrechte, 1990]: Höchststimmrechte, in: Die Aktiengesellschaft, 1990, Nr. 6, S. 221 - 242

Bayerischer Staatsminister für Wirtschaft und Verkehr: Antwort auf die Schriftliche Anfrage des Abgeordneten Raimund Kamm vom 20. März 1992, München, 12. Mai 1992

Bayer. Notariat Waldsassen: Beglaubigte Abschrift, Gesch. Reg. No. 1362, Generalversammlungs-Protokoll der außerordentlichen Generalversammlung der Porzellanfabrik Waldsassen Bareuther & Co. Aktiengesellschaft, 22. November 1923, Waldsassen

-: Ausfertigung Gesch. Reg. Nr. 437, Generalversammlungs-Protokoll der ordentlichen fünfundzwanzigsten Generalversammlung der Porzellanfabrik Waldsassen Bereuther & Co. Aktiengesellschaft, 15 April 1930, Waldsassen

Bayerisches Staatsministerium für Wirtschaft und Verkehr: Schreiben an die Siemens AG, Ausgabe von Vorzugsaktien mit Mehrstimmrecht gemäß § 12 Abs. 2 AktG, München, 27. März 1991

Becker, Walther [Wirrwarr, 1996]: Wenn stille Reserven "hier" schreien - Mehr Wirrwarr in den Bilanzen, in: Frankfurter Rundschau, 19. März 1996, Nr. 67, S. 13

Bekanntmachung über die staatliche Genehmigung zur Errichtung von Aktiengesellschaften, in: RGBl., Jg. 1917, Nr. 196, 2. November 1917, Berlin, S. 987 - 988

Berle, Adolf A. / Means, Gardiner C. [Property, 1939]: The Modern Corporation and Private Property, New York: Macmillan Company, 1939

Berliner Kraft- und Licht (BEWAG-) Aktiengesellschaft (Hrsg.): Satzung idF 1988, Berlin

- (Hrsg.): Satzung und Konzessionsvertrag idF 1996, Berlin

- (Hrsg.): Geschäftsbericht, jew. Jg., Berlin

Berlo, Kurt / Murschall, Hartmut [Einflußmöglichkeiten, 1994]: Kommunale Einflußmöglichkeiten auf die Gestaltung der Energieversorgungswirtschaft: eine Untersuchung zur Rekommunalisierung und Entkommunalisierung der Energieversorgung am Beispiel der Städte und Gemeinden im Versorgungsgebiet der Vereinigten Elektrizitätswerke Westfalen AG (VEW), Bremer Energie-Institut, Bremen: Ed. Temmen, 1994

Bernhard, Wolfgang [Aktienrechtsreform, 1997]: Man hat die Konzerne übersehen / Kleine Aktienrechtsreform, Corporate Governance und Unternehmenswirklichkeit, in: Frankfurter Allgemeine Zeitung, Standpunkte, 24. Februar 1997, Nr. 46, S. 18

Black, Duncan [Rationale, 1948]: On the Rationale of Group Decision Making, in: Journal of Political Economy, Vol. LVI, February-December 1948, S. 23 - 34

Bleicher, Knut / Leberl, Diethard / Paul, Herbert [Unternehmensverfassung, 1989]: Unternehmensverfassung und Spitzenorganisation: Führung und Überwachung von Aktiengesellschaften im internationalen Vergleich, Wiesbaden: Gabler, 1989

BM Bäckermühlen AG (Hrsg.), Geschäftsbericht, jew. Jg., Bietigheim-Bissingen

-: Telefoninterview mit Vetter, Fritz, Prokurist und kaufmännischer Leiter, am 11. September 1995

Böhmer, Ekkehard [Kontrolle, 1996]: Die Auswirkungen von konsolidierter Kontrolle auf den Unternehmenserfolg, in: Dieter Sadowski/ Hans Czap / Hartmut Wächter (Hrsg.): Regulierung und Unternehmenspolitik, Wiesbaden: Gabler, 1996, S. 197 - 218

Bohne, Andreas: [Nachholeffekt, 1993]:Hoffnung auf den Nachholeffekt / Vorzugsaktien: Höhere Dividendenrendite und Kurschancen / Marktliquidität wichtig, in: Frankfurter Allgemeine Sonntagszeitung, 29. August 1993, Nr. 34, S. 6

- [Gründer-Erben, 1996]: Th. Goldschmidt AG / Aktionärskreis / Allianz kündigt Pool mit Gründer-Erben, in: Handelsblatt, 5./6. Juli 1996, Nr. 128, S. 16

Bornstein, Paul [family, 1983]: All in the family, in: Forbes, 29. August 1983, 5. Jg., Nr. 132 S. 152 - 153

Bosch, Karl [Statistik, 1996]: Großes Lehrbuch der Statistik, München, Wien: Oldenbourg, 1996

Bosch, Ulrich / Hodgson, Stephen [Überlegungen, 1994]: Aufsichtsrats- und Boardsystem - ein Vergleich. Überlegungen zur deutschen und englischen Unternehmensverfassung, in: Forum, 1994 (1), S. 6 - 9

Brändel, Oliver C. [Großkommentar, 1992]: Großkommentar zum Aktiengesetz: Klaus J. Hopt, Herbert Wiedemann (Hrsg.), 2. Lieferung: §§ 1 - 14, 4., neubearbeitete Auflage, Berlin, New York: De Gruyter, 1992

Brau-Aktiengesellschaft Nürnberg (Hrsg.): Geschäftsbericht, jew. Jg., Nürnberg

Brauhaus Nürnberg J. G. Reif A. G. (Hrsg.): Geschäftsbericht, jew. Jg., Nürnberg

- (Hrsg.): Reichsmark-Abschluß und Geschäftsbericht vom 1. Oktober 1947 bis 20. Juni 1948, Nürnberg

- (Hrsg.): DM-Eröffnungsbilanz zum 21. Juni 1948, Nürnberg

Breitenburger Portland-Cement-Fabrik Aktiengesellschaft (Hrsg.): Geschäftsbericht, jew. Jg., Lägerdorf

-: Telefoninterview mit Niemann, Doris, Prokuristin, am 25. Oktober 1995

Breuer, Helmut: Die Lage in der Stahlindustrie / Stunde der Politiker, in: Die Welt, 20. März 1997, Nr. 67, S. 14

Brickley, James A. / Lease, Ronald C. / Smith, Clifford W. jr. [Ownership, 1988]: Ownership Structure and Voting on Antitakeover Amendments, in: Journal of Financial Economics, 1988 (20), S. 276 - 291

Brodmann, Erich [Aktienrecht, 1928]: Aktienrecht. Kommentar. (Gewerbe- und Industrie-Kommentar 4), Berlin und Leipzig: de Gruyter, 1928

Bruch, Rudolf [Stellungnahme, 1932]: Die Reform des Aktienrechts. Eine kritische Stellungnahme zu dem Aktienrechtsentwurf des Reichsjustizministeriums vom Jahre 1930, Diss. Marburg, Lahn, 1932

Brüggemeier, Gert / Damm, Reinhard [Einwirkung, 1988]: Kommunale Einwirkung auf gemischtwirtschaftliche Energieversorgungsunternehmen - Am Beispiel des RWE/VkA-Konflikts, Baden-Baden: Nomos-Verlagsgesellschaft, 1988

Bundesverfassungsgericht: Beschluß vom 16. Mai 1989: Grundrechtsfähigkeit juristischer Personen, in: Neue Juristische Wochenschrift, 1990, Heft 29, S. 1783

Calwer Decken- und Tuchfabriken AG (Hrsg.): Satzung idF November 1994, Calw

-: Interview mit Renz, Jürgen, Leiter der Finanzbuchhaltung, am 9. Oktober 1995 in Calw

Coase, Ronald H. [Nature, 1937]: The Nature of the Firm, in: Economica, New Series, 1937 (4), S. 386 - 405

Commerzbank AG (Hrsg.) [Beteiligungsverhältnisse, 1994]: Beteiligungsverhältnisse in Deutschland: wer gehört zu wem, 18. und erweiterte Auflage, Düsseldorf / Mönchengladbach: Tiefdruck Schwann-Bagel GmbH, 1994

Cornell, Bradford / Shapiro, Alan C. [Corporate, 1987]: Corporate Stakeholders and Corporate Finance, in: Financial Management, 1987, S. 5 - 14

Custodia Holding AG (Hrsg.): Satzung idF 26. Juli 1995, München

-: Gebhard, Volker, Mitglied des Vorstandes: Schreiben vom 21. April 1993 an die Verfasserin

-: Gebhard, Volker, Mitglied des Vorstandes: Schreiben vom 23. August 1995 an die Verfasserin

Daimler Benz Aktiengesellschaft (Hrsg.): Satzung, o. J, Stuttgart

- (Hrsg.): Satzung idF 28. Juni 1989, Stuttgart

- (Hrsg.): Geschäftsbericht, jew. Jg., Stuttgart

Daimler Benz AG (Hrsg.) [100 Jahre, 1986]: Das Unternehmen - 100 Jahre Daimler Benz, Stuttgart (Druckort): o. Verl., 1986

-: Schreiben Reiff / Rappers zur Beantwortung der Fragen (Anhang 1), vom 18. Dezember 1995, Stuttgart

Daimler Motoren Gesellschaft, Satzung idF 1925

Dann, Larry Y. / De Angelo, Harry [Standstill, 1983]: Standstill agreements, privately negotiated stockrepurchases, and the market for corporate control, in: Journal of Financial Economics, 1983 (11), S. 275 - 300

- / - [Defensive, 1988]: Corporate Financial Policy and Corporate Control. A Study of Defensive Adjustments in Asset and Ownership Structure, in: Journal of Financial Economics, 1988 (20), S. 87 - 127

DeAngelo, Harry / DeAngelo, Linda [Ownership, 1985]: Managerial Ownership of Voting Rights. A Study of Public Corporations with Dual Classes of Common Stock, in: Journal of Financial Economics, 1985 (14), S. 33 - 69

- / - [Proxy, 1989]: Proxy Contests and the Governance of Publicly Held Corporations, Journal of Financial Economics, 1989, S. 29 - 59

- / Rice, Edward M. [Charter, 1983]: 'Antitakeover' Charter Amendments and Stockholder Wealth, in: Journal of Financial Economics, 1983 (11), S. 329 - 360

Dries, Folker [Vermögensvorteil, 1993]: Umstrittenes Mehrfachstimmrecht bei Siemens / Vermögensvorteil für die Familiengesellschafter oder Recht ohne wirtschaftlichen Wert? in: Börsen-Zeitung, 4. März 1993, Nr. 43, S. 5

Dunsch, Jürgen [Pharma-Großhandel, 1994]: Merckles Pharma-Großhandel nimmt Gestalt an / Schon für 1994 ein Gewinn geplant / Nicht publizitätspflichtig / Komplizierte Unternehmensstruktur, in: Frankfurter Allgemeine Zeitung, 21. April 1994, Nr. 92, S. 21

Dunsch, Jürgen [Zahlenspielerei, 1995]: Aktionärsstrukturen werden klarer / Wertpapier-handelsgesetz verschafft Einblicke / Keine reine Zahlenspielerei, in: Frankfurter Allgemeine Zeitung vom 15. Mai 1995, Nr. 112, S. 19

- [Generalbereinigung, 1996]: Generalbereinigung bei Daimler, in: Frankfurter Allgemeine Zeitung, 23. Januar 1996, Nr. 19, S. 11

- [Gefecht, 1996]: Die Familie wagt bei Goldschmidt das letzte Gefecht, in: Frankfurter Allgemeine Zeitung, 15. August 1996, Nr. 189, S. 17

- [Aktienrechtsnovelle, 1996]: Aktienrechtsnovelle weitgehend fertig / Der Koalitionsausschuß soll in diesem Monat entscheiden, in: Frankfurter Allgemeine Zeitung, 2. November 1996, Nr. 256, S. 17

Easterbrook, Frank. H. / Fischel, Daniel R. [Law, 1983]: Voting in Corporate Law, in: Journal of Law and Economics, 1983 (26), S. 395 - 428

Eckardt, Ulrich [Kommentar, 1973]: Kommentar zum Aktiengesetz, Ernst Geßler u.a, Band I, §§ 1-75, München: Verlag Franz Vahlen GmbH, 1973 (§§ 1-22), 1983 (§§ 53a-75), 1984 (§§ 23-53)

Eckardt, Ulrich [Kommentar, 1973, 1974]: Kommentar zum Aktiengesetz, Ernst Geßler u.a., Band II, §§ 76-147, München: Verlag Franz Vahlen GmbH, 1973, 1974

Eglau, Hans Otto [Schutz 1992], Schutz für die Starken, in: Die Zeit, 20. März 1992, Nr. 13, S. 28

Einführungsgesetz zum Aktiengesetz (EGAktG) idF 6. September 1965, BGBl I, S. 1185

Ehricke, Alwin [Wörterbuch, 1970]: Investment-ABC. Wörterbuch des internationalen Investmentwesens, Bad Wörishofen: Hans Holzmann Verlag, 1970

Elschen, Rainer [Agency-Theorie, 1988]: Agency-Theorie, in: Die Betriebswirtschaft, 1988 (2), 48. Jg., S. 248 - 250

Elschen, Rainer [Kontrollsysteme, 1991]: Shareholder Value und Agency-Theorie - Anreiz und Kontrollsysteme für Zielsetzungen der Anteilseigener, in: Zeitschrift für Betriebswirtschaftliche Forschung und Praxis, 1991 (3), S. 209 - 220

Energieversorgung Ostbayern Aktiengesellschaft (Hrsg.): Geschäftsbericht, jew. Jahrgang, Regensburg

-: Interview mit Herget, Bernhard, Leiter der Abteilung Rechnungslegung, Interview am 22. Januar 1996 in Regensburg

- (Hrsg.): Satzung idF gemäß den Beschlüssen der Hauptversammlung vom 21. Mai 1990

- (Hrsg.): OBAG Energieversorgung Ostbayern - Imagebroschüre, Regensburg, 1996

-: o. V.: Schreiben vom 22. Januar 1996, Regensburg: schriftliche Beantwortung der Fragen (Anhang 1)

Engels, Wolfram [Hoffnung, 1992]: Diskontierte Hoffnung, in: WirtschaftsWoche, 22. Mai 1992, Nr. 22, S. 162

Fama, Eugene .E. [effect, 1978]: The effect of a firm's investment and financing decisions on the welfare of its securityholders, in: American Economic Review, 1978, vol. 68., S. 272 - 284

- / Jensen, Michael C. [Separation, 1983]: Separation of ownership and control, in: Journal of Law and Economics, 1983 (2), Jg. 26, S. 301 - 326

Fehr, Benedikt [Amerika, 1994]: In Amerika sind die Vorstände meist auch Aktionäre, in: Frankfurter Allgemeine Zeitung, Artikelserie "Aufsicht und Kontrolle", Teil 4, 15. Februar 1994, Nr. 38, S. 12

Fockenbrock, Dieter [Lehren, 1996]: Lehren der Daimler-Hauptversammlung / Business as usual, in: Handelsblatt, 24./25. Mai 1996, Nr. 100, S. 2

Forsthoff, Ernst [Leistungsträger, 1938]: Die Verwaltung als Leistungsträger, Stuttgart und Berlin: W. Kohlhammer Verlag, 1938

Fränkisches Überlandwerk Aktiengesellschaft (Hrsg.): Geschäftsbericht, jew. Jg., Nürnberg

-: Prüfungsbericht des Vorstandes und des Aufsichtsrates über die Eröffnungsbilanz und den Umstellungsplan, 6. November 1924, Nürnberg

-: Interview mit Brandt, Helmut, Bereichsleiter Rechnungswesen und Steuern, am 5. Dezember 1995 in Nürnberg

-: Beteiligungsverhältnisse am 12. Juli 1995 (der Verfasserin zur Verfügung gestellte unveröffentlichte Aufstellung des Unternehmens)

Frankfurter Zeitung, 15. Februar 1929, Nr. 123, o. S., zit. n. Passow, Richard, Strukturwandel, 1930, S. 37 f., fn. 4

Frankona Rückversicherungs-AG: interne Notiz 16/1992, Betreff: Beseitigung der Vorzugsaktien, 3. September 1992, München

- (Hrsg.): Satzung idF Dezember 1992, München

- (Hrsg.): Geschäftsbericht, jew. Jg, München

- (Hrsg.) [Prospekt, 1994]: Prospekt für die Zulassung zum Börsenhandel von auf den Namen lautenden, vinkulierten Stammaktien Buchstabe D sowie der auf den Namen lautenden, vinkulierten Stammaktien Buchstabe B aus dem Aktientausch 1994, München, 1994

-: Interview mit Geisberg, Thomas, Justitiar, am 18. Dezember 1995 in München

Gesellschaft für Markt- und Kühlhallen, Hamburg, Geschäftsbericht, jew. Jg., Hamburg

Gesetz zur Verbesserung der steuerlichen Bedingungen zur Sicherung des Wirtschaftsstandorts Deutschland im Europäischen Binnenmarkt (Standortsicherungsgesetz - StandOG) [Standortsicherungsgesetz, 1993]: vom 13. September 1993, BGBl. Teil I 1993, S. 1569 - 1593

Giersberg, Georg [Bewährung, 1995]: 125 Jahre auf Bewährung / Die Institution Aufsichtsrat, in: Frankfurter Allgemeine Zeitung, 12. Juni 1995, Nr. 134, S. 11

Gieske, Friedhelm [Ausführungen, o. J.]: Ausführungen auf der Hauptversammlung der RWE AG am 10. Dezember 1992, Manuskript, Essen, o. J.

Glabus, Bernd [Siemens, 1992]: Neue Aufsicht für Siemens, in: Frankfurter Allgemeine Zeitung, 19. Dezember 1992, Nr. 295, S. 14

Goffart, Daniel [Banken, 1996] Aktienrecht / Reform vorgestellt / Stimmrechte der Banken begrenzt, in: Handelsblatt, 27. November 1996, Nr. 230, S. 6

- [Reförmchen,1996]: Novelle des Aktiengesetzes / Reförmchen, in: Handelsblatt, 27. November 1996, Nr. 230, S. 6

Th. Goldschmidt (Hrsg.): Geschäftsbericht, jew. Jg, Essen

-: Interview mit Keifenheim, Dieter, Leiter Finanzen und Steuern, am 25. September 1995 in Essen

Goslich, Lorenz [Tegernsee, 1988]: Zwei Banken, zwei Brauereien und eine Bahn am Tegernsee, in: Frankfurter Allgemeine Zeitung, 23. August 1988, Nr. 195, S. 13

Grossman, Sanford J. / Hart, Oliver D. [Share, 1988]: One-Share-One Vote and the Market for Corporate Control, in: Journal of Financial Economics, 1988 (20), S. 175 - 202

Gruschwitz Textilwerke AG (Hrsg.): Geschäftsbericht, jew. Jg., Neusalz, Oder (bis 1943)

- (Hrsg.) [Geschäftsbericht, 1944/48]: Geschäftsbericht über die Geschäftsjahre vom 1. Jan.1944 - 20. Juni 1948

- (Hrsg.) [Eröffnungsbilanz, 1948]: DM-Eröffnungsbilanz vom 21. Juni 1948

- (Hrsg.): Geschäftsbericht, jew. Jg., Berlin-Halensee (ab 1949 bis 1951; Eintragung beim Registergericht Berlin Halensee 1949)

- (Hrsg.): Geschäftsbericht, jew. Jg., Neu-Ulm (ab 1951)

- (Hrsg.): Satzung idF 13. Juli 1970, Neu-Ulm

Gruschwitz Textilwerke AG: Interview mit Mühlbronner, Karlheinz, Vorstand, am 14. August 1995 in Neu-Ulm

Hamburger Hochbahn AG (Hrsg.) [Eröffnungsbilanz, 1948], DM-Eröffnungsbilanz zum 21. Juni 1948, Hamburg

- (Hrsg.) Geschäftsbericht, jew. Jg., Hamburg

- (Hrsg.): Satzung idF September 1991, Hamburg

Hamburgische Electricitäts-Werke AG: Nachtragsvertrag zum Vertrage mit der Finanzdeputation Hamburg vom 10. Mai 1895 zwischen der Hamburgischen Electricitäts-Werke AG und der Finanzdeputation der Hansestadt Hamburg vom 30. Juni 1921, § 4 Abs. 3, Hamburg

-: Anträge des Aufsichtsrats und des Vorstandes der Hamburgischen Electricitäts-Werke an die ausserordentliche Generalversammlung der Aktionäre am 21. April 1923, Hamburg

- (Hrsg.): Satzung idF gemäß Hauptversammlungsbeschluß vom 4. Juli 1979, Hamburg

- (Hrsg.): Satzung idF gemäß Hauptversammlungsbeschluß vom 22. Juni 1995, Hamburg

- (Historisches Archiv): Philipp, Helmut, Leiter des Historischen Archivs: Schreiben vom 1. März 1995, Hamburg

-: Interview mit Milde-Büttcher, Manfred, Justitiar und Rechtsanwalt der HEW AG, am 2. Mai 1995 in Hamburg

-: Geschäftsbericht, jew. Jg., Hamburg

Hanseatisches Oberlandesgericht Hamburg 11 W 92/89: Beschluß vom 23. Januar 1990, in: Energiewirtschaftliche Tagesfragen, Zeitschrift für Energiewirtschaft, Recht und Technik, 1990, Heft 4, Rechtsprechung, S. 269 - 272.

Harris, Milton / Raviv, Artur [Majority, 1988]: Corporate Governance: Voting Rights an Majority Rules, in: Journal of Financial Economics, 1988 (20), S. 203 - 235

Hart, Oliver D. [Perspective, 1990]: An Economist's Perspective on the Theory of the Firm, in: Oliver E. Williamson (Ed.): Organization Theory: From Chester Barnard to the Present and Beyond, New York / Oxford: Oxford University Press, 1990, S. 154 - 171

Hartmann, Walter [Gold, 1924]: Vorzugs- und Verwaltungsaktien bei der Umstellung der Bilanzen auf Gold, in: Bank-Archiv, Zeitschrift für Bank- und Börsenwesen, 1924, 23. Jg., Nr. 10, S. 107 - 116

Hartmann-Wendels, Thomas [Informationsverteilung, 1989]: Principal-Agent-Theorie und asymmetrische Informationsverteilung, in: Zeitschrift für Betriebswirtschaft, 1989 (7), 59. Jg., S. 714 - 734

- / von Hinten, Peter [Marktwert, 1989]: Marktwert von Vorzugsaktien: Zur Begründung der Kursdifferenzen von Stammaktien und stimmrechtslosen Vorzugsaktien, in: Zeitschrift für betriebswirtschaftliche Forschung, 1989 (4), 41. Jg., S. 263 - 293

Hartwig, Dierk / Hellmann, Norbert [Commerzbank, 1994]: Commerzbank-HV dauerte elf Stunden, in: Börsen-Zeitung, 31. Mai 1994, Nr. 102, S. 8

Hayek, Friedrich August von (Hrsg.) [Philosophy, 1967]: Studies in Philosophy, Politics, and Economics, Chicago, 1967

Hennes, Markus [Festung, 1991]: Unternehmensübernahmen / Festung Deutschland, in: WirtschaftsWoche, 13. Dezember1991, S. 140 - 144

- [Wenger, 1991]: "Außer Kontrolle" / Interview: Ekkehard Wenger über die Deutschland AG, in: WirtschaftsWoche, 13. Dezember 1991, Nr. 51, S. 144 - 145

Henzler, Herbert [Führung, 1996]: Entschiedene Führung und wirksame Kontrolle / Vorstand, Aufsichtsrat und Hauptversammlung: Das deutsche Aktiengesetz bedarf einer grundlegenden Reform, in: Frankfurter Allgemeine Zeitung, 14. Dezember 1996, Nr. 292, S. 15

Heusinger, Robert von [Gehaltserhöhung, 1996]: Gehaltserhöhung via Stock Options, in: Börsen-Zeitung, 20. Juni 1996, Nr. 116, S. 4

Hillebrand, Walter / Luber, Thomas [Dienst, 1995]: Im Dienst der Aktionäre, in: Capital, 1995 (4), S. 48 - 54

Hindrichs-Auffermann AG (Hrsg.): Geschäftsbericht, jew. Jg., Wuppertal-Oberbarmen

-: Interview mit Rebmann, Dieter, Prokurist, am 6. November 1995 in Wuppertal-Oberbarmen

Hofem, Adolf [Schutzaktien, 1929]: Schutzaktien. eine wirtschaftswissenschaftliche Betrachtung, Halle (Saale): Ed. Klinz Buchdruck-Werkstätten, 1929 (Diss., Universität Jena)

Hoffmann-Becking, Michael / Schmidt, Thomas L. [Rechtsgutachten, 1992]: Rechtsgutachten zu den Mehrstimmrechtsaktien der kommunalen Aktionäre der RWE Aktiengesellschaft, Anwaltskanzlei Hengeler Mueller Weitzel Wirtz (Hrsg.), vorgelegt am 24. Februar 1992, S. 1-91

- [Stellungnahme, 1992]: Mehrstimmrechte der kommunalen Aktionäre der RWE AG: Stellungnahme zum Gutachten von Prof. Dr. Eberhard Schwark, Notiz vom 1. Juni 1992, S. 1-15

Hoffschulte, Heinrich / Müller, Rudolf H. [Beseitigung, 1993]: Diskussion um die Beseitigung der Mehrstimmrechte bei RWE AG, in: der landkreis, 1993 (3). S. 127 - 129

Holderness, Clifford G. / Sheehan Dennis P. [Corporations, 1988]: The Role of Majority Shareholders in Publicly Held Corporations. An Exploratory Analysis, in: Journal of Financial Economics, 1988 (20), S. 317 - 346

Holmström, Bengt [Observability, 1979]: Moral Hazard and Observability, in: Bell Journal of Economics, 1979 (10), S. 74 - 91

Konrad Hornschuch AG (Hrsg.) [Fortschritt, 1973]: Forschung Fertigung Fortschritt: 75 Jahre Hornschuch Weißbach, Imagebroschüre, Weißbach, 1973, o. S

- (Hrsg.) [Verkaufsangebot, 1984]: Neu an der Börse: Die Hornschuch-Aktie, Verkaufsangebot und Unternehmensbericht, Weißbach, 1984

Konrad Hornschuch AG (Hrsg.): Geschäftsbericht, jew. Jg., Weißbach

Iber, Bernhard [Aktionärsstruktur, 1987]: Entwicklung der Aktionärsstruktur börsennotierter deutscher Aktiengesellschaften, in: Reinhard Schmidt (Hrsg.): Kieler Schriften zur Finanzwirtschaft, Band 1, Kiel: Wissenschaftsverlag Vauk, 1987

W. Jacobsen AG (Hrsg.): Geschäftsbericht, jew. Jg., Kiel

-: Interview mit Lotzow, Peter, Vorstand, am 16. März 1995 in Kiel

-: Bekanntmachung gemäß § 41 Abs. 3 WpHG, Kiel, 8. März 1995, in: Börsen-Zeitung, 11. März 1995, Nr. 50, S. 9

Jarrell, Gregg A. / Poulsen, Annette B. [Shark, 1987]: Shark repellents and stock prices: The effects of antitakeover amendments since 1980, in: Journal of Financial Economics, 1987 (19), S. 127 - 168

- / - [Recapitalizations, 1988]: Dual-Class Recapitalizations as Antitakeover Mechanism. The Recent Evidence, in: Journal of Financial Economics, 1988 (20), S. 129 - 152

Jensen, Michael C. [Free Cash Flow, 1986]: Agency Costs of Free Cash Flow, Corporate Finance, and Takeovers, in: American Economic Review, May 1986, vol. 76, Nr. 2, S. 323 - 329

- [Takeovers, 1988]: Takeovers: Their Causes and Consequences, in: Journal of Economic Perspectives, Winter 1988, vol. 2, Nr. 1, S. 21 - 48

- / Meckling, William H. [Firm, 1976]: Theory of the Firm: Managerial Behavior, Agency Costs and Ownership Structure, in: Journal of Financial Economics, 1976 (3), S. 305 - 360

- / Warner, Jerold. B. [Power, 1988]: The Distribution of Power among Corporate Managers, Shareholders, and Directors, in: Journal of Financial Economics, 1988 (20), S. 3 - 24

Jeske, Jürgen [Stern-Fusion, 1993]: Stern-Fusion, in: Frankfurter Allgemeine Zeitung, 5. April 1993, Nr. 80, S. 13

- [Deutsche Bank, 1996]: Deutsche Bank und Daimler-Benz, in: Frankfurter Allgemeine Zeitung, 5. Februar 1996, Nr. 30. S. 11

Jütten, Herbert / Weisgerber, Thomas [Leitfaden, 1995]: "Das Zweite Finanzmarktförderungsgesetz: Erläuterungen - Gesetzestexte - Materialien - Leitfaden zum Insiderrecht, Köln: Bundesanzeiger 1995

Julitz, Lothar [Managementfehler, 1994]: Schwere Managementfehler und eine zu geringe Eigenkapitalbasis / Warum 1994 ein neuer Insolvenz-Rekord droht / Im Konjunkturverlauf ein 'Spätindikator', in: Frankfurter Allgemeine Zeitung, 31. Mai 1994, Nr. 124, S. 18

Jung, Erich [Maßnahmen 1921]: Maßnahmen der Aktiengesellschaft gegen Überfremdung, Mainz: Verlag J. Diemer, 1921

Jung, Erich [Beitrag, o. J.]: Die Vorzugsaktien mit vielfachem Stimmrecht: Ein Beitrag zur Aktienrechtsreform, Mainz: o. Verl., o. J

Kamm, Raimund (Abgeordneter des Bayerischen Landtages, Die Grünen): Schriftliche Anfrage 'Ausnahmegenehmigung der Staatsregierung für Siemens AG, Vorzugsaktien mit dem 6-fachen Stimmrecht auszugeben', München, 20. März 1992

Kapitalverkehrsteuergesetz idF 8. April 1922, RGBl. Teil 1, S. 358

Kermel, Cornelia [Steuerungsmöglichkeiten, 1994]: Steuerungsmöglichkeiten der öffentlichen Hand bei Beteiligung an Aktiengesellschaften der Energieversorgung, Nomos-Universitätsschriften: Recht, Bd. 142, Baden-Baden: Nomos-Verlagsgesellschaft, 1994 (zugl. Diss., Freie Universität Berlin, 1993)

Kiener, Stefan [Sicht, 1990]: Die Principal-Agent-Theorie aus informationsökonomischer Sicht, Heidelberg: Physica, 1990

Klein, Benjamin / Crawford, Robert G. / Alchian, Armen [Integration, 1978]: Vertical Integration, Appropriable Rents, and the Competitive Contracting Process, in: Journal of Law and Economics, Oct. 1978, vol 21, S. 297 - 326

Klein, Matthias [Betätigung, 1992]: Die Betätigung der öffentlichen Hand als Aktionärin, Tübingen: Köhler, 1992 (Diss., Universität Tübingen)

Knipper, Hermann-Josef [Senatorin, 1996]: BEWAG / Senatorin will alle Aktien verkaufen, in: Handelsblatt, 10. Oktober 1996, Nr. 196, S. 17

Knipper, Hermann-Josef [Deckungslücke, 1997]: Berlin / Dramatische Deckungslücke / BEWAG-Verkauf verzögert sich, in: Handelsblatt, 8. April 1997, Nr. 67, S. 5

Koeppel, Wilhelm [Behandlung, 1924]: Die Behandlung von Aktien bei der Goldbilanz, in: Bank-Archiv, Zeitschrift für Bank- und Börsenwesen, 1924, 23. Jg., Nr. 14, S. 171 - 186

Korff, Elke [Aktionärskontrolle, 1994]: SPD will Aktionärskontrolle stärken, in: Börsen-Zeitung, 19. Mai 1994, Nr. 95, S. 3

Kowalewsky, Reinhard [Closed Shop, 1995]: RWE / 'Kein Closed Shop' / Der neue Vorstandschef Dietmar Kuhnt über sein Verhältnis zu kommunalen Aktionären und seine Konzernstrategie, in: WirtschaftsWoche, 9. März 1995, Nr. 11, S. 51 - 52

Kropff, Bruno (Hrsg.) [Regierungsentwurfs, 1965]: Aktiengesetz: Textausgabe des Aktiengesetzes vom 6.9.1965 und des Einführungsgesetzes zum Aktiengesetz vom 6.9.1965 (Bundesgesetzbl. I S. 1185) mit Begründung des Regierungsentwurfs, Bericht des Rechtsausschusses des Deutschen Bundestags, Verweisungen und Sachverzeichnis, im Anhang: Aktiengesetz von 1937, Düsseldorf: Verlagsbuchhandlung des Intstituts der Wirtschaftsprüfer GmbH, 1965

Kühltransit AG (Hrsg): Satzung idF 20. März 1987, Hamburg

-: Interview mit Birtel, Thomas, Vorstand, am 6. November 1995 in Duisburg-Rahm

- (Hrsg): Geschäftsbericht, jew. Jg., Hamburg

Kunz, Roger M. [Einheitsaktie, 1995]: Der Trend zur Einheitsaktie. Verbesserte Liquidität und Effizienz des Aktienhandels, in: Der Schweizer Treuhänder, 1995 (7-8), S. 643-648

- [Wert, 1996]: Was beeinflußt den Wert des Aktienstimmrechts? in: Finanzmarkt und Portfolio Management, Schweizerische Gesellschaft für Finanzmarktforschung (Hrsg.), 1996 (3), 10. Jg., S. 330 - 347

Kurz, Simon [Abwehr, 1921]: Die Überfremdungsgefahr der deutschen Aktiengesellschaften und ihre Abwehr, in: F. Schmidt (Hrsg.): Betriebs- und finanzwirtschaftliche Forschungen, Heft 13, S. 1-61, Leipzig: G.A. Gloeckner, Verlagsbuchhandlung in Leipzig, 1921

Laux, Helmut [Risiko, 1990]: Risiko, Anreiz und Kontrolle: Principal-Agent-Theorie; Einführung und Verbindung mit dem Delegationswert-Konzept, Berlin u.a.: Springer, 1990

Lease, Ronald C. / McConnel, John J. / Mikkelson, Wayne H. [Control, 1983]: The Market Value of Control in Publicly-Traded Corporations, in: Journal of Financial Economics, 1983 (11), S. 439 - 471

/ - / - [Value, 1984]: The Market Value of Differential Voting Rights in Closely Held Corporations, in: Journal of Business, 1984 (4), vol. 57, S. 443 - 467

Lech-Elektrizitäts-Werke Aktien-Gesellschaft (Hrsg.) [Prospekt, 1982]: Prospekt für die Zulassung zum Börsenhandel der DM 22 137 500,- Inhaberaktien aus der Kapitalerhöhung, Augsburg, 1982

- (Hrsg.): Satzung idF 20. Oktober 1989, Augsburg

- (Hrsg.): Geschäftsbericht, jew. Jg., Augsburg

Lehmann, Jürgen [Minderheitenrechte, 1983]: Die gesetzlichen Minderheitenrechte in Aktiengesellschaften, in: Die Aktiengesellschaft, 1983 (5), 28. Jg., S. 113 - 119

Leutheusser-Schnarrenberger, Sabine [Kräftefeld, 1995]: Im Kräftefeld der Interessen: Das Vollmachtsstimmrecht der Banken, in: Der Betrieb, 24. November 1995 (47), 48. Jg., S. 2355

Levy, Haim [Evaluation, 1983]: Economic Evaluation of Voting Power of Common Stock, in: Journal of Finance, 1983 (38), S 79 - 93

Liedtke, Rüdiger [Republik, 1991]: Wem gehört die Republik? Die Konzerne und ihre Verflechtungen, Frankfurt am Main: Verlag Eichborn, 1991

Linn, Scott C. / McConnell, John J. [Investigation, 1983]: An Empirical Investigation of the Impact of 'Antitakeover' Amendments on Common Stock Prices, in: Journal of Financial Economics, 1983 (11), S. 361 - 399

Löwenbräu Aktiengesellschaft (Hrsg.), Geschäftsbericht, jew. Jg., München

- (Hrsg.) [Prospekt, 1982]: Prospekt für die Zulassung zum Börsenhandel von DM 7 280 000,- auf den Inhaber lautende Stammaktien (Wiederzulassung) sowie DM 2 730 000,- auf den Inhaber lautende Stammaktien aus der Kapitalerhöhung 1982 mit Gewinnberechtigung ab 1. Oktober 1982, in: Bundesanzeiger, 30. Oktober 1982, S. 8

Löwenbräu Holding AG: Volker, Gebhard, Mitglied des Vorstandes: Schreiben vom 21. April 1993

Luber, Thomas [Wattikan, 1994]: Verbannung aus dem Wattikan, in: Capital, 1994 (2), S. 12 - 15

Lückmann, Reinhard [Kontrolleure, 1996]: Auch im Fall des Bremer Vulkans stellt sich die Frage nach der Haftung des Aufsichtsrates / Wer sanktioniert die Kontrolleure?, in: Handelsblatt, 8. Juli 1996, Nr. 129, S. 2

- [Ausnahmen, 1996]: Ausnahmen vom Grundsatz 'Eine Aktie, eine Stimme' bestehen schon seit den 20er Jahren - Bundesregierung bereitet Gesetzesnovellierung vor / Mehr Aktionärsdemokratie durch Abschaffung des Mehrfachstimmrechts, in: Handelsblatt, 30. Oktober 1996, Nr. 210, S. 2

Lüthgens, Carsten / Schulz-Hardt, Stefan / Frey, Dieter [Gefahr, 1994]: Gefahr im Konsens / Wirtschaftspsychologie: Werden Unternehmensentscheidungen wie bei der Deutschen Bank getroffen, sind Fehler unvermeidlich, in: Die Zeit, 27. Mai 1994, Nr. 22, S. 27

Lufkin, Joseph C. F.: Global Proxy Services Corporation, Managing Director: Statement vor der Hauptversammlung der RWE AG, Essen, 10. Dezember 1992

Lutter, Marcus [Kölner, 1985 II]: Kölner Kommentar zum Aktiengesetz: Wolfgang Zöllner (Hrsg.), Band 2, §§ 148 - 290 AktG, Köln u. a.: Carl Heymanns Verlag KG, 1985

Manne, Henry G. [Mergers, 1965]: Mergers and the market for corporate control, in: Journal of Political Economy, 1965, Nr. 2, vol. 73, S. 110 - 120

Markt- und Kühlhallen AG (Hrsg.): Satzung idF Juli 1993, München

Maynes, Elizabeth [Reallocation, 1992]: Reallocation of voting rights and shareholders' wealth, in: Canadian Journal of Economics, 1992 (3), 25. Jg., S. 538 - 563

Mayer-Landrut, Joachim [Großkommentar AktG, 1973]: in: Großkommentar zum Aktiengesetz, Carl Hans Barz u.a. (Hrsg.), 1. Band, 1. Halbband, §§ 1-75, 3., neu bearbeiteteAuflage, Berlin, New-York: De Gruyter, 1973

McConnell, John J. / Servaes, Henri [Additional, 1990]: Additional evidence on equity ownership and corporate value, in: Journal of Financial Economics, 1990 (27), S. 595 - 612

Meier, Medard / Lüchinger René [Ebner, 1994]: „Wir sind ehrlich" / Robert Studer, Chef der Schweizerischen Bankgesellschaft, über die Schlacht gegen seinen Hauptaktionär Martin Ebner, der die größte Schweizer Bank zwingen will, ihre Geschäftspolitik zu ändern, in: WirtschaftsWoche, 3. November 1994, Nr. 45, S. 76 - 81

Menke, Joachim [Kapitalbasis, 1988]: Die Kapitalbasis deutscher Aktiengesellschaften vom Beginn der Reformdiskussion im Jahre 1924 bis zum Erlaß des Aktiengesetzes von 1937, (Diss., Universität Kiel, 1988)

Merkt, Hanno [Gesellschaftsrecht, 1991]: US-amerikanisches Gesellschaftsrecht, Heidelberg: Verlag Recht und Wirtschaft, 1991

Michel, Uwe [Mittelpunkt, 1993]: Der Eigentümer-Wert im Mittelpunkt der Unternehmenspolitik, in: Blick durch die Wirtschaft, 7. Juli 1993, Nr. 128, S. 1

Mittelschwäbische Überlandzentrale Aktiengesellschaft (Hrsg.): Satzung idF 1. August 1994, Giengen

-: o. V.: Schreiben vom 4. Dezember 1995 an die Verfasserin (Gründungsgeschichte der MÜAG und Kapitalentwicklung), Giengen, o. S.

- (Hrsg.) [Partner, o. J.]: MÜAG: Ihr Partner in der Stromversorgung, Giengen, o. Verl., o. J.

-: Interview mit Göppert, Eberhard, Kaufmännischer Leiter, sowie Fischer, Wolfgang, Leitender Buchhalter, am 4. Dezember 1995 in Giengen

Moe, Terry M. [Organization, 1984]: The New Economics of Organization, in: American Journal of Political Science, 1984 (28), S. 739 - 777

Morck, Randall / Shleifer, Andrei / Vishny, Robert W. [Market, 1988]: Management Ownership and Market Valuation. An Empirical Analysis, in: Journal of Financial Economics, 1988 (20), S. 293 - 315

- / - / - [Characteristics, 1988]: Characteristics of targets of hostile and friendly takeovers, in: A.J. Auerbach, (ed.): Corporate takeovers: Causes and consequences, Chicago: University of Chicago Press, 1988

- / - / - [Mechanisms, 1989]: Alternative Mechanisms for Corporate Control, in: American Economic Review, 1989, vol. 4, S. 842 - 852

Motyka, Walter [Eignung, 1989]: Erklärungspotential und praktische Eignung organisationstheoretischer Ansätze, München: 1989 (Diss., Universität München 1989)

Mueller, Dennis C. [Public, 1979]: Public choice, Cambridge u.a.: Cambridge University Press, 1979 (repr. 1980 und 1981)

Müller, Rudolf H. [Gemischtwirtschaftlichkeit, 1995]: Daseinsvorsorge und Gemischtwirtschaftlichkeit, Ausarbeitung im Auftrag des Verbandes der Kommunalen Aktionäre des RWE GmbH, unveröffentlichtes Manuskript, Kempen, 1995: Zur Verfügung gestellt mit Schreiben a.d.Verf. vom 16. Januar 1996

Neus, Werner [Costs, 1989]: Die Aussagekraft von Agency-Costs, in: Zeitschrift für betriebswirtschaftliche Forschung, 1989 (6), 41. Jg., S. 472 - 490

Notariat Waldsassen: Ausfertigung Gesch. Reg. No. 1174. Generalversammlungs-Protokoll der außerordentlichen Generalversammlung am 16. Dezember 1920, Waldsassen

-: Ausfertigung. Gesch. Reg. No. 1012. Generalversammlungs-Protokoll der außerordentlichen Generalversammlung am 17. November 1921, Waldsassen

o. V. [Spezialbiere, 1964]: Löwenbräu setzt auf Spezialbiere und den Export, in: Frankfurter Allgemeine Zeitung, 8. April 1964, Nr. 82, S. 21

- [Bierruhe, 1970]: Mit der Münchener Bierruhe ist es vorbei / Konsequenzen der Wicküler-Transaktion / Führt die Bayern-Hyp "Löwenbräu" und Paulaner näher zusammen? in: Frankfurter Allgemeine Zeitung, 3. November 1970, Nr. 255, S. 15

- [Aktienbesitz, 1976]: Hamburger Aktienbesitz wird neu geordnet, in: Frankfurter Allgemeine Zeitung, 15. September 1976, Nr. 206, S. 13

- [Front, 1992]: Goldschmidt / Brüchige Front, in: Manager Magazin, 22. Jg., 6/1992, S. 19 - 20

- [Familie, 1992]: "Eine fabelhafte Familie", in: Börsen-Zeitung, 4. Juni 1992, Nr. 106, S. 8

- [Satzungsänderung, 1992]: Zum Verzicht auf den Einsatz von Kernenergie verpflichtet / Satzungsänderung auf der Hauptversammlung der Hamburgischen Electricitäts-Werke beschlossen, in: Frankfurter Allgemeine Zeitung, 20. Juni 1992, Nr. 141, S. 15

- [RWE, 1993]: RWE holt sich 1,64 Mrd. DM Kapital, in: Börsen-Zeitung, 6. Februar 1993, Nr. 25, S. 5

- [Gewinne, 1993]: Siemens erwartet bestenfalls stagnierende Gewinne, in: Frankfurter Allgemeine Zeitung, 12. März 1993, Nr. 60, S. 19

o. V. [Elefanten, 1993]: Mit der Wasserpistole auf den Münchener Elefanten, in: Frankfurter Allgemeine Zeitung, 13. März 1993, Nr. 61, S. 14

- [Holding, 1993]: Mercedes Holding soll mit Daimler-Benz verschmolzen werden, in: Frankfurter Allgemeine Zeitung, 3. April 1993, Nr. 79, S. 15

- [Kurssprünge, 1993]: Mercedes-Aktie verbucht Kurssprünge / Kursdifferenz zur Daimler-Aktie verschwindet mit dem Umtauschangebot, in: Frankfurter Allgemeine Zeitung, 6. April 1993, Nr. 81, S. 26

- [Standortsicherung, 1994]: Wie die Standortsicherung Dividenden sichert, in: Frankfurter Rundschau, 6. Januar 1994, Nr. 4, S. 14

- [Moral, 1994]: Interview / Gespaltene Moral der Banken / Professor Wenger über die wachsende Entmachtung der privaten Aktionäre durch die Banken, in: Focus, 1994 (2), S. 124

- [Pokerspiel, 1994]: Pokerspiel um Goldschmidt geht weiter, in: Die Welt, 28./29. Mai 1994, Nr. 122/21, S. 12

- [Vorstand, 1994]: Der Stumpf-Vorstand geht in die Offensive, in: Frankfurter Allgemeine Zeitung, 24. August 1994, Nr. 196, S. 15

- [Finanzdrehscheibe, 1994]: Merckle-Gruppe / Finanzdrehscheibe Kötitzer Leder, in: Handelsblatt, 25, August 1994, Nr. 164, S. 10

- [Haus, 1994]: Otto Stumpf stehen Klagen ins Haus, in: Börsen-Zeitung, 26. August 1994, Nr. 164, S. 8

- [Bankgesellschaft, 1994]: Der Kampf um die Bankgesellschaft steht vor einem neuen Höhepunkt, in: Frankfurter Allgemeine Zeitung, 12. Oktober 1994, Nr. 237, S. 26

- [Verbundes, 1994]: Phoenix Pharmahandel sieht erste Erfolge des Verbundes, in: Frankfurter Allgemeine Zeitung, 22. November 1994, S. 271, S. 16

- [CS Holding,1994]: CS Holding / Papier soll an der Frankfurter Wertpapierbörse eingeführt werden / Bankengruppe will Einheits-Namensaktien, in: Handelsblatt, 12. Dezember 1994, Nr. 239, S. 22

o. V. [Einheitsaktie, 1995]: Einheitsaktie auf dem Vormarsch / Schweizer Firmen passen sich dem internationalen Standard an, in: Süddeutsche Zeitung, 26. Januar 1995, Nr. 21, S. 34

- [Kapitalrendite, 1995]: Siemens / Belegschaftsaktionäre: Geringere Dividende für mehr Beschäftigung / Die Kapitalrendite soll in wenigen Jahren fast verdoppelt werden, in: Handelsblatt, 24./25. Februar 1995, Nr. 40, S. 13

- [Kapital, 1995]: CS Holding schafft bedingtes Kapital, in: Frankfurter Allgemeine Zeitung, 29. April 1995, Nr. 100, S. 19

- [Partnern, 1995]: Vögele mit neuen Partnern, in: Börsen-Zeitung, 13. Mai 1995, Nr. 92, S. 9

- [Shareholder-Value-Management, 1995]: Das Shareholder-Value-Management bleibt umstritten, in: Frankfurter Allgemeine Zeitung, 27. September 1995, Nr. 225, S. 24

- [Mehrfachstimmrecht, 1995]: RWE / Mehrfachstimmrecht bleibt vorerst bestehen, in: Frankfurter Rundschau, 10. Oktober 1995, Nr. 235, S. 15

- [Machtbalance, 1995]: Auch in der Schweiz verändern Großaktionäre die Machtbalance / Der Einfluß der Pensionskassen wächst / Hohe ausländische Quote / Der Unternehmenswert steigt", in: Frankfurter Allgemeine Zeitung, 13. Oktober 1995, Nr. 238, S. 28

- [Mehrfachstimmrechte, 1995] Streit um RWE-Mehrfachstimmrechte geht weiter, dpa-Meldung, 24. November 1995, 11:59

- [Instanz, 1995]: RWE-Prozeß um Mehrstimmrechtsaktien geht in die nächste Instanz, in: vwd-Meldung, 24. November 1995

- [Streit, 1995]: Zur RWE-HV wieder Streit mit Wenger / Commerzbank gegen Mehrstimmrecht, in: Börsen-Zeitung, 2. Dezember 1995, Nr. 232, S. 1

- [Absetzung, 1995]: RWE-HV: Wenger fordert Absetzung von Kopper, in: vwd-Meldung vom 3. Dezember 1995

o. V. [Votum, 1995]: Starkes Votum gegen RWE-Mehrstimmrecht, in: Frankfurter Allgemeine Zeitung, 16. Dezember 1995, Nr. 293, S. 22

- [Ermittlungen, 1996]: Schrempp reagiert gelassen auf Ermittlungen, in: Frankfurter Allgemeine Zeitungen, 12. April 1996, Nr. 86, S. 15

- [SBV-Aktionäre, 1996]: SBV-Aktionäre sind für Einheitsaktien, in: Börsen-Zeitung, 8. Mai 1996, Nr. 88, S. 21

- [Zündstoff, 1996]: Die Hauptversammlung von Daimler-Benz birgt reichlich Zündstoff, in: Frankfurter Allgemeine Zeitung, 22. Mai 1996, Nr. 118, S. 17

- [Rütgers, 1996]: Rütgers zieht sich bei Goldschmidt zurück", in: Frankfurter Allgemeine Zeitung, 14. Juni 1996, Nr. 136, S. 19

- [Mieteinnahmen, 1996]: Schloßgartenbau erhöht Dividende / Mieteinnahmen gestiegen - Auch für 1996 zuversichtlich, in: Börsen-Zeitung, 18. Juni 1996, Nr. 114, S. 24

- [Augen, 1996]: Goldschmidt / Alle Augen richten sich auf die Allianz, in: Der Platow-Brief, 24. Juni 1996, Nr. 71, S. 3

- [Konrad, 1996]: Konrad Hornschuch AG, Weißbach, in: Frankfurter Allgemeine Zeitung, 1. Juli 1996, Nr. 150, S. 16

- [Symeonidis, 1996]: FÜW hofft auf Schadensbegrenzung / Im Fall Symeonidis zweistelliger Millionenbetrag gepfändet, in: Süddeutsche Zeitung, 13. September 1996, Nr. 212, S. 26

- [Fränkische, 1996]: Fränkische Überland nach Betrug mit Verlust, in: Süddeutsche Zeitung, 4. November 1996, Nr. 254, S. 30

- [Verlust, 1996]: FÜW / Kein Verlust des halben AK / Kapitalerhöhung, in: Handelsblatt, 5. November 1996, Nr. 214, S. 25

- [Entsorgung, 1996]: Die Entsorgung bleibt das Sorgenkind im VEW-Konzern, in: Frankfurter Allgemeine Zeitung, 5. November 1996, Nr. 258, S. 29

o. V. [Wirtgen, 1996]: Wirtgen will Vögele als eigenständige AG erhalten, in: Frankfurter Allgemeine Zeitung vom 22. November 1996, Nr. 273, S. 25

- [Vögele, 1996]: Jos. Vögele / Mehrfachstimmrecht wurde abgeschafft, in: Handelsblatt, 22./23. November 1996, Nr. 227, S. 19

- [Umsatzeinbußen, 1996]: Jos. Vögele / Kräftige Umsatzeinbußen / Mehrfachstimmrecht wurde abgeschafft, in: Handelsblatt, 22./23. November 1996, Nr. 227, S. 19

- [Industriebeteiligungen, 1996]: Banken nicht zum Verkauf von Industriebeteiligungen gezwungen, in: Frankfurter Allgemeine Zeitung, 26. November 1996, Nr. 276, S. 19

- [Gespräche, 1996]: RWE AG/ Intensive Gespräche mit kommunalen Aktionären über Mehrfachstimmrechte / Für die Liberalisierung der Märkte gerüstet, in: Handelsblatt, 13./14. Dezember 1996, Nr. 242, S. 23

- [Hamburg, 1997]: Energie / Hamburg verkauft HEW-Anteil, in: Handelsblatt, 15. Januar 1997, Nr. 10, S. 1

- [PreussenElektra, 1997]: Hamburg verkauft HEW-Anteile an PreussenElektra und Sydkraft, in: Frankfurter Allgemeine Zeitung, 15. Januar 1997, Nr. 12, S. 17

- [HEW-Mehrheit, 1997]: Hamburg wird sich eventuell von der HEW-Mehrheit trennen, in: Frankfurter Allgemeine Zeitung, 17. Januar 1997, Nr. 14, S. 21

- [Angebote, 1997]: Mehrere Angebote für die Bewag / Veba, Viag und Southern bestätigen Bewerbung / Kartellhindernisse, in: Frankfurter Allgemeine Zeitung, 29. Januar 1997, Nr. 24, S. 18

- [Ekkehard, 1997]: Ekkehard Wenger unterliegt in erster Instanz der Deutschen Bank, in: Frankfurter Allgemeine Zeitung, 11. Februar 1997, Nr. 35, S. 15

- [Berliner Bank, 1997]: Doblinger kauft MuK-Anteile von der Berliner Bank, in: Süddeutsche Zeitung, 15./16. Februar 1997, Nr. 38, S. 25

o.V.: Aktien: Kassakurse amtlicher Handel, in: Handelsblatt, 17. März 1997, Nr. 53, S. 34

- [Großbritannien, 1997]: Großbritannien / Informelle Aufsichtsstruktur / Takeover mit klaren Regeln, in: Handelsblatt, 19. März, 1997, Nr. 55. S. 13

- [Gegner, 1997]: Wenn der Gegner im eigenen Aufsichtsrat sitzt, in: Frankfurter Allgemeine Zeitung, 22. März 1997, Nr. 69, S. 18

- [Raubrittern, 1997]: Von Raubrittern, Giftpillen und dem Charme der Bären, in: Frankfurter Allgemeine Zeitung, 22. März 1997, Nr. 69, S. 18

- [Mannheim, 1997]: Jos. Vögele AG, Mannheim, in: Frankfurter Allgemeine Zeitung, 24. März 1997, Nr. 70, S. 20

- [gutem Wege, 1997]: Reichelbräu ist auf gutem Wege, in: Börsen-Zeitung, 8. April 1997, Nr. 66, S. 15

- [Tücken, 1997]: Sydkraft / Kooperation mit Tücken / Probleme für den Kernkraftausstieg, in: Handelsblatt, 17. April 1997, Nr. 74, S. 11

- [Proteste, 1997]: Recht / Proteste der kleinen christlichen Gewerkschaften / Neue Verzögerungen bei der geplanten Aktienrechtsreform, in: Handelsblatt, 22. April 1997, Nr. 77, S. 7

- [Viag, 1997]: Viag übernimmt die Mehrheit an Th. Goldschmidt, in: Frankfurter Allgemeine Zeitung, 22. April 1997, Nr. 93, S. 18

- [Chemie-Tochter, 1997]: VIAG AG / Chemie-Tochter SKW bekommt zwei neue Bereiche / Allianz und Rütgers geben Goldschmidt-Anteile ab, in: Handelsblatt, 22. April 1997, Nr. 77, S. 15

- [Stadtwerken, 1997]: THÜGA AG / Holding erhöht Ausschüttung auf 12 (11) DM / Mehr Engagement bei Stadtwerken, in: Handelsblatt, 29. April 1997, Nr. 82, S. 24

- [Rekordergebnis, 1997]: VEW AG / Zusammenarbeit mit Westfälischer Ferngas soll den Umsatz beim Gas verdoppeln / Rekordergebnis nach Planstellen-Bereinigung, in: Handelsblatt, 30. April 1997, Nr. 83, S. 17

o.V. [Grünes Licht, 1997]: BEWAG / CDU-SPD-Senat stimmt Verkauf zu - Kartellamt bekräftigt Bedenken / Grünes Licht für die Privatisierung der BEWAG, in: Handelsblatt, 14. Mai 1997, Nr. 91, S. 18

- [Tisch, 1997]: Energie / Wettbewerbsrechtliche Bedenken sind noch nicht vom Tisch / Stoppt das Kartellamt den BEWAG-Verkauf?, in: Handelsblatt, 16./17. Mai 1997, Nr. 93, S. 13

- [Aussicht, 1997]: Geringe Aussicht auf verkleinerte Aufsichtsräte, in: Börsen-Zeitung, 19. Juni 1997, Nr. 114, S. 7

- [Rechtsfragen, 1997]: Rechtsfragen rücken weiter ins Blickfeld der SdK, in: Börsen-Zeitung, 5. August 1997, Nr. 147, S. 7

Partch, Megan [Creation, 1987]: The Creation of a Class of Limited Voting Common Stock and Shareholder Wealth, in: Journal of Financial Economics, 1987 (18), S. 313 - 339

Passow, Richard [Aktiengesellschaft, 1922]: Die Aktiengesellschaft - eine wirtschaftswissenschaftliche Studie, 2. Auflage, Jena: Fischer 1922

- [Strukturwandel, 1930]: Der Strukturwandel der Aktiengesellschaft im Lichte der Wirtschaftsenquete. Mit einem Anhang: Das Schicksal der Aktienrechtsreform, in: Beiträge zur Lehre von den Unternehmungen, Heft 12, Jena: Verlag von Gustav Fischer, 1930

Peltzer, Martin [Führungskräfte,1996]: Die Führungskräfte motivieren, in: Börsen-Zeitung, 25. Mai 1996, Nr. 100, S. 6

Perrow, Charles [Economic, 1986]: Economic theories of organization, in: Theory and Society, 1986 (15), S. 11 - 45

Picot, Arnold / Michaelis, Elke [Verteilung, 1984]: Verteilung von Verfügungsrechten in Großunternehmen und Unternehmensverfassung, in: Zeitschrift für Betriebswirtschaft, 1984 (3), 54. Jg., S. 252 - 272

Plutus. Kritische Zeitschrift für Volkswirtschaft und Finanzwesen, Jg. 1921, S. 5, zitiert nach Kurz, Simon, Abwehr, 1921, S. 39

Porzellanfabrik Waldsassen Bareuther & Co. Aktiengesellschaft (Hrsg.): Satzung idF 10. Juni 1938, Waldsassen

Porzellanfabrik Waldsassen Bareuther & Co. AG: Interview mit Oskar Deininger, Vorstandsvorsitzender, am 26.08.95 in Frankfurt a. M.

Pound, John [Efficiency, 1988]: Proxy Contests and the Efficiency of Shareholder Oversight, in: Journal of Financial Economics, 1988 (20), S. 237 - 265

Pretzlaff, Harry [Bollwerk, 1993]: Ein Bollwerk wird überflüssig / Die MAH wird aufgelöst - Großanleger bleiben Daimler treu, in: Stuttgarter Zeitung, 15. Dezember 1993, Nr. 289, S. 11

Prowse, Stephen [Governance, 1994]: Corporate Governance in an International Perspective: a survey of corporate control mechanisms among large firms in the United States, the United Kingdom, Japan and Germany, in: BIS Economic Papers, Bank for International Settlements, Monetary and Economic Department (Hrsg.), 1994 (41)

Radzio, Heiner [Schlüsselrolle, 1996]: Goldschmidt AG / In der Selbständigkeit spielt Allianz eine Schlüsselrolle / Gründerfamilie gibt nicht klein bei, in: Handelsblatt, 24./25. Mai 1996, Nr. 100, S.17

- [Familie, 1996]: Goldschmidt AG / Familie möchte Allianz-Paket kaufen - Verhandlungen auch mit der Viag / Kampf um den Erhalt des Spezialisten, in: Handelsblatt, 9. Oktober 1996, Nr. 153, S. 9

Rappaport, Alfred [Value, 1994]: Shareholder Value: Wertsteigerung als Maßstab für die Unternehmensführung, Stuttgart: Schäffer-Poeschel, 1994

- [Corporate, 1983]: Corporate Performance Standards and Shareholder Value, in: Journal of Business Strategy 3 (1983) S. 28 - 38

Rasch, Harold [Regierungsentwurf, 1960]: Richtige und falsche Wege der Aktienrechtsreform: Der Regierungsentwurf eines neuen Aktiengesetzes, Karlsruhe: Verlag C.F. Müller, 1960

Rathenau, Walter [Aktienwesen, 1917]: Vom Aktienwesen - eine geschäftliche Betrachtung, Berlin: Fischer 1917

Rauch, Bernd A. [Hauptversammlung, 1992]: Hauptversammlung ohne Aktionäre, in: Börsen-Zeitung, 3. September 1992, Nr. 169, S. 20

Reckinger, Gabriele [Bundesrepublik, 1983]: Vorzugsaktien in der Bundesrepublik,in: Die Aktiengesellschaft, 1983, 28. Jg., S. 216 - 222

Rehn, Erich / Cronauge, Ulrich [Gemeindeordnung, 1972]: Gemeindeordnung für das Land Nordrhein-Westfalen, 10. Aufl., Siegburg, 1972

Reichelbräu AG: Himmel, Albert, Leiter Finanzwesen: telefonische Auskunft vom 25. März 1996

- (Hrsg.), Satzung idF April 1991, Kulmbach

Reifferscheid, Adolf (Begr.) [Sammlung, 1992]: Ergänzbare Sammlung deutscher Gesetze, Grundwerk, Loseblatt-Ausgabe, Neuwied u. a.: Luchterhand, 1992 (Neuauflage)

Rembold, Otto u. a. [Schriftsatz, 1991] Schriftsatz an das Landgericht München I, 5. Kammer für Handelssachen, Aktenzeichen HKO 8840/91: In Sachen Henry Nold gegen Siemens AG, namens der Beklagten, 21. August 1991

- [Siemens, 1992]: Schriftsatz an das Landgericht München I, 5. Kammer für Handelssachen, Aktenzeichen HKO 8840/91: In Sachen Henry Nold gegen Siemens AG, namens der Beklagten, 21. Februar 1992

- [Nold, 1992]: Schriftsatz an das Oberlandesgericht München, 7. Zivilsenat, Aktenzeichen 7 U 3550/92: In Sachen Henry Nold gegen Siemens AG, namens der Beklagten, 11. August 1992

Rheinisch-Westfälisches Elektrizitätswerk Aktiengesellschaft (Hrsg.)[Das RWE, 1948]: Henke, Ernst: Das RWE nach seinen Geschäftsberichten 1898 bis 1948, Entwicklungsgeschichte anläßlich des 50jährigen Jubiläums, Essen: W. Girardet, Druckerei, 1948

Ridder-Aab, Christa-Maria [Aktiengesellschaft, 1980]: Die moderne Aktiengesellschaft im Lichte der Theorie der Eigentumsrechte, Frankfurt a. M. / New York: Campus, 1980, (zugl. Diss., Universität Konstanz, 1980)

Rieter Ingolstadt Spinnereimaschinenbau AG (Hrsg.), Satzung idF nach den Beschlüssen der Hauptversammlung vom 10. Juni 1992, Ingolstadt

Rieter Ingolstadt Spinnereimaschinenbau AG: Seidel, Rolf, Leiter Controlling und Finanzen, Schreiben vom 25.08.95, Ingolstadt

Rosendorff, Richard [Goldmarkbilanz, 1924]: Die Goldmarkbilanz, Industrie- und Handelskammer zu Berlin (Hrsg.), Berlin: Otto Stollberg & Co., Verlag für Politik und Wirtschaft, 1924

Ross, Stephen A. [Agency, 1973]: The Economic Theory of Agency: The Principal's Problem, in: American Economic Review, Papers and Proceedings, 1973 (2), vol. 63, S. 134 - 139

Rothauge, Frank / Schmitt, Erhard: [Schnäppchen, 1993]: Vorzugsaktien: Ramsch oder Schnäppchen?, Helaba Trust Beratungs- und Management GmbH (Hrsg.), August 1993, o. S.

Ruback, Richard S. [Coercive, 1988]: Coercive dual class exchange offers, in: Journal of Financial Economics, 1988 (20), S. 153 - 173

Rudnick, Brunfrid [Festung, 1992]: Die Festung Goldschmidt, in: Börsen-Zeitung, 28. Februar 1992, Nr. 41, S. 4

- [Mehrstimmrecht, 1992]: "Das Mehrstimmrecht diskriminiert den Anleger", in: Börsen-Zeitung, 11. Dezember 1992, Nr. 239, S. 5

- [Gedanken, 1993]: Gedanken zur Kapitalerhöhung / RWE zum ersten Mal als Industrieadresse am Markt, in: Börsen-Zeitung, 10. März 1993, Nr. 47, S. 5

RWE AG (Hrsg.): Satzung idF 21. Juli 1992, Essen

Schäfer, Hans-Peter [Überlandversorgung o. J.]: ÜWU - Elektrifizierung und elektrische Überlandversorgung in Unterfranken, unveröffentlichtes Manuskript, in Auszügen zur Verfügung gestellt von der Überlandwerk Unterfranken AG, o. Verl., o. J.

Schanz, Günther [Unternehmensverfassungen, 1983]: Unternehmensverfassungen in verfügungsrechtlicher Perspektive, in: Die Betriebswirtschaft, 1983 (2), 43. Jg., S. 259 - 270

Schilling, Wolfgang [Großkommentar III, 1973]: in: Großkommentar AktG: Carl Hans Barz u.a. (Hrsg.), Dritter Band, §§ 179 - 290, 3., neu bearbeitete Auflage, Berlin, New York: De Gruyter, 1973

Schlegelberger, Franz, u.a. [Aktiengesetz, 1939]: Kommentar zum Aktiengesetz: Gesetz über Aktiengesellschaften und Kommanditgesellschaften auf Aktien vom 30. Januar 1937, 3., ergänzte und erweiterte Auflage, Berlin: Verlag Franz Vahlen, 1939

Carl Schlenk AG (Hrsg.): Geschäftsbericht, jew. Jg., Roth-Barnsdorf

- (Hrsg.): Satzung idF 1. September 1989, Roth-Barnsdorf

-: Interview mit Hutzler, Alfred, Leiter Finanz- und Rechnungswesen, am 5. Dezember 1995 in Nürnberg

Schloßgartenbau AG: Interview mit Kurz, Wolfgang, Vorstand, am 18. September 1995 in Stuttgart

- (Hrsg.): Satzung idF 28. September 1993, Stuttgart

-: Verzeichnis der Teilnehmer der 70. ordentlichen Hauptversammlung vom 27.06.1995; erschienene oder vertretene Aktionäre, S. 22 - 23

Schoppe, Siegfried G. u. a. [Moderne, 1995]: Moderne Theorie der Unternehmung, München u. a.: Oldenbourg, 1995

Schubert & Salzer Maschinenfabrik Aktiengesellschaft: o. V.: Schreiben an Dipl. Kaufmann Ulrich Keinath, Stuttgart-Untertürkheim, Margaretenstr. 15, vom 30. Juli 1957

Schumann, Jochen [Grundzüge, 1987]: Grundzüge der mikroökonomischen Theorie, 5. Aufl., Berlin u.a.: Springer, 1987

Schumann, Peter Karl [Verhältnis, 1991]: Wenn sich die Wege kreuzen / Das Verhältnis deutscher Unternehmen zu Investmentbanken, in: Unternehmensbeteiligungen, Verlagsbeilage zur Frankfurter Allgemeinen Zeitung, 23. April 1991, Nr. 94, S. B 25

Schwabenverlag AG (Hrsg.): Satzung idF 28. August 1992, Ostfildern

-: Interview mit Salfeld, Peter, Leiter Rechnungswesen, am 20. April 1995 in Ostfildern

Schwark, Eberhard [Rechtsfragen, o. J.]: Rechtsfragen der Mehrstimmrechte kommunaler Aktionäre der RWE AG: Gutachten, o. O., o. J.

Siemen, Wilhelm (Hrsg.) [Porzellan, 1991]: 125 Jahre Porzellan aus Waldsassen, Schriften und Kataloge des Museums der Deutschen Porzellanindustrie, Bd. 27, Selb (Druckort): o. Verl., 1991

Siemens AG (Hrsg.): Geschäftsbericht, jew. Jg., Berlin und München

- (Hrsg.) [Tagesordnung, 1991]: Tagesordnung der ordentlichen Hauptversammlung am 28. März 1991, Tagesordnungspunkt 6, Berlin und München, Januar 1991

- (Hrsg) [Anträge, 1993]: Anträge auf Ergänzung der Tagesordnung für die Hauptversammlung der Siemens AG am 11. März 1993, Berlin und München, 1993

- (Hrsg.): Satzung idF November 1994, Berlin und München

Spremann, Klaus [Agent, 1987]: Agent and Principal, in: Günther Bamberg / Klaus Spremann (Hrsg.): Agency Theory, Information, and Incentives, Berlin u.a.: Physica, 1987, S. 3 - 37

- [Stakeholder-Ansatz, 1989]: Stakeholder Ansatz versus Agency-Theorie, in: Zeitschrift für Betriebswirtschaft, 1989 (7), 59. Jg., S. 742 - 746

Staub, Hermann [Handelsgesetzbuch I, 1926]: Staub's Kommentar zum Handelsgesetzbuch. Bearbeitung von Heinrich Koenige, Albert Pinner, Felix Bondi, 12. u. 13. Auflage, Erster Band, §§ 1-177, Berlin und Leipzig: De Gruyter, 1926

- [Handelsgesetzbuch II, 1926]: Staub's Kommentar zum Handelsgesetzbuch. Bearbeitung von Albert Pinner u. a., 14. Auflage, Zweiter Band, §§ 178-342, Berlin und Leipzig: De Gruyter, 1933

Stelzner, Holger [Wort, 1994]: Aktionäre mit großen Stimmenpaketen melden sich zu Wort, Artikelreihe Aufsicht und Kontrolle, Folge 9, in: Frankfurter Allgemeine Zeitung, 1. März 1994, Nr. 50, S. 19

Stulz, René M. [Managerial, 1988]: Managerial Control of Voting Rights: Financing Policies and the Market for Corporate Control, Journal of Financial Economics, 1988 (20), S. 25 - 54

Otto Stumpf AG (Hrsg.): Geschäftsbericht, jew. Jg., Nürnberg

Otto Stumpf AG (Hrsg.) [Prospekt, 1995]: Prospekt für die Zulassung zum Börsenhandel mit amtlicher Notierung der DM 10 001 900,- neuen Inhaber-Stammaktien aus der Kapitalerhöhung vom November 1995, Nürnberg, 1995

Sturbeck, Werner [Kommunen, 1994]: Im Griff der Kommunen / Zur Entwicklung beim RWE, in: Frankfurter Allgemeine Zeitung, 30 Mai 1994, Nr. 123, S. 15

- [Produktivität, 1996]: Höhere Produktivität und abnehmende Vorsorge stimulieren RWE, in: Frankfurter Allgemeine Zeitung, 23. Oktober 1996, Nr. 247, S. 24

- [Verfassungsklage, 1996]: Kommunale RWE-Aktionäre streiten weiter für ihre Mehrstimmrechte / Vorsitzender droht mit Verfassungsklage / RWE: Entschädigung von 1,5 Milliarden DM unvorstellbar, in: Frankfurter Allgemeine Zeitung, 6. Dezember 1996, Nr. 285, S. 23

- [Balanceakt, 1997]: Der Balanceakt bei RWE, in: Frankfurter Allgemeine Zeitung, 18. August 1997, Nr. 190, S. 11

- [Kurssteigerung, 1998]: Aktionäre hoffen auf eine erhebliche Kurssteigerung bei RWE, in: Frankfurter Allgemeine Zeitung, 27. Februar 1998, Nr. 49, S. 20

Stuttgarter Bäckermühlen Aktiengesellschaft (Hrsg.): Geschäftsbericht, jew. Jg., Esslingen am Neckar

Thom, Oscar, Notar in Waldsassen: Erstausfertigung, Urkunden-Rolle Nr. 512, Hauptversammlungs-Niederschrift der ordentlichen Hauptversammlung der Porzellanfabrik Waldsassen Bareuther & Co. Aktiengesellschaft, 10. Juni 1938, Waldsassen

Tucher Bräu AG (Hrsg.): Satzung idF 29. Mai 1995, Nürnberg

- (Hrsg.): Geschäftsbericht, jew. Jg., Nürnberg

-: Telefoninterview mit Hofmann, Willy, Vorstand, am 24. August 1995

Überlandwerk Unterfranken AG: Interview mit Pathe, Dieter, stellv. Leiter der Abteilung Buchhaltung und Finanzen, sowie Ralph Trzeciak, Leiter der Abteilung Recht, Liegenschaften, am 13. Dezember 1995 in Würzburg

- (Hrsg.): Geschäftsbericht, jew. Jg., Würzburg

-: Aufteilung des Grundkapitals: unveröffentlichte Aufstellung nach dem Verzeichnis der Teilnehmer an der Hauptversammlung am 16. Mai 1994 (der Verfasserin vom Unternehmen zur Verfügung gestellt)

Verband der kommunalen Aktionäre des RWE GmbH (Hrsg.) [Satzung, 1974]: Satzung idF 19. Juli 1974, Essen

- (Hrsg.) [Jahre, o. J.]: 60 Jahre VkA, Essen (Druckort): o. Verl., o. J

- (Hrsg.) [Partnerschaft, 1992]: Erfolg durch Partnerschaft: Verband der kommunalen Aktionäre des RWE GmbH, Essen (Druckort): o. Verl., 1992

- (Hrsg.) [Gesellschaftsvertrag, 1992]: Gesellschaftsvertrag idF des Beschlusses der Gesellschafterversammlung vom 9. Dezember 1992, Essen (Druckort)

- Interview mit Klein, Richard, zu dieser Zeit Oberstadtdirektor in Duisburg sowie Vorsitzender des VkA, am 9. März 1993 in Duisburg

-: Interview mit Müller, Rudolf H., Geschäftsführer a. D. des VkA, am 15. Januar 1996 in Kempen

Vereinigte Deckenfabriken Calw A. G., Aktienbuch N° 300i-6000, und beiliegende Schriften, "Vorzugs-Aktien", o. S., Calw

- (Hrsg.): Geschäftsbericht, jew. Jg., Calw

Vereinigte Elektrizitätswerke Westfalen Aktiengesellschaft (Hauptverwaltung): Schreiben an das Ministerium für Wirtschaft, Mittelstand und Verkehr des Landes Nordrhein-Westfalen z. Hd. Herrn Oberregierungsrat Dr. Keßler, Düsseldorf, vom 15. April 1965

- Hrsg.) [VEW, 1975]: VEW 1975 - 50 Jahre, o. O., o. Verl., 1975

Vereinigte Elektrizitätswerke Westfalen AG (Hrsg.) [Prospekt, 1985]: Prospekt für die Zulassung zum Börsenhandel der 168 205 200 DM auf den Inhaber lautenden Aktien hervorgegangen aus der Umwandlung von Namensaktien mit einfachem Stimmrecht mit Gewinnanteilberechtigung erstmals für das Geschäftsjahr 1985 sowie der 136 923 050 DM auf den Inhaber lautenden neuen Aktien aus der Kapitalerhöhung 1985, Dortmund, 1985

-: VEW Aktionärsstruktur, Essen, o. S., o. J., (der Verfasserin vom Unternehmen zur Verfügung gestellt)

- (Hrsg.): Satzung idF 30. Juni 1995, Dortmund

-: Interview mit Wuppermann, Klaus, Direktor im Konzernbereich Finanzwirtschaft sowie Stengel, Gisbert, Konzernbereich Finanzwirtschaft, am 5. Februar 1996 in Dortmund

Vereinigung kommunaler Aktionäre der VEW GmbH (Hrsg.): Gesellschaftsvertrag der Vereinigung kommunaler Aktionäre der VEW GmbH idF 10. November 1992, Dortmund

Verlag für Börsen- und Finanzliteratur A.-G. (Hrsg.) [Handbuch, 1925 I]: Handbuch der Deutschen Aktien-Gesellschaften, Band I 1925, S. 1-2472, 30., vollständig umgearbeitete Auflage, Berlin und Leipzig, 1925

- (Hrsg.) [Handbuch, 1925 II] Handbuch der Deutschen Aktien-Gesellschaften, Band II 1925, S. 2473-4512, 30., vollständig umgearbeitete Auflage, Berlin und Leipzig,1925

- (Hrsg.) [Handbuch, 1925 III] Handbuch der Deutschen Aktien-Gesellschaften, Band III 1925, S. 4513-6256, 30., vollständig umgearbeitete Auflage, Berlin und Leipzig,1925

- (Hrsg.) [Handbuch, 1925 IV] Handbuch der Deutschen Aktien-Gesellschaften, Band IV 1925, S. 6257 ff., 30., vollständig umgearbeitete Auflage, Berlin und Leipzig,1925

- (Hrsg.) [Handbuch, 1926 I]: Handbuch der Deutschen Aktien-Gesellschaften, Band I 1926, S. 1-2016, 31., vollständig umgearbeitete Aufl., Berlin und Leipzig, 1926

Verlag für Börsen- und Finanzliteratur A.-G. (Hrsg.) [Handbuch, 1926 II]: Handbuch der Deutschen Aktien-Gesellschaften, Band II 1926, S. 2017-3892, 31., vollständig umgearbeitete Aufl., Berlin und Leipzig, 1926

Verlag für Rechts- und Wirtschaftsliteratur Aktiengesellschaft (Hrsg.) [Handbuch, 1934 II]: Handbuch der Deutschen Aktien-Gesellschaften: Ein Hand- und Nachschlagebuch für Banken, Industrielle und Behörden, 39. Aufl., Ausgabe 1934 II, S. 1361-2800, Berlin, 1934

Verlag Hoppenstedt & Co. (Hrsg.) [Handbuch, 1939]: Handbuch der Deutschen Aktiengesellschaften 1939, 44. Jg., S. 1-1256, Berlin, 1939

- (Hrsg.) [Saling, 1953]: Saling Aktienführer: Die Aktienwerte der deutschen Börsen 1954, Berlin u. a.: Verlag Hoppenstedt & Co., 1953

- (Hrsg.) [Saling, 1974]: Saling Aktienführer: Die Aktienwerte der deutschen Börsen 1975, 68. Auflage, Darmstadt: Verlag Hoppenstedt & Co., 1974

Verlag Hoppenstedt GmbH (Hrsg.) [Saling, 1988]: Saling Aktienführer 1989, Darmstadt: Verlag Hoppenstedt GmbH, 1988

- (Hrsg.) [Handbuch, 1992]: Handbuch der Deutschen Aktiengesellschaften, Jahrgang 1992/93, Darmstadt: Verlag Hoppenstedt GmbH, 1992

- (Hrsg.) [Saling, 1994]: Saling Aktienführer 1995, Darmstadt: Verlag Hoppenstedt GmbH, 1994

- (Hrsg.) [Handbuch, 1993]: Handbuch der deutschen Aktiengesellschaften, Jahrgang 1993/94, Darmstadt: Verlag Hoppenstedt GmbH, 1993

- (Hrsg.) [Handbuch, 1994]: Handbuch der deutschen Aktiengesellschaften, Jahrgang 1994/95, Darmstadt: Verlag Hoppenstedt GmbH, 1994

- (Hrsg.) [Handbuch, 1995], Handbuch der deutschen Aktiengesellschaften, Jahrgang 1995/96, Darmstadt: Verlag Hoppenstedt GmbH, 1995

- (Hrsg.) [Sonderdruck, 1995]: VEW Vereinigte Elektrizitätswerke Westfalen Aktiengesellschaft, Sonderdruck, Darmstadt 1995

Verlag Hoppenstedt GmbH (Hrsg.) [Handbuch, 1996]: Handbuch der deutschen Aktiengesellschaften, Jahrgang 1997, Darmstadt: Verlag Hoppenstedt GmbH, 1996

J. Vögele AG (Hrsg.): Geschäftsbericht, jew. Jg, Mannheim

- (Hrsg.): Satzung idF 9. Mai 1990

Vogl, Claudia [Kritik, 1993]: Kritik an Mehrfachstimmrechten von Siemens, in: Blick durch die Wirtschaft, 11. März 1993, Nr. 49, S. 3

von Siemens-Vermögensverwaltung Gesellschaft mit beschränkter Haftung: Gesellschaftsvertrag, notariell bescheinigt am 19. März 1986, München: Handelsregisterauszug des Amtsgerichts München, Aktenzeichen HRB 2876

-: Gesellschafterliste idF 15. Januar 1996, München, Handelsregisterauszug des Amtsgerichts München, Aktenzeichen HRB 2876

VSM Vereinigte Schmirgel- und Maschinen-Fabriken Aktiengesellschaft (Hrsg.): Geschäftsbericht, jew. Jg., Hannover-Hainholz

Waller, David [Groups, 1994]: German Groups reluctant to list, in: Financial Times, 21. Februar 1994, S. 23

Weber, Martin / Berg, Erik / Kruse, Hermann [Renditevergleich, 1992]: Kurs- und Renditevergleich von Stamm- und Vorzugsaktien, in: Zeitschrift für betriebswirtschaftliche Forschung, 1992 (6), Jg. 44, S. 548 - 565

Wenger, Ekkehard [Organisationsregeln, 1986]: Freiwillig vereinbarte und erzwungene Organisationsregeln, Habilitation, München 1986

- [Maß, 1994]: Zweierlei Maß, in: Forbes 1994 (2), S. 82

- [Vorstände, 1994]: Mit zweifelhaften Argumenten rechtfertigen Vorstände die leichtfertige Handhabung von Aktionärsinteressen, in: Handelsblatt, 19. Mai 1994, Verlagsbeilage "Banken international", S. B 3

Wenger, Ekkehard / Kaserer, Christoph [German, 1997]: The German system of corporate governance - A model which should not be imitated, in: Black, S. u. Moersch, M: Competition and Convergence - The German and Anglo-American Model, Chapter 3, S. 40-81, Washington, 1997

- / Terberger, Eva [Baustein, 1988]: Die Beziehung zwischen Agent und Prinzipal als Baustein einer ökonomischen Theorie der Organisation, in: Wirtschaftswissenschaftliches Studium, 1988 (17), Heft 10, S. 506 - 514

Werner, Patricia [Aktionärsrechte, 1994]: Aktionärsrechte / Auf Trab bringen, in: WirtschaftsWoche, 4. Februar 1994, S.88 - 93

- / Burgmaier, Stefanie [Mangel, 1994]: Enormer Mangel, Interview mit Joseph Lufkin, in: WirtschaftsWoche, 4. Februar 1994, S. 93 - 94

Wiedemann, Herbert [Großkommentar III, 1973]: in: Großkommentar zum Aktiengesetz, Carl Hans Barz u.a. (Hrsg.), 3. Band, §§ 179 - 290, 3., neu bearbeitete Aufl., Berlin, New-York: De Gruyter, 1973

Wilhelmi, Hans / Wilhelmi, Sylvester (Bearb.) [Godin / Wilhelmi, 1967]: Godin / Wilhelmi: Aktiengesetz vom 6. September 1965: Kommentar, Sammlung Guttentag, 205, 3. Auflage, Band II, §§ 179 - 410, Einführungsgesetz, Sachverzeichnis, Berlin: De Gruyter & Co, 1967

Wöhe, Günter [Einführung, 1978]: Einführung in die Allgemeine Betriebswirtschaftslehre, 13. überarbeitete Aufl., München, Vahlen 1978

Wolff, Volker [Karten, 1992]: Editorial: Schlechte Karten, in: WirtschaftsWoche, 8. Mai 1992, S. 3

Wruck, Karen Hopper [Evidence, 1989]: Equity Ownership Concentration and Firm Value. Evidence from Private Equity Financings, Journal of Financial Economics, 1989, S. 3 - 38

Würdinger, Hans [Aktienrecht, 1981]: Aktienrecht und das Recht der verbundenen Unternehmen: eine systematische Darstellung, 4. neubearbeitete und erweiterte Auflage, Heidelberg, Karlsruhe: Müller, Juristischer Verlag, 1981

Württembergische AG Versicherungs-Beteiligungsgesellschaft: Interview mit Kaufmann, Dietrich, Leiter der Abteilung Kapitalanlagen, am 20. April 1995 in Stuttgart

- (Hrsg): Satzung idF 7. Oktober 1994, Stuttgart

Württembergische Feuerversicherung Aktiengesellschaft: Vertrag über die Errichtung einer Aktiengesellschaft, Stuttgart, 25. Juni 1923

- (Hrsg.): Geschäftsbericht, jew. Jg., Stuttgart

Zimmermann, Heinz / Bill, Markus / Dubacher, René [Schweiz, 1989]: Finanzmarkt Schweiz: Strukturen im Wandel, Schriftenreihe Wirtschaft und Gesellschaft, Zürcher Kantonalbank (Hrsg.), Zürich: o. Verl., 1989

Zingales, Luigi [Milan, 1994]: The Value of the Voting Right: A Study of the Milan Stock Exchange Experience, in: Review of Financial Studies, 1994, vol. 7, S. 125 - 148

Zöllner, Wolfgang [Kölner, 1985 I]: Kölner Kommentar zum Aktiengesetz: Wolfgang Zöllner (Hrsg.), Band 1, §§ 1-147 AktG, Köln u. a.: Carl Heymanns Verlag KG, 1985

- [Kölner, 1985 III]: Kölner Kommentar zum Aktiengesetz: Wolfgang Zöllner (Hrsg.), Band 3, §§ 291-410 AktG, EGAktG, Gesetzesanhang, Köln u. a.: Carl Heymanns Verlag KG, 1985

Kolibri 360 GmbH
Ferdinand-Jühlke-Straße 7
99095 Erfurt, Deutschland
produktsicherheit@kolibri360.de

Druck:
CPI Druckdienstleistungen GmbH
im Auftrag der
Kolibri 360 GmbH
Ferdinand-Jühlke-Str. 7
99095 Erfurt